청교도 시리즈 4

청교도 사상

제임스 I. 패커 지음
박영호 옮김

James I. Packer

Among God's Giants:
Aspects of Puritan Christianity

기독교문서선교회

기독교문서선교회(Christian Literature Center: 약칭 **CLC**)는 1941년 영국 콜체스터에서 켄 아담스에 의해 시작되었으며 국제 본부는 영국의 쉐필드에 있습니다.

국제 CLC는 59개 나라에서 180개의 본부를 두고, 약 650여 명의 선교사들이 이동도서차량 40대를 이용하여 문서 보급에 힘쓰고 있으며 이메일 주문을 통해 130여 국으로 책을 공급하고 있습니다.

한국 CLC는 청교도적 복음주의 신학과 신앙서적을 출판하는 문서선교기관으로서, 한 영혼이라도 구원되길 소망하면서 주님이 오시는 그날까지 최선을 다할 것입니다.

Among God's Giants
Aspects of Puritan Christianity

Written by
James I. Packer

Translated by
Young-Ho Park

Korean Edition
Copyright © 1994, 2016 by Christian Literature Center
Seoul, Korea

제임스 패커 박사(J. I. Packer, 1926-)

금세기 최고 복음주의 신학자인 제임스 패커(90세) 리젠트칼리지 명예교수가 최근 시력을 잃었다. 그는 2015년 성탄절 즈음, '황반변성'에 의해 실명(失明)했다. 중심 시력을 담당하는 황반부에 이상이 생겨 치료가 불가능한 것으로 전해졌다. 시신경이 손상되지는 않았지만 글을 읽거나 쓸 수 없다고 한다. 패커는 "하나님은 그가 하시는 일을 안다. 실명은 '본부'로부터 내려 온 명백한 싸인이 아니겠느냐"며 자신이 천국을 향한 여정에 있음을 담담히 밝혔다. 그는 매일 30분간 천국을 묵상하고 있으며, '성경 암송'으로 하나님께 집중하고 있다고 근황을 밝혔다. 그는 '나이 듦'에 대해 "하나님이 더 나은 세계로 우리를 인도하기 위해 준비하는 방법"이라고 정의했다. 그는 욥기 1장 21절 말씀을 암송하면서 "주신 이도 여호와시요 거두신 이도 여호와시다. 나는 거의 아흔 살이 됐다. 이제 주님이 데려가실 것이며, 일생 동안 주님의 선하심을 충분히 경험했다. 어떠한 의심도 없다"고 했다.

패커는 수십 년 째 성경 묵상과 암송을 반복해온 신학자로 알려져 있다. 그는 "(실명 가운데) 성경을 암송하는 것은 하나님과 그의 목적 그리고 그의 일하심을 더욱 집중하게 한다"며 "이 모든 것이 심령 속에 뿌리내리고 있다"고 전했다. 그는 생명력 있는 교회에 대해 언급하면서 "개혁교회는 은혜의 교리와 은혜의 삶을 재발견하는 것을 의미한다. 이를 위해서는 교회 안의 개인주의를 모두 제거해야 한다. 하나님의 목적은 주님의 영광을 기념하는 교회 자체에 있다"고 밝혔다.

패커는 교회 안에 만연된 개인주의 극복 대안으로 청교도들의 개성적 신앙을 예로 들면서 "청교도들은 교회에 충실했고 그리스도의 몸과 하나님의 은혜를 위해 교회를 세웠다. 그리고 청교도들은 삼위일체 하나님과의 교제를 가장 중시했다"고 전했다. 그는 현대 교회를 향해 4가지 단어로 권면했다. "모든 방법으로 그리스도를 영화롭게 하십시오"(Glorify Christ in Every Way).

패커 박사는 1979년부터 교수로 활동하며 개혁과 복음주의 신학의 지평을 넓혀왔다. 300여 권의 책과 사전 편집, 기고문 등을 써왔다. 저서『하나님을 아는 지식』(*Knowing God*, CLC 刊)과『청교도 사상』(*Among God's Giants*, CLC 刊)으로 유명하다.

Among God's Giants
Aspects of PuRitan Christianity

역자 서문

박 영 호 박사
언약신학원 원장

본서는 제임스 패커(J. I. Packer) 박사가 저술한 *Among God's Giants*를 번역하여 『청교도 사상』으로 제목을 붙인 것이다. 그리고 부제로는 『청교도 거인들: 박스터, 오웬, 십스』로 했다.

패커 박사는 캐나다 뱅쿠버의 리젠트대학(Regent College) 조직신학 교수이다. 제임스 패커 박사의 세계적인 베스트셀러 『하나님을 아는 지식』(*Knowing God*)은 우리 나라에도 서문 강 목사님이 번역하여 기독교문서선교회(CLC)에서 발행하여 널리 읽혀지고 있다.

패커 박사는 본서를 40년 동안 추구한 학문적 열매라고 소개한다. 그리고 청교도 거인들의 신학과 사상이 자기를 형성시켰다고 고백하고 있다. 본서에서 청교도들이 스스로 성숙한 그리스도인임을 예증하고 있다. 물론 청교도들은 이렇게 말한다.

"우리는 그렇지 않습니다. 우리는 영적인 난쟁이들일 뿐입니다."

그러나 그 반대로 청교도들은 영적인 거인들임을 본서에서 발견할 수 있다.

　패커 박사는 성숙한 그리스도인들에게 관심을 쏟는 모든 사람들에게 놀라운 청교도적 영성의 심오함과 숨결을 제시해주고 있다. 그리고 오늘의 그리스도인들에게 청교도들의 순수하고 깨끗한(pure and clean) 신앙을 자세히 소개하며 우리 자신의 현실 상황에서 눈을 뜨도록 일깨우고 있다.

　패커 박사는 청교도들의 비전과 그리스도인의 삶을 소개하면서 그들이 실생활에서 발휘했던 적극적인 능력과 청교도들이 부당하게도 얻지 못했던 빈약한 명성을 대조적으로 보여주고 있다. 청교도들의 사상과 가르침에 관해 패커 박사가 그려준 초상화는 비전을 잃어버리고 도덕적인 방종의 시대 속에 살고있는 현대 그리스도인들에게 새로운 회복에로 강력히 부르며 초대하고 있다.

　본서는 오늘날 종종 자족하고 있는 한국 교회들에게 열정적이고 거룩한 생존자의 전형을 제공해준다. 패커 박사의 특유의 명철한 스타일과 뒤처진 그리스도인들을 뚫어보는 그의 통찰력은 우리들 중 21세기의 이 마지막 시대에서 예수 그리스도를 따르고자 하는 사람들에게 가슴 설레는 도전을 주고 있다.

　역자는 진심으로 이 책을 한국 교회의 목회자, 신학도, 일반 성도들에게 권하고 싶다. 왜냐하면 본서는 마치 현대의 고전과 같기 때문이다. 사상에 있어서나 학문에 있어서나 참으로 훌륭한 책이다. 신학교 강단에서 30년 동안 『청교도 신학』을 강의해 온 역자로서 이렇게 청교도의 진수를 확실히 보여주는 책을 얼마나 사모하며 기다렸던가! 본서가 한국 교회의 새로운 도전과 변화를 주리라 확신한다.

목차

역자 서문   5

1장. 서론   9

제 I 부 청고도의 윤곽적 소개
2장. 우리에게 청교도가 필요한 이유   22
3장. 부흥운동으로서의 청교도주의   49
4장. 영국 청교도의 실천적 저서들   84

제 II 부 청교도와 성경
5장. 존 오웬의 하나님으로부터의 의사전달   148
6장. 성경의 해석자들로서의 청교도   179
7장. 청교도의 양심   199

제 III 부 청교도와 복음
8장. 그리스도의 죽음안에서의 죽음의 종식   232
9장. 청교도의 칭의 교리와 쇠퇴   283
10장. 청교도의 복음 설교에 대한 견해   311

제IV부 청교도와 성령

11장. 성령의 증거에 대한 청교도 사상　　　341
12장. 존 오웬의 영성　　　364
13장. 존 오웬과 영적 은사들　　　423

제V부 청교도와 생활

14장. 청교도와 주님의 날　　　449
15장. 청교도의 예배에 대한 접근　　　472
16장. 청교도의 결혼과 가족에 대한 사상　　　498

제VI부 청교도와 목회

17장. 청교도의 설교　　　529
18장. 청교도와 복음전도　　　556
19장. 조나단 에드워즈와 신앙부흥　　　595
20장. 발문　　　633

1장
서론

　북캘리포니아 해안선에는 지구상에서 가장 큰 생물인 거대한 레드우드 삼나무가 자라고 있다. 그 중에는 키가 360피트 이상 되는 것도 있고, 줄기 둘레가 50피트 이상 되는 것도 있다. 삼나무들의 잎사귀는 그렇게 크지 않다. 그것의 모든 힘은 거대한 줄기에 있다. 두터운 수피를 가진 삼나무 줄기는, 가지가 뻗어 올라가기 전 지점까지 자기 높이의 반 이상의 높이를 가진 채 수직으로 뻗어 올라 있다. 그 나무들 중 일부는 불살라졌음에도 여전히 살아 자라나고 있다.

　수백 년이 어떤 것은 천년이 넘기도 한, 레드우드 나무들은 (상당히 인색하게 말해서) 경외심을 갖게 한다. 그 나무들은 다른 것에 의해서는 느낄 수 없는 인간의 왜소함을 느끼게 하면서, 그것들은 바라보는 사람을 위축시킨다. 캘리포니아의 무분별한 벌채가 있던 시대에 수많은 레드우드 나무가 베어졌다. 그러나 최근에 이 나무들의 진가가 인정되어 보존되었고 오늘날 레드우드 공원은 일종의 존엄성마저 느끼게 한다. 레드우드 나무숲을 통과하는 33마일의 굽은 도로는 거인의 가로수 길이라는 아주 잘 붙여진 이름을 갖고 있다.

캘리포니아의 레드우드 나무는 영국의 청교도를 생각하게 한다. 그들은 우리 시대에 새롭게 진가를 인정받기 시작한 또 하나의 거인족이다. 1660년에서 1700년 사이에 그들은 꿋꿋한 삶을 살았다. 레드우드가 다른 나무보다 높이 솟아 있기 때문에 눈길을 끄는 것과 마찬가지로 위대한 청교도들의 성숙한 경건함과 연단된 꿋꿋함은 수많은 시대의 그리스도인들의 영적 상태를 능가하며 우리 앞에서 등불처럼 빛나고 있다. 서방 기독교도인들이 때때로 자신들을 개미집의 개미떼나 줄에 매달려 있는 꼭두각시와 같다고 느끼는 집단주의가 무너지고 있는 이 시대에 더욱 그렇다. 철의 장막 저편과 굶주림과 전쟁으로 찢긴 아프리카에서는 이야기가 다를지 모르나, 내가 잘 알고 있는 지역인 영국과 미국에서는 지난 세대의 풍요가 우리 모두를 난쟁이와 쓸모없는 인간으로 만들고 있는 것 같다. 이러한 상황에서 청교도 거인들의 교훈과 모범은 우리에게 많은 것을 말해 준다.

청교도의 교회론과 정치, 중세기의 은둔으로부터 비국교도와 개혁주의자의 입장의 개인주의로의 변화에서 보여준 그들의 양심에 근거하면서도 주저하고 망설였던 태도는 종종 연구되어 왔다. 그러나 청교도의 신학과 영성이, 즉 그들의 말을 사용하자면, 경건성(godliness)이 진지한 학술적 관심을 받기 시작한 것은 극히 최근이었다. 종교개혁 이후 여러 세기 동안에 걸쳐 분열된 서양교회 도처에서 신앙의 각성이 일어났고, 이 신앙 각성의 첫번째 표현(나는 이를 강력히 주장한다)이 청교도주의였다는 사실이 주목된 것도 겨우 최근에 이르러서였다. 그러나 나 자신의 관심은 언제나 청교도에 있었고 이 책의 소론들은 이에 대한 40년 이상 연구의 열매들이다. 나는 이 책이 학구적인 관심 밖의 것이 되기를 바라는 것은 아니나, 그렇다고 나의 관심이 단지 학구적인 것만은 아니다. 청교도 거인들은 적어도 일곱 가지 방법으로 나를 만들어냈다. 따라서 애초에 내가 자각하고 있는 빚인 이 항목들을 열거함으로 이어지는 장들의 추구하는 바가 더 명확하여질 것이다 이 개인적인 서술이 지루하게 느껴지는 독자는 물론 이 부분을 읽지 않고 넘어가도 된다. 나는 이 부분이 극히 중요하다고 주장하지 않는다.

1. 오웬의 도움

나의 회심 직후에 있었던 어떤 위기의 때에 있어 존 오웬(John Owen)은 나의 계속적인 죄악과, 모든 그리스도인들과 함께 나에게도 소명된 자기를 믿지 않는 것과, 정욕의 억제의 훈련에 있어 현실적이 되도록 (즉 근시안적이 되거나 자포자기적이 되지 않도록) 나에게 도움을 주었다. 나는 이에 대해 다른 곳에 쓴 적이 있으므로[1] 이 문제를 다시 자세히 논하지 않겠다. 단지 오웬이 없었다면 나는 미쳐 버렸거나, 아니면 신비적 광신의 늪에 빠졌을 것이며, 분명히 그리스도인의 삶에 대한 나의 견해는 오늘날의 견해와 같지 않았을 것이다.

2. 오웬의 죽음의 종식

몇 년 후 하나님의 도우심 아래에서 오웬은 나로 하여금 그리스도의 구속하시는 사랑의 주권과 특별성에 대한 성경적 증거가 얼마나 일관되고 명백한지 깨달을 수 있게 해 주었다(물론 이 사랑은 성부와 성령의 사랑이기도 하다. 하나님의 인격들은 언제나 하나이시다).

---

1 John Owen, *Sin and Temptation*, abridged and edited by James M. Houston (Multnomah Press: Portland, 1983), introduction, pp xxv-xxix.

> "나를 사랑하사 나를 위하여 자기 몸을 버리신 하나님의 아들"(갈 2:20), "그리스도께서 교회를 사랑하시고 위하여 자신을 주심"(엡 5:25), "우리가 아직 죄인 되었을 때에 그리스도께서 우리를 위하여 죽으심으로 하나님께서 우리에게 대한 자기의 사랑을 확증하셨느니라"(롬 5:8).

그리고 그 밖의 많은 구절들의 신학적 함축 의미들이 나에게 명확하여진 것은 내가 알기로 오늘날 아미랄디즘(Amyraldism: Calvinism without the doctrine of Limited Atonement, 4-point Calvinist)이라고 칭하는 몇 년 간의 애정 유희 후에 오웬의 『그리스도 죽음 안에서의 죽음의 종식』(The Death of Death in the Death of Christ)을 연구한 다음이었다. 그로부터 5년 후에 본서와 그 제목의 소론이 쓰여졌다. 그 후에 나는 스펄전의 설교들이나, 토플래디(Toplady)의 찬송들이나, 버나드(Bernard)의 아가서에 대한 강론에서도 같은 교훈을 얻을 수 있다는 사실을 발견했다.

그러나 성경적 신앙이 인간 중심이 아니라 하나님 중심이라는 것을 나에게 가르쳐 준 이는 사실상 다름 아닌 오웬이었다. 이보다 몇 년 앞서 깨달은 같은 바탕의 현실화가 나의 기독교 신앙의 특징이 된 것과 같이 이 진리도 그 이후부터 정확하게 나의 특징이 되었다. 그리스도의 사랑에 초점을 맞춤으로 인해 사람의 존재 전체가 변화되는 것이다.

3. 박스터의 묵상

리차드 박스터(Richard Baxter)는 규칙적으로 광범위한 묵상(meditation)을 하는 것이 영적 건강에 있어 극히 중대한 훈련이라는 사실을 오래 전에 나에게 확신시켜 주었다. 그는 "영적 진리를 찬송으로 바꿀 뿐만 아니라 그 진리를 당신 자신에게 적용함에 있어 당신이 지금까지 들어온 중에 가장 강력한 설교자를 모방하라"는 흥미있는 말로 이러한 묵상을 제시한다.

묵상에 대한 이러한 견해는 청교도들에 있어 일치하는 견해였고 오늘날 나의 견해이기도 하다. 하나님께서 아시다시피 나는 이 지혜의 부족한 실천자이다. 그러나 나는 심령이 냉랭할 때도 적어도 나에게 필요한 것이 무엇인지를 안다. 기도에 대한 최근의 많은 가르침에는 관상(contemplation)이 중심이고 하나님 앞에서 자신에게 말하는 것은 사라졌다. 나는 이 관상기도의 유행이 주로 신앙 형식주의에 대한 반동이며, 성경에서 이유를 찾을 수 있는 만큼 20세기의 반지성주의에서도 그 이유를 찾을 수 있고 비기독교적 신비주의에서도 그 이유를 찾을 수 있다고 생각한다. 시편과 교부들, 특별히 청교도가 계승하고 있는 어거스틴의 유산인 묵상 방법과 관계를 끊을 때 얻는 것은 없고 손해만 보는 것이라고 생각한다. 관상식의 기도는 성경적인 기도의 완전한 형태가 아니다. 이 점에 있어 청교도의 영향은 나를 나의 시대와 조화되지 않게 했다. 그러나 나는 이것이 나의 유익이 되었다고 생각한다.

4. 박스터의 『개혁주의 목사』

박스터는 성직자의 목회 임무에 대한 나의 시각을 확실하게 해주었다. 워필드(Warfield)가 루터의 『의지의 노예』(Bondage of the Will)에 대해 말한 것처럼 나는 박스터의 『개혁된 목사』(Reformed Pastor)에 대해 말한다. 이 책의 내용은 손과 발을 갖고 있는 것처럼 당신을 붙들고 당신의 심령과 양심 속으로 파고 들어가는데 도저히 몰아낼 수가 없다. 복음을 전파하고 성경을 가르치고 영혼들을 목양하라고 하는 소명 의식을 내가 잉글랜드 국교회 성직 수임식 서식에서 터득했을지 모르나 사실상 박스터 자신의 사역과 그의 『개혁된 목사』(*Reformed;* 우리는 Revived라고 말하기도 한다)에 대한 연구를 통해 구체화된 것이다.

학생 시절부터 나는 박스터의 상세한 설명들을 통해 내가 목사로 소명받았다는 사실을 알고 있었고 그 후의 강의와 저술에 대한 나의 전념은 나에게 있어서 단지 내가 성취해야 할 역할의 여러 국면들을 뚜렷하게 보여준 것에 지나지 않는다.

5. 청교도의 삶과 죽음

청교도들은 나에게 이 땅의 삶이 덧없는 것임을 보고 느끼도록 가르쳤다. 또한 그들은 이 땅의 삶이 모든 부를 다 준다고 하여도 결국 우리가 천국을 준비하는 예비 학교이며 옷을 갈아입는 방에 불과한 것으로 생각하도록 가르쳤고 죽음을 준비하는 것이 사는 것을 배우는 첫 단계임을 생각하도록 가르쳤다.

여기 내가 알기로 개신교가 상당히 접촉력을 상실해 온 역사적인 기독교의 강조점 — 교부, 중세, 종교개혁, 청교도, 복음주의의 강조점 — 이 다시 제시된다. 청교도는 그들의 신앙에 대한 조직적인 박해를 경험했다. 오늘날 우리가 가정의 평안이라고 생각하는 것을 그들은 알지 못하였다. 그들의 약품과 의술은 초보적이었다. 그들에게는 아스피린이나, 진통제나, 수면제나, 항우울성 약품이 없었다. 또한 그들에게는 사회적 보장이나 보험이 없었다. 반 이상의 성인이 젊어서 죽고, 태어난 아기의 반 이상이 영아로 죽는 세상에서 그들의 불변하는 동반자는 질병과 빈곤과 고통과 죽음이었다. 만일 그들이 천국을 바라보지 않고 자신을 하늘도성의 본향으로 여행하는 순례자로 생각하지 않았다면 그들은 미쳤을 것이다.

존슨(Johnson) 박사는 어떤 사람이 2주일 이내에 교수형에 처해진다는 사실을 알 때 그의 정신이 놀랍게 집중된다고 말함으로 주목을 받았다. 마찬가지로 우리가 삶의 한가운데 있으면서 동시에 죽음 안에 있고, 영원과 단지 한 발자국밖에 떨어져 있지 않다는 청교도의 자각은 오늘날의 풍요하면서도 나약하고 땅에 얽매인 서구 그리스도인들은 거의 처리하지 못하는 삶의 직무에 대해 고요하면서도 열정적이고 심오한 진지성을 그들에게 주었다.

내가 생각할 때 청교도가 했던 것처럼 의식적으로 영원의 가장자리에서 매일매일 사는 사람은 우리 중에 거의 없다. 따라서 그 때문에 우리는 실패하는 것이다. 왜냐하면 청교도들이 소유하고 살았던 비범한 활기, 환희(그렇다. 환희이다. 여러분은 청교도의 자료들에서 이 환희를 발견할 것이다)는 그들이 죽음을 언제나 보는 것이기 때문에 움츠리지 않고 평범한 사실로 받아들이고, 언제라도 떠날 준비를 갖추고 있던 현실주의에서 생겨난 것이라고 나는 믿는다. 죽음에 대한 고려는 매일 연속되는 생활을 감사하고 존중하게 한다. 그리고 하나님께서 그들과 의논하시지 않고 그들의 땅에서의 일이 끝나는 때를 결정하신다는 사실을 알 때 그들은 그 일을 계속할 수 있는 시간을 부여받고 있는 동안 열심히 하고자 하는 활력을 갖게 되었다.

나는 그럭저럭 견딜 수 있는 것보다는 더 좋은 전망으로 나 자신이 70년을 지나오고 있기 때문에 번연과 박스터와 같은 청교도들이 나에게 죽음에 대해 가르쳐 준 것에 대해 말할 수 없이 기뻐한다. 나는 그것을 필요로 했다. 그런데 최근에 내가 듣고 있는 설교자들은 이 사실을 깨닫지 못하고 있다. 그리고 현대의 기독교 저술가들은 이 사실에 대해 거의 오리무중인 것으로 보인다. 그러나 루이스(C. S. Lewis)와 찰스 윌리암즈(Charles Williams)는 예외이다. 다른 많은 진리에 대해서와 마찬가지로 이 진리에 대한 그들의 통찰은 20세기에 있어 확실히 독특한 것이다.

6. 청교도와 교회의 정체성

청교도들은 나의 교회에 대한 정체성을 형성해 주었다. 그것은 그들이 나에게 하나님의 일의 완전성에 대한 그들의 비전을 전달해 주었기 때문이었다. 이를 가리켜 그들은 개혁이라고 칭했고 오늘날 우리는 아마 갱신이라고 칭할 것이다. 나의 청년 때와 마찬가지로 오늘날 어떤 보수적 잉글랜드 국교도들은(나는 그들 중의 한 사람의 입장으로 말하고 있다) 정통파적 관행에 관심을 갖고 있고, 어떤 이는 예배 의식과 단체 생활에 관심을 갖고 있고, 어떤 이는 개인의 회심과 양육에 관심을 갖으며, 어떤 이는 인격적 성화에 관심을 갖으며, 어떤 이는 중앙 집권적이며 회중적인 구조에 관심을 가지며, 어떤 이는 국가의 도덕 규범들에, 어떤 이는 독점적이고 사회적인 증거에, 어떤 이는 우리의 라오디게아 주의 경건의 부흥에 관심을 갖는다.

그러나 이 관심들의 각각이 모든 다른 관심들과 연결되지 않는다면 그것은 측면이 무너지고 뿌리가 침식되어 결국 하찮은 것이 되고 만다. 이 모든 관심들이 각각 분열될 때 거대하게 보이던 것이 무너져 모래로 변하고 만다. 나는 내 자신의 생애 가운데 잉글랜드 국교회 안팎을 가로질러 일어나는 여러가지 일들을 보아왔다. 청교도는 나에게 이 모든 일들에 종합적으로 관심을 갖도록 하였다. 왜냐하면 이 모든 일들은 서로 상호 지지하여 하나님의 교회에서 하나님께 영광과 존귀를 낳게 하기 때문이다. 그러므로 나는 내 안에서 이 모든 사항들이 지금도 함께 존재한다고 말할 수 있음을 감사한다.

나는 아직도 영국에서 올바르게 인식되고 있지 않은 개혁의 천재 토마스 크랜머(Thomas Cranmer)나, 19세기의 거인 라일(J. C. Ryle)에게서도 (보다 최근의 잉글랜드 국교도에게서는 거의 배운게 없다고 생각한다) 전면적인 복음주의적 갱신이라는 이 이상(ideal)을 배웠다. 그러나 실제에 있어 나는 대부분의 이상을 청교도들에게서 배웠고, 주로 자칭 잉글랜드 국교도이며, 마지못한 비국교도인 리차드 박스터에게서 배웠다. 이미 말한 바와 같이 나는 그에게 다른 영역들에 있어서도 많은 신세를 지고 있다. 개혁된 잉글랜드 국교도로서 이 작은 빛을 따라갈 때 나는 다른 사람과 보조를 맞추지 않는 것처럼 보이는 장소들에 이른다. 나는 특별한 직분들에 대한 나의 판단이 무오하다는 환상을 갖지 않는다. 돌이켜 볼 때 보수적인 비분리주의자들은 박스터가 나에게 준 바가 옳은 것이었다는 결론에 이르게 된다고 나는 확신한다. 나는 이에 대해 계속 감사에 넘치며 이 감사가 영원히 지속되기를 기대한다.

7. 청교도 신학과 영성

청교도들은 나로 하여금 모든 신학은 선하거나 악하거나, 긍정적이거나 부정적이거나, 어떤 영향력을 수취자들의 하나님과의 관계, 또는 관계의 결여에 끼친다는 의미에 있어 영성이기도 하다는 것을 인식하게 하였다. 만일 우리의 신학이 양심을 일깨우지 않고 심령을 부드럽게 하지 않는다면 실제로 그것은 양심과 심령을 모두 완악하게 할 뿐이다. 만일 우리의 신학이 믿음의 헌신을 조장하지 못한다면 그것은 불신의 이탈을 강화한다. 만일 신학이 겸손을 고무하는데 실패한다면 필연적으로 오만을 조장한다. 그러므로 공중 앞에서 신학을 말하는 사람은 공식적으로 강단에서 하거나 인쇄물로 하거나, 또는 비공식적으로 안락의자에 앉아서 하거나 간에 자신의 생각이 사람들, 곧 하나님의 사람들과 그 밖의 사람들에게 끼칠 결과에 대해 골똘히 생각해 보아야 한다.

신학자들은 교회의 상수도 기사와 하수도 관리자들로 부르심을 받았다. 그들의 일은 하나님의 순수한 진리가 필요한 곳으로 풍성하게 흘러가는가 관찰하고 건강에 해를 줄 수 있는 방해적인 오염을 여과하는 것이다. 교회의 실제 생활과 신학대학과 신학대학원 사이의 사회적 간격은 이 사실을 망각하기 쉽게 한다. 그리고 나의 시대의 신학 과정들에 있어 전문적인 교육자들의 실적은 교회와 세상에 대한 그들의 책임에 있어 분명히 오점 투성이였다. 사실상 누구나 이 책임의 본질을 교부들이나 루터나 칼빈이나 또는 심지어 칼 바르트에게까지라도 기묘한 방법으로 배울 수 있다.

그러나 나는 청교도들이 알고 있는 모든 '교리'(진리)를 삶의 기초로 적절하게 '사용'(적용)하는 것을 관찰함으로써 이 책임의 본질을 터득했다. 회고해 볼 때 나에 대한 이 청교도의 영향력 덕택으로 어떠한 주제에 대한 것이든지 간에 처음부터 줄곧 나의 신학적 발언은 실제로 영적(즉 그리스도인의 삶을 위한 가르침)이었던 것 같다. 그리고 이제 나는 다른 방식으로 말하거나 쓰거나 할 수 없을 것 같다. 나는 행복한가? 솔직히 그렇다. 그것은 행복한 무능이다.

루이스의 최초의 저서이며 나에게 있어 가장 놀라운 기독교 서적은 번연 스타일의 우화인 『순례자의 귀환』(*The Pilgrim's Regress*)이었다. 이 책에서 그는 자신이 달콤한 욕망과 기쁨이라고 칭하는 바의 매력을 자세히 기술했다. 즉 어떤 사람이 여러 가지 일들을 경험하며 즐기고 있을 때 심령을 강타하는, 일상 생활을 초월하는 강한 울림이다. 그리고 이

울림은 궁극적으로 어떠한 피조물들이나 고제들에 의해서는 만족을 얻지 못하고 오직 그리스도 안에 있는 창조주의 사랑에 자신을 맡김으로만 진정되는 하나의 갈망으로 스스로를 드러낸다. 루이스가 말한 바와 같이 이 욕망은 다양한 사람들 가운데 다양한 자극에 의해 폭발된다. 루이스는 "화롯불이 타는 냄새, 머리 위를 날아가는 들오리들의 소리, 세상 끝에 있는 우물(The Well at the World's End)이라는 화제, 쿠빌라 칸(Kubla Khan)의 전투 대열, 늦 여름 아침에 보는 거미집, 밀려오는 파도 소리"에 대해 말한다.[2]

나는 이것들이 루이스와 다른 사람에게 어떻게 영향을 나타낼 수 있는가 하는 것을 이해할 수 있으나 나에게 있어서는 이것들 중 어느 것 하나도 충분한 영향을 일으키지 못한다.

나는 나무들을 바라보는 것, 폭포, 증기 기관차, 카레요리와 게살의 냄새, 바하, 베토벤, 브라암스, 브룩크너, 와그너의 소품들, 빌헤름 프르트웽클러(Wihelm Furtwängler), 에드윈 피셔(Edwin Fischer), 오토 클렘피러(Otto Klemperer)의 업적들에 대한 나의 기록들을 보고 즉흥적으로 시가 떠오르는 순간들과 건축에서 느껴지는 놀라움, 그리고 젤리 롤 몰턴(Jelly-Roll Mortor), 부버 밀리(Bubber Miley), 루이 암스트롱(Louis Armstrong)에 의해 이따금씩 느껴지는 장엄함들, 여기에 추가하여 – 이것이 바로 내가 이 문제를 거론한 이유이다 – 앞에서 이름을 말한 다섯 명의 저자들, 곧 루이스와 윌리암즈, 그리고 청슨한 박스터, 공상가 번연, 거대한 오웬의 화려한 문체들에서 내가 반톤적으로 느껴지는 어떤 신성한 감동들이다. 형태와 내용은 별개이면서도 연결이 된다.

---

2 C. S. Lewis, *The Pilgrim's Regress* (3rd edition, Geoffrey Bles: London, 1944), preface, pp 9f.

나는 다음과 같이 말함으로 형태와 내용을 연결시킨다. 곧 이 작가들은 자신들이 행하는 대로, 자기들이 행하는 바에 못지않게 기록을 함으로 자신의 책을 하나님으로 가득 차도록 한다.

그들이 하나님께 더 가까이 이끌수록 나는 하나님을 더욱더 원하게 된다. 나에게 있어 이 자료들이 그 내용에 있어 중요한 만큼 그 문체에 있어서도 중요해야 한다는 사실이 특별히 나를 행복하게 하는 것 같다. 여기에 있어 여러분의 경험은 나의 경험과 일치하지 않을지도 모른다(특별히 오웬의 육중하게 느껴지는 라틴어식 숙어를 좋아하는 사람은 매우 드물다). 그러나 여러분의 경험에는 나를 이해할 수 있게 하는 것이 있을 것이다. 나는 미국인들이 말하는 바와 같이 내가 청교도 거인들을 찬양할 때 여러분이 나의 출신을 확실히 알기를 원한다.

나는 본서의 여러 장들이 여러분을 흥분시키기를 바란다. 왜냐하면 그 장들에서 40년 동안 나를 흥분시켜 왔던 발견들을 여러분들과 나누려 하기 때문이다. 이 소론들은 단지 역사와 역사적 신학만이 아니라 내가 저술한 다른 저서와 마찬가지로 적어도 목적에 있어 그 자체가 영성이다. 본서의 장들은 청교도들이 우리와 비교할 때 거인들이며, 우리가 언제나 성장하고자 한다면 우리에게 필요한 도움을 줄 수 있는 거인들이라는 사실에 초점을 맞추고 있다.

과거의 그리스도인 영웅들에게서 배우는 것은 성도의 교제라고 적절히 칭해지는 덕성 함양의 친교에 있어 극히 중요하다. 비록 고인들이지만 위대한 청교도들은 그들의 저서를 통해 지금도 우리에게 이야기하고 있고 우리에게 이 시기에 있어 반드시 들어야 할 필요가 있는 사항들을 말해준다. 나는 이어지는 장들에서 이 사항들 중 어느 정도를 여러분 앞에 제시하기 위해 노력할 것이다.

제 I 부
청교도의 윤곽적 소개

2장. 우리에게 청교도가 필요한 이유

3장. 부흥운동으로서의 청교도주의

4장. 영국 청교도의 실천적 저서들

Among God's Giants
Aspects of Puritan Christianity

2장
우리에게 청교도가 필요한 이유

1. 성숙한 그리스도인

경마는 왕들의 운동이라고 한다. 그러나 진흙 던지기 놀이는 더 많은 애호가들을 갖고 있다. 특별히 청교도들 조롱하기는 대서양 양쪽 영국과 미국 모두에 있어 인기있는 오락이었다. 그리고 청교도주의에 대한 대부분의 사람들의 연상에는 아직도 눈꼴사나운 오물이 발라져 있는데 그것은 벗겨내야 할 필요가 있다.

'청교도'(Puritan)라는 명칭은 사실상 출발부터 비방이었다. 1560년대 초기에 만들어진 이 말은 엘리자베스 여왕의 라오디게아적이고 타협적인 잉글랜드 국교회에 대한 신앙적 동기에서 나온 불만이라는 기본적인 암시 외에 까다롭고, 비판적이고, 자만하고, 위선적이라는 것을 암시하는 야유와 비방이었다. 후에 이 말은 스튜어트 왕조(Stuart monarchy)에 반대하고 공화주의에 동조한다는 보다 발전된 정치적 내포를 갖게 되었다. 그러나 이 말의 근본적인 연상은 여전히 기묘하고 격렬하고 추악한 개신교의 형태에 대한 것이었다.

영국에서 반청교도 감정은 왕정 복고 시대에 표출되었고 그 이후부터 거리낌없이 늘 쏟아져 나왔다. 북미에서 이 감정은 조나단 에드워즈의 시기 이후에 서서히 형성되어 백년 전 미국 동부지역인 뉴잉글랜드에서 절정에 이르렀다.

그러나 지난 반세기 동안 학자들은 꼼꼼하게 이 진흙을 닦아 내었다. 그래서 시스틴 성당의 미켈란젤로의 프레스코 벽화를 복구자들이 어두운 광택을 제거함으로 오늘날 신비의 색깔을 갖게 된 것과 마찬가지로 청교도 전통적인 이미지는 적어도 잘 알고 있는 사람들에게 있어서는 철저하지 개선되었다(그러나 슬프게도 어떤 지역들에서 이 지식은 서서히 진행되고 있다). 페리 밀러(Perry Miller), 윌리암 할러(William Haller), 마샬 내픈(Marshall Knappen), 펄시 스콜스(Percy Scholes), 에드먼드 몰간(Edmund Morgan)과 또한 보다 최근의 많은 연구자들에게 교육을 받은 견문이 넓은 사람들은 이제 전형적인 청교도가 흉포하고 괴상한 야만인들이 아니며 종고적인 광신자들이나 사회적 극단론자들도 아니며 근실하고 양심적이며 교양있는 국민들이었다는 것으로 인정한다.

그들은 원칙적인 사람들이고 헌신적이고 단호하고 훈련된 사람들이며, 가정의 미덕에 있어 특히 뛰어난 사람들이었다. 그들은 확실하게 드러날 만한 결점을 갖고 있지 않았는데 한 가지 예외라면 하나님에게나 사람에게나 어떤 중요한 일을 말할 때 말씀에 의존하는 경향이었다.

그러나 그렇다고 할지라도 우리에게 청교도가 필요하다는 제안 – 20세기 후기의 서양인들로서 세속 분야와 종교 분야 모두에 있어 모든 궤변과 기술의 숙달을 소유하고 있는 우리 – 은 눈썹을 치켜올리게 할지 모른다. 비록 청교도가 실제로 책임있는 시민들이었다 할지라도 그들이 어느 정도 우스꽝스럽고, 감상적이고, 고지식하고, 미신적이고, 옛

스럽고, 바보스럽고, 지나치게 진지하고, 지나치게 꼼꼼하고, 중요하지 않은 사람들 가운데에서 거들먹거리고, 느긋할 수도 없고 느긋하려고 하지도 않는다는 확신은 쉽사리 사라지기가 어렵다. 문제는 이 열심당들이 우리에게 필요한 무엇을 줄 수 있는가 하는 것이다.

답변은 한마디로 말해서 성숙이다. 성숙(maturation)은 지혜와 선의와 쾌활과 창조성의 복합이다. 청교도들은 성숙을 예증했다. 우리는 그러하지 못하다. 우리는 영적 난쟁이들이다. 많은 여행을 한 토박이 미국인 지도자가 다음과 같이 선언했다. 곧 그는 북미의 신교가 인간 중심이고, 고요한 속임수이고, 성공지향적이고, 방종하고, 감상적이고, 폭은 3천 마일인데 깊이는 반 인치로 속이 들여다 보인다는 것을 알게 되었다는 것이다.

대조적으로 청교도들은 몸에 비유한다면 거인들이었다. 그들은 위대하신 하나님을 섬기는 위대한 영혼들이었다. 그들에게는 맑은 머리의 열정과 따뜻한 가슴의 동정이 결합되어 있었다. 공상적이면서 실제적이고, 이상적이면서 현실적이며, 목표 지향적이며 조직적인 그들은 위대한 신자들이었고, 위대한 소망자들이었고, 위대한 행위자들이었고 위대한 고난자들이었다. 대양 양쪽 모두에서 받은 그들의 고난, 즉 영국에서는 권력자들에게서 고난을 당했고, 뉴잉글랜드에서는 자연의 힘으로부터 고난을 당한 그들은 스스로를 연단하고 원숙하게 함으로 영웅으로 부족할 것이 전혀 없는 심적 능력을 얻게 하였다.

오늘날 우리의 풍요가 우리에게 가져다 주는 안일과 사치는 성숙을 이루지 못한다. 그러나 곤고와 결핍과 악전고투는 성숙을 이룬다. 그러므로 하나님께서 그들을 두신 것은 복음과 악천의 광야에서 청교도가 벌였던 투쟁들이 낙담과 공포를 딛고 담대하게 쓰러지지 않고 일어서는 강건한 품성을 만들어 냈다. 이 품성의 전례와 모범들은 모세와 느헤미야, 오순절 후의 베드로, 사도 바울과 같은 사람들이다.

이 영적 전투가 전형적인 청교도를 만들었다. 그들은 영적 투쟁을 자신의 소명으로 받아들였고, 번연의 우화에 나오는 바와 같이 자신들을 주님의 군병이며 순례자들로 보고, 어떠한 형태의 반대가 없이 한 발자국도 앞으로 나갈 수 있을 것으로 기대하지 않았다. 존 게리(John Geree)는 그의 소책자 『옛 영국 청교도 또는 비국교도의 특성』(The Character of an Old English Puritan or Nonconformist, 1946)에서 다음과 같이 기술했다.

> 그는 자신의 전생애를 전쟁으로 생각했다. 이 전쟁에서 그리스도는 그의 대장이며, 그의 무기는 기도와 눈물이었다. 십자가는 그의 군기이며, 그의 문장은 고난받는 자가 승리한다(Vincit qui Patitur)였다.[1]

청교도들은 대개 모든 공적 전투에서 졌다. 영국에 거하는 청교도들은 잉글랜드 국교회를 그들이 변화시키고 싶은대로 변화시키지 못했고, 영국 교회 신자들 중에서 소수파 이상으로 부흥하지 못했다. 그리고 결국 그들은 그들의 양심에 대한 계획적인 압박으로 인해 잉글랜드 국교회에서 몰려나게 되었다. 대서양을 건넌 사람들은 뉴잉글랜드에 새 예루살렘을 수립하는데 실패했다. 처음 50년 동안 청교도의 작은 지역들이 겨우 살아 남았다. 그들은 가까스로 일을 하며 연명했다. 그러나 객관적으로 볼 때 참을 수 없어 보이는 지속적인 압박과 좌절들 아

---

1   Cited from Gordon S. Wakefield, *Puritan Devotion* (Epworth Press: London, 1957), p x.

래에서 청교도들이 계속 즐겁고, 평화롭고, 인내하고, 소망에 차 있음으로 쟁취한 도덕적 승리와 영적 승리는 히브리서 11장의 제일 석을 차지한 신자들의 명예와 자리 중의 높은 영광의 자리를 그들에게 주었다. 그들의 성숙이 형성되고 그들의 제자 신분에 관한 지혜가 연단된 것은 바로 이 부단한 용광로의 경험을 통해서였다. 복음전도자 조지 휫필드는 다음과 같이 그들에 대해 기술했다.

> 시련 아래 있을 때 성직자들은 가장 훌륭하게 저술하고 설교한다. 그리스도와 영광의 영이 그 때에 그들에게 거하시는 것이다. 청교도들을…그처럼 찬란하게 비추이는 빛으로 만든 것은 바로 이 이유였던 것이다. 검은 바돌로매 법령(1662년의 통일령)에 의해 쫓김을 당하여 헛간과 밭과, 도로와 울타리에서 설교할 수 없는 자리로 내몰림을 당하였으나 그들은 특별한 방법으로 권위있는 사람들처럼 저술하고 설교하였다. 그들은 죽음을 무릅쓰고 저술로 말했다. 바로 이때에 독특한 감동을 주는 열정이 그들을 따랐다…[2]

이 말은 하나의 서문으로 1767년에 인쇄된 번연의 소설 재판에도 나온다. 그러나 감동을 주는 열정은 계속되고 있고, 그 권위도 계속 느껴지며, 성숙한 지혜는 여전히 놀라움을 주고 있다. 그러므로 현대의 모든 청교도 독자들은 이것을 스스로 발견하게 될 것이다. 이 문헌의 유산을 통해 청교도들은 그들이 알고 있고, 우리가 필요로 하는 성숙으로

---

2 George Whitefield, *Works* (London, 1771), IV: 306f.

나아가도록 오늘날의 우리를 도울 수 있다.

2. 일상생활의 통합

청교도들은 어떤 방법으로 이렇게 할 수 있을까? 나는 몇 가지 특별한 방법들을 제안하고자 한다.

1) 청교도들의 일상생활의 통합에 우리를 위한 교훈들이 있다

청교도들의 기독교 신앙에 모든 것이 포함되었던 것과 마찬가지로 그들의 생활 전체도 하나로 이루어졌다. 오늘날 우리는 그들의 생활방식을 거룩하다고 칭한다. 완전한 자각과 활동과 향유, 모든 피조물의 사용과 개인의 능력과 창조력의 개발, 이 모든 것은 자신의 모든 은사들을 바르게 인식하고 모든 것을 '주님께 거룩한 것'으로 만듦으로 하나님을 존귀케 한다는 한 가지 목적에 통합되었다.

청교도들에게는 신성한 것과 세속적인 것 간의 구별이 없었다. 그들은 피조물이 그들이 관련하는 한에 있어서는 신성하였고, 무슨 종류의 활동이든지 간에 모든 활동들은 성별되어야 했다. 즉 하나님의 영광을 위해 행해져야 했다는 것이다. 그러므로 청교도는 천국에 마음을 둔 열심 안에서 실제적이고, 현실적이고, 충만한 기도와 목적을 가지고 실천하는 질서은 남녀들이 되었다. 그들은 삶을 전체로 보았기 때문에 묵상을 행동과 통합하였고, 예배를 일과 통합하였고, 하나님의 사랑을 이웃과 자기사랑과 통합하였고, 개인의 정체성을 사회의 정체성과 통합하였고, 넓은 범위의 관계적인 책임들을 철저하게 양심적이고 주도면밀한 방법으로 관계적 책임들과 통합하였다. 이 철저성에 있어 그들은 극단적일 정도로 우리보다 훨씬 더 철저했다고 말할 수 있다.

그러나 그들은 성경에 제시된 그리스도인의 의무들의 넓은 범위 전체를 한데 융합함에 있어 놀라운 조화를 이루었다. 청교도들은 '방법'(method)에 의해(우리는 '생활규칙에 의해'라고 말하곤 한다) 생활하였다. 그들은 자신들의 시간을 계획하여 적당한 비율로 할당하였는데 나쁜 것들을 막기 위해서라기 보다는 모든 선하고 중요한 것들을 받아들였음을 확인하기 위해서였다. 이는 오늘날과 마찬가지로 그때에 있어서도 바쁜 사람에게 필요 불가결한 지혜였다! 오늘날 일련의 시간에 제한된 문제들을 처리하지 않은 채로 닥치는 대로 무계획적으로 생활하는 경향이 있어 시간의 대부분을 어지럽고 산만하다고 느끼는 우리는 이 점에 있어 청교도들에게 많은 것을 배울 수 있을 것이다.

2) 청교도들의 영적 경험의 특성에 우리를 위한 교훈들이 있다

청교도들의 하나님과의 교제에는 예수 그리스도께서 중심이고 성경이 가장 중요했다. 신과 인간의 관계에 대한 하나님의 교훈의 말씀인 성경에 의해 그들은 생활하고자 했는데 여기에 있어서도 역시 그들은 방법적인 면에서 신중했다. 청교도들은 스스로를 사고와 감정과 의지를 가진 피조물이며 하나님께서 인간의 심령(의지)에 이르시는 길이 인간의 머리(정신)를 경유한다고 생각했기 때문에 성경 진리의 전체 범위를 스스로에게 적용시키기 위해 광범위하게 그리고 조직적으로 묵상을 했다. 성경에 대한 청교도의 묵상은 묵상 가운데 자기 심령을 탐색하고 도전하고, 죄를 미워하고 의를 사랑하는 감정을 분발시키고, 하나님의 약속들로 자신을 격려하고자 했는데 이는 청교도 설교자들이 강단에서 행하는 것과 똑같은 것이었다. 이 이성적이고 단호하고 열정적인 경건은 강박됨이 없이 신중하였고, 율법주의에 빠짐이 없이 율법 지향적이었고, 수치스러운 방종의 경향이 없이 그리스도인의 자유를 표현하였다. 청교도는 성경이 변할 수 없는 거룩한 법칙이라는 것을 알고 있었으며 절대로 이 사실을 망각하도록 자신을 버려두지 않았다. 또한 그들은 타락한 인간 심령의 부정직성과 기만성을 알고 있었기 때문에 변치 않는 마음가짐으로 겸손과 자기 불신을 교화하였고 영적으로 보이지 않는 흠들과 숨어있는 마음 속의 악들을 찾기 위하여 정기적으로 자신을 검사했다.

그러나 이 이유로 그들을 병적(morbid)이라거나 내성적(introspective)이라고 칭할 수는 없다. 반대로 그들은 성경에 의한 자기 성찰(self-examination, 자기 반성을 통한 변화를 말한다. 내성〈introspection〉과 같은 것이 아님을 주의해야 한다. 내성 이란 자신에게만 계속 집착하여 병적 심리〈morbidity〉 상태가 되는 것을 말한다-역자주)을 터득하였으며, 죄를 고백하여 버리고, 용서하시는 긍휼을 인하여 그리스도에 대한 감사를 새롭게 함으로 마음 속의 평화와 기쁨의 근원이 되게 하였다. 하나님을 섬길 때 부정한 마음과 제어되지 않은 감정과 불안정한 의지를 갖고 있는 오늘날의 우리들 그리고 초월적인 영성으로 가장한 비이성적이고 감정적인 낭만주의에 의해 자신이 강요당하고 있는 것을 계속하여 발견하는 우리들은 이 점에 있어서도 역시 청교도의 모범에서 많은 유익을 얻을 수 있다.

3) 청교도들의 효과적인 활동을 위한 열정안에 우리를 위한 교훈들이 있다

비록 청교도들이 다른 인간 족속들과 마찬가지로 있을 수 있고 있어야 하는 바에 대한 꿈을 꾸고 있었지만 그들은 우리가 '몽상가'라고 칭할 수 있는 종류의 사람들이 아니라는 것은 분명하다. 그들에게는 세상을 변화시키는 일을 타인들에게 맡기는 게으르고 수동적인 사람의 나태를 위한 시간이 없었다. 그들은 조금도 자기 자신에게 의지함이 없이 개혁 운동에 참여하는 순수한 개혁 정신을 소유한 행동하는 사람들이었고, 그들 안에서 그들을 통해 역사하시는 하나님께 완전히 의지하고, 자신들이 행한 일에 있어 옳다고 생각되는 일은 무엇이나 하나님께 영광을 돌리는 하나님의 일꾼들이다. 하나님께서 그들이 갖고 있는 능력들을 사용하시되 자신들을 나타내기 위함이 아니라 하나님의 영광을 위해 생활하며 열심으로 기도하는 은사의 사람들이었다.

그들 중에 어떤 이들은 마지못해 마음이 내키지 않으면서 교회나 국가에 혁명을 일으키는 사람들이 되었으나 그렇게 되기를 원한 사람은 아무도 없었다. 그들 모두는 죄에서 거룩함으로의 변화가 요구되는 곳에서는 어느 곳에서든지 하나님을 위해 효과적인 변화의 동인(動因)이 되기를 갈망했다. 그러므로 크롬웰과 그의 군대는 전투에 앞서 길고 강력한 기도를 드렸고, 설교자들은 강단으로 감히 나아가기에 앞서 길고 강력한 기도를 드렸고, 평신도들은 모든 중요한 문제, 즉 결혼, 사업 거래, 중요한 구매 등 무엇이나를 처리하기에 앞서 길고 강력한 기도를 드렸다.

그러나 서양의 그리스도인들은 대체로 열정이 없고 수동적이며, 기도가 없기 때문에 두려워하고 머뭇거리는 태도가 발견된다. 그들은 개인적인 경건을 가장하는 누에고치로 둘러싸는 습관을 양성하여 공적인 일들은 어떻게 되어 가든지 상관을 하지 않고 그들 자신의 기독교 범위를 넘어서는 영향력을 기대하지도 않고 대부분의 경우에 있어 영향력을 끼치려고 시도하지도 않는다.

청교도들이 거룩한 잉글랜드와 뉴잉글랜드를 위해 기도하고 수고한 자리에서 현대 그리스도인들은 특권이 무시되고 불성실이 지배하여 민족의 판단력이 위협 받고 있다는 것을 느끼고 있으면서도 틀에 박힌 사회적 관습에 기꺼이 안주하여 왔다. 그리고 그런 의식으로 안주해 왔기 때문에 그들은 더 멀리를 바라보지 못한다. 이 점에 있어서도 청교도들이 우리에게 가르쳐 줄 많은 것들을 갖고 있음은 분명하다.

4) 청교도들은 가정의 안정을 위한 프로그램의 교훈들이 있다

청교도가 영어권 세계에 기독교적 가정을 창조했다고 말해도 과언이 아닐 것이다. 청교도의 결혼 윤리는 당장 정열적으로 사랑하는 배우자를 찾는 것이 아니라 자신의 생애동안 가장 좋은 친구로 견실하게 사랑할 수 있음으로 인해 하나님의 도움으로 후에 정열적으로 사랑하는 데로 나아가게 되는 배우자를 찾는 것이었다. 청교도의 자녀 양육 원리는 그들이 마땅히 나아가야 할 길로 자녀들을 훈련시키고, 자녀들의 육체와 영혼을 함께 돌보며, 근실하고 경건하고 사회적으로 유용한 성인의 삶을 위해 자녀들을 교육하는 것이었다. 청교도의 가정 생활 윤리는 질서와 예의와 가정 예배를 유지함이 기초가 되었다. 친절과 인내와 언행 일치와 격려의 태도는 가정에서 필수의 덕으로 간주되었다. 진통제가 없는 초보 단계의 의술, 흔한 사별(대부분의 가정은 최소한 기르고 있는 자녀 만큼의 자녀를 잃고 있었다), 단지 30년 미만의 평균 수명의 기대, 그리고 상인, 귀족, 지주를 제외한 거의 모든 사람이 경제적 곤란을 겪고 있던 판에 박힌 불안의 시대에, 가정 생활은 모든 의미에 있어 인격 수양을 위한 학교였다.

청교도들은 가정 생활을 토대로 삼아 가정에서 무자비하게 행동함으로 세상에서의 압박감을 풀고자 하는 모든 사람의 낯익은 유혹을 물리쳤다. 또한 그들은 가정을 요새로 삼아 모든 악조건들에도 불구하고 자신의 가정 가운데에서 하나님을 영화롭게 하기 위해 노력했는데 이는 가장 큰 칭송을 받을 만하다. 청교도들은 가정에서의 어려움과 실망들을 하나님께로부터 온 것으로 현실적으로 받아들이고, 그런 어려움과 실망들 중 어느 것에 의해서도 풀이 꺾이거나 마음이 상하지 않는 성숙의 모범을 보였다. 또한 청교도 평신도가 복음전도와 선교를 실행하는 첫 번째 단계도 역시 가정이었다. 게리는 다음과 같이 기록했다.

> 그는 자신의 가정을 교회로 만들기 위해 노력했다…그는 자기 가정에서 태어난 자녀들이 하나님께로 중생하도록 하기 위해 힘썼다.[3]

그리스도인들 중에서조차 가정 생활이 깨지기 쉽게 되어 겁많은 부부들은 관계를 유지시키기보다는 이혼이라는 쉬운 길을 택하고 있고,

---

3 Wakefield, loc cit. 자신이 전도자의 소명을 받았다고 생각하여 가정주부의 역할을 할 수 없다고 생각하는 여인이 무디에게 상담을 하러 왔다. 무디는 "집에 자녀가 있습니까?"라고 물었다. "네 6명이 있습니다." "거기 당신의 회중이 있군요. 시작하십시오!"

자기 중심의 부모들은 자녀들에게 영적으로 태만하는 동안 물질적으로 응석받이를 만들고 있는 이 시대에, 청교도의 매우 다른 방법들에서 또한 많은 것을 배워야 할 것이다.

5) 청교도의 인간 가치 의식에서 배워야 할 교훈들이 있다

청교도들은 위대하신 하나님(쇠함이 없으시고 인간에 의해 좌지우지 되지 않으시는 성경의 하나님)을 믿음으로 도덕적 문제들과 영원과 인간 영혼이 중대하다는 것을 생생하게 깨닫게 되었다. 햄릿(Hamlet)의 "인간이란 얼마나 놀라운 작품인가"라는 대사는 바로 청교도의 소감이다. 인간 개개인들에 대한 경이감은 그들이 예민하게 느꼈던 것이다. 죄는 아무것도 요구할 권리가 없다고 말한 중세기의 영향을 받아 비록 그들이 분명히 자신들과 다른 사람들을 언제나 존경한 것은 아니지만 하나님의 친구로 만들어진 피조물로서의 인간의 존엄성에 대한 그들의 가치관은 강력하였는데, 특틑히 인간의 아름답고 고귀한 거룩성에 대한 의식이 강했다.

오늘날 우리 대부분이 살고있는 개미집과 같이 집단화된 도시에서 각 개인의 영원한 중요성에 대한 의식은 크게 손상되었다. 따라서 이점에 있어 청교도 정신은 우리가 크게 유익을 얻을 수 있는 치유책이다.

6) 청교도의 교회 갱신에 대한 이상에서 배워야 할 교훈들이 있다

분명히 '갱신'은 그들이 사용한 말이 아니다. 그들은 '개혁'과 '개혁하라'는 것에 대해서만 말했는데 이 말은 우리의 20세기적인 생각에는 교회의 통설, 규칙, 예배 형태, 규범들의 외형에 제한된 관심을 시사한다. 그러나 청교도들이 '개혁'을 위하여 설교하고 책을 출판하고 기도했을 때 그들은 이러한 관심보다 훨씬 더 많은 것을 염두에 두고 있었다.

박스터의 『개혁주의 목사』라는 책의 원본 표지에 이 '개혁된'이란 말은 다른 글자보다 훨씬 더 큰 활자로 인쇄되어 있는데 박스터의 『개혁주의 목사』는 칼빈주의를 위해 유세하는 사람이 아니라, 설교자와 교사와 교리 문답자와 직무의 귀감으로서의 그의 사역이 그 자신을 소위 우리가 '부흥된'(revived) 또는 '갱신된'(renewed) 사람으로 제시하는 사람이라는 사실을 발견하지 못했다면 더 읽을 필요가 없는 것이다.

이런 종류의 '개혁'의 본질은 하나님의 진리에 대한 풍부한 이해, 하나님을 향한 애정의 분발, 헌신에 대한 열심의 증가 그리고 자신의 소명과 개인적인 삶에 있어 확고한 기독교적 목적과, 더 많은 사랑과 기쁨이었다. 이와 조화하여 교회를 위한 이상은 곧 '개혁된' 성직자를 통해 각 회중의 모든 것이 개혁되어야 한다는 것이다. 다시 말해서 하나님의 은혜로 말미암아 무질서함이 없이 우리가 신앙부흥이라고 칭하는 상태, 즉 진심으로 철저하게 회개하고 신학적으로 정통이며 건전하고, 영적으로 방심이 없이 예민한, 특징적인 표현을 나타내어 지혜롭고 성숙되고, 원리적으로는 진취적이고 순종적이며 자신의 구원에 대해 겸손하지만 기쁘게 확신하는 상태에 이르는 것이다. 이것이 영국 교구들과 17세기 중엽에 증가된 회중 형식의 교회에서 철저하게 지향된 청교도 목회 사역의 목표였다.

사회에서의 영적 각성에 대한 청교도의 관심은 그들의 제도 존중주의로 인해 어느 정도는 우리에게 숨겨져 있다. 영국 감리교회의 융성과 대각성을 상기함으로 우리는 부흥에 대한 열심을 항상 확립된 질서에 대해 긴장을 하고 있는 것으로 생각한다. 반면에 청교도는 회중 수준의 '개혁'을 마음에 그렸는데 이러한 개혁은 목사 쪽에서의 신실한 설교와 교리문답과 신령한 예배를 통해 훈련된 스타일에서 이루어지는 것이다.

평신도의 주도권을 막고 있는 성직권주의는 분명히 청교도의 한계였다. 그리고 평신드의 열심이 크롬웰의 군대에서, 퀘이커파에서, 그리고 공화국 시대에 엄청난 분파의 저변에서 끓어넘쳤을 때 이 성직권주의는 타격을 받았다. 그러나 다른 면으로 볼 때 청교도는 목사가 복음전도자이며 성경 교사, 영혼들의 목자이며 치유자, 교리 문답자이며 상담자, 훈련자이며 구율의 시행자로서의 목사의 고결성을 발전시킨 것이다. 의심할 바 없이 지속적인 정당성을 갖고 있었던 청교도의 교회 생활에 대한 이상과 목표들에서, 그리고 도전적이고 철저하게 고매했던 성직자들을 위한 청교도의 기준들에서 현대 그리스도인들은 많은 것을 유념할 수 있고 또한 유념해야 할 것이다. 이상은 청교도들이 이 시대에 우리를 도울 수 있는 많은 영역들 중에 단지 일부에 불과한 것이다.

3. 청교도의 위대성

청교도의 위대성에 대한 칭송은 어떤 독자들을 회의적이 되게 할지도 모른다. 그러나 앞에서 암시한 바와 같이 이러한 칭송은 역사적 연구에서 행하여 왔던 청교도주의에 대한 새로운 평가와 완전히 조화하는 것이다. 40년 전 청교도주의에 대한 학구적인 연구는 중세기 문화와 문예부흥 문화의 몇몇 특정한 면들에 대한 청교도의 반동들이 있었을 뿐만 아니라 청교도 문화라고 할 수 있는 것이 있었는데 그것은 풍성한 문화였다는 사실을 발견하는 분기점이 되었다. 대서양 양쪽의 청교도들이 특징적으로 병적이고, 강박적이고, 상스럽고, 반지성적이라는 초기 시대의 일반적인 억측은 잊혀지게 되었다.

청교도의 사고 방식에 대한 경멸적인 무관심은 공감적인 유의로 바뀌었다. 그리고 청교도의 신념과 이상들에 대한 탐구가 활기있는 학구적 가내 공업이 되었고 지금까지도 그러하다. 북아메리카는 2년에 걸쳐 4권의 책을 출판함으로 안내자 역할을 했는데 이 책들은 청교도 연구가 절대로 계속 같을 수 없다는 것을 확실하게 하였다. 이 책들은 윌리엄 할러(William Haller)의 『청교도주의의 발흥』(*The Rise of Puritanism*, *Columbia University Press*: New York, 1938), 우드하우스(Woodhouse)의 『청교도주의와 자유』(*Puritanism and Liberty*, Macmillan: London, 1938), 내픈(M. M. Knappen)의 『튜우더 왕가 시대의 청교도주의』(*Tudor Puritanism*, Chicago University Press: Chicago, 1339), 페리 밀러(Perry Miller)의 『뉴잉글랜드의 정신』(*The New England Mind Vol I: The Seventeenth Century*, Harvard University Press: Cambridge MA, 1939)이었다. 1930년대와 그 후에 나온 많은 책들은 이 네 책들이 보여준 청교도주의에 대한 견해를 확인하였고, 다음과 같은 전체적인 관념이 드러나게 되었다.

청교도주의는 핵심에 있어 하나님과 경건에 열정적으로 관심을 두는 영적 운동이었다. 청교도주의는 '청교도'라는 말이 생겨나기 전 세대이며 루터와 같은 시대의 성경 번역자 윌리암 틴데일과 함께 영국에서 시작되어 17세기 말엽, 곧 '청교도'라는 말이 사용되지 않게 된 후 수십 년 계속되었다. 청교도의 발전 과정에는 다음과 같은 요인들이 첨가되었다. 즉 틴데일의 개혁적 성경주의, 존 버나드의 심령과 양심의 경건, 존 낙스의 국가교회들에서의 하나님의 영광을 위한 열심, 존 후퍼, 에드워즈 데링, 리차드 그린맨에게서 나타나는 복음적 목회 능력을 위한 열정, 토마스 카트라이트를 열중케 한 교회의 예배와 질서의 '규정 원리'로서의 성경에 대한 견해, 존 오웬과 웨스트민스트 규범이 제시한 반가톨릭, 반알미니안, 반소시니안, 반도덕률 폐기론, 칼빈주의, 리차드 박스터의 불후의 작품『기독교 훈령집』(Christian Directory)에서 절정에 이른 포괄적인 윤리적 관심, 그리고 퍼킨스와 번연 외 다수의 마음을 사로잡은 성경의 가르침을 대중화하고 실제화하려는 목적이다.

청교도주의는 본질적으로 교회 개혁과 목회 갱신과 복음전도를 위한 운동이었으며, 이에 추가하여 – 진실로 하나님의 영광을 위한 열심의 직접적 표현으로써 – 청교도주의는 세계관이며 기독교 철학이었다. 지적인 용어들로 표현한다면 청교도주의는 신교화되고 새로워진 중세주의였고, 영적인 용어들로 표현하면 수도원 밖에서, 그리고 수도승의 서원을 배제한 개혁된 수도원 생활이었다.

청교도의 목표는 영국의 개혁이 시작한 바를 완성하는 것이었다. 곧 잉글랜드 국교회 예배의 형태 수정을 완성하고, 잉글랜드 국교회 교구에 효과적인 교회 규율을 도입하고, 정치와 가정과 사회 경제 체계에 정의를 수립하고, 모든 영국인들을 살아있는 복음적 신앙으로 개종시키는 것이었다. 복음을 전도하고 가르침을 통해, 그리고 모든 예술, 과학, 기술들의 성경화를 통해 영국은 성도들의 땅, 집합적 경건의 귀감과 모범이 되는 것이며, 그리하여 세계의 축복 수단이 되는 것이었다.

이상이 청교도의 꿈으로 이 꿈은 1660년(왕정복고)과 1689년(신교 자유령) 사이에 있었던 박해의 긴 터널을 지나며 위축되기 전에 엘리자베스, 제임스, 찰스의 통치하에서 발전하여, 왕위가 비어있는 동안 꽃을 피웠다. 이 꿈은 이 책이 관심을 갖고 있는 거인들을 낳았다.

4. 청교도의 교훈

이 장이 노골적인 변호라고 나는 고백한다. 나는 청교도가 우리에게 심히 필요한 교훈들을 가르쳐 줄 수 있다는 주장을 입증하고자 애쓰고 있는 것이다. 나는 나의 논증을 좀 더 속행하고자 한다. 오웬(Owen), 박스터(Baxter), 구드윈(Goodwin), 하우이(Howe), 퍼킨스(Perkins), 십스(Sibbes), 브룩스(Brooks), 왓슨(Watson), 거어널(Gurnall), 플라벨(Falvel), 번연(Bunyan), 맨턴(Manton) 등과 같은 위대한 청교도 목사이며 신학자들이 영적 통찰력 뿐만 아니라 뛰어난 지적 능력의 소유자들이라는 사실이 지금쯤은 분명한 사실이 되어야 한다.

그들에게 있어 착실한 학문에 의해 육성된 지적 기질은 하나님을 위한 불타는 열심과 인간 심령에 대한 세밀한 지식에 연결되었다. 그들의 모든 과업은 이 은사와 은혜의 독특한 결합을 나타낸다. 그들은 사고와 관점에 있어 철저하게 하나님 중심이었다. 하나님의 주권에 대한 그들의 인식은 심원하였고 하나님의 기록된 말씀을 다룰 때 그들의 경의는 깊고 불변적이었다. 그들은 성경을 살펴볼 때 인내를 갖고 하였고 철저했고 조직적이었다. 그리고 계시된 진리를 거미줄로 볼 때 그 다양한 선들과 결합들에 대한 그들의 이해력은 확고했고 명백했다. 그들은 인간들과 관련된 하나님의 방법들과 중보이신 그리스도의 영광과, 신자와 교회 안에서 행하시는 성령님의 역사를 가장 풍성하게 이해하였다.

그들의 지식은 단순한 이론적 정설로 끝나는 것이 아니다. 그들은 하나님께서 그들을 가르치신 모든 것을 실행과 '일치시키고자'(그들 자신의 어구) 애썼다. 그들은 자신들의 양심에 하나님의 말씀의 멍에를 지게 하여 모든 활동들을 성경의 정밀 조사 아래 두고, 자신들이 행하는 모든 일을 단순한 독단적인 정당화와는 성질이 다른 신학적 정당화를 요구하기 위해 스스로를 훈련시켰다. 그들은 하나님의 생각에 대한 자신들의 파악을 삶의 모든 지류에 적용시켰고 교회, 가정, 국가, 예술과 과학, 상업과 산업의 세계를 개인의 헌신에 못지 않은 것으로 보았고 하나님께서 섬김을 받으시고 영광을 얻으셔야 하는 많은 영역들로 보았다. 왜냐하면 그들은 삶의 창조주를 삶의 각 부분들의 주인으로 보았고, 그들의 목적은 '주님께 대한 거룩함'이 삶에 기록되고 삶의 영원성 가운데 기록될 수 있도록 하는 것이었기 때문이었다.

이것이 전부가 아니었다. 청교도는 하나님을 알고 있었을 뿐만 아니라 인간도 알고 있었다. 그들은 인간을 근원에 있어서는 하나님의 땅을 지배하도록 하나님의 형상대로 만들어진 고귀한 존재였으나 이제는 죄로 인하여 비참하게 짐승같이 되었다고 보았다. 그들은 죄를 하나님의 율법, 주권, 그리고 거룩이라는 세 가지 빛에 비추어 봄으로 위반과 범죄(transgression and guilt)이며, 반역과 탈권이며, 부정과 부패와 선에 대한 무능으로 보았다. 이렇게 보고 또한 성령께서 그리스도 안에서 죄인들을 믿음과 새 생명으로 이끌어 성도들을 구주의 형상에 이르도록 자라가게 하시고 은혜에 대한 전적인 의존을 배우도록 인도하시는 방법을 알았기 때문에 청교도들은 훌륭한 목회자들이 될 수 있었다.

그들의 강단에서의 '실제적이며 경험적인' 해설의 깊이와 열정도 뛰어났지만 병든 영혼들에게 영적인 의술을 적용하는 그들의 기술도 뛰어났다. 그들은 종종 성도들이 우왕좌왕하는 신앙 생활과 하나님과의 관계에 대한 정확한 지도를 성경을 찾아 철저하게 만들었으며(그림과 같은 지명들에 대해서는 천로역정을 보라), 영적 불안을 진단하여 적절한 치료 방법들을 제시하는 그들의 정확성과 지혜는 뛰어났다. 그들은 횟펄

드와 스펄전 같은 사람들이 개신교의 고전적인 복음주의자들로 존재하는 것과 마찬가지로 개신교의 고전적인 목회자들로 남아있다.

목회적인 면에 있어서 오늘날의 복음주의 그리스도인들이 가장 많은 도움을 필요로 하는 것이 바로 여기이다. 최근 몇 해 동안 목회자의 수효가 증가하였고 복음주의 신학의 과거의 행로에 대한 새로운 관심이 증대하고 있는 것같이 보인다. 이에 대해 우리는 마땅히 하나님께 감사를 드려야 한다. 그러나 모든 복음주의적인 열심이 정통적인 것은 아니며 성경적인 그리스도인의 삶의 미덕들과 가치들이 언제나 마땅히 일치해야 하는 바대로 일치하고 있지는 않다.

따라서 우리가 청교도의 저술들에서 청교도를 만나볼 때 특별히 오늘날의 복음세계에 있어 특별히 세 집단이 청교도만이 줄 수 있는 도움을 필요로 하고 있다는 것은 매우 분명한 것같이 보인다. 이 세 집단을 나는 불안한 경험주의자들, 자기 방어적 주지주의자들, 그리고 불평적인 분리주의자들이라고 칭한다. 물론 그들은 조직화된 의견 단체들이 아니라 우리가 어디서나 만나는 특유한 심리 상태를 갖고 있는 개인들이다. 이제 그들을 차례대로 생각해 보기로 하자.

내가 '불안한 경험주의자'들로 칭하는 사람들은 흔히 대할 수 있는 종류의 사람들이기 때문에 관찰자들은 때때로 그들을 복음주의로 정의하고 싶은 유혹을 받는다. 그들의 외부에 대한 시각은 일관성이 없고 매우 성급하며 신기한 것들과 즐거움과 '높은 이상들'을 추구하며 깊은 사고보다는 강한 감정을 존중한다. 그들은 딱딱한 공부, 겸손한 자기 반성, 훈련된 묵상, 호화롭지 않고 힘든 직업과 기도에는 거의 흥미가 없다. 그들은 그리스도인의 생활을 결연하고 이성적인 공의라고 생각하기보다는 자극적이고 특이한 경험이라고 생각한다.

그들은 로마서 7장의 신령한 불만족, 시편 73편의 믿음의 전투, 또는 시편 42, 88, 102편의 '낮아짐'과 같은 균형을 잡는 언급들은 하지 않고 기쁨, 평화, 행복, 만족, 영혼의 안식이라는 주제들만 계속 강조한다. 그들의 영향으로 인해 단지 외향적인 사람들의 명랑함이 건강한 그리스도인의 생활과 동일시되게 되었고 반면에 보다 복잡한 기질을 가진 성도들은 그들이 지시하는 방식에 의해 흥분할 수 없기 때문에 거의 정신이 산란해지게 된다. 이 떠들썩한 사람들은 들뜬 상태 가운데, 보다 더 기묘하고 인상적인 경험이 더 신령하고 초자연적이고 영적인 경험이 틀림없다고 두비판적으로 경솔하게 판단을 내리며 진실한 사고에는 성경적인 덕성을 거의 부여하지 않는다.

외향적 복음주의자들이 최근 몇년 동안 목회적 용도를 위해 개발한 전문적 상담 기술들에 호소해도 이 결함들을 고칠 수 없다. 왜냐하면 영적 생활과 영적 성숙은 기술이 아니라 진리에 의해 육성되고 포장되는 것이기 때문이다. 우리의 기술들이 전달되어야 할 진리와 추구되어야 할 목표에 있어 결함이 있는 생각 가운데 형성되었다면 그것들은 우리를 전보다 더 훌륭한 목회자나 신자로 만들 수 없다. 이 불안한 경험주의자들이 한쪽으로 기울어지는 이유는 그들이 그리스도인의 삶의 스타일을 추구하는 자기이익 중심으로 바꾸는 세속화 형태와 인간 중심의 비이성적 개인주의의 희생물이 되어 버렸기 때문이다. 이러한 성도들은 청교도 전통이 발전시킨 성숙 사역을 필요로 한다.

청교도의 어떤 강조점들이 불안한 경험주의자들을 안정시켜 차분하게 할 수 있을까? 먼저 이 점들로부터 시작해 보자.

① 신적 요구로서의 하나님 중심에 대한 강조이다. 이것은 자기 부

정의 훈련에 중점을 두는 것이다.
② 정신의 중요성과 아직 이해되지 않은 성경 진리는 순종할 수 없다는 주장이다.
③ 언제나 겸손하고 인내하고 절제하라는 요구와 성령의 주요 사역이 흥분을 주는 것이 아니라 우리 안에 그리스도와 닮은 인격을 창조하는 것임을 인정하라는 요구이다.
④ 감정이 기복이 있다는 사실을 깨달아야 하며 하나님께서 종종 우리를 단조로운 감정의 광야로 인도하시는 훈련을 시키신다는 것을 깨달아야 한다는 것이다.
⑤ 예배를 삶의 근본적인 활동으로 생각하는 것이다.
⑥ 시편 139:23 – 24에 제시된 대로 성경에 의한 규칙적인 자기 반성의 필요성에 대한 강조이다.
⑦ 신령한 고난은 하나님의 자녀들을 은혜 가운데 성장시키시는 하나님의 계획에 있어 중요하다는 것을 실감하는 것이다.

청교도의 교육 전통보다 더 능숙한 권위를 가지고 정화하며 강건하게 하는 약을 사용한 다른 기독교 교육 전통은 없다. 청교도는 스스로 이 약을 조제하여 우리가 살펴본 바와 같이 일세기 이상 놀랍도록 강건하고 활발한 그리스도인을 양육하였다.

다음은 복음세계에서 앞의 유형처럼 흔하지는 않지만 낯익은 유형인 '자기 방어적 지성주의자'(entrenched intelectualists)들에 대해 생각해 보자. 이들 중의 어떤 자들은 불안정한 기질과 열등한 감정의 희생자들인 것으로 보이며 또 어떤 자들은 경험주의의 광대짓에 대해 나름대로 느끼는 오만감, 또는 고통스러운 반발같이 보인다.

그러나 그들이 표현하는 행동 양식은 특수하고 특징적이다. 그들은 끊임없이 자신을 엄격하고 논쟁적이고 비판적인 그리스도인들, 정통적 관행이 모든 것인 자들, 하나님의 진리의 옹호자들로 나타낸다.

칼빈주의건 알미니안이건, 세대주의건 오순절파이건, 국가교회 개혁주의자이건, 비국교파 교회 분리주의자이건, 무엇이거나 간에 자신들의 진리관을 옹호하고 방어하는 것이 그들의 주된 관심이며, 그들은 이 과제에 아낌없이 자신을 투자한다. 그들의 주위에는 거의 온기가 없이 냉랭하다. 그들은 교제 관계와 멀리 떨어져 있다. 그들에게 있어 경험은 큰 의미가 없다. 지적 정확성을 위한 싸움에서 승리하는 것이 그들의 하나의 큰 목적이다.

진실로 그들은 우리의 반이성적이고, 감정 중심적이고, 즉각적인 만족 문화에서 신령한 일들에 대한 개념적 지식이 경시되고 있는 것을 보고 이 점에 있어서의 균형을 정열적으로 추구한다. 그들은 지성의 우선권을 잘 이해하고 있다. 문제는 그들이 줄 수 있는 것이 비록 전부는 아니지만 거의 전부가 스스로 만들어 낸 바른 생각이라는 칼을 쓰기 위한 끝없는 전투 가운데 표현되는 주지주의라는 것이다. 그 이유는 그들이 소유하고 있는 것이 그것이 거의 전부이기 때문인 것이다. 따라서 그들도 성숙하기 위해 청교도의 유산 앞에 자신의 본 모습을 드러내 보일 필요가 있다고 나는 주장한다.

마지막 진술은 역설적으로 들릴지 모른다. 왜냐하면 자기 방어적 주지주의에 대해 그려진 윤곽이 많은 사람이 생각하는 전형적 청교도와 일치하기 때문이다. 그러나 청교도 전통이 빈약한 주지주의에 대해 어떤 강조점들을 제시하는가 질문해 볼 때 전체의 요점이 윤곽을 드러낸다.

① 참된 신앙은 지성뿐만 아니라 애정을 요구한다. 이 점은 리차드 박스터의 '마음의 일'이라는 어구에 본질적으로 나타나고 있다.
② 신학적 진리는 실천을 위한 것이다. 윌리암 퍼킨스는 신학을 영원히 복되게 사는 과학으로 정의했다. 윌리암 에임즈는 신학을 하나님을 향해 사는 과학으로 칭했다.
③ 만일 우리가 관념들을 아는 것에서 그 관념들이 말하는 실제들을 아는 것으로 나아가지 않는다면, 이 경우에 있어서는 하나님에 대해 아는 것에서 하나님 자신과의 관계적 지식으로 나아가지 못한다면 관념적 지식은 죽이는 것이 된다.
④ 사랑과 거룩한 생활, 즉 선한 의지가 선한 행위로 표현되는 감사의 생활로 끝나는 믿음과 회개가 복음에 명백하게 요구되고 있다는 것이다.
⑤ 하나님께서 우리에게 성령을 주심은 우리를 그리스도 안에서 다른 사람과의 친밀한 교제로 인도하시기 위함이다.
⑥ 묵상의 훈련은 우리가 하나님을 사랑하는 일을 끊임없이 열심을 내고 사모하도록 하기 위함이다.
⑦ 교회에서 선동자가 되어 분열하게 하는 것은 불경하고 악한 것이며, 사람들로 하여금 파당과 불화를 야기하게 하는 것은 대개 지적 형태를 취한 오만이다.

위대한 청교도들은 두뇌가 명석했던 만큼 마음이 겸손하고 따뜻했으며, 성결 지향적인 만큼 인간 지향적이었고, 진리를 위해 열정적인 만큼 평화를 위해서도 열정적이었다. 청교도들이 오늘날의 경화된 기독교 주지주의자들이 건전한 말씀의 형태에 대한 열심은 있으나 그밖에 다른 일에는 열심이 결여된 것을 본다면 영적인 발육부진이라고 분명히 진단하였을 것이다. 인간의 삶에 있어 하나님의 진리에 대한 청교도 교육의 추진력은 이러한 영혼들이 온전하고 성숙된 인간으로 원숙하게 하기 위한 잠재력을 지금도 갖고 있다.

마지막으로 '불평적 분리주의자들'이라고 칭한 자들을 살펴보고자 한다. 그들은 현대 복음 운동의 조난자이며 태만자들이고 그들 중의 많은 자들은 이제 복음 운동에 악감을 가지고 복음 운동을 기독교의 신경증적 왜곡이라고 비난한다. 이들도 역시 우리가 너무 잘 아는 종류의 사람들이다. 이 사람들에 대해 생각해 보는 것은 괴로운 일이다. 왜냐하면 현재 그들의 경험이 우리의 복음주의를 깊이 불신하고 있고 또한 그런 사람들이 매우 많기 때문이다.

그들은 누구인가? 그들은 복음으로 양육을 받았거나 또는 복음적 영향권 내에서 회심을 고백함으로 한때 스스로를 복음주의자들로 보았으나 복음주의적 관점에 대해 환멸을 느끼게 되었고 복음주의가 자신들을 실망시켰다고 느끼고 등을 돌린 사람들이다. 어떤 이들은 지적인 이유로 복음주의를 버린다. 그들은 자신들에게 가르쳐진 것이 극단적으로 단순하여 정신을 질식시켰고, 비현실적이며 사실들과 일치하지 않음으로 사실상 부지불식간에 부정직하게 된다고 판단한다. 또 어떤 이들은 교제 관계에서의 상처와 배신과 실패들로 인해 그리고 착오와 잘못된 결정에 의해 그리스도인으로서 그들이 건강과 부와 고통이 없는 환경과, 책임 의구의 면제를 즐겨야 한다고 기대함으로 복음주의를 떠난다.

간단히 말해서 행복하게 천국까지 그들을 날라다줄 편안한 꽃침대를 기대하는 것인데 이 큰 기대는 여러 가지 사건들에 의해 방해받은 진노로 인한 것이다. 상처와 분노로 인해 그들은 자신을 신용 사기의 희생자로 생각하게 되어 이제 자신들이 알았던 복음주의를 자신들을 실패시키고 바보로 만들었다고 비난하고 원망하며 포기해 버린다.

만일 그들이 그와 함께 하나님 자신을 비난하고 버리지 않는다면 불행 중 다행이다. 현대의 복음주의는 이런 종류의 비난자들에 대해 최근의 순진한 마음과 비현실적인 기대가 그 원인이 되었다는 답변을 한다. 그러나 여기 청교도 거인들의 더 진하고, 더 깊고, 더 현명한 복음주의에 우리가 그 메시지에 귀를 기울이기만 한다면 우리 가운데에서 교정과 치유의 기능을 성취할 수 있을 것이다.

현대의 어수룩한 복음주의에 대해 불평하는 변덕자들을 치유하기 위해 청교도들이 우리에게 말해 줄 수 있는 바는 무엇일까? 청교도 저자들의 기록들을 읽은 사람은 누구나 여기에 도움을 주는 많은 내용을 발견할 것이다. 청교도 저자들이 한결같이 우리에게 말해 주는 것이 있다.

① 하나님의 '비밀'이다. 그들은 우리의 하나님이 너무 작다고 말한다. 실재의 하나님은 인간이 만든 관념 상자에 집어넣을 수 없고 완전히 이해될 수 없다는 것이다. 그러므로 하나님께서는 자신을 믿고 사랑하는 사람들을 다루심에 있어 과거에나 현재에나 미래에나 항상 완전히 이해할 수 없는 분이다. 따라서 '손실과 고난', 즉 우리가 지니고 있는 특별한 소망들과 관련된 좌절과 실망들은 하나님과의 교제의 삶에 있어 반복되는 요소로 받아들여야 한다는 것이다.

② 청교도 저자들은 하나님의 '사랑'에 대해 우리에게 말해 준다.

그들은 죄인들을 구속하고, 회심시키고, 성화시키고, 궁극적으로 영화롭게 하는 것이 바로 사랑이라고 말한다. 갈보리는 인간사에서 이 사랑이 완전하고 명백하게 계시된 하나님의 장소였다. 비록 이 세상의 어떤 상황도 기름에 달라 붙는 파리들이나 잠자리의 불안이 없을 수 없지만 우리는 우리 상황과의 관계에서 이 사랑으로부터 우리를 떼어놓을 수 있는 것이 아무것도 없다는 것을 확실히 알 수 있다(롬 8:38 이하).

③ 청교도들은 하나님의 사랑이라는 주제를 전개한 다음 하나님의 '구원'에 대해 우리에게 말한다. 우리의 죄를 제거하시고 우리에게 하나님의 용서를 전하신 그리스도께서는 이 세상을 통과하여 영광으로 우리를 인도하고 계시다는 것이다. 우리는 지금부터 이 영광에 대한 열망과 이 영광을 즐기기 위한 능력을 조금씩 배움으로 이 영광을 준비하고 있는 것이다. 그러므로 신령한 예배와 변함없는 사랑의 순종이라는 형태로 나타나는 이 땅의 거룩은 내세의 행복으로 가는 고속도로인 것이다.

④ 청교도들은 세상과 육체와 악마와 우리를 타락시키고자 하는 수많은 방법의 '영적 전투'에 대해 우리에게 말해 준다.

⑤ 하나님께서 우리를 더 큰 악으로부터 지키기 위해 악이 우리 삶에 영향을 주는 것을 허용하기도 하시며 영적 전투를 지배하시고 성화시키시는 하나님의 '보호'에 대해 우리에게 말해 준다.

⑥ 하나님의 '영광'에 대해 말한다. 우리가 하나님의 은혜를 찬양하고, 혼란과 핍박 아래에서 하나님의 능력을 증명하고, 하나님의 선하신 기쁨에 우리 자신을 완전히 맡기고 언제나 하나님을 우리의 기쁨과 희락으로 삼음으로 하나님의 영광을 촉진시키는

것은 우리의 특권이다.

청교도들은 이 귀한 성경 진리들을 우리에게 가르쳐 줌으로 '포악한 운명의 무기들'에 대항하기 위해 필요한 자원들을 우리에게 주며 부상자들에게는 자신들에게 일어난 일이 그들을 자기 연민적인 원한과 반발에서 일으켜 완전하게 영적 건강을 회복시킬 수 있다는 통찰력을 준다. 청교도의 설교들은 섭리에 대한 문제들이 절대로 새로운 것이 아님을 보여준다.

17세기에도 영적 부상자들, 곧 극단적인 생각을 갖고 있고 비현실적인 소망을 갖고 있다가 결국 실망하고 불평불만하고 낙담하고 절망하는 성도들이 있었다. 이 점에 있어 청교도의 우리에 대한 사역은 그들이 그들 중에 있던 상처받은 영혼들을 분발시키고 격려하기 위해 끊임없이 말했던 바의 부산물에 불과한 것이다.

나는 왜 우리에게 청교도가 필요한가라는 질문에 대한 답변이 이제 매우 명백해졌다고 생각하고 이 점에 대한 하나의 논증을 결론짓고자 한다.

내가 지금까지 읽어왔던 어떤 다른 신학자들보다 청교도들에게 더 많은 신세를 지고 있고, 청교도들이 나에게 아직도 필요하다고 알고 있는 나는 여러분도 아마 그들을 필요로 할지 모른다는 사실을 여러분에게 설득하기 위해 노력했다. 이 일에 성공하는 것은 나로 기쁨에 넘치게 할 것이라고 나는 고백한다. 이 성공은 여러분과 주님을 위한 것이다. 그러나 하나님의 장중에 맡겨야 할 일들도 있다. 우리 청교도의 유산을 함께 계속적으로 탐구해 보기로 하자. 여기에는 내가 지금까지 언급한 것보다 더 많은 황금이 발굴될 것이다.

3장
부흥운동으로서의 청교도주의

1. 청교도 운동의 정의

　나는 내가 말해야 하는 바의 기초로 먼저 청교도 운동에 대한 정의를 제시하고 그 다음에 부흥에 대한 정의를 제시함으로 시작하고자 한다.
　나는 청교도주의를 16세기와 17세기의 영국에서 엘리자베스 시대가 허용했던 것보다 더 발전된 잉글랜드 국교회의 개혁과 갱신을 추구한 운동이라고 정의한다. '청교도'라는 말 자체는 경멸적으로 남용된 불확실한 말인데 1564년과 1642년 사이에(이에 대한 정확한 연대는 토마스 훌러와 리차드 박스터에 의해 제시된다)[1] 이 말은 적어도 다음과 같은 다섯 가지의 중복되는 사람들의 집단에 대해 사용되었다.

　① 잉글랜드 국교회의 기도서 의식들과 어구 일부를 꺼렸던 목회자에게 쓰여졌다.

1　See the citations in Basil Hall, "Puritanism: the Problem of Definition", *Studies in Church History II*, ed E. J. Cuming (Nelson: London, 1965), pp 288ff.

② 토마스 카트라이트(Thomas Cartwright)와 1572년의 의회에 의해 발의된 장로교 개혁 프로그램의 지지자들에게 쓰여졌다.

③ 반드시 비국교도들은 아니나 진지한 칼빈주의 경건을 실행했던 목회자와 평신도에게 쓰여졌다.

④ 도르트 종교회의(Synod of Dort)를 지지하지 않은 다른 잉글랜드 국교도들에 의해 교리적 청교도라고 불려졌던 그 회의를 성원한 '완고한 칼빈주의자들(rigid calvinist)'[2]에 대해 쓰여졌다.

⑤ 하나님의 일들과 영국 법률과 백성의 권리들에 대해 공개적으로 존중을 표시한 하원의원, 치안 판사, 그리고 그 밖의 귀족들에 대해 쓰여졌다.[3]

교수인 죠지(George) 여사는 '청교도'라는 말은 문화와 사회 방정식의 '미지수'(x)라고 주장했다. 즉 이 말은 욕설의 대수학이라는 교묘한 조정자에 의해 주어졌다는 것 외에는 아무 의미가 없다는 것이다.[4] 그러나

---

2 청교도를 '완고한 칼빈주의자들'이라고 하는 묘사는 M. Antonius De Dominis의 *The Cause of his Return, Out of England* (Rome, 1623)에 최초로 나온다. 그러나 이 동일시는 이 1610년과 1619년 사이의 어느 때에 캠브리지대학의 흠정신학 교수였던 John Overall에 의해 작성된 사적인 문서에서 이루어졌다. 이 문서에서 Overall은 '항의자들 또는 알미니안들과 반 항의자들 또는 청교도들'의 교의를 대조한다. H. C. Porter, *Reformation and Reaction in Tudor Cambridge* (Cambridge University Press: Cambridge, 1958), p. 410을 보라. 엘리자베스의 통치 마지막 20년 동안 유력한 청교도 신학자였던 William Perkins와 그 시기 동안 '청교도'라는 호칭이 붙여졌던 사람들 전부는 아니더라도 대부분은 사실상 De Dominis가 완고한 칼빈주의라고 칭하는 바를 옹호하고 있었다. Porter, op cit, chap XII를 보라.

3 .See C. Hill, *Society and Puritanism in Pre-Revolutionary England* (Mercury Books: London, 1966), pp 20–28, especially the extract from Lucy Hutchinson's *Memoirs of the Life of Colonel Hutchinson* on p 27.

4 C. H. and K. George, *The Protestant Mind of the English Reformation 1570-1640* (Princeton University Press: Princeton, 1961), p 6; cf pp 397-410.

실제에 있어 비록 복잡하고 다변적이지만 이 '오명'의 모든 사용에 관계되는 특별한 현실이 있었다. 그것은 일세기 이상 동안 계속 뭉쳐 이어진 성직자-평신도 운동이었다. 이 운동은 세 가지 사항에 의해 일치감을 부여받았는데 이 일치감은 정치 형태와 정책에 대한 의문들의 판단 차이로 파괴되기에는 너무도 심오한 것이었다.

① 한편으로는 기독교 신앙과 실행에 대해, 다른 한편으로는 회중 생활과 목회 직무에 대해 공유하고 있는 신념의 방향으로서, 청교도들은 특성에 있어 성경주의자이며 칼빈주의자였다.
② 영국 교회에서 하나님의 영광을 위해 일하도록 부르심을 받았다는 공유적인 의식이었다. 그들의 임무는 예배에서 천주교를 제거하고 정치에서 고위 성직자를 제거하고 성도에게서 이교적 불신앙을 저지함으로 영국 교회에 참되고 진정한 신약성경 형태의 교회 생활[5]을 실현시키는 것이었다.
③ 공유하는 문헌이었다. 이 문헌은 완전히 독창적인 설교 형식과 경험적인 강조로 이루어진 교리문답과 복음전도와 경건 서적들

---

5 G. F. Nuttall, *Visible Saints: the Congregational Way, 1640-1660* (Basil Blackwell: Oxford, 1957), p. 3에서 최초의 조합 교회주의자들에 대한 논평을 참조하라. "외관상으로 볼 때 통치 형태들에 대한 불균형적 관심에 우선하고 있음에도 불구하고 신약성경의 기독교의 내적 생명을 회복하려는 열렬한 갈망이 있었다. 곧 최초에 나타난 형태와 같은 형태로 표현하고자 하는 것이었다. B. R. White는 *The English Separatist Tradition* (Oxford University Press: Oxford, 1971)에서 영국의 분리주의가 회중 생활의 신약성경 양식에 대한 청교도 계통의 사상들에서 자라났고 개혁 재세례파들에게는 아무런 결정적인 원인이 없다고 설득력있게 나타난다. 따라서 그는 *The Holy Spirit in Puritan Faith and Experience* (Basil Blackwell: Oxford, 1946), p. 9의 다음과 같은 Dr. Nuttal의 또 하나의 의견을 용인한다. "그들이 분리주의의 마지막 방법을 취한 것은 그들이 가장 보수적인 청교도들과 공통으로 갖고 있었던 사상과 이상들의 보다 중대한 부분을 파괴하지 않은 채로 남겼다"-그러나 분리주의자들은 그들의 시대에 청교도로 칭해지지 않았다.

이었다. 이 문헌을 쓴 백여 명의 저자들 중에 1602년에 사망한 윌리암 퍼킨스(William Perkins)는 가장 구성적인 저자였고, 1649년에 『성도의 영원한 안식』(Saints' Everlasting Rest)으로 시작하여 기도의 작가라는 경력을 갖고 있는 리차드 박스터는 가장 저명한 작가였다. 이상이 우리가 토의하고자 하는 청교도주의였다.

나는 부흥을 영적 사망자들에게 하나님께서 말씀을 통해 성령으로 그리스도를 믿는 생명의 믿음을 전달하시고 활기없이 잠들어 있는 그리스도인들의 내적인 삶을 다시 새롭게 하시는 역사라고 정의한다. 하나님께서는 부흥 가운데 옛것들을 새롭게 하시고, 율법과 복음에 새로운 능력을 부여하시고, 마음과 양심이 눈멀고 딱딱하고 차가운 자들에게 새로운 영적 각성을 주신다. 따라서 부흥은 교회들과 그리스도인 집단들에 생명을 불어넣거나 또는 다시 생명을 불어넣어, 사회에 신령하고 도덕적인 영향을 끼치게 한다. 부흥은 최초의 부흥하는 과정으로 이루어져 이 축복이 지속하는 한 부흥이 유지되는 상태로 이어진다.

사도행전의 처음 몇 장을 모범으로 택하여 부흥의 조건들이 만들어 낸 명백한 열매인 신약성경의 나머지 부분과 연결시켜 볼 때, 우리는 하나님의 임재에 대한 경외감과 복음의 진리를 부흥의 표적들로 열거할 수 있다. 곧 죄에 대한 깊은 각성은 깊은 회개로 이어져, 사랑하시고 용서하시는 그리스도이자 영광을 받으신 그리스도를 진심으로 받아들이는 결과가 된다. 다음에 강력한 영의 자유를 표현하는 강력한 언어의 강력한 자유로움으로 그리스도의 능력과 영광을 억제할 수 없이 증거하게 된다. 그리고 하나님의 편에서 은혜의 역사를 강화하고 급속하게 진행시키심으로 사람들은 말씀에 의해 거꾸러지고, 성령에 의해 변화를 받게 된다.

따라서 성인 회심자들이 믿음을 고백한 후에 세례를 받는 것은 신학적으로 뿐만 아니라 목회적으로도 적절하다는 것이 증명된다. 물론 어떤 사회적 운동이 없이도 개인적 부흥이 있을 수 있고 개인들이 부흥되지 않는 사회 운동은 있을 수 없는 것이 사실이다. 그렇지만 사도행전을 우리의 모범으로 따른다면 부흥이란 하나님께서 주권적으로 자신의 권능을 나타내시고 자신의 백성을 부르시고 자신의 나라를 넓히시고 자신의 이름을 영화롭게 하시는 본질적으로 집합적인 현상이라고 정의하게 된다.

2. 청교도의 개혁

만일 이 내용들이 조나단 에드워즈에 의해 어렴풋이 나타내어진 부흥 신학에서, 전부는 아니더라도 대부분이 발견되기만 한다면, 나는 이곳에서 이 내용들이 비록 성경에서 직접적으로 끌어내진 것이지만 진정한 의미에 있어 청교도의 내용이라고 진술했을 것이다. 페리 밀러는 에드워즈에 대해 "청교도주의는 곧 에드워즈(Edwards) 자신이다"[6]라고 정확하게 말한 바 있다. 나는 다른 곳에서 다음과 같은 주장을 한 바 있다. 즉 에드워즈가 삼십대에 기록한 저술들에 깊이 간직된 부흥에 대한 이해는 그가 오늘날의 복음주의 신학에 끼친 가장 중요한 단독의 기

---

[6] Perry Miller, *Jonathan Edward* (William Sloane Associates: New York, 1949), p 194; cf p 62: "에드워즈의 사상에 대한 가장 단순하고 가장 정확한 정의는 그것이 경험 심리학의 특색에 대한 청교도주의의 개작이었다는 것이다."

여이고 이 주제에 대한 고전적 논법으로 남아 있다는 것이다.[7] 그러나 이 주제는 현재 나의 연구 범위가 아니다.

다니엘 닐(Daniel Neal)의 『청교도 역사』(History of Puritans, 4권, 1732–1738)가 최초로 나타난 이래 2세기 이상 동안 청교도 운동을 교회와 국가에서 계속된 힘겨루기로 이해하는 것이 당연시 되어 왔다. 물론 이러한 이해는 청교도의 동기들에 대한 질문을 어느 정도 모호한 상태로 남겨 두기는 하지만 부분적으로는 사실이다. 여기에 어보뉘 몰간 박사는 극히 중대한 단서를 제공한다. 그는 다음과 같이 기술한다.

> 청교도를 이해하는데 있어 없어서는 안 될 사항은 그들이 다른 어떤 자이기 전에 먼저 설교자였다는 것이다…그들이 교회를 통해 세상을 개혁하기 위한 시도들로 어떤 노력들을 하였든지, 그리고 교회의 지도자들로 인해 이 노력들이 좌절되었을 때라도 그들을 결속시키고 그들의 노력을 한데 묶어 그들에게 지속할 원동력을 둔 것은 그들이 복음을 전파하기 위해 부르심을 받았다는 그들의 자각 때문이었다.[8]

나는 청교도주의를 바르게 이해하기 위해서는 청교도의 역사가 부흥의 역사로 이야기되는 날을 기다려야 한다고 감히 말한다. 그럴 때에 지금까지 해석의 열쇠로 간주되어 왔던 교회의 투쟁은 영적으로 갱신된 국가라는 보다 큰 청교도의 목표 – 비록 부분적인 성취라고 하지

---

7 'Jonathan Edwards and Revival', below, Chapter Nineteen.

8 Ironwy Morgan, *The Godly Preachers of the Elizabethan Church* (Epworth Press: London, 1965), p 11.

만-에 공헌해 온 것으로 인정될 것이다. 이 역사가 올바르게 이야기될 수 있는 그 날은 아직 이르지 않았다. 청교도의 전도와 교육과 경건과 목회 사역과 영적 경험에 대한 분석이 시작되었으나,[9] 아직 갈 길이 멀고 이 자료에 대한 신학적 평가는 초기 상태에 있다.[10] 또한 모든 자료들도 아직 다 수집되지 않았다.

본 논문의 제한된 목적은 단지 청교도주의가 그 본질에 있어 탁발 수도승들의 영적 부흥운동과, 위클리파 교도들(Lollards)의 영적 부흥운동과, 청교도들이 공공연하게 완성시키고자 추구했던 종교개혁 자체와 같이 영적 부흥운동이었다는 진술을 확실하게 하고자 하는 것일 뿐이다. 이 점을 입증하는 것은 앞에서 말한 내용들에 있어서의 청교도주의를 연구할 필요성을 확증하는 것이며 아마도 그렇게 하는 자극이 될지도 모른다. 그러므로 이제 나는 나의 논증에 다음과 같은 세 가지 명백한 사실들을 제시한다.

---

9 Cf eg, William Haller, *The Rise of Puritanism* (Columbia University Press: New York, 1938); Nuttall, *The Holy Spirit*…; G. S. Wakefield, *Puritan Devotion* (Epworth Press: London, 1957); N. Pettit, *The Heart Prepared* (Yale University Press: New Haven, 1966); books by the Georges and Morgan, already cited (nn 4, 8); O. Watkins, *The Puritan Experience* (Routledge and Kegan Paul: London, 1972); Peter Lewis, *The Genius of Puritanism* (Carey Publications: Hayward's Heath, 1977); C. E. Hambrick-Stowe, *The Practice of Piety* (University of North Carolina Press: Chapel Hill, 1982); C. L. Cohen, *God's Caress* (Oxford University Press: New York, 1986).

10 Georges, op cit와 J. F. H. New, *Anglican and Puritan. The Basis of their Opposition* 1558-1640(A. and C. Black: London, 1964)에 의한 청교도주의와 잉글랜드 국교회주의 간의 신학적 관계의 정반대적 해석을 비교해 보라. 전자는 잉글랜드 국교회와 청교도가 모든 면에서 본질적인 일치를 이루는 것을 발견함에 반해 후자는 "원칙의 두 가지 일치들…전체적으로 매우 다른 실재들"을 말한다(p 111). 이 놀라운 차이가 나타내는 바는 이 문제되는 점에 대해 비교적 연구가 발전 되지 않은 상쾌에 있다는 것이다. 이것은 칼빈주의로 출발한 청교도 신학이 반 세기 내에 아무도 모르게 알미니안의 율법주의로 변했다는 R. T. Kendall의 역설적인 주장에 의해서도 반영되는 사실이다 (*Calvin and English Calvinism to 1649*. Oxford University Press: Oxford, 1979).

1) 영적 부흥의 추구

"영적 부흥은 청교도들이 추구하고 있다고 공언한 바의 중심이었다"는 것이다. 이상하게도 이 사실은 거의 강조되지 않고 종종 무시되기도 한다. 왜 그럴까? 적어도 세 가지 이유를 생각할 수 있다.

① 청교도는 보다 성경적인 교회 질서에 대한 그들의 추구와 분리하여 부흥을 하고자 하지 않았다. 그런데 직업적 역사가들과 경건한 체하는 복음주의자들은 (나는 그 이유를 모르겠지만) 이 두 가지 목적은 구별되는 것일 뿐만 아니라 심지어 사람들이 동시에 관여할 수 없는 정반대의 추구라고 억측하는 경향이 있다.
② 청교도의 부흥에 대한 추구는 그 시대에 조롱을 받았고 진지하게 받아들여지지 않았다(이 사실은 '청교도'라는 말의 역사가 실제적으로 우리에게 말해 주고 있다). 그 결과로 인해 그 후의 연구자들도 이 추구를 진지하게 받아들이지 않는 같은 실수를 범하게 되었다.
③ 청교도는 '부흥'(revival)이라는 말을 그들이 추구하는 바를 나타내는 전문적 술어로 사용하지 않고, '개혁'(reform)이라는 어휘로 자신들의 목적들을 표현하였다. 예를 들어 1656년에 리차드 박스터가 목회에 대한 그의 고전 『개혁주의 목사』를 출판할 때 '개혁된'이란 말로 그가 의미했던 바는 교리에 있어 칼빈주의적이라는 것이 아니라(적어도 넓은 의미에 있어 그는 그렇게 가정했다), 활력과 열심과 목적에 있어서 갱신되었다는 의미였다. 책 자체가 분명하게 나타내 보이는 바와 같이 그 의미는 다른 말로 '부

흥된'(revived)이라는 것이었다. 그리고 다른 곳에서 그는 "만일 하나님께서 목회를 개혁하셔서 그들이 자신들의 의무들을 열심히 그리고 신실하게 행하게 하신다면 분명히 이 백성은 개혁될 것이다"[11]라고 기술했는데 여기에서 '개혁된'이란 말로 그가 의미한 바는 역시 우리가 '부흥된'이라고 표현하는 의미였다. 그러나 역사가들과 복음주의자들은 (역시 나는 그 이유를 모른다) 일관되게 교회의 '개혁'을 공적으로 고백되는 교리와 공적으로 확립되는 질서와 같은 외적인 문제들로만 이해하고 심령과 생활의 내적인 갱신에 대해서는 연관시키지 않았다. 그러므로 그들은 종교 개혁자들과 청교도들이 항상 마음에 두고 있었던 '개혁' 목표의 영적 차원의 부름을 발견하지 못하는 것이다.

그러나 만일 우리가 다음과 같은 질문을 한다면 그 답은 명백하다. 곧 왜 청교도들이 엘리자베스 여왕의 통치 동안 내내 경건하고 합법적인 목회를 가능케 하는 공적 활동을 위해 설교하고 저술하고 청원했을까?[12] 왜 청교도들이 엘리자베스 여왕이 억압하는 성경 해설을 위한 집회들(prophesyings)을 도입하고 지지했을까?[13] 왜 청교도들이 대학 강사와 성직자들을 통해 영국 전체에 학식이 있고 경건한 설교자들의 조직망을 만들려고 했을까? 왜 그들은 젊은이들이 목회를 준비하기 위해

---

11 *Reliquiae Baxterianae*, ed M. Sylvester (London, 1696), first pagination, p 115.

12 Cf the documents(nos 14, 19−21) printed by H. C. Porter in *puritanism in Tudor England* (Macmillan: London, 1970), pp 180f, 217−227.

13 On the prophesyings, see Morgan, op cit, chap III, and *Elizabethan Puritanism*, ed L. J. Trinterud (Oxford University Press: New York, 1971), pp 191ff, where the Order of the Norwich Prophesying is printed.

대학을 갈 수 있도록 재정을 도우라고 끊임없이 부유한 자들에게 촉구
했을까? 왜 청교도 봉토 수령자들은 1625년 후에 라우드(Laud)가 법률
로 금지시키기까지 목사 추천권과 교회 재산을 샀을까?[14] 왜 부정 축재
를 한 목사들을 처리하기 위한 국회 위원회와 (무자격 성직자를 해임하기
위한) 크롬웰 위원회와 (자칭 성직자들을 심사 하기 위한) 심판관들이 결성
되었을까? 간단히 말해서 왜 복음적인 자격을 갖춘 목회자에 대한 관
심이 청교도의 우선권 목록 중에 언제나 최우위였을까를 묻는다면 그
답변은 명백하다는 것이다.

박스터가 진술한 바와 같이 "모든 교회의 흥망은 목회자의 (부나 세상
적 권위에 있어서가 아니라) 자신의 사역에 대한 지식과 열심과 재능의 흥
망에 따른다."[15] 청교도들은 무엇보다 영국의 교회가 영적으로 흥하는
것을 보기 원했다. 그리고 그들은 갱신된 목회자가 없이는 이 소원이
이루어질 수 없다는 것을 알고 있었다.

윌리엄 할러(William Haller)는 종종 다음과 같은 말을 하곤 한다.[16]

> 1570년 후에 청교도 성직자는 교회 질서의 변화를 당시의 상
> 황으로는 직접적인 활동에 의해서 성취될 수 없었기 때문에
> 강력한 평신도 선거지반을 확립하려는 목적의 수단으로 설교
> 와 목회 사역으로 전환하였다는 것이다. 그러나 이것은 사실
> 이 아니고 실상은 에드워즈 데링(Edward Dering)이 1570년과

---

14 On the feoffees, see I. M. Calder, *Activities of the Puritan Faction of the Church of England 1625-1633* (SPCK: London, 1957); Haller, op cit, pp 80ff; Irvonwy Morgan, *Prince Charles' Puritan Chaplain* (George Allen and Unwin: London, 1957), pp 174-183.

15 *Reliquiae Baxterianae*, loc cit.

16 Haller, op cit, pp 5, 173, etc.

> 1572년에 엘리자베스 여왕 앞에서 한 존 낙스 식의 설교(인간의 얼굴을 드러워하지 않았던 설교)인 "훈계"(Admonition)에 명백하게 나타나 있다.[17]

즉, 청교도의 견해에 있어 목적은 죄인들의 구원과, 인간과 하나님이 만나는 살아있는 집회들 안에서와 그것들로 말미암는 하나님의 영광이었다. 모든 교회의 질서는 이 목적을 위한 수단이었고 이 목적을 위해 모든 미신적인 것과 사람들을 그릇되게 하는 것과 성령을 소멸케 하는 것을 색출하는 것이었다.

청교도에게 죄인들의 구원이라는 말은 단지 그들의 회심만을 의미하는 것이 아니라 고제 가운데 영적 건강과 힘과 헌신적 순종으로의 성장 – 간단히 말해서 '성별'(청교도는 이 위대한 말을 경건한 삶의 모든 국면과 범위를 포함하는 넓은 의미로 사용했다)까지도 의미하는 것이었다.

그러나 선한 성직자에 대한 청교도의 세 가지 큰 칭찬 '능력있고'(powerful), '수고하고'(painful, 근면하고), '유용한'(useful) 목회가 없다면 영국 백성 가운데 거룩은 절대로 현실이 될 수 없는 것이다. 이것이 청교도 성직자가 일세기 이상 동안 설교와 목회에 자신을 바친 이유였다. 그들이 추구한 더의는 개조라기보다는 부흥이었다.

---

17 Dering's sermon, which went through at least twelve editions in Elizabeth's lifetime, is printed in *Elizabethan Puritanism*, pp 138ff. The Admonition was reprinted in *Puritan Manifestoes*, ed W. H. Frere and C. E. Douglas (SPCK: London, 1907), pp 5ff.

2) 개인의 부흥

이 사실은 두 번째 사실로 이어진다. 즉 '개인의 부흥이 청교도 경건 문헌의 중심 주제였다'는 사실이다. 리차드 박스터는 그의 2절판 1,143페이지에 이르는 『기독교 훈령집』(부제:그리스도인들이 지식과 믿음을 사용하는 법, 모든 도움과 수단을 이용하고 모든 의무들을 실행하는 법, 유혹을 극복하는 법, 그리고 모든 죄를 피하거나 억제하는 법을 가르치기 위한 실천 신학과 양심의 사례들에 대한 요약)의 5분의 4 정도를 진행해 나가다가 174번 항목인 "양심의 교회에서의 사례들"에서 "돈이나 시간이 부족하여 소수의 책밖에 읽을 수 없는 사람은 어떤 책, 특별히 어떤 신학 서적들을 선택해야 하는가?"라는 질문을 한다.

이에 대한 답에서 그는 "가장 가난하고 가장 작지만 상당히 좋은 장서"라고 칭하는 서적들로 "성경, 성구사전, 주석, 교리 문답서, 복음 교리들에 관한 책, 그리고 당신이 구할 수 있는한 많은 애정 깊은 실제적인 영국 작가들의 저서들"을 나열한다. 그는 약 60명 이름을 말 하는데 그 중에 청교도 저자는 모두 세 명에 불과하고, 박스터는 다시 "당신이 구할 수 있는한 많이"라고 말한다.[18] 지금 우리의 관심을 끄는 문헌이 바로 박스터 자신이 크게 기여한 문헌이다(그의 『기독교 훈령집』, 『성도의 영원한 안식』, 『비회심자에 대한 부르심』, 『믿음의 삶』, 『임종 시의 생각들』, 그 밖에 다수).

이 책들에 무엇이 있었을까? 대개 '교리, 논거, 관행'을 명제, 확증, 적용이라는 청교도의 특징적인 방법으로 성경을 해석하는 설교들이었

---

18 Richard Baxter, *Practical Works of Richard Baxter* (George Virtue: London, 1838), I: 731f, cf p 57.

다. 그러나 이 설교들은 논문 형태로 연결되어 있었다. 왜냐하면 청교도들은 자신들이 택한 성구가 시사하는 신학과 적용에 대해 다양한 사고를 전개시킴에 있어 교리에 사로잡히지 않았으며 신학과 적용을 이끌어 낼 때까지 몇 주간 동안 하나의 본문을 고집하기도 했기 때문이었다. 이 저자들은 '애정깊고', '실제적'이라고 칭해졌는데 그 이유는 그들이 강단에서 하는 것과 똑같이 논문에서도 단지 정보만 주는 것이 아니라 사람들로 하여금 진리의 힘을 느끼게 하고 그에 대해 어떻게 반응해야 하는가를 나타내기에 적절한 방법으로 단어들을 사용했기 때문이었다. 이 설교적 논문들의 내용은 다음과 같은 존 다우네임(John Downname)의 말에서 개괄적으로 묘사될 수 있을 것이다.

> 신학의 관심은…이론과 적용에보다는 경험과 실천에 더 많이 존재했으며, 판단의 정보를 주고 지식을 증가시키기보다는 주로 심령의 순화에 더 이바지하였다. 또한 경건한 생활의 의무들 가운데 그들이 알고 있는 바의 실행을 분발시키고 새로운 순종 가운데 믿음의 열매를 맺는데 이바지하였다…[19]

청교도 서적들의 특정한 범주들로는 다음과 같은 서적들이 포함된다.

(1) 복음 서적들

이 서적들은 죄와 유혹, 회개와 믿음, 회심과 중생을 다루는 것이다. 토마스 구드윈(Thomas Goodwin)과 필립 나이(Philip Nye)는 1656년에 발

---

[19] John Downame, *A Guide to Godlynesse* (1622), Epistle Dedicatory.

간된 토마스 후커(Thomas Hooker)의 『구속의 적용』(*The Application of Redemption*)이라는 책의 서문에 다음과 같이 기술했다.

> 이 책은 개신교 신앙의 영광들 중의 하나였다. 왜냐하면 이 책이 구원의 회심과 새로운 피조물에 대한 교리를 부흥시켰기 때문이다. 그러나 하나님께서는 보다 더 탁월한 방법으로 이에 관해 이 국가의 목회자들과 설교자들에게 영광을 주셨다. 그들은 이에 관한 보다 정확한 탐구와 발견들로 인하여 널리 명성을 떨치게 된 것이다.

청교도 신학은 중생이라는 주제에 대한 집중적인 지향성으로 인해 중생의 신학이라고 칭해져 왔다. 다음과 같은 많은 책들이 이 주제를 직접적으로 다룬다(많은 책 중 소수만을 예로 드는 것이다). 존 로저스(John Rogers)의 『믿음의 교리』(*The Doctrine of Faith*, 1627), 이지컬 컬버웰(Ezekiel Culverwell)의 『믿음에 대한 논문』(*Treatise on Faith*, 1623), 퍼킨스의 『회개의 본질과 실제에 대한 논문』(*Treatise of the Nature and Practice of Repentance*, 1593), 리차드 십스의 『상한 갈대』(*Bruised Reed*, 1630), 윌리암 와틀리(William Whateley)의 『새로운 탄생』(*The New Birth*, 1618), 그리고 존 플라벨의 『은혜의 방법』(*Method of Grace*, 1681)이다.

이 모든 책은 주님을 찾을 수 있는 동안 찾으라는 권고와 초청에서 나온 것들이다. 덧붙여 말할 것은 청교도 저자들이 '각성을 주는 자극'[20]을 발명했다는 것이다. 만일 '전도지'라는 말이 4천 단어나 되는

---

20 Baxter, *Works*, II: 501.

책에 사용해도 무방한 말이라면 우리는 이 책들을 복음전도지라고 칭해야 할 것이다. 일년에 2만부가 팔렸고 프랑스어, 화란어, 북미 인디안어로 번역된 리차드 박스터의 『살아계신 하나님의…비회심자에게 돌아와 생명을 얻으라는 부르심』(Call to the Unconverted to Turn and Live…From the Living God, 1658)이라는 책은 선구자적 작품이었고, 이어 박스터의 문체를 표절하였고 칼라미(Calamy)에 의하면 한 세대 내에서 7만부가 배포되었다고[21] 하는 조셉 알레인(Joseph Alleine)의 『비회심자에 대한 경고』(Alarm to the Unconverted, 1672)가 나왔다. 또한 형식적 그리스도인들과 '복음 위선자들'이 넘치는 상황에 대한 반응으로, 청교도들은 저들의 허식적 신앙을 부수고, 새롭게 하는 은혜의 필요성을 경고하기 위한 목적의 많은 책들을 저술했다. 이러한 유의 책으로는 다니엘 다이크(Daniel Dyke)의 『자기 기만의 비결』(Mystery of Self-Deceiving, 1614), 토마스 쉐파드(Thomas Shepard)의 『열 처녀의 비유』(Parable of the Ten Virgins, 1659)와 매튜 메이드(Matthew Meade)의 『거의 그리스도인: 또는 시험을 받고 내쫓긴 가짜 신앙 고백자』(The Almost Christian: or the False-Professor Tried and Cast, 1662)가 있다.

복음적 저술들의 집성을 여기서 분석하기란 불가능한 일이다. 그러나 그리스도 안에서 값없이 주시는 은혜의 복음을 선포함에 있어 청교도들은 전세대나 후세대의 기준에 의해 부족하게 생각될 수 있는 것을 전혀 남기지 않았다는 사실은 확실하게 말할 수 있다. 성경의 모든 내용이 율법이 아니면 복음이라고 하는 복음의 후예로서의 그들의 신념

---

21 Edmund Calamy, *An Abridgement of Mr. Baxter's History…with an Account of many…Ministers who were ejected*…(London, 1702), p 313. "(성경을 제외하고) 반포된 수에 있어 이와 동등할 수 있는 책이 없다."

은 그들을 율법과 복음 모두에 있어 풍성한 탐구를 하게 하였다. 인간이 그리스도와 가까워질 수 있게 되기에 앞서 죄를 뉘우치고 죄에 대한 교만을 꺾는 '예비 작업'의 필요성에 대한 그들의 강조에 무엇인가 율법적인 것이 있다는 이따금씩 들리는 말은 완전히 잘못된 것이다.

그들이 주장하는 한 가지 요점(그리고 그들의 독자들이 요구하는 바와 같이 분명히 때로 장황하게 설명하는 요점)은 다음과 같은 것이다. 즉 타락된 인간은 본래 죄를 사랑하기 때문에 그가 죄를 증오하고 죄로부터의 해방을 갈망하게 되기 이전에는 죄의 처벌뿐만 아니라 죄 자체를 떠나 그리스도를 전심으로 구주로 받아들이는 것은 심리학적으로 불가능하다는 것이다. '예비 작업'은 이러한 마음 상태를 만드는 것일 뿐이다. 인간이 자기 자신께로 돌이키게 하는 하나님의 역사이며 또한 인간이 하나님께로 돌이키는 작업이라고 말하는 청교도들의 회심에 대한 설명은 대체로 신약성경이 말하는 바를 정확하게 반영하는 것으로 보인다.

(2) 결의론적인 서적들

이 서적들은 옳고 그른 것을 결정하는 규범으로 하나님의 율법에 정해진 행위 기준들을 낱낱이 기술함으로 그리스도인들이 하나님의 뜻을 행하고 있다는 것을 알고 선한 양심으로 살아갈 수 있도록 하는 것이다. 종교개혁에 이어지는 세기는 구교와 신교 모두에 있어 '상황신학'(case-divinity)이 두드러진 시대였다. 그러나 예수회의 결의론(casuistry)은 고해성사실에서의 제사장과 신부를 위한 길잡이였던 반면에, 청교도의 결의론은 매일매일의 생활에 있어서 평범한 그리스도인을 위한 것이었다.

이것의 선구자는 퍼킨스이며 그의 양심과 선행에 대한 중세의 유산을 성경에 따라 조직적으로 개혁했다. 2절판 세 권으로 이루어진 그의 저작들(1616-1618)의 내용 대부분은 '상황신학'(case-divinity)의 점검으로 알려진다.[22] 박스터의 대작『기독교 훈령집』(Directory)은 이 분야에 두 세대에 걸친 역사를 개설한다. 그리고 퍼킨스와 박스터 사이에 존 도드(John Dod)와 토마스 클리버(Thomas Cleaver)의『십계명의 평범하고 일상적인 해석』(Plain and Familiar Exposition of the Ten Commandments, 1603; 32년동안 19판을 발행했다)과 오늘날 야기되는 것과 같이 그때에도 바른 행동에 대한 문제들이 야기되는 특별한 영역들(결혼과 가정, 생업, 신비, 재물의 사용, 진리의 청지기 직분 등)에 대한 수많은 처리 방법들과 같은 보다 작은 서적들이 많이 있었다. 이 모든 자료들은 여전히 성경의 가르침과 인간 심령의 오류들에 대한 깊은 통찰력으로 엄청난 감명을 주고 있다.

(3) 윤리와 관련된 서적들

이 서적들은 '위로하기', 즉 강건하게 하고 격려를 주기 위해서와 그리스도인에게 '승리의 보장'에 근거한 '즐거운 순종'을 위한 동기와 자원을 제공하기 위해 기록된 것이다. 이 범주로는 복음의 여러 주제들 - 하나님의 사랑, 그리스도의 공로, 성령의 새롭게 하시는 사역, 그리고 은혜의 언약 가운데 삼위일체의 세 인격에 의해 신자에게 이루어지는 구원의 역사 - 을 설명하는 무수한 책들이 분류된다.

이 풍성한 내용들은 아무리 오래되었고 난해할지라도 아직까지도 필

---

[22] A representative selection of this material is printed in *William Perkins*, ed Ian Breward (Sutton Courtenay Press: Appleford, 1970). Breward discusses Perkins' casuistry, pp 58-80.

적할 만한 책들이 없다고 나는 감히 단언한다. 이 범주에는 직접적으로 확신을 다루는 책들, 불안 상태, 불건강한 상태, 냉담(방치) 상태에 있는 그리스도인들로 하여금 절망감에도 불구하고 자신들의 믿음이 참되다는 것을 식별하고, 그들이 버림을 받은 자들로 결론짓게 하는 유혹들과 직면하여 그들이 은혜 안에 있다는 현실을 깨닫도록 돕기 위해 계획된 책들도 속한다.

이 책들은 청교도 시대 도처에 이런 종류의 도움을 필요로 하는 많은 고통받는 영혼들이 있었기 때문에 쓰여진 것이다. 많은 사람들의 생각에 "구원을 받기 위해 내가 무엇을 해야 할까?", "나는 택함을 받은 자 가운데 있는가?", "나는 구원 상태에 있는가?" 하는 질문들이 서로 엉키어있었다. 그런데 청교도의 목회 서적들은 그들의 목회 활동과 마찬가지로 이 질문들을 갈라내고 혼동들을 분류하는 기술을 갖고 있었다. 여기에 있어 선구자적 작품은 퍼킨스의 논문이다(인간이 놓인 파멸의 상태와 은혜의 상태에 관한 진술의 경향을 띤다. 인간이 만일 파멸의 상태에 있다면 어떻게 더 이상 늦지 않게 거기서 빠져나올 수 있을 것인가, 또 만일 은혜의 상태에 있다면 어떻게 그것이 은혜임을 분별하고 어떻게 끝까지 그 은혜를 유지할 수 있는가를 설명한다, 1586).

고전적인 논법은 존 오웬이 크게 탄복한, 스코틀랜드 사람 윌리암 거쓰리(William Guthrie)의 저서 『그리스도인의 큰 관심』(*The Christian's Great Interest*, 1586)일 것이다.

이상 청교도 경건 문헌을 간단하게 살펴보았다. 우리는 청교도 경건 문학의 범위와 내용에 대한 그림과 같은 색인으로 번연의 『천로역정』을 사용할 수도 있다. 1938년에 지금까지도 청교도 경건문학의 가장 훌륭한 입문서를 저술한 윌리암 할러는 청교도 경건 문학의 『비범한 생명력』²³에 대해 말하는데 청교도 경건 문학의 유용성에 대한 당시의 증거들은 많이 있다. 박스터는 자신도 그가 약 14세 때 어떤 일이 있었는지 다음과 같이 기록한다.

> 가난한 행상인이 문으로 들어왔다…아버지는 그에게서 십스 박사의 『상한 갈대』라는 책을 샀다. 이 책은…나에게 하나님의 사랑을 설명해 주었고 나에게 구속의 비밀에 대한 생생한 이해력을 주었다. 나는 얼마나 예수 그리스도에게 은혜를 입고 있는지 모른다…이후에 나는 퍼킨스의 작품들 중 일부『회개』(*Repentance*) 『훌륭하게 살고 죽는 기술』(*Art of Living and Dying Well*) 그리고 『혀의 지배』(*the Government of the Tongue*)를 갖고 있는 한 종을 알게 되었다. 그것을 읽고 나는 더 많은 정보를 얻었고 확신을 갖게 되었다…이지컬 컬버웰 씨의 믿음에 대한 말은 나에게 많은 도움이 되었고 그 밖에 많은 다른 뛰어난 책들은 나의 교사와 위로자가 되었다. 하나님께서는 교역자들 외에 나의 영혼의 유익을 위해 책들을 사용하심으로 나로 좋은 책들을 매우 사랑하게 하셨다…나는 퍼킨스의 『못박히신 그리스도에 대한 바른 지식』(*Treatise of the Right Knowledge of Christ Crucified*)이라는 그의 짧은 논문과 『신조 해설』(*Exposition of the Creed*)을 처음 읽고 내가 느꼈던 자극을 기억한다. 그 책들은 그리스도를 믿는 믿음으로 어떻게 살아야 할 것인가를 나에게 가르쳐 주었다.²⁴

---

23 Haller, op cit, p ix.
24 Reliquiae Baxterianae, *first pagination*, pp. 3f. Haller는 *Bruised Reed*를 '청교도 도덕성의

이것은 제시할 수 있는 많은 간증들 중의 한 가지 단순한 간증일 뿐이다. 전체로서의 청교도 경건 문헌은 비범하게 동질성을 나타내며 그 목적은 일관되고 있다. 청교도 경건 문헌의 목적은 성도들에게 소명된 순례와 전투와 선행의 생활 가운데 믿음과 회개와 확신과 기쁨의 열심을 유발하는 것이다. 다른 말로 이야기해서 개인적 부흥이라고 칭하는 것을 매우 적절한 영적 상태로 창출하고 유지시키는 것이다.

우리가 지금까지 살펴본 두 가지 사실들, 즉 청교도의 목적에 나타나는 부흥의 확실성과 청교도 문헌의 초점으로서의 개인적 부흥은 "부흥을 가져 온 청교도 목회자들의 하나님 지배하에서의 목회"라는 세 번째 사실로 인도한다. 종교개혁에 이르기까지 17세기 동안 내내 증가된 두드러진 축복은 오직 이 주제에서만 충분히 묘사될 수 있다.

청교도 목회를 위한 모범은 성경과 기도서의 성직 수임식 순서에 의해 설정되었다. 기도서는 성직자를 "주님의 가족을 가르치고 먹이고 부양하며, 널리 흩어져 있는 그리스도의 양들을 찾는 주님의 사자와 파수꾼과 청지기가 되는 것"이라고 묘사한다. 청교도 목회자들의 성인연구 서적의 기록들[25]과 박스터의 『개혁주의 목사』[26]에 제시된 이상들에서 우리는 이 소명이 어떻게 이해되었고 이행되었나를 매우 명확하게 볼 수 있다. 큰 은사들과 큰 열정을 소유한 목사들이 많이 있다. 그들의 설교는 모든 의미에 있어 '강력하였고', 그들의 '영혼의 의사'로서의 상담 사역은 많은 혼란된 생명들을 변화시켰다. 이 사실과 여러 해를 통해

동적인 요소에 대해 설교자가 이룩한 가장 효과적인 진술'이라고 칭한다(op cit., p 160).
25 중요한 청교도 성문서 작가는 Baxter의 친구 Samuel Clarke였다. Haller는 그의 작품과 출판물들을 기술한다. op cit, pp 102ff, 423ff.
26 Willam Brown의 *The Reformed Pastor* 편집판은 1974년에 J. I. Packer의 서론을 싣고 재판되었다(Banner of Truth: London).

신실한 목회의 열매들을 증가시킨 방법을 예증하기 위해 이들의 활동에 대한 세 가지 사실을 살펴보기로 하자.

목회의 선구자인 리차드 그린햄(Richard Greenham)은 1570년에서 1590년까지 캠브리지에서 7마일 떨어진 드라이 드레이턴에 재직하였다. 그는 매우 부지런히 사역하였다. 그는 매일 새벽 4시에 일어나 자신의 양떼가 일터로 흩어지기 전에 마음을 사로잡기 위해 월요일, 화요일, 수요일, 금요일에 새벽 설교를 하였다. 그리고 주일에 그는 두 번 설교를 했고, 매주일 저녁과 목요일 아침에 교구의 어린이들에게 교리문답을 하였다. 그린햄은 아침에는 공부를 하고 오후에는 병자들을 심방하거나, 또는 쟁기를 잡고 일하는 이웃들과 협의하기 위해 밭으로 걸어 나갔다. 그의 전기를 저술한 헨리 홀란드는 그의 설교의 모습을 다음과 같이 말한다.

> "그는 너무 열렬했고 비상한 노력을 하였으므로 모든 그의 와이셔츠는 물에 흠뻑 담근 것같이 땀으로 젖곤 했다. 그는 강단에서 내려오자마자 다시 올라갈 정도로 과로를 했다…"[27] 그는 보기 드문 목회 상담자였다.

홀란드는 다음과 같이 또 기술한다.

---

27 Samuel Clarke, *Lives of Thirty-two English Divines* (3rd edition, 1677), pp 12f; citing from Henry Holland's preface 'To the Reader' prefixed to Richard Greenham, *Works* (1599). There are accounts of Greenham in M. M. Knappen, *Tudor Puritanism* (University of Chicago Press: Chicago, 1939), pp 382-386, and in Porter, *Reformation and Reaction*…, pp 216-218.

> 그는 괴로워하는 양심들을 위로하고 안도하게 해주는 큰 경험과 뛰어난 재능을 갖고 있었기 때문에 원근 도처에서 영적 고통과 유혹들로 번민하는 사람들이 그를 찾아왔다…이 신령한 의사의 명성은 널리 퍼져 매우 많은 사람들에게 부름을 받았다. 주님께서 그의 수고를 축복해 주시기를 기뻐하셨으므로 그의 지식과 경험에 의해 많은 사람들이 기쁨과 위로의 회복을 얻었다.

그린햄의 친구들은 그가 상담 기술에 대한 책을 쓰기를 바랐다. 그러나 그는 전혀 기록을 하지 않았다. 그렇지만 그의 지식의 상당 부분이 구전으로 다른 사람들에게 옮겨졌다. 그는 감독에게 보내는 편지에서 자신의 목회를 "십자가의 그리스도를 나 자신과 주민에게 설교하는 것"[28]으로 묘사했고 그의 사후에 출판된 『사역』(*Works*: 8백페이지 이상의 소 이절판)이라는 책의 내용들은 이것을 증거한다.

그러나 그의 모든 경건함과 통찰력과, 복음적인 메시지와 근면한 사역에도 불구하고 그의 목회는 사실상 열매가 없었다. 그의 교구 밖에 있는 사람들은 그를 통해 축복을 받았으나 그의 성도들은 그렇지 못했다. "그린햄은 푸른 초장을 갖고 있었으나 양떼는 야위어 있었다"라는 말은 경건한 사람들 중에 떠돈 말이었다. 홀란드에 의하면 그는 그의 후임자에게 "나는 한 가정 외에는 아무에게도 나의 목회로 이루어진 유익을 보지 못했다"[29]고 말했다고 한다. 그린햄 시대의 영국 농촌에는 경작되지 않은 채 방치된 많은 땅이 있었다. 이때는 씨를 뿌리는 때였으나 수확의 때는

---

28 *A Parte of a Register*, 1593, p 87.

29 Holland, 'To the Reader'.

아직 미래였다.

이제 우리는 1647년에서 1662년까지 스머세트의 한 촌락인 멜스에서 목사직을 수행했던 리차드 페어클로프(Richard Fairclough)를 살펴보기로 하자. 그는 유명한 존 하우이(John Howe)의 친구였다. 존 하우이는 훼어 클로프가 유언으로 부탁하여서 그의 장례 설교를 하였는데 하우이의 설교에는 다음과 같은 내용이 나온다

> 어떠한 별이 떴었는가는 곧 깨닫게 될 것입니다…그 별은 희미한 한 시골 촌락을 금방 가장 유명한 곳이 되게 하였습니다. 몇 마일 안 떨어진 곳에 큰 유흥지가 있기 때문에 나는 가끔씩 밖에는 볼 기회가 없었던 이렇게 많은 청중을 볼 것으로, 생각지 않았습니다…내가 가끔씩 보았던 많은 청중은 대개 고인의 많은 열매를 맺는 목회에 따른 것이었습니다. 그 회중은 그의 거룩한 열정 아래 얼마나 자주 녹았을까요! 그의 기도와 설교와 그 밖의 목회 활동들은 때로 비상한- 신랄함과 성급함과 권위를 나타내기도 했을 것입니다. 그러나 또 어떤 때는 온화함과 관대함과, 부드러움과 매력을 나타냈을 것입니다.
>
> 그러므로 사람들은 그의 말에 수반하는 활력과 능력에 저항할 수 없다고 생각했을 것입니다. 그 결과는 축복된 분량으로 따랐습니다. 그들은 매우 명석하고, 지식적이고, 사리분별이 있고, 개혁되고…신앙적인 사람이 된 것입니다. 이곳에서의 그의 수고는 거의 믿을 수 없을 정도였습니다. 주일에 기도하고, 성경을 읽고, 설교하고, 교리문답을 하고 성례를 집행하는 통상적인 활동 외에…그는 대개 한 주간 중 닷새를 아침 일찍부터

대중 앞에 나타나 기도하고 성경의 어떤 부분에 대해 강해 설교를 했습니다…그에게는 항상 많은 성도가 있었습니다…
그렇지만 그는 병든 사람들을 심방하는 것(이 일은 그가 큰 열심을 가지고 택하는 기회들이었습니다) 뿐만 아니라 그의 책임 안에 있는 모든 가정들을 위해 시간을 할애했습니다. 그리고 가능한 한 모든 사람과 개인적으로 그리고 따로따로 대화를 나눔으로 그들 영혼의 현재 상태를 알기 위해 노력하였고 게다가 또 교훈과 책망과 권고와 훈육과 격려 가운데 자신을 적절하게 그들에게 사용하기 위해 애썼습니다. 그는 이 모든 일을 상상할 수 있는 한 가장 힘들어하지 않고 즐겁게 그리고 철저하게 행했습니다. 그의 마음 전체는 자신의 일로 가득 차 있었습니다. 많은 해 동안 매일 그는 새벽 세 시에, 또는 더 일찍 일어나 다른 사람이 잠들어 있을 때 하나님과 함께 있었습니다 (이것은 그가 진실로 기뻐하는 일이었습니다)…[30]

이 생활 방식은 그린햄과 본질적으로 동일하였으나 이제 추수기가

---

[30] John Howe, *Works* (Frederick Westley and A. H. Davis: London, 1832), p 971. Fairclough의 아버지인 Samuel이 Cambridge에서 17마일인 Kedington의 교구 목사로 1627년부터 1662년까지 똑같은 형태의 목회를 했다는 것은 주목할 만한 사실이다. 그는 "한 주일에 네 번 설교를 했다. 곧 주일에 두 번, 목요일 강의(이 강의는 주위의 수 마일 떨어진 곳의 모든 목사들이 와서 들었다) 그리고 토요일 저녁의 자기 집에서 하는 설교였다. 주위 모든 지역이 그에게 몰려왔다"(Calamy, op cit, p 254). 그의 교회는 "사람들이 너무 몰려와서 예배가 시작되기 전 몇 시간부터 와있지 않으면 들어갈 곳이 없었다. 그래서 벽 바깥에는 멀리에서 온(어떤 사람은 20마일 이상 멀리서) 많은 사람들로 줄을 이루고 있었다…"(Clarke, *The Lives of Sundry Eminent Persons in this Later Age*, 1683, p 187). Calamy의 말에 의하면 그도 역시 "젊은이와 노인들에게 교리문답을 가르치고 자기 교구를 한 달에 한 번씩 심방하여 그들의 영혼의 상태를 조사하고 기회있는 때마다 그들을 상담하고 지도하는 사람이었다."

이르기 시작하고 있었던 것이다.

　마지막으로 우리는 찰스 1세와 국회 간의 전쟁 중이었던 5년 동안의 휴식을 포함하여 1641년부터 1660년까지 키더민스터에서 사역한 리차드 박스터를 대강 살펴보기로 하자. 키더민스터는 성인 2천명 정도의 촌락인데 그들 중의 대부분이 그의 목회에 의해 회심한 것으로 보인다. 그는 그들을 "대부분 무지하고 교양없고 술 마시고 떠드는 사람들로…그들은 생명있는 진실한 설교를 거의 들어본 적이 없었다"고 말했다. 그러나 그의 목회는 놀라운 축복을 받았다.

> 내가 처음 나의 일을 시작했을 때 나는 겸손하거나 개혁되었거나 회심한 모든 사람에게 특별한 주의를 가졌다. 그러나 오래 일을 했을 때 회심자들이 너무 많아져서 그러한 특별한 관찰을 할 시간적 여유가 없었다…가정들과 상당한 수의 사람들이 한꺼번에…증가했기 때문에 나는 거의 어찌할 바를 몰랐다.

어떤 일이 진행되었는지에 대한 박스터의 회고는 다음과 같다.

> 회중은 대개 가득 찼기 때문에 내가 그 곳에 온 후에 우리는 어쩔 수 없이 다섯 개의 발코니를 지어야 했다(회당이 없을 때 이 교회는 약 천명을 수용했다). 우리의 비공식 집회들도 가득 찼다. 주일날 길거리에서 난잡한 모습은 발견할 수 없고 길을 지나간다면 백여 가정이 시편을 찬송하고 설교를 되풀이하는 소리를 들을 수 있을 것이다.
> 한마디로 말해 내가 그 곳에 처음에 왔을 때에는 한 거리에 하

나님을 예배하고 하나님의 이름을 부르는 가정은 한 가정이었
으나 내가 그 곳을 떠날 때 하나님을 예배하지 않고 하나님의
이름을 부르지 않는 가정은 여러 거리에 몇 가정밖에 안되었
는데 그들은 진정한 경건을 고백하지 않음으로 우리에게 그들
의 진실성에 대한 소망을 주지 않았다. 가장 좋지 못한 사람들
은 여관이나 주점에 있었기 때문에 대개 각 가정에 있는 사람
들은 경건하게 보였다…내가 개인 면담과 그들을 교리문답하
는 일을 시작했을 때 마을 전체에서 오기를 거절한 가족은 매
우 적었다…(박스터는 그들을 자신의 집으로 초청했다). 그리고 눈
물을 흘리지 않거나 표면상으로 경건한 삶에 대해 진지한 약
속을 하지 않고 나와 헤어진 사람은 거의 없었다.[31]

여기서 박스터가 말하는 바는 『개혁주의 목사』에서 그가 묘사하고 추천하는 실행이며 또한 우리가 하우이에게서 들었고 페어클로프도 따랐던 실행으로, 곧 개인적인 영적 교제를 위해 조직적으로 가족들을 면담하는 것이다. 박스터는 한 주에 이틀을 할애하여 매일 7, 8 가정 비율로 이런 방법으로 가족들과 만나 매년 교구의 8백 가정들과 모두 관계를 가졌다. "나는 먼저 그들이 교리문답의 내용을 암송하는 것을 듣는다(그가 사용한 교리문답은 웨스트민스터 소요리문답이었다). 그 다음에는 그 의미에 대해 구두시험을 보고, 마지막으로는 가능한 한 모든 마음을 끌 수 있는 이유와 열심을 가지고 책임 있는 사랑과 실천을 그들에게 강권한다. 나는 한 가족에 약 한 시간을 사용했다."

---

31 *Reliquiae Baxterianae*, first pagination, pp 84f.

그 실행의 가치에 대한 그의 간증은 강조적이다. "나는 우리가 지금까지 흑암의 왕국을 분쇄하는 가장 바른 진로를 전혀 택하지 못했다고 생각한다…나는 그들에게 한 나의 모든 공적 설교보다 더 뚜렷한 성공의 표적들을 알고 있다."[32] 그의 회고는 다음과 같이 계속된다.

> 가난한 사람들 중의 어떤 이들은 삼위일체를 정말로 완벽하게 이해했다. 그들 중의 어떤 이들은 기도에 매우 능력이 있기 때문에 그들에 필적하는 목회자들은 거의 없을 정도였다…그들 중의 많은 이들은 가족들이나 타인들과 함께 매우 훌륭하게 기도할 수 있다. 그들의 마음 기질과 그들의 생활의 순진성은 그들의 다른 부분들(재능들)보다 더 칭찬할 만했다. 진실한 경건을 고백하는 사람들은 일반적으로 매우 겸손한 정신과 태도의 소유자들이었다…

그리고 1665년의 저술에서 그는 그가 군목으로 그들을 떠난 후부터 여러 해 동안 그들에게 가해진 격렬한 압박에도 불구하고 "나는 한 사람도 타락했다거나 정직성을 저버렸다는 이야기를 듣지 못했다"[33]고 말할 수 있었다. 그의 마지막 진술은 다음과 같다. "나의 청년 때의 존경하는 목사님들이 한 곳에서 50년을 수고하고 자신의 교구에서 한 두 명의 회심자를 얻었다고 거의 말할 수 없었는데 이처럼 하나님께서 풍성하게 나를 격려해 주시다니…나는 도대체 누구일까?"[34] 이제 공백 기

---

32 Baxter, *Works* IV: 359 (= *Reformed Pastor*, ed W. Brown, p 43, with verbal changes).

33 *Reliquiae Baxterianae*, first pagination, p 86.

34 Ibid, p 85.

간이 지나고 오랫동안 기다렸던 추수 때가 온 것이었다. 나의 마지막 논평은 이것이 바로 부흥이 아니겠는가 하는 것이다.

이와 관련해서 박스터의 크롬웰 시대에 신앙에 대한 논평은 매우 흥미있다. 이것은 1665년에 쓰여진 것이다.

> 나는 내가 아는 한, 이 시대에 대한 이 신실한 증거를 해야 한다. 그 전에는 경건하고 유익한 설교자가 한 사람 있던 곳에, 그때에는 6명 내지 10명이 있었다. 그리고 그 곳이 다른 곳으로 변화했기 때문에 진실로 경건한 사람이 균형있게 증가하였다고 추측한다. 과거에 목회자들이 중요한 역할들과 거룩한 삶을 담당하며 영혼들의 유익을 목타게 구했고, 완전히 자신을 헌신하고 자신들의 시간과 힘과 재산을 바치며 고통이나 희생을 크다고 생각하지 않았던 곳에 많은 사람들이 진실한 경건으로 돌아왔다…하나님께서 그처럼 놀랍게 자신의 마음에 합당하고 신실한 목회자들의 수고를 축복했으므로 만일 고위 성직자들의 내분들이 없었다면…그리고 많은 목회자들의 나태함과 이기심이 함께 어우러진 경솔하고 난폭한 신도들의 분파 싸움들이 없었다면, 진실로 이러한 장애들이 없었다면, 영국은 4반 세기 내에 성도들의 땅, 온 세계에 거룩의 모범, 그리고 지상에 필적할 곳이 없는 낙원이 되었을 것이다. 최근에 이 나라에 있었던 것 같이 한 국가를 성화할 수 있는 그처럼 좋은 기회가 헛되이 짓밟힌 일은 없었다! 이 실패의 원인이 되었던 이들에게 화있을진저(그는 개혁에 이어진 비참한 사건들을 언급하고

있는 것이다.³⁵

나는 이 연구에 있어 나의 과제를 청교도주의가 부흥운동이었다는 주장을 확실하게 하는 것으로 정의했다. 나는 내가 예증하는 증거가 그 과제를 이행한다고 믿는다. 더욱이 어보뉘 몰간의 저서, 『엘리자베스 시대 교회의 경건한 설교자들』의 노선을 따라 17세기 영국의 청교도 목회를 연구하는 것은 내가 생각할 때 17세기 중엽에도 은혜의 역사가 보다 잘 알려진 백년 후 만큼이나 강하고 깊게 영국에서 진행되었다는 결론을 정당화해 줄 것이다. 분명히 이 두 시대에 복음에 대한 이해와 목회 원리는 동일하다. 예외가 있다면 존 웨슬레 신학의 사사로운 괴벽성이다. 그는 웨슬레 가족 관습에 걸맞지 않게 자신의 신학을 알미니안주의라고 잘못 경칭을 붙였는데 그의 신학은 모순된 칼빈주의로 분류되는 것이 더 옳다.³⁶

복음적인 부흥에 대한 최근의 연구들은 청교도주의의 은덕을 강조하고 있다.³⁷ 적절한 시기에 태어난 진정한 청교도 조나단 에드워즈의 친구인 휫필드는 1767년에 다음과 같이 기술했다.

---

35 Ibid, pp 96f.

36 Because of Wesley's emphasis on the sovereignty of God in the new birth. Cf Charles Simeon's record of his conversation with Wesley on 20 December 1784 (date given in Wesley's *Journal*, in *Horae Homileticae* (Samuel Holdsworth: London. 1832), cited in my own *Evangelism and the Sovereignty of God* (Inter-Varsity Fellowship: London, 1961), pp 13f, and see also G. Croft Cell, *The Rediscovery of John Wesley* (Henry Holt and Co: New York, 1935).

37 See Robert C. Monk, *John Wesley: His Puritan Heritage* (Abingdon Press: Nashville, 1966) and cf John Walsh, 'Origins of the Evangelical Revival' in *Essays in Modern English Church History*, ed G. V. Bennett and J. D. Walsh (A. and C. Black: London, 1966), pp 132ff especially pp 154ff.

> 지난 30년 동안 나는 국내에서나 국외에서나(그는 영국과 미국을 의미하는 것이다) 보다 참되고 살아있는 신앙이 부흥하면 할수록 더 많은 훌륭한 과거의 청교도 저술들이 요구되었다는 사실을 깨달았다.[38]

또한 1743년에 키더민스터의 방문에 대한 일기에 다음과 같이 기록한 사람도 역시 흥미있게도 휫필드였다.

> "나는 박스터의 훌륭한 교리와 사역과 훈련의 달콤한 냄새가 오늘날까지 남아있는 것을 발견하고 매우 기분이 좋았다."[39]

청교도 운동과 복음운동은 함께 연구될 필요가 있다. 이들의 연결점은 때때로 실감되는 것보다 훨씬 더 강력하고 더 많다. 물론 큰 차이는 두 세대 후에 복음의 부흥이 사회적으로 수용된 반면에 개혁의 인물들은 혁명적인 질서에 대한 공공연한 거부의 표현때문에 조직적으로 청교도의 신앙의 불이 흩어지고 진압돼 버렸다는 것이다. 내가 생각할 때 더 연구를 하면 할수록 우리가 지금까지 알고 있는 1650년대의 영국의 신앙 상태에 대한 지적보다, 더 완전한 지식에 근거할 때 박스터의 판단이 더욱 확증될 것 같다. 그는 "한 국가를 성화시킬 수 있는 그처럼 좋은 기회가 헛되이 짓밟힌 일은 없었다"고 판단했다.

분명히 1620년대에 앤트림에서 있었던 부흥만큼 극적인 사건은 청

---

38 George Whitefield, *Works* (London, 1772), IV: 306f.
39 Ibid, II: 47.

교도의 영국에 일어나지 않았다.[40] 그때에 열광적인 제임스 글랜디닝은 복음을 설교하는 법도 알지 못하고 율법을 설교하여 로버트 블래어와 그 밖의 사람들이 그를 대신하여 설교를 했는데 로버트 플래밍은 이 일을 '복음의 밝고 뜨거운 태양의 비췸'이라고 칭했다. 또한 청교도의 영국에는 1631년 월요일 커크 오 쇼츠에 있었던 일 같이 압도적인 사건도 없었다. 그때에 수줍은 존 리빙스턴은 그 전에나 그 후에 두번 다시 설교를 하지 못했는데 한 시간 반 동안이나 설교를 했고 그 설교 후에 500명이 그의 설교에 수반된 능력에 의해 회심을 했다거나 또는 자신의 그리스도인의 삶이 변화했다고 간증했다.

1920년대 언제쯤인가 유명한 존 로저스가 청중들에게 성경을 소홀히 하는 것에 대해 질타했던 잊을 수 없는 날이 있었다.

> 그는 사람들을 향해 하나님의 입장으로 말했다. "그래, 나는 너희에게 오랫동안 나의 성경을 맡겼다…그런데 그 성경이 아무아무 집들에서 먼지와 거미줄에 완전히 덮혀 있다. 너희는 성경을 듣는 것에 관심이 없다. 너희가 내 성경을 그렇게 사용하느냐? 좋다. 너는 내 성경을 더 이상 소유하지 못하게 될 것이다." 그리고 그는 자기 의자에서 성경을 집어들고 마치 그것을 그들에게서 가져가 버리는 것같이 보이게 했다.
> 그러나 곧 그는 역을 바꿔 하나님을 향한 사람의 역할을 취했다. 그는 무릎을 꿇고 극히 진지하게 소리지르며 간청했다. "주여,

---

40 Quoted from Robert Fleming, *The Fulfilling of the Scriptures*, by T. Hamilton, who narrates the Sixmilewater story in his *History of the Irish Presbyterian Church*(T. and T. Clark Edinburgh, nd), pp 42–44. See also John Gillies, *Historical Collections of Accounts of Revivals*(Banner of Truth: Edinburgh, 1981), pp 202ff.

우리에게 무엇을 행하셔도 좋지만 당신의 성경을 우리에게서 빼앗아가지 마소서. 우리 자녀를 죽이시고 우리 집을 불태우시고 우리 재산을 멸하소서. 그러나 우리에게서 당신의 성경만은 남겨두시고 당신의 성경은 가져가지 마소서."

그 다음에 그는 다시 사람들을 향한 하나님의 역할을 취했다. "너희가 그렇게 말하느냐? 좋다. 잠시 동안만 너희를 시험해 보도록 하겠다. 자, 너희를 위한 성경이 여기 있다. 나는 너희가 어떻게 그것을 사용하는지 볼 것이다. 너희가 그것을 더 사랑하고…그것을 더 말하고…더 실행하고 더욱 그에 따라 사는지 볼 것이다."

이 말은 그 곳에 있었던 토마스 구드윈이 존 하우이에게 이야기해 준 것이다. 그는 교회에 가득한 사람들이 눈물에 젖었고 구드윈 자신도 눈물을 흘렸다고 말하며 계속해서 다음과 같이 이야기했다. "그는 밖으로 나갔을 때 말에 올라탈 힘이 없어 15분 동안 말 목에 매달려 있었다. 그처럼 비범한 영감이 그에게 임했고 그 곳에 있던 대부분의 사람들에게 임하여 성경에 대한 태만을 고치도록 충고하였던 것이다."[41]

그러나 대체적으로 청교도의 부흥은 비교적 조용하고 질서적인 역사였던 것 같다. 예외가 있다면 부흥이 절정에 달했던 1640년대와 1650년대 동안 지나치게 끓어올랐던 광신을 들 수 있다.

---

41 Howe, *Works*, pp 1084f.

3. 청교도의 부흥

청교도 부흥에 대한 더 상세한 지식은 청교도 신학의 연구, 특히 청교도 신학의 성령의 사역에 대한 비할 바 없는 관심과 집중에 대한 연구에서 얻을 수 있을 것이다.[42] 또한 '심령의 활동', '자발성', '찬송과 시편을 노래 하는 것', 그리고 '친숙'과 '충만'과 '애정'에 의해 특징지워지는 성령에 의해 고무받은 자유로운 기도, 또한 양심을 찢은 다음 복음의 향유를 부어주는, 알기 쉽고 간청적이고 노골적인 죄와 은혜에 대한 설교를 강조하는 청교도 예배를 관찰함으로도 얻을 수 있을 것이다.[43]

청교도 신학과 예배는 지속적인 발전을 통해 더욱더 부흥의 산출물과 부산물로서의 그 특성을 나타냈다. 앞에서 말한 바와 같이 청교도 목회 기록에 대한 더 자세한 탐구도 부흥운동에 신선한 빛을 던져 줄 것이다. 예를 들어 다음에 열거하는 사람들에 대해 더 많은 것을 배운다면 매력있는 일이 될 것이다.

곧 비록 그린햄과 그 이후의 많은 사람들과 마찬가지로 "그 자신의 사람들보다는 낯선 사람들과 이따금씩 설교를 듣는 사람들 가운데에서

---

[42] Nuttall의 The Holy Spirit…를 참조하라. 특별히 제1장과 B. B. Warfield의 다음 말을 참조하라. "성령의 역사에 대한 발전된 교리는 오로지 종교 개혁 교리이며, 보다 더 특별하게 개혁된 교리이며, 보다 더 특별하게는 청교도의 교리이다…청교도 사상이 성경의 역사에 대한 애정깊은 연구에 거의 사로잡혀 있었고 그에 대한 여러 국면들에 대한 교리와 실행의 해석들에서 최고의 표현을 찾았다는 것은 진실이다"(introductory note prefixed to A. Kuyper, *The work of the Holy Spirit*, Funk and Wagnalls: New York, 1900, pp xxxiii, xxviii).

[43] Cf Horton Davies, *The Worship of the English Puritans* (Dacre Press: London, 1948), and the *Westminster Directory for the Publick Worship of God*. For an example of the 'fullness' and 'affection' in public prayer that was aimed at, see Richard Baxter's *Reformed Liturgy*, in Works, I: 922ff. For Puritan ideals in preaching, see Perkins, *The Art of Prophesying*, in *William Perkins*, pp 325ff, and many passages in *The Reformed Pastor*.

더 많은 회심자를 얻었으며 전국에서 영혼을 회심시키는데 가장 성공한 설교자로 간주되는" 푸드세이 지역의 엘카나 웨일스(Elkanah Wales),[44] 또는 "이곳 저곳을 말타고 다니면서 열정적으로 설교하여 많은 영혼을 하나님께로 인도한" 뷰들레이 지역의 헨리 오스랜드(Henry Oasland),[45] 또는 "목회를 어느 정도 한 후에 그 자신이 회심을 하였고…국교를 신봉하지 않음으로 수난을 당했던" 웨스트 콘왈 세인트 메이브 지역의 토마스 트레고스(Thomas Tregoss),[46] 또는 존 웨슬레의 외조부인 사무엘 아네슬레(Samuel Annesley)가 있다.

그는 의회가 억지로 켄트에 있는 클리프 지역에 목사직을 시켰는데, 악평이 자자했으나 인기는 좋았다. 그의 신도들은 그의 이중성에 분격하여 괭이, 갈퀴 등을 들고 그를 죽이겠다고 위협했다. 그 때에 그는 자기 유형의 다른 목회자를 그들이 맞이할 준비가 되는데로 즉시 그들을 떠나겠다고 약속했다. 그는 "이 사람들이 크게 개혁되고 그의 수고가 놀라운 성공을 거둔 후에" 자기의 말을 지켜 떠났는데 "다소 가벼워 보이는 그의 능력에 대한 오점을 그의 어린 개심자들에게 전혀 남기지 않았다."[47]

또한 어린이 복음전도자인 토마스 라이(Lye)가 있다. 그는 목회를 마친 후 40년 이상 동안 "어린이에게 교리문답을 가르치는 뛰어난 재주"로 기억되었다. 그의 많은 기교들은 어린이들이 가장 좋은 일들에 대한

---

44 Calamy, op cit, p 442.

45 Ibid, p 343.

46 Ibid, p 308, drawing on a life of Tregoss published in 1671, and summarised in Clarke's *Lives of Sundry Eminent Persons*…

47 Ibid, p 214.

지식을 얻는 것을 즐거워하도록 마음을 끌었다.[48]

　이들(그리고 사실상 이들과 같은 수백 명의 인물들이 있었다)은 부흥기에 활동한 부흥의 독회자들이었다. 그리고 그들의 내력은 우리를 청교도 운동의 바로 중심에 데려다 줄 것이다. 그러나 그렇게 하기에는 본서의 갈 길이 너무 멀다. 이것으로 나의 취지는 전달되었고 나의 할 일은 다 한 것 같다.

---

[48] Ibid, p 197f.

4장
영국 청교도의 실천적 저서들

1664-1665년에 쓰여져 1673년에 인쇄된 리차드 박스터의 『기독교 훈령집』(*Christian Directory*)에는 박스터의 첫번 교정자들의 "아마 우리 언어나 다른 언어에 있어 실천신학의 최고봉"[1]이라는 견해가 실려 있다. 박스터는 그의 서문에서 "보다 젊고 보다 미숙하고 경험이 없는 목회자들이 다루어야 하는 주제들에 대한 실제적 해결과 지시들을 주는 격려자를 가까이 소유할 수 있도록 하기 위해 이 책의 일부를 저술했다"[2]고 말한다.

지난 장에서 본 바와 같이 그는 "양심의 교회적 사례들"이라는 표제 아래 젊은 목회자들이 지도를 필요로 할지 모르는 많은 실제적 문제들을 붙잡아 논한다. 그가 "돈이나 시간이 부족하여 소수의 책밖에 읽을 수 없는 사람은 어떤 책, 어떤 신학 서적들을 선택해야 하는가?"라는 174번의 질문에 대한 답변으로 "가장 초라하고 가장 작지만 상당히

---

[1] Richard Baxter, *Practical Works of Richard Baxter* (George Virtue: London, 1838), editors' preface(1707), p xiii. (All references to Baxter's Works are to this edition).

[2] Ibid, I: 4.

좋은 장서"³에 번호매길 때 생각하고 있는 것은 젊은 목회자의 책꽂이였다.

전형적인 청교도 형식인 그의 답변은 여섯 항목으로 이루어지는데 성경, 성구사전, 주석, 교리문답서, 복음교리들에 관한 책들에 이어지는 여섯 째의 항목은 "당신이 구할 수 있는 한 많은 애정깊은 실제적인 영국 작가들"이다. 이 책명들을 60개 이상 말한 다음 그는 다시 "당신이 구할 수 있는 한 많이"⁴라고 말한다. 그의 강조를 위한 반복과 그의 목록의 범위⁵는 모두 주목할 만하다. 분명히 '애정깊은 실제적인 영국

---

3   Ibid, I: 731.

4   Ibid, I: 732.

5   The authors and particular books in Baxter's list are: Richard Alleine; William Gurnall; John Preston; Richard Sibbes; Robert Bolton; William Whateley; Edward Reyner; William Scudder Simon Ford; John Howe, *The Blessedness of the Righteous*; George Swinnock; William Gouge; (Lewis Bayly), *The Practice of Piety*; (Richard Allestree), *The Whole Duty of Man*; Henry Hammond, *A Practical Catechism*; John Pearson, *Exposition of the Creed*; George Downame, *A Treatise of Prayer* ('on the Lord's Prayer'); John Dod (and Thomas Cleaver), *The Ten Commandments*; Lancelot Andrewes, *The Ten Commandments*; John Brinsley, *The True Watch and Rule of Life*; Richard Greenham; Arthur Hildersam; Anthony Burgess; William Perkins; Robert Harris; Jeremiah Burroughs; Thomas Hooker; William Pink; John Downame, *The Christian Warfare*; Richard Rogers; John Rogers, *The Doctrine of Faith* and *A Treatise of Love*; John Stoughton; Thomas Taylor; Edward Elton; Daniel Dyke; Jeremiah Dyke; John Ball, *A Treatise of Faith and The Covenant of Grace*; Ezekiel Culverwell, *A Treatise of Faith*; Nathaniel Ranew; Faithful Teate; Samuel Shaw; John Rawlet; John Janeway; Thomas Vincent; Thomas Doolittle; Samuel Ward; William Fenner; Samuel Rutherford, *Letters*; Joseph Alleine, *The Life and Death of* (by his widow, Theodosia Alleine), and *An Alarm to the Unconverted*; Samuel Clark, *The Marrow of Ecclesiastical History* (2 parts) and *A General Martyrology* (both mainly biographical; Baxter refers to Clark's 'Lives' simply); *The Morning Exercise at (St. Giles) Cripplegate*; *The Morning Exercise at (St.) Giles in the Fields*; Benjamin Baxter; George Hopkins, *Salvation from Sin*; Edward Reynolds; Matthew Mead; Richard Vines; Henry Smith; Samuel Smith; Thomas Smith; William Strong; Joseph Symonds. Interestingly present are non-Puritan Anglicans (Allestree, Hammond, Andrewes, Pearson); surprisingly absent are John Owen, Thomas Goodwin, Thomas Watson, and Thomas Brooks, each of whom was an established 'affectionate practical writer' when Baxter composed the *Christian Directory*. But clearly the list comes off the top of Baxter's head, and is not meant to be taken as exhaustive.

작가들'에 몰두하지 않는 젊은 목회자들에게는 거의 희망을 갖고 있지 않았다.

   그는 목회자들에게만 이런 저자들을 추천하는 것이 아니다. 그는 자신의 첫작품 『성도의 영원한 안식』(The Saint's Everlasting Rest, 1649; 844 페이지의 베스트셀러로 첫 10년 동안 매해 재판되었다)에 서문으로 쓴 헌납의 서한에서 키더민스터의 자신의 성도들에게 "우리의 오래된 견실한 신학자들의 저서들을 많이 읽으라"[6]고 역설한다. 그가 언급하고 있는 사람들은 동일한 '애정깊은 실제적인' 저자들이었다. 종종 특별한 추천들을 동반하여 그 저자들의 작품을 읽으라는 요구는 박스터의 경건 서적들에 여러 번 나온다. 그의 경건 서적들은 "나는 내용과 방법에 있어 서민의 역량에 모든 것, 또는 거의 모든 것을 맞추려고 노력해 왔다"는 요지에 결합된다. 그는 이 말을 그리스도의 절대 주권에 대한 설교의 서문에 기록했다(1654).

> 비록 이 내용은 가장 지체가 높은 사람들에게도 필요하겠지만 대체로 내가 이 책을 출판하는 목적은 서민을 위한 것이다. 그리고 이 책은 책방의 진열대 위에 놓여 있거나 박식한 신학자들의 서가에 꽂혀 있는 책들 중에 드는 것보다는 행상인들의 자루 속에 들어 있어 시골 이집 저집으로 전달되는 것이 오히려 더 좋다. 그리고 만일 하나님께서 나에게 시간과 재능을 주신다면 나는 나의 출판 노력의 대부분을 이와 똑같이 사용하도록 계획할 것이다…[7]

---

6 Baxter, *Works* III: 2.
7 Ibid, IV: 797.

박스터 자신이 25년 전 행상인이 문 앞에서 아버지에게 판 십스의 『상한 갈대』라는 책에서 그리스도를 믿는 믿음을 배웠다.[8] 그러므로 그는 자신의 책들이 그와 똑같은 사역을 하는 것 이상의 유익을 상상할 수가 없었다. 이것은 그가 '애정깊고 실제적인 영국 작가들'에게서 발견한 가치에 대한 조언인 것이다.

나의 당면 과제는 이 사람들을 습관적으로 무시하는 기독교계에 소개하거나 또는 재소개하는 것이다. 그들의 시대에 대중에 널리 알려졌고 소중히 여겨졌던 이들은 두 세기 후인 오늘날 거의 알지 못하는 인물들이 되었다. 지난 반세기 동안 유행하였던 청교도주의에 대한 관심은 주로 학구적인 것이었다. 그리고 오늘날 다행스럽게도 입수할 수 있는 청교도 저서들의 재판을 읽는 신자들은 많지 않은 것 같다.[9] 이 무시는 우리를 심하게 메마르게 한다고 나는 믿는다. 그래서 나는 이 무시가 사라지는 것을 보기 원한다.

나는 다른 모든 사람이 그렇게 하는 것과 같이 이 '애정깊고 실제적인 영국 작가'들을 청교도들이라고 칭한다. 그러나 우리는 이러한 관용어가 저자들 당시에 시작된 것이 아니라 18세기부터[10] 시작되었다는 것을 주지해야 한다. 실천신학 분야에서 청교도의 특징을 구별하는 것은 이 말이 통용되던 기간(1564 – 1642)에 그 적용들의 어떤 것과도 일치하지 않는 방법으로 이 말을 사용하는 것이다.[11] 그 기간 동안에 이 말은 두 가지의 꼴사나운 오만의 형태인 '순수한 교회'의 엘리트 의식과

---

8 *Reliquiae Baxterianæ*, ed M. Sylvester (London, 1696), first pagination, pp 3f.
9 See the Banner of Truth Trust catalogue, where the names of Owen, Sibbes, Goodwin, Gurnall, Baxter, Brooks, Flavel and others appear.
10 See the quotation from Whitefield, p 41 above.
11 See above, p 25.

융통성없는 비판이라는 두 가지 악 중 한 가지, 또는 두 가지 모두를 암시하는 모욕이었다. 이렇게 복합된 이 말은 자칭 국교회 개혁자와 리차드 박스터의 아버지 같은 일반적으로 경건한 사람들에게 사용되었다. 리차드 박스터의 아버지는 주일날 오후에 마을 잔디밭에서 춤을 추고 놀이를 하는 대신 집 안에서 나오지 않고 성경을 읽고 가족들과 기도를 한다고 이웃들에게 청교도라고 조롱을 받았다.[12]

존 오웬이 들은 바를 기록한 보고에 의하면 자신들을 '주님의 흠없는 어린양들인 청교도들'[13]로 칭했다는 세상에 알려지지 않은 런던의 재세례 교파들을 제외하고 아무도 그 명칭을 자칭하지 않았다. '애정깊고 실제적인 영국 저자들' 가운데 아버지 격인 윌리암 퍼킨스는 이 명칭을 '수치스러운'[14] 것으로 거부했다.

R. T. 켄달은 "만일 '청교도'라는 말을 받아들이는 사람이 있다면 모순이 없도록 하기 위해 한 번에 한 사람에게 적합한 정의를 재조정해야 하거나 또는 관습으로 다루기 위해 한 정의로 시작하여 다른 정의로 끝나야 한다"고 정확하게 관찰하였다. 켄달은 '애정깊고 실제적인' 교육, '경험적 예정론자들'을 적절한 것으로 택한다.[15] 그러나 편의상 나는 청교도라는 이 저자들에 대한 전통적인 묘사를 고수할 것이다.

이 '애정깊고 실제적인 저자'들을 가장 충실하게 소개하는 것은 그들의 내력이다. 이제 나는 그들의 내력을 빠르게 개관해 보고자 한다. 그

---

12 *Reliquiae Baxterianae*, first pagination, p 2.

13 *Three Sixteenth-Century Chronicles*, ed J. M. Gairdner (Camden Society: London, 1880), p 143.

14 William Perkins, *Works* (1609), III: 15.

15 R. T. Kendall, *Calvin and English Calvinism to 1649*, (Oxford University Press: Oxford, 1979), pp 6–9.

들의 내력은 사실상 잘 알려져 있지 않다. 매우 잘 알려진 것은 1564년부터 '청교도'라는 호칭이 잉글랜드 국교회의 보다 더 외적인 개혁에 대한 주창자들에게 고정되고 있었다는 사실이다. 두 세기 이상 다수의 역사가들은 청교도주의를 이 술어로 정의해 왔다. 예를 들어 G. M. 트레벨리안(Trevelyan)은 대표적으로 청교도를 잉글랜드 국교회의 관례를 천주교 제도의 부패로부터 '정화하기'를 원하거나 또는 그렇게 '정화된' 형태로 따로 예배를 드리기를 원했던 모든 사람의 신앙이라고 설명했다.[16]

그러나 청교도가 교회를 동요시킨 것이 복음전도와 양육을 중심한 거룩한 신앙운동의 단지 한 면에 불과하다는 것은 거의 인정되지 않았다. 잉글랜드 국교도와 비국교도, 장로교도, 독립교회교도, 침례교도, 에라스무스파들이 모두 본질적으로 하나이지만 이 국회운동은 종종 목회운동들의 그러한 것처럼 극적이 아니었다. 이 운동은 파벌의 명칭도 취하지 않았고 그 사실도 적절하게 기록되지 않았다. 그 일은 시작은 작았으나 복고 정책들이 심지를 잘라 소멸시키기까지 한 세기의 대부분을 지배하는 힘을 소유했던 영적 부흥이었다. 요약 형태에 있어 이 영적 부흥은 다음과 같이 진행한다.

---

[16] G. W. Trevelyan, *England under the Stuarts* (19th edition Methuen: London, 1947), p. 50 이 진술은 허술하다. 왜냐하면 분리주의자들은 스스로를 청교도라고 칭하지 않았고 엘리자베스와 스튜어트 시대에 청교도로 칭해지지도 않았다.

1. 잉글랜드 국교회의 상태

엘리자베스 여왕 시대가 시작된 지 10년 후 잉글랜드 국교회는 나쁜 상태에 있었다.

첫째로, 영국 교회는 돈이 없었다. 종교개혁 시대에 왕실과 귀족의 약탈은 현직 목사를 부양할 수 없을 정도로 가난한 많은 교회를 남겼다. 더욱이 잉글랜드 국교회에는 사람이 부족했다. 메리 여왕의 박해는 영국 교회에서 확신있는 신교도들을 앗아갔다. 엘리자베스 여왕에 의해 강요된 충성의 맹세는 잉글랜드 국교회의 확신있는 구교도들을 박탈해 버렸다. 남아있는 대부분의 성직자들은 거의 재능이 없고 전혀 확실한 확신이 없는 자들이었다. 그들 중의 많은 자들이 부도덕하다고 알려졌다. 교회는 비반항자들에 의해 겸직으로 유지되었고, 훈련받지 않은 장사꾼들이 – 더 나은 사람이 아무도 없었기 때문에 – 목사 임명을 받아 주간 동안에는 계속 장사를 하다가 주일날 예배를 인도했다. 수년 동안 많은 교회에서 설교를 하지 않았다. 엘리자베스의 교회 감독들은 이 부패를 멈추기에 충분한 숫자의 젊은 대학생들을 목회로 끌어들이지 못했다.

16세기 중엽의 지방 교회 성직자의 무지는 후퍼(Hooper) 감독이 1551년에 자기 감독 관할 교구의 상태를 묻는 질문의 기록에서 판단될 수 있다. 성직자들은 다음과 같은 질문들을 받았다.

① 십계명은 몇 개인가?
② 십계명들은 어디에서 찾을 수 있는가?
③ 십계명들을 암송해 보라.

④ 기독교 신앙의 신조들은 무엇인가?
⑤ 그것들을 암송해 보라.
⑥ 성경에서 그것들을 증명해 보라.
⑦ 주기도문을 암송해 보라.
⑧ 그것이 주기도문이라는 것을 어떻게 아는가?
⑨ 어디에서 주기도문을 찾을 수 있는가?

311명이 시험을 본 중에 50명 만이 이 질문에 대답할 수 있었고 그 중에 19명은 '열등생들'이었다. 10명은 주기도문을 몰랐고 8명은 한 질문에도 답변하지 못했다.[17]

1551년에서 1570년 사이에 이 상황을 개선하는 사건이 아무 것도 일어나지 않았고 오히려 악화시키는 일만 일어났다. 왜냐하면 우리가 본 바와 같이 신교와 구교의 가장 유능한 사람들이 가지치기를 당해 버렸기 때문이었다. 개혁 신앙의 유일하게 유능한 주창자들은 메리 여왕의 추방으로부터 귀환한 사람들이었고 그들 중에 감독이나 부감독이 되지 않은 자들은 사실상 모두 대학(옥스퍼드와 캠브리지)이나 런던에 거주했다. 거의 한 사람도 지방으로 가지 않았다.

20년 동안 영국 교회의 신앙에 큰 차이가 생겨났기 때문에 잉글랜드 국교회의 교리적 개혁은 전혀 일어날 수 없었다. 에드워즈 6세 시대에, 그리고 메리 여왕 후에 다시 신교 경향 사회의 넓은 지역들에 계속 표면적인 활동이 있었다. 그러나 1570년경에 이 활동은 폭력적인 반교황 운동일 뿐, 그 외에는 거의 무가치한 활동이 되었다. 믿음에 의한 칭의

---

17 *Later Writings of John Hooper* (Parker Society: Cambridge, 1842), p 151.

의 신앙은 사라지고, 그 이전 세기처럼 미신이 널리 퍼지고 깊이 뿌리를 내렸다.

영국은 개혁된 신교의 신앙을 고백하고 주일날 교회 출석을 준수하였으나(그렇게 하지 않은 것은 불법이었으므로), 아직 변화되지 않고 있었다. 1570년 2월 유명한 젊은 청교도 지도자인 에드워즈 데링(Edward Dering)은 엘리자베스 여왕 앞에서 설교하며 이 문제에 대해 여왕에게 분명하게 말했다.

> 나는 먼저 당신이 지급하는 성직자의 녹을 보여드리고 싶습니다. 보시오. 일부는 속인들의 손에 옮겨지고 일부는 가압류되어 부정해져 있고, 어떤 이들은 연금으로 고리대금을 하고 있고, 어떤 이들은 그들의 필수품을 약탈당하고 있습니다.
> 당신의 성직 수여권이 있는 자들을 보시오. 어떤 이들은 그 권리를 팔고 있고 어떤 이들은 요금을 받고 그 권리를 빌려주고 있고, 어떤 이들은 자신들의 자녀를 위해 그것들을 간수하고 있고 어떤 이들은 애들에게 주고 있고, 어떤 이들은 하인들에게 주고있어 학문있는 목회자들을 찾는 이는 매우 적습니다.
> …당신의 성직자들을 보시오. 그들은 이런 저런 직업을 갖고 있습니다. 어떤 이는 부랑자이며 어떤 이는 매사냥꾼이며, 어떤 이는 도박꾼이며 어떤 이는 보지 못하는 소경 인도자이며, 어떤 이는 짖지 않는 벙어리 개입니다…
> 그런데 당신은, 이 모든 매음이 범해지는 동안 하나님께서 요구하시는 능력을 갖고 있는 당신은 태평합니다. 사람들이 하고싶은 대로 하도록 내버려두어 보십시오. 아마 당신의 국가

에 영향이 없고 당신은 무관하여 편안할 것입니다."[18]

데링이 애통하는 것은 영국 교회에 제네바로부터 오는 메아리가 없기 때문이 아니라 열매가 없는 목회 현실과 이에 대해 어떤 일을 하기를 엘리자베스 여왕이 거부하기 때문이다. "그녀는 통렬하고 매우 신랄한 설교를 큰 인내를 가지고 듣는 습관이 있다."[19] 이 말은 1571년에 콕스(Cox)의 엘리자베스 여왕에 대한 증거이다. 분명히 그녀는 데링(Dering)의 비난이 그녀를 움직여 행동하게 하는 것을 거부했다. 그녀의 이 설교에 대한 유일한 반응은 데링이 설교하지 못하게 한 것 뿐이었다.

엘리자베스가 비록 원했더라도 이 상황을 개선하는 무슨 행동을 할 수 있었을지 생각해 보기는 쉽지 않다. 그러나 실제로 그녀는 원하지도 않았다. 정치적인 이유들 때문에 그녀는 성직자들이 독창력이 없고 분간할 줄 모르는 사람들로써 현상 유지에만 자신들을 제한시키기를 바랐다. 그러나 영국의 회개와 영국 교회에서 하나님의 영광을 추구한 사람들은 그녀가 하는 것처럼 가만히 앉아 있는 것이 양심적으로 허락될 수 없었다. 그러나 그들이 무엇을 해야 했을까? 그들의 전략은 어떤 것이어야 했을까? 이 질문에 대해 다양한 답변들이 제시되었다.

많은 경험을 쌓은 메리 시대의 망명자들에 의해 지도를 받는 사람들은 이미 기도서에서 네 가지 의식을 제거하라는 운동을 전개하고 있었다. 그 네 가지 의식은 교역자가 입는 흰 옷, 결혼반지, 세례시에 이마에 십자가를 그리는 것, 그리고 성찬식에 무릎을 꿇는 것이었다. 그들

---

18 Edward Dering, *Works* (1597), p 27; L. J. Trinterud, *Elizabethan Puritanism* (Oxford University Press: New York, 1971), p 159.

19 *Zurich Letters*, 1558–1579 (Parker Society: Cambridge, 1842), p 236.

의 반론은 성경의 인정(sanction)이 없을 뿐만 아니라 이러한 의식들은 교역자가 중재를 하는 제사장이고, 결혼은 성례이고, 세례는 마술이고 화체설(transubstantiation)이 진리라고 하는 중세기의 미신들을 시인하는 것 같다는 것이다. 그러므로 그것들을 제거함으로 하나님께서 영광을 받으실 것이며 기독교의 기본 신앙이 훨씬 더 올바르게 인식될 것이라고 가르쳐졌다.

그 후에 캠브리지의 신학 교수 마가레트(Margaret) 여사의 공술을 따라 토마스 카트라이트가 사도행전 강의에서 장로교주의를 지지하였고, 의회가 법을 제정함으로 엘리자베스의 영국 교회가 급진적으로 장로교 회화하는 격동이 시작되었다. 젊은이들이 주도권을 잡았고 젊은 혁명론자들이 흥분했을 때 으레 나타나는 이론가의 경직성과 과도한 주장을 하는 불손이 많이 눈에 띄게 되었다.

존 필드(John Field)와 토마스 윌콕스(Thomas Wilcocks)는 유명한 『의회에 대한 경고』(*Admonition to the Parliament*)를 저술하여 일년간 감옥살이를 하였다. 이 저서는 곧 이 운동의 선언문이었다. 여기에서도 하나님의 영광과 영국인들의 경건이 변화에 의해 훨씬 진전될 것이라는 가정이 제시되었다. 요크의 대감독 에드윈 샌디스(Edwin Sandys)는 메리 시대의 망명자였고 언제나 용맹스러운 신교도였다. 그러나 그의 장로교 선동자들에 대한 견해는 모호했다. 그는 1573년 불링거에게 다음과 같은 서신을 썼다.

> 우리 중에 새로운 웅변가들이 일어나고 있습니다. 어리석은 젊은이들은 권위를 멸시하고 윗사람을 인정하지 않는 한편, 우리의 교회 정책 전체를 완전히 뒤엎고 뿌리째 뽑아버리려고

하고 있으며…내가 알지 못하는 새로운 교회주의로 우리를 형성하려고 애쓰고 있습니다…당신은 전체 문제를 보다 잘 알고 있을 것이므로 다음의 특정한 표제하에 분류되어 논쟁되는 문제의 요약을 인정해야 합니다.

① 세속 관리는 교회 문제들에 권위를 갖고 있지 않다. 그는 교회의 신도에 불과하다. 교회의 통치는 성직자에게 맡겨져야 한다.
② 그리스도의 교회는 장로교인들, 즉 목사 장로, 집사에 의한 통치 외에 다른 통치를 인정하지 않는다.
③ 대감독, 부감독, 감독 고문관, 감독 대리 등과 같은 직함과 계급들의 명칭과 권위는 그리스도의 교회에서 완전히 제거되어야 한다.
④ 각 교구는 자체의 장로회 관할구를 소유해야 한다.
⑤ 필요한 목회자의 선택은 백성에게 속한 것이다.
⑥ 감독이나 대성당과 관련되어 있고 현재 그들에게 속한 권리로 되어 있는 물품, 소유물, 토지, 세입, 직함, 지위, 권위 그리고 그 밖의 모든 것은 즉시 그리고 영원히 탁탈되어야 한다.
⑦ 어떤 회중의 목회자가 아닌 자는 아무에게도 설교하는 것이 허용되어서는 안되며 목회자는 오직 자기 양떼에게만 설교하고 그 밖의 다른 어느 곳에서도 설교해서는 안된다.

샌디스는 이 중의 어느 것도 "교회의 유익과 평화에 이바지하지 못하고 단지 교회의 파멸과 혼란에 이바지할 뿐이다. 권위를 제거하면 사람들은 모든 악한 것을 향해 무모하게 돌진해 나갈 것이다. 교회의 기본 재산을 박탈하면 동시에 건전한 지식 뿐만 아니라 신앙 자체까지 박

탈하게 될 것이다"라고 판단했다.[20]

분명히 샌디스는 그 자신이 알고 있는 영국, 곧 대부분의 백성이 여전히 문맹 상태에 있어 무지와 미신에 사로잡혀 있는 영국에서 장로교회의 개혁 프로그램은 그 동기와 근거가 어떠하든지 간에 공론적이며 비실용적이며 경건이라는 대의에 반대된다는 옳은 판단을 내렸다. 영국에 필요한 것은 장로교 제도라기보다는 목회, 정확히 말해 자기 양떼를 돌보는 목회자들이었다.

다음 20년 동안 장로교회주의자들은 간헐적으로 자기 선전을 하였으나 그들의 견해가 영국의 성화를 위한 추구에 바른 출발 지점이라는 평가의 근거를 만들지 못하였고 오히려 그 반대로 1588–1589년에 나온 상스러운 소책자들(Marprelate tracts)은 마침내 그들의 도덕적 평판을 훼손시켰다. 이 소책자들이 하는 식으로 고위 성직자들을 풍자문으로 비방하는 것은 영혼들을 인도하기 위한 문장이 아니었다. 결실로 나아가는 길을 보여 준 것은 그 후인 1570년의 사건이었다.

1570년 11월 24일 '애정깊고 실제적인' 목회자들과 저술가들의 아브라함이 자신의 메소포타미아를 떠나 약속의 땅을 향해 나아갔으니 그의 이름은 리차드 그린햄이었다. 그는 자기 도시에서 약 7마일쯤 떨어진 드라이 드레이튼의 목사가 되기 위해 캠브리지의 펨브로크 문학회의 특별회원의 지위를 사임하였다. 그는 박스터 유형의 선구자적 개혁된 목회자였으며 진정한 사도적 방법으로 영국 농촌에 복음을 뿌리내리는 과제에 도전했다고 말할 수 있는 진실로 첫 번째의 유능한 인물이었다. 우리는 이미 그의 수고들에 대해 어느 정도를 보았다.[21] 그는 목

---

20 Ibid, p 295f.
21 See above, p 51f.

회 상담자, 또는 (스스로 생각한 바와 같이) 영적 의원으로서의 큰 명성을 얻었다. 그런데 그의 친구들이 계속 유감으로 여기는 것은 그가 하나님께서 그를 도구로 사용하심으로 치료하신 특별한 질병들과 또한 그가 그 치료를 위해 사용한 방법들에 대한 주석을 후세에 남기지 않았다는 것이다. 그린햄의 전기 작가인 헨리 홀란드(Henry Holland)는 이 주제에 대해 다음과 같이 자세히 설명한다.

> 고통받는 영혼들에 대한 식이요법과 치유법은 매우 심오한 비밀이다. 그런데 이 문제를 훌륭한 기술 형태에 적용시키거나 또는 우리에게 좋은 실행법을 제시하고자 애쓴 사람은 거의 없다. 우리는 기술과 좋은 경험을 바랄 때 위험이 더 커진다고 생각한다. 왜냐하면 우리는 어떤 확실한 기술 법칙과 훌륭한 근거가 있는 실행으로서 처리하는 법을 알지 못하고 병자에게 좋은 치료법과 언사를 사용하는 것을 부정확하다고 생각하기 때문이다. 단일 일반 의사가 짧은 경력이 자신의 기능에 영향이 있는 것으로 말할 수 있다면 우리가 관련된 이 비밀에 대해 영혼의 의사가 짧은 경력이라는 말을 사용할 수 있음은 매우 분명한 사실이다.
>
> 그러므로 학식있는 경건한 사람들은 어떤 은밀한 원인들로 인하여 영혼의 감추어진 질병이 생기는가를 판단하는 일이 훨씬 더 어려운 문제이며 기술없이 경험에 의해서만 처리하는 것이 훨씬 더 위험하다는 사실을 알고 있다…. 이 하나님의 거룩한 사람인 위대한 그린햄은 그의 평생에 큰 소망을 갖고 있던 사람으로 이 알려지지 않은 기능에 가장 훌륭한 법칙들을 제시

할 수 있었다…[22]

그린햄은 그의 친구들이 바랬던 목회 방향에 대한 논문을 전혀 쓰지 않았다(그린햄의 전집 중 첫 번째 항인 홀란드가 수집한 40페이지의 '엄숙한 상담과 경건한 관찰'은 그린햄의 목회 방향의 범위와 추구하는 바가 어떠했는지를 보여준다). 그러나 그는 더 나은 일이라고는 할 수 없으나 그 다음으로 가장 훌륭한 일을 행했으니, 곧 그는 수많은 다음 세대의 목회자들을 훈련시킨 것이다. 성직 수임 후보자들이 사실상 견습생으로 그의 집에서 생활하며 그와 함께 공부했다. 지역의 목회자들과 먼 곳으로부터의 방문자들이 항상 그와 점심식사를 했다. 이렇게 그린햄은 "그리스도의 거룩한 봉사와 목회 사역에 많은 경건하고 학식있는 젊은 이들을 격려하고 양성하는 하나님의 특별한 도구요, 수단이었다"고 홀란드는 말한다.

비록 드라이 드레이턴에 거주하였지만 그가 밀접한 관계를 유지해 온 대학에 계속 상당한 영향력을 행사했다. 우리는 그가 1589년에 성 마리아대교회 강단에서 감독을 괴롭히는 내용의 소책자들 중의 하나에 대해 "죄는 증오스러운 것이 되어야 하는데 이 책은 죄를 우스꽝스러운 것으로 만들고 있다"고 통렬하게 비판하는 것을 보게 된다. 그는 캠브리지의 장로교 선동자들에 대해 철저하게 반대했다. 그들은 그들에게 다음과 같이 말했다. 그들의 방침은 "기초를 세우기 전에 지붕을 덮는 것과 같다", "자신을 개혁할 줄도 모르는 자들이 교회를 개혁하는 것에 대해 말하고 있다",[23] "어떤 자들은 교회 치리에 바빠 자신의 사적

---

22 'To the Reader' prefixed to Richard Greenham, *Works* (1599), np.
23 Ibid, p 204.

인 타락을 보지 못한다."[24]

캠브리지에서의 그의 모든 영향력은 인격적인 신앙과 교회의 평화를 조장하고 죄와 교회의 분립을 막는데 영향을 끼쳤다. 그는 그리스도인의 사랑과 평화에 반하는 것은 무엇이나 심지어 자신이 공감하는 견해들까지도 유감으로 생각하고 반대하였다. 그의 개인적인 실행에 있어 네 가지 불쾌한 의식들이 관련되는 한 그는 비국교도였다. 그리고 그는 장로교 개혁의 환상에 공감하였다. 그러나 그는 절대로 이 사실을 문제화하지 않았다. 그가 요청한 모든 것은 자기 양심에 순종하고 자기 성도들에게 복음을 전하는 자유였다. 1573년에 콕스 감독은 그린햄이 성직자가 입는 흰 옷을 입지 않음을 이유로 그를 소환하였다. 그린햄은 답장에 자신의 입장에 대해 자세하게 설명하였다. 그는 그러한 문제에 대해 논쟁을 하고 싶지 않다고 고백했다.

> 나는 의견 충돌이 애정을 멀리하게 하는 원인이 된다는 것을 경험으로 알고 있습니다. 이 문제들은 경건한 학자들 사이에 논쟁되어 왔고 지금도 논쟁되고 있습니다. 지난 3년의 기간 동안 나 자신과 시골 사람들에게 십자가의 그리스도를 전하는 일에 종사해 온 평범하고 가난한 시골 사람이며 젊은 학도인 나는 이 문제들을 가지고 당신과 따지고 싶은 생각이 조금도 없습니다…[25]

그의 입장은 어정쩡한 것이 아니었다. "나는 그 복장을 입을 수도 없

---

24 Ibid, p 1.
25 *A Parte of a Register* (1593), p 87. My italics.

고 입지도 않을 것이며 그 복장이나 성찬식에 찬성하지도 않을 것이다." 그러나 "그렇다면 그 의식들을 참을 수 있다고 생각하는 수많은 학자들과 선한 사람들에 대해 그대는 어떻게 판단하는가?"라는 질문에 직면했을 때 그는 다음과 같이 지혜롭게 위험을 피했다.

> 나는 하나님의 비밀들을 맡은 진실한 사람들을 존경하고 그들의 경건한 생활을 존경합니다. 나는 그들이 그 의식들을 주님을 위해 사용할지도 모르기 때문에 의식들로 그들을 판단하지 않습니다. 마찬가지로 나는 그 의식들을 주님을 위해 거부하기 때문에 그 일로 판단받고 싶지 않습니다.[26]

결론으로 그는 감독에게 그리스도의 사역자들에 대한 성경의 비판 기준이 의식 준수가 아니라는 것을 부드럽게 상기시킨다. 그는 마태복음 7:15–16을 인용하며 다음과 같이 이어 말한다.

> 우리의 하늘에 계신 주님께서는 그의 참된 종들이 다른 사람들에 식별되는 확실한 상징, 또는 공통 제목을 남기셨습니다… 이 시험을 당신은 나에게 계속 사용하였고 나는 거부하지 않았습니다. 그러므로 내가 이에 거하는 한 당신은 만족할 것입니다.[27]

다른 말로 이야기해서 그린햄은 자신의 목회 사역의 자질에 대해 판

---

[26] Ibid, p 89.
[27] Ibid, p 90.

단하여 그것이 이행되었으면 편안하게 내버려두라고 요청하는 것이다. 이 점에 있어 그는 그가 영국 지방의 영적 암흑으로 인도해 낼 청교도 목회자들의 새세대의 전형이었다. 그들 중에는 비국교도들도 있었다. 그러나 그들 중의 많은 사람들은 확립된 교회의 골격이 존재한다는 것에 만족하였고 단지 목회자의 부족에 대해서만 한탄하였다. 로렌스 채덜턴(Laurence Chaderton), 리차드 십스(Richard Sibbes), 윌리암 퍼킨스(William Perkins), 로버트 볼턴(Robert Bolton)이 그러하였다. 이 '애정깊고 실제적인' 교사들과 영혼의 의원들의 형제에 가입하는 자격은 교회 정책의 문제점들에 대한 개인적인 견해들에 영향을 받지 않았다.

다른 반 세기 이상에 걸쳐 캠브리지는 그린햄 유형의 많은 영적 의원들을 만들어냈다. 최초의 그들의 양성소는 그리스도대학이었다. 데링은 그리스도대학어 처음에는 재학생이었다가 1560년부터는 특별 연구원이었다. 로렌스 채덜턴은 캠브리지의 재학생 시절에 신교도가 되었고 1584년 월터 마일드메이 경의 새로운 재단인 엠마누엘대학의 초대 교장이 되기 전어 20년의 가장 좋은 기간 동안 캠브리지에서 특별 연구원으로 있었다. 채덜턴은 50년 동안 성 클레멘트 교회에서 한 주에 한 번 '강의'(즉 설교)를 했다. 그리고 82세어 설교를 그만하기로 결정했을 때 그는 40명의 성직자들에게서 설교를 그만두지 말기를 간청받으며 자신들이 그의 사역의 덕택으로 회심을 하였다고 증거하는 서신들을 받았다.

풀러가 말하는 바에 의하면 채덜턴은 언젠가 두 시간 동안 설교를 한 것에 대해 사과의 말을 하자 청중들이 "하나님을 위해 계속해 주십시

오, 계속해 주십시오"라는 눈물의 외침을 들었다고 한다.[28]

1574년부터 웨드스필드에서 목회를 한 '또 한 명의 그린햄', 리차드 로저스와 윌리암 구쥐와 존 프레스턴의 선도자이며 아쉬비델라 주크에서 40년 동안 설교했던 아더 힐더샘(Arthur Hildersam)도 그리스도의 사람들이었다. 재학생 시절에 회심하여 1584년에 특별 연구원이 된 채덜턴의 제자 윌리암 퍼킨스도 그러했다. 퍼킨스가 1602년에 사망했을 때 뒤를 이어 성 안드레 대교회에서 매주 강의했던 또 한 명의 그리스도의 사람 폴베이네스는 리차드 십스를 설교로 회심하게 했고, 리차드 십스는 존 코턴을 설교로 회심시켰고, 존 코턴은 존 프레스턴을 설교로 회심시켰다. 토마스 구드윈이 1613년에 20세의 나이로 그리스도대학에 왔을 때 이 대학은 가장 엄밀한 방식에 따른 신앙을 고백하여 청교도로 칭해지는 여섯 명의 특별 연구원 교수들을 자랑하고 있었다.[29] 그리고 교장인 메인브릿지가 한 회개에 대한 설교는 곧 구드윈 자신을 회심시키는 수단이 되었다.

채덜턴, 로저스, 힐더샘, 퍼킨스, 구쥐, 베이네스, 십스, 코턴, 프레스턴 그리고 구드윈 모두는 '애정깊고 실제적인' 목회자와 복음전도자들 중에 모범적인 역할을 하는 지위를 얻었다. 이렇게 캠브리지운동은 항상 영적 깊이를 유지하며 또한 숫적인 힘을 모으면서 진행되었다.

놀라운 일은 아니지만 서글픈 사실은 이 존경할 만한 인물들에게서 본을 받은 젊은이들이 목회의 책임을 발견하는데 어려움을 겪었다는 것이다. 우리는 이 시대에 적극적이며 타협하지 않는 공의와 회개를 구하는 설교자들에게 성직록을 주고 싶어하는 성직 수여자들이 거의 없

---

28 Thomas Fuller, *The Worthies of England* (1662), p 117.
29 Stephen Egerton, 'To the Reader', prefixed to Richard Rogers, *Seven Treatises* (1603).

었을 것이라고 상상할 수 있다. 몇몇 캠브리지대학생이 1586년에 의회에 낸 탄원은 이 문제에 있어서의 행동을 요구한다.

> 우리 대학이 현재 어느 시대와 마찬가지로 모든 선한 학문으로 번창하고 있으며 동시에 하나님께 영광을 돌리고 있다는 것은 부정할 수 없다. 그러나 성경 연구를 택하고 거룩한 사역을 위해 자신을 준비시키고 있는 우리 중의 일부가 하나님의 교회에 적법하게 들어가서 전에 우리가 수고한 바에 대해 적법한 승급을 하기가 거의 불가능한 것도 부정할 수 없는 사실이며 은혜의 복음의 빛 가운데 들리는 슬픈 사실이다.
> 현재 우리 캠브리지대학에는…우리가 어느 정도는 경험으로 알고 있고 또 어느 정도는 사람들의 일반적인 불만들이 나타나고 있는 이 땅의 대부분에 있어 해결되어야 하는 공통 과제인 무지한 백성을 가르치는 것을 위해 충분한 은사를 갖춘 유능한 사람들이 있다.
> 그러나 그 모든 사람들 중에 공정하고 동등한 조건으로 이 직무에 부름을 받는 자는 거의 없다. 무스한 목회자일 뿐만 아니라 인간 쓰레기인 자들은 수천의 영혼들의 파멸과 하나님의 교회의 수치와 학문의 완전한 멸망을 오히려 좋아한다. 우리 자신이 책임을 맡는 어떤 수단들을 사용한다 할지라도 성직 임명자들의 탐욕이 이처럼 만족을 모르기 때문에 성직 매매, 거짓 서약, 나아가 거의 명백한 동냥의 방법에는 다른 방법이 없다. 따라서 이 일꾼이 크게 부족한 가운데 우리는 하루 종일 시장에 우두커니 서있는 것이다. 왜냐하면 아무도 우리의 수고를

사용하려고 하지 않기 때문이다. 이 시대의 우리 교회의 상태는 이처럼 탄식할 수밖에 없는 것이다.[30]

아무런 공적 행동이 취해지지 않았으나 이 젊은 청교도들에게 설교직을 주기 위해 많은 교구들에 강사직이 생겼다. 그리하여 엘리자베스, 제임스 그리고 찰스 시대에 영국 도처에 복음의 누룩이 퍼져나갔던 것이다.

2. 청교도 저서들[31]

모든 사상 운동은 그 자체의 문헌을 필요로 하는데 청교도 운동도 예외가 아니었다. 명쾌하고 단순한 문체의 은사를 받은 퍼킨스는 이 점에 있어 선구자였다. 1589년 그는 청교도의 경건을 장려하기 위해 설교 형식으로 쓰여진 일련의 대중적인 책들을 발표하기 시작했다.

그 책들은 『사람이 정죄의 상태에 있는지 아니면 은혜의 상태에 있는지를 선포하기 위한 논문』(1589), 『황금사슬』(*The Golden Chain*, 1590; 구원 계획에 대한 칼빈주의적 연구), 『영적 방치』(*Spiritual Desertions*, 1591), 『양심의 사례…사람은 자신이 하나님의 자녀인지 아닌지를 어떻게 알 수 있는가』(1592), 『두 개의 논문: 회개의 본질과 실제』, 『육과 영의 전투』(1593) 그리고 수많은 저서들(47개의 항목들이 수록된 2절판 세 권을 가

---

30 Cited from William Haller, *The Rise of Puritanism* (Columbia University Press: New York, 1938), p 75.

31 *The Seconde Parte of a Register*, ed Albert Peel (Cambridge University Press: Cambridge, 1915), II: 185f.

득 채우는 퍼킨스의 전집)이다. 퍼킨스가 선두에 선 길을 다른 이들이 따랐다. 리차드 로져스는 『7개의 논문…이생과 장래의 생 모두에 있어 참된 행복으로 가는 인도와 안내…기독교 신앙의 실행…그 중에 가장 특별히 참된 그리스도인은 매일 경건하고 편안한 삶을 영위하는 법을 배울 수 있다』(1603: 제5판, 1630: 요약판, 『기독교 신앙의 실행』 또는 『일곱 논문의 개요』[1618])라는 대작을 냈다. 존 다우네임(John Downame)도 2절판의 저서 『그리스도인의 전투』(The Christian Warfare, 1604)를 저술했다. 그린햄의 "전집"은 2절판으로 1599년에 나왔고, 퍼킨스의 "전집"은 1608-1609년에 나왔고, 데링의 "전집"은 1597년에 판매되었다. 이 2절판들은 목회자들의 서가를 위한 것이었고 평신도를 위한 4절판과 8절판(포켓에 넣을 수 있는 책들)이 곧 대량으로 나왔다.

이런 책들로는 앞에서 언급된 퍼킨스의 여러 전집들, 번연 여사의 천부의 재능을 집대성한 두 권의 책, 즉 아더 덴트(Arthur Dent)의 『천국으로 가는 인간의 듯탄한 길』(1601)과 루이스 베일리(Lewis Bayly)의 『경건의 실천』(The Practice of Piety, 14판, 1640), 그리고 존 도드와 로버트 클리버의 『십계명』(1603; 19판, 1635)이 있다. 그리고 많은 수의 주석 설교들이 주제별 시리즈로 나왔다.

영국에는 이 문헌의 물결이 시작되기 전까지는 거론할 만한 가치가 있는 경건 서적이 없었다. 이렇게 목회자들은 자신들의 설교와 동일 수준인 평신도 수준으로 저술함으로 곧 매우 넓은 독자층을 획득할 수 있었고 17세기 전반에 있어 그들의 서적들의 영향력은 원대하고 깊었다.

두 세대에 끼친 청교도 서적들의 영향력은 그린햄의 드라이 드레이턴 목회와 박스터의 키더민스터 목회를 비교해 봄으로 어느 정도 살펴볼 수 있을 것이다. 그린햄은 20년 동안 수고하였으나(1570-1590) 사실상 열매가 없었다. 박스터는 14년 동안(1641 – 1642, 1647 – 1660) '그때까지 생명력있고 진지한 설교를 들어본 적이 없는' 상황에서 14년 동안 사역하여 약 8백 가정과 2천여 명의 건강한 성인들이 살고있는 그 지방의 대부분에서 "나는 얼마나 가치없는 벌레와 같은 존재인가…나의 어린 시절의 존경하는 목회자들이 한 곳에서 50년 동안 수고하고도 자신들의 교구에서 한 두명의 회심자를 얻었다고 말할 수밖에 없었는데도 불구하고 하나님께서 이처럼 풍성하게 나를 격려해 주시다니!"[32] 라는 의미심장한 고백을 할 수 있었다.

두 사람의 경우에 있어 사용된 방법은 근본적으로 동일했다. 박스터도 강단에서나 개개인들과의 개인적 교제에서 '나 자신과 지역 주민들을 위해 십자가에 달리신 그리스도를 전하며' 평생을 보냈다고 거리낌 없이 말할 수 있었다. 그러나 두 세대의 청교도 설교와 경건한 저술들에 의해 발효된 박스터의 영국은 그린햄의 영국과는 다른 곳이었다. 묵은 땅이 파헤쳐져 수십 년 동안 충실하게 씨가 뿌려져서 이제 추수기가 이른 것이었다. 그린햄과 로저스와 같은 사람들을 목회로 인도했던 회심된 공동체라는 박스터의 목회 비전이 결국 그 성취를 보게 된 것이다.

영적으로 말해서 비록 공화국 시기 동안 영국의 많은 지역에 추수의 태양이 밝게 비추었으나 곧 폭풍의 구름이 다시 몰려와 '애정깊고 실제적인 영국 작가들'의 역사는 행복하게 끝나는 것이 아니라 매우 어두운 그림자에 덮혀 끝이 난다. 1640년대에 정권을 잡은 청교도들은 개인적인 신앙에 대한 견해에 있어서는 일치하였음에도 불구하고 정치적으로는 일치하지 못했다(이것이 크롬웰이 그 자신과 대부분의 사람들이 바라던 바

---

32 *Reliquiae Baxterianae*, first pagination, p 85; see above, pp 53 – 55.

와는 반대로 마음 내키지 않는 독재자가 되어야 했던 이유였다). 또한 하나님의 교회에서 하나님의 영광을 추구함에 일치하였으나 교회 종류에 있어서는 일치하지 못했다(크롬웰이 - 매우 소수밖에는 만족하지 못할 조치인 - 비감독 형태, 비소시니안 형태, 비로마가톨릭 형태의 분명히 다원론적 독립 조합교회주의를 수립해야 했던 이유가 이 때문이었다).

엎친 데 덮친 격으르 기괴한 행동들과 광신이 들어와 청교도의 계획을 망쳐 버렸다. 목회자들은 하나님의 말씀에 의해 양심이 지배되어야 한다고 주장해 왔으나 이제 평신도 지도자들은 성경을 인용하여 내적인 빛의 인도들을 확인했다. 목회자들은 영원의 빛 가운데 땅에서 사는 기술을 가르쳐 왔으나 이제 열심파들은 17세기의 영국에 이루어지는 천국을 보는 꿈을 꾸고 있었다.

청교도들은 하나님의 말씀에서 하나님의 생각을 선포하는 설교자의 직분을 높여왔으나 이제 사람들은 모든 사람이 영감을 받는대로 자기 생각을 담대하고 무제한적으로 공공연하지 발표할 수 있다고 주장했다. 설교자들은 성경이 없는 학문은 성경의 깨달음을 주지 않는다고 설명해 왔으나 이제 교육을 통해 부적격자도 성경의 의미를 이해할 수 있다고 생각하게 되었다. 그리고 대학 교육을 받고 신학적으로 학문을 갖춘 청교도 목회자들이 이 경향들에 대해 반박하자 퀘이커교도들, 광적인 설교자들, 머글레토니안(Muggletonians) 그리고 그 밖의 많은 자들은 청교도 목회자들이 성령을 소멸시키고 있다고 주장했다.

박스터는 이 모든 내용들을 망라하고 있는 인쇄물들의 활동에 무엇인가 마귀적인 것이 있다고 보았다. 그는 1653년에 다음과 같이 기술했다.

> 나는 최근 인쇄물의 방종하고 사치한 범람을 전에 사람들에게 읽혔던 분별력있고 경건하고 뛰어난 저술들을 매장시키고 압도해 버리려는 대적의 계획이라고 우려하지 않을 수 없음을 고백한다."[33]

정치적으로나 영적으로나 혼란과 불안이 만연하고 있었다. 청교도 부흥은 스스로의 힘을 소모하고 있었다. 그리하여 크롬웰이 죽자 더 이상 아무 것도 남은 것이 없는 것 같이 보였다. 왕정과 잉글랜드 국교회의 복고는 필연적인 반동으로 1660년 어김없이 이루어지고 말았다.

목회자들에게 있어 이 결과는 재난이었다. 양심적이고 무시무시한 클라렌던법이 그들을 몰아내고 억압하였다. 그들이 잉글랜드 국교회 밖에서 지속하던 사역은 불법이 되어 그들은 한꺼번에 감옥으로 밀어넣어졌다. 그들은 영국 국가가 맹목적으로 메리 왕조를 흉내내며 또한 영국 교회가 신앙과 도덕에 있어 광교주의(latitudinarianism), 율법주의 그리고 방종에 굴복하는 것을 보았다. 존 오웬, 토마스 구드윈, 존 하우이, 리차드 박스터, 스티븐 차녹과 같은 위대한 목회 신학자들은 이 기간 동안 최선을 다해 많은 저술을 했고 번연의 훌륭한 우화들도 이 시기부터 시작된 것이다.

그러나 목회자들이 영국 교회에 전혀 동조할 수 없었기 때문에 대학들은 그들과, 또한 그들과 함께 하는 젊은 비국교도들에게 문을 잠갔다. 그 결과 그들은 자기들의 동류를 효율적으로 재생산할 수 없게 된 것이었다. 그리하여 빛을 향해 비틀거리며 나아가던 조직화된 비국교주

---

[33] Baxter, *Works*, II: 885f.

의는 자유가 도래했으나(1689년) 그들의 선구자였던 청교도 사상의 장성함에 이르지 못하고 힘없이 쓰러지고 말았다. 1705년 마지막 거인인 존 하우이가 죽었을 때 청교도 운동도 끝이 났다.

3. 청교도 저술가

경건한 청교도 저술가들 중에 리차드 박스터는 처음부터 내용과 양식 모두의 장엄함에 있어 뛰어난 것으로 인정받았다. 문체의 명쾌함과 힘, 질서와 열정, 지혜와 온정, 넓이와 깊이, 목회자의 신실성과 권위는 그의 모든 '애정깊고 실제적인' 저작들에 함께 나타난다. 그는 자신이 죽을 것이라고 생각하였을 때 자신의 사고를 높은 곳으로 향하게 하기 위해 쓰기 시작한 첫 번째의 저서 『성도의 영원한 안식』으로 대성공을 거두었다. 그 이유는 이 책이 그가 항상 생활하고 생각하는 경건, 즉 심령을 강건하게 하는 영광의 소망에 집중하였기 때문만이 아니라 그의 화려한 문체의 도드한 흐름이 당시까지(1649년) 청교도 문장가들이 이룩한 바를 능가했기 때문이기도 했다.

대부분의 엘리자베스 시대의 산문과 마찬가지로 당시의 청교도 산문은 단조로웠다. 리차드 십스, 로버트 볼턴, 존 프레스턴과 같은 17세기 초기 작가들은 보다 많은 표현의 변화와 생기를 갖고 있었다. 그러나 박스터의 종이 위의 맹렬함은 모든 그의 동배들을 무색하게 했다. 그가 종종 『안식에 대해』(*Of Rest*)라고 칭한 그의 책은 베스트셀러가 되어 그는 어느 날 갑자기 영적 생활이라는 문제들에 있어 뛰어난 작가로 부상하게 되었다.

아르마의 전 대감독으로 높은 학문을 갖춘 성경 연대학자 제임스 어셔는 '애정깊고 실제적인' 유파의 중심 인물이었는데 박스터의 자질을 경건한 진리의 대표자라고 크게 칭찬하였다. 그는 1654년 런던에서 박스터를 만났을 때 박스터가 영국의 신앙 촉진을 수행하는데 적격한 인물이라고 판단하고 그에게 한 가지 계획을 제시했다.

> 나는 그리스도의 거룩하고 박식한 종 어셔와 짧은 만남을 가졌다. 그런데 그는 처음부터 끝까지 계속 여러 등급의 그리스도인들을 위한 훈령집을 쓰라고 끈질기게 요구했다. 그 훈령집은 그들 각자에게 명확하게 그들의 몫을 제시하는 것인데 처음에는 비회심자들로 시작하여 그 다음 그리스도 안의 어린 아기들이 되게하고 이어 강건한 자들로 나아가게 하는 것이다. 그리고 그들이 빠져 있는 여러 가지 죄악들에 대해 특별한 도움들을 조화있게 배합하는 것이다. 우리의 첫 번 만남에서 다짜고짜 그런 제의를 하는 것을 보고 나는 그 계획이 전부터 그가 생각하고 있었던 것임을 알았다. 나는 그에게 그 일이 이미 많은 사람들에 의해 실행되었고 또한 그가 나의 약점을 모르기 때문에 나의 실제보다 나를 더 적격자로 생각했을 것이라고 설명했다. 그러나 그 말은 그를 납득시킬 수 없었고 그는 계속 자신의 요구를 고집했다.[34]

삼년 후 어셔의 사망 후에 박스터는 이 과제에 착수하였다. 1657년

---

34 Ibid, II: 501.

에 그는 다음과 같이 기술했다.

> 나는 하나님의 도우심으로 다음과 같은 순서를 밟아 나가기로 결심했다. 첫째로 아직 돌아올 결심조차 하고 있지 않은 회개하지 않고 회심하지 않은 죄인들에게 달하는 것이다…이들에게는 각성을 주는 권고가 더 필요한 수단이라고 생각한다.
> …내가 둘째로 해야 할 일은 어느 정도 돌아올 결심을 하고 막 그 일을 하려고 하는 사람들에게 철저하고 진실된 회심을 하도록 지도하여 탄생에 실패하지 않도록 하는 것이다.
> 세째는 보다 어리고 연약한 그리스도인들이 안정되고 단련되고 인내할 수 있도록 하기 위한 지시들이다. 네째 부분은 타락한 그리스도인들의 안전한 회복을 위한 지시들이다. 이 외에도 시기에 대한 특별한 착오들과 흔히 볼 수 있는 죽이는 죄악들에 대한 간단한 설득과 지시들이 있다. 의심과 고통받는 양심에 대한 지시들은 이미 나온 바 있다.[35]
> 그 다음 마지막 부분은 보다 특별하게 가족들을 의해 쓰고자 한다. 즉 그들의 의무 안에서 여러가지 관계들을 지도하는 것이다.[36]

박스터는 이 계획에 따라 다음 몇 해 동안 다음과 같은 저서들을 출판했다. 『회심에 대한 논문』(*The Treatise of Conversion*, 1657), 『비회심자에 대한 부르심』(*A Call to the Unconverted*, 1658), 『확실한 회심을 위한 지시와

---

35 He refers to *The Right Method for a Settled Peace of Conscience* (1653).

36 loc cit.

설득』(*Directions and Persuasions to a Sound Conversion*, 1658), 『연약하고 병든 그리스도인들을 위한 지시』(*Directions for Weak, Distempered Christians*, 1669), 『그리스도의 십자가로 세상을 못박는 것』(*Crucifying the World by the Cross of Christ*, 1658), 『보편적 통일』(*Catholic Unity*, 1659), 『자기 부정』(*Self-Denial*, 1660), 『형식적이고 위선적인 발견자의 헛된 신앙』(*The Vain Religion of the Formal Hypocrite Detected*, 1660), 『자기 무지의 해악』(*The Mischiefs of Self-ignorance*, 1662), 『신령한 삶』(*The Divine Life*, 1664), 『믿음의 생활』(*The Life of Faith*, 1670). 가족이 필히 휴대해야 하는 참고서는 "아마도 영어나 또는 어떤 다른 언어에 있어서도 가장 실제적인 신학을 구현한 거대한 『기독교 훈령집』(*Christian Directory*, 1673)과 보다 간단한 『빈자의 가정서』(*Poor Man's Family Book*, 1674)와 『가정 교리 문답』(*The Catechizing of Families*, 1683)이 있다.

이 시리즈는 청교도 경건 서적의 정점이며 청교도의 영적 가르침의 영향을 받는 넓은 세계에서 길을 찾고자 하는 사람들을 위한 손쉽고 편리한 지도서로 기여할 것이다.

4. 청교도의 실천신학

우리의 역사적 개관은 '애정깊고 실제적인 영국 작가'들의 저술의 전체적인 목적과 특징을 간단히 나타냈다. 이제 그들과 그들의 저서들에 대한 소개가 이어진다. 두 가지 일반적인 사항이 그에 대한 바른 접근을 지도해 줄 것이다.

1) 선망의 대상

우리는 청교도의 실천신학이 유럽 대륙의 개신교도들의 선망의 대상이었다는 것을 알아야 한다. 개혁 교회들과 루터 교회들은 로마가톨릭의 반개혁 활동에 대항하여 그들의 신학적 생존을 지키기 위해 싸우고 끊임없는 전쟁에 의해 시달리고 최고의 정신을 논쟁에 완전히 바치느라 신령한 삶에 더해 깊은 사고를 할 여유가 전혀 없었다. 박스터는 그의 『기독교 훈령집』에 대한 홍보에 다음과 같이 기록한다.

> 오래 전에 많은 외국 신학자들은 존 듀어리가 전달한 우리의 실천신학의 요약을 라틴어로 자신들에게 보내 달라는 요청서에 서명을 했다. 그래서 우리의 12명의 신학자들은 어서 감독에게 자신들의 신학을 한 가지 형태 또는 한 가지 방법으로 작성하기 위한 서신을 써 보냈다. 그러나 그들 중에 이 일이 전혀 이루어지지 않았다. 조지 다우네임 감독이 이 일을 맡았으나 시도하는 중에 사망했다고 한다. 만일 이 일이 이루어졌다면 나의 할 일이 없었을 것이다. 그러나 그 일이 이루어지지 않았기 때문에 내가 이 소론을 작성하게 된 것이다.[37]

대륙의 교회들이 청교도의 실천신학을 얼마나 크게 평가했는가는 그들의 번역들의 수를 볼 때 알 수 있다. 『경건의 실천』은 계속 유럽어들로 번역되었다. 퍼킨스의 영어 작품들은 라틴어, 화란어, 스페인어, 아

---

37 Ibid, I: 4.

일랜드어 그리고 웨일즈어로 번역되었다.[38] 박스터는 폴란드와 헝가리까지 널리 읽혀졌다.[39] 그리고 그가 1691년에 쓴 저서들의 번역들에 대해 다음과 같이 기록되어 있다.

> 그 저서들 중 약 12권이 독일어로 번역되었고 루터교도들은 그 작품들이 유익했다고 말한다. 몇 권은 불어로 번역되었고 한 권이 존 엘리어트에 의해 뉴잉글랜드 아메리카인들의 언어로 번역되었다. 많은 사람들이 그 책들이 자신들의 회심의 수단이었고 그들에게 정보와 확신과 위로를 주는 수단이었다고 말한다. 그리고 나는 내가 죽어 사라졌을 때도 그 책들이 세상에 큰 유익을 끼치기를 기대한다.[40]

미국어로 번역된 책은 『비회심자에 대한 '부르심'』이었다. 박스터는 이 일깨우는 설득에 대해 다른 책에서 다음과 같이 기술했다.

> 일년 남짓하여 약 이만 부가 나의 동의를 얻어 인쇄되었고 그 후에 해적판으로 인쇄된 수천 부 외에도 약 만 부가 인쇄되었다…하나님의 자비를 통해 나는 이 작은 책에 의해 회심한 거의 모든 가정들에 대한 정보를 듣고있다. 영국, 스코틀랜드, 아일랜드에서는 이 모든 일이 나에게 충분한 행운이 아니었으나 (내가 잠잠히 있었기 때문에) 하나님께서는 바다 저편 많은 사

---

38 'The Printer to the Reader', prefixed to Perkins, *Works*, I (1608).
39 Baxter, *Works*, II: 983.
40 *Richard Baxter's Penitent Confession* (1691), preface.

람들에게 자신의 메시지를 이 책과 함께 보내셨다. 엘리오트 씨는 인디안어로 성경을 번역한 다음 이 책을 번역했다…하나님께서는 이 책을 더욱 사용하시려는가보다. 왜냐하면 프랑스 목사 스투프씨가 상관들의 미움을 받아 런던에 쫓겨왔을 때 이 책을 우아한 불어로 번역하여 인쇄하기를 원했기 때문이다…나는 이 책이 그 곳에서 무익하게 되지 않기를 바란다. 또한 화란어로 인쇄된 독일에서도 그러하기를 바란다.[41]

청교도의 실천적 저서들이(스코틀랜드와 뉴잉글랜드는 말할 것도 없고) 온 유럽 전체에서 가치를 인정받았다는 것을 알 때 우리도 그 가치를 깨달으려는 준비를 하게 된다.

2) 진리의 변호자

우리는 이 경건 문헌이 단순하게 표현되었고 어떤 전문 지식을 전제로 하지 않는다는 의미에 있어서는 대중적이었으나, 인위적인 것을 가미하지 않고, 재미가 없고, 신학적으로 어수룩하고, 세상 물정에 어둡고, 잘 정리되지 않았고, 어떤 다른 방법에 있어서는 쓸모가 없다는 의미에 있어서는 대중적이 아니라는 사실을 인정해야 한다. 전문적인 학자들은 대중화 되기를 거부하고, 대중의 인기를 얻는 사람들은 당연히 전문적인 학자들이 아닌 것으로 생각하는 현대 학문의 속물 근성은 17세기의 병적증후군이 아니었다.

---

41 *Reliquiae Baxterianæ*, first pagination, p 115.

청교도 저자들은 박학하고 정신력이 강하고 책을 많이 읽는 퍼킨스의 전통을 따르는 학자적인 사람들이었다. 토마스 풀러는 퍼킨스를 '첫째로 철학자들의 높은 추상적 공론을 실행과 도덕으로 낮춘[42] 선구자'라고 바르게 칭찬하였다. 퍼킨스는 그의 시대에 서유럽 전체에 최고의 개혁 신학자로 알려졌다. 그들은 하나님에 대해 아는 바를 설교와 인쇄로 평신도 수준으로 끌어내리는 것을 청교도 성직자에게 있어 최고의 특전이며 주된 의무로 생각한 것 같다. 그리고 그들은 자신들의 실천적인 기록 - 대개 설교 자료 - 을 자신들이 기록한 다른 어떤 것보다 덜 중요한 것이 아니라고 보았다.

전세계가 아는 바와 같이 그들은 교회 질서에 대한 문제들 뿐만 아니라 교리에 대한 문제들에 있어서도 대논변가들이었고 이러한 논변을 자신들의 목회에 필수적인 것으로 생각했다. 그들 즉 목회자들은 이단설을 비난하고 진리를 변호할 책임이 있는데 이는 자신들의 양들이 잘못 인도됨으로 인해 쇠약해지지 않도록 하기 위함이라고 말했다. 성경의 진리는 영양을 주는 것이며 인간의 그릇된 생각은 죽이는 것이므로 신령한 목자는 어떠한 희생을 치루더라도 교리를 지켜야 한다는 것이다. 존 오웬은 다음과 같이 이에 대해 주장한다.

> 그들(즉 목회자들)에게 있어 진리, 곧 교회에서 받아들이고 고백하는 복음의 교리를 보존하고 모든 반대에 대해 진리를 변호하는 것은 의무이다. 이것은 목회에 있어 한 가지의 중요한 목적이다…그러므로 이 의무에 대한 죄악된 태만은 교회를 해

---

[42] Thomas Fuller, *The Holy and Profane State*, ed J. Nichols (Thomas Tegg: London, 1841), p 81.

> 치고 타락시켜 온갖 간악한 이단과 그릇된 생각들의 큰 원인
> 이 된다. 공적 고백에서 완전한 복음 교리를 보존할 의무가 있
> 는 자들 중의 많은 자들이 자신의 제자들을 만들기 위하여 어
> 그러진 말을 해왔다. 감독들, 장로들, 공적 교사들이 이단의
> 주모자들이었다. 따라서 특별히 복음의 근본 진리들이 모든
> 종류의 적들로부터 모든 면으로 공격받는 이때에 있어 이 의
> 무는 특별한 방식으로 주의되어야 한다.[43]

 그러나 위험한 그릇된 생각이 주위에 있을 때 논쟁은 괴로우나 필수적인 것이기는 하지만 악에 대한 예방책 외에는 가치가 없는 것이다. 오직 진리의 직접적인 해설과 적용만이 긍정적인 방법으로 덕성을 함양하는 것이다. 그러므로 청교도 지식인들과 학자들이 실천적인 저술에 최고의 노력을 경주하고 그 결과를 그들의 최고의 성취로 보고 자신들이 행한 어떤 다른 일보다 그 일이 더 유용하게 될 것으로 기대한 것은 지극히 당연한 것이었다.

 청교도 실천 서적들의 고의적인 단순성의 뒤에 명석하고 학문깊은 신학자들의 배려와 능력이 존재한다는 것을 깨달을 때 우리는 이 문헌의 참된 가치를 평가하는 준비를 갖추게 된다.

 책은 저자로부터 독자에게 대한 의사전달이다. 저자들이 전달해야 하는 바는 저자가 누구이며 어떤 사람인가 하는 것에 좌우된다. 다섯 가지의 결정적인 자질들로 인해 청교도 저자들은 그들이 어떤 사람들

---

43 John Owen, *Works*, ed William Goold (Johnstone and Hunter: Edinburgh, 1850–53), XVI: 81f. The first sixteen volumes of this edition were reprinted photographically by the Banner of Truth Trust, 1965–68.

이며 그들이 지금까지 현대의 독자들에게 주는 메시지를 이룩하게 되었다.

⑴ 청교도들은 우리가 보아 온 바와 같이 영혼의 의사들이었다

그들은 하나님의 계시된 진리가 죄인들의 삶에 치유의 능력을 갖고 있다고 평가했다. 그러므로 그들에게 있어 순전히 이론적인 토론은 신학의 진정한 본질에 있어 그릇된 것으로 생각되었다. 퍼킨스가 신학을 '영원히 복된 삶의 과학'[44]으로 정의할 때 이 모든 것을 말한 것이었다. 그는 "하나님의 지식(요 17:3)에서 기인하는 생명은 복되도다"라고 덧붙인다. 즉 신학은 본질적으로 실천적인 문제이며 직접적으로 – 실존적으로 라고 말해도 좋을 것이다 – 실제적인 목적을 갖고 연구하는 것이 가장 좋다는 것이다. 박스터의 청년 초기 건강이 나빴을 때의 말은 여기에 있어 의미심장하다.

> 이렇게 오랫동안 나는 한 귀로는 다가오는 죽음의 부르는 소리를 계속 듣고 있었고 다른 한 귀로는 의심에 찬 양심의 의문들을 듣고 있었다. 그리고 그 이후 나는 하나님의 이 방법이 매우 지혜롭고 이렇게 나의 유익에 이바지 할 수 있는 방법은 없다는 것을 깨달았다…. 때로 나는 나 자신에 만족하지 못했지만 그로 인해 나는 유익한 공부 방법을 발견했다. 나는 먼저 하나님의 나라와 그의 의를 구하게 되었고 필요한 한 가지 일에 가장 많이 유의하게 되었고 먼저 나의 궁극적인 목적을 결정하게

---

[44] Perkins, *Works*, I: II.

되었다. 나는 모든 다른 학문들을 택하여 추구하였으나 그 목적을 위한 것이었다.

그러므로 신학은 나의 다른 학문들과 함께 수행되었으나 언제나 첫째되고 가장 중요한 위치를 차지했다. 나의 나쁜 건강은 내가 실천신학을 첫 번째로 연구하게 된 원인이었다. 나는 실천적인 순서에 따라 많은 실천적인 책들을 읽고 연구하였고 나의 영혼을 채우고 개혁하기 위한 목적으로 모든 것을 행했다. 그래서 나는 다른 신학 서적들을 읽기에 앞서 "어사인"(Ursine)과 "아메시우스"(Amesius)와 같은 우리 영어의 실제적인 논문들을 많이 읽었다.[45]

다른 곳에서 박스터는 다른 사람들에게도 같은 순서를 추천한다. 그리고 그는 '애정깊고 실제적인' 저자들도 추천한다. 그들은 하나님의 계시된 진리는 건강을 주는 실천이라고 주장했다. 따라서 하나님의 진리는 실천적인 방법일 때 가장 잘 학습된다. 그러므로 목회자들은 하나님의 진리를 그런 식으로 설교하고 가르쳐야 한다. 복음의 교리는 순종되어야 하는 것이다. 진리는 단지 인정되는 것만이 아니라 요구하는 바를 행한다는 의미로 행해져야 하는 것이다. 그러므로 가장 성경적인 신학자는 가장 실천적인 신학자이며, 가장 실천적인 신학자가 가장 성경적인 신학자일 것이다. 그리고 도처에 실천적인 적용과 도전들을 수반하는 설교 형식이 가장 성경적이며 신학적인 방법일 것이다.

---

45 *Reliquiae Baxterianae*, first pagination, p 5. 'Ursine' is Zacharias Ursinus, *The Summe of Christian Religion* (1587), a commentary on the *Heidelberg Catechism* of which he was one author. 'Amesius' is William Ames, *The Marrow of Sacred Divinity* (1643), a translation of *Medulla Theologiae* (1623).

청교도들은 순종된 진리는 낫게 한다고 말했다. 이 말은 적절하다. 왜냐하면 우리는 모두 영적으로 병이 들었기 때문이다. 이 병은 죄로 말미암은 것이다. 죄는 심령을 황폐하게 하여 죽이는 질환이다. 회개하지 않은 자는 죽을 병에 걸린자들이다. 그리스도를 알게 되어 중생한 자들도 여전히 병에 걸려 있지만 은혜의 역사가 그들의 삶에 계속됨에 따라 점차적으로 나아지게 된다.

그러나 교회는 아무도 완전히 건강한 사람이 없고 누구나 항상 병이 도질 수 있는 병원이다. 목회자들은 세상과 육체와 마귀의 압박에 의해, 그리고 그들의 이익과 쾌락과 자만으로 인해 다른 사람들보다 자세히 알게 되는 바와 같이 치유자인 자신들이 여전히 병들고 상처입은 상태이므로 그들이 그리스도의 이름으로 돌보는 양들만이 아니라 그들 자신도 성경의 약을 사용해야 한다는 것을 인정해야 한다. 모든 그리스도인들은 여러 단계에 있는 자신들의 영혼을 위한 약으로서의 성경 진리를 필요로 한다. 약을 사용하는 것은 복용하는 것이다.

하나님의 진리를 치유적으로 사용하는 능력은 영적으로 나쁜 건강을 진단하는 보다 중요한 능력을 포함한다. 이 진단하는 능력은 다른 어떤 방법보다 자신의 죄와 결점을 발견하고 계속 기억함으로 터득되는 것이다. 청교도 목회자들이 자주 자신의 죄악성을 슬퍼하는 것을 평범한 문화적 관습으로 간단하게 생각해서는 안된다. 그들이 우리의 양심을 찢어 열어놓고 우리의 영적 질병들을 진단하고 치료를 위해 성경적 지시들의 식이요법을 처방할 때, 자신들이 무엇에 대해 말하고 있는지를 알고 있었다는 것은 그들 시대의 청중과 독자들에게 확실했던 것과 마찬가지로 우리에게도 확실하다. 하나님 앞에서 그들의 자기 반성과 자기 지식은 그들의 심령을 엄밀히 조사하여 죄를 못박고 그리스도의 치유의 능력이 어떻게 우리를 도덕적인 악과 영적 악으로부터 구출하실 수 있는가를 보여주는 숙련된 기술의 비결이다.

(2) 청교도들은 양심을 향한 해설자들이었다

그들의 실제적 저술들은 언제나 성경을 유익하게 필요로 하는 목적들을 지향하는 성경의 해설들이다.

> 모든 성경은 하나님의 감동으로 된 것으로 교훈(교리)과 책망과 바르게 함과 의로 교육(양육, 훈련)하기에 유익하니(딤후 3:16).

성경 자체에서(더 정확하게 말해서 구약의 신약적 사용에서) 터득된 청교도 설교학은 기록된 말씀을 우리에게 하나님과 인간의 본질과 상호 관계를 제시하는 것이며, 사랑의 언약 관계가 그리스도 안에서 현실이 되는 길이며, 일단 이 관계가 현실이 되었을 때 그에 따라 사는 방법이라고 보았다.

청교도의 해석 방법은 본문이 제시하는 교리들-즉 하나님과 우리의 관계에 대한 원리들-을 설명한 다음 그 교리들을 적용하는 것이었다. 이것이 청교도 저자들을 '실제적', 또는 '실천적'이라고 칭한 이유이다. 그들의 적용들은 양심, 즉 스스로 판단하는 실천 이성, 각각의 현실적 순간에 있어 자신의 의무와 자신의 공과와 자신의 하나님과의 실제적 관계에 대한 질문들을 심사 숙고하는 이성을 향한 것이었다.

청교도는 이것이 성경을 해석하는 성경적 방법이라고 믿었다. 그리고 그들은 말씀된 신령한 진리에 대한 이해와 확신을 부여함으로, 자기 판단 과정을 시작케 함으로, 그리고 내려진 판단에 적절한 응답을 유발시킴으로 말씀을 존귀케 함에 있어 성령께 의지하였다. 이 응답들은 믿음과 소망과 사랑의 전 영역에 미치는 것이었다. 곧 회개, 겸손, 자기 불신, 자기 부정, 헌신, 순종, 찬송, 감사, 찬미, 간구 여기에 인간의 하나님께 대한 집착과 하나님과의 교제에 도움이 되는 다양한 성향의 '애정'(단지 지나가는 감정의 기복이 아니라 정서를 수반한 심령의 확고한 기울임)이 추가된다. 청교도의 이 성향(dispositions)의 중요성에 대한 강조와 이 성향들(기쁨, 슬픔, 갈망 등등의 특유한 대상을 지향하는 성향들)을 일깨우고 강화하려는 그들의 끊임없는 노력은 이 저자들이 '애정깊은' 저자들로 칭해진 이유를 설명해 준다.

청교도 해석학으로 말미암아 개혁자들이 그처럼 훌륭하게 논증한 신앙이 도야되었다. 즉 은혜로 말미암아 그리스도를 통한 믿음에 의한 칭의는 하나님께서 주신 프리즘이기에 성경이 우리를 위해 갖고 있는 빛과 진리를 완전하게 보기 위해서는 성경이 이 프리즘을 통과해야 한다는 것이다. 영국의 개혁자 후계자들은 이 진리를 당연한 것으로 받아들일 수 있었다. 다른 많은 문제들에 있어서와 마찬가지로 이 점에 있어서도 청교도 실천신학의 조부라고 칭해진 윌리암 틴데일은 다음과 같이 이 주장을 기술한다.

> 율법을 영적으로 해석하는 두 가지 요점은 첫째로, 심령깊은 곳에서 나오는 거짓된 사랑이 얼마나 가증스러운가 하는 것과…둘째로, 하나님 아버지의 긍휼하심에서 나오는 약속들을 목마르게 구하는 회개하는 영혼에게 우리 행위의 모든 공로없이 오직 믿음을 통해서, 그리스도만을 위해 그리고 그리스도의 공로로 인해 그것이 주어진다는 것이다. 이 두 가지 요점이 그

대의 심령에 쓰여진다면 모든 성경을 여는 열쇠가 된다고 나는 말한다…⁴⁶

이어 성경 공부를 위한 안내가 이어진다. 틴데일은 디모데후서 3:16; 로마서 15:4; 고린도전서 10:11을 인용한 후에 계속하여 다음과 같이 말한다.

> 그러므로 성경을 읽을 때 성경 안에서 첫째로 율법, 곧 하나님께서 우리에게 행하라고 명하시는 바를 찾고, 두 번째로…그러므로 예수 우리 주 안에 있는 약속들을 구하라. 그 다음에는 먼저 위로의 실례들을 찾으라. 즉 자기 자신을 복종시켜 하나님의 길로 행하는 모든 자들을 하나님께서 환난 가운데 깨끗하게 하시고 하나님의 약속들을 굳게 잡은 자들을 한 사람도 멸망시키지 아니하신다는 위로이다. 그리고 마지막으로 우리가 육체를 두려워함으로 죄를 범하지 않도록 하기 위해 쓰여진 실례들을 주의해보라. 즉 하나님께서 불경건하고 사악한 죄인들을 악 가운데 계속 거하도록 버려두심으로…그들이 진리에 대해 마음을 완악하게 하여 하나님께서 그들을 완전히 멸하시는 실례들이다.⁴⁷

다시 그는 다음과 같이 가르친다.

---

46 William Tyndale, *Doctrinal Treatises* (Parker Society: Cambridge, 1848), pp 464f.
47 Ibid, p 399.

> 그대는 성경에 담겨진 역사와 생활들을 하나님께서 세상 끝날까지 우리를 다루시는 확실하고 의심할 여지가 없는 실례로 받아들이라.[48]

일단 이 원리들이 적용되면 성경은 자기 해석으로 깨달아진다고 틴데일은 말한다. "성경은 자체에 대해 증언하였고 언제나 또 하나의 밝혀진 본문에 의해 자신을 해석했다."[49] 해석의 열쇠는 믿음에 의한 칭의이며 들어가는 문은 (우리가 예상하는 바와 같이) 로마서이다. 틴데일은 로마서를 '성경 전체를 밝히는 빛이며 전체로 통하는 길'이라고 칭하면서 로마서에 대한 루터의 판단을 "밝은 빛, 모든 성경을 밝히기에 충분한 빛"이라고 번역한다.[50]

이 해석의 원리들은 퍼킨스에 의해 청교도 형제들에게도 전달되었다. 그는 만일 로마서로 공부를 시작하고 그 다음에 요한복음을 공부한다면 전체 성경을 여는 열쇠를 가진 것이라고 단언했다.[51] 이 원리들은 사실상 모든 청교도의 성경 해석에 있어 공리였다는 것이 분석 결과 드러났다.

청교도의 믿음 – 칭의로 주어지고 그리스도인들이 매일 그에 의해 생활하는 믿음 – 에 대한 설명이 모든 면에서 일치하는 것은 아니다. 모든 저자들은 믿음이 알려진 사실들에 대한 단순한 신념 이상이라는 것에는 동의한다. 그러나 그 이상 무엇인가를 나타내고자 할 때 그들의 정

---

48 Ibid, p 463.
49 Ibid, p 320.
50 Ibid, p 484.
51 Perkins, II: 650f.

의들은 약간 나뉜다. 퍼킨스는 믿음을 하나님의 약속에 대한 성령의 증거와 상관시키기 위해 개혁자들이 성경에 의존하였다는 것을 알고, 그가 정신의 활동으로 본 적용의 보증에서 믿음의 본질을 찾았다.

퍼킨스의 제자인 에임즈는 믿음의 대상으로 살아지시고 십자가에 달리셨다가 부활하신 그리스도를 나타내기 위하여 개혁자들이 역시 성경에 의존했다는 것을 알고 또한 그가 끊임없이 논쟁을 벌였던 알미니안 주의자들이 갖고 있던 진화주의적 믿음관에 의해 분명히 영향을 받아, 그가 의지의 활동으로 본 개인적이고 언약적으로 그리스도를 받아들이고 의지하는 것에서 믿음의 본질을 찾았다. 그리고 대부분의 청교도들은 비록 똑같지는 않지만 에임즈를 따르는 설명의 두 가지 요소를 모두 포함한다.[52]

그러나 모든 청교도들은 믿음을 양심, 곧 성경의 진리의 빛에 비추어 하나님 앞에서 자신에 대한 판단을 수반하는 것으로 본다. 그러므로 그들은 자신들의 모든 성경 해석들이 양심에 이야기하고 호소함으로 믿음을 일으키고 육성한다고 생각하고 그러한 계획으로 성경 해석을 구성하였다. 이 점에 있어 그들의 의식적인 정신훈련에 대한 지표로써 전

---

[52] 예를 들어 웨스트민스터 대요리문답의 질문 72에 대한 답변을 참조하라. "칭의의 믿음은 하나님의 성령과 말씀에 의해 죄인의 심령에서 역사되는 구원의 은혜이다. 이에 의해 그는 자신의 죄- 비참한 신세를 깨닫고 또한 자신과 모든 다른 피조물들에 자기 자신을 상실한 상태에서 회복시킬 수 없는 무능함을 깨닫게 된다. 그는 복음의 진리에 동의할 수도 없을 뿐만 아니라 죄의 용서와 하나님 앞에서 구원을 위해 그의 인격을 의롭다고 용납하는 그리스도와 그리스도의 의를 받아들여 안주할 수도 없다." 웨스트민스터 신앙고백 XIV:2 그의 정의는 보충적이다. "구원에 이르는 믿음을 가진 기독신자는 하나님의 말씀에 계시된 것은 무엇이든지 참되다고 믿는다. 그 이유는 그 말씀이 하나님께서 권위로 말씀하신 것이기 때문이다. 따라서 그는 성경구절들의 각기 내용에 준하여 명령에는 순종하고, 경고에는 두려워하고 현세와 내세에 대한 약속들을 그대로 받아들인다. 이러한 믿음을 가진 기독신자의 중요한 행위는 그리스도를 받아 영접하고 그 안에서만 안식함이다. 그 목적은 은혜 언약대로 칭의, 성화, 영생을 얻기 위한 것이다."

형적인 것이 존 오웬의 '믿음에 의한 칭의 교리'에 대한 광범위하고 복잡한 논문의 서두에 나오는 다음과 같은 지침이다.

> 이 교리의 사용에서만 설계될 수 있는 것은 배교의 상태로 말미암은 재앙으로부터 구원을 받아 하나님과의 평화를 위해 예수 그리스도로 말미암아 양심을 하나님께 적용하는 인간 양심에 대한 실제적인 지시이다…그리고 우리는 이 교리를 안전하게 또는 유용하게 다룰 수 없기 때문에 성경에서 이 교리가 선포되고 적용되는 목적들을 고려하여 이 주제에 대한 모든 우리의 설교들에 있어 실상과 해결을 유의하는 것에서 빗나가지 않도록 해야 한다. 왜냐하면 우리가 목적하는 의무는 묘한 생각들이나 어려운 논쟁이 아니라 인간 양심의 방향과 만족과 평화이기 때문이다.[53]

믿음의 초점과 활동과 열매들에 대한 청교도의 설명은 칭의와 관련되었을 뿐만 아니라 모든 점에 있어 처음부터 끝까지 하나님의 말씀을 받아 그 말씀의 빛으로 하나님께서 인간을 어떻게 보시는가 하는 것과 그리스도를 통해 인간이 어떻게 언약의 자비 가운데 하나님과 관련될 수 있는가를 판단하는 양심과 관련하여 구성되었다. 이 사실은 청교도 저술가들이 그들의 시대에 일관되게 '실험적'이라고 칭해진 이유와 그들이 그리스도인의 '경험'에 대해 말할 때 무엇을 의미했는가를 설명해 준다.

그들은 양심이라는 말로 의식의 모든 상태와 정서와 같은 상태를 나

---

[53] Owen, *Works*, V: 8. My italics.

타내어 사용하지 않았다. 그들은 주의 깊은 정확성을 가지고 하나님의 말씀에 대한 활동을 통한 믿음의 생활에 수반되는 모든 것을 나타내어 이 말을 사용하였다. 그들이 이 의미의 경험에 대해 말할 때 그것은 그들이 참고 사항으로 받아들이는 자신들의 경험을 말하는 것이 아니었다. 그들은 성경을 규범 교리 이상의 규범적 경험서르 이해했다. 그리고 실제로 여기에 있어 그들은 어거스틴 자신이나 버나드나 개혁자들이나 최초의 청교도들이나 또는 찰스 스펄전과 마틴 로이드존스와 같은 후기 청교도들에 있어서나 어거스틴주의적 성경주의의 특별한 보화인 통찰력을 추구하였다.

어거스틴주의 신봉자들은 다른 사람들이 보는 바와는 달리 성경 저자들이 자신들의 경험을 말함으로 가르치는 성경의 기록들은 신적 진리의 기준을 제시하는 것일 뿐만 아니라 영적 경험들의 기준들도 제시하는 것이 분명하므로 신적 진리의 기준들을 제시하고 강요하는 만큼 영적 경험들의 기준들도 제시하고 강요하는 방법으로 해석되어야 한다고 보았다. 만일 특별히 사도의 가르침이 결정적인 가르침으로 설명되어야 한다면 사도의 경험도 역시 그렇게 설명되어야 한다는 것이다. 왜냐하면 사도들은 자신들의 가르침을 자신들의 삶에 있어서의 그 가르침의 효과와 그에 대한 자신들의 양심의 반응에 입각하여 설명하기 때문이다. 그들의 메시지와 그들의 경험은 계속 서로 교차되어 진술된다(로마서, 고린도후서, 빌립보서를 특별히 이에 대한 예증으로 생각해 보라). 여기에서 더 확대되는 사항이 있으니 곧 "하나님이 짝지어 주신 것을 사람이 나누지 못할지니라"(마 19:6; 막 10:9)는 적절한 말씀이다.

이 점에 있어 청교도들은 사실상 모범적이었다. 그들은 신약의 서신들, 시편들 그리고 믿음과 성실성의 실례들을 연구하며 또한 구약과 신약 모두에 나타나는 믿음과 성실성의 상반성을 연구함으로 하나님의 은혜에 대한 교리를 완전히 조직화하였고 이와 함께 이 교리가 목적하는 특별한 믿음의 경험에 대해서도 복음을 왜곡하는 이단설들과 거짓된 진술들을 논파하고 교정하는 법을 익힘과 함께 진단하여 치료법을 처방하는 일도 익혔다. 이 진단과 처방은 육체의 치료에서보다 영혼의 치료에 있어 훨씬 더 큰 위협이 되어 홀란드가 '눈먼 엠피라이크들'(blind Empyrikes)이라고 칭한 돌팔이 의사들처럼 하는 것이 아니라 자신들이 제공하는 진단과 치료에 있어 적절한 이론적 근거를 갖고 있는 진짜 의사들 같이 하는 것이었다.

개혁자들이 교회에 하나님의 구원의 은혜에 대한 교리의 고전적 조직화를 이루었다고 보는 사람들은 청교도들이 믿음과 양심에 대한 이해와 인간의 영적 요구에 그 교리를 적용한 고전적 설명자들이라고 칭해야 마땅할 것이다. 개혁자들이 고전적인 신학자들이라면 청교도들은 고전적인 목회자들이며 신령한 안내자들이라는 사실을 그들의 저서들을 읽은 사람은 누구나 곧 깨달을 것이다.

(3) 청교도들은 정신 교육자들이었다

이 점은 그들의 교육 방법과 관련이 있다. 17세기와 18세기는 교육 이론에 대해 많이 생각한 시기였다. 하나의 조직체로서 청교도 목회자들은 훌륭하게 설계된 기술을 갖고 있었다. 우리는 이제 이 기술을 살펴보고자 한다.

출발점은 믿음과 순종이 가능할 수 있게 되기에 앞서 정신을 가르치고 교화해야 한다는 그들의 확신이었다. 박스터는 "무지는 거의 모든 죄이다"라고 기술했고 설교에 대해 그가 즐겨 사용하는 금언들 중의 하나는 "먼저 불을 붙인 다음에 뜨겁게 하라"는 것이었다. 불꽃이 없는 열기, 교육학적 주밀성을 갖추지 않은 설교의 열정은 아무에게도 소용이 없는 것이다. 교회 출석자들의 쪽으로 볼 때 설교에서 믿음을 배우고 교훈을 받아들이기 싫어하는 것은 불성실의 표적이다. "만일 당신들이 회개를 했다면 참된 지식을 얻기 위해 수고하라"고 박스터는 노동자 신도들에게 말했다. 그들이 현대의 신도들처럼 행하며 "우리는 박식하지 않으니까 하나님께서 우리에게 많은 지식을 요구하지 않을 것이다"라고 이의를 제기했을 때 박스터는 다음과 같이 대답하였다.

① 사리를 아는 영혼을 소유하고 있는 모든 사람은 박식한 사람들과 마찬가지로 하나님께서 그를 만드셨다는 것을 알아야 하며, 그가 사는 목적을 알아야 하며, 그의 영원한 행복으로 가는 길을 알아야 한다. 그대들은 박식한 사람들과 마찬가지로 구원받지 않으면 멸망하는 영혼을 소유하고 있지 않는가?

② 하나님께서는 말씀에서 자신의 뜻을 그대들에게 명백하게 나타내셨다. 그러므로 그대들은 무지함에 대해 변명의 여지가 없다. 그대들이 학자가 아니더라도 그리스도인이 되는 법을 알아야 한다. 비록 그대들이 히브리어나 헬라어 능력이 없더라도 영어로 천국으로 가는 길을 찾을 수 있다. 그러나 무지의 암흑 속에서 그대들은 절대로 그 길을 찾을 수 없다.

③ …그러므로 그대들이 만일 지식에 면제받을 수 있다고 생각한다면 사랑과 모든 순종에서도 면제받을 수 있다고 생각해도 좋을 것이다. 왜냐하면 지식이 없다면 이것 중 어느 것도 있을 수 없기 때문이다…만일 그대들이 직업에서 일하는 법을 알아야

> 하는 것처럼 하나님과 하늘의 일들의 지식을 얻고 싶어한다면 오늘이 가기 전에 이를 시작할 것이며 그것을 얻기까지 어떠한 희생이나 고통도 아끼지 않을 것이다. 그러나 그대들은 자신의 직업을 익히는 데는 7년도 부족하다고 생각하며 자신의 구원에 대한 문제들을 부지런히 배우는 데는 칠 년 중 하루도 바치려고 하지 않을 것이다.[54]

그는 다음과 같이 말하기도 했다.

> 만일 하늘이 너무 높아 그대들이 묵상하고 대비할 수 없다면 너무 높아 그대들은 절대로 소유할 수 없을 것이다.[55]

모든 청교도들은 지식없는 종교적 감정이나 경건한 정서는 무익하기보다 악한 것으로 생각했다. 오직 진리를 느끼고 있을 때의 정서라야만 바람직한 정서라는 것이었다. 사람들이 알고 있는 진리를 느끼고 순종할 때 그것은 하나님의 성령의 역사이고 지식없는 감정에 의해 지배될 때 그것은 마귀가 역사하고 있는 확실한 표적이라는 것이었다. 왜냐하면 순종없는 지식이 영혼에 파멸을 초래하는 것과 같이 지식과 분리된 감정과 어두운 정신의 충동들도 영혼에 파멸적인 것이다. 진리를 가르침이 목회자의 제일 과제인 것처럼 진리를 배움은 평신도의 제일 과제이다.

그러나 진리를 어떻게 가르쳐야 하는가? 주로 강단에서 성경 본문의

---

54 Baxter, *Works*, II: 481f.
55 Ibid, II: 527.

도덕적인 분석과 적용으로 가르쳐야 하는데 이 모든 것은 성경의 말씀으로 접근 되는 것이다. 기본적인 방법은 퍼킨스에 의해 그의 『예언의 기술』이라는 저서에 제시되었다. 설교자는 성경 본문의 메시지를 위한 대변자가 됨으로 자신의 본문에 기여해야 한다. 먼저 그는 본문을 평이하게 설명하고 문객을 연결시키고 본문의 구조와 구성 부분들을 제시해야 한다. 즉 본문을 쪼개야 한다는 것이다. 이 모든 일을 행함에 있어 청중들이 성서 기자의 전체적인 의미와 범위를 이해했는지 확인해야 한다. 그 다음에 본문이 주장하거나 암시하거나, 전지하거나 예증하는 한 개, 또는 그 이상의 교리적 명제나 논제를 그 본문에서 이끌어내야 한다. 예를 들어 아더 힐더샘은 시편 51:1-2에서 다음과 같은 세 가지의 교리를 끌어냈다.

> 하나님의 백성들은 어떤 고통 가운데 있을 때 기도로 하나님께로 날아가 위로를 구해야 한다. 죄의 용서는 우리에게 일어날 수 있는 가장 큰 심판들로부터의 구원보다 더 오망되는 것이다. 하나님의 가장 훌륭한 종은 하나님의 은총을 얻는 것 외에 다른 소망의 근거를 갖고 있지 않다. 왜냐하면 그들의 죄를 용서받는 것이 오직 주님의 긍휼 가운데 있기 때문이다.[56]

존 오웬은 로마서 8:13 하반절에서 다음과 같은 세 가지 교리를 이끌어낸다.

---

56 Arthur Hildersam, CLII *Lectures upon Psalm LI* (1642), pp 55f.

> 죄의 정죄하는 능력으로부터 확실하게 자유로운 가장 정선된 신자들은 죄의 거하는 능력을 극복하는 것을 평생의 과업으로 삼아야 한다. 오직…성령만이 이 일을 하실 능력이 있다…우리의 신령한 삶의 활력과 능력과 위로는 우리가 육체의 행위를 극복함에 좌우된다.[57]

박스터의 『비회심자에 대한 부르심』은 에스겔 33:11에서 끌어낸 일곱 가지 교리의 확대 해석이다.

> 악한 자가 돌아오기만 한다면 산다는 것은 하나님의 불변의 법칙이다. 하나님께서는 인간들의 죽음이나 정죄를 기뻐하시는 것이 아니라 회개와 구원을 기뻐하신다…이것은 하나님께서…맹세로 엄숙하게…확인하신 가장 확실한 진리이다. 주님께서는 분명히 악한 자들에게 돌아오라는 명령과 설득을 배가(倍加)하셨다. 주님은 진실을 따지기 위해 자신을 낮추시고 악한 자들에게 왜 죽으려고 하느냐고 질문하셨다. 이 모든 일에도 불구하고 악한 자들이 돌아오지 않는다면 그들이 멸망하는 것은 하나님의 멸망이 아니라 그들 자신의 멸망이다…그들은 그들이 죽으려고 했기 때문에 죽는 것이다.[58]

일단 진술된 교리들은 본문의 더 자세한 분석과 성경의 다른 구절들에 호소를 더하여 '입증되어야' 한다. 교리들은 예상되는 오해와 이의

---

57 Owen, *Works*, VI: 7ff.
58 Baxter, *Works*, II: 509.

들에 대비하여 명백하게 되어야 하며 듣는 자들의 생각에서 야기될지 모르는 반대들에 대비하여 확증되어야 한다. 그 다음으로 교리는 적용 또는 '용법'으로 인도되어야 한다. 이것은 대개 몇 가지 특별한 용법들로 세분된다.

① 정보의 용법이 있다. 정보의 용법으로 진리는 마음을 교육하고 판단을 형성하는데 적용됨으로 사람이 하나님의 계시된 마음에 자신의 생각과 견해를 맞출 수 있게 한다.
② 듣는 자에게 교리의 빛 가운데 행해야 할 바와 행하지 않아야 할 바를 보여주는 권고 또는 간언의 용법이 있다.
③ 애도와 설득의 용법이 있다. 이 용법으로 설교자는 교리에 제시된 하나님의 은혜에 응답하지 않는 눈멀고 어리석은 청중들에게 감명을 주어 그들이 스스로 은혜를 파악하도록 분발시킨다.
④ 교리가 의심과 무지에 대한 답변으로 제시되는 위로의 용법이 있다.

이 용법으로 설교자는 회중에게 (중생한 사람의 특징들 중의 한 가지이거나, 그리스도인의 특권이나 의무를 말하는) 교리의 빛에 비추어 그들 자신의 영적 상태를 판단하도록 요구한다. 그 밖에도 여러 가지 용법들이 있다. 이 해석 방법들은 다양할지 모르나 항상 교리 더하기 용법이라는 논지에 있어서의 변화였다. 존 오웬은 "교리의 적용이 없는 설교는 황량한 설교이다"라고 평했다.[59]

---

59 Owen, *Works*, XXIV: 218.

적용은 언제나 적절해야 한다. 그렇지 않으면 그 적용은 공허한 신파조 연극같은 행동이 된다. 회중에는 많은 차이가 나는 영적 상태의 사람들이 포함되어 있으므로 항상 넓은 범위의 적용들이 이루어져야 한다. 모든 사람을 위한 적용도 있어야 한다. 퍼킨스는 적용을 계획함에 있어 일곱 가지의 목회 원리를 제시한다.[60]

① '무지하고 가르치기 어려운 불신자들'이 있다. 그들에 대한 전략은 그들 중에 있는 분명한 죄를 꾸짖어 마음을 찌르고 무섭게 함으로 그들이 가르침을 받을 수 있도록 하는 것이다.
② '가르침을 받을 수 있으나 아직 무지한 자들'이 있다. 그들은 설교에 보충하여 교리문답(청교도들이 매우 즐겨 사용한 교육 방법)을 사용하여 기본적인 복음을 배울 필요가 있다.
③ '지식을 갖고 있으나 아직 겸손하지 못한 자들'이 있다. 그들은 하나님의 율법이 그들을 어떻게 정죄하는가를 들을 필요가 있다.
④ '비굴한 자들'이 있다. 이들은 믿음과 회개 그리고 복음의 위로들에 대한 교리를 들을 필요가 있다.
⑤ '분명히 믿음을 갖고 있는 자들'이 있다. 이들은 다음과 같은 두 가지 기초 교육을 필요로 한다. 곧 '첫째, 칭의와 성화와 인내를 말하는 복음, 둘째, 저주가 없는 율법'이다. 이 기초 교육으로 그들은 회개와 어울리는 새로운 순종의 열매들을 맺도록 배우게 된다.
⑥ 진정한 믿음, 또는 진정한 의로부터 '타락한 자'들이 있다. 그들

---

60 Perkins, *Works*, II: 665ff.

은 그들의 죄를 직접적으로…입증하고 되풀이하여 가르쳐 주고 (또는 사정없이 내리치는) 교리와 함께 회개의 교리오- 형제의 애정을 필요로 한다.

⑦ '혼합적인 사람들'이 있다. 그들이 우리 교회들에 모이는 집회자들이다(이것은 사실이었다. 엘리자베스 여왕 통치 시대에 교회 출석은 법률로 요구되었다. 첫 번째의 위반에는 일 실링이라는 상당한 벌금이 과해졌고 계속 출석을 하지 않을수록 처벌이 중해졌다. 잉글랜드 국교회 의식에 참가하기를 거부하는 천주교 신자를 뿌리뽑기 위한 목적의 이 법은 성직자들에게 싫어도 설교를 들어야 하지만 언제나 관심을 갖지 않는 청중을 주었다). 이들에게는 어떻게 해야 할까? 설교자는 모든 유형의 적용들을 조화있게 변화시켜야 한다. 각각의 적용들은 어떤 청중들에게 적절할 것이며 적용 자료의 우물은 절대 마르지 않을 것이다. '홈커밍(home-coming) 적용'(이 형용사는 알렉산더 화이트에게서 인용한 것이다)의 많은 형태와 수준들은 설교자가 다루는 거의 모든 본문에서 추론으로 이끌어낼 수 있다.

이상과 같은 이유로 그리고 수많은 교리의 요점들이 각 본문에서 이끌어 내어질 수 있었기 때문에, 또한 일단 소개된 교리들이 오해되지 않도록 하기 위해 완전하고 철저하게 설명될 필요가 있음을 느꼈기 때문에 청교도 설교자들은 동일한 본문에 근거하여 수많은 설교들을 계속할 수 있었고 수 개월, 수 년 동안 한 구절에 머물기도 했다. 인쇄에 나타나는 그 결과는 현대인이 볼 때 위압적이다. 많은 표제들과 부제들의 포진은 두려울 정도이고 쉽게 혼돈을 일으키게 한다. 이 주해들이 처음에 우리를 혼란에 빠지게 하는 첫 번째 이유는 전체로서의 성경에 대해 우리들이 보통 갖고 있는 것보다 훨씬 더 강력한 관심으로 지배된 주해들이기 때문이다. 우리가 다른 성경을 최소한으로 인용하여 각 구절의 흐름에 집중하려고 하는 반면에 청교도 주석가들은 각 구절이 하나님의 말씀들의 나머지 부분의 가르침을 어떻게 반영하고 연결하는가를 철저하게 나타내고자 함을 다한다.

우리가 당황하는 두 번째 이유는 하나의 주제를 나타내는 우리의 방식이 그 주제에 대한 완전한 무지를 가정하고 선택된 출발점으로부터 귀납적으로 그 주제를 확증해 나가는 방식인 반면에 청교도의 방식은 그 주제에 대한 어느 정도의 인식을 가정하고 그 주제를 가로질러 분석해 나가는 것이었다.

16세기 프랑스의 개신교 교육가인 피터 라무스의 이분법의 분석이 어떤 주제를 이해하는 가장 좋은 방법이라고 한 주장은 많은 청교도들로 하여금 그 방법이 모든 것을 명확하게 하고 기억할 수 있게 할 것이라는 확신으로 강단에서 본문을 쪼개고 주제들을 생략하지 않고 모두 말하는 결과가 되게 하였다. 그들의 청중들에게는 명확하고 외우기에 좋았을지 모르나 오늘날 우리가 청교도의 설교 논문들을 읽을 때 처음에는 어렵다는 것을 부정할 수 없다. 그러나 그 논문들을 읽으면서 표제들을 메모해 놓으면 그들이 제시하는 바들의 구조를 이해하는 데 큰 도움이 된다.

청교도의 분석법은 청교도 주해들의 길이를 설명해 준다. 조셉 카릴의 욥기 주석은 4절판 6천 페이지에 달하고, 존 오웬의 히브리서 주석은 2절판 2천 페이지가 넘는다. 힐더샘은 시편 51:1-7로 152편의 설교를 했고, 윌리암 거어널의 에베소서 6:10-20을 본문으로한 『완전 무장한 그리스도인』의 현대판은 8백 페이지가 넘는다. 청교도들에게 그처럼 긴 집필을 하게 한 것은 모든 교리들을 이끌어 내고 모든 적용을 개발하는데 있어 철저성을 요구하는 그들의 열정이었다. 분명히 그들은 일단 함축 의미들과 적용들을 이끌어내기 시작하면 멈추기가 어려웠다. 그러나 그들의 내용의 다양성은 대단하고, 반복은 극히 적다. 그들이 처음부터 시작하기보다는 중간에서 시작한다는 느낌은 곧 사라지고 일단 흥미가 생기면 시들지 않게 된다. 그것을 의심하는가? 한번 감상해 보라!

(4) 청교도는 진리의 시행자들이었다

이 점은 그들의 언어를 다루는 방법과 관계가 있다. 그들은 재치있는 설교자들이 옥스퍼드와 캠브리지와 궁정에서 얻는 명성을 버렸다. 그 대신 그들은 자신들의 메시지를 위해 명백하고 솔직한 형식, 엄숙하지만 활기있고 소박한 형식을 택했다. 그리고 그들의 솔직함은 능력을 수반하였다.

퍼킨스는 케임브리지에서 단호하게 이 단순하고 명쾌한 방식의 설교를 함으로 비평을 야기시켰다. 그의 설교를 들은 어떤 사람들은 그를 '흥미없고 실없는 자이며 대단히 재능없는 학자'라는 평을 썼다.[61] 그러나 1613년 토마스 구드윈이 케임브리지대학에 왔을 때 퍼킨스 자신은 죽은 지 11년이 지났어도 여전히 그의 목회에 대한 기억이 생생한 것을 발견했다. 처음에 구드윈은 성 존 교회의 센하우스 박사같이 재치있는 설교자가 되고 싶어했다. 센하우스의 설교들은 '교부들, 시, 역사, 비유 또는 우아한 재치를 갖고 있는 모든 것에서 발견되는 모든 종류의

---

61 Edward Bagshawe, 'Life and Death of Mr. Bolton"(bound with M[r]. *Bolton's Four Last Things*, 1632), p 13

재치의 꽃들의 가장 훌륭한 복합체'라는 평을 얻고 있었다. 그러나 구드윈은 회심 후에 다음과 같이 자기 과시를 포기했다.

> 나는 재치의 허식과 웅변의 허영이 없이 완전히 확실하고 건전한 말로 설교하겠다는 이 확고부동한 원칙에 도달했다…나는…삼십 년 동안 이 목적과 실행을 계속해 왔다(구드윈은 그의 생의 말년에 이 글을 썼다). 나는 회심을 위해서나 또는 그들을 영생으로 훈육하기 위해서나 내가 생각하기에 진실로 덕을 세우고 있는 바를 설교해왔다.[62]

이것은 전형적이었다. 하나의 집단으로서 청교도는 설교자가 할 일은 자신의 학식을 나타내는 것이 아니라 그리스도의 은혜를 나타내는 것이며 자신이 박수 갈채를 받기 위함이 아니라 다른 사람들에게 유익을 주기 위해 설교를 계획하는 것이라는 점에 있어 명확하였다. 그러므로 청교도 설교는 성경 신앙의 세 가지 즉 타락, 구속, 중생(ruin, redemption, regeneration)을 중심으로 회전하였으며 이 복음 진리들에 고의적인 단순성이라는 눈부신 옷을 입혔다.

리차드 박스터는 그의 『회심에 대한 논문』의 서문에서 스스로 이 논문을 구성하는 설교들에서 "나는 대중적인 청중들에게만 설교하려는 것이 아니라 그 청중 중에 가장 무지하고 주정뱅이인 자들에게도 설교하려고 했다"고 설명함으로 '평범한 형식'을 업신여기는 자들을 무력하게 한다. 그는 이어 다음과 같이 말한다.

---

62 Thomas Goodwin, *Works*, ed J. Miller (James Nichol: London, 1861), II: lxivf.

가장 평범한 말은 가장 무거운 문제들에 있어 가장 유익한 웅변이다. 정교함은 장식을 위한 것이고 섬세함은 즐거움을 주기 위한 것이다…이 두 가지가 결합할 때…듣는 자나 읽는 자는 장식되고 섬세한 내용을 깨닫기 어렵고 넋을 잃게 된다…그리고 깔끔하고 간결하고 금언식의 화법은 듣거나 읽기 어렵고 그로 인해 상처받기가 쉽다. 왜냐하면 그런 화법은 대개 내용의 조절한 활동을 방해하고 심령에 이르지 못하게 하고 환상 가운데 머물게 하고 그 표현 방법과 마찬가지로 가볍게 보이게 하기 때문이다. 우리는 불을 끄려고 달려갈 때 인사나 우선권을 요구하지 않으며 웅변적인 말로 사람들을 불러모으지 않는다. 만일 어떤 사람이 불 속이나 물 속으로 들어가는 것을 볼 때 우리는 그를 끄집어 내는데 예의를 차리려고 하지 않는다.

…하나님께서 맨 처음 이 문제들에 대해 내 마음을 뜨겁게 하셨을 때 그리고 내가 새롭게 진지한 신앙을 이해했을 때 내 영혼의 기쁨을 절대로 잊지 못할 것이다. 나는 앤드류스 (란셀로트) 감독의 설교집과 같은 책을 읽었을 때나 그런 유의 설교를 들었을 때, 그 안에 생명이 없다고 느꼈고 그들이 단지 거룩한 것들을 가지고 놀고 있다고 여겨졌다…내게 선한 슬픔에 잠기게 하고…생명과 빛과 무게를 가지고 말하는 것으로 생각된 설교자는 '평범하고 강요적이며 노골적인 설교자'였다. 그리고 내 영혼에 놀랍게 즐겁고 맛있는 글들도 그런 종류의 글들이었다.

…그러나 나는 내가 비록 오래 전보다는 정확성과 간결성을 보다 잘 분투 할 수 있지만 진지함과 평범함을 같게 평가한다

고 고백하지 않을 수 없다. 나는 경박성을 풍기고 무거운 진리들을 수증기처럼 가볍게 만들고 몽땅 공상으로 바꾸어 버리어 심령에 들어오지 못하게 하는 경향이 있는 설교를 듣거나 읽을 때 그러한 증거는 교만하고 어리석은 짓이라는 경멸을 느끼게 된다. 연극 배우나 무용수와 병사나 왕과 다른 것같이 그런 설교자들은 참되고 신실한 그리스도의 사역자들과 다르다. 그리고 그들이 강단의 설교자들이라기보다는 연극 배우들과 더 유사하게 행동함으로 대개 그들의 설교를 듣는 자들은 설교를 자신들의 영혼의 생사에 관해 하늘의 하나님께로부터 오는 것으로 경청하기보다는 설교를 가지고 장난을 치게 된다.[63]

위의 인용문이 어느 정도 암시하고 있는 박스터의 '고매한 무시' (noble negeligence) 스타일을 청교도의 문체가 항상 산만하였음을 나타내는 것으로 해석해서는 안된다. 오웬의 라틴어식 문체는 비틀린 정확성을 갖고 있었고 또한 구드윈의 '유명한' 이해하기 어려운 문체도 그러했다. 박스터와 번연은 그들의 시대 이후 어떠한 신앙 문체도 필적할 것이 없이 홀로 뛰어난 박력과 신랄성을 갖고 글을 썼다.

반면에 윌리암 퍼킨스, 리차드 십스, 토마스 왓슨, 토마스 브룩스, 토마스 밴턴, 윌리암 거어널(더 이상 나아가지 말기로 하자)은 단정하고 명료한 문체의 귀감들이다. 퍼킨스를 제외한 이들 모두의 글에는 생생한 비유와 예화들이 흘러 넘친다. 그 시대의 기준에 의하면 그들의 세련되지 않은 직설법은 전혀 능변이 아니라 의도적으로 택한 관용어였다. 존 플

---

63 Baxter, *Works*, II: 399.

라벨은 이에 대한 이론적 해석을 과장적이기는 하지만 다음과 같이 훌륭하게 표현한다.

> 십자가에 못박힌 문체는 십자가에 못박힌 그리스도의 설교자들에게 가장 잘 어울린다…신중성은 화려한 단어들보다는 딱딱한 단어들을 택한다…단어는 내용의 종에 불과하다. 바위의 자물쇠에 꼭맞는 강철 열쇠는 보물 창고의 문을 열지 못하는 황금 열쇠보다 더 유용하다…신중성은 양심을 꿰뚫고 심령에 도달하는 하나의 단어를 위한 천 개의 세련된 단어들을 버린다.[64]

청교도의 평범성은 청교도 설교자들의 시대 사람들에게 역사했던 것과 똑같이 현대의 독자들에게도 이렇게 역사한다. 우리도 평범성이 하나님의 열정과 능력의 통로라는 것을 경험한다. 그러므로 우리는 종종 산만하고 장황한 것을 용서할 수 있다. "나는 나의 기억이 내가 전에 썼던 구절들을 망각하여 다시 쓰곤 한다고 고백한다. 그러나 나는 그것을 큰 문제로 여기지 않는다. 같은 내용을 쓰는 것은 독자에게 위험이 없다. 그런데 왜 내가 그것을 가슴 아파해야 한단 말인가?"[65]라고 박스터는 매력적인 솔직성을 가지고 말했다. 여기에 어떤 대답이 있겠는가!

(5) 청교도들은 성령의 사람들이었다

그들은 주님을 사랑하는 사람들이었고 주님의 법을 지키는 사람들

---

64 *The Works of John Flavel* (Banner of Truth: Edinburgh, 1968), VI: 572.
65 Baxter, *Works*, II: 40).

이었고 주님을 섬기는데 자신을 아끼지 않는 사람들이었다. 이것은 모든 시대에 있어 진정으로 성령 충만한 삶의 주된 세 가지 특징이다. 박스터의 『개혁주의 목회자』는 하나님의 목자들에 대한 다음과 같은 권고들로 시작한다.

> 여러분이 다른 사람들에게 제시하는 하나님의 구원의 은혜가 결여되지 않도록 주의하라…또한 여러분의 은혜가 활발하고 생기에 넘쳐 계속 발휘토록 하고 다른 사람들에게 설교하기 전에 연구한 설교를 자신에게 하라…그러므로 자신의 심령을 지켜보라. 육욕과 정욕과 세속적인 기호들이 들어오지 않도록 하라. 믿음과 사랑과 열심의 삶을 유지하라. 집에서 하나님과 많이 거하라…여러분의 모범이 여러분의 가르침과 모순되지 않도록 주의하고…여러분의 생활이 여러분의 혀로 말한 바를 취소하지 않도록 주의하라…우리는 설교를 잘하는 법을 열심히 연구하는 것처럼 잘 생활하는 법도 열심히 연구해야 한다. 우리는 설교를 구성하는 법 뿐만 아니라 사람들의 구원에 가장 많은 도움이 되는 우리의 생활을 구성하는 법을 생각하고 다시 생각해야 한다…[66]

이것이 실제로 위대한 청교도들이 행한 바였다. 그리고 그들의 저술들은 그들의 그리스도인의 삶의 특성에 대해 증거한다. 존 오웬은 자기 청중화에 대하여 다음과 같이 썼다. 자신의 영혼에 설교를 하는 사람만

---

66 Richard Baxter, *The Reformed Pastor*, ed William Brown (Banner of Truth: Edinburgh, 1974), pp 53–64.

이 다른 사람에게 설교를 잘한다.

그리고 다른 사람들에게 주는 음식을 자신이 먹고 잘 소화시켜 보지 않은 사람은 그들에게 맛있는 음식을 주지 못한다. 그렇다. 만일 그가 실제로 음식을 맛보지 않으면 자신이 준 음식이 독일 수도 있다는 사실을 알지 못한다. 들씀이 우리 안에 능력으로 거하지 않으면 우리에게서 능력으로 전달되지 않을 것이다.[67]

퍼킨스는 다음과 같이 말했다.

> 선한 삶이 없는 곳에서 하나님의 말씀은 무익하다. 목회자들은 자신들의 납같은 생활이 해를 주는 것만큼 그들의 금같은 말이 유익을 주지 못한다는 것을 생각해야 한다…박식하고 거룩한 성직자보다 더 존경스러운 사람이 없는 것과 마찬가지로 방종하고 음탕한 생활로 자신의 가르침을 수치스럽게 하는 사람보다 더 경멸하여 마땅하고 그로 인하여 더 비참하게 되는 사람은 이 세상에 없다.[68]
>
> 그리고 칼빈은 매우 통명스럽게 다음과 같이 말했다. "만일 그가(설교자가) 하나님을 따르는데 첫째가 되기 위해 전력을 다하지 않는다면 강단에 올라 갔을 때 목이 부러지는 것이 그에게 더 좋을 것이다."[69]

---

[67] Owen, *Works*, XVI: 76.

[68] Cited from John Brown, *Puritan Preaching in England* (Hodder and Stoughton: London, 1900), p 66.

[69] Cited from T. H. L. Parker, *The Oracles of God* (Lutterworth Press: London, 1947), p 60.

청교도 교육자들은 이것이 사실이라는 것을 알고 이에 따라 행동했다. 그들은 뛰어나게 거룩한 사람들이었고 그들의 인쇄된 말이 전하는 권위는 하나님의 말씀으로 성경 자체의 권위일 뿐만 아니라 그들이 성경의 조명하고 적용하는 힘으로 인정한 하나님의 능력으로서의 경험적인 – 그들 자신의 경험 – 성경의 권위이기도 했다. 오웬은 칭의의 교리에 대해 다음과 같이 기술했다.

> 이 교리를 바른 방식으로 다루고자 하는 사람에게 요구되는 것은 그가 주장하는 모든 것을 자신의 생각과 경험 가운데 심사숙고하라는 것이다. 그리고 그가 그의 마음 속 가장 깊은 곳에서 하나님과 가장 가깝게 접근하여 여러 위험들에 놀라고 깊은 애정 가운데 그리고 하나님과 자신 사이의 무한한 거리에 대해 겸손한 묵상 가운데 스스로 도움을 받지 않은 바를 감히 타인들에게 제안하지 않아야 한다는 것이다.[70]

청교도들은 모든 교리들에 이 원리가 동일하게 적용된다는 것을 알고 있었다. 따라서 설교자들이 타인들의 심령과 양심에 말하는 바는 그들의 가르쳐야 하는 진리를 철저하게 자신의 심령과 양심에 실행한 다음에 나온 것이었다. 이렇게 그들은 "순전함으로 하나님께 받은 것같이 하나님 앞에서와 그리스도 안에서 말하노라"(고후 2:17)고 하는 바울의 공식을 이행했다.

영적 권위는 말로 꼭 집어서 나타내기 어렵다. 그러나 우리는 그러한

---

[70] Owen, *Works*, V:4.

권위와 마주칠 때 알아볼 수 있다. 영적 권위는 성경에 대한 양심의 신실성과 합성된 산물이며, 하나님의 실재와 위대성에 대한 생생한 인지이며, 하나님을 존귀하게 하고 기쁘시게 하고자 하는 확고한 열망이며, 깊은 자기 조사와 철저한 자기 부정이며 그리스도와의 친밀한 교제를 사모함이며, 인간을 향한 편견없는 동정이며 하나님께서 가르치시고 하나님께서 역사하시는 솔직한 순진성, 곧 솔직성에 있어서는 어린아이와 같은 반면에 지식에 있어서는 성인이 되는 것이다. 하나님의 사람은 신적 권위에 복종함으로 권위를 소유하게 된다. 그리고 그의 안에 있는 하나님의 능력의 원형은 죽음과 같은 무거운 짐 아래에서 초자연적으로 일으킴을 받은 세례의 형태이다.

위대한 청교도들은 그들의 시대에 이 원형으로 살며 나쁜 건강과 환경적 혼란과 빈궁 그리고 무엇보다 자신의 나태한 심령과 싸우며 '생명과 빛과 능력으로' 복음을 전했다. 그러므로 3세기 반 후에 그들이 설교를 위해 준비한 바를 읽는 우리들은 그들의 권위가 우리에게도 여전히 다가오는 것을 발견하게 된다.

종교 개혁자들은 우리의 자비로우신 하나님께서 우리를 위해 행하시는 바에 대한 공평한 해석을 교회에 맡겼다. 청교도의 유산은 동일하신 하나님께서 우리 안에서 행하시는 바에 대한 동등하게 권위있는 선포들이다. '애정깊고 실제적인 영국 작가들'의 저술들을 참조하는 것은 새로운 세계로 들어가는 것과 같다. 그의 시야는 밝아지고 그의 생각은 정화되고, 그의 심령은 분발된다. 그는 겸손하여져 가르침을 받아 활기를 얻고, 회개 가운데 낮아지고 보장 가운데 높아진다. 이보다 더 유익한 경험이 어디 있겠는가!

오늘날의 교회와 그리스도인들은 슬프게도 라오디게아인들이다. 그들은 자만하고 잠들어 있고 천박하고 숨이 막혀 있다. 우리에게는 부흥이 필요하다. 어떻게 해야 할 것인가? 우리 영혼의 창문을 열고 17세기의 신선한 공기를 호흡하는 것이 가장 현명하고 바람직한 방법이 될 것이라고 나는 제안한다.

제II부
청교도와 성경

5장. 존 오웬의 하나님으로부터의 의사전달
6장. 성경의 해석자들로서의 청교도
7장. 청교도의 양심

Among God's Giants
Aspects of Puritan Christianity

5장
존 오웬의 하나님으로부터의 의사전달

1. 청교도 존 오웬

존 오웬은 누구였는가? 본서에 그의 이름은 이미 나왔고 (그리고 앞으로 더 여러 번 나올 것이다) 12장에서 정확하게 소개될 것이다. 여기에서 나는 단지 그가 대체적으로 인정하는 바에 의하면 가장 다재다능한 사람은 아니나 청교도 신학자들 중에 가장 위대한 인물이라고만 말하겠다. 성경에서 파악된 인류를 다루시는 하나님의 방법들을 드러내는 견실함, 심오함, 당당함 그리고 위엄에 있어 그와 필적할 사람이 없다. 그는 자신이 다루는 모든 문제에 있어 종교 회의와 치안 법관에 부과하는 범위들을 제외하더라도 웨스트민스터 규범들과 발전된 경건의 이상과 완전하게 조화를 이루는 청교도 주류의 중심에 위치한다.

오웬에 대한 본서의 장들은 이 주장에 대한 증거를 제시한다. 그는 자신의 시대에 영국의 개혁된 복음주의 정설의 으뜸되는 요새이며 투사로 알려졌고 그 자신도 하나님께서 이 역할을 자신에게 주셨음을 의심치 않았다.

그러나 그의 관심은 그 정설이 고백하는 현실들에 대한 넓고 깊은 통찰력에 있었는데, 자신의 현재의 이해력이 비록 확실하였음에도 (그도 그렇게 믿었다) 불구하고 그 현실들에 불충분하다는 겸손한 자각은 그의 모든 저술에 스며들어 있다. 대부분의 사항들에서와 마찬 가지로 이 점에 있어 그는 다른 청교도 지도자들보다 존 칼빈과 보다 더 유사했다.

2. 의사전달

본장의 제목이 오웬의 관용어를 따라 작성된 것이라면 내가 이 제목으로 구속을 적용시키시는 성령 역사의 모든 범위를 망라하는 것을 허용할 것이다. 왜냐하면 오웬은 의사전달(communication)이라는 단어를 인간에 대한 모든 신적 은혜의 수여를 망라하여 사용했기 때문이다. 그러나 나는 이 단어를 현대의 제한된 의미로 사용하고 있다. 따라서 내가 탐구하고자 하는 바는 하나님으로부터 인간에게 오는 인식적(cognitive) 의사전달에 대한 오웬의 기술이다. 다시 말해 성경과 말씀에 대한 그의 교리, 하나님께서 어떻게 인간들을 이끄사 자신을 이해하게 하시고 영적 실재의 세계를 이해하게 하시는가라는 질문에 대한 그의 답변이다.

물론 영적 이해를 제공하는 것이 그 자체에 있어 목적은 아니다. 오웬이 인정하는 바와 같이 영적 이해력의 수여는 항상 더 나아간 그 무엇이다. 즉 하나님을 알고 하나님을 즐거워하는 것의 수단으로 인식되고 평가되어야 한다. 그러나 이것은 하나님의 생각으로부터 인간들의 생각으로 오는 의사전달 개념이라는 표현에서 명확하게 한계지워질 수 있는 그 자체로의 하나의 주제이다. 오웬의 영적 이해력의 부여를 이해하고 논하는 것은 신학 교과서들의 통상적인 제목 구분이었고 현재도 그러한 계시, 영감, 조명, 해석이라는 의례적인 범주들이라기보다는 바로 이러한 개념의 표현이었다. 오웬도 물론 이 범주들을 사용한다. 그러나 그의 관심 대상은 하나님의 전체로서의 의사전달 행동이다. 그리고 이에 대한 그의 제시에 있어 인상적인 것은 그가 칼빈과 마찬가지로 이 주제들을 넓고 동적인 전후관계에서 함께 수용한다는 것이다. 즉 자신의 마음을 죄인들에게 알게 하시는 하나님의 생각이 주는 넓고 동적인 전후관계인 것이다.

내가 알기로 오웬은 인간에게 주어진 하나님의 형상에 창조주로부터의 의사전달을 받고 응답하는 능력이 포함되었다는 주장을 어디에서도 한 적이 없다. 그러나 그의 주장에는 아담이 갖고 있던 하나님의 형상은 하나님의 계시된 뜻에 적극적으로 응답하고 순응하는 상태였던 반면에 우리에게는 하나님께서 우리의 정신을 활동시키심으로 자신의 생각에 대한 생각을 주신다는 의미가 부단히 전제되고 있다. "우리는 인간들이기 때문에 우리 영혼의 이성적 능력들 가운데에서 그리고 그 능력들에 의해 하나님의 생각과 의지를 우리에게 가르치실 것이다."[1]

오웬은 그의 시대의 개혁 신학자들에 일치하며 그리고 분명히 성경과 일치하여 하나님의 마음과 인간의 마음과의 직접적인 화합과 일치를 추정한다. 즉 하나님께서 우리에게 말씀으로 이야기 하실 수 있고 우리는 하나님의 자기 계시의 한계 내에서 우리의 사고로 하나님을 이해할 수 있다는 것이다. 그러나 분명한 것은 어떠한 의미에 있어서도

---

1   John Owen, *Works* (see Chapter Four n 43), IV: 4ff; 118ff; XVI: 281ff.

우리는 하나님을 측량할 수 없다는 것이다. 즉 하나님께서는 인간을 측량하지만 그 반대는 있을 수 없다는 것이다. 우리는 하나님의 존재의 비밀을 이해할 수 없으며 그런 의미에 있어 (하나님께서는 우리에게 완전히 이해할 수 없는 무한한 존재이시다) 하나님께서 우리에게 말씀하시지 않은 계획에는 많은 '오묘한 일'(신 29:29)이 있다. 더욱이 우리는 우리가 순례의 여정 가운데 어떤 단계에 다다랐을지라도 하나님께서 우리에게 말씀하신 많은 일을 아직도 이해하지 못했다고 분명히 확신할 수 있다.

그렇지만 우리의 하나님에 대한 생각들이 하나님께서 자신에 대해 말씀하시는 바와 일치되는 한 그 생각들은 정확하며 하나님에 대한 실제적 지식, 우리의 하나님과의 실제적 관계에 중요한 지식을 이룬다. 이 의견에 있어 오웬은 칼빈과 마찬가지로 기독교 이성주의자로 나타난다. 즉 그는 하나님과 의사전달이 아닌 우연한 '조우'(encounters)에서 이끌어 낸 하나님에 대한 지식을 주장하는 신정통파 사상의 비이성주의를 즉각 비난하는 이성주의자이다. 오웬은 하나님에 대한 우리의 지식이 우리의 하나님 지식의 기초라고 말할 것이다. 그리고 그 자신이 자기 간증의 길로 이 지식을 우리에게 준다.

그러나 오웬은 모든 주류 개혁 사상가들과 마찬가지로 여기에서 문제를 인식한다. 우리 안의 죄, 아담에게 물려받은 후손인 인류의 기질 가운데 있는 반 하나님적 충동은 행동의 결과일 뿐만 아니라 순수 지성적인 결과이기도 하다. 이 죄 또는 충동이 신약성경이 마음의 '강퍅'과 '완악'이라고 칭한 보편적 무반응을 낳는 것이다. 따라서 단지 이성적인 교육은 무효하다. 오직 우리의 마음을 하나님의 말씀에 열고 하나님의 말씀을 우리 마음에 여시는 성령의 조명만이 하나님께서 선포하시는 일들에 대한 확신과 깨달음과 동의를 일어나게 한다. 타락한 인간

정신의 비참한 무지와 왜곡에 대해, 그리고 그렇기 때문에 신령한 일들의 효과적인 전달이 언제나 있을 수 있기 위해, 성경의 설교자와 교사와 청중과 학생에게 역사하셔야 한다는 절대적인 필요성에 대해 오웬보다 더 예민한 의식을 갖고 있는 청교도는 없었다.

오웬의 신적 의사전달 개념은 다섯 개의 표제 아래 분석하면 편리하다.

① 계시를 주심
② 성령의 영감
③ 성경의 인증
④ 성경 신앙의 확립
⑤ 성경의 해석

이 표제들은 각각 성령께서 하나님의 마음 속의 생각을 우리 마음에 제시하는 복합적 활동들 가운데 오웬이 독특한 요소라고 보았던 바를 포함하고 있다.

근거 자료는 주로 세 가지이다. 첫 번째 자료는 1658년에 "성경이 하나님의 말씀이라는 것을 우리가 어떻게 아는가라는 질문에 대한 대답과 함께 성경의 신적 기원과 권위와 자기 증거의 빛과 권능에 대해"라는 제목으로 인쇄된 문헌이다. 두 번째 자료와 세 번째 자료는 논문 시리즈들이다. 이 논문 시리즈들 중에 첫 번째 시리즈는 "성령론: 성령에 대한 논설"이다. 이 논문에서 오웬은 삼위일체 중 제3위에 대해 모든 성경 자료를 망라하여 조직적으로 자신의 말하고자 하는 바를 전개시킨다. 우리가 관심을 두는 두 개의 논문은 우리의 두 번째, 세 번째 자료일 뿐만 아니라 오웬 시리즈들 중의 두 번째와 세 번째 것들이다. 이 논문들의 제목은 "믿음의 이유: 또는 우리가 성경을 하나님의 말씀이라고 믿는 이유에 대한 답변: 우리가 그렇게 믿는 믿음의 근거와 본질"(1677), "하나님의 마음이 그의 말씀에 계시되었고 그 안에 보증도 있다고 이해하는 이유와 방법과 수단: 그리고 성경의 명료성과 성경 해석의 형식적 방법"(1678)이다. 이 모든 논문들은 조명주의자들(illuminists)과 이성주의적(rationalistic) 신학자들을 기회있는 대로 맹렬히 공격한다. 그러나 원래 이 논문들에는 반 로마가톨릭 논증 경향이 있다.

오웬은 로마교의 논점들을 타도하기 위해 이 논문들을 집필했다. 그 논점들은 첫째로 성경을 하나님의 말씀으로 믿는 믿음은 그에 대한 교회의 전통적 인증에 기초되어야 한다는 것과, 둘째로 평범한 그리스도인은 성경을 스스로 해석하려고 시도해서는 안되고 성경 해석은 그를 돌보는 제도적 교회에 맡겨야 한다는 것이다.

오웬의 목표는 하나님의 백성을 성경을 신령하게 믿는 믿음으로 인도하고 또한 그들을 삶의 법칙이며 구원의 메시지로 성경을 이해하도록 인도하는 일이 성령의 계시되고 약속된 직분임을 나타내는 것이었다.

그러나 이 논문들에서 자신의 주장을 하는 오웬의 방법이 항상 성경 본문에 호소하는 주해적 방법이기 때문에, 또한 이 논문들 자체가 해석적이고 주요 목적에 있어 덕성 함양이므로 논쟁적 어조가 상당히 누그러져 있다. 그 때문에 논쟁적인 목적을 전혀 생각하지 않고 읽기가 쉽다. 이 논문들이 읽기 쉽다고 말하는 것이 아님을 주의하라! 이 논문들은 읽기 어려운 것이 사실이다. 그러나 이 까다롭게 배열되고 지루하게 쓰여진 논문들을 꾸준히 읽어나가면 수고의 보람을 풍성하게 얻게 될 것이라고 주저없이 말할 수 있다. 왜냐하면 우리 시대에 오웬이 다루는 주제들이 중요하다는 것에는 의문의 여지가 없기 때문이다. 계시론은 도가니 속에서 녹고 있고, 성경을 통해 하나님께로부터 오는 축어적 전달에 대한 역사적 복음주의 신앙은 평가절하되고 있다. 비록 모든 시대는 아니더라도 그의 시대에 가장 위대한 영국 신학자 오웬이 이 진리를 회복시키고 소생시키는데 우리를 도울 수 있을까?

아니면 그 자신도 비평주의의 공격에 약점을 갖고 있을까? 현대 신학 상황의 한가지 특징은 칼 바르트와 그의 추종자들 중 일부가 17세기의 개혁주의 정통 주석자들이 성경의 성령을 '동결시킴'으로 신적 의사전달의 교리를 축소시켰다는 것이다. 바르트의 불평은 이러하다. 즉 17세기 개혁주의 정통 신학자들이 성경의 신적 기원을 단언함으로 출발은 잘 했으나 기록된 말씀의 주인이자 교사로서의 성령론을 철저하고 효과적으로 사고함이 결여되었기 때문에 그들의 성경 해석과 신학에 이성주의가 슬며시 들어오는 것을 허용했다는 것이다.

바르트 자신의 성경 교리는 그 신적 기원을 완전히 의심스럽게 하였고 그의 성경에 대한 신학적 해석들을 본문으로 해석하기보다는 계속 본문을 파고들어가는 것 같기 때문에 우리는 단순히 "의원아 너 자신이나 고치라"고 비꼬고 그 문제는 버려두고 다른 생각을 하게 된다.

즉 비평은 선한 믿음에서 이루어진 진지한 것이다. 그리고 다른 사람이 아닌 분명히 개혁주의의 주류 신학자인 오웬에 대한 혹평이 타당하다면 오늘날 우리가 그에게 도움을 기대할 수 있는 범위는 분명히 제한될 것이 아닌가 하는 생각이다.

그러나 그 비평이 타당할까? 이 점은 우리가 계속 나아가며 흥미있게 관찰할 것이다. 사실에 있어 우리는 오웬에게 적용된 비평이 완전히 근거가 없고 바르트가 오웬의 세대를 불완전하다고 간주하는 주장은 사실상 오웬의 가장 의대한 정통성에 대한 지적이다.

3. 계시

이제 우리는 우리의 제구분들 중 첫 번째, 곧 '계시를 주심'으로 나아가기로 하자. 오웬은 '계시'라는 말을 하나님께로부터 직접적인 정보를 주는 전달, 다른 방법으로는 알려질 수 없는 일들을 드러내는 것을 나타내어 사용했다. 그는 말하기를 그러한 전달들은 음성, 또는 간혹 꿈이나 환상이 동반하는 내적인 감동 때문에 수령자들에게 전달되었다고 한다. 오웬은 이런 종류의 모든 계시들을 '예언'이라는 항목하에 일괄적으로 다루고 '예언자'는 신적 계시들을 수시로 받는 사람으로 정의한다.[2] 그는 아담 이후로 하나님께로부터 계시를 받았던 족장들이 예언의 영에 의해 인도되었고 창세기 20:7에 아브라함이 분명히 그러했던 것처럼 그들을 예언자로 부르는 것이 타당할 수 있다고 단언한다.

이 계시를 주는 것은 '모든 신적 계시들의 직접적인 장본인'[3]이신 성령의 역사였다. 계시들에 신적 기원에 대한 확증이 수반되었다는 것은 기록들을 볼 때 분명하다.

계시들은 수령자들에게 하나님으로부터 오는 메시지이며 따라서 그 내용이 아무리 불가해하게 보일지라도 절대적인 신봉과 순종을 요구하는 것으로 스스로 증거하였다. 예를 들어 아브라함이 이삭을 제물로 바치라는 명령을 들었을 때이다(이 자기 증거를 하는 특성의 본질은 뒷부분에

---

2 Ibid, III: 128.

3 Ibid, III: 197.

서 분석될 것이다). 아담, 아브라함, 모세 그리고 하나님의 말씀이 임했던 모든 사람들은 그 메시지의 근원이 무엇이냐고 물을 필요가 없었다. 그들은 그것이 하나님께로부터 온 것을 알았고 – 즉 그들은 스스로 확신하여 의심할 수 없다는 것을 알았고 – 그에 따라 행동하였다. 즉 그들은 믿음으로 그들의 훌륭한 명성을 획득했다.

예언자들에게 주어진 계시들은 대부분의 경우에 있어 그들 자신을 위한 것이 아니라 예언자들이 그 계시들을 중계해 줄 책임을 맡은 타인들을 위한 것이었다. 오웬은 예언자들이 현대적 술어로 예언자일 뿐만 아니라 공표자(forthteller as well as foreteller)이기도 했던 것을 알았다. 오웬은 "예언자들은 하나님의 말씀, 생각, 의지 또는 신탁들의 해석자이며 타인들에 대한 선포자들이다"[4]라고 말한다.

하나님의 섭리 가운데 '교회에 일반적으로 유익한'[5] 이 계시들이 기록되었고 구약성경은 현재의 규모에 이르기까지 발전하기 시작했다. 유사한 과정에 의해 신약성경도 생겨났다. 성령께서는 사도들이 '그리스도 안에서 하나님의 모든 권고를 무오하게 받아 이해하고 선포하고'[6] 그 다음에 그들이 후시대의 교육을 위하여 알고 있는 바를 기록할 수 있게 하였다. 반 로마가톨릭 구절 중의 하나에서 오웬은 만일 하나님의 계시들이 변조와 유실로부터 보호받아야 한다면 단순한 구전과는 다른 기록이 항상 필요하다는 주장을 날카롭게 한다.

성경을 쓰라는 임무를 맡기기 전에 하나님께서는 세상을 실험

---

4 Ibid, III: 130.

5 Ibid, IV: 11.

6 Ibid, III: 197; from an exposition of John 16:13–15.

하셨다. 즉 인간들이 이 계시를 전통으로 어떻게 지키는가를 알아보는 실험이었다. 홍수 후 몇 백년 내에 사단의 간교와 인간의 마음의 황폐함으로 하나님에 대한 모든 지식은 사라졌다. 그리하여 새로운 세상의 창조나 또는 새로운 계시에 의한 새로운 교회 국가의 설립 외에는 이 세상을 구원할 도리가 없었다. 그 큰 시험 후에도 전통이 어떻게 더욱 주제넘게 시도될 수 있는지 모를 일이다.[7]

일단 성경이 쓰여지고 예언자와 사도의 그리스도에 대한 증거가 완성된 다음에는 새로운 진리에 대한 개인적인 계시의 필요성은 없게 되었다. 오웬은 그 이상의 계시가 주어지지 않았다고 믿었다. 그는 말씀과 별도로 또한 말씀을 초월하여 받을 것으로 상상하는 계시를 믿는 퀘이커교도들과 같은 자들의 '광신'에 반대했다.

라틴어 저술에서 오웬은 퀘이커교도들의 태도에 대해 '광신자들'(fanatic)이라고 칭한다. 그는 그들에 반대하여 민첩하게 오래된 양도논법을 전개한다. 즉 만일 그들의 '사적인 계시들'이 성경과 일치한다면 그 계시들은 불필요한 것이고 만일 그 계시들이 불일치한다면 거짓되었다는 것이다. 이 모든 점에 있어 오웬은 칼빈 이후의 개혁주의 해석의 정상적인 노선을 따른다. 따라서 그가 주장하는 어느 것도 새로운 것이 없는 것이다.

이제 우리는 우리의 두 번째 주제인 '성령의 영감'으로 나아가기로 하자. 여기에서도 역시 오웬이 따르는 노선은 그의 시대에 표준적인 개

---

[7] Ibid, XVI: 334.

혁주의 가르침이다. 그는 '영감'을 계시가 구두로 그리고 기록으로 주어져 받아 전달 되는 성령의 고취(inbreathing)로 정의한다. 이 과정 동안에 영감의 지배를 받는 인간은 비독창적 존재라는 의미에 있어 수동적이라고 오웬은 말한다. 비록 심리학적 의미에 있어 그들의 정신은 능동적이지만 그들은 성령에 좇아 작용되고 있으며 오웬이 말하는 대로 단순히 '성령에 의해 작용되며 성령의 감동하심을 입고' 있는 것이다(벧후 1:21). 우리는 이 본문에 대한 오웬 자신의 해석에서 몇 마디의 말을 인용할 수 있다. 오웬은 다음과 같이 말한다.

> 성령께서는 그들(예언자들)로 하여금 역사하시는 감동을 받도록 준비시키셨고 그 감동을 잊지 않도록 그들의 기억을 굳게 하셨다. 분명히 성령께서는 그들에게 선포된 모든 일들에 대한 뚜렷한 파악과 완전한 이해를 주기 위해 그들의 정신을 조명하고 고양시키지 않으셨다. 그들의 영감에는 그들이 진상을 규명할 수 있는 것 이상이 존재했다(오웬은 예언자들 자신도 그리스도에 대해 자신들의 말하는 완전한 의미를 알지 못했다는 베드로전서 1:10 이하의 진술을 생각하고 있는 것이다).
> 그러나 성령께서는 그들의 정신을 분할시키고 준비시키심으로 그들의 성령께서 그들에게 전달하신 일들의 인상을 받아 유지할 수 있도록 하셨다. 그러므로 인간은 악기의 줄을 조율함으로 성경 기록의 손가락의 감동들을 바르게 받아 성령께서 의도하는 소리를 낼 수 있는 것이다…성령께서는 인간들의 기능들을 친히 활동시키심으로 그들이 자신들의 생각을 표현하지

않고 성경의 말씀들을 표현하도록 사용하신다.[8]

이 내용은 성경의 저자들에게 영감을 주시는 성령의 역사에 대한 오웬의 설명과 비교될 수 있다.

> 그러므로 이 역사에 세 가지 일이 일어났다.
> ① 예언자들에게 전달되는 일들에 대한 지식과 이해를 수반하는 이들 마음의 영감.
> ② 그들의 마음이 생각하는 바를 표현하도록 하기 위한 그들에 대한 말씀의 암시.
> ③ 암시된 말씀을 적을 때 손의 인도, 또는 바룩이 예레미야의 예언을 그의 구술에서 듣고 기록 했던 것처럼(렘 36:3, 18) 기록을 위임받은 사람들에게 말할 때 혀의 인도. 만일 이 두 가지 중에 하나라도 없었다면 성경은 모든 면에 있어 완전하고 신령하고 무오하게 될 수 없었을 것이다.

그러나 이 완전한 신적 주도와 통제가 기록자의 인격과 개성이 말살되었다는 의미는 아니다.

> 성령께서는 인간들의 마음에 역사하실 때 그들을 강압하시거나 또는 그들 자신의 본성과 다른 방식으로 그들을 움직이시지 않고 그들의 갖고 있는 재능과 자질들이 결합하여 사용되

---

8 Ibid, III: 132f.

고 활동하게 하셨다…그러므로 성령께서 그들에게 암시하시는 단어들은 그들에게 익숙한 단어들이며 또한 성령께서는 그들에게 낯익은 표현들을 사용하게 하셨다…우리는 그들이 단어와 표현을 선택할 때 자신의 정신과 이해력의 능력들을 사용했다고 가정해도 좋다. 그러므로 전도자는 힘써 아름다운 말을 구했다(전 12:10). 그러나 인간 자신들보다 인간들의 생각과 기능들에 대해 더 잘 아시는 성령께서는 그들이 고른 단어들이 마치 음성으로 들려지는 것처럼 직접 분명하게 성경의 말씀과 같이 되도록 그들 안에서 인도하시고 조종하셨다.[9]

그러므로 성경 기록자들의 저작들의 궁극적인 저자는 하나님이신 것이다.

그들이 알린 율법, 그들이 전한 교리들, 그들이 준 교훈들, 그들이 기록한 역사들, 그들이 발표하고 계시한 그리스도에 대한 약속들, 복음 시대에 대한 약속들은 그들 자신의 것이 아니었고, 그들이 생각한 것이 아니었고, 그들의 이론으로 형성된 것이 아니었고, 그들이 들었던 바의 기억들 속에 간직되었던 것이 아니었고, 전에 그들이 이해한 것도 아니다(벧전 1:10, 11). 그 모든 것은 하나님께로부터 직접 나온 것이었다. 그 내용들의 수용에 있어 그들의 이성적 능력들은 단지 수동적인 협력을 하였을 뿐이다.[10]

---

[9] Ibid, III: 144f.
[10] Ibid, XVI: 298.

그러므로 성경의 영감은 내용적이며 축어적이다. 즉 내용 뿐만 아니라 단어들도 직접적으로 하나님께로부터 나온 것이다. "성경에 담겨진 교리와 그 교리가 전달되는 말도 완전히 하나님의 것이다. 성경이 말하는 것은 하나님 자신께서 말씀하시는 것이다. 하나님께서는 성경 안에서 성경으로(in it and by it) 말씀하신다."[11] 우리가 성경을 하나님의 말씀이자 '우리에게 대한 하나님의 마음의 초자연적이며 직접적인 계시'[12]로 받아들여야 하는 것은 이 의미 때문이다.

족장들에게 임한 계시들과 예언자들과 사도들의 영감받은 설교들이 그 최초의 수령자들에게 직접적이고 근본적인 믿음의 대상들이었던 것과 똑같이 하나님의 말씀인 성경은 믿음의 직접적이고 근본적인 대상이다. 모든 믿음은 증거에 대한 동의라는 본질을 갖고 있고, 하나님의 언약에 대한 동의, 하나님의 약속에 대한 신뢰, 하나님의 아들에 대한 믿음에서 꽃피워진 기독교 신앙은 그 근원에 하나님의 증거에 입각한 복음의 진리에 대한 동의를 갖고 있다고 오웬은 말한다. 따라서 이 믿음은 '인간의 믿음'이 아니라 신성한 믿음'이다. '인간의 믿음'은 무엇이나 인간의 증거에 대한 동의이다.

기독교 신조의 조항들을 믿는 인간의 믿음, 심지어 그리스도의 복음 제시를 믿는 인간의 믿음일지라도 - 즉 인간의 증명의 어떤 형태에만 기초한 동의, 예를 들어 교회나 특별한 학자들이나 성인들의 증거에 기초한 동의, 또는 이성의 개연적 판단에 대한 동의는 - 충분치 못하다. 이러한 믿음은 물론 불안정할 뿐만 아니라 하나님께서 원하시는 믿음이 아니다. 하나님께서 요구하시는 믿음은 그리스도인의 고백이 근거

---

11 Ibid, XVI: 306.

12 Ibid, IV: 15.

하는 기초가—즉 성경의 증거가—하나님 자신의 자신에 대한 무오한 증거라고 인정하는 데서 솟아나는 신성한 믿음이다. 따라서 성경이 가르치는 신성한 진리를 믿는 신성한 믿음의 근거는 성경의 권위(즉 오웬이 정의하는 바와 같이 '하나님의 이름으로 순종을 명하고 요구하는 성경의 권능')[13]의 원천인 성경의 '신적 기원'이다. 성경이 하나님의 권위를 전달하는 이유는 매우 단순하다. 즉 하나님께서 성경을 기록하셨기 때문이다. 성경은 하나님의 발언이며 하나님 자신의 기록된 말씀이다.

오웬의 성경의 '신적 기원'을 언급할 때 의미하는 바는 하나님께서 오래 전에 성경이 쓰여지게 하실 때 그 내용을 '말씀하셨다'는 것만이 아니라 지금도 같은 내용을 '말씀하신다'는 것이기도 하다. 성경은 모든 세대에게 그 시대의 하나님의 말씀이 된다. 그러므로 '신성하고 초자연적이고 무오한' 믿음, 인습적인 묵종의 태도와 구별되는 참된 기독교 신앙은 성경이 말하는 바를 하나님께서 지금 여기서도 성경을 보는 모든 사람에게 직접 적용하여 말씀하신다고 인정하는 것에 기초하고 있다.

성경과 관련된 사실들에 근거한 이론적 논증들은—성경의 고고성, 보존, 메시지와 줄거리의 내적인 일치, 교회에서의 역사적 증거, 성경이 나타나는 곳에 어디나 나타나는 변화시키는 영향력—신자를 괴롭히는 의심들을 제거하고, 비록 마지못해서나마 "성경이 하나님께로부터 온 것이다"[14]라고 하는 '확실한 평가와 판단과 설득'—개인적인 것이 분명해지는 수긍—을 주는데 기여할지 모르지만 그것은 기껏해야 인간의 믿음일 뿐이며, 따라서 충분하지 못하다. 하나님께서는 자신의 기록된

---

13 Ibid, XVI: 308.

14 Ibid, IV: 45.

말씀의 진리와 권위를 믿는 신적인 믿음을 요구하신다. 그런데 이 믿음은 예언의 말씀이 "주 여호와께서 말씀하시기를"(thus saith the Lord)라는 전제하에 임했던 것같이 우리에게도 성경이 그렇게 임한다는 것을 인정할 때 비로소 생겨나는 것이다.

오웬은 마치 사도 시대 이래 그리스도를 믿는 구원의 믿음이 모든 경우에 있어 반드시 성경의 신성을 믿는 우선적인 믿음에 좌우된다고 말하는 것같이 들리게 한다. 우리는 오웬이 정말로 그런 뜻으로 말했는가 의문을 갖는다. 성경을 알고 받아들이기까지 아무도 구원의 믿음을 갖지 못한다는 것이 그의 견해였을까? 그리고 오늘날 성경의 '신적 기원'에 대한 믿음을 완전히 소유하지 못했다고 고백하며 그리스도를 믿는 '신성하고 초자연적이고 무오한' 믿음을 증명하는 사람들이 있다는 사실에 대해 오웬은 어떻게 설명할까?

앞의 두 가지 질문에 대해 오웬이 논쟁에 몰두하여 이러한 형태로 진술하였다고 답변할 수 있을 것이다. 그리스도를 믿는 믿음의 진정한 근거가 교회의 증거 – 바꾸어 말해서 인간의 증거 – 라는 잘못된 로마교의 명제에 반대하여 오웬은 믿음의 진정한 근거는 성경의 증거 – 바꾸어 말해서 신적 증거 – 라는 사실을 주장하고 있는 것이다. 그는 모든 사람에게 유효하고, 성경의 완전한 영감과 효력은 아직 도전받은 일이 없고 오직 미해결의 문제는 믿음이 성경의 증거에 직접적으로 근거하느냐 안하느냐하는 것이라는 그의 시대의 배경에 반대하여 말하고 있다.

만일 성경 자체에 대해서는 아무런 언급을 하지 않는 성경 메시지의 정확한 설경을 기초로 하여 어떤 사람이 참된 구원의 믿음에 이를 수 있는가(외국 선교사들이나 국내의 변증자들이 때로 제기할 수 있는) 질문을 받는다면 오웬은 틀림없이 다음과 같이 대답했을 것이다. 즉 하나님의 자비로운 주권 안에서 그런 일은 충분히 일어날 수 있으나 그가 논평하고 있는 상황은 그런 종류의 상황이 아니라고하는 답변이다.

세 번째 질문에 대해 오웬은 자신의 근본 원칙에 따라 세 가지의 확실한 주장을 할 수 있을 것이다. 이 주장들의 각각이 나타내고자 하는 바는 다른 방식으로 그리스도의 구원의 믿음을 증명하는 사람이 성경의 '신적 기원'을 받아들이지 않겠다고 주장할 때 그 주장은 그렇게 심각하게 받아들일 것이 못된다는 것이다(오웬의 직관력은 아마도 성경의 신성에 대한 의심이 의심자들이 위선자들이라고 암시할 정도로 변칙적이라는 주장을 함으로 시작하려는 마음을 일으켰을 것이다! 그러나 그 자신의 근본 원리들이 우리가 출발하는 명제와 같은 명제로 이끌었을 것이다).

① 오웬은 유일하게 존재하시는 그리스도는 성경의 그리스도이시며 이 그리스도를 믿는 믿음은 반드시 적어도 성경이 그에 대하여 말하는 주요 내용에 대한 믿음을 전제한다는 사실을 관찰할 수 있었다 - 이 말은 진정한 그리스도를 믿는 진정한 믿음은 성경의 많은 신적 진리를 믿는 믿음에 근거한다고 말하는 것과 크게 다르지 않다.

② 그는 신약성경 자체에 그리스도를 믿는 믿음이 사도들의 메시지를 하나님 자신의 진리로 받아들이는 결과이며 그러한 받아들임에 좌우되는 것으로 묘사되고 있으며(롬 10:14-17; 골 1:4-7; 살전 1:5-10, 2:13 참조), 신약성경은 이 사도들의 메시지의 기록된 내용 이하도 이상도 아니라는 사실을 지적할 수 있었다.

③ 그는 죄인들이 인간 예수님을 신령한 구주로 받아들이며 인간이 쓴 성경을 신령한 말씀으로 받아들이게 하는 성령의 조명하

시는 사역이 성령이 하시는 사역들 중 하나이며, 성령에 의해 그 마음 속에 예수님께서 신령한 구주이심을 증거받는 모든 사람은 사실상 그가 알고 있는 정경의 '신적 기원'에 대한 증거도 분명히 받는다는 사실을 강조할 수 있었다. 비록 그의 마음 속에 남아 있는 타락의 잔재들에서 솟아나는 그리고 불신의 세대에 그를 에워싸고 있는 적그리스도 사상 풍조에 의해 촉진 조장되는 혼란과 우유부단이 이 사실의 적절한 지적 표현을 방해할지도 모르지만 그가 받는 증거는 확실하다는 것이다. 오웬은 다른 곳에서 다른 교리들을 죄악과 관련시켰던 것과 같이 끊임없이 붙어다니는 죄의 쇠약하게 하는 영향을 길게 늘어놓아 분명히 강조하고자 했다. 그러나 성경의 무오함에 대해 무지한 사람은 절대로 그리스도인일 수 없다는 견해가 그의 견해라고 생각할 이유는 없다.

4. 성경의 인증

그러나 '하나님의 기록된 말씀'을 믿는 믿음은 어떻게 생겨나는가? 이 질문은 다음 두 주제로 우리를 인도한다. 이 두 주제 중 첫번 주제이며 우리의 차례에서 세 번째 주제는 '성경의 인증'(the authentication of Scripture)이다.

성경의 저자이신 성령께서는 '외적' 증거와 '내적' 증거라는 이중적 효력에 의해 하나님의 말씀으로 받아들이게 하는 신령한 믿음에 역사하신다. 성령의 내적 증거는 '인간들이 믿을 수 있도록 마음에 작용하시는 성령의 내적 역사'이며 성령의 외적 증거는 '성경의 신적 기원에 대해 성경 안에서, 성경에 의해 증거하시는 동일한 성령의 외적 역사'이다.[15] 전자는 후자를 전제하며 또한 상관적이다. 그리고 이 두 가지는 모두 고전적 개혁주의 교리의 진술인데, 칼빈이 최초로『기독교 강요』에서 성경에 대한 믿음의 근거로 성령의 증거를 말함으로 유명하게 되었다.

칼빈은 교회의 외적 증거를 강조한 로마가톨릭에 반대하여 이 교리를 말할 때 성령의 내적 증거를 강조했다. 그러나 그는 신자의 심령 속에서의 성령의 내적 증거에 상응하는 성령의 외적 증거도 있다는 점에는 별다른 관심을 두지 않았다. 칼빈이 이 교리 제시와 비교되는 오웬의 탁월한 점은 성령의 외적 증거에 대한 강조이다. 오웬의 교리는 성경에 대한 성령의 이중적 증거이다. 이 주제에 대한 칼빈의 설명안에 암시적이고 충분히 발전되지 않았던 점들이 오웬의 교리로 인해 드러나게 되고 명백하게 되었다.[16]

이제 우리가 다루고자 하는 내용은 바로 성령의 외적 증거이다.

"하나님의 말씀이 그렇다고하는 성령의 증거는 여기에서 이루어진다"라고 오웬은 기술한다. "모든 성경의 직접적인 저자이신 성령은 성경안에서 그리고 성경에 의해 신령한 진리와 성경의 기원에 증거를 하셨다. 즉 성경에 감동된 신적 권위와 정확성의 특징들에 의해 그리고 성경의 능력과 효력 안에서 그 특징들 자체를 증거하시는 것이다."[17] 이

---

15 Ibid, IV: 102.
16 오웬은 성령의 내적 증거에 대한 칼빈의 고전적 진술을 인용한다. *Institutes*, I: vii: 5; IV: 68f.
17 Ibid, IV: 72f.

방법으로 "구약성경과 신약성경은 스스로 살아계신 하나님의 말씀이라는 사실을 풍성하게 그리고 억제 할 수 없이 나타내는 것이다."[18]

성령께서 이 흐력을 어떻게 이루시는가? 세 가지 활동으로 하신다.

① 성령께서는 성경에 불변하는 '빛'의 특성을 부여하신다. 오웬은 "어두운 데 비취는 등불"(벧후 1:19), "주의 말씀은 내 발에 등이요 내 길에 빛이니이다"(시 119:105), "주의 말씀을 열므로 우둔한 자에게 비취어 깨닫게 하나이다"(시 119:130) 등 그 밖의 유사 구절들을 인용하여 빛으로서의 성경을 나타낸다. 오웬이 빛이라는 말로 의미하는 바는 어두움을 걷어내고 인간들과 상황들을 밝히는 것이다. 빛은 그 본질에 있어 자기 증명적이다. "빛이 얼마나 초라하고 보잘 것 없는가! 그러나 빛이 비추이면 어두운 곳에 광선과 광명을 던져 자신을 증명할 것이다."[19] 성경은 성령의 언약된 활동을 통하여 끊임없이 "빛을 비추인다." 이 말은 사람이 하나님 보시기에 누구이며 어떠한 자인가 그리고 그리스도께서 그 자신에 있어서와 인간과의 관계에서 누구이며 어떤 분이신가에 대한 영적 조명과 통찰력을 준다는 의미에 있어 그러하고, 또한 궁극적으로 가장 넓고 가장 포괄적인 의미에서 인간이 어떻게 살아야 하는가에 대한 영적 조명과 통찰력을 준다는 것이다. 성경은 이렇게 자신의 신적 기원을 증거한다.

② 성령께서는 성경에 '권능'을 주심으로 신령한 결과들을 낳게 한다. 성경은 인간의 삶을 분쇄하고 재창조하는 영향력에 의해 자

---

18 Ibid, XVI: 307.
19 Ibid, XVI: 320.

신의 신적 기원을 증거한다. 오웬은 이 구절들에 대해 하나님의 말씀은 '살았고 운동력이 있어', '너희를 능히 든든히 세우사', '하나님의 능력'(히 4:12; 행 20:32; 고전 1:18)이라는 성경의 묘사들을 인용한다.

③ 성령께서는 성경을 개개인 의식에 침투하게 하여 각 사람에게 하나님 자신이 개인적으로 말씀하시는 말씀으로 의식하게 하여 경외감과 하나님 앞에, 하나님의 눈 아래 있는 의식을 불러일으킨다. 오웬이 성경의 '위엄'에 대해 말할 때 의미하는 바가 바로 이것이다. 그러므로 그는 다음과 같이 기술한다. "말씀 안에서 그리고 말씀에 의해 말씀하시며, 말씀에 효력과 능력과 가치와 위엄과 권위를 부여하시는 성령께서 우리에게 우리의 믿음이 확고부동한 것이라는 증거를 주신다."[20]

이렇게 성령의 활동을 통해 성경은 하나님의 말씀으로 자신을 증거하고 인증한다. "우리는 하나님의 진정한 음성을 동반하여 자신을 증거하고 모든 착오의 가능성을 배제하고 영혼에 확신을 주는 신적 자질(to theion)을 믿어야 하지 않을까?"[21]

여기서 오웬이 말하고 있는 바는 아마도 처음에 자신이 말로 나타내는 것보다 더 솔직한 것이다. 그의 요점은 정경적 성경들이 인간들에게

---

[20] Ibid, XVI: 328.

[21] Ibid, XVI: 318; 참조 viii: 537: "우리는 그것(성경)을 믿는다. 그 이유는 사람들이 봉사적으로 우리를 성경을 받아들이도록 인도하거나 성경이 하나님께 속한 것이라고 말해 주었기 때문이 아니라 우리 스스로 성경 안에서 하나님께서 말씀하시는 것을 듣고 느꼈기 때문이다. 성령께서는 말씀의 빛으로 우리 마음 속을 비추시고 말씀의 능력으로 우리 심령에 크게 말씀하시고 그 말씀이 누구의 말씀이라는 것을 우리에게 분명하게 말씀해 주심으로 우리도 하나님의 권위에 복종하게 하신다."

임하는 독특한 조명과 확신을 주는 능력은 그 자체가 '말씀의, 말씀에 의해, 말씀 안에서 모두에게 주어지는 공적인 증거'[22]라는 것이다. 정경들의 특수성은 이 증거가 끊임없이 그 능력들을 수반한다는 사실에 있다. "나는 성경의 모든 책들에는 이 책들을 다른 모든 기록들과 구별하고 신자의 마음과 양심에 그 신적 권위를 증거하기에 충분한 신적 특성들과 기준들이 있다고 망설임 없이 단언한다".

오웬에 의하면 성경과 성경의 메시지의 자신을 증거하는 특성이 묘사되고 설명되어야 하는 것은 바로 이 증거에 의한 끊임없는 빛과 능력의 방출이다. 하나님의 모든 메시지와 계시들과 마찬가지로 성경이 이 특성을 갖고 있다는 사실은 이 기록된 말씀의 어느 부분이든지 임하는 자들은 그것을 받아들이고 순종하는 것이 항상 의무이며 이렇게 하는데 실패하는 것은 항상 범죄라는 사실로 입증된다(이를 증명하기 위해 오웬은 여러 성구들 중에서 신 31:11 – 13, 눅 16:31; 벧후 1:16 – 21을 인용한다).[23]

이 점은 우리를 우리의 네 번째 주제인 성경을 믿는 믿음의 확립으로 인도한다. 성령의 외적 증거는 인지되고 수용될 수 있게 임하는 반면, 성령의 내적 증거는 내적인 음성으로나 다른 방법으로는 알 수 없는 사실들을 계시하는 것(즉 사적인 계시)이 아니며 또는 돌연히 객관적인 근거없이 우리에게 임하는 불합리한 확신이 아니라고 오웬은 말한다. 성령의 내적 증거는 인간의 선천적 영적 무지를 제거하고 그의 심령의 눈에서 장막을 걷고, 그의 오만과 편견을 함께 깨뜨리고 그에게 영적 실재들에 대한 이해력과 '지각'(히 5:14)을 주는 모든 내적 조명활동이다.

신약성경이 마태복음 11:25 – 27과 에베소서 1:17 – 19와 같은 본문

---

22 Ibid, XVI: 328.

23 Ibid, IV: 107.

들에서 '나타내다' 또는 '계시하다'는 동사를 사용할 때 언급하고 있는 바가 바로 이것이며, 또한 사도 요한이 모든 것을 가르치는 '기름부음'으로 성령에 대해 말할 때(요일 2:27) 마음 속에 생각하는 바도 바로 이것이라고 오웬은 말한다.

이 이해의 표징은 이제 성경이 일관성있게 보이는 것이다. 성령에 의해 조명받은 사람에게 성경은 더 이상 단절된 항목들의 얼떨떨한 뒤범벅이 아니다. 과거에 성경은 아마 그렇게 보였을 것이다. 그러나 이제 "성경의 모든 부분은 이 조명이 주는 유익 아래 조화와 일치를 이루고 성경의 모든 진리는 능력과 필연성으로 함께 서로 그리고 전체로 증거를 주며 다가온다."[24] 부분과 부분이 조화하며, 성경의 각 책들은 서로 맞물리며 성경 전체의 종합적인 의미가 명확해진다. 영적 실재들에 대한 지각이라는 수반되는 경험은 즉각적이며 말로 표현할 수 없을 정도로 놀라운 것이다. 오웬은 이 경험을 다음과 같이 묘사한다.

> 성령께서 신자들에게 믿는 사실들의 능력과 실재에 대한 영적 감각을 주심으로 그들의 믿음은 매우 확고해진다…이 영적 경험 때문에 우리의 신령한 일들에 대한 지각은 종종 맛보고, 눈으로 보고 느끼는 감각 활동들로 표현되며 자연적인 일들에 확신을 얻는 방법과 같은 식으로 표현된다. 신자들이 여기에 이르렀을 때 그들은 하나님의 신령한 지혜와 선하심과 권위가 자신에게 제시 되는 것을 깨닫게 된다. 그들은 믿음을 납득하거나 확증하기 위해 논증이나 동기나 그 밖의 아무 것도 필요

---

24 Ibid, XVI: 327.

> 로 하지 않는다. 그리고 성령을 통해 신자들이 얻는 이 영적 경험은 그것을 받은 사람이 완전하게 표현할 수 없고, 받지 못한 사람은 이해할 수 없기 때문에 이치를 따져 논쟁될 수 있는 것이 아니며, 또한 이 경험이 신자들의 마음을 안정시키는 효능도 역시 그러하다. 이에 대한 판단은 선악을 분별하도록 훈련을 받은 지각을 소유한 사람에게 맡겨진다. 또한 이 판단은 성령의 마음 속의 주관적 증거에 속한 것이다.[25]

또한 성령께서는 자신이 조명한 사람들이 성경의 신성을 의심하는 유혹을 받지 않도록 계속 보살피며 또한 그 의심들이 솟아나는 모든 원천 – 정욕, 불신, 탄대적 논증의 압박, 하나님과 하나님의 권위에 대한 지각의 결핍, 그 밖의 모든 영적 불안 – 으로부터 보호하신다. 이 모든 일들이 성령의 내적 증거에 속한 것이라고 오웬은 묘사한다.

오웬의 해석은 내가 알기로 진실로 이 주제의 가장 풍성한 주석이다. 따라서 우리가 성경을 하나님의 말씀으로 믿는 믿음을 소유하는 근거들은 성경 안에서 성경으로 계속 제시하는 성경의 신적 기원에 대한 성령의 외적 증거이다. 그리고 우리가 그렇게 믿는 이유는 "성령께서 우리의 마음을 조명하셨고 우리 안에 믿음을 생기게 하사 우리로 믿을 수 있게 하셨기 때문이다."[26] 그리고 다른 사람들을 같은 믿음으로 인도하는 방법은 단순히 성경과 성경의 메시지가 그들에게 이르도록 함으로 성령께서 그들에게도 같은 역사를 이루실 수 있게 하는 것이다.

오웬이 지적하는 바와 같이 성경의 메시지를 하나님이 주신 것으로

---

[25] Ibid, IV: 64.
[26] Ibid, IV: 60.

사람들에게 확신시키는 사도들의 방법은 '합리적인 논증'이 아니라 "성경 안에 하나님의 권위를 나타내는 능력으로 성령의 증거와 증명 가운데 그들에게 말씀 자체를 설교함으로 그들이 확신을 얻고, 성경 안의 하나님이 진리의 하나님이시라는 것을 인정하고 엎드리게 하는 것이다"(고전 2:4, 5; 14:25, 26).[27]

5. 성경의 해석

이제 우리는 우리의 마지막 주제 '성경의 해석'에 이르렀다.

이 항목에서 오웬의 첫 번째 주장은 그가 마땅히 사용해야하는 은혜의 수단을 사용하는 모든 그리스도인은 삶과 경건을 위해 알 필요가 있는 모든 것을 성경에서 터득할 수 있다는 의미에 있어 성경은 명쾌하다는 개신교의 표준적인 주장이다. 그러나 이 공식은 누구나 단독으로 성경을 가지고 혼자 읽음으로 모든 것을 배울 것으로 기대할 수 있다는 보증은 아니다. 오웬은 기독교 공동체의 단체 생활에 의해 얻어지는 개인 성경공부를 전제로 하는 들음이 주요한 은혜의 수단임을 명확하게 나타낸다. 즉 말로 하는 공적 설교와 그리스도인들과의 비공식적인 토의이다. 오웬은 전자를 하나님의 백성의 훈육을 위한 교회에 명해진 중요한 수단으로 크게 강조한다. 후자에 대해 그는 다음과 같이 기술한다.

성경으로 하나님의 생각 안에서 서로 주고받는 훈육도 요구된

---

[27] Ibid, IV: 103.

> 다…그러므로 우리 구주께서는 길에서 자신의 제자들이 하나님의 일들에 대해 이야기하고 있는 것을 발견하셨을 때 평범한 인물로 그들에게 다가가서 성경의 의미를 가르치셨다(눅 24:26, 27, 32). 그러므로 이 세상에 이 의무를 무시하는 언급이라도 한다거나 그렇게 하려는 가장 작은 시도도 크게 비난받을 문제이다. 그리고 이 의무에 대한 태만은 우리 중에 아직 많이 있는 큰 무지와 어두움의 한 원인이다.[28]

이 말은 우리 시대에 맞는 말인 것 같다. 오웬은 교회의 공식 비공식의 단체적인 성경 학습에서만 개인이 성경의 가르침의 바른 이해에 도달하기를 기대한다.

그러나 그러한 학습도 쉬운 것은 아니다. 마음 속에 있는 선천적인 악들 – 오만, 타락된 감정, 나태, 음침한 생각, 변덕스러운 관습, 악한 합리화 – 은 우리의 진보를 방해한다. 오직 신령한 방법으로만 이 악들을 역습하여 정복할 수 있다.

그러므로 오웬은 가장 탐구적인 장에서 성경 본문을 소단락으로 뿐만 아니라 대단락으로 주의 깊게 묵상하며 읽어야 할 필요성에 대해 말하고 있다. 또한 이어서 성경의 언어적 배경과 문화적 배경 그리고 참고가 되는 주석들과 해석의 역사를 아는 것에 덧붙여 성경을 이해하는데 필요한 '신령한' 방법을 다음과 같이 열거한다. 즉 빛을 구하는 끊임없는 기도, 터득 되는 모든 진리의 능력을 경험하려는 열망, 모든 진리를 알자마자 바로 양심적으로 순종을 실행하는 것 그리고 교회에서의

---

[28] Ibid, IV: 13.

예배 생활이다. 비록 성경에 대해 쓸 때도 오웬이 즐겨 사용하는 통상적인 단조롭고 지루한(그 자신에게조차 단조롭고 지루한) 문체로 기록되었으나 이 장은 진정한 폭탄으로 성경의 명쾌성을 자신을 위해 입증하고자하는 모든 사람이 읽고 또 읽을 만한 장이다.[29]

오웬이 성경의 목차와 배열을 어떻게 보았는지는 여기서 거의 말할 수 없다. 그는 성경을 하나의 풍경으로 관찰했다. 즉 관찰자에게 그 경치의 매력적이고 충격을 주는 부분은 외관적인 배열의 질서에 있는 것이 아닌 것이다. "비록 분명히 바울의 몇몇 서신들, 특별히 로마서에는 가장 중요한 복음 교리들의 일정한 방식에 따른 배열이 있으나 성령께서는 성경에서 교리들, 또는 초자연적인 진리들을 어떤 체계나, 순서나, 방법에 적응시켜 배열하지 않으셨다."[30]

오웬은 대체적으로 성경을 교리들(하나님에 대한 사실들)과 그 교리들을 적용하는 모범들로 이루어졌다고 보았다. 즉 이야기들을 해석하는 교리적 원리들과 교리적 원리들을 예화하는 이야기들이라는 것이다. 오웬은 성경의 여러 책들의 현상태의 배열은 실제로 다른 어떤 책들의 배열 보다 더 실제적이고 유익하다고 주장한다. 성경의 배열은 우리에게 바른 형태로 묵상하는 공부를 하게 하며, 교리 지식에 대한 지적 오만감을 갖으려는 유혹을 막아준다. 더욱이 성경에 존재하는 진리는 이미 '권능과 효능'을 발휘하는 '자세'에 있으며 성경의 형체와 배열에 순응하라는 요구들은 공부하는 사람들이 성경을 실제적으로 받아들여 유익을 얻는 바른 '자세'에 이르게 한다. 우리가 신실하게 하나님을 섬길 때 거룩한 메시지는 모든 변화의 능력으로 우리에게 알려지고 적용된다.

---

29 Ibid, "Causes, Ways and Means", chap 7; IV: 199–209.
30 Ibid, IV: 188.

오웬은 성경이 이해하기 어렵다는 불평에 대한 대답으로 매우 인상적으로 이 주장을 한다. 왜냐하면 "성경은 평범한 일들(즉 한 곳에서 철저하게 구별되는 별개의 화제들)로 분류되는 것이 아니라 역사와 예언과 기도와 찬송과 편지들의 수집으로부터" 그 진리들을 모으라고 우리에게 요구하기 때문이다. 그는 다음과 같이 기술한다.

> 어떤 이들이 요구하는 바와 같이 교리들이나 진리들이나 믿음의 조항들의 조직적인 제안은 성경 자체의 위대한 목적들에 합치하지 않을 것이다. 이러한 조직적인 제안에 의해 추정될 수 있는 모든 유익은 단지 우리가 그렇게 제안된 진리들의 조직적인 이해로 보다 쉽게 인도된다는 것일 뿐이다 그러나 우리가 이것을 얻을 수는 있으나 그로 인해 조금도 하나님께 바칠 수는 없다.
>
> 성경의 주요 목적은 다른 법칙을 갖고 있다. 성경의 목적은 사람들의 마음 속에 하나님께 대한 믿음과 경외와 순종과 경의를 생기도록 하는 것이다. 즉 사람들을 거룩하고 의롭게하는 것이다…이 목적을 위해 모든 진리는 성경에 마땅히 배치되어야하는 대로 배치되어 있다. 만일 성경이 사람들이 의견과 관념과 공론들에 능숙하고 간교하게 되어 지껄이고 언쟁할 수 있게 하기 위해 그런 것들에 관해 쓰여져야 했다고 기대한다면 착오이다 성경이 주어진 목적은 우리를 겸손하고 거룩하고, 신령한 일들에 있어 지혜롭게 하고, 우리의 의무들을 지시하고 우리를 유혹들에게서 건지고, 환난에서 우리를 위로하고 우리로 하나님을 사랑하고, 하나님을 위해 살게 하기 위함이

> 다…이 목적을 위해 하나의 서신, 하나의 시편, 하나의 장에는 사람의 모든 저술들보다 더 놀라운 권능과 효능이 있는 것이다…이 경험을 해보지 않은 사람은 성경의 하나님의 능력에 대해 이방인이다…때로 성경의 어떤 이야기의 한 구절, 한 단어, 또는 한 표현이 한 권의 박식한 토론보다 우리 영혼에 믿음과 사랑을 불러일으키는 것에 더 많은 공헌을 한다…[31]

이렇게 하나님께서는 우리 영혼의 건강을 위해 우리와 이야기하신다. 만일 하나님께서 전달하시는 바가 정확하게 무엇이냐고 질문한다면 짧게 웨스트민스터 신앙고백과 번연의『천로역정』에 나타내어진 바와 같이 우리 자신과 그리스도에 대한 지식이라고 짧게 대답할 수 있다. 그러나 우리는 여기서 이 답을 상세히 설명하지 않을 것이다.[32]

6. 존 오웬의 교훈

웨스트민스터 대교리문답의 네번째 질문은 이러하다. 성경이 하나님

---

[31] Ibid, IV: 188-90.
[32] "말씀 그 자체의 목적은 그리스도 안에서 하나님의 지식을 우리에게 가르치는 것이다"(I: 65). "그때에 우리는 진리의 말씀 안에서 우리 영혼을 위한 양식을 발견하고, 그때에 그 가운데 주님께서 얼마나 자비로우신가를 맛보고 그때에 성경은 우리에게 생명수 샘으로서의 청량제가 되니-곧 우리가 그 안에서 그리스도의 영광에 대한 복된 시야를 얻게 되는 때이다"(I: 316). 오웬의 성경 해석은(바르트의 식 이라기 보다는 칼빈의 식에 있어서) 엄격하고 단호하게 그리스도 중심적이다. 왜냐하면 오웬은 그리스도를 본체론적으로 유일한 구주시며 인식론적으로는 우리에 대한 하나님의 영광의 유일하고 완전한 계시로 본다. 그래서 그는 자신이 가르치는 모든 사람들이 자신이 하는 것처럼 그리스도를 보고 영광돌리기를 원한다.

의 말씀이라는 것은 어떻게 분명한가?

그 답은 다음과 같다.

> 성경은 그 위엄과 순정함에 의해, 하나님께 모든 영광을 드리는 모든 부분들과 전체 범위의 일치에 의해 죄인들을 납득시키고 회심시키며 신자들을 위로하고 구원을 확립시켜 주는 그 빛과 능력에 의해 스스로 하나님의 말씀임을 나타낸다. 그러나 성경에 의해 그리고 성경으로 사람들의 심령에 증거하시는 하나님의 성령께서만이 성경이 참으로 하나님의 말씀이라는 것을 완전하게 납득시킬 수 있으시다.

우리가 본 바와 같이 오웬의 신적 의미 전달에 대한 교리는 단지 이 견해를 자세히 쓴 것일 뿐이다. 그의 교리가 고도로 성경적이고 함축적이며 영적이라는 것은 거의 논쟁의 여지가 없을 것이다. 또한 바르트주의자의 비평이 그에게(또한 그 점에 있어서 웨스트민스터 신학자들에게도) 적용되지 않는다는 것도 명확하다. 오웬이 제시하는 것보다 더 완전하고 유력하게 하나님의 백성에게 말씀을 확신시키시는 성령에 대한 교리를 제시할 수 있는 사람은 거의 없을 것이다.

이 연구는 우리에게 어떤 교훈들을 주는가? 이 연구가 우리에게 상기시키는 바는 성경의 가장 훌륭한 증거는 언제나 성경이라는 사실과 성령의 능력 안에서 성경의 진리를 설교하는 것이 성경의 영감과 성경이 선포하는 신적 실재들에 대한 믿음을 생기게 하기 위해 많은 논증을 하는 것보다 더 유익하다는 사실이다.

이 연구는 또한 우리 자신이 성경을 탐구하고 가르칠 때 마땅히 드려야하는 영광을 성령께 드리고 있는지 자문하라고 도전한다. 해석의 문제가 발생할 때 우리는 얼마나 많이 얼마나 열심으로 기도하는가? 그리고 우리는 사람들에게 말씀을 완전하게 설교하는가?

하나님의 말씀을 해설하고 적용하는 것 외에는 어떤 일도 행하기를 거부하는 것이 기독교 교육자들로서 우리의 영광인가?

오웬의 하나님으로부터의 의사 전달에 대한 교리가 이러한 사역을 완수하려는 우리의 열심을 갱신시키고 하나님의 인도 아래에서 이 사역이 얻게 되는 결실에 대한 우리의 확신을 갱신시키기를 축원한다.

6장
성경의 해석자들로서의 청교도

우리는 토마스 구드윈 박사가 존 하우이(John Howe)에게 들려준 에피소드에 대한 하우이의 설명을 재현함으로 이 장을 시작하고자 한다.

> 그의 학생 시절에 구드윈은, 데드햄의 로저스(초기 청교도의 열렬한 설교자, 우뢰의 아들인 존 로저스)의 말씀을 많이 듣기 위해 여행을 떠나…그가 강의하는 날의 설교를 들었다…로저스는…성경을 주제로 하여…설교했다. 그런데 그는 그 설교에서 사람들에게 그들의 성경에 대한 무시에 대해 충고하기 시작했다…그는 사람들에게 하나님 역을 맡아서 이렇게 말했다. "내 원 참! 나는 성경을 가진 너희들을 오랫동안 신임해 왔다. 그러나 너희들은 성경을 천대했다. 집집마다 성경은 모두 먼지와 거미줄로 싸여 있다. 너희들은 그것을 펼쳐보려 하지 않는다. 너희들이 나의 성경을 그렇게 취급하느냐? 좋다. 너희들은 이제 더 이상 나의 성경을 가질 수 없을 것이다."
> 그리고는 그는 자기 의자에서 성경을 들어 올렸다. 그는 성경

을 가지고 가버리려고 하는 것같이 보이더니 곧 다시 돌아와서 하나님께 대한 사람의 역을 맡아, 무릎을 꿇고 울면서 매우 진지하게 간청을 했다. "주님, 저희들에게 무슨 일을 하셔도 좋사오나 성경만은 우리에게서 가져가지 마소서! 우리의 자녀를 죽이고 우리의 집을 불사르고 우리의 재산을 거두어 가시더라도 당신의 성경만은 우리에게 남겨 주옵소서."

그리고 나서 그는 다시 사람들에게 대한 하나님의 역할을 맡아서 말했다. "그래 너희가 분명히 그렇게 말하느냐? 내가 너희에게 잠시만 더 참아 주겠다. 여기 너희에게 주는 나의 성경이 있다. 나는 너희들이 이것을 어떻게 사용하는지 살펴보겠다. 너희가 이것을 더 사랑하는지 너희가 이것을 더 실천하는지 그리고 이에 따라 더 열심히 살아가는지 보겠다." (구드윈 박사가 내게 말씀해 주신 바에 의하면) 이 행동으로 그는 모든 회중을 예상 밖의 태도로 이끌었다…그 곳은 보킴 호수였다. 사람들의 눈물이 비 오듯 했다. 그가 나에게 말한 바에 의하면 그 자신이 밖으로 나왔을 때…말에 올라탈 힘이 없어 말 목에 매달려 15분 동안 흐느낄 수밖에 없었다고 한다. 그에게 이상한 감동이 왔고 성경에 대한 태만함에 대해 충고를 받은 사람들 대부분에게도 이상한 감동이 왔다.[1]

이 일화는 우리를 청교도주의의 핵심으로 즉시 인도한다. 회중의 반응은 로저스가 그들의 양심 가장 예민한 부분을 건드렸음을 나타낸다.

---

1 John Howe, *Works*, pp 1084f.

청교도주의는 무엇보다 성경 운동이었다. 청교도에게 성경은 진실로 세상이 줄 수 없는 가장 귀한 소유물이었다. 청교도는 하나님을 경외함이 성경을 경외함이고 하나님을 섬김은 성경에 순종하는 것을 의미한다는 깊은 확신을 갖고 있었다.

그러므로 청교도의 생각에 하나님의 기록된 말씀을 소홀히 하는 것보다 하나님께 대한 더 큰 모욕은 있을 수 없었다. 뒤집어 말해서 성경을 소중히 하고, 성경을 열심히 읽고 그 다음에 성경의 가르침에 따라 살며 행하는 것보다, 하나님께 대한 더이상 참된 경의의 행동은 있을 수 없었다. 살아 계신 하나님의 살아있는 말씀으로 성경에 대한 열렬한 존경과 성경이 명하는 모든 것을 알고 행하려는 애정깊은 관심은 청교도주의의 품질 보증서였다.

우리의 현 과제는 청교도의 성경 해석의 원리와 방법들을 연구하고 그 특성을 평가하는 것이다. 해석학적 훈령집과 설교, 논문, 주석들로 이루어진 연구 자료들은 풍성하다. 우리는 그 자료들을 가리지 않고 의존할 수 있다. 왜냐하면 우리가 논의할 문제들에 있어 사실상 모든 청교도들이 일치하고 있기 때문이다.

청교도들이 해석이라는 과제를 붙잡고 씨름한 방법에 대해 즉각적으로 세 가지 일반적인 진술을 할 수 있다.

> ① 청교도의 해석들은 오늘날의 정신 배경에 상당히 많은 부분을 차지하고 있는 문화와 시대 간의 차이와 거리를 성경에 침투시키지 않는다. 또한 청교도의 해석들은 많은 현대 성경 학자들을 무능하게 하고 그들의 해석 활동을 매우 타락시키는 종교적 진화라는 상상적인 사상들을 나타내지 않는다. 그런 의미에 있어

청교도의 해석들은 전근대적이라고 할 수 있다. 청교도들은 성경의 인물들과 그들의 경험들 간의 수천 년의 세월로 인한 거리감을 느끼는 대신 그들과의 혈연감을 느꼈다. 왜냐하면 그들도 동일하게 불변하시는 하나님을 만나고 경외하고 교제하였고, 또한 동일한 영적 문제들을 가지고 고민하고 싸웠던 같은 인류였기 때문인 것이다.

② 청교도의 본문에 대한 문법적-역사적 해석은 종종 고지식하게 표현되기는 하지만 어떤 지식있는 독자가 보더라고 매우 충분하다는 것을 곧 알 수 있다. 예를 들어 매튜 헨리의 거대한 성경 전체의 주석을 볼 때 그러하다.

③ 청교도들은 성경을 적용하기 위해 해석했다. 적용이 그들의 주요 관심의 초점이었기 때문에 우리가 앞으로 보게 될 바와 같이 그들의 특별한 강점의 영역도 역시 적용이다.

두 가지 전제가 그들의 해석으로의 접근을 지배하였고 그들의 방법은 여섯 가지 법칙으로 요약된다.

첫째 전제는 성경의 본질에 관한 것이다. 청교도들에게 있어 전체와 모든 부분으로서의 성경은 하나님의 발언이었다. 곧 기록된 하나님의 말씀이며 인간을 교육하기 위해 열린 하나님의 마음이며 선포된 하나님의 생각들이었다. 성경의 내용은 하나님의 영원한 진리이다. 왜냐하면 성경이 기록되고 해석하는 역사적 과정은 세상이 있기 전에 형성된 하나님의 영원한 계획의 시간적 산물이기 때문이다. 이런 의미에 있어 "우리의 성경이 규정하고 기록한 바는 하나님의 마음속의 성경에서 나온 발췌이며 복사로서 그 가운데에서 우리의 성경이 영원으로부터 기록된 것이다."[2]

그러므로 성경은 매우 다른 배경과 성격들을 갖은 수많은 인간 저자들에 의허 매우 다양한 문체와 문학 형태로 전달된 바로 단일한 하나님 마음의 통일된 표현이며, 비록 복잡하기는 하지만 완전하고 일관된 하나님의 뜻과 목적의 계시를 받아 연구해야 하는 것이다. 청교도의 성경 연구자에게 있어 하나님은 예언들을 말씀하셨고 역사들을 기록하셨고 교리들을 설명하셨고 찬양들을 발표하셨고 환상들을 기록하심으로 성경이 이루어지게 하신 하나님이셨다.

그리고 청교도 성경 연구란 성경을 먼 옛날에 하나님께서 하신 말씀으로 읽을 것이 아니라 모든 시대의 모든 독자에게 계속 하시는 말씀으로 읽어야 한다는 것을 알고 있었다. "당신이 읽는 모든 항에서 하나님께서 당신에게 말씀하고 계신다고 생각하라"고 토마스 왓슨[3]은 말한다. 왜냐하면 하나님께서는 진리 가운데 계시기 때문이다. 성경이 말하는 것은 하나님께서 말씀하고 계시는 것이다.

하나님의 마음이 깊이를 헤아릴 수 없는 것과 똑같이 성경에도 무오한 심오함이 있다. "그 안에 저장된 진리의 보고들은 무진장하다."[4]

"주님께서는 아직도 자신의 거룩한 말씀으로 발표하실 더 많은 진리를 갖고 계시다"는 존 로빈슨의 유명한 말도 같은 진술이다. 해석자들로서 우리는 절대로 하나님의 생각의 한계에 다다르지 못한다. 그러므로 우리는 스스로 그런 생각을 하도록 허용하지 말아야 한다. "절대로 충분한 지식을 소유했다고 생각하지 말고, 말씀을 더 완전하게 연구하

---

2   Thomas Goodwin, *Works*, IX: 28

3   Thomas Watson, *A Body of Divinity* (Banner of Truth: London, 1958), p 25.

4   John Owen, *Works*, IV: 205.

라…"⁵ "하나님께서는 우리가 말씀 안에서 하나님 자신의 가르치심과 계시를 얻기 위해 하나님께 계속 의지하게 하신다. 그리고 말씀이 이해되고 발견되게 하셔서 세상에 있는 영혼들을 겸손하게 하신다."⁶ 청교도는 어거스틴의 관찰을 자주 되풀이한다. 즉 성경에는 어린양이 건널 수 있는 얕은 곳들이 있는가 하면 코끼리가 수영할 수 있는 깊은 곳 – 가장 박식하고 경건한 자들도 빠질 수 있는 깊은 곳 – 이 있다는 것이다. 그러므로 모든 그리스도인들은 자신들이 조금밖에 알고 있지 못하다는 것을 인식하고 더 많이 배우기를 열망하고 하나님 자신께서 자신의 말씀을 설명해 주시기를 바라며 성경 공부에 착수해야 한다.

이러한 전제는 우리를 두 번째 전제로 인도한다. 두 번째 전제는 성경의 주제에 관련된 것이다. "성경은 주로 무엇을 가르치는가?"는 소요리문답의 세 번째 질문이고 그 대답은 "…인간이 하나님에 대해 믿어야 하는 것과 하나님께서 인간에게 요구하시는 의무가 무엇인가 하는 것이다"이다.

이 답변의 함축 의미들을 생각해 보자. 성경은 우리에게 하나님에 대해 무엇을 믿어야 하는지 가르친다. 즉 성경은 신령한 실재들에 대한 신령한 진리들, 타락된 이해력을 초월한 오직 성령께서만이 우리에게 분별할 수 있도록 하실 수 있는 진리들을 우리 앞에 제시한다. 그러므로 우리는 우리 자신을 믿지 말고 이 영역에 있어 우리의 선천적인 무능과 무지를 고백하고 성경을 우리에게 해석해 주시는 성령의 도우심을 의지해야 한다. 구드윈은 다음과 같이 말한다.

---

5 Goodwin, *Works*, V: 537.
6 Owen, *Works*, VI: 69.

> 말씀을 기록하신 분은 바로 성령이셨다…그러므로…이 하늘의 공적 비서의 도우심이 없다면 인간의, 또는 인간들 자신의 이해력으로는 성경을 이해할 수 없다…그 분이 홀로 그 밭에 지식의 보화들을 숨기셨으므로 그분만이 그 보화들이 어디 있는지를 아신다. 그러므로 기도로 하나님의 가슴을 열고 하나님의 연구실을 열어 하나님의 모든 원고들과 군서들로 나아갈 수 있는 지식의 열쇠를 얻는다는 것은 얼마나 놀라운 유익인가![7]

보다 뜯 아기자기하지만 보다 더 명확하게 오웬은 같은 주장을 한다.

> 나는…이것이 기독교 신앙의 일반 원리로 확정될 수 있다고 생각한다. 즉 성령의 신령한 도우심을 얻기 위한 계속적이며 열렬한 기도는 성경에 나타난 하나님의 생각에 대한 지식을 얻음에 있어 절대 필요 불가결한 수단이다. 이 지식이 없이는 다른 모든 것들도 얻을 수 없고 소용도 없는 것이다.[8]

"성경을 읽기 전후에 성경을 쓰신 성령께서 당신께 성경을 설명해 주시고 진리로 인도하시기를 열심히 기도하라"고 박스터는 말했다.[9]

또한 성경은 우리에게 우리의 의무도 가르친다. 성경의 교훈 실천을 위한 것이다.

---

7 Goodwin *Works*, IV: 302.

8 Owen, *Works*, IV: 203.

9 Richard Baxter, *Works*, I: 478.

따라서 성경은 우리의 생활의 질서를 바로잡기 위한 목적으로 연구되어야 한다. 만일 우리가 계속적으로 배운 바에 의해 생활하는 훈련을 한다면 하나님께서 우리의 성경 공부를 풍성하게 하실 것이다. 그럴 때에 우리의 지식은 깊어지고 넓어지게 된다. 그러나 그렇지 않을 때 우리의 성경 공부는 무익한 수다와 지적 오류에 빠지고 말 것이다. 오웬은 다음과 같이 말한다.

> 거룩한 복음 진리들에 대한 참된 생각은 그 진리들이 거룩한 대화와 분리되는 곳에 살지 않을 것이며 적어도 그런 곳에서 번창하지 않을 것이다. 우리가 모든 것을 배워 실천할 수 있게 되는 것과 마찬가지로 우리는 실천에 의해 많은 것을 배운다…오직 실천으로만 우리는 우리가 알고 배운 바가 진실로 진리라는 확신에 이를 수 있게 된다. 그러므로 우리 구주께서는 "사람이 하나님의 뜻을 행하려 하면 이 교훈이 하나님께로서 왔는지…알리라"(요 7:17)고 우리에게 말씀하신다…또한 실천에 의해서 우리들은 지속적으로 보다 발전된 지식의 등급으로 인도된다. 왜냐하면 인간의 정신은 세상에서 지적 능력과 지식의 증가 가운데 계속적인 양식을 받아들일 수 있는데 그 양식들은 하나님께 대한 순종 가운데 본연의 목적에 사용되는 것이기 때문이다. 그러나 순종의 실천이 없다면 인간의 정신은 곧 관념들로 가득차 진리의 샘으로부터 흐름이 막혀버릴 것이다.[10]

---

10 Owen, *Works*, IV: 206.

그러므로 성경을 바르게 해석하려고 하는 사람은 경건하고 겸손하고 기도하고 가르침을 잘 받고 순종하는 심령의 사람이어야 한다. 그렇지 않으면 아무리 그의 정신이 관념들로 빈틈없이 채워졌을지라도 그는 영적 실재들의 깨달음에 절대로 이르지 못할 것이다.

이제 우리는 해석 자체라는 과제에 대한 청교도의 접근법을 살펴보기로 하자. 그들을 지배하는 원리들은 다음과 같은 표제들하에 요약될 수 있다.

1) 성경을 문자적으로 그리고 문법적으로 해석하라

종교개혁자들은 중세시기의 다양한 '영적'(풍유적) 의미에 대한 선호로 인해 성경의 '문자적' 의미를 경시한 것에 반대하여 문자적 – 즉 문법적, 꾸밈없는 의도적 – 의미가 성경이 갖고 있는 유일한 의미이고, 각 진술의 문맥과 문법을 세심하게 살피는 주해에서 찾아야 하는 것이 바로 이 문자적 의미라고 주장했다. 청교도는 완전히 이에 동의한다.

> "만일 당신이 논쟁되는 성경의 참된 의미를 이해하고자 한다면 그 결합과 범위와 문맥을 잘 연구하라…"[11]
> 성경에는 실질적으로 성경을 구성하는 단어들에 담겨진 의미 외에 다른 의미가 없다…어떤 사람의 생각을 해석할 때 그가 말하고 기록하는 단어들을 정확하게 이해할 필요가 있다. 우리가 그가 말하는 언어와 그 언어의 관용법을, 그 이념과 표현

---

11 William Bridge, *Works* (Thomas Tegg: London, 1845), I: 454.

의 통상적인 사용과 취지대로 이해하지 못한다면 우리는 즉각적으로 그 사람의 생각을 해석할 수 없다…많은 해석자들, 특별히 집요하게 하나의 번역에 집착하는 해석자들이 이 원어들에 대한 혼란과 오해와 무시로 인해 어떤 결과에 빠졌는지는…수없이 많은…실례를 들어 제시할 수 있다.[12]

물론 성경에는 문자적 의미가 풍유적 의미 자체인 곳들도 있다. 청교도들은 모두 아가서를 적절한 실례로 인정한다. 제임스 더햄(James Durham)은 이 문제에 대해 흥미있는 논평을 했다.

> 나는 아가서에 문자적 의미가 있음을 인정한다. 그러나 나는 그 문자적 의미가 역사적 성경들에서 나타나는 것처럼 한 번에 확인되는 것이 아니라…풍유적이고 비유적인 말들에 의해 영적으로 의미된 바가 아가서의 문자적 의미라고 말한다…왜냐하면 (신학 교수들 중에 리베트에 의해 정의된 바와 같이) 문자적 의미는, 그 말씀들에서 성령께서 의도하신 대로 정당한 방식으로 사용되든지 또한 비유적으로 사용되든지 간에 성령에서 흘러나오는 것이며, 우화가 풍유와 비유의 성경의 주해에서 명확하게 나타나는 바와 같이…모든 표현들의 복합체에서 함께 모아야 하는 것이다.

하지만 더햄은 이것이 중세인들이 저지른 잘못인 불합리한 풍유화와

---

[12] Owen, *Works*, IV: 215.

는 전혀 다르다고 말한다. 왜냐하면 "성경의 풍유적 해석과 풍유적 성경의 해석 사이에는 엄청난 차이가 있기 때문이다."[13] 더햄은 자신이 해석하고 있는 성경을 풍유라고 생각할 이유가 있을 때에만 풍유적으로 해석한다.

2) 성경을 일관되게 조화적으로 해석하라

만일 성경이 하나님의 말씀이고 유일한 신령한 마음의 표현이라면 성경이 말씀하는 모든 것이 진리이어야 하며 부분과 부분 간의 모순은 있을 수 없는 것이다. 그러므로 브릿지는 분명한 모순들을 되풀이하여 이야기하는 것은 실제적인 불경을 나타내는 것이라고 말한다.

브릿지는 다음과 같이 계속해서 말한다.

> 여러분은 모세가 애굽인과 이스라엘인이 싸우는 것을 보았을 때 어떻게 했는지 알고 있다. 그는 애굽인을 죽였다. 그러나 두 명의 히브리인들이 싸우는 것을 보았을 때 그는 저들은 형제이니까 가서 그들을 화해시켜야겠다고 말했다. 왜 그랬을까? 그가 선한 사람이고 경건하였기 때문이 아닌가? 그러므로 경건한 심령을 가진 사람은 그렇게 해야 하는 것이다. 성경이 애굽인, 이교도 저자, 즉 위경과 싸우는 것을 볼 때 그는 그 이교도… 애굽인, 즉 위경을 죽인다.
>
> 그러나 두 성경들이 모순되어 싸우는 것을 볼 때(사실에 있어서

13　James Durham, *Exposition of the Song of Solomon* (George King: Aberdeen, 1840), p 28.

는 그렇지 않으나 보기에 있어서), 그는 이들은 형제이므로 조화될 수 있다. 나는 그들을 조화시키기 위해 내가 할 수 있는 모든 노력을 다할 것이다라고 말한다. 그러나 어떤 사람이 성경의 외관적인 차이를 악용하려고 할 때는 다음과 같이 말하라. 너는 이 책에 어떤 모순들이 있는 것을 보면서 그것들을 조화시키기 위해 노력하지 않느냐? 그것이 나타내는 바는 인간의 부패한 본성이 주님의 말씀에 대한 미지의 악의로 끓어오르는 것이다. 그러므로 조심하라고.[14]

이것은 인상적인 생각이며 정확한 진단이다. 성경은 유일한 신령한 마음의 통일된 표현이기 때문에 "성경 해석의 무오한 법칙은 성경 자체이다. 따라서 어떤 성경의 진정하고 완전한 의미에 대한 문제가 있을 때…더 명확하게 말하는 다른 곳들을 찾아 알아야 한다."[15] 여기에서 두 가지 원리가 나온다.

① 모호한 내용은 명확한 내용에 비추어 해석되어야 한다. "이 경우에 있어서의 법칙은 우리가 어떤 모호하거나 어려운 성경 구절에 의미를 첨부하는 것이 아니라 다른 표현과 명확한 증거들과 조화하는 것이다. 왜냐하면 인간들에게 있어 그러한 구절들에서 특별한 의미들을 끌어내고, 다른 곳에서 확인하지 않는 것은 위험한 호기심이기 때문이다.[16]

---

14 Bridge, *Works*, I: 459.
15 *Westminster Confession*, I: ix.
16 Owen, *Works*, IV: 197.

② 지엽적인 모호한 표현들은 근본적인 확실성들과 조화시켜 해석되어야 한다. 따라서 "신앙의 원칙들, 신도에 규정된 요리문답의 요점들, 주기도문, 십계명 그리고 성례의 교리"와 일치하지 않는 어떤 본문의 해석도 옳지 않다.[17] 이 두 가지 원리들은 통상적으로 로마서 12:6에서 차용한 어구인 - 아마도 사도의 의미는 아닌 듯싶은 - '믿음의 분수'라고 칭해진 해석의 법칙을 함께 구성하였다.

앞의 법칙들은 성경의 형태에 관계하는 것에 반하여 다음의 네 가지 법칙들은 성경의 내용과 취지에 관한 것이다.

3) 성경을 교리적으로 그리고 하나님 중심으로 해석하라

성경은 교리책이다. 성경은 하나님에 대하여 그리고 하나님과의 관계에 있어서의 피조물들에 대하여 가르친다. 브릿지는 성경을 거울로 비유한 야고보의 비유를 발전시키는 구절에서 이 점을 다음과 같이 나타낸다.

> 여러분이 거울을 볼 때 세 가지를 보게 된다. 곧 유리와 여러분 자신과 모든 다른 것들, 즉 그 방 안에 있는 사람, 기구, 그림들이다…여러분은 하나님과 그리스도에 대한 내용이 담겨져 있는 진리들을 본다. 특별히 하나님께서 보이고 또한 그리스

---

[17] Richard Bernard, *The Faithful Shepherd* (1607), p 28.

도가 보인다. 거기서 여러분은 여러분 자신, 곧 여러분 자신의 때문은 얼굴을 본다. 그 곳에서 여러분은 여러분과 함께 있는 피조물들과 그 피조물들의 공허함도 본다…[18]

또한 성경은 하나님 중심의 관점을 가르친다. 타락된 인간은 자신을 우주의 중심으로 보는 반면에 성경은 하나님을 중심으로 우리를 보여준다. 그리고 적절한 관점에 의거하여 인간을 포함한 모든 피조물들을 하나님으로 말미암아 하나님을 위하여 존재하는 것으로 묘사한다. 청교도들이 우리를 가장 많이 도울 수 있는 점들 중 하나가 성경의 하나님 중심의 관점 회복이다. 이 점을 그들 자신은 매우 확고하게 고수하였다.

4) 성경을 기독론적으로 그리고 복음적으로 해석하라

그리스도께서는 성경의 진정한 주제와 내용이시다. 모든 성경은 그리스도를 증거하기 위해 기록되었다. 그리스도께서는 "성경 전체의 개요로서, 예언되고 예시되고 예표되고 제시되고 증거되시며 모든 페이지의 거의 모든 행에서 발견되신다. 왜냐하면 성경은 곧 아기 예수의 강보와 같은 것이기 때문이다."[19] 그러므로 성경을 읽을 때 성경의 목적과 범위와 내용이신 예수 그리스도에게 여러분의 눈을 계속 고정시키라. 모든 성경은 거룩하신 아기 예수의 신령한 강보가 아닌가?

① 그리스도께서는 모든 예표와 그림자들의 진리이시며 내용이시다.

---

[18] Bridge, *Works*, I: 411.
[19] Thomas Adams, *Works* (James Nichol: Edinburgh, 1861–62), III: 224.

② 그리스도께서는 은혜 언약과 은혜 언약의 모든 경영의 내용이시다. 구약에서 그리스도께서는 가리워져 계셨고 신약에서는 계시되신다.
③ 그리스드께서는 모든 약속들의 중심이시며 합류줒이시다. 왜냐하면 그리스도 안에서 하나님의 약속들은 예와 아멘이 되기 때문이다.
④ 그리스도께서는 구약과 신약의 성례들에 예시되고 인증되고 제시된 분이시다.
⑤ 성경의 족보들은 우리를 그리스도의 진정한 가문으로 인도하기 위해 사용되는 것이다.
⑥ 성경의 역대기들은 우리에게 그리스도의 연대와 시기를 발견하게 하는 것이다.
⑦ 성경의 율법들은 그리스도께 데리고 가는 우리의 선생님들이다. 도덕은 줒 계로 가르치고 의식은 지시로 가르친다.
⑧ 성경의 복음은 그리스도의 빛이다. 그 빛을 통해 우리는 그리스도의 말씀을 듣고 그리스도를 따른다. 또한 성경의 복음은 사랑의 굴레로써 우리를 그리스도와의 달콤한 연합과 교제로 이끈다. 진실로 성경의 복음은 모든 그리스도 예수를 믿는 자를 구원하시는 하나님의 능력이다. 그러므로 그리스도를 모든 성경의 내용이며 골수이며 정신이며 범위로 생각하라.[20]

청교도가 이 해석의 복음적 원리를 얼마나 풍요하게 적용하였는가

---

[20] Isaac Ambrose, *Works* (1701), p 201.

하는 것은 오직 오웬, 구드윈, 십스와 같은 저자들의 해석 저술들을 탐구하는 사람들에 의해서만 올바르게 인식될 수 있다.

5) 성경을 경험적으로 그리고 실천적으로 해석하라

어떤 입장에서 볼 때 성경은 영적 경험에 대한 책이다. 그래서 청교도들은 비할 데 없는 심각성과 통찰력을 가지고 이 경험의 차원을 탐구하였다. 천로역정은 그들이 이 표제 아래 다룬 주제들의 일종의 회화적 색인이다. 그 주제들은 믿음, 의심, 유혹, 절망, 공포, 소망, 죄와의 전투, 사탄의 공격, 영적 기쁨의 절정, 영적 유기의 황무지 등이다. 또한 성경은 실천서로서 구체적 상황에 있는 인간-곧 하나님 앞에 범죄하고 타락하고 절망적으로 서 있는 인간-을 불러 그가 믿어야 할 바와 그의 영혼의 건강을 위해 행해야 할 바를 말해 주는 것이다. 청교도들은 이 실천적 지시가 해석에 그대로 나타나 있어야 한다는 것을 인지하였다. 교리는 성경 자체가 제시하는 관점에서 가르쳐져야 하며 또한 성경 자체가 제시하는 목적을 위해 적용되어야 한다. 우리가 본 바와 같이 오웬은 칭의 교리의 분석에 착수하며 이러한 주장을 한다.

> 칭의 교리는 신앙을 저버린 상태의 마땅한 저주로부터 구원을 받아 하나님과의 화평을 위해 예수 그리스도로 말미암아 하나님께 인간들의 양심을 적합시키는 것에 대한 실천적 지시이다…이것만이 이 교리의 취급에 있어 계획되어야 하는 것이다…우리는 이 교리를 안전하게 다룰 수 없고 효과적으로 다룰 수도 없다.

> 그러나 성경에 이 교리가 선포되고 적용되는 동일한 목적들에 대해 우리는 이 주제를 다루는 우리의 모든 설교에 있어 이 경우와 그 해결을 유의하는 데서 빗나가지 말아야 한다. 왜냐하면 이 교리는 관념들에 대한 호기심이나 난해한 논쟁이 아니라 인간 양심의 지시이며 만족이며 평화이기 때문이다. 그리고 이렇게 계획하는 것은 우리의 의무이다.[21]

청교도 시대의 많은 사람들은 이 법칙을 무시하였다. 그 결과 성경을 무책임하고 공론적으로 다루게 되었다. 그러나 위대한 청교도 목회자들은 이 법칙을 철저하게 준수하므로, 결과적으로 그들의 저술들은 가장 훌륭하며 교화적인 의미에 있어 최고의 '실천적이자 경험적인'(그들 자신의 일상적인 어구) 것이 되었다.

6) 성경을 신실하고 현실적인 적용으로 해석하라

이 적용은 성경에서 나온다. 교리의 '용법들'을 지적하는 것은 곧 성경 해석 작업의 부분이다. 해석은 자신이 이야기하는 사람들에게 성경을 의미있고 관련이 있게 하는 것을 의미한다. 이 작업은 그들의 '교훈과 책망과 의로 교육하기'(딤후 3:16)에 대한 교리의 관계가 나타날 때까지 계속되는 것이다.

표준적인 '용법들'(적용의 유형들)에는 다음과 같은 것들이 있다.

첫째 정보의 용법이다. 이 용법에 의해 관찰되는 교리의 취지가 적용

---

21 Owen, *Works*, V: 8.

되고 관련 사항들이 이끌어 내어져서 하나님의 생각에 따른 인간들의 판단과 시야가 형성되는 것이다.

그리고 사람들에게 행동을 권하는 권유 용법, 교리를 의심과 불확실성에 대한 해답으로 제시하는 위로의 용법, 그리고 설명되는 교리(아마 중생한 사람의 특징들, 또는 그리스도인의 특권이나 의무의 본질)에 비추어 자신의 영적 상태를 평가하도록 요구하는 자성의 용법이 있다. 적용은 현실적이어야 한다. 즉 해석자는 성경이 인간들이 있는 그 곳에서 그들에게 말씀하도록 주의를 기울여야 한다는 것이다.

어제의 적용이 오늘의 그들의 상태에 대해 이야기하지 않을 수도 있다. "먼 옛날의 잘못들이나 현재 사용되지도 않고 실행되지도 않는 일들을 열변을 토하여 공격하는 것은 싸구려 열심일 뿐이다. 우리는 현시대가 무엇을 필요로 하는지 숙고해야 한다."[22] 성경을 진실로 적절하고 철저하게 교훈적으로 적용하는 해석자의 작업은 (어색하고 부적절하고 혼란한 작업과는 달리) 분명히 다음과 같은 것이다.

> 이 일은 신중함과 열심과 묵상을 요구하는 매우 어려운 작업으로 육에 속한 타락한 자에게는 매우 불쾌한 일일 것이다(이러한 생각에 의해 하나님의 말씀의 전달자는 공격적이 되고 싶은 심한 유혹을 받는다). 그러나 그는 자신의 말을 듣는 자들이 하나님의 말씀이 살아있고 운동력이 있어 마음의 뜻과 생각의 감찰자로 느낄 수 있도록 하는 방식으로 그리고 어떤 불신자나 무지한 자가 있으면 그의 마음의 비밀들이 드러내어짐으로 하

---

22 Thomas Manton, *Works* (James Nisbett: London, 1871), V: 103.

나님께 영광을 돌릴 수 있도록 하는 방식으로 이 일을 수행하기 위해 노력할 것이다.²³

성경을 현실적으로 적용하기 위해서는 인간들의 심령 뿐만 아니라 머리속에 무엇이 존재하는지를 알아야 한다. 그래서 청교도들은 해석자를 지망하는 사람은 성경뿐만 아니라 인간을 연구해야 한다고 주장했다.

이상이 성경 해석에 대한 청교도의 원리들이었다. 청교도에게 있어 성경 해석보다 더 엄격한 훈련은 없었고 성경 해석보다 더 가치있는 일은 없었다. 그들의 방법이 건전하다는 데 대해 의문의 여지가 없다. 그들의 선례를 따를 때 우리는 성공할 것이다.

그들의 선례를 따른다는 의미는 우리가 해석하고자 하는 구절이나 본문에 대해 다음과 같은 여섯 가지의 질문을 하는 것이 될 것이다.

① 이 말씀은 실제적으로 무엇을 의미하는가?
② 다른 성경은 이 본문의 설명에 어떤 도움을 주는가?
③ 이 본문은 하나님에 대해 그리고 하나님과 관련해서 인간에 대해 어떤 진리들을 가르치는가?
④ 이 진리들은 그리스도의 구원하시는 역사와 어떻게 관련되는가? 그리고 그리스도의 복음은 이 진리들의 설명에 어떤 도움을 주는가?

---

23 *Westminster Directory for the Publick Worship of God* (1645), "Cf the Preaching of the Word", in The Confession of Faith…(Free Presbyterian Publications: Glasgow, 1973), p 380.

⑤ 이 진리들은 어떤 경험들을 묘사하거나 서술하거나, 또는 창조하거나 고치고자 하는가? 이 진리들은 어떤 실제적 목적을 위해 성경에 존재하는가?

⑥ 이 진리들은 우리의 실제적 상황에서 어떻게 나 자신과 타인들에게 적용되는가? 이 진리들은 현재의 어떤 인간의 상태에 대해 말하며 우리에게 무엇을 믿고 행하라고 말하고 있는가?

7장
청교도의 양심

1. 양심의 의미

　D. H. 로렌스(D. H. Lawrence)의 소설『차탈레 부인의 사랑』(*Lady Chatterley's Lover*)에 대한 유명한 소송에서 증언을 할 때 리차드 호가트(Richard Hoggart)는 로렌스를 청교도라고 칭함으로 법정을 놀라게 했다. 그가 의미하는 바가 무엇인가 하고 (당연한 질문) 물었을 때 그는 자신에게 있어 청교도는 양심에 대해 극도로 관심을 갖는 사람이라고 대답했다. 이 정의는 보이는 그대로 궤변적이거나 어리석은 것이다. 왜냐하면 우리는 호가트가 로렌스에게서 발견한 양심에 대한 관심과 역사에서 청교도들을 특징짓는 양심에 대한 관심이라는 두 가지 다른 사실을 동일하다고 생각할 수 없기 때문이다.
　그럼에도 불구하고 호가트의 공식은 중요한 사실을 지적한다. 청교도라고 칭해진 사람들의 생각과 마음에 가장 중요한 관심은 실제로 하나님에 대한 관심 – 진정으로 하나님을 알고 바르게 하나님을 섬김으로 하나님을 영화롭게 해 드리고 기쁘시게 하고자 하는 관심이었다.

그러나 바로 그렇기 때문에 그들은 실제로 양심에 대하여 매우 깊은 관심을 가졌다. 그들은 양심이 하나님께서 인간들에게 자신의 말씀을 전하시는 지적기관이라 생각했기 때문이다. 그러므로 그들의 가치 평가에 있어 양심의 조명과 교훈과 정화를 받아 깨끗한 상태를 유지하는 것보다 인간에게 있어 더 중요한 것은 없었다. 청교도들에게 있어 인간들이 하나님의 말씀에 자신들의 양심을 드러내고 복종하기 전에는 진정한 영적 깨달음이나 참된 경건이 있을 수 없었다.

이렇게 말할 때 청교도들은 종교개혁의 처음으로 돌아가도록 강조하는 것일 뿐이다. 예를 들어 우리는 루터가 보름스에서 한 기념비적인 말을 생각하게 된다.

> 나의 양심은 하나님의 말씀에 사로잡혔다. 나는 아무 것도 철회할 수도 없고 철회하지도 않을 것이다. 왜냐하면 양심을 거스리는 것은 옳지도 않고 안전하지도 않기 때문이다. 나는 여기 서 있다. 그 밖에 내가 할 수 있는 일은 아무것도 없다. 하나님이시여, 나를 도우소서. 아멘.

또한 우리는 1530년의 아우구스부르그 신앙고백 20장 칭의 교리에 대한 유명한 문장도 생각하게 된다. "이 교리 전체는 두려워하는 '양심의 전투'(illud certamen perterrefactae conscientiae)와 관련되어야 한다. 그리고 그 전투 없이 이 교리는 이해될 수 없다."

이와 같은 진술들은 양심이 그리스도인에게 무엇을 의미하는가에 대한 종교개혁자들의 이해에 있어 양심의 중심성이 명확하게 나타난다. 그들에게 있어 양심은 하나님 앞에(루터의 어구에 의하면 coram Deo) 서서 하나님의 말씀에 지배를 받고 하나님의 율법의 심판앞에 드러나 있지만 - 만일 신자라면 - 그럼에도 불구하고 하나님의 은혜로 말미암아 의롭다 하심을 얻고 받아들여지는 인간 자신에 대한 지식을 의미하였다.

양심은 하나님의 의로운 판결이 내려지는 법정(forum)이었다. 양심은 이 곳에만 참된 믿음과 소망과 평안과 기쁨이 자라날 수 있는 온상이었다. 양심은 인간이 그 가운데에서 창조된 하나님의 크게 손상된 형상의 일면이었다. 따라서 살아있는 기독교(vital Christianity, 칼빈이 이에 대해 『강요』를 저술한 '기독교 신앙')는 하나님의 살아있고 운동력 있는 말씀의 엄중한 지시와 성령의 조명을 받는 양심의 이해와 활동에 직접적으로 뿌리를 내리고 있는 것이다. 종교개혁자들은 그렇게 생각하였고 청교도들도 그렇게 생각하였다.

그러나 오늘날 우리는 어디서 그러한 강조를 발견하는가? 놀라운 사실은 현 시대에 있어 양심에 대한 이러한 강조가 거의 주의를 끌지 못한다는 것이다. 대체로 서양 사회에서 양심이 쇠퇴하고 있다. 배교가 일어남으로 믿음이 타락할 때 언제나 그러한 것처럼 도덕 기준들이 타락하고 있다. 지식인들 중에서 때로 양심은 악용되고 있다. 우리는 다시 D. H. 로렌스와 그의 추종자들을 생각하게 되고 또한 이사야의 저주를 생각하게 된다.

> 악을 선하다 하며 선을 악하다 하며…그들은 화 있을진저 (사 5:20).

기독교회에서 양심은 예민하고 경계를 게을리 하지 않아야 한다. 그러나 과연 그러한가? 그리스도께서 세상의 소금이라고 칭하시는 우리가 우리 고유의 맛을 많이 상실했다는 것은 걱정해야 할 일이다. 복음주의자들은 이 시대에 선함과 성실에 있어 주목을 받는가? 우리는 사회에서 도덕적 문제들에 대한 민감성과 가난한 자들을 향한 동정으로 구별되는가? 우리의 설교자들은 진지하고 능변일지는 모르나 하나님께서 노아에게 주는 '의를 전파하는 자'(벧후 2:5)라는 칭호를 얻는가? 한때 영국 국민 생활에 있어 소위 '비국교도 양심'이란 말은 무엇인가를 의미했다. 그러나 지금도 그 말은 무엇인가를 의미하는가? 과거에 그리스도인들은 하나님의 말씀의 지도 아래에서 정규적인 자기 반성의 수양 가운데 자신의 양심과 이야기를 나누라는 가르침을 받았다. 그러나 이 교육이 오늘날 얼마나 남아 있는가? 우리는 방종하고 책임 없는 공적 행동에 의해 이 은밀한 수양에 대한 태만을 끊임없이 증거하고 있지 않은가? 우리는 율법의 속박을 피하려는 염원을 고백한다. 그러나 우리는 도덕 폐기론적 방종이라는 훨씬 더 큰 위험에 있지 않은가?

우리는 자신의 삶에 정직하다면 이 교리가 문제가 되지 않는다는 일반적인 견해를 당연히 거부한다. 그러나 만일 사람이 신학적으로 '건전하다면'(소위 '훌륭한 칼빈주의자') 생활은 문제가 되지 않는다고 생각하는 정반대의 극단으로 몰고간다면 우리 눈의 들보는 우리 형제의 눈 속에 있는 티보다 더 해로운 것이다. 따라서 청교도 양심에 대한 연구는 이 시대의 우리에게 유익한 자극을 줄 것이다.

2. 양심의 정의

퍼킨스 이후의 모든 청교도 신학자들은 양심을 선과 악, 의무와 의무

포기에 대한 문제들을 하나님의 음성과 같이 권위있게 처리하는 이성적 기능, 도덕적 자각과 판단의 능력으로 이해함에 있어 일치하였다. 종종 청교도들은 이 단어의 형태에 호소하여(con-science, 라틴어의 con-scientia에서 나온 단어) 양심이 소유하는 지식이 공유된 지식, 공동의 지식, 타인-즉 하나님-과 함께(with-con) 공동으로 소유된 지식(scientia)이라는 사실을 지적하였다. 따라서 양심의 판단들은 이제까지 사람이 소유한 자각 중에 가장 심오하고 가장 확실한 자각-즉 하나님께서 아시는 것과 같이 자신을 아는 지식-을 표현한다는 것이다.

윌리암 에임즈는 "하나님의 그에 대한 판단에 따른 인간의 자신에 대한 판단"[1]이라는 아퀴나스의 양심에 대한 정의를 새롭게 제시함으로 양심과 결의론(casuistry)에 대한 자신의 교과서를 시작하는데 이 정의의 변형들은 청교도 저술들에 종종 나온다. 에임즈는 이 정의의 성경적 근거로 "예루살렘 거민과 유다 사람들아 구하노니 이제 나와 내 포도원 사이에 판단하라"(사 5:3)와 "우리가 우리를 살폈으면 판단을 받지 아니하려니와"(고전 11:31)에 호소한다. 에딘버러대학의 교수인 데이비드 딕슨은 동일한 노선을 따라 다음과 같이 더 자세한 분석을 한다.

> 분명히 우리의 자존심인 양심은…하나님과 우리 사이에 존재하는 문제들을 심사하고 하나님의 계시된 뜻을 우리의 상태와 조건과 비교하고 또한 생각과 말과 행동들에서 행해지거나 등한히 된 처리들을 비교하여 그에 따라 진상을 요구하는 판단을 내리는 우리 영혼의 이해하는 능력이다.[2]

---

1 William Ames, *Conscience with the Power and Cases thereof* (1643), p 2.
2 David Dickson, *Therapeutica Sacra…The Method of Healing the Diseases of the Conscience*

토마스 구드윈은 양심이 '실천 이성의 한 부분'[3]이라고 말하며 계속 아퀴나스를 추종하는 청교도 신학자들은 – 왜냐하면 그들은 중세기 작가들의 가르침이 성경적이라고 판단하므로 그들과 동조하는 것을 전혀 주저하지 않기 때문이다 – 모두 양심의 논법들이 실천적 삼단논법(practical syllogi-sm)의 형태를 취하는 것으로 묘사한다. 즉 우리의 의무(우리가 행해야 할 것인가 행하지 않아야 할 것인가) 또는 하나님 앞에서의 우리의 상태(순종인가 불순종인가, 인정을 받을 것인가 책망을 받을 것인가, 의롭다 함을 받을 것인가 정죄를 받을 것인가)에 대한 두 가지 전제, 즉 대전제와 소전제에서 나오는 추론의 형태를 취한다는 것이다. 딕슨(Dickson)은 의무에 대한 삼단논법을 다음과 같은 예를 제시한다.

> 하나님께서 믿음과 태도의 유일한 법칙으로 정한 바를 나는 법칙으로 따르기 위해 주의해야 한다. 그러나 하나님께서는 성경을 믿음과 태도의 유일한 법칙으로 정하셨다. 따라서 나는 성경을 유일한 법칙으로 따르기 위해 주의해야 한다.[4]

또 하나의 예는 다음과 같다. 하나님께서는 내가 도적질하는 것을 금하신다(대전제); 이 돈을 받는 것은 도적질이 될 것이다(소전제); 따라서 나는 이 돈을 받지 말아야 한다(결론).

인간의 상태에 대한 실천적 삼단논법에 있어 대전제는 자기 판단을 위한 법칙으로 작용하는 계시된 진리이다. 그리고 소전제는 자신에 대

Concerning Regeneration (1664), p 3.

3 Thomas Goodwin, *Works* VI: 272., ed J. Miller (James Nichol: London, 1861).

4 Dickson, op cit, p 4.

해 관찰된 사실이다. 에임즈는 두 가지 삼단논법을 예로 들어 설명하는데 첫째 삼단논법에서는 양심이 정죄를 하고 두 번째에서는 양심이 위로를 준다. 첫 번째 삼단논법은 다음과 같다. "죄 가운데 사는 자는 죽을 것이다. 나는 죄 가운데 산다. 그러므로 나는 죽을 것이다." 두 번째는 다음과 같다. "그리스도를 믿는 자는 누구나 죽지 않고 살 것이다. 나는 그리스도를 믿는다. 고로 나는 죽지 않고 살 것이다."[5]

비록 경험에 있어서 양심의 추론들이 우리의 대부분의 사고 과정처럼 매우 요약적이기 때문에 우리는 단지 결론만을 의식적으로 알 뿐이지만, 그 가운데 자신의 양심의 기능들을 반영하는 사람은 누구나 실천적 삼단논법 교리가 실제로 정확한 분석이라는 것을 즉시 알 것이다.

양심이 작용할 때 상당히 자율적이라는 것은 보편적인 경험이다. 비록 때때로 우리가 양심을 억압하거나 억누를 수 있기도 하지만 대체적으로 양심은 우리의 의지와 관계 없이 말하며 때로는 우리의 의지와 반대로 말하기도 한다. 그리고 양심이 말할 때 이상하게 우리와 구별된다. 양심은 우리 위에 존재하여 우리가 주지도 않았고 우리가 빼앗을 수도 없는 절대적인 권위를 가지고 우리에게 말한다. 그러므로 양심을 인격화하고 인간 영혼속에 있는 하나님의 파수꾼과 대변인으로 취급하는 것은 단순한 환상의 비약이 아니라 인간 경험의 필연이다. 따라서 청교도들이 양심을 '우리 속에 있는 하나님의 대리자이며 부섭정(副攝政)', '우리 마음 속에 있는 하나님의 염탐꾼', '하나님께서 죄인을 체포하기 위해 고용하신 하나님의 경찰'[6]이라고 칭할 때 우리는 이 생각들

5　Ames, op cit, p 3.

6　Richard Sibbes, *Works* (James Nichol: Edinburgh, 1862), III: 209; Thomas Brooks, *Works* (James Nichol: Edinburgh, 1867), V: 281; William Gurnall, *The Christian in Complete Armour* (Banner of Truth: Edinburgh, 1964), p 5.

을 기묘한 상상이라고 간단히 처리해 버려서는 안된다.

이 생각들은 모든 사람의 경험이 반영하는 양심의 성경적 개념을 충분히 다루어 보고자 하는 진지한 시도를 나타낸다. 양심에 대한 성경적 개념은 사실들을 선언하는 증거자(롬 2:15; 9:1; 고후 1:12), 악을 금하는 선도자 (mentor, 행 24:16; 롬 13:5) 그리고 공과를 평가하는 재판관이다 (롬 2:15 참조, 요 3:20 이하). 이 성구들은 하나님께서 자신의 말씀을 우리 삶에 적용시키기 위한 반향판(sounding board)으로, 인간 안에 두신 기능으로 또는 (비유를 바꾸어) 하나님께로부터 비취는 도덕과 영적 진리의 빛을 받아 우리의 행위와 욕망과 목표와 선택들에 집중시켜 반영하는 거울로 보는 청교도의 양심 개념을 충분히 정당화해 준다. 청교도들이 양심을 영혼속에 있는 하나님의 감시자라는 식으로 묘사할 때 그것은 단지 성경을 따르고 있는 것일 뿐이다.

마지막 사상을 더 상세히 설명하기 위해 이제 우리는 양심과 양심의 활동에 대한 세 가지 전형적이며 상세한 청교도의 관념들을 인용하고자 한다. 첫 번째 인용은 리차드 십스의 우리 안에 있는 하나님의 법정으로서의 양심에 대한 묘사이다. 여기에는 (매우 일반적인 청교도 사상인) 최후의 심판이 예견된다.

> 양심의 본질에 대해 더 명백히 하시려고(십스는 고후 1:12을 해석하고 있다) 하나님께서 인간안에 법정을 설치하셨는데 그 안에는 법정안에 있는 모든 것이 있다는 것을 알라.
>
> ① 그 곳에는 우리가 행한 일들을 주목하는 서기가 있다…양심은 일기를 기록한다. 양심은 모든 것을 적어 둔다. 우리는 잊을 것

이라고 생각하지만 잊혀지지 않는다…그 일을 기록하는 서기가 있기 때문이다. 양심이 그 서기이다.

② 그 다음에 증인들이 있다. '양심의 증거'. 양심은 내가 이 일을 했다, 내가 이 일을 하지 않았다고 증거한다.

③ 증인들을 수탄한 고소자가 있다. 곧 양심이다. 양심은 고소를 하기도 하고 용서를 하기도 한다.

④ 그 다음 재판관이 있다. 양심이 재판관이다. 양심은 "이 일은 잘한 일이다. 이 일은 잘못한 일이다"라고 판결을 내린다.

⑤ 그 다음 그 곳에는 처벌자가 있다. 역시 양심이 처벌자이다. 고소와 판결에 이어 처벌이 있다. 그가 지옥으로 가기 전에 언제나 인간 마음 속의 처벌이 있다. 양심의 처벌은 미래에 받을 처벌 이전의 처벌이다. 악한 행동 후에는 즉시 지옥의 불이 타오른다…만일 오성이 비통한 일들을 깨달았다면 마치 다윗이 '마음이 찔렸던' 것같이(삼상 24:5) 마음이 가책을 느낀다…마음은 현재의 비탄과 내세의 두려움으로 괴로워한다.

하나님께서는 인간 속에 이 양심의 법정을 설치하셨다. 다시 말해서 양심은 하나님께서 최초의 재판을 하시는 하나님의 홀이다. 그리고 양심은 모든 역할을 행한다. 양심은 기록하고 증거하고 고소하고 심판하고 처형한다.[7] 존 번연의 『성전』(Holy War)에서 발췌한 두 번째 인용은 처음에는 죄 아래 있다가 다음에 은혜 아래 있게 된 인간 영혼이라는 마을에 사는 기록자-씨에 대한 이야기이다.

7　Sibbes, *Works*, III: 210f.

> 기록자 씨는…자기 왕의 율법에 박식한 사람이며 기회있을 때마다 진리를 말하는 용감하고 신실한 사람이었다. 그는 심판으로 가득 찬 머리를 갖고 있는 것처럼 훌륭하게 움직이는 혀를 갖고 있었다…(인간 영혼이 악마의 지배 아래 타락된 다음) 그는 그의 이전의 왕에게로부터 많이 멀어졌다…그러나…그는 때때로 전능자에 대해 생각하고 그의 율법을 두려워하곤 했다. 그래서 그는 사자가 포효하는 것처럼 큰 소리로 악마에 대항하여 소리치곤 했다. 그리고 악마에 대해 감정이 격발할 때 – 그는 때때로 무섭게 격분했다 – 인간 영혼 시(市) 전체가 그의 목소리로 진동했다…그의 말소리는 우렁찬 천둥 뇌성 소리와 같았다…[8]

적절한 때에 왕의 아들인 임마누엘은 이문(耳門)을 뚫고 들어가 우뢰의 아들과 확신과 심판이라는 명장들을 보내어 기록자 씨의 집을 점령했다. 이 사건으로 과거의 지배자들은 모두 쫓겨났고 기록자 씨도 거의 절망 상태가 되었다. 그러나 임마누엘께서는 그를 마을 사람들에게 '관대하고 보편적인 용서'를 전하는 자로 삼으셨다. 그리고 마을 사람들은 그에게 설교자의 직분을 맡겨 도덕률과 그가 '주님의 비서'(성령)에게서 임마누엘의 아버지의 뜻에 관해 과거에 배웠고 장차 배우게 될 모든 것을 가르치도록 했다.

마지막으로 『양심에 대한 논문』(*A Treatise of Conscience*)에서 설교자로서의 양심에 대하여 자세히 설명하는 윌리엄 페너(William Fenner)를 인용한다.

---

8 John Bunyan, *The Holy War in Works*, ed G. Offor (1859) III: 260ff.

> 양심은 하나님께 대한 그리고 사람에 대한 우리의 의무를 모두 우리에게 말해 주는 설교자이기도 하다. 그렇다. 양심은 강력한 설교자이다. 양심은 훈계하고 강권하고 선동한다. 가장 강력한 설교자만이 그것을 할 수 있다. 양심은 하늘 아래에서 가장 견고하고 다루기 힘든 심령을 수시로 흔들어 놓는다…양심은 하나님 자신의 영과 함께 연합하여 우리가 마땅히 행해야 하는 길로 우리를 지도한다. 그러므로 성령과 양심은 함께 반항을 받거나 순종을 받거나 하며 함께 탄식하거나 즐거워한다. 우리는 양심을 거스려 범죄할 수 없으나 하나님의 영을 거스려 범죄한다. 우리는 양심을 제지할 수 없으나 하나님의 성령을 제지하고 소멸한다.[9]

청교도들은 양심을 이와 같이 이해하였다.

3. 양심적 선택

청교도 신학 체계에서 양심의 의의를 분명히 하기 위해 이제 우리는 청교도들이 강조한 다른 중요한 주제들과 관련시켜 양심을 살펴보고자 하며 또한 그들의 가장 특징적인 강조점들이 어떻게 그들의 양심관과 관련되었으며 양심에 대한 그들의 가르침에 어떻게 반영되었는지를 설명하고자 한다.

---

9   William Fenner, *A Treatise of Conscience in Works* (ed 1651) second pagination, p 24.

1) 이 가르침은 청교도의 성경관을 반영한다

청교도들은 하나님께서 우리의 양심을 무조건적으로 지배하셔야 한다고 말한다.

"양심은…하나님께 오직 하나님께만 복종해야 한다. 왜냐하면 하나님만 이 양심의 주인이시기 때문이다…양심은 하나님의 대리자이다. 따라서 이 직분을 수행함에 있어 스스로 주권적 하나님의 명령과 교훈에 제한시켜야 한다."[10] 그러므로 우리의 양심을 하나님의 생각과 뜻에 맞추라는 피할 수 없는 요구가 따른다. 그렇지 않으면 우리는 무엇을 행하든지 그릇되게 행할 수밖에 없다. 왜냐하면 양심을 업신여기는 것이나 그릇된 양심을 좇는 것이나 모두 죄악이기 때문이다. 박스터는 다음과 같이 설명한다. "만일 당신이 양심을 따른다면 당신은 하나님께서 금하신 것을 행함으로 하나님의 율법을 파기하는 것이다. 만일 당신이 양심을 저버리고 양심을 거스린다면 하나님께서 금하셨다고 생각하는 것을 행함으로 하나님의 권위를 거부하는 것이다."[11] 박스터는 '그리스도를 신실하게 섬기고 선을 행하기 위한' 27번째의 지시에서 양심이 궁극적인 기준이라는 생각에 대해 다음과 같이 경고한다.

> 당신 자신의 판단이나 양심을 당신의 율법이나 당신이 해야 하는 의무의 결정자로 삼지 말라. 양심은 단지 하나님의 율법의

10　D. Clarkson, *Works* (James Nichol: Edinburgh, 1864), II: 475. "하나님만이 인간의 양심의 주님이시다. 그러므로 사람의 양심과 신앙과 예배의 문제에 있어서 하나님의 말씀에 위배되거나 거기서 이탈된 인간적인 교리나 계명에서는 벗어날 자유가 있다" (*Westminster Confession*, XX:2).

11　Richard Baxter, *Works* I: 116., (George Virtue: London, 1838).

분별자이며 또한 하나님께서 당신에게 정하신 의무의 분별자이며 당신이 하나님께 순종하는가 불순종하는가에 대한 분별자일 뿐이다. 이 세상에는 위험한 오류가 너무나 평범하게 증대하고 있다(그 오류가 오늘날에는 더 평범하다). 어떤 오류인가 하면 인간의 양심이 그에게 말하는 모든 것은 하나님의 뜻이므로 반드시 행해야 하며, 모든 사람이 자신의 양심을 마치 세상의 입법자인 것처럼 순종해야 한다는 것이다.

그러나 분명히 우리의 입법자는 우리 자신이 아니라 하나님이다. 양심은…단지 하나님의 율법을 분별하고 우리에게 하나님의 율법을 준행하라고 명하기 위해 주어진 것일 뿐이다. 그러므로 그릇된 양심은 순종하지 말고 잘 분별하도록 가르쳐야 한다…[12]

그러나 어떻게 하나님의 뜻을 알 수 있을까? 우리는 하나님의 요구들을 확실하고 정확하게 말할 수 있는가? 이 점에 대해 경건한 추측의 안개를 벗어나 확신의 밝은 빛으로 나아가는 길이 있을까? 청교도들은 '있다'라고 말했다. 그 길은 우리의 양심에 성경의 굴레를 씌우는 것이다. 그럴 때에 하나님의 생각이 우리에게 완전하게 계시된다. 청교도에게 있어 성경은 어떤 현대인들이 생각하는 것처럼 계시에 대해 오류에 빠지기 쉽고 때로 오류에 빠지는 인간의 증거 이상이었다. 그들에게 있어서 성경은 계시 그 자체였으며, 살아계신 하나님의 살아있는 말씀이었으며, 믿음과 생활의 일어날 수 있는 모든 문제들에 대해, 모

---

12 Ibid, I: 115f.

든 시대의 교회에 분명한 지시를 주시기 위해, 인간 대리자들을 통해 성령께서 기록하신 하나님 자신의 구속의 활동과 계획에 대한 신령한 간증이었다.

그러나 이와 같은 판에 박힌 말이 비현실적이고 공허한 것으로 들릴지도 모른다. 무엇보다 성경은 매우 오래된 책이며 현재에서 볼 때 오래 전에 사라진 문화의 산물이다. 성경의 대부분은 우리 자신의 상황과 전혀 다른 상황의 사람들을 위해 쓰여진 것이다. 그런데 어떻게 오늘날의 삶의 문제들에 명확하고 직접적인 빛을 비춰줄 수 있겠는가? 청교도들은 "그렇게 할 수 있다. 왜냐하면 이 성경을 기록하신 하나님께서 여전히 동일하시고 인간의 삶에 대한 하나님의 생각들이 변하지 않았기 때문이다"라고 대답할 것이다. 만일 우리가 하나님의 이스라엘과 초대 교회와의 기록된 관계에서 되풀이하여 가르쳐주시고 적용하고 계시는 원리들이 무엇인가를 보는 방법을 익힐 수 있다면 성경은 우리가 필요로 하는 길잡이가 될 것이다. 또한 성령을 받은 것도 여기에 있어 우리에게 도움이 된다. 분명히 적절한 원리들을 알고 그 원리들을 정확하게 적용하는 것은 힘든 과제이다.

성경에 대한 무지, 상황들에 대한 오판은 계속하여 우리를 빗나가게 하고, 성경의 도우심을 받을 만큼 충분히 인내하고 겸손하기도 쉽지 않다. 그럼에도 불구하고 원리에 있어 성경이 삶의 모든 세세한 부분들을 위한 명확하고 정확한 지도를 주신다는 사실은 여전하다. 그러므로 우리가 가르침을 잘 받아들이며 기대를 갖고 성경으로 나아간다면 하나님 자신께서 우리의 마음과 심령에 우리가 직면하는 각각의 상황에서 어떻게 행동해야 하는가에 대한 명확한 확실성을 보여 주시는 것이다. 박스터는 다음과 같이 기술한다. "하나님께서는 무지와 잘못을 치유하는 방법을 정해 놓으셨다. 자기를 믿지 말고 흔들림없이 빛으로 나아오라. 그리고 하나님의 모든 방법을 근면하게 사용하며 허위와 착오의 원인들을 피하라. 그러면 즉각 진리의 빛이 당신에게 진리를 보여주실 것이다."[13]

청교도들은 하나님의 진리의 명확한 확실성을 진리의 실제적 증거에서 구했다. 그리고 그들은 자신이 그 확실성을 받았다고 믿었다. 그들에게 이 탐구는 그들의 도덕적 감수성과 성경에 대한 통찰력을 예민하게 했다. 그들은 막연한 도덕적 향상에 흥미가 없었다. 그들의 원하는 바는 하나님께서 진리와 함께 계시했다고 그들이 믿는 적용의 정확성을 진리와 함께 파악하는 것이었다. 도덕과 교회의 문제들에 있어 하나님의 계시된 뜻을 철저하게 따르려는 정확성에 대한 그들의 관심으로 인해 초대 청교도들은 '까다로운 자들'이라는 별명이 붙었다. 이 별명은 비록 악의적이며 조롱적이었지만 실제로 그들에게 맞는 훌륭한 칭호였다.

지금과 마찬가지로 그때에도 사람들은 그들의 태도에 대해 까다롭게 투정을 부린다거나 모가 났다거나 병적인 성질이라고 설명했다. 그러나 그러한 설명은 그들 자신이 자신들의 태도를 보는 것과 달랐다.

16세기의 전환기에 에섹스주 웨더스필드의 청교도 목회자였던 리차드 로저스는 그 지방의 영주와 어느 날 함께 말을 타고 가고 있었다. 영주는 로저스의 정확한 행동들을 한참 동안 조롱한 다음 무엇이 그를 그처럼 정확하게 만들었냐고 질문했다. 로저스는 "내가 정확하신 하나님을 섬기기 때문입니다"라고 답변했다. 만일 청교도의 문장 같은 것이 있었다면 아마 '정확하신 하나님'이라는 표어였을 것이다. 성경에 자신의 생각과 뜻을 정확하게 밝히시고 그의 종들에게 상응하는 믿음과 행

---

[13] Ibid, I: 116.

동의 정확성을 기대하시는 정확하신 하나님 – 역사적 청교도관을 만들고 지배한 것 – 이 바로 이러한 하나님에 대한 견해였다. 성경도 그들을 이러한 견해로 인도했다.

그리고 청교도의 성경에 대한 가치 평가를 함께 나누고 있는 우리도 만일 하나님의 기록된 말씀에 따라 우리의 생활을 배열함에 있어 그들과 동등하게 근면과 성실을 나타내지 못한다면 스스로 용서하지 말아야 한다.

2) 양심에 대한 청교도의 가르침은 그들의 개인 신앙에 대한 견해를 반영했다

청교도에게 있어 경건은 본질적으로 양심의 문제였다. 왜냐하면 그들에게 있어 경건은 알려진 복음 진리에 대한 충심의, 훈련된, 신중한 반응에 있었고 선한 양심을 소유하고 유지하는 것에 집중함에 있었기 때문이다. 사람이 중생하지 못했을 때 그의 양심은 악한 상태와 잠든 상태 사이에서 시계추처럼 흔들린다. 은혜의 첫 번째 사역은 그의 양심을 깨워 강제로 하나님의 명령들을 직면하게 하여 그의 범죄, 무력, 패역, 부정, 소외를 하나님의 시각으로 깨닫게 함으로 그의 양심을 철저하게 악하게 하는 것이다.

그러나 그리스도로 말미암은 용서와 평안의 지식은 그의 악한 양심을 선하게 한다. 선한 양심은 번연의 책속에 등장하는 순례자처럼 깨달음을 가지고 십자가를 바라볼 수 있는 사람들에게 주시는 하나님의 선물이다. 선한 양심은 모든 일에 하나님의 뜻을 행하고자 하고 끊임없이 십자가를 바라보는 삶을 통해 유지된다. 페너는 이 사실을 다음과 같이 설명한다.

양심의 평화를 소유한 사람을 상상해 보라. 그 양심의 평화를 유지하고 지속시키기 위해 그가 무엇을 해야 할 것인가? 나는 이렇게 대답한다.

첫째로 우리는 자신이 양심에 반하여 아무 것도 행하지 않도록 주의함으로 양심의 가책을 예방하기 위해 노력해야 한다…우리가 악한 방법으로 얻은 것은 어느 것도 필요할 때 우리에게 격려와 위로를 주지 못한다…자신의 양심이 비난하는 일에 몰두하는 자는 불행하도다. 사도 바울은 선한 규칙을 제시했다. "자기의 옳다 하는 바로 자기를 책하지 아니하는 자는 복이 있도다"(롬 14:22). 즉 양심의 정죄를 받지 않는 자는 복이 있다는 말씀이다.

둘째로 평안을 유지하고자 하면 우리는 하나님의 사랑의 확신에 기초된 심령을 소유하기 위해 노력해야 한다…

셋째로 우리는 그리스도의 피를 적용함에 있어 믿음의 확신을 사용해야 한다. 즉 우리는 그리스도의 피로 우리의 양심을 깨끗이 하기 위해 노력해야 한다는 것이다. 만일 죄를 지었다는 것을 발견했으면 즉시 우리는 그리스도의 피로 달려가서 우리의 죄를 씻어버려야 한다. 우리는 상처가 곪게 하지 말고 즉시 고침을 받아야 한다…우리는 날마다 범죄하지만 그리스도께서는 날마다 용서하신다. 그러므로 이를 의해 우리는 날마다 그리스도께 나아가야 한다…우리는 날마다 놋뱀을 쳐다보아야 한다. 칭의는 언제나 흐르는 샘이므로 우리는 한꺼번에 모든 물을 소유할 것으로 기대할 수 없다…매일 용서를 구하여 얻도록 하자. 새로운 용서를 받지 않고는 하룻밤도 자지 말자. 하나의 죄를 가지고 잠드는 것보다는 살모사와 독사가 가득한 방에서 자는 것이 더 낫다. 그러므로 그날의 범죄를 씻었는지 그날 확인하라. 그러면 우리의 양심은 참된 평안을 소유할 것이다.[14]

청교도는 선한 양심이 가장 큰 축복이라고 말했다. 십스는 다음과 같이 선언했다. "양심은 세상에서 제일 좋은 친구가 아니면 제일 악한 대적이다."[15] 하나님과 함께 하는 평안을 아는 양심보다 더 좋은 친구는 없다. 페너(Fenner)는 그 이유를 다음과 같이 말한다.

① …그러한 양심은 모든 위로들 중의 으뜸이다. 어떤 훌륭한 신학자는 이를 칭하여 그 영혼에 있어 아브라함의 가슴에 안기는 것이라고 했다.
② 평온한 양심은 그 사람으로 하여금 천국의 신령한 일들의 달콤함을 맛보게 한다. 평온한 양심은 다윗에게 말씀이 느껴진 것같이 우리에게도 느껴지게 한다. 다윗은(즉 다윗의 양심은) "내가 주의 규례에서 떠나지 아니하였나이다"라고 말한 다음 무엇이라고 말했는가? "주의 말씀의 맛이 내게 어찌 그리 단지요 내 입에 꿀보다 더하니이다"(시 119:103)라고 말했다. 선한 양심은 기도와…안식일과…성찬에서도 달콤함을 맛보게 한다. 여러분들

---

14 Fenner, op cit, pp 108f.
15 Sibbes, *Works*, VII: 490.

중에 이 일들에서 달콤함을 맛보는 사람이 그렇게 적은 이유가 무엇일까? 그 이유는 여러분이 선한 양심의 평안을 소유하지 못했기 때문이다.

③ 선하고 평온한 양심은 모든 외부의 일들 곧 고기, 음료, 수면, 친구들과의 교제…에서 달콤함을 맛보게 한다. 건강한 사람만이 오락, 산보, 식사, 운동 등에서 즐거움을 얻을 수 있는 것이다. 이런 것들은 병상에 누워 있거나 반죽음 상태에 있는 사람들에게는 위로를 주지 못한다. 그러나 영혼이 평화로운 때 그 영혼은 완전히 건강한 상태에 있다. 그러므로 만사가 달콤하고 위로로 즐거워진다.

④ 선하고 평온한 양심은 환난, 시련, 슬픔, 고통과 같은 불행도 달콤하게 한다. 만일 사람이 그의 양심에 참된 평안을 갖고 있다면 그 양심은 그 모든 일에 위로를 준다. 외부의 일들이 우리를 불안하게 할 때 집에 우리를 기분좋게 하는 것이 있다면 얼마나 위로가 될까? 마찬가지로 외부의 환난과 고통이 우리를 혼란시키고 불안하게 하며 슬픔에 슬픔을 더할 때 마음 속의 평안, 곧 양심의 평안을 소유함으로 모든 것을 진정시키고 잔잔하게 한다면 이 얼마나 행복할까? 질병과 죽음이 다가올 때 선한 양심은 얼마나 가치가 있을까? 분명히 온 세상보다 더 가치가 있을 것이다…양심은 영혼에게 하나님의 평안의 메아리이다. 생명과 죽음과 심판에 있어 선한 양심은 말할 수 없는 위로가 된다.[16]

---

16 Fenner, op cit, p 79f.

선한 양심을 갖은 사람은 침착하게 죽음을 맞이할 수 있다. 번연은 요단강을 건너는 유명한 이야기를 우리에게 이렇게 들려준다. "정직 씨는 살았을 때 선한 양심에게 그 곳에서 만나자고 말했는데 정말로 선한 양심을 만났다. 선한 양심은 그의 손을 잡고 그가 강을 건너는 것을 도와 주었다."[17] 하나님께서 "주재여 이제는 말씀하신 대로 종을 평안히 놓아 주시는도다"(눅 2:29)라고 외치도록 하신 것이 바로 선한 양심의 은사를 통한 것이다.

선한 양심은 부드러운 양심이다. 불신자의 양심은 너무 굳어 거의 움직일 수 없다. 그러나 건강한 그리스도인의 양심은 하나님의 말씀에서 하나님의 음성을 기대하고 귀를 기울이며 모든 일에 하나님의 뜻을 분별하기를 구하며 자기 경계와 자기 비판에 민첩하게 부단히 활동한다. 건강한 그리스도인은 자신의 의지가 약한 것을 알고 죄와 사단에 의해 부지불식간에 덫에 걸리지 않도록 항상 자신을 믿지 않고 의심한다. 그러므로 그는 정기적으로 하나님 앞에서 엄하게 심문하고 자신의 행동과 동기들을 세밀히 조사하여 자신에게 도덕적 결함과 부정을 발견했을 때에는 냉혹하게 자신을 정죄한다. 이것이 바울이 고린도인들에게 성찬식 때에 하도록 권한 자기 판단이다(고전 11:31).

우리의 양심이 우리의 실재하는 죄악들(사단이 우리의 마음을 붙잡는 상상적인 죄악들과는 구별되는)을 간파할 때 보여주는 날카로운 안목의 정도는 우리가 실제로 얼마만큼 하나님을 잘 알고 있으며 실제로 얼마만큼 하나님과 가깝게 행하는가를 나타내는 지표가 된다 – 다른 말로 이야기해서 우리의 신령한 삶의 실재 자질의 지표인 것이다. 건강한 그

---

17 John Bunyan, *Pilgrim's Progress in Works*, III: 242.

리스도인이 반드시 외향적이고 원기가 넘치는 그리스도인인 것은 아니나 그의 영혼에 깊이 새겨진 하나님의 임재에 대한 감각을 소유하고 있고 하나님의 말씀 앞에서 떨며, 하나님의 말씀을 끊임없이 묵상함으로 하나님의 말씀이 자기 안에 풍성히 거하게 하며 갈씀에 따라 매일 자신의 생활을 검사하고 개혁하는 그리스도인인 것은 분명하다. 우리는 우리의 양심의 활동이 얼마나 이 노선을 따라 우리의 일상 생활에 영향을 미치는가 스스로 질문해 봄으로 하나님의 시각으로 우리의 현실 상태를 평가해 볼 수 있다.

3) 청교도의 양심에 대한 가르침은 그들의 설교관에 반영되었다

청교도의 설교에 대한 이상에 있어 가장 독특한 특징은 듣는 사람들의 양심에 진리를 적용시켜야 한다는 필요성에 대한 강한 강조였다. 청교도가 평가할 때 '신령하고 유능한' 설교자의 한 가지 표준은 사람들의 양심을 찢어 열어 하나님께서 보시는 대로 스스로를 직시하게 하는 적용의 정확성과 신실성이었다.

청교도들은 죄인들이 진리가 타인들에게 어떤 관계가 있는가를 발견하는데는 재빠르지만 자신에게 진리를 적용하는 데는 우둔하다는 것을 알고 있었다. 따라서 복음 진리를 적용함이 없이 일반적으로 진술하는 것은 크게 유익이 될 것 같지 않았다. 그러므로 설교자는 세부에 걸친 적용들을 하는 것을 자신의 직무에 필수 부분으로 생각해야 한다고 청교도들은 말한다. 곧 자신의 설교를 듣는 자들의 마음을 한걸음 한걸음 실천적 삼단논법의 길로 인도하여 말씀을 그들의 심령의 바른 거처에 다다르게 하여 마음을 심판하고 상처를 내고 치유하고 위로하고 지도

하는 사역을 행하도록 하는 것이다. "사람들의 둔한 적용때문에 모든 성직자들은 하나님의 뜻을 전체적으로 선포할 필요가 있을 뿐 아니라 그들이 할 수 있는 데까지 그 뜻의 적용을 공적, 사적으로 도와줄 필요도 있다"[18]라고 에임즈는 단언한다. 적용은 머리에서 마음으로 가는 설교자의 고속도로이다.

"하나님의 공적 예배를 위한 웨스트민스터 규칙서"는 이 설교의 적용 부분에 대해 다음과 같이 말한다.

> 비록 이 일은 매우 어려운 일이고…많은 신중성과 열심과 묵상을 요구하며 육에 속한 부패한 인간에게 매우 불만스러운 일이지만 설교자는 이 일을 그와 같은 방법으로 수행하기에 노력함으로 그의 청중들이 하나님의 말씀이 살았고 운동력이 있어 마음의 뜻과 생각의 감찰자라는 것을 느끼도록 하고 만일 불신자나 무지한 사람이 있다면 그는 자신의 마음의 비밀들을 드러내고 하나님께 영광을 돌리도록 하는 것이다.

말씀이 언제나 인간에게 유익하기 위해서는 이렇게 양심을 찢고 들어가야 한다.

효과적인 적용은 적용된 진리가 첫째로 설교자의 재치있는 생각이 아니라 하나님의 순전한 말씀으로 나타났다는 것을 전제로 한다. 이 말은 적용이 반드시 설교자의 본문에서 나와야 한다는 것을 의미한다. 그 방법은 "청중들이 하나님께서 그 본문에서 이 적용을 가르치셨다고 깨

---

18 Ames, op cit, p 20.

달을 수 있고"(웨스트민스터 규칙서) 그러므로 그 적용이 하나님 자신의 권위를 가지고 그들에게 다가오는 것을 어쩔 수 없이 실감하게 되는 것이다. 페너는 자신의 취지와 관련해서 "하나님의 율법은 양심의 절대적이고 최고의 주권을 가진 속박이다"[19]라고 강조한다.

설교에서 하나님의 진리를 적절하게 적용하는 기술은 어디서 오는 것일까? 하나님께서 자신의 진리를 힘있게 적용하신다는 경험에서 오는 것이다. 보통 신중하며 통찰력있는 적용들로 타인들의 양심을 일깨우는 가장 큰 능력을 소유한 사람들은 자신의 양심이 하나님의 진리에 의해 가장 깊은 훈련을 받는 사람들이라고 청교도는 말한다. 존 오웬이 "만일 말씀이 우리 안에 능력으로 거하지 않는다면 우리에게서 능력으로 전달되지 않을 것이다."[20]라고 주장할 때 의미한 바도 이것이었다. 신학자를 이루는 핵심(pectus)이 양심이라고 하는 안셀름의 단언의 참된 의미였음을 청교도는 의심없이 말했을 것이다.

다음과 같은 질문들이 제기될지 모른다. 이 양심의 탐색에 대한 강도는 불건강한 내성적인 형태의 경건을 낳지 않을까? 이 자기 의심과 자기 검사에 대한 강조는 우리의 시야를 충만하심에 거하시는 그리스도로부터 공허함에 거하는 우리 자신에게로 전환함으로 사실상 믿음을 약화시켜 우리를 영적 의존과 의기소침에 빠지게 하지 않을까? 만일 그것이 목적 자체가 된다면 분명히 그렇게 될 것이다. 그러나 물론 절대로 그렇지 않았다.

청교도들은 죄인들을 그리스도에게로 내몰아 그리스도를 믿는 믿음으로 살라 가르치기 위해, 강단에서 양심을 찢어 드러내고 골방에서의

---

[19] Fenner, op cit, pp 143f.

[20] John Owen, *The True Nature of a Gospel Church in Works*, XVI: 76.

자기 재판을 강권했던 것이다. 그들은 오직 복음을 위한 그리고 하나님의 은혜에 의존하는 생활을 위한 길로 나아가기 위해 부지런히 율법을 행한 것이다. 자신에게서 시선을 전혀 돌릴 수 없는 인간의 병적 상태, 자기관찰적 성질, 음울한 자기 전념은 잘못된 청교도주의이다. 청교도들은 이러한 태도를 계속 비난했다. 청교도 설교들의 연구는 설교자의 죄악들에 대한 모든 상세한 탐지에 있어 부단한 관심이 그들의 설교를 듣는 자들을 믿음의 생활과 선한 양심으로 인도하는 것이었다는 것을 보여줄 것이다. 그들은 이를 가리켜 이 세상에서 사람이 알 수 있는 가장 기쁜 삶이라고 말했다.

4. 양심적 행위

청교도의 선한 양심에 대한 관심은 그들의 가르침에 상당한 윤리적 힘을 보태주었다. 종교개혁 때로부터 현대까지의 모든 영적 복음주의자들 중에서 청교도는 의심할 바 없이 의에 대한 설교자로서 가장 뚜렷하다. 진실로 그들은 그들 시대에 있어 사회의 소금이었고 많은 점에 있어 그들은 최근에 이르러서 약화되기 시작하는 민족적 양심을 창조했다. 안식일의 성화에 대한 요구, 풍기문란한 오락들(외설된 연극, 난잡한 춤, 폭식과 술취함, 음탕한 소설)에 대한 분명한 비난, 신성을 모독하는 언행에 대한 증오, 자기 직업과 삶의 직분의 신실한 관리에 대한 역설 – 이 모든 것은 지금도 '청교도적'인 것으로 기억된다(때로는 칭찬으로, 때로는 조소로). 라우드가 교회의 직무들에 '철저한' 정책을 갖고 있었던 것과 똑같이 청교도들은 윤리적 영역에 '철저한' 정책을 갖고 있었고 그들은 그리스도인이 그 가운데 존재하는 하나님과 인간과의 다양한 교제들에 수반되는 의무들에 대해 상세한 지도를 하기 위해 큰 수고를 하였다.

이 부분에 있어 기억되는 그들의 사역 가운데 십계명에 대한 많은 해석들이 있다. 대작들로는 리차드 로저스의 일곱 논문…"기독교 신앙의 실천"(Seven Treatises …the Practice of Christianity, 1603), 퍼킨스와 에임즈의 양심과 결의론에 대한 여러 권의 저서들, 그리고 박스터의 "기독교 훈령집"(1670)이 있고, 아더 덴트(Arthur Dent)의 "하늘로 가는 평범한 인간의 행로"(Plain Man's Pathway to Heaven, 1601)에서 토마스 구드윈의 "언제나 하나님과 동행하는 법을 보여주는 기독교 지시서"(Christian Directions Shewing how to Walk with God All the Day Long, 1688)에 이르기까지 셀 수 없이 많은 그리스도인의 삶에 대한 작은 휴대용 필독서들이 있다.

그리스도인의 행동에 대한 이 모든 상세한 가르침이 새로운 율법주의로의 타락이며 그리스도인의 자유의 축소였을까? 이것이 바리새인적인 방식으로의 퇴보하는 특징을 이루는 것인가?

1) 윤리적 동기들

그렇지 않다. 왜냐하면 이 모든 윤리적 가르침은 신약성경의 가르침과 같이 복음에 기초된 것이기 때문이다. 청교도주의의 절대적인 윤리적 동기들은 받은 은혜에 대한 감사였으며 자신의 부르심에 합당하게 행해야 한다는 책임의식이었다. 그리고 청교도의 가르침에는 독선을 위한 여지가 조금도 없었다. 왜냐하면 청교도의 가르침은 삶을 위한 그리스도인의 행위가 아니라 삶에서 나오는 그리스도인의 행위를 끊임없이 강조했고 뿐만 아니라 우리의 최선의 행위들에도 죄가 배어들어 있고 용서받아야 할 필요가 있는 무엇인가를 포함하고 있음을 반복적으로 강조하였기 때문이다.

2) 자발적이며 책임있는 행동

그 다음에 이 윤리적 가르침은 모두(역시 신약성경에 나타나고 있는 바와 똑같이) 기계적인 정확성을 완수하기 위한 판에 박힌 행동 규범으로 주어진 것이 아니라 지속적인 태도와 적용적인 원리들의 형태로 주어졌다. 그러므로 아무리 많은 가르침과 조언을 받은 사람일지라도 그에게는 항상 하나님 앞에서 자신의 양심의 자발적이며 책임있는 행동을 시작하는 최후의 결정과 결단(목사의 조언을 따를 것인가 아닌가; 주어진 원리들을 이 경우에 어떻게 적용할 것인가 등등에 대한)을 내릴 여지가 남겨졌던 것이다.

3) 개인적인 판단

청교도의 윤리적 가르침은 독재적인 것이 아니었다. 이 가르침은 성경의 해석과 적용으로 주어졌으며 가르침을 받는 사람들에 의해 의무에 대한 개신교 원리에 따라 성경과 대조되어 개인적으로 판단될 수 있었다. 청교도들은 인간의 양심이 인간의 가르침에 속박되지 않고 하나님의 말씀에 의해서만 속박되기를 바랐다. 따라서 청교도 가르침이 하나님의 말씀에 명백하게 일치될 때에만 거기에 속박되기를 원했다.

4) 경건의 긍정적 이상

청교도의 윤리적 가르침은 열심있고 지혜로운 경건의 긍정적 이상의 형태를 취했다. 이 사상은 그리스도인들이 이 세상에서는 절대로 완전하게 이르지 못할지라도 항상 지향해야 하는 것이다. 그리고 도달되지 못한 긍정적 이상들은 율법적인 정신의 죽음이다. 왜냐하면 율법적인 정신은 금욕을 덕의 진수로 간주하는 부정적 억제 상황에서만 번창할 수 있기 때문이다. 실제로 청교도의 윤리적 가르침보다 정신과 내용에 있어 비율법적인 것은 상상할 수 없을 것이다.

그러나 그들의 의의 사소한 점들에 대한 습관적인 우의가 아무리 복음적인 동기를 갖고 있는 것이라 할지라도 그들의 균형감을 손상시키고 전혀 논쟁의 여지가 없고 간단히 통과해야 하는 작은 일들에 대해 그들을 세심하게 만들지 않았을까라는 의문이 생길지 모른다. 이것은 청교도 자신의 시대에, 특별히 엘리자베스 시대에 행해지던 영국 교회의 예배가 훨씬 더 정화되어야 한다는 청교도의 주장에 대해 계속적으로 가해졌던 비난이었다. 성직자의 흰 예복, 결혼 반지, 세례시에 십자가를 긋는 것 그리고 성찬식에 무릎을 꿇는 것에 대한 청교도의 반대는 잘못된 판단으로 합리화하는 '까다로운 변덕'으로 생각되었다.

또한 1662년에 리차드 박스터와 그의 견해에 동조하는 성직자들이 통일령(the Act of Uniformity)의 조건에 이의를 제기한 것이 많은 사람들이 보기에는 사실상 충분한 이유가 없어 보였다(그들은 축출된 소수로 보였다). 1662년 8월 24일에 일어난 사건은 보통 대축출(the Great Ejection)로 칭해졌고, 분명히 기회주의자(Vicars of Bray)가 되고자 아니하는 청교도를 축출하려는 요청이 있었다.

그러나 역사적으로 볼 때 이 사건은 기도방식통일법령이 명시하는 맹세를 하지 않으려는 사람들의 대철수(the Great Withdrawal)라고 칭하는 것이 더 정확하다. 그런데 청교도들은 그들의 이 용감하고 값비싼 행동에 있어 사실상 과한 것이 아니었을까? 그들의 영웅주의가 실제로 필요했을까? 우리 함께 살펴보기로 하자.

박스터와 그의 동료들이 한 선택의 매서움에 대해서는 의문의 여지가 없다. 그들은 영국의 국교인 프로테스탄트 교회의 이상을 믿었다. 그들은 자신들을 이미 그 교회의 목회자들로 간주했고 계속 그러하기를 원했을 뿐이다. 그들은 신적 권위를 받은 장로교인들이 아니었다. 그들은 고정된 의식(만일 그것이 성경적이라면)을 반대하지 않았고, 감독정치(만일 그것이 고위 성직자 제도가 아니라면)에도 반대하지 않았다. 그들은 신앙의 국가적 일치 이상을 받아들였다.

그럼에도 불구하고 그들은 캐롤라인 결정을 거부하고 침묵 속으로 또는 부정적인 교회 분파 형태로 철수하지 않을 수 없다고 생각했다. 이 양자 선택은 두 번째의 선택이 그들에게 가할 박해는 전혀 별문제로 하고라도 그들이 생각할 때 극히 바람직하지 못한 것이었다. 이것은 엄청나게 고통스러운 결정이었다. 어째서 그들은 이 결정을 하지 않으면 안된다고 느꼈을까? 그들은 네 가지의 중요한 이유를 갖고 있었다.

① 그들은 통일령이 그들에게 요구하는 대로 1662년의 "기도서"에 대해 양심상 정직한 동의와 찬성을 선언할 수 없었다. 그 기도서는 청교도들이 첫째, 미신적인 연상들에 감염된 의식들은 바람직하지 않고 둘째, 비성경적인 의식들은 의무적이 되지 않아야 한다는 입장에 기초하여 한 세기 동안 반대해 온 의식들을

여전히 폐지하지 않고 그대로 유지하고 있었다.

뿐만 아니라 사보이 회의(the Savoy Conference)에서 청교도 대표자들이 분명히 반대했던 세례식에서의 중생에 대한 단정적 선포, 환자 심방에서 강력한 사죄의 선언 그리고 장례식에서 죽은 자를 주님 안에 있는 형제로 언급하는 것과 같은 술어들을 그대로 갖고 있었던 것이다. 비록 그렇다 할지라도 만일 이 기도서를 통상적인 용도로 받아들인다는 의미로 동의하라고 요구했다면 아마 그들은 그런 동의를 함에 있어 자유로운 느낌을 가졌을지도 모른다(왜냐하면 이 책은 초기 청교도가 사용했던 것과 동일한 책으로 1640년까지 그들은 이 책에 대해 별로 이의를 갖지 않았다). 그러나 법이 요구하는 바는 '거짓없는 동의와 찬성'을 공적으로 선포하라는 것이었다. 청교도들에게 있어 이 요구는 위증의 범죄에 빠지지 않고서는 감히 시도할 수 없는 정도의 승인을 의미하는 것으로 보였다.

② 이 법령은 그들에게 1645년의 엄숙동맹(the Solemn League and Covenant)을 포기할 것을 선언하라고 요구했다(엄숙동맹은 영국교회를 개혁하는 일을 촉진하여 다른 개혁 교회들, 특히 스코틀랜드교회 노선과 보다 유사하게 하고 전통적 영국국교회 계급 조직을 근절한다는 약속이었다). 그러나 많은 청교도들, 심지어 신약성경이 철저한 장로 제도를 규정한다고 믿지 않는 사람들까지도 이 규약을 '불법적인 맹서'로 선서하고 버릴 수 없다고 느꼈다. 또한 그들은 제도적으로나 신학적으로나 이 규약에 분명히 불법적인 점을 발견할 수 없었다. 그러므로 그들은 위증죄를 감행하지 않고 포기를 거절했다.

③ 이 법령은 그들에게 어떠한 상황하에서도 왕께 대항하여 무기를 드는 것은 불법이라고 선언하고 절대로 그렇게 하지 않겠다고 맹세할 것을 요구했다. 이 요구는 이해할 수 있는 것이었다. 그러나 의회가 투쟁한 것이 옳았다고 생각하는 많은 사람들은 이 요구가 그들이 정직하게 할 수 없는 철회와 어떤 형태의 절대주의 왕권의 발전에 대한 사전 승인을 포함하기 때문에 당연히 받아들일 수 없다고 생각했다. 여기서도 역시 양심은 그들에게 아니라고 말할 것을 강요했다.

④ 감독의 명령을 이제까지 받지 않았던 영국의 성직자는 앞으로 감독의 규제를 받아야 한다는 요구를 그들은 거절했다. 그들은 이 요구를 수용하는 것은 단지 그들의 이전의 목회가 무가치했다고 정죄하는 것일 뿐만 아니라 온 세계 개신교계의 모든 비감독제 목회를 함축적으로 정죄하는 것이므로 할 수 없다고 주장했다.

결국 이 청교도 성직자들은 그들의 양떼들 – 사실상 전 영국민 – 의 눈이 자신들에게 집중되었고, 그들이 과거에 자기 자신들과 자신들의 소명과 자신들의 가르침을 손상함이 없이 지켜온 원칙들을 타협하는 것처럼 보일 수도 없다는 의식에 의해 자신들의 양심을 무리하게 사용해 보려는 시도를 억제했다. 칼라미(Calamy)는 그들의 두려움을 나타내는 당시의 논평을 다음과 같이 기록한다. "만일 이 목회자들이 법령을 따랐다면 사람들은 신앙에는 아무 것도 존재하는 것이 없다고 생각했을 것이다."

이 문제는 신뢰성의 문제가 되었던 것이다. 청교도 성직자들은 원칙을 포기하는 절개없는 자로 보임으로 그들의 과거의 목회 전체를 손상시키는 위험을 무릅쓰기보다는 필요하다면 고난을 받음으로 자신들이 공적으로 주장해 온 바를 진리로 확인할 준비를 갖추어야 한다고 생각했다. 그러므르 그들은 통일령의 조건들이 받아들일수 없는 것임이 분명해졌을 때 그 문제를 놓고 이리저리 방법과 수단들을 찾기 위해 힘을 낭비하지 않았다. 그들은 진리를 경시하는 것처럼 보이기 보다는 차라리 광야로 물러났다.

이것이 고지식한 것이었을까? 그들의 태도가 합리화된 투정에 불과한 경우였을까? 분명히 그렇지 않다. 오히려 그것은 행동하는 청교도 양심의 가장 중요한 예증이었다. 청교도 결의론(casuistry)의 두 가지 지배하는 원리는 첫째, 알려진 진리는 실행에 있어 타협되거나 부정될 수 없다는 것과 둘째, 타협과 죄의 결과가 아무리 큰 유익이 될지라도 피할 수 있는 죄는 절대로 범하지 않아야 한다는 것이다. 편의는 부정한 행동의 정당화가 될 수 없고 결과는 수단을 정당화할 수 없다는 것이다.

박스터와 그의 동료들이 복고 정책에 대한 그들의 판단에 있어 옳았는가 옳지 않았는가를 여기서 말할 필요가 없는 것은 우리가 순응을 한 거어널과 트랩 그리고 노르위치의 감독이 된 레이놀즈 그리고 스코틀랜드의 감독이 되기 위해 감독의 서품과 성직 수임을 모두 받아들인 레이턴과 같은 사람들의 행동을 비판할 필요가 없는 것과 같다.

여기서 내가 하고자 하는 모든 것은 박스터와 그의 동료들의 행동을 값비싼 양심적 행동의 실례로 나타내는 것이다. 그들의 국교에 대한 불복종의 기호가 고집과 상처받은 오만과 양보에 대한 완강한 거부였다는 퉁명스러운 말들은 단지 어리석은 생각에서 나온 것일 뿐이다. 위증죄, 개혁, 성경의 충분성, 감독의 불필요가 그들이 관심을 가진 신학적 원칙의 문제들이었다. 그리고 그들은 성경에 나타난 대로 진리를 따르고 세상이 어떠한 대가를 준다해도 그 진리를 팔거나 버리기를 거절하는 그들에게 있어 또한 모든 그리스도인에게 있어 유일한 길을 택함으로 선한 양심을 지켰다.

그러므로 내가 내리고자 하는 결론은 단순히 다음과 같은 것이다. 곧 모든 청교도 신앙을 특징지었고, 1662년의 축출에서 절정으로 나타난 이러한 양심적 행동은 언제나 필요불가결한 그리스도인의 덕이라는 것이다. 이것은 하나님의 불변의 계시된 진리에 대한 인간의 정당한 응답이다. 1662년에 그러했던 것처럼 이러한 양심적 행동은 희생이 클지 모른다. 그러나 이러한 양심이 없을 때 성직은 불경이 되고 그리스도인의 신앙고백은 하나님에 대한 모욕이 된다.

오늘날은 교회 생활의 타협 시대이다. 아마도 예상할 수 있는 유일한 것은 계시된 진리의 존재 자체가 널리 의심되거나 부정되는 시대라는 것이다. 그러나 만일 우리가 하나님께서 자신의 아들 안에서 말씀하셨고 성경이 그 계시에 대한 하나님 자신의 증거의 말씀이라는 것을 믿는다면-다른 말로 이야기해서 만일 우리가 청교도의 견해를 성경적이라고 생각한다면-앞에서도 말한 바와 같이 청교도를 특징짓는 성경 진리에 대해 타협하지 않는 정절은 우리의 특징도 되어야 할 것이다.

하나님이시여, 이 라오디게아와 같은 시대에 우리에게 당신의 진리를 볼 수 있는 빛과 그 진리를 적용하고 그 진리에 따라 사는 양심과 어떠한 희생도 무릅쓰고 그 진리를 고수하는 양심적 행동을 허락하옵소서.

제III부
청교도와 복음

8장. 그리스도의 죽음 안에서의 죽음의 종식

9장. 청교도의 칭의 교리와 쇠퇴

10장. 청교도의 복음 설교에 대한 견해

Among God's Giants
Aspects of Puritan Christianity

8장
그리스도의 죽음 안에서의 죽음의 종식

그리스도의 보혈로 말미암은 구원: 존 오웬의 『그리스도 죽음 안에서의 죽음의 종식』(*The Death of Death in the Death of Christ*)에 대한 소개를 하겠다.

1. 복음의 회복

『그리스도의 죽음 안에서의 죽음의 종식』(오웬 전집, X: 139-428)은 무엇보다 보편구속론이 비성경적이며 복음을 훼손함을 증명하기 위해 설계된 논쟁적 저술이다. 그래서 이에 대해 흥미가 없는 많은 사람들이 있을 것이다.

정확한 교리의 필요성을 인식하지 못하고, 소위 복음주의자들 간의 분열을 드러내는 신학적 논쟁을 할 시간이 없는 사람들은 이 책이 다시 나타나는 것을 유감스럽게 생각할지 모른다. 어떤 사람들은 오웬의 논제의 어감 자체가 너무 충격적이어서 그의 책을 읽기를 아예 거부할지도 모른다. 즉, 한 가지 일에 너무 열정적인 것은 편견이고 신학적 표어들은 너무 교만하다는 것이다.

그러나 이 재판(reprint)은 다른 정신의 독자들을 발견할 것으로 기대된다. 오늘날에는 성경신학에 대한 관심이 새롭게 증가하는 조짐들이 있다. 곧 관습들을 분석하고 성경을 자세히 검토하여 믿음을 철저히 생각하려는 준비이다. 오웬의 논문이 오늘날 복음적 기독교계가 직면하고 있는 가장 긴급한 과제들 중의 하나-복음의 회복-에 대해서, 우리를 도와줄 것이라는 믿음으로 이 준비에 함께하는 사람들에게 드린다.

이 마지막 말은 어떤 사람의 눈썹을 치켜올리게 할지 모른다. 그러나 이 말은 여러 사실들로 정당화될 수 있을 것이다.

오늘날의 복음주의가 혼란과 불안 상태에 있다는 것은 의심의 여지 없다. 전도의 실천, 거룩에 대한 교육, 지역 교회 생활의 갱신, 목회자의 목양과 권징의 실행같은 문제들에 있어, 현 상태에 대한 광범위한 불만과 앞으로의 진로에 대한 동일하며 광범위한 불확실성이 있다. 이것은 많은 요인들이 기여해 온 복잡한 현상이다.

그러나 문제의 근원으로 가본다면 이 모든 혼란들이 궁극적으로 우리가 성경적 복음에 대한 파악력을 상실한 것에 기인한다는 것을 발견할 것이다. 이것을 실감하지 못했기 때문에 우리는 지난 세기 동안 복음을 대용품에 헐 값으로 팔아왔다. 이 대용품은 사소한 점들에 있어서는 상당히 유사해 보이지만 전체로서는 명백히 다른 것이다. 여기에 우리의 어려움들이 있다. 왜냐하면 이 대용품은 진정한 복음이 지난 시대에 자신을 그처럼 능력 있게 입증해 온 목적들을 충족시키지 못하기 때문이다. 이 새로운 복음은 깊은 경외, 깊은 회개, 깊은 겸손, 예배 정신, 교회의 관심을 일으키는데 눈에 띄게 실패한다. 왜 그럴까?

우리는 그 이유가 새로운 복음 자체의 특성과 내용에 존재한다고 생각할 수 있다. 이 새로운 복음은 인간이 하나님 중심의 사고를 하며 하나님을 두려워하도록 만들지 못한다. 왜냐하면 새 복음이 하고자 하는 바는 원래 그것이 아니기 때문이다. 새 복음과 옛 복음 간의 차이를 설명하는 여러 가지 방식들 중 한 가지는 이 새 복음이 너무 사람에게 도움을 주는 것-평안과 위로와 행복과 만족을 주는 것-에만 관심을 갖고, 하나님께 영광을 돌리는 것에는 너무 관심을 갖지 않는다는 것이다. 옛 복음 역시 도움을 주었다-진실로 새 복음보다 훨씬 더 많이 도움을 주었다-그러나 (덧붙여 말하자면) 부수적으로만 도움을 주었다. 왜냐하면 옛 복음의 우선적인 관심은 언제나 하나님께 영광을 돌리는 것이었기 때문이다.

옛 복음은 언제나 그리고 본질적으로 긍휼과 심판에 있어서의 하나님의 주권에 대한 선포였으며, 인간이 자연과 은혜에 있어 모든 선한 것을 의존하고 있는 전능의 하나님께 경배하고 예배하라는 부름이었다. 옛 복음이 말하는 중심은 명백하게 하나님이었다.

그러나 새 복음이 말하는 중심은 인간이다. 이것이 옛 복음을 신앙적이라고 말하는 의미에서, 새 복음은 그렇지 못하다는 것이다. 옛 복음의 주목적은 사람들에게 하나님께 예배하라고 가르치는 것이었던 반면에 새 복음의 관심은 사람들의 기분을 보다 좋게 하는 것에 제한된 것으로 보인다. 옛 복음의 주제는 하나님 그리고 인간들과 함께 하는 하나님의 방법들인 반면 새 복음의 주제는 인간 그리고 하나님이 인간에게 주시는 도움이다. 이 두 가지 간에는 무한한 차이가 있다. 복음 설교의 전체 배경과 강조가 변해 버리는 것이다.

이와 같은 관심의 변화에서 내용의 변화가 발생하였다. 왜냐하면 새 복음은 소위 '편리성'이라는 관심들로 성경의 메시지를 재구성했기 때문이다. 따라서 인간의 선천적인 신앙 불능, 구원의 궁극적 원인인 하나님의 자유로운 선택, 특별히 자기 양들을 위해 죽으신 그리스도라는 주제들은 설교되지 않는다. 새 복음은 이 교리들이 도움이 않된다고 말할 것이다. 이 주제들은 죄인들에게 그리스도를 통해 구원받는 것이 그들의 능력에 속한 것이 아니라고 암시함으로 죄인들을 절망에 빠지게 한다는 것이다(그러한 절망이 유익할 수 있다는 가능성은 고려되지 않는다. 왜냐하면 그러한 생각은 우리의 자존심을 산산조각내기 때문에 당연히 있을 수 없는 일로 간주된다). 좌우간 (우리는 후에 이이 대해 더 자세하게 이야기하게 될 것이다) 이 생략의 결과는 성경적 복음의 일부가 마치 복음의 전체 진리인 것처럼 오늘날 설교되고 있다는 것이다.

전체 진리로 가장하고 행세하는 반쪽 진리는 완전한 비진리가 된다. 곧 우리는 사람들에게 마치 그들 모두가 언제나 그리스도를 받아들일 능력을 갖고 있는 것처럼 애원한다. 우리가 믿음으로 자신을 구원할 수 없는 것과 마찬가지로 그리스도가 죽으심으로 아무 것도 행하신 것이 없는 것처럼 구속의 역사에 대해 말한다. 우리는 하나님의 사랑을 마치 아무나 회개하고 믿는 자는 받아들이려는 일반적인 의향에 불과한 것처럼 말한다. 우리는 성부와 성자께서 죄인들을 자신들께로 이끄심에 있어 주권적으로 활동하시는 것으로 묘사하는 것이 아니라 고요한 무기력 가운데 '우리의 마음 문 앞에서' 우리가 들어오게 하기를 기다리시고 있는 것처럼 묘사한다.

이것이 우리가 설교하는 방식이라는 사실은 부인하기 어렵다. 아마도 이것이 우리가 실제로 믿는 바일 것이다. 그러나 이 비틀린 반쪽 진리가 성경의 복음과 다른 무엇인가라는 사실을 강조하여 말할 필요가 있다. 우리가 이런 식으로 설교할 때 성경은 우리와 대적이 될 것이다. 그리고 이런 설교가 우리 중에서 거의 표준적인 관례가 되었다는 사실은 우리가 이 문제를 얼마나 긴급하게 검토해야 하는가를 나타내는 것이다. 과거의 진정한 성경적 복음을 회복하여 우리의 설교와 실행을 성경적 복음과 일치시키는 것은 아마도 현재 우리에게 가장 화급하게 필요한 일일 것이다. 그리고 구속에 대한 오웬의 논문이 우리에게 도움을 줄 수 있는 것이 바로 이 점이다.

2. 칼빈주의와 알미니안주의

"그러나 잠깐 기다리라"라고 누군가가 말한다. 복음에 대해 이렇게 말하는 것은 매우 좋다. 그러나 분명히 오웬이 하고자 하는 바는 칼빈주의의 다섯 가지 강조점 들 중 하나인 제한 속죄를 변호하는 것이다. 당신이 복음을 회복하는 것에 대해 말할 때 의미하는 바는 우리가 칼빈주의자가 되기를 바란다는 것이 아닌가?

이 질문은 고찰해 볼 가치가 있다. 왜냐하면 분명히 많은 사람들이 이런 질문을 할 것이기 때문이다. 그러나 동시에 이 질문은 상당한 편견과 무지를 반영한다. '제한 속죄를 변호하는 것'이란 말이 마치 복음의 핵심을 해석하는 개혁주의 신학자들이 원하는 전부인 것처럼 말하는 것이다. "당신은 단지 우리 모두가 칼빈주의자가 되기를 바랄 뿐이다"라는 말은 마치 개혁주의 신학자가 자기 당파를 보강하는 것 외에는 전혀 관심이 없는 것처럼 말하는 것이며, 마치 칼빈주의자가 되는 것은 신학적 타락의 마지막 단계이고 복음과는 전혀 무관한 것처럼 말하는 것이다.

이 질문에 답하기 전에 실제로 칼빈주의가 무엇인가를 명확하게 밝힘으로 이 질문의 기초가 되는 편견들을 제거하려는 시도를 해야 한다. 따라서 일반적인 칼빈주의와 '칼빈주의의 다섯 가지 강조점들'에 대한 역사적이며 신학적인 사실들을 주목할 것을 독자에게 부탁한다.

소위 '칼빈주의의 다섯 가지 강조점들'이라는 것이 17세기 초에 어떤 '벨기에의 반(半)펠라기안주의자들'[1]에 의해 제시된 다섯 가지 목적의 성명(항의)에 대한 칼빈주의의 답변일 뿐이라는 사실을 말해야 할 것이다. 이 성명에 담겨진 (역사적으로 알미니안주의로 알려진) 신학은 두 가지 철학적 원리에서 유래한 것이었다. 그 두 가지 철학적 원리는 첫째로 신적 주권은 인간의 자유와 양립할 수 없고, 따라서 인간의 책임과도 양립할 수 없다는 것이며, 둘째로 능력은 의무를 제한한다는 것이다(그리하여 반펠라기안주의의 비난은 완전히 정당화되었다).

이 원리들에서 알미니안주의자들은 두 가지 추론을 끌어냈다. 첫째는 성경이 믿음을 자유롭고 책임있는 인간의 행동으로 간주하므로 믿음은 하나님에 의해 기인될 수가 없고 하나님과 독립적으로 행사된다는 것이다. 둘째는 성경이 믿음을, 복음을 듣는 모든 사람의 의무로 간주하므로 믿는 능력은 보편적이어야 한다는 것이다. 그러므로 그들은 성경이 다음과 같은 입장들을 가르치는 것으로 해석되어야 한다고 주장했다.

① 인간은 절대로 죄에 의해 완전히 부패된 것이 아니므로 복음이

---

[1] John Owen, *Works*, X: 6 (see Chapter Four n 43).

그에게 제시될 때 쉽게 믿을 수 있다.
② 인간은 언제나 하나님에 의해 완전히 지배받지 않으므로 복음을 거절할 수 있다.
③ 구원받을 자들을 하나님께서 택하심은 그들이 자발적으로 믿을 것을 하나님이 미리 아심(예지)에 의해 고무된다.
④ 그리스도의 죽음은 어떤 사람의 구원도 확보하지 못했다. 왜냐하면 그 죽음은 아무에게도 믿음의 은사를 보장하지 않았기 때문이다(그런 은사는 없다). 그리스도의 죽음이 행한 바는 믿기만 하면 모든 사람이 구원을 얻는다는 가능성을 창조하였을 뿐이다.
⑤ 자신들의 믿음을 지킴으로 인해 은혜의 상태를 유지하는 것은 신자들에게 달려있는 것이다. 여기서 실패하는 자들은 죽어 멸망한다. 알미니안주의는 구원하는 믿음을 인간 안에서의 하나님의 역사가 아닌, 철저하게 인간 자신의 역사로 간주했고 구원이 궁극적으로 인간 자신에 의해 좌우되게 하였다.

도르트 종교회의는 1618년에 이 신학에 대해 판단을 내리기 위해 소집되었고 '칼빈주의의 다섯 가지 강조점들'은 그 신학에 반대하는 주장들을 대표하는 것이다. 칼빈주의의 강조점들은 매우 다른 원리-곧 "구원이 주님께 속한다"(요 2:9)는 성경적 원리-에서 유래하며 다음과 같이 요약될 수 있다.

① 타락한 인간은 그의 본래 상태에 있어서 그에게 베풀어질 수 있는 모든 외적인 동기들에도 불구하고 율법을 믿을 능력이 결여

된 것과 똑같이 복음을 믿을 능력이 결여되어 있다.
② 하나님의 선택은 그리스도에 의해 구속을 받고 믿음을 얻어 영광에 이르게 될 죄인들에 대한 자유롭고 주권적이며 무조건적인 선택이다.
③ 그리스도의 구속의 역사는 그 목적과 목표가 택함을 받은 자들의 구원이었다.
④ 인간들을 믿음으로 인도하는 성령의 역사는 그 목적을 이룸에 있어 결코 실패하지 않는다.
⑤ 신자들은 영광에 이르기까지 하나님의 실패없는 능력으로 믿음과 은혜 가운데 보호받는다. 이 다섯 가지 강조점들은 (영어에서) 기억을 돕는 TULIP이라는 머리글자를 모은 단어로 간편하게 나타내어진다. 곧 전적타락(Total depravity), 무조건적 선택(Unconditional election), 제한 속죄(Limited atonement), 불가항력적 은혜(Irresistable grace), 성도의 견인(Preservation of the saints)이다.

이제 여기 성경의 복음에 대한 두 가지 조리있는 해석이 있는데 서로 분명한 반대 입장에 서있다. 이 두 해석 간의 차이는 근본적으로 강조점들 중 한 가지의 차이가 아닌 내용의 차이이다.

하나는 구원하시는 하나님을 선언하고, 다른 하나는 인간이 스스로를 구원할 수 있게 하시는 하나님에 대해 말한다. 한 견해는 상실된 인류의 회복을 위한 성삼위일체의 세 가지 위대한 행동들 – 성부에 의한 선택, 성자에 의한 구속, 성령에 의한 소명 – 이 동일한 사람들에게 지향되며 그들의 구원을 무오하게 보장하는 것으로 제시된다. 다른 견해는 각각의 활동에 다른 언급을 하며(구속의 대상은 온 인류이고, 소명의 대상은 복음을 듣는 모든 자이며, 선택의 대상은 듣고 응답을 하는 자들이다), 성 삼위일체의 세 가지 활동 중 어느 것에 의해서도 인간의 구원이 보장되지 않는다고 주장한다. 따라서 이 두 가지 신학은 전혀 다른 표현으로 구원 계획을 이해한다. 하나는 구원을 하나님의 역사에 의존하게 하는 반면에 다른 하나는 인간의 역사에 의존하게 한다. 하나는 믿음을 하나님의 구원의 선물의 부분으로 간주하는 반면, 다른 하나는 인간이 구원에 기여하는 것으로 간주한다. 하나는 신자들을 구원하시는 모든 영광을 하나님께 돌리는 반면에 다른 하나는 찬양을 둘로 쪼개어 소위 구원 기계 장치를 설치한 하나님과 믿음으로 그 기계를 작동시킨 인간을 모두 찬양한다.

분명히 이 차이들은 중대하다. 그리고 칼빈주의의 요약으로서 '다섯 가지 강조점들'의 불변의 가치는 이 두 개념들이 모순되는 영역들과 범위를 명확하게 만든 것이다. 그러나 단순하게 다섯 가지 중요점들과 칼빈주의를 동등시하는 것은 옳지 못할 것이다. 우리 자신의 다섯 가지 중요점들은 이것을 명확하게 할 것이다.

1) 칼빈주의는 신중심적 사고 방법이다

칼빈주의는 이 '다섯 가지 강조점들'이 나타내는 것보다 훨씬 광대하다. 칼빈주의는 온 세상의 창조자이시며 왕으로서의 하나님에 대한 명확한 시각에서 유래한 세계관이다. 칼빈주의는 자신의 의도에 따라 만사를 행하시는 주님으로 창조자를 인정하려는 부단한 노력이다. 칼빈주의는 하나님의 말씀의 지도의 지배하에서 모든 삶에 대해 사고하는 신중심적 사고법이다.

다시 말해 칼빈주의는 성경의 시각에서 관찰되는 성경 신학 – 창조주를 자연과 은혜 안에 존재하는 모든 것의 원인과 수단과 결과로 보는 하나님 중심관 – 이다. 따라서 칼빈주의는 가장 순수하며 고도로 발전된 형태의 유신론(만물의 근거로 하나님을 믿는 믿음)이며, 신앙(만물을 주시는 분으로서의 하나님에 대한 의존)이자 복음주의(만사에 있어 그리스도를 통해 하나님을 의뢰함)이다. 그리고 칼빈주의는 하나님의 세상에서 일어나는 과정들과 사건들의 모든 변화를 하나님의 피조물들과 교회를 위한 예정된 위대한 계획의 성취 이상도 이하도 아니라고 보는 통일된 역사 철학이다. 다섯 가지 강조점들은 하나님께서 개인을 구원하심에 있어 주권적이심을 주장할 뿐이지만, 위에서 본 바와 같이 칼빈주의는 하나님께서 모든 곳에 있어 주권적이시라는 훨씬 더 폭넓은 주장에 관심을 갖는다.

2) 칼빈주의는 해석적이며 목회적이며 건설적이다

그 다음에 '다섯 가지 강조점들'은 칼빈주의의 구원론을 부정적이며 논쟁적인 형태로 지시하는 반면에 칼빈주의는 그 자체에 있어 본질적으로 해석적이며 목회적이며 건설적이다. 칼빈주의는 알미니안주의에 대한 아무런 언급없이 성경의 표현으로 자신의 입장을 정의할 수 있으므로 스스로의 생존을 지키기 위해 실제의 또는 상상의 알미니안주의자들과 계속 싸울 필요가 없다. 칼빈주의는 그러한 부정 명제들에 흥미를 갖지 않는다. 칼빈주의자들은 싸울 때 긍정적인 복음적 가치들을 위해 싸운다.

'다섯 가지 강조점들'의 부정적 경향은 주로 세 번째 강조점(제한 속죄, 또는 특별 대속)에 대해 오해를 일으킨다. 왜냐하면 이 세 번째 강조점은 종종 형용사에 대한 강조로 읽혀져 칼빈주의자들이 하나님의 긍휼의 범위를 제한하는 것에 특별한 흥미를 갖고 있음을 나타내는 것으로 해석된다. 그러나 사실상 이 표현의 목적은 우리가 중심적 증거-즉 그리스도께서 실제로 분명히 구속하시는 구속자시라는 증거를 보호하는 것이다.

이와 비슷하게 조건적인 선택과 저항할 수 있는 은혜에 대한 부정도 구원하시는 분이 바로 하나님이시라는 긍정적 진리를 보호하기 위해 의도된 것이다. 진정으로 부정 명제들은 선택, 구속, 소명이 하나님의 구원의 행동들이라는 것을 부정하는 알미니안주의의 부정 명제들이다. 칼빈주의는 믿음을 강하게 하고 교회를 부흥시키려는 긍정적인 목적으로 복음의 긍정적인 내용을 옹호하기 위해 이 부정들을 부정하는 것이다.

3) 칼빈주의의 구원론은 함께 연결되어 있다

칼빈주의의 구원론을 다섯 개의 뚜렷한 주장 형태로(우리가 본 것처럼 이 숫자는 도르트 종교회의가 답변해야 하는 알미니안주의 5대 교리가 있었다는 사실로 인한 것이었다) 설명하는 이 행동 자체는 이 주제에 대한 칼빈주의의 본질적 특성을 모호하게 하는 경향이 있다.

왜냐하면 이 다섯 가지 주장들은 비록 따로따로 진술되었으나 사실상 분리 할 수 없는 것이기 때문이다. 이 주장들은 함께 연결되어 있다. 적어도 도르트 종교회의가 의도하는 의미에 있어 우리는 이 주장들 전부를 거부하지 않고 한 가지만을 거부할 수 있다. 왜냐하면 칼빈주의의 구원론에서 주장되는 강조점은 단 하나이기 때문이다.

그 강조점은 하나님께서 죄인들을 구원하신다는 것이다. 하나님 – 곧 삼위일체의 여호와 성부, 성자, 성령이신 것이다. 택한 백성의 구원을 이루기 위해 삼위께서는 주권적인 지혜와 능력과 사랑 가운데 함께 역사하신다. 성부께서는 택하시고, 성자께서는 구속하심을 통해 성부의 뜻을 이루시며, 성령께서는 새롭게 하심으로 성부와 성자의 목적을 실행하신다. 구원하신다는 것은 인간을 죄 가운데서의 사망으로부터 영광 가운데 생명으로 인도하심에 수반되는 모든 것을 처음부터 끝까지 행하신다는 것이다. 곧 구속을 계획하시며 수립하시고, 전달하시며 부르시고, 지키시며 의롭다 하시고, 성화하시고 영광스럽게 하시는 것이다.

죄인들은 하나님이 보시는 그대로, 범죄하여 타락하고, 무력하여 무능하며, 눈이 멀어 하나님의 뜻을 행하거나 자신들의 영적 운명을 개선하는데 손가락 하나도 꼼짝할 수 없는 인간들이다. 하나님께서 죄인들을 구원하신다는 이 신앙고백의 진의는 삼위일체 하나님의 연합된 역사를 분열시키거나 구원의 공로를 하나님과 인간으로 구분하여 인간에게 결정적인 역할을 맡긴다거나 또는 인간의 무능성을 부드럽게 표현하여 인간으로 하여금 자신의 구원의 영광을 구주와 공유하게 한다거나 함으로 약화될 수 없는 것이다. '다섯 가지 강조점들'이 확립하고자 하는 바도 바로 이것이다.

즉 죄인들은 어떠한 의미에 있어서도 절대로 자신을 구원하지 못하고 구원은 처음부터 끝까지 전체적으로, 과거와 현재와 미래에 있어 주님께 속한다는 것이다. 주님께 영원히 영광있을지어다. 아멘!

4) 칼빈주의자와 알미니안의 논쟁의 논점이 있다

이 사실은 우리의 네 번째 주장으로 이어진다. 네 번째 주장은 다섯 가지 주장 문구가 구원론에 있어서 칼빈주의와 알미니안주의의 깊은 차이를 애매하게 한다는 것이다. 여기에서 많은 사람이 심각하게 오해하는 것 같다. 이 문구에서 강조는 형용사에 있는데 이것은 하나님의 세 가지 중요한 구원의 활동에 대한 논쟁이 단지 형용사들에 관한 것이라는 인상을 준다 - 즉 양쪽 모두 선택과 구속과 내적 은혜의 선물이 무엇인가 하는 데는 일치하지만, 그 세 가지 활동에 대한 인간의 입장에 있어서만 의견을 달리한다는 인상을 준다는 것이다. 즉 선택이 예지된 믿음을 조건으로 하는가 아닌가, 구속이 모든 사람의 구원을 의도하는가 아닌가, 내적 은혜의 선물이 항상 저항할 수 없는 것으로 드러나는가 아닌가 하는 점에서만 차이가 난다는 것이다.

그러나 이것은 완전한 오해이다. 각각의 경우에 형용사의 변경은 명사의 의미를 변경하게 한다. 조건적 선택, 보편 구속, 저항할 수 있는 내적 은혜는 칼빈주의가 주장하는 것과 같은 종류의 선택과 구속과 내적 은혜가 아니다. 실제 문제는 적절한 형용사에 관한 것이 아니라 명사의 정의에 관한 것이다. 칼빈주의와 알미니안주의는 논쟁 초기에 이것을 분명히 알았다. 그리고 우리도 이것을 아는 것이 중요하다. 이것을 모르면 우리는 칼빈주의자와 알미니안의 논쟁 논점을 전혀 검토 할 수 없기 때문이다. 차이나는 정의들을 병행하여 설명하는 것이 좋을 것이다.

① 알미니안주의자들은 하나님의 선택 활동을 충분한 자격을 갖춘

사람들 – 그리스도를 믿는 자들[2] – 을 자녀의 신분과 영광으로 받아 들이려는 결심(resolve)으로 정의했다. 이 정의는 그들이 스스로 믿을 것이라는 우연적인 사실을 하나님께서 예지하심으로 그들을 받아들인다는 설명이 된다. 이 선택의 섭리에는 이 부류의 신자들이 영원히 어떤 지위를 소유할 것이라는 보증이 전혀 없다. 하나님께서는 어떤 사람을 믿게 하시겠다고 결정하지 않으신다. 반면 칼빈주의자들은 선택을 구원받을 가치가 없는 특별한 사람들이 죄에서 구원을 받고 영광으로 인도되고 그 목적을 위해 그리스도의 죽으심에 의해 구속되고, 성령의 효과적인 소명에 의해 믿음을 부여받게 되는 선택으로 정의한다. 알미니안주의자가 "나의 선택을 나의 믿음의 덕택으로 돌린다"라고 말하는 반면에 칼빈주의자들은 "나의 믿음을 나의 선택의 덕택으로 돌린다"라고 말한다. 분명히 이 선택에 대한 두 가지 개념은 매우 큰 차이가 있다.

② 알미니안주의자들은 그리스도의 구속 역사를 하나님께서 죄인들이 믿는 것을 조건으로, 열망하시는 용서를 베푸시는 길을 가로막았던 장애물(공의의 요구들을 만족시키지 못하게 했던 것)을 제거하심으로 정의한다. 알미니안주의에 의하면 구속은 하나님께 용서를 베푸는 권리를 보장하였으나 그 권리 자체가 누구나 용서를 받아들일 것이라고 보장한 것은 아니었다. 왜냐하면, 믿음은 갈보리에서 인간에게 임하는 선물이 아닌 인간 자신의 행위이기 때문이다. 그리스도의 죽음은 구원하는 믿음을 행사하는

---

[2] 비록 복음을 듣지 못했으나 그들이 갖고 있는 빛에 따라 생활한 사람도 포함하여 – 그러나 이 점은 여기에서 우리가 관심을 가질 필요가 없다.

기회를 만들었으나 그 이상은 아무 것도 이룬 것이 없다. 그러나 칼빈주의자들은 구속을 그리스도께서 특정 죄인들 대신 죄의 형벌을 대리로 견디신 것이며 이를 통해 하나님께서 그 죄인들과 화목되셨고, 그래서 그들의 형벌에 대한 책임은 영원히 사라졌고 생명에 대한 권리가 그들에게 보장된 것이라고 정의한다. 이 결과로 이제 그들은 하나님 앞에서 그들의 기업을 향유하는 수단인 믿음의 선물을 받는 권리를 소유한다. 다시 말해 갈보리는 그리스도께서 위하여 죽은 자들의 구원을 가능하게 했을 뿐 아니라 그들이 믿음을 받아 그들의 구원이 사실이 된다는 것을 보증했다는 것이다. 십자가가 구원인 것이다. 알미니안주의자가 단지 "갈보리가 없었다면 나는 나의 구원을 얻을 수 없었을 것이다"라고 말한다면 칼빈주의자는 "그리스도께서 나를 대신하여 갈보리에서 나의 구원을 얻으셨다"고 말할 것이다. 전자는 십자가를 구원의 필수 조건(sine qua non)으로 여기는 반면에 후자는 십자가를 구원의 원인을 실제적으로 확보한 것으로 보고, 믿음을 포함한 모든 영적 축복의 근원을 갈보리에서 처리된 성부와 성자 간의 대역사로 거슬러 올라가서 찾는다. 분명 이 두 구속 개념은 전혀 다르다.

③ 알미니안주의자들은 성령의 내적 은사의 선물을 '도덕적 권고'(moral suasion), 즉 하나님의 진리에 대한 이해력을 주는 것에 불과한 것으로 정의했다. 그들 ─주장하는─ 의 정의는 당연히 누가 믿음의 응답을 할 것이라고 보증하지 못한다. 그러나 칼빈주의자들은 이 은사를 단지 하나님이 인간 안에서 조명하시는 역사일 뿐만 아니라 중생케 하시는 역사이기도 하다고 정의한다.

곧 "그들의 돌 같은 심령을 제거하고 인간다운 심령을 주시고, 그들의 의지를 새롭게 하시어 전능하신 능력으로 선한 것을 결정하게 하시고, 효과적으로 그들을 예수 그리스도께로 이끄신다. 그러나 그들은 성령의 은혜로 자발적이 되기 때문에 가장 자유롭게 그리스도께로 나아오는 것이다."[3] 은혜는 반항하는 기질을 파괴하기 때문에 저항할 수 없는 것이다. 그러므로 알미니안주의자가 "나는 그리스도를 따르기로 결정했다", "나는 그리스도인이 되기로 결심했다"라고 말하는 것으로 만족하는 반면에 칼빈주의자는 자신의 회심이 진실로 누구의 역사인가를 명백하게 나타내기 위해 보다 신학적인 형식으로 자신의 회심을 말하고 싶어할 것이다.

나의 갇힌 영혼은 오랫동안
죄악과 인간 본성의 밤 가운데 굳게 묶여 있었다.
주님의 눈에서 생명의 빛이 발했을 때
나는 깨어났다. 지하 감옥은 빛으로 불타는 것 같았다.
나의 사슬이 벗겨지고 나의 심령은 자유를 얻었다.
나는 일어나 밖으로 나와 주님을 따랐다.[4]

분명 내적 은혜에 대한 이 두 가지 관념은 날카롭게 서로 대립된다. 그래서 칼빈주의자는 하나님의 활동인 선택과 구속과 소명에 대한 알

3　*Westminster Confession*, X: 1.
4　이 찬송을 기록한 사람이 바로 Charles Wesley였다고 인정된다. 그러나 이 찬송은 우리로 하여금 'Rabbi' Duncan과 같이 "친구여, 그대의 알미니안주의는 지금 어디에 있는가?"라는 질문을 하게 하는 그의 많은 찬송 구절들 중의 하나이다.

미니안주의의 생각이 성경적 의미의 핵심을 정확히 드러내지 못한다고 주장한다. 알미니안적인 의미에서 하나님께서 신자들을 선택하고 그리스도께서 모든 사람을 위해 죽으셨고 성령께서 말씀을 받아들이는 자들을 고무시키신다고 말하는 것은, 사실상 성경적 의미로는, 하나님께서 아무도 선택하지 않으시고, 그리스도께서 아무를 위해서도 죽으신 것이 아니며, 성령께서 아무도 고무시키지 않으신다고 말하는 것이다. 따라서 이 논쟁의 토론 사항은 이 성경 용어들, 그리고 하나님의 사랑과 같은 구원론적으로 중요한 몇몇 다른 용어들에 주어지는 의미이다. 알미니안주의자들은 구원이 하나님의 어떤 섭리나 행동에 의해 직접적으로 좌우되는 것이 아니라 인간의 독립적인 믿음의 행동에 의해 좌우된다는 원칙을 세워 이 모든 용어들을 해석한다. 칼빈주의자들은 이 원리 자체가 비성경적이고 비신앙적이며, 그러한 해석은 명백히 성경의 의미를 왜곡하며 실천되는 모든 곳에서 복음을 손상시킨다고 주장한다.

5) 칼빈주의는 성경의 단언들을 진지하게 받아들인다

다섯 문구가 불충분한 다섯 번째 이유가 있다. 이 문구 형태 자체(알미니안의 주장들에 대한 일련의 부정들)가 칼빈주의가 알미니안주의의 부분적 수정이라는 인상을 더해 준다는 것이다. 즉 알미니안주의는 자연의 질서에 있어 어떤 탁월성을 갖는 반면, 발전된 칼빈주의는 그것의 분파라는 것이다. 이 인상은 잘못이며 역사적 사실로 제시될 때 조차, 많은 사람들은 여전히 그것이 이 두 견해 자체의 관계에 대한 진실한 설명인지 의심한다.

왜냐하면 알미니안주의(우리가 지금 살펴보고 있는 바와 같이 알미니안주의는 현대의 새 복음과 매우 유사하게 일치한다)는 '자연스럽고' 편견이 없는 순수한 방법으로 성경을 해석한 결과이지만, 칼빈주의는 변태적인 발생물이며 성경 본문 자체의 소산이라기 보다는 본문을 주물러서, 본문 자체가 제공하지 않는 조직적 구조를 억지로 만들어 냄으로 분명한 의미를 왜곡하고 균형을 망치는 신성하지 못한 논리학의 소산이라는 가설이 널리 퍼져 있기 때문이다.

칼빈주의에 대한 일반적인 통념이 어느 면에 있어서는 개개인의 칼빈주의자들에게는 사실일지도 모른다. 하지만 이 통념보다 진리와 먼 것은 없을 것이다. 알미니안주의는 구원에 있어서 조차 자기 운명의 주인이며 자기 영혼의 지배자라는 망상을 포기할 수 없는 인간의 타락된 생각에 의해 성경의 가르침을 독특하게 왜곡시킨다는 의미에 있어서 '자연스러운' 것이다. 이 왜곡은 과거 교부 시대에 펠라기안주의와 세미펠라기안주의에서 등장했고 그 후에는 스콜라 철학에 나타났다. 그리고 17세기 동안에는 로마가톨릭 신학에 다시 나타났고 개신교 가운데서는 이성주의적 자유주의와 현대 복음주의적 교육의 다양한 유행에 다시 나타났다. 그리고 항상 우리와 함께 있을 것이 분명하다.

인간의 타락된 생각이 여전히 존재하는 동안 알미니안식 사고는 자연스러운 형태의 오류로 존재할 것이다. 하지만 어떤 의미에서 이것은 자연스러운 것이 아니다. 사실에 있어 성경을 인간이 생각해야 하는 자연스럽고 불가피한 의미로 이해하는 것이 바로 칼빈주의이다. 칼빈주의는 성경이 실제로 말씀하는 바를 굳게 지킨다.

칼빈주의는 성경의 주장들을 진지하게 받아들일 것을 강조한다. 그 주장들은 하나님께서 구원하신다는 것이다. 곧 하나님께서는 자신이 구원하시기로 택하신 자들을 구원하시고 행위가 아닌 은혜로 구원하시므로 아무도 자랑할 수 없으며 그리스도께서 완전한 구원자로 그들에게 주어지며 그들에 대한 구속역사는 십자가로부터 흘러나온다는 것이다. 그래서 그들을 구원하시는 사역이 십자가에서 완수되었다는 것이다. 십자가에 마땅히 돌려야 하는 영광을 돌리는 것이 바로 칼빈주의이다. 칼빈주의자가 다음과 같은 찬송을 할 때 의미하는 바가 이것이다.

> 저 멀리 푸른 언덕에 그 십자가 위에
> 주 예수 나를 위하여 못박혀 죽었네.
> 그 흘린 보배 피로써 날 속량했으니
> 저 하늘 문을 여시고 날 인도하시네.

칼빈주의자는 하나님의 아들의 죽음안에서의 하나님의 구원목적의 성취는 인간의 믿고자 하는 의지에 좌우되는 무력한 소원에 불과하다고 그럴 듯한 말로 얼버무리지 않는다. 즉 하나님께서 행할 수 있는 모든 바를 행하시고 그리스도께서 모든 인간들을 위해 죽으셨지만 아무도 구원받지 못할 수도 있다고 말하지 않는다는 것이다. 칼빈주의자가 주장하는 것은 성경은 십자가를 하나님의 무기력이 아니라 하나님의 구원하시는 능력으로 본다는 것이다. 그리스도께서는 가상 신자들을 위해 가상 구원을, 믿을지도 모를 자를 위해 단순히 구원의 가능성만을 얻으신 것이 아니라, 자신의 선택된 백성들을 위해 실제의 구원을 얻으신 것이다.

그리스도의 보혈은 진실로 "우리 모두를 구원하신다." 그리스도의 자신을 드림의 의도된 효력들이 실제로 이루어진다. 그 이유는 십자가 때문이다. 십자가의 구원 능력은 그에 덧붙여지는 믿음에 좌우되는 것이 아니다. 십자가의 구원의 능력은 그 십자가에 당연한 결과로 이어지는 믿음인 것이다. 십자가는 그리스도께서 위하여 죽으신 모든 자의 완전한 구원을 보장했다. 그러므로 바울은 "내게는 우리 주 예수 그리스도의 십자가 외에 결코 자랑할 것이 없으니"(갈 6:14)라고 말하는 것이다.

이제 칼빈주의 구원론의 진정한 본질이 명확하여진다. 칼빈주의 구원론은 인위적 편벽이나 무분별한 논리의 산물이 아니다. 하나님께서 죄인들을 구원하시고 그리스도께서 자신의 피로 우리를 대속하셨다는 칼빈주의 구원론의 중심적 신앙고백은 성경과 믿는 마음의 증거이다. 칼빈주의자는 하나님 앞에서 기도할 때 심령으로 믿는 바를 사람들 앞에서 신학으로 고백하는 그리스도인이다.

칼빈주의자는 늘 모든 그리스도인이 다른 사람의 영혼을 위하여 간구할 때나, 자신에 대한 모든 칭송을 거부하고 자신의 구원에 대한 모든 영광을 구주께 돌리는 경배의 충동에 순종할 때, 행하는 식으로 하나님의 주권적 은혜를 생각하며 말한다. 칼빈주의는 그리스도 안의 새사람의 심령에 기록된 자연스러운 신학인 반면 알미니안주의는 허약한 지성의 죄이며 중생한 자들에게도 그런 모든 죄들이 자연적이라는 의미에 있어서만 자연스러운 것이다.

칼빈주의적 사고는 그리스도인이 지적 표준 위에서 분별있는 행동을 하는 것이다. 반면에 알미니안주의적 사고는 그리스도인이 육체의 연약함 때문에 분별있게 행하지 못한다는 것이다. 칼빈주의는 기독교회의 정신이 논쟁과 잘못된 전통들에 의해 실제로 성경이 말씀하는 바를 주의하므로 혼란스럽지 않게 항상 주장되고 가르쳐 온 것이다. 이것은 '다섯 가지 강조점들'의 가르침에 대한 교부들의 증명들에 나타나는 의미이다. 이 증명들은 많이 인용될 수 있다(오웬은 구속에 대해 약간의 첨부를 한다. 훨씬 많은 수집은 존 길[John Gill]의 하나님과 진리의 대의에서 볼 수 있다).

따라서 이 구원론을 '칼빈주의'로 칭하는 것은 사실상 가장 그릇된 것이다. 왜냐하면 이 구원론은 존 칼빈과 도르트의 신학자들의 특색이 아니라 하나님의 계시된 진리와 보편적 기독교 신앙의 일부이기 때문이다. '칼빈주의'는 여러 세기를 통해 편견이 만들어 낸 '매우 불쾌한 명칭들' 중의 하나이다. 그러나 그 대상 자체는 매우 성경적인 복음이다.[5]

3. 속죄의 범위

이 사실들에 비추어 이제 우리가 시작한 질문들에 대해 직접 답변할 수 있다.

"정말로 오웬이 행하는 모든 것은 제한 속죄를 변호하는 것인가?" 사실은 그것이 아니다. 그는 그보다 훨씬 더 많은 것을 행하고 있다. 엄밀하게 말하여 오웬의 저서의 목표는 전혀 방어적이 아니라 건설적이다. 그의 저서는 성경적이며 신학적인 질문이다. 그 목적은 성경이 복음의

---

[5] 따라서 스펄전(C. H. Spurgeon)은 다음과 같이 선언할 때 충분히 옳았다. "나는 만일 우리가 오늘날 칼빈주의라고 칭해지는 바를 설교하지 않는다면 그리스도와 십자가에 달리신 그리스도를 전하는 일이 없다는 사견을 갖고 있다. 그렇게 설교 하는 것을 칼빈주의라고 칭하는 것은 하나의 애칭이다. 칼빈주의는 복음이며 그 외 에는 아무것도 아니다. 나는 만일 우리가 하나님의 은혜의 섭리 안에서 하나님의 주권을 전하지 않는다면, 우리가 여호와의 선택하시고 불변하시고 영원하시고 변경할 수 없고 승리하시는 사랑을 높이지 않는다면 복음을 전할 수 없다고 믿는다. 또한 나는 만일 그리스도께서 십자가 위에서 이룩하신 하나님의 택함을 받은 사람들의 특별한 구속에 우리가 복음을 기초하지 않는다면 복음을 전할 수 없다고 생각한다. 그리고 나는 성도들이 소명을 받은 다음에 타락시키는 복음을 이해할 수 없다." C. H. Spurgeon, *The Early Years*, *Autobiography*, vol I (Banner of Truth: London, 1962), p 172.

중심 주제 – 구주의 업적 – 에 대해 실제로 가르치는 바를 명확하게 하는 것이다.

제목이 선언하는 바와 같이 그것은 "그리스도의 피 안에 있는 구속과 화목, 그 공로와 그로 인해 이루어진 만족에 대한 논문"이다. 그 이전의 도르트의 신학자들과 마찬가지로 오웬이 진실로 답변하려는 질문은 복음은 무엇인가 하는 것이다. 모두 동의하는 것은 그것이 그리스도를 대속자로 선포하고 있다는 것이다. 그러나 그리스도의 대속의 역사의 본질과 범위에 대해서는 논쟁이 있다. 즉 성경이 무엇을 말했는가? 성경은 그리스도의 역사에 할당하는 목표와 성취는 무엇인가? 이것이 오웬이 밝히려는 것이다.

그가 직접적인 논쟁식으로 이 주제에 달려들어 자신의 책을 "그리스도에 의해 모든 사람을 대신하여 치루어진 일반적 속죄, 즉 그가 모든 사람을 구속하기 위해 죽었다는…만연하고 있는 신념"[6]에 반대하는 논쟁 형태로 만들고 있는 것은 사실이다. 그러나 그의 저서는 단순히 우발적 언쟁이 아닌 조직적, 주해적 논문이다. 오웬은 이 논쟁을 적절한 순서와 연결에 따라 관련된 성경의 가르침을 완전하게 제시하는 기회로 다룬다. 후커의 『교회 정치의 법들』(*Laws of Ecclesiastical Polity*)에 나타난 바와 같이 논쟁 자체는 부수적이며 이차적 관심이다. 논쟁의 주요 가치는 저자가 자신의 계획을 진행시키고 자신의 주장을 진전시키기 위해 사용하는 방식에 존재한다.

오웬의 주장은 본질적으로 매우 단순하다. 오웬은 그의 저술의 원인이 된 질문 – 속죄의 범위 – 이 그 본질에 대한 그 이상의 질문을 수반한

---

[6] Owen, *Works*, X: 159.

다고 본다. 왜냐하면 만일 이 속죄가 결국 멸망할 자들을 구원하기 위해 제공되었다면 계획된 모든 자들의 실제적 구원을 보장하는 조치가 될 수 없기 때문이다. 그러나 오웬은 이것이 정확하게 성경이 그것이라고 말하는 조치라고 말한다. 그의 논문의 처음 두 권은 성경을 따라, 구속자의 죽음이 사실상 의도된 대로 자신의 백성을 구원하는 것이라는 사실에 대한 광범위한 증명이다. 세 번째 책은 보편 대속이라는 가설에 반대하는 16가지의 일련의 논증으로 이루어진다.

이 보편 대속은 한편으로는 성경이 그리스도의 구속의 역사를 효과적이라고 말하는 것은 어떤 자도 멸망할 것으로 의도되지 않았음을 나타내며, 다른 한편으로는 만일 그리스도의 구속의 역사의 의도된 범위가 보편적이었다면 모든 자가 구원을 받든지 (이것은 성경이 부인한다. 그러므로 '보편 속죄'의 옹호자들은 이것을 확증하지 못한다) 성부와 성자가 행하고자 한 바를 행함에 실패하셨다는 것이 되는 것임을 나타내는 것이다. 오웬은 "우리가 볼때 후자를 주장하는 것은 그리스도의 죽으심의 가치를 손상시키는 것과 마찬가지로 하나님의 지혜와 능력과 완전성에 모독적으로 손상을 주는 것 같다"라고 말한다.[7] 오웬의 논증들은 이 딜레마를 여러 가지로 되풀이하여 말한다.

마지막으로 네 번째 책에서 오웬은 그리스도께서 구원받지 못할 자들을 위하여 죽으셨음을 증명하려고 내세워진 세 부류의 본문들(그리스도께서 '세상', '모든 사람'을 위해 죽으셨다고 말하는 본문들과 그리스도께서 위하여 죽으신 자들의 멸망을 그리는 것으로 생각되는 본문들)은 건전한 해석 원리들로 볼 때 그러한 것을 가르치는 것으로 여겨질 수 없으며, 나아

7　Ibid.

가 보편 대속을 입증하려 가정하는 신학적 추정들은 사실상 그릇된 것임을 매우 설득력있게 나타낸다.

그리스도께서 모든 사람 심지어 멸망할 자들까지를 위하여 죽으셨다는 주장에 대한 정확한 복음적 평가가 오웬의 책에 상세히 제시된다. 이 주장은 하나님의 사랑과 은혜를 확대하기는커녕 오히려 하나님의 은혜와 사랑 그리고 하나님의 명예를 손상시킨다. 왜냐하면 이 주장은 하나님의 사랑을 무기력한 소원으로 축소시키고 소위 '구원하는' 은혜(이 견해에 있어 '구원의'는 사실상 틀린 칭호이다) 섭리 전체를 어처구니없는 신적 실책으로 바꾸어 놓기 때문이다.

또한 이 주장은 그리스도의 죽으심의 공로와 가치를 확대하기는커녕 싸구려로 만든다. 이 주장은 그리스도께서 헛되이 죽은 것이 되게 하기 때문이다. 마지막으로 이 주장은 믿음에 격려를 더하기는커녕 성경적 보장의 근거를 파괴한다. 이 주장은 그리스도께서 나를 위해 죽으셨다는 (또는 그 밖에 다른 일을 나를 위해 행하셨다거나 행하신다는)것을 아는 것이 나의 영원한 구원을 추론하는데 있어 충분한 근거가 된다는 것을 부인하기 때문이다. 이 견해에 있어 나의 구원은 그리스도께서 나를 위해 행하신 바에 의해 좌우되는 것이 아니라 그 후에 내가 나 자신을 위해 행한 바에 의해 좌우된다.

이와 같이 이 견해는 성경이 하나님의 사랑과 그리스도의 대속에 돌리는 영광을 빼앗고 성경이 "행위에서 난 것이 아니니 이는 누구든지 자랑치 못하게 함이니라"(엡 2:9)고 명백하게 말하는 곳에 자기 구원이라는 반성경적 원리를 도입한다. 우리는 두 가지 방식을 수용할 수 없다. 왜냐하면 보편적 범위의 속죄는 가치 절감된 속죄이기 때문이다. 보편적 범위의 속죄는 그 구원의 능력을 상실하였고 우리 스스로 자신을 구하라고 버려둔다. 보편 속죄 교리는 오웬이 거부한 것처럼 극악한 오류로 거부되어야 한다. 그러나 반대로 오웬이 제시하는 교리는 자신이 보여주는 것처럼, 성경적이며 하나님께 영광을 돌리는 것이다. 이 교리는 그리스도를 높인다. 이 교리는 그리스도인들에게 그리스도의 십자가만을 자랑하고 그리스도인들의 소망과 보장을 오직 그들의 구주의 죽으심과 중재에서만 얻으라고 가르치기 때문이다. 다시 말해 이 교리는 순수히 복음적이며 정말로 하나님의 복음이며 보편적 믿음이다.

삼위일체 하나님께서 계획하시고 실행하신 것으로 구속의 역사를 해석한 오웬의 저서가 출판된 이래 이에 비할 만한 해석이 행해진 바 없다고 말해도 과언이 아니다. 더 이상 필요로 하지도 않았다. 앤드류 톰슨은 이 저술을 논하며 오웬이 "자신의 주제를 끝마칠 즈음 당신은 그가 그 주제를 속속들이 규명하며 말했다고 느끼도록 만든다"[8]고 말한다. 이것이 명백히 이 곳의 경우이다. 논쟁되는 점들에 대한 그의 본문 해석은 확실하다. 그의 신학적 해석 능력은 눈부시다. 논의될 필요가 있는 사항은 어느 것도 생략되지 않으며 (본 저자가 발견할 수 있는 한) 그가 스스로 유념하여 다루지 않은 자신의 입장을 지지하거나 반대하는 논증들이 그의 시대 이후에 사용된 것이 하나도 없다.

개혁주의 신학자들이 자신들의 입장을 입증하려고 가정하는 논리의 도약과 비약들을 오웬의 저서에서 찾아보지만 허사이다. 발견되는 모든 것은 견실하고 공들인 해석이며 성경적 사고 방식을 주의깊게 따르고 있는 것이다.

오웬의 저술은 복음의 핵심에 대한 건설적이며 명백한 근거를 갖고

---

8 "Life of John Owen" in Owen, *Works*, I: 38.

있는 성경적 분석이다. 따라서 그렇게 진지하게 받아들여져야 한다. 그의 저술을 자기 편의 인습적 주장을 위한 한 편의 특별한 변론이라고 아무렇게나 평가해서는 안된다. 왜냐하면 오웬이 증명한 것, 즉 제한 교리, 특별히 속죄의 제한 교리는 명백히 성경 본문이 상세하고 분명하게 가르치는 일관된 성경의 구속에 대한 제시의 일부라는 것을 반박하려고 그것을 칼빈주의 논리의 기형으로 간단히 처리해 버릴 권리는 아무에게도 없기 때문이다. 또한 아무도 아직까지 오웬의 증명을 논박하지 못했다.

4. 현재와 궁극적 구원

질문자가 "당신은 복음의 회복에 대해 말했다. 당신의 의미하는 바는 우리 모두가 칼빈주의자가 되기를 바란다는 것이 아닌가?"라고 말했다.

이 질문은 생각컨대 아마도 말씀이 아니라 사실에 관심을 갖은 것 같다. 우리가 자신을 칼빈주의자로 칭하느냐 아니냐는 전혀 문제가 되지 않는다. 문제가 되는 것은 우리가 복음을 성경적으로 이해해야 한다는 것이다. 그러나 우리는 사실상 복음을 성경적으로 이해하는 것이 역사적 칼빈주의가 한 것처럼 이해하는 것을 의미한다고 생각한다. 이 양자택일이 문제를 왜곡시키고 오해하게 하는 것이다. 우리는 앞에서 현대 복음주의가 복음을 옛 방식으로 전파하는 것을 그쳤으며 새 복음(새 복음이 옛 복음에서 벗어가는 한에 있어)이 우리에게 성경적 메시지의 왜곡으로 보인다는 것을 솔직히 인정한다.

이제 우리는 무엇이 잘못되었는지를 볼 수 있다. 우리의 신학적 흐름이 질적으로 저하되었다. 우리의 정신은 십자가를 속량하기에 부족한 보상물로 생각하게 되었고, 구원하기에 역부족인 구주로 그리스도를 생각하게 되었고, 다른 도움을 받지 못하는 사람이 지옥에 떨어지는 것을 막을 수 없는 무기력한 애정으로 하나님의 사랑을 생각하게 되었고, 하나님께서 이 목적을 위해 필요로 하는 인간의 도움으로 믿음을 생각하게 되었다. 결과적으로 우리는 더 이상 자유롭게 성경적 복음을 믿거나 전파할 수 없게 되었다. 우리는 성경적 복음을 믿을 수 없다. 왜냐하면 우리의 사고가 협동주의라는 덫에 걸려 버렸기 때문이다.

믿음과 불신앙이 책임을 져야 할 행동이라면 독립적 행동이어야 한다는 알미니안주의적 관념에 우리는 붙잡혀 있다. 그러므로 우리는 하나님의 선물 자체이며 갈보리에서 우리에게로 흘러오는 믿음을 통해 하나님에 의해 완전하게 구원받는다는 것을 자유롭게 믿을 수 없다. 반대로 우리가 자신을 구원에 대한 혼미한 이중적 사고에 집어넣는 순간, 자신에게 모든 것이 하나님에 의한 것이라고 말한 후 그 다음 순간에 반대로 모든 것이 우리에게 달려 있다고 말한다. 이 결과로 인한 정신적 혼란은 우리가 마땅히 구원의 창시자이시며 완성자로서 드려야 할 영광을 하나님으로부터 빼앗으며, 하나님께서 우리를 위하시는 분이시라는 것을 앎으로 얻을 수 있는 많은 위로를 우리자신에게서 빼앗는다.

또한 우리가 복음을 전할 때 그릇된 선입견은 우리가 의도하는 바와 정반대로 말하게 한다. 우리는 그리스도를 구주로 (바르게) 선포하기 원한다. 그러나 우리는 그리스도께서 구원을 가능하게 했지만 우리가 우리 자신의 구주들이 되도록 내버려 두었다고 말하게 된다. 이렇게 하여 사건이 벌어지기 시작한다. 우리는 하나님의 구원의 은혜와 그리스도의 구원의 능력을 찬미하기 원한다. 그래서 우리는 하나님의 구속의 사랑이 모든 사람에게 이르며 그리스도께서는 모든 사람을 구원하시기 위해 죽으셨다고 선언하고 하나님의 긍휼의 영광이 이 사실들에 의해 평가되어야 한다고 선포한다.

그 다음 우리가 보편구원설을 피하려고 앞서 극찬하였던 모든 것의 가치를 약화시키며 무엇보다 하나님과 그리스도께서 행하신 일위에 우리가 무엇인가를 추가하지 않는다면 우리를 구원할 수 없다고 설명한다. 결국 실제로 우리를 구원시키는 결정적인 요소는 우리 자신의 믿음이다.

우리가 말하는 바는 – 즉 그리스도께서 우리의 도움에 의해 우리를 구원하신다는 것인데 우리가 생각해 볼 때 그 말이 의미하는 바는 – 우리가 그리스도의 도움으로 스스로를 구원한다는 것이다. 이것은 공허한 점강법(anticlimax)이다. 그러나 만일 하나님께서 모든 사람을 위한 구원의 사랑을 갖고 계시며 그리스도께서 모든 사람을 위해 구원의 죽음을 죽으셨다는 것을 확인하는 것으로 출발하지만, 보편구원론자가 되는 것을 망설인다면 달리 우리가 말할 수 있는 것은 아무 것도 없다.

그러므로 우리는 이런 식으로 문제를 제시할 때 우리가 행한 바에 대해 명확해야 한다. 우리는 은혜와 십자가를 높인 것이 아니라 싸구려로 만든 것이다. 우리는 칼빈주의가 하는 것보다 훨씬 더 철저하게 속죄를 제한시켰다. 왜냐하면 칼빈주의는 그리스도의 죽음이 구원하고자 의도된 모든 자들을 구원한다고 단언하는 반면, 우리는 그리스도의 죽음이 그들 중 누구나 구원하기에 충분하다는 것을 부정했기 때문이다.[9]

---

9 이 말은 다음의 스펄전의 말과 비교해 보라. "우리는 그리스도께서 모든 사람을 위해 보상을 하지 못했다거나 모든 사람이 구원을 받을 것이라고 말함으로 그리스도의 속죄를

우리는 회개하지 않는 죄인들에게 하나님께서 회개하고 믿도록 할 수 있는 것이 아니라 그들의 능력으로 하는 것이라고 그들에게 확신을 줌으로 그들을 추켜 세운다. 아마도 우리는 이 확신을 그럴듯하게 하기 위해 믿음과 회개를 하찮은 일로 만들기까지 했을 것이다("그것은 매우 단순합니다 – 단지 당신의 마음을 주님께 열기만 하십시오…"). 분명히 우리는 하나님의 주권을 효과적으로 부인하고 참된 신앙의 기본이 되는 신념 – 즉 인간이 언제나 하나님의 장중 안에 있다는 것 – 을 부지불식 간에 손상시켰다. 진실로 우리는 많은 것을 상실했다.

그러므로 우리의 설교가 그처럼 보잘것없는 경건과 겸손을 낳고, 신앙고백을 한 개심자들이 그처럼 자신을 의뢰하고, 성경이 참 회개의 열매로 간주하는 자각과 선행이 그처럼 부족한 것은 전혀 놀라운 일이 아니다.

오웬의 책은 이런 종류의 변질된 믿음과 설교로부터 우리를 자유케

제한한다는 말을 종종 듣는다." 이제 이에 대한 우리의 답변은 우리가 그리스도의 속죄를 제한하는 것이 아니라 그와 반대로 우리의 반대자들이 그리스도의 속죄를 제한한다는 것이다. 알미니안들은 그리스도께서 모든 사람을 위해 죽으셨다고 말한다. 그들에게 그 말로 의미하는 바가 무엇이냐고 질문해 본다. 그리스도께서 죽으심으로 모든 사람의 구원을 확보하셨는가? 그들은 "확실히 그렇지 않다"고 말한다. 우리는 그들에게 다음의 질문을 한다 – 그리스도께서 죽으심으로 특별히 어떤 사람의 구원을 확보하셨는가? 그들은 "아니다"라고 답한다. 만일 그들이 일관된다면 이것을 인정해야 한다. 그들은 "아니다. 만일(그들은 특정한 구원의 조건들을 늘어놓는다) – 하면 그리스도께서 죽으심으로 어떤 사람이 구원을 받을 수 있다"라고 말한다. 자, 그리스도의 죽으심을 제한하는 자가 누구인가? 그대들이 아닌가? 그대들은 그리스도께서 어떤 사람의 구원을 무오하게 확보하기 위해 죽으신 것이 아니라고 말한다. 그대들이 우리가 그리스도의 죽으심을 제한한다고 말할 때 실례지만 우리는 "천만에 그렇지 않다. 그리스도의 죽으심을 제한하는 자는 바로 그대들이다"라고 말한다. 우리는 그리스도께서 죽으심으로 인간이 셀 수 없는 많은 사람의 구원을 무오하게 확보하셨고 그들은 그리스도의 죽으심을 통해 단지 구원을 받을 수 있을 뿐만 아니라 지금 구원을 받으며 반드시 구원을 받으며 구원받는 것 외에 어떤 가능성에 의해서도 다른 일이 있을 수 없다고 말한다. 그대들은 그대들의 속죄를 받으라. 그대들은 그것을 간직해도 좋다. 우리는 절대로 그대들의 속죄를 인해 우리의 속죄를 포기하지 않을 것이다.

할 수 있을 것이다. 만일 우리가 그의 말에 귀를 기울인다면 그는 우리에게 성경의 복음을 믿는 법과 성경의 복음을 전하는 법을 모두 가르쳐 줄 것이다. 첫째로 그는 우리를 진정으로 구원하시는 주권의 구주 앞에 경배하게 하며, 자신이 대속한 모든 자가 영광에 이르도록 확실하게 하신 대속의 죽으심을 인하여 그를 찬송하도록 인도할 것이다. 십자가의 완전한 의미는 도르트의 신학자들이 나타낸 바와 같이 – 한편으로는 전적 무능과 무조건적 선택에 의해, 다른 한편으로는 저항할 수 없는 은혜와 궁극적 견인에 의해 방어되는 복음의 핵심 – 우리가 십자가를 알게 되기 전에는 완전하게 알지 못한다는 것은 아무리 강조되어도 지나칠 수 없다. 왜냐하면 십자가의 완전한 의미는 위의 네 가지 진리에 의해 정의될 때에만 나타나기 때문이다.

그리스도께서는 하나님께서 값없이 주시는 구원의 사랑을 세운 무력한 특정 죄인들의 집단을 구원하시기 위해 죽으셨다. 그리스도의 죽으심은 그가 대신하여 죄를 감당하신 모든 자들의 부르심과 보존하심 – 현재와 궁극적 구원 – 을 확보했다. 이것이 갈보리가 의미한 바이며 지금도 의미하는 바이다. 십자가는 과거에 구원하였고 지금도 구원한다. 이것이 참된 복음적 믿음의 핵심이다. 곧 카우퍼(Cowper)는 이를 다음과 같이 찬송했다.

> 사랑하는 죽으신 어린양이시여,
> 당신의 보혈은 절대로 그 능력을 잃지 않나이다.
> 하나님의 모든 속함받은 교회가 구원을 받아 더 이상 죄를
> 범하지 않게 되기까지.

이것이 신약성경 전체의 기초이자 옛 복음의 기초인 승리의 확신이 며 오웬이 우리에게 명확하게 믿으라고 가르친 바다.

그 다음 둘째로 우리가 그의 말을 듣는다면 오웬은 우리가 자유롭게 성경적 복음을 전할 수 있도록 만들 것이다. 이 말이 역설적으로 들릴 지 모른다. 왜냐하면 그리스도께서 모든 사람을 구원하시기 위해 죽으 셨다는 것을 전하지 않는 사람들에게는 복음이 전혀 맡겨지지 않았다 고 종종 생각하기 때문이다. 그러나 반대로 그들에게는 신약성경의 복 음이 맡겨졌다. 하나님의 은혜의 복음을 전한다는 것은 무엇을 의미하 는가? 오웬은 간단하고 부수적으로 언급했을 뿐이다.[10]

그러나 그의 설명은 매우 분명하다. 그는 복음을 전하는 것이 하나님 께서 그들 각자에게 자신의 사랑을 기울이셨고 그리스도께서 그들 각 자를 구원하시기 위해 죽으셨다고 회중에게 이야기하는 일이 아니라 고 말한다. 왜냐하면 성경적으로 이해할 때, 이 주장들은 그들이 모두 무오하게 구원을 받을 것임을 의미하게 되는데 이것은 사실로 전달될 수 없기 때문이다. 하나님의 영원한 사랑과 그리스도의 대속적 죽음의 대상이라는 지식은 개인의 확신에 속하는 것이다.[11] 문제의 본질에 있 어 이 확신은 믿음의 구원하는 역사에 우선할 수 없다. 이 확신은 사람 이 믿어야 하는 이유로 제의되는 것이 아니라 그가 믿었다는 사실에서 추론되는 것이다. 성경에 의하면 복음을 전하는 것은 전적으로 다음의 네 가지 사실들을 반드시 믿고 좇아 행해야 하는 하나님께로부터 온 진

10　See Owen, *Works*, X: 311-316, 404-410.

11　"그리스도께서 특별히 자신을 위해 죽으셨다고 사람이 확신을 받는 것이 성경에 따르면 무엇인가? 바로 믿음의 가장 높은 향상이 아닌가? 여기에는 우리 심령 속에 넓게 퍼지는 하나님의 신령한 사랑의 감각이 포함되지 않는가? 그것은 롬 8:34의 사도의 위로의 절정 과 갈 2:20에 나오는 그의 모든 기쁨에 넘치는 확신의 기초가 아닌가?"

리로 인간들에게 선포하는 일이다.

① 모든 인간들은 죄인이고 자신을 구원하기 위해 아무 것도 할 수 없다.
② 하나님의 아들 예수 그리스도께서는 죄인들 심지어 가장 악한 죄인들까지도 위한 완전한 구주이시다.
③ 성부와 성자께서는 스스로를 죄인으로 알고 그리스도를 구주로 믿는 모든 자들은 은총 가운데 받아들여지고 아무도 버림을 받지 않을 것이라고 약속하셨다 – 이 약속은 "본질적으로 그리스도의 헌신의 차고 넘치는 충족함에 기초된 확실하고 무오한 진리이며 여기에 의도된 (다소 간에) 모든 자를 위한 것이다."[12]
④ 하나님께서는 회개와 믿음을 의무 사항으로 만드셨다. 복음을 듣는 모든 자는 "복음의 약속 안에서 완전히 충분하신 구주이신 그리스도에게 영혼을 진정으로 완전하게 의뢰함으로 그리스도로 말미암아 하나님께로 나아 오는 자는 완전히 구원받을 수 있게 된다. 그리스도의 보혈과 충분한 속죄를 통해 자신들을 그리스도께 거리낌없이 맡기는 모든 영혼을 하나님께서는 언제든지 기꺼이 구원하실 수 있다."[13]

다시 말해 설교자의 과제는 그리스도를 드러내는 것이다. 즉 인간이 그리스도를 필요로 한다는 것과 구원하시기에 충분하신 그리스도의 능력과, 진실로 자신께 돌이키는 모든 자들에게 구주로서의 약속들 안에

12　Ibid, X: 315.
13　Ibid, X: 407f.

서 자신을 주심을 설명하고 설교자 앞에 있는 회중에게 이 진리들이 어떻게 적용되는가를 가능한한 완전하고 명확하게 나타내는 것이다. 그리스도께서 특별히 누구를 위하여 죽으셨는가 하는 것은 설교자가 말할 것도 아니며 듣는 자들이 질문할 사항도 아니다.

"그리스도의 죽음의 특별한 대상에 대한 하나님의 목적과 의도에 관하여 물으라고 복음에 의해 요청받은 사람은 아무도 없다. 왜냐하면 모든 사람은 그리스도를 영접하고 그리스도께 훈련 받는 사람들에게 그리스도의 죽음이 유익하다는 것을 충분히 보장받고 있기 때문이다. 구원의 믿음이 행사된 다음 신자의 의무는 자기 안에 그리고 자기를 향한 그리스도의 죽으심의 열매와, 또한 하나님께서 자신의 아들을 특별히 그를 위해 보내사 죽게 하신 그 선하신 뜻과 영원한 사랑의 열매를 발견함에 따라 자기의 영혼을 안심시키는 것이다."[14] 그러나 구원의 믿음이 행사되기 전에는 이 의무는 성립되지 않는다. 복음이 그에게 요구하는 과제는 하나님의 명령과 약속에 의해 보증받고 행하도록 책임맡은 믿음을 행사하는 것이다.

복음을 전하는 것이 무엇을 의미하는 바에 대한 이 개념을 정리하여 설명해 보기로 하자.

1) 옛 복음은 값싼 감상주의를 거부한다

우리는 오웬의 옛 복음이 현대의 이와 유사한 상대물 못지않게 풍성하고 넉넉한 구원의 제안을 담고 있다는 것을 관찰해야 한다. 오웬의

---

14 Loc cit.

옛 복음은 충분한 믿음의 근거들(그리스도의 충분한 능력 그리고 하나님의 약속)과 믿음에 대한 설득력 있는 동기들(죄인의 필요성 그리고 대속자의 초청이기도 한 창조주의 명령)을 제시한다. 새 복음은 보편 대속을 주장함으로 얻는 것이 여기에서 아무 것도 없다.

분명히 옛 복음은 죄인들에 대한 하나님의 값없이 주시는 긍휼을 하나님의 성경적인 인정으로 바꿔버리는 값싼 감상주의를 위한 여지를 갖고 있지 않다. 또한 옛 복음은 그리스도를 헛되이 애쓰는 구주, 자신이 행하고 싶은 바가 인간의 불신앙에 의해 좌절되는 구주로 품위를 떨어뜨려 나타내는 것에 찬성하지 않으며, 불신자들에게는 그리스도께서 설명하시는 것을 불쌍히 생각하고 구원을 받아들이라고 하는 감상적인 호소를 멋대로 하지 않는다. 현대 설교들에 나오는 가련하고 한심스러운 그리스도와 애처롭고 감상적인 하나님을 옛 복음은 알지 못한다.

옛 복음은 하나님께서 인간들을 필요로 한다(현대의 거짓말)고 말하지 않고 인간들이 하나님을 필요로 한다고 말한다. 옛 복음은 인간들에게 그리스도를 불쌍히 여기라고 권하지 않고, 그리스도께서 그들을 불쌍히 여기셨다고 선언한다. 그러나 사실 불쌍히 여김은 그들에게 주어지는 마지막 사항이다. 옛 복음은 자신이 선포하는 그리스도의 신적 위엄과 주권적 능력을 절대로 망각하지 않고, 그리스도의 자유로우신 전능을 모호하게 하는 모든 표현들을 단호하게 거부한다.

그러면 옛 복음의 설교자가 인간들에게 그리스도를 제시하고 그들에게 그리스도를 영접하라고 초청함에 있어 억압적이거나 제한적일까? 전혀 그렇지 않다. 실제에 있어 옛 복음의 설교자는 하나님의 긍휼이 주권적이며 자유롭다는 것을 인정하기 때문에 새 복음의 해설자보다 훨씬 더 많이 자신의 설교에서 그리스도를 받아들이라고 제안할 수 있는 입장에 있는 것이다.

왜냐하면 하나님의 죄인들에 대한 사랑은 하나님의 필연적인 본성임을 당연한 일로 보는 자들이 이 제안을 생각하는 것보다 그에게 있어 이 제안은 훨씬 더 놀라운 일이 되기 때문이다. 자신의 행복을 위해 전혀 인간들을 필요로 하지 않으시며 인정사정없이 공의롭게 우리 타락된 인류를 영원히 제거해 버리실 수 있는 거룩하신 창조주께서 그들 중 얼마를 구속하시려고 택하셨음을 생각해 보라! 그리고 그 거룩하신 창조주 자신의 아들께서 그들을 구원하시기 위해 기꺼이 죽음을 당하시고 지옥까지 내려가셨다는 것과 지금 그 거룩하신 창조주께서 자신의 보좌에서 복음의 말씀들로 불경건한 자들에게 말씀하시며 스스로의 처지를 딱하게 생각하고 생명을 선택하라는 연민의 초청 형태로 회개와 믿음을 강력하게 명하신다는 것을 생각해 보라! 이러한 생각들이 옛 복음의 설교를 움직이는 중심점이다. 이 생각들 중 어떤 것 하나도 당연한 일로 생각될 수 없기 때문에 그리스도를 받아들이라는 제안이 놀라운 것이다.

그러나 무엇보다 가장 놀라운 일―복음 진리의 모든 거룩한 지역 중에 가장 거룩한 곳―은 아마도 (오웬이 즐겨 부르는 칭호인) '주 그리스도'께서 계속적으로 범죄한 인간들에게 자기에게로 와서 그들의 영혼의 안식을 찾으라고 부르시는 관대하신 초청일 것이다. 보좌에 앉으신 그리스도의 가장 큰 영광은 지금도 이 초청을 공포하시기 위해 자신을 낮추시고 계신 것이다. 이 초청이 영광스러운 것은 이 초청을 하시는 분이 전능의 왕이시라는 것이다. 그리고 복음 사역의 영광은 설교자가 이 왕의 초청을 모든 죄인에게 개인적으로 전하여 그들 모두를 돌이켜 생명으로 불러모으는 책임을 맡은 그리스도의 사절로 인간들에게 나아간다는 것이다. 오웬 자신도 불신자들에게 말하는 한 구절에서 이 점을 다음과 같이 상세하게 설명한다.

> 여러분에게 생명과 해방과 긍휼과 은혜와 평안과 영원한 구원을 얻기 위해 자신에게로 오라는 초청과 소명들에 나타나는 그리스도의 무한한 겸손과 사랑을 깊이 생각해 보라. 성경에는 이 초청과 소명들이 많이 기록되어 있고 이 모든 초청과 소명들은 신령과 지혜로 길을 잃고 방황하는 죄인들에게 적합하다고 생각한 복된 권면들로 충만하다…예수 그리스도께서는 이 초청과 소명을 선포하고 전하시기 위해 아직 죄인들 앞에 서서 자신에게로 오라고 부르시고 권하시고 계신다.
>
> 그리스도께서 지금 여러분에게 하시는 말씀은 아마 이런 것일 것이다. 왜 너희는 죽으려고 하느냐? 왜 너희는 멸망하려고 하느냐? 왜 너희는 자신의 영혼을 불쌍히 여기지 않느냐? 다가오고 있는 진노의 날을 너희 심령이 견딜 수 있고 너희 손이 강할 수 있을 것 같으냐?…나를 믿고 구원을 얻으라. 나에게로 오라 그러면 내가 너희의 모든 죄와 슬픔과 두려움과 짐을 제거하고 너희 영혼을 쉬게 하리라. 간절히 말하노니 나에게로 오라. 늑장부리지 말고 지체 하지 말라. 나를 더 이상 기다리게 하지 말라. 영원이 문 앞에 있느니라…
>
> 나로 말미암은 구원을 받기보다는 차라리 멸망하려는 것같이 나를 미워하지 말라. 이와 같은 말씀을 주 그리스도께서는 계속 죄인들의 영혼에 선언하고 선포하고 간청하고 재촉하신다…주 그리스도께서는 설교의 말씀 가운데 마치 여러분과 함

께 계시고, 여러분 가운데 서 계시고 여러분 각 사람에게 개인적으로 말씀하시는 것같이 하신다…주 그리스도께서는 여러분 앞에 나아가 자신을 대신하여 여러분과 관계하며 자신의 이름으로 여러분에게 주어지는 초청을 전하기 위해 복음의 사역자들을 임명하셨다(고후 5:19, 20).[15]

이 초청들은 보편적이다. 그리스도께서는 이 초청들을 죄인들에게 전하신다. 그리고 하나님을 진실하시다고 믿는 모든 사람은 이 초청을 자신에게 개인적으로 하시는 하나님의 말씀으로 생각하고 이 초청과 함께 하는 보편적 보장, 곧 그리스도께로 오는 모든 사람은 받아들여질 것이라는 보장을 인정할 의무가 있다. 또한 이 초청들은 실제적이다. 그리스도께서는 진실로 복음을 듣는 모든 자에게 자신을 주시며, 진실로 자신을 의뢰하는 모든 자에게 완전하신 구주이시다. 복음전도에 있어 속죄의 범위에 대한 의문은 일어나지 않는다. 전달되는 메시지는 단순하다. 곧 죄인들을 위하여 죽으신 주권적인 주님 그리스도 예수께서 지금 조건없이 죄인들을 자신에게로 초청하신다는 것이다. 하나님께서는 모든 사람에게 회개하고 믿을 것을 명령하신다. 그리스도께서는 그렇게 하는 모든 사람에게 생명과 평안을 약속하신다.

더 나아가서 이 초청들은 놀랍게 은혜롭다. 인간들은 이 초청을 멸시하고 거부하며 전혀 이 초청을 받을 가치가 없다. 그럼에도 불구하고 그리스도께서는 여전히 초청을 하신다. 하실 필요가 없으시지만 하시는 것이다. "내게로 오라 그러면 내가 너희를 쉬게 하리라"는 말씀은

15　Ibid, I: 422.

계속 세상을 향해 남아 있어 절대로 취소됨이 없이 항상 전파되고 있다. 죽으심으로 모든 자기 백성의 구원을 확보하신 분께서는 어느 곳에서나 완전하신 구주로 선포되어야 하며 모든 사람들은 그들이 누구이든지, 무엇하는 자들이든지 간에 그분을 믿으라고 초청받고 강권받을 수 있다. 이 세 가지 통찰력 위에 옛 복음전도는 기초되어 있다.

　이러한 원칙들에 의거하여 진행되는 복음전도가 알미니안주의자들의 생각과 비교하여 빈혈증이 걸려 있고 냉담하다고 평하는 것은 매우 잘못된 인식에서 나온 생각이다. 번연(오웬은 그의 설교를 크게 칭찬했다), 휫필드 또는 스펄전과 같은 옛 복음의 훌륭한 해설자들의 인쇄된 설교들을 연구하는 사람들은 실제로 그들이 신교의 설교 문헌에 있어 비길 데 없는 풍성함과 열심과 강도와 박력을 가지고 구주를 제시하여 죄인들을 구주께로 인도하였다는 것을 발견할 것이다. 그리고 그들의 청중을 하나님의 풍성한 은혜 앞에서 비탄 가운데서 기쁨으로 압도시키는 독특한 능력을 그들의 설교에 주었던-그리고 지금도 무감각한 현대의 독자들을 사로잡는 능력을 주고 있다고 말할 수 있는-그 무엇인가는 바로 은혜가 값없이 주시는 것이라는 사실에 대한 그들의 역설이었다는 것이 분석에 의해 발견될 것이다.

　그들은 하나님의 사랑이 얼마나 큰 것인지 사람들이 이해하기 위해 먼저 깨달아야 할 것이 있다는 것을 알고 있었다. 곧 하나님께서 인간들을 구원하기 위해 택하시거나 자신의 아들을 주셔서 죽게 해야할 필요가 있었던 것이 아니며, 그리스도께서 인간들을 구속하기 위해 대신 욕을 받으실 필요도 없었고 또 죄인들을 무조건 초청하실 필요도 없으며, 모든 하나님의 은혜로우신 행동들은 전적으로 하나님의 자유로운 목적에서 출발한 것임을 깨달은 다음이라야 하나님의 사랑의 크기를 이해하게 된다는 것이다. 그들은 이것을 알았기에 이것을 강조했고 이 강조점이 그들의 복음 설교를 독자적인 부류에 속하였다.

경박하고 부적절한 은혜 신학을 갖고 있는 복음전도자들은 용서, 평안 또는 능력에 대한 죄인의 필요성 그리고 그것들을 얻는 방법으로 '그리스도를 믿기로 결단함'을 주로 강조한다. 그런 형태의 복음전도는 너무나 인간 중심적이고 경건의 모양만 갖고 있다는 비판을 받지만 유익이 있음은 부정될 수 없다(왜냐하면 하나님께서는 자신의 진리를 불완전하게 소유하며 그릇된 생각과 혼합할 때에도 사용하시기 때문이다).

그러나 칼빈주의자들과 웨슬레파들과 같이 불신자들에게 설교를 시작할 때 바로 칼빈주의적 사고 방식을 따르는 사람들은 (필연적으로) 무엇보다 주 예수 그리스도의 값없이 주시는 사랑, 자발적인 낮아지심, 오래 참으심, 무한하신 자비를 강조하는 방식으로 복음을 전하지 않을 수 없다. 그리고 의심할바 없이 이것이 성경적이고 덕을 세우는 복음전도 방식이다. 왜냐하면 죄인들을 향한 복음의 초청은 충분한 무게가 그들이 흘러나오는 자유로운 자비의 전능성에 둘때 보다 하나님을 영화롭게 하며 그리스도를 높이고 힘있게 믿음을 깨우고 확신시키는 것은 없기 때문이다.

실로 옛 복음의 전도자들은 마치 죄인들에게 그리스도를 자유롭게 제시함에 있어 하나님의 자비하심의 계시를 공명정대하게 평가하도록 허용받는 지위를 얻은 유일한 사람들로 보인다.

2) 옛 복음은 가치들을 보호한다

옛 복음은 새 복음이 상실한 가치들을 보호한다. 앞에서 보았듯이 새 복음이 보편 대속과 보편 구원의 목적을 선언함으로, 그리고 성부와 성자께서 구원에 있어 주권적이라는 것을 부인함으로 스스로 은혜와 십자가를 싸구려로 만들어 버렸다. 새 복음은 하나님과 그리스도께서 할 수 있는 모든 것을 행한 다음에 인간을 구원하는 하나님의 목적이 실현되느냐 안되느냐는 궁극적으로 인간 자신의 선택에 달려 있다고 확신한다.

이 입장은 두 가지의 불행한 결과들을 가져온다.

① 이것이 우리가 말하는 복음안으로의 그리스도의 은혜의 초청의 의미를 오해하도록 하는 것이다. 왜냐하면 그 초청을 전능하신 주권자의 인나를 나타내는 표현이 아닌, 무력한 희망을 나타내는 애처로운 간청으로 해석해야 하며, 그리하여 보좌에 앉으신 주님께서는 갑자기 인간의 마음 문 앞에서 그 문을 열 힘이 없이 비참하게 두드리고 있는 연약하고 무익한 인물로 변형되고 말기 때문이다. 이것은 신약성경의 그리스도에 대한 수치스러운 모욕이다.

② 두 번째의 암시도 똑같이 심각하다. 왜냐하면 이 견해는 중대한 결정들을 할 때 사실상 우리의 하나님에 대한 의존을 부정하고 그의 장중을 벗어나게 하며, 죄가 우리 자신이 누구인지 – 우리가 우리 운명과 영혼의 주인이다 – 생각하도록 가르친 것을 우리에게 말하므로 창조주와 인간의 신앙 관계의 기초를 손상시키기 때문이다. 새 복음으로 회심한 자들이 그처럼 자주 불손하고 불경건한 것은 전혀 놀라운 일이 아니다. 왜냐하면 그것이 이 가르침의 자연스러운 경향이기 때문이다.

그러나 옛 복음은 매우 다르게 말하며 매우 다른 경향을 갖고 있다. 한편으로 옛 복음은 인간의 그리스도에 대한 필요성을 설명함에 있어 새 복음이 효과적으로 무시해 버리는 것-즉 심령의 새로워짐이 없이는 죄인들이 율법을 순종할 수 없는 것과 마찬가지로 복음도 순종할 수 없다는 것을 강조한다.

다른 한편으로 옛 복음은 그리스도의 구원하시는 능력을 선언할때 그분을 회심의 창시자이며 제1의 원인으로 선포한다. 즉 복음이 공포될 때 그리스도께서 성령으로 임하셔서 인간들의 심령을 새롭게 하시고 그들을 자신에게로 이끄신다는 것이다. 따라서 옛 복음은 메시지를 적용할 때 있어서도 믿음이 인간의 의무라는 것을 강조하는 한편 믿음이 인간의 능력에 있는 것이 아니라 하나님께서 명령하시는 바를 주신다는 것도 강조한다.

옛 복음은 인간들이 구원을 얻기 위해 그리스도께로 나아와야 한다고 선언할 뿐만 아니라 그리스도께서 그들을 자신께로 이끄시지 않으시면 올 수 없다는 것도 선언한다. 이처럼 옛 복음은 자기 신뢰를 몰아내며, 죄인들에게 그들의 구원이 완전히 그들의 능력 밖에 있음을 깨닫게 하고, 그들이 의뿐 아니라 믿음을 얻기 위해서 주권자이신 구주의 자비로운 은혜에 자기 절망적인 의지를 하도록 애쓴다.

그러므로 옛 복음은 설교자가 "그리스도를 결정하라"는 요구 형태로 적용을 표현할 때 오늘날 이 어구가 주는 느낌처럼 즐겁지 않다. 왜냐하면 이 어구는 좋지 않은 연상작용을 수반하기 때문이다. 이 어구는 어떤 사람을 어떤 직분에 선출하는 것을 연상시킨다. 즉 후보자는 선거에 나서는 것 외에도 아무 역할도 하지 못하고 모든 것은 투표자의 독자적인 선택에 의해 결정되는 행동을 말한다.

그러나 우리는 하나님의 아들을 우리의 그주라는 직분으로 선출하는 것이 아니며, 설교자들이 그를 대신하여 유세하며 그의 주의에 대한 지지를 끌어 모으고 있는 동안 하나님의 아들은 소극적으로 수수방관만 하고 계신 것도 아니다. 우리는 복음전도를 일종의 선거 운동으로 생각해서는 안된다.

또한 이 어구는 회개와 믿음에 있어 본질적인 사항 — 그리스도께 나아감에 있어 자기를 부인하는 것 — 을 모호하게 한다. 그리스도를 결정하는 것은 그에게 나아가 그를 의지하고 죄와 자기 노력으로부터 돌이키는 것과 같다는 것이 모호하게 나타난다. 이 말은 훨씬 못한 무엇인가를 나타내는 것처럼 들린다. 따라서 복음이 실제로 죄인들에게 요구하는 것보다 결핍된 개념들을 주입시키는 것 같다. 어느 관점에서 보아도 이 말은 적절한 어구가 아니다.

"구원을 받기 위해 나는 무엇을 해야 하는가?"라는 질문에 대해 옛 복음은 "주 예수 그리스도를 믿으라"고 답한다. "주 예수 그리스도를 믿는다는 것은 무엇을 의미하는가?"라는 더 진전된 질문에 대해서 옛 복음은 다음과 같이 답한다.

그 의미는 자신을 죄인으로 알고 그리스도를 죄인들을 위해 죽으신 분으로 아는 것이며, 모든 독선과 자기 신뢰를 버리고 용서와 평안을 얻기 위해 자신을 온전히 그리스도에게 의지하고 성령에 의해 심령을 새롭게 함으로 자신의 타고난 하나님께 대한 적의와 반항을 그리스도의 뜻에 감사함으로 복종하는 영으로 바꾸는 것이다. "만일 나에게 이 일들을 행할 선천적인 능력이 없다면 그리스도를 믿고 회개하는 일을 어떻게 시작해야 하는가?"라는 더욱 발전된 질문에 대해 옛 복음은 이렇게 대답한다.

네 모습 그대로 그리스도께 의뢰하고 그리스도께 말하고 그리스도께 부르짖으라. 네 죄와 네 완악함과 네 불신앙을 고백하라. 그리고 그의 긍휼에 의지하라. 네 안에서 참된 회개와 확고한 믿음을 이룰 새 심령을 주실 것을 그리스도께 청하라. 그리스도께 너의 악한 불신앙의 마음을 제거하시고 네 안에 그의 율법을 기록하사 이후로 네가 절대로 빗나가지 않기를 청하라. 너의 최선을 다하며 그리스도께 돌이켜 그를 의지하라. 그리고 더 철저하게 돌이키고 신뢰하기 위해 은혜를 기도로 구하라. 내가 그리스도께 가까이 다가가기를 구하는 것처럼 그리스도께서 네게 가까이 다가오시기를 기대하며 은혜의 수단들을 사용하라. 깨어 기도하며 하나님의 말씀을 읽고 들으라. 예배를 드리고 하나님의 백성들과 교제하라. 네가 정말로 변화된 존재이며 참회한 신자이며, 네가 바라던 새 심령이 네 안에 두어졌다는 것을 스스로 의심없이 알게 될 때까지 계속 그렇게 하라.

이 권고의 강조는 첫 단계로 그리스도께 직접 요청해야 할 필요성에 있다.

> 양심이 너를 지체하지 못하게 하라.
> 그리고 어리석게 예의를 차리려고 하지 말라.
> 주님께서 요구하시는 모든 예의는
> 네가 주님을 필요하다고 느끼는 것이다.

즉 자신이 더 훌륭한 사람이라고 생각될 때까지 행동을 미루지 말며 솔직하게 자신의 약함을 고백하고 지금 이 자리에서 오직 우리를 더 나은 존재로 만드실 수 있는 유일한 분이신 그리스도께 자신을 맡기고 자신의 영혼에 그리스도의 빛이 떠오르기까지 그를 섬기라는 것이다. 왜냐하면 성경이 그렇게 될 것이라고 약속하기 때문이다. 그리스도와의 이 직접적인 관계보다 못한 것은 복음어 대한 불순종이다. 이것이 옛 복음이 듣는 자들에게 요구한 정신 훈련이다. "내가 믿나이다―주여 나의 불신을 도우소서." 그들의 외침은 이러한 외침이어야 한다.

옛 복음이 확신있게 선포하는 것은 자신을 증거하시는 그리스도이자, 그를 신뢰하라는 성경적 초대들이 설명되고 적용될 때 실제 설교자이신 그리스도는 수동적으로 인간의 결정을 기다리고 계신 분이 아니라 전능하시고 능동적이신 분이시며 말씀과 함께, 말씀을 통해 역사하심으로 자기 백성을 믿음으로 인도하시는 분이시라는 것이다. 새 복음의 설교는 '그리스도께 사람들을 인도하는' 일로 자주 묘사된다. 즉 마치 인간들만이 활동하고 그리스도께서는 가만히 서 계시는 것처럼 묘사하는 것이다. 그러나 옛 복음을 전하는 일이 훨씬 적절하게 그리스도를 인간들에게 모시고 가는 것으로 묘사될 수 있을 것이다. 왜냐하면 옛 복음을 전하는 사람들은 자신들이 그리스도를 사람들 앞에 제시하는 일을 할 때 자신들이 선포하는 전능의 구주께서 자신들의 말을 통해 자신의 역사를 행하시고, 구원을 가지고 죄인들을 방문하시고, 죄인들을 믿음에 눈뜨게 하시어 긍휼함으로 그들을 자신께로 이끄시느라 바쁘시다는 것을 알고 있기 때문이다.

오웬이 우리에게 전하라고 가르치는 것이 바로 이 옛 복음이다. 즉 믿음과 구원의 창시자이시며 완성자이신 그리스도 안의 하나님의 주권적 은혜의 복음인 것이다. 이 복음은 오웬의 원칙들에 근거해서만 전파될 수 있는 복음이다. 그리고 이 달콤한 맛을 본 사람들은 절대로 다른 복음을 찾지 않게 될 것이다. 이 복음을 믿고 전파하는 일에 있어서도 다른 일들에서와 마찬가지로 예레미야의 말이 적용된다.

> 여호와께서 이같이 말씀하시되 너희는 길에 서서 보며 옛적 길 곧 선한 길이 어디인지 알아보고 그리로 행하라 너희 심령이 평강을 얻으리라(렘 6:16).

오웬이 우리를 금하는 것처럼 우리가 유행하는 현대의 대용 복음에 동조하는 것을 스스로 금하는 것은 우리에게나 교회에나 좋은 일이 될 수 있다.

더 많은 것을 말할 수 있으나 더 나아가는 것은 개론의 한계를 넘는 것이 될 것이다. 앞에서 말한 내용들은 단순히 현재에 있어 그리스도의 구원의 역사에 대해 성경이 말하는 바에 대한 오웬의 분석을 주의깊게 살펴보는 것이 얼마나 중요한가를 나타내기 위한 것이다.

5. 오웬의 저서

이 논문에 대해 약간의 논평을 덧붙이는 일만이 남아 있다. 이 논문은 오웬의 두 번째 대저술이었고 그의 첫 번째 걸작이었다(이 작품에 앞서 오웬은 26세에 『알미니안주의 표현』⟨A Display of Arminanism⟩을 출판했는데 그것은 연구 논문의 특성을 갖고 있다기 보다는 견습적 작품이었다).

『죽음의 종식』(*The Death of Death*)은 상세한 주해와 정밀한 논증으로 이루어진 딱딱한 책이다. 오웬이 완전히 파악한 바와 같이 이 책은 엄밀한 연구를 요구한다. 대강 훑어볼 때 이 책에서 많은 것을 얻지 못할 것이다.

> 독자 여러분 만일 여러분이 이 겉치레하는 시대의 많은 사람들같이 간판이나 제목에만 흥미를 갖고 보는 사람들이고 마치 카토(Cato, 로마의 정치가-역주)가 극장에 들어오는 것처럼 책 속에 들어왔다 나가버린다면 여러분의 멋대로 즐거웠을 것이니 잘가라는 인사밖에 할 말이 없다.[16]

오웬은 자신이 엄밀한 연구를 요구할 권리가 있다고 생각했다. 왜냐하면 자신의 책이 엄밀한 연구의 소산이었기 때문이다(칠년 이상…이 일들에 대한 하나님의 생각을 진지하게 연구하였고, 과거나 최근의 인간의 잔재주로 진리를 대적하여 발표한 모든 서적들을 정독함으로 도달할 수 있게 된 것이다.[17] 그는 자신이 기록한 바에 결론을 내릴 수 있다고 확신했다("나는 성공이 완전히 절망적인 것이 아니라 이에 대한 확고한 답을 보지 못하면 살지 않을 것이라고 결심하였다").[18] 시간은 그의 낙관이 정당하였음을 입증하였다.[19]

---

[16] Opening words, "To the Reader", Owen Works, X: 149.

[17] loc cit.

[18] Ibid, X: 156.

[19] 오웬은 보편적 구속에 대항하는 입장의 완전한 진술을 위해 "이 논쟁의 다른 부분 곧 그리스도를 보내신 원인에 대해" 다루는 더 발전된 책을 기술할 필요가 있다고 한번 이상 지적한다(pp 245, 295). 그 책의 주요 논제는 분명히 "하나님께서 그리스도를 보내신 근원과 원인은 자신의 선택된 자들, 오직 그들에 대한 영원한 사랑이다"가 되었을 것이며

그의 반대자들에 대해 말해야 할 것이다. 그는 보편 대속이라는 주제의 세 가지 변형에 반대하여 저술하였다. 앞에서 살펴본 고전적 알미니안주의와 사우머(Saumur)의 신학회(그 단체를 이끄는 대표자를 따라 아미랄드주의〈Amyraldism〉로 알려진 견해) 그리고 같은 잉글랜드의 평신도 신학자 토마스 모어(Thomas More)이다. 이 견해들 중 두 번째 견해는 사우머의 스코틀랜드인 교수, 존 카메론에게서 시작되었다. 그리고 이 견해는 그의 두 제자 아미라우트 또는 아미랄두스(Amyraut, Amyraldus)와 테스타드(Testard)에 의해 받아들여져 발전되었고 긴 논쟁을 야기시켰다. 이 논쟁에서 아미라우트와 다일레와 블론델은 리베트, 스팬헤임, 데스 마레츠(마레시 우스)에 의해 반대를 받았다. 사우머의 견해는 영국의 신교 신학자들 중에서 약간의 지지를 얻었고 (그 중에) 어셔 감독과 데이브넌트 감독 그리고 리차드 박스터에 의해 수정된 형태로 수용되었다. 그러나 오웬이 저술하던 때에 인쇄물로 이 견해를 옹호한 사람은 이들 중 아무도 없었다.[20]

(p 131) 이 책에는 "그리스도의 죽으심은 하나님의 선택한 신자들의 구원을 위하여 구별되고 정해진 수단으로 하나님께서 영원하신 지혜 가운데 결정하신 사람들은 자신들의 죄로 인해 당해야 하는 멸망을 조금도 경험하거나 받지 않는다는 것을 보여주는 하나님의 선택과 유기의 목적의 보다 넓은 해설"이 포함되었을 것이다(p 245). 따라서 이 책에는 오웬이 *A display of Arminianism*의 권두에 덧붙인 서신에서 약속한 '유기와 유기된 자들에 대한 그리고 그들의 모든 행동들에 대한 하나님의 섭리의 경영에 대한 우리 교리의 명쾌한 해결'(Works, X: 9)이 포함되었을 것으로 보인다. 그러나 그 책은 전혀 쓰여지지 않았다. 그렇지만 우리는 동일한 대적을 두 번 죽이는 것이 사실상 필요없다는 그의 결론을 이해할 수 있다.

20 *Davenant's Duae Dissertationnes*, 그 중 하나는 아미랄디안주의(Amyraldean)의 노선을 따라 보편적 구속을 옹호하는 것으로써 1650년 저자의 사후에 출판되었다. 오웬은 이 논문에 대해 깊은 인상을 받지 않았기 때문에 다음과 같이 이에 대해 기술했다. "나는 그의 논문 전체의 주요 근원과 그 근원에서 나온 많은 추론들이 말씀에서 찾은 것도 아니며 말씀에 근거한 것도 아니며 그 논문의 여러 부분들이 서로 상충하고 파괴적이라는 것을 입증할 책임을 맡는다"(Works, X: 433, 1650). Baxter는 보편적 구속을 옹호하는 공식적 논쟁을 썼으나 인쇄하지 않았다. 그러나 그가 죽은 후 1694년에 출판되었다.

사우머의 견해에 대한 굴드(Goold)의 요약을 인용해 보자.

> 그들은 하나님의 목적에 의해 그리고 그리스도의 죽으심을 통해 선택을 받은 자들은 구원을 향유함에 있어 무오하게 보장받는다는 것을 인정하였기 때문에 선행 섭리를 위해 투쟁하였다. 선행 섭리란 하나님께서 그리스도를 믿는다는 조건으로 모든 사람들에게 그리스도를 통한 구원을 자유롭게 주실 수 있다는 것이다. 따라서 그들의 학설은 '가정적 보편구원론'(hypothetical universalism)로 칭해졌다. 이 이론과 알미니안 이론 간의 분명한 차이는 전자에 있어 선택된 자들의 영적 회복을 위해 주장되는 절대적 보장이다. 그러나 이들은 속죄에 일종의 보편성이 있다고 생각하는 것과 모든 사람들이 성취할 수 있는 특정한 조건에 의해…모든 사람들이 그리스도의 죽음의 유익을 얻을 수 있다고 주장함에 있어 일치한다.

굴드(Goold)는 계속해서 말한다.

> 오웬의 독자들은…왜 그가 특별히 신랄하고 반복적인 진술로 조건적 체계에 대한 반박을 강조하는지 이해할 것이다. 이 이론은 그럴듯하여 많은 지식자들을 지지자로 얻었고 외국 교회들에서 통용되기 시작했다. 그리고 모어에 의해서도 받아들여진 것으로 보인다.[21]

---

21 'Prefatory Note' in *Works*, X: 140.

토마스 에드워즈(Thomas Edwards)는 모어(Thomas More)를 "링컨 주, 노르포크, 캠브리지 주에 많은 해를 입힌 대단한 평신도였다. 그는 보스턴, 킹즈린, 심지어 홀랜드에서도 유명하였고 곳곳에서 많은 추종자를 얻었다"[22]라고 묘사한다. 박스터의 묘사는 보다 유순하다. "위스비치와 린, 우수한 지방들인 직조자"[23](물론 모어의 대속 교리는 대체로 박스터 자신의 것이었다). 그러나 오웬은 그의 재능들을 대단하게 여기지 않기 때문에 사실을 전혀 숨기지 않는다.

모어의 『인류를 향한 그리스도 안의 하나님의 자유로운 은혜의 보편성』(*The Universality of God's Free Grace in Christ to Mankind*)이라는 저서는 1646년(그러나 굴드는 1643년이라고 말한다)에 나왔는데 분명히 상당한 영향력을 행사하였다. 왜냐하면 이 책이 나온 지 3년 내에 이에 대한 전체적, 또는 부분적인 논박을 하는 4개의 유력한 저술들이 나타났기 때문이다. 그 저술들은 토마스 휫필드(Thomas Whitfield)의 『토마스 모어에 대한…반박』(*A Refutation…of Thomas More*, 1646), 존 스탈햄(John Stalham)의 『대속의 변증』(*Vindiciae Redemptionis*, 1647), 오바댜 하우이(Obadiah Howe)의 『보편 구제론자에 대한 심리와 유죄 판결』(*The Universalist Examined and Convicted*, 1648) 그리고 같은 해에 출판된 오웬의 책이다.

모어의 해설은 본질적인 중요성은 거의 없어 보인다. 그러나 오웬은 모어이 해설을 당시까지 영국에 나타난 보편 구속에 대한 주장의 가장 완전한 진술로 골라 무자비하게 난도질한다. 그러나 현대의 독자는 모어를 반박하는 부분들(I:viii, II:iii의 마지막 장들 그리고 IV:vi)을 빠뜨리고 읽는 것이 편하다고 생각할 것이다.

---

22 *Gangraena* (1646), II: 86.

23 Richard Baxter, *Reliquiae Baxterianae*, i: 50.

마지막으로 오웬의 저서의 문체에 대해 말해 보기르 하자. 오웬의 글이 읽기에 지루하고 어렵다는 것은 부인할 수 없다. 그 이유는 모호한 배열 때문이라기 보다는 두 가지의 다른 요인들 때문이다.

첫 번째 요인은 그의 무겁게 전개하는 문학 스타일이다. "오웬은 코끼리의 점잖고 묵직한 걸음으로, 때로는 그의 볼품없는 몸짓으로 자신의 주제를 여행한다"고 톰슨은 말한다.[24] 이 말은 좋게 표현한 것이다. 오웬의 많은 산문은 키케로풍의(웅변적인) 라틴어로 이루어진, 한 편의 사상을 대강대강 단숨에 써버린 번역처럼 보인다. 그의 산문은 분명히 어떤 어색한 의엄을 갖고 있다. 마치 석기 시대 유적인 돌기둥의 위엄과 같은 것이다. 그러나 독자는 문장들의 의미를 이해하기 위해 두 세 번 되풀이해 읽어 보지 않을 수 없는데 그러므로 인해 하나의 논리를 좇아가는 것이 훨씬 더 어려워진다. 그러나 본 저자는 그 어려운 곳들을 큰 소리를 내어 읽으면 대개는 곧 드러나게 된다는 것을 발견했다.

두 번째의 모호하게 하는 요인은 해석자로서의 오웬의 근엄함이다. 그는 하나의 주제에 들어가는 정신을 느슨하게 하는 노골적인 도입에 대해 그리고 뿔뿔이 흩어진 요점들을 작은 영역으로 만들어버리는 포괄적인 요약에 대해 오만한 멸시감을 갖고 있었다. 분명히 그는 머리에 자신의 줄거리 전체를 기억하고 독자들도 똑같이 하기를 기대한다. 그의 장 구분들은 그의 화법 구조에 대한 기대와 일치하지 않는다. 왜냐하면 비록 주제의 변화는 대개 장 구분에 의해 드러나지만 오웬은 종종 사고의 일단락이 전혀 없이 새 장을 시작한다. 또한 그는 문학적 조화에 관심이 없다. 하나의 화제에 부여되는 공간은 그 상대적인 중요성에

---

24 loc cit.

의해 결정된다기보다는 고유적인 복잡성에 의해 결정된다.

그러므로 사항들이 어떻게 연결되는가를 살핌으로 무엇이 기본 사항이고 무엇이 2차적인 사항인가를 풀어내는 일은 독자에게 맡겨진다. 진지하게 『죽음의 종식』을 붙잡고 씨름하는 사람은 아마도 누구나 이 책을 연구하기 위해 펜과 종이를 사용하여 설명의 진행을 적는 것이 도움이 된다는 것을 발견할 것이다.

우리는 오웬을 연구함으로 얻게 되는 보상이 수반된 모든 수고만큼의 가치가 있다는 것을 다시 말함으로 그리고 연구자의 길잡이를 위해 다음과 같은 관찰들을 제시함으로 결론을 내리고자 한다.

① "독자에게"라는 서간으로 시작하는 것이 중요하다. 왜냐하면 그 서간에서 오웬은 자기가 하고자 하는 바와 그 이유를 간결하게 나타내고 있기 때문이다.
② 이 논문을 전체적으로, 순서대로 읽는 것이 중요하다. 그리고 오웬의 완전한 입장의 성경적 기초들이 제시되는 I부와 II부의 내용들을 숙달하기 전에 III부와 IV부로 건너뛰지 말라.
③ 한번 읽음으로 이 대진술의 설득력과 진의를 파악 하는 것은 거의 불가능하다. 이 저술은 읽고 또 읽어야 그 진가를 올바르게 인식하게 된다.

9장
청교도의 칭의 교리와 쇠퇴

1. 칭의의 고백

"신학상의 칭의의 고백은 인간의 삶의 핵심, 곧 인간의 삶과 하나님의 관계에 영향을 끼친다. 칭의의 고백은 교회의 설교와 믿음 생활의 실존과 진보, 인간의 안전의 근원 그리고 인간의 미래에 대한 전망을 정의한다." G. C. 베르카우어(Berkouwer) 교수[1]는 바울에 의해 발표되고 종교개혁에서 재파악된 칭의를 이렇게 평가한다. 칭의는 독일, 스위스, 프랑스, 영국의 모든 종교개혁 지도자들과 그들이 발기한 모든 고백들이 하나의 초점으로 집약되는 진리이며 그들 모두가 교회의 흥망이 좌우되는 지점으로 보았던 진리이다.

선구자 루터는 사탄의 계략에 대한 자신의 이해로부터 나온 확실한 추론으로 다음과 같이 예언했다. 즉 이를 전파하는데 오랫동안 자신이 도구가 되어 왔던 오직 믿음에 의한 칭의라는 현재의 이 진리가 자신이

---

[1] G. C. Berhouwer, *Faith and Justification* (Eerdmans: Grand Rapids, 1954), p 17.

죽고 나면, 보다 강력한 공격을 받을 것이며 신학은 이 진리를 다시 한 번 오류와 불가해 속으로 가라앉히는데 이바지하는 방식으로 발전할 것이라는 예언이었다. 우리는 청교도 저자들이 이 교리가 매우 공격받기 쉽고 오직 은혜만이 이 교리가 망각되는 것을 막을 수 있다는 유사한 의미를 말하는 것을 발견한다.

1) 칭의가 복음의 신비이다

즉 은혜에 의한 신령한 계시의 문제이다. 그러므로 칭의는 이중적으로 교만을 꺾는다. 칭의는 신앙적 판단력의 도움이 없이는 절대로 추측될 수도 해결될 수도 없는 것이기 때문에 지성의 교만을 꺾는다. 또한 칭의는 모든 인간의 죄 가운데 절망적이며 무기력하다고 가정함으로 도덕적 교만을 꺾는다.

당연히 사람들은 이 교리를 불쾌하게 생각한다. 그리고 로버트 트레일(Robert Traill)은 그의 걸작 『칭의에 대한 신교 교리의 변증』(*Vindcation of the Protestant Doctrine Concerning Justfication*, 1692)에서 변치 않는 진리로 다음과 같이 말했다.

> 하나님의 지혜에 대한 사람들의 이 적의는…많은 교역자들로 하여금 그리스도의 참 복음보다 더 사람들의 마음에 들고, 더 사람들이 좋아하고 더 쉽게 이해되는 복음으로 꿰어 맞추어 만들려는 유혹을 준다.[2]

---

2 *The Works of Robert Traill* (Banner of Truth: Edinburgh, 1975), I: 313.

이렇게 칭의의 신비는 끊임없이 인간의 교만에 의해 위협받는다.

2) 칭의는 점증하는 신비이다

이는 마치 사다리의 아래 층계들을 밟아 올라가 다다르는 맨 위 층계, 또는 아아치를 받치고 있는 벽돌들을 지지해 주는 종석(keystone)과 같다. 트레일은 다음과 같이 기술했다.

> 기독교 진리의 모든 위대한 기초들은 이 칭의의 진리에 집중해 있다. 신성의 삼위일체 인격들, 성부의 독생자의 성육신, 하나님께서 육신을 취하사 순종과 희생으로 세상의 죄를 대신하여 하나님의 율법과 공의에 치루어진 배상 그리고 이 모든 것을 계시하는 성경의 신적 권위는 모두 이 배상의 전가와 적용에 의한 죄인의 칭의 교리에 집중된 진리의 수직선이다.[3]

문맥상 트레일의 주장은 칭의를 부정하는 것은 다른 진실들도 부정하게된다는 것이다.[4] 그러나 이것들을 의심하는 것은 칭의까지도 상실하게 된다는 반대의 주장도 역시 성립된다. 이 일이 우리 시대에 발생한 것이다. 성경의 권위, 하나님의 진노, 속죄에 대한 그릇된 신앙은 성경적 의미로 칭의를 선언하는 모든 근거를 제거하였다. 그리하여 이단적 신학이 칭의의 신비에 대한 이차적 위협이 되고 있는 것이다.

---

3 Ibid, p 332.
4 "그리스도의 의 가운데 믿음에 의한 칭의교리의 폐기는 기독교 신앙 자체를 배반하기까지 멈추지 않는 많은 자들의 배교의 첫걸음이었다"(Ibid, p 333).

3) 칭의는 죄를 깨달은 인간의 교화된 양심만이 감지할 수 있는 신령한 신비이다

"칭의라는 주제는 이에 의해 크게 해를 당해 왔다"라고 트레일은 불평한다. "곧 심령과 양심이 이 진리에 대해 전혀 영향을 받은 적이 없는 많은 자들이 이 진리에 대해 손과 펜을 사용했던 것이다."[5] 존 오웬은 그의 고전적 저술 『믿음에 의한 칭의 교리』(*The Doctrine of Justification by Faith*, 1677)의 서문에서 긍정적 주장을 다음과 같이 진술한다.

> 칭의 교리는 인간 양심에 대한 실제적 지시이다. 이 교리를 다룸에 있어 예정될 수 있는 유일한 목적은 신앙을 저버린 상태에 마땅히 내려질 저주로부터 구원을 받고 하나님과 평화를 누리기 위해 예수 그리스도로 말미암아 양심을 하나님께 적용시키고 그 영향력으로 복음에 완전한 순종을 하는 것이다. 그러므로 이 교리를 정당한 방식으로 다루고자 하는 사람에게 요구되는 것은 그가 주장하는 모든 것을 자신의 마음과 경험 가운데 심사숙고하고, 자기 자신이 하나님께 가장 가까이 접근하여 자신의 마음의 가장 깊은 곳에서 따르고, 위험들에 대해 스스로 놀라고 깊은 고뇌를 하고, 스스로 죽음을 각오하고 하나님과 자신의 무한한 거리를 가장 겸손하게 묵상한 바가 아닌 것은 감히 다른 사람들에게 제안하지 말라는 것이다. 이 요소들을 가미하지 않는 다른 관념들은…무미건조하

---

5 Ibid, p 332.

고 쓸모없는 것이다…[6]

1690년대의 '천박하고 공허하고 경박한 기질'이 트레일에게는 칭의에 대한 바른 사고의 중대한 장애로 보였다(만일 그가 우리 시대에 살았다면 무엇이라고 말했을까?). 하나님께로 나아감에 있어 진지성과 경험이 결핍된 영적 경박성은 세 번째 각도에서 볼 때 칭의의 신비를 위협하는 것이다.

4) 칭의는 생명을 제공하는 신비이다

즉 양심의 참된 평화가 소망과 사랑과 기쁨과 확신의 근원인 것이다. 그러므로 청교도들은 루터와 마찬가지로 칭의의 신비에 대한 네 번째 위협을 사탄의 적으로 보았다. 왜냐하면 그들은 하나님과 그의 백성들의 대적이 하나님께서는 풍성한 영광이며 인간들에게는 유익이 되는 이 진리를 반드시 은폐하려 함을 알았기 때문이다.

5) 칭의는 모순된 신비이다

행위에 위한 칭의는 타락 이래 인류의 자연 종교였다. 그러므로 트레일은 '율법이나 복음에 대해 아무 것도 모르는 무지한 자들', '모든 오만하고 안전하다고 확신하는 죄인들', '모든 형식주의자들', '자연 종교에 열심으로 헌신하는 모든 자들'은 '복음에 대한 철저한 대적자들'로

---

6   John Owen, *Works*, V: 4 (see Chapter Four n 43).

집합한다고 말한다.[7] 청교도들은 펠라기안주의, 알미니안주의, 반종교개혁 로마가톨릭주의이라는 신학적 트리오를 복음에 의해 수태된 사생아로 보았다. 그러므로 트레일은(하나를 취하여 나머지를 나타내어) 다음과 같이 기술한다. "알미니안주의의 원리들은 육에 속한 마음의 자연적인 진술들로 하나님의 율법과 그리스도의 복음 모두에 대한 적의이다. 그러므로 교황주의라는 사해(이 흐름은 알미니안주의로 흘러 들어간다)에 이어 펠라기우스로부터 이 시대에 이르기까지 이들은 그리스도의 교회에 가장 큰 재앙이 되어 왔다…알미니안주의에는 인간의 영혼을 진지하게 다루는 성직자가 없으며 모든 중생되지 못한 심령에서 알미니안식의 칭의를 찾고 있을 뿐이다."[8] 이와 같이 자연종교는 칭의의 신비에 대한 다섯 번째의 위협이다.

이 모든 점에 있어 청교도들에 대한 나의 개인적인 동의는 그들의 입장을 설명하는 내 방식에 의해 명확하게 제시되었을 것이다. 많은 현대인들은 로마서와 갈라디아서 그리고 그 밖의 곳들에서 율법의 행위와는 무관한 그리스도를 믿음으로 말미암는 칭의에 대한 바울의 강조적 주장을 그의 긍정적 신학의 중심과는 거리가 먼 반유대적 논쟁에 불과한 것으로 간단하게 처리해 버린다. 나는 이 견해를 극악하고 치명적인 오류로 거부하며, 오늘날 이러한 견해의 유행을 바로 앞에서 열거한 다섯 가지 위협으로 설명한다.

나는 개신교의 칭의 교리를 신약성경의 칭의 교리와 동등하다고 생각함에 있어 그리고 이 교리가 당면하였던 위험과 투쟁들에 대한 분석에 있어 청교도들이 매우 옳았다고 믿는다. 나는 바로 이 관점으로부터

---

7 Traill, op cit, pp 313.

8 Ibid, pp 321, 329.

개신교의 교리가 청교도 시기 – 즉 16세기 후반기 말(퍼킨스의 시대)에서 17세기 말(오웬, 박스터, 굳드윈 그리고 그들 세대의 다른 사람들의 마지막 출판물들)까지 – 에 발전하였다가 쇠퇴한 노정을 추적해 보고자 한다. 우리가 예상하는 바와 같이 그 발전들은 영적 활력이 선명하게 타오른 집단에서 일어났다. 쇠퇴는 이성주의와 자연주의의 영향아래 일어났으며, 또한 복음적인 경건에 대한 오래된 적대감속에서 생겨났다. 우리는 먼저 그것의 발전을 살펴보기로 하자.

2. 칭의의 요점

루터의 칭의에 대한 설명은 전혀 냉정한 분석이 아니었다. 그의 로마서, 갈라디아서, 히브리서 그리고 시편 주석들(이 주석들은 사실상 교실의 강의들이었다)이 확실히 입증하는 바와 같이 루터는 강단에서나 출판물에서는 선언적이고 열정적이었으며 강의실에서도 여전히 그러했다. 그의 관심은 언제나 살아계신 하나님께서 십자가를 통해 죄인들을 의롭다 하신다는 것을 복음의 핵심으로 제시하는 것이었다.

그러므로 그는 칭의를 "나는 어떻게 자비로우신 하나님을 발견할 수 있는가? 나는 구원을 얻기 위해 무엇을 해야 하는가?"라는 인간의 절망적인 질문에 대한 하나님의 자비로우신 답변으로 설명했다. 개혁 신학 주류의 제2세대와 제3세대에 위치한 청교도들은 루터의 강조를 인계받아 거기에 더 발전한 관심, 즉 우리의 구원에 있어서 주 예수 그리스도의 위치와 역사와 영광을 정확하게 파악하려는 관심을 추가했다. 만일 루터의 관심이 복음적인 것과 설교의 기능이었다면 이런 더 발전된 관심은 영광의 찬미와 예배의 기능이었다(물론 이 양자의 관심 모두 신약성경에서 직접 나온 것이며 양립하는 것이 아니라 보충하는 것이다).

종교개혁자들의 칭의에 대한 설명은 다음의 일곱 가지 요점으로 요약된다.

① 모든 사람은 하나님의 심판대에 마주하여 하나님께 스스로 답변해야 한다. 교회는 이 일로부터 그를 보호할 수 없다.
② 모든 사람은 본성과 실행에 있어 죄인이며 하나님의 율법이 관련하는 한 비준행자이다. 따라서 그는 하나님의 진노와 퇴짜밖에 기대할 수 없다.
③ 칭의는 범죄한 죄인을 용서하시고 그를 의롭다고 인정하시고 자녀로 받아들이는 하나님의 사법적 행동이다.
④ 칭의의 원인은 인간의 노력이나 인간의 주도가 아닌 은혜이다.
⑤ 칭의의 근거는 우리의 공로가 아니라 그리스도의 대리적 의와 피흘리심이다.
⑥ 칭의의 수단은 예수 그리스도를 믿는 믿음이다.
⑦ 믿음의 열매, 즉 믿음의 실재의 증거는 분명한 회개와 선행의 삶이다.

후기에 개혁주의의 발전 이유는 로마 가톨릭주의와 알미니안주의와의 논쟁이었다. 이 논쟁은 그리스도와 그리스도인들 간의 구원의 연합의 본질에 대한 더 정밀한 숙고를 촉구하여 다음과 같은 세 가지 문제에 대한 사상의 발전에 이르게 되었다.

1) 칭의의 근거

트렌트 종교회의는 칭의를 용서와 용납에 추가된 내적인 갱신, 즉 갱신이 용서의 근거라고 정의하였으며 이어 칭의의 '유일한 형식적 원인'(unica formalis causa)은 수단적 원인인 세례를 통해 전달되는 하나님의 의(justitia)라고 확인했다.[9] 학파들의 용어에 있어 '형식적 원인'은 한 사물에게 그 특성을 부여하는 것을 나타냈다(즉 열은 뜨거운 것, 또는 뜨거운 특성을 가진 것의 형식적 원인이었다).

따라서 이 명제는 우리의 용서의 근거이신 그분이 우리에게 주입된 실제의 신적 의의 특성이라는 것이었다. 즉 우리가 우리 자신 안에서 참으로 의롭게 만들어졌기 때문에 하나님께서 우리를 위해 의로우시며 – 우리 죄에 대해 책임이 없다고 선언하신다는 것이다. 개신교의 보다 더 성경적인 용어로 이것은 중생하는 것, 또는 성화의 시작, 칭의의 근거였다. 대륙과 영국, 국교도와 비국교도의 다수의 개혁 신학자들은 [10] 결국 이미 칼빈[11]에 의해 명백하게 제시된 견해를 끌어내었다. 그 견

---

9 *Decrees of the Council of Trent*, VI: vii, cf V: v; 모두 C. F. Allison, *The Rise of Moralism* (SPCK: London, 1966), pp 213f에 번역되었다. 이 책은 17세기에 칭의교리에 대한 많은 생각을 자극하는 자료가 모여 있다.

10 Among the Anglicans were Richard Hooker; Bishops George Downame, John Davenant, James Ussher, Robert Hall, Thomas Barlow, John Bramhall, William Beveridge; and Thomas Tully. Among the Presbyterians and later non-conformists were Anthony Burgess, John Owen, and Robert Traill. I celebrate Traill's excellent discussion in the chapter text; and John Owen's treatise, *The Doctrine of Justification by Faith through the Imputation of the Righteousness of Christ; Explained, Confirmed, and Vindicated* (1677; *Works*, V) is justly described as a 'great work' by the editor, William Goold (V: 3).

11 "우리가 하나님 앞에서 의롭다 하심을 얻는 것은 온전히 그리스도의 의의 개입에 의함이다. 이것은 인간이 스스로 의롭지 못하여 마땅히 처벌을 받아야 함에도 불구하고 그리스도의 의가 전가에 의해 그에게 전달되는 것이라고 말하는 것과 동일하다. 따라서 믿음이 그를 의롭게 하시는 하나님의 성령의 영향 아래로 인도함으로 사람이 믿음에 의

해는 칭의의 '유일한 형식적 원인'은 전달된 하나님의 의가 아니라 전가된 그리스도의 의라는 것이다.

신학자들은 그 의미를 더 명확히 하려고 그리스도께서 하나님의 율법의 계율들을 지키시는 능동적 순종과 율법의 형벌을 받으시는 수동적 순종을 구별하여 우리가 의롭다고 인정받는 것이 양 국면 모두에 대한 그리스도의 순종을 우리에게 전가함에 의존한다고 주장했다.

동일한 부분이 알미니안주의자들에 반대하여 주장되었다. 알미니안주의자들은 믿음이 그 자체에 있어 사실상 개인적인 의이므로 믿음이 "의로 간주된다"고 생각했고 복음을 하나님의 새 율법으로 보았다. 로마 가톨릭과 알미니안주의자들 모두에 대한 반론은 그들이 신자 자신에게서 칭의의 근거를 찾음에 의해 한편으로는 인간의 교만을 만족시키고 다른 한편으로는 마땅히 하나님의 아들께서 받으셔야 할 영광을 도적질한다는 것이었다. 개신교 저술가들은 만일 그리스도가 없다면 우리의 칭의가 불가능할 것이다라고 말하는 것으로는 충분하지 않다고 생각했다. 우리는 우리에게 의가 전가되고 죄가 말소되는 것은 우리의 대표자이시며 우리를 대신하여 죄를 짊어지신 분의 순종으로, 오직 그 순종으로 인한 것이라고 계속하여 말해야 한다는 것이다.

비록 '형식적 원인'이라는 어구와 능동적 순종과 수동적 순종의 구별이 웨스트민스터 신앙고백의 칭의에 대한 진술에 나오지 않지만 그럼에도 불구하고 이 진술은 이런 교환속에서 익숙해진 정통한 논쟁적 공격들과 마찬가지로 사고의 정확성과 균형을 나타내는 고전적 표현이

해 의롭게 된다는 부조리한 교리는 사라진다"(Inst III: xi: 23). See also Calvin's discussion of Session VI of the Council of Trent, *Tracts and Treatises* (Eerdmans: Grand Rapids, 1958), III: 108ff, especially pp 114-121.

다. 웨스트민스터 신앙고백은 다음과 같이 말한다.

> 하나님께서는 효과적으로 부르신 자들을 값없이 의롭다고 간주하신다. 이 칭의의 근거는 그들 속에 의를 주입하심이 아니라 그들의 죄를 용서하시고 더 나아가 그들의 인격을 의롭다고 간주하시어 기쁘게 받아 주심이다. 하나님께서 이렇게 하심은 그들 안에 무엇이 이루어졌거나 그들이 무엇을 성취하였기 때문이 아니라 다만 그리스도 때문이다. 다시 말해서 믿음 자체나 믿음의 동작이나 기타 복음적 순종을 그들의 의라고 불러 주심이 아니고 다만 그리스도의 순종으로 성취하신 의와 및 그의 만족한 속상(贖償)을 그들에게 전가시키심이다. 이 점에 있어서 그들은 그저 믿음으로 그리스도를 영접하고 그의 의를 받아 그 안에서 안식할 뿐이다. 이 믿음도 그들 자신에게서 난 것이 아니고 하나님의 선물이다(XI:i)

2) 중생과 칭의

가톨릭 신학자들이 처음부터 공격한 것은 종교개혁자들이 내적 갱신과 주관적 의가 칭의의 어느 부분이 된다는 것을 부정하면서 칭의가 중생없이 존재할 수 있고 믿음이 선행없이 존재할 수 있음을 확언하고 있다는 것이었다. 후반부의 주장에 대한 로마가톨릭의 생각은 분명히 만일 선행이 구원을 가져오지 않고 구원이 선행없이 너그럽게 주어진다면 선행을 할 이유가 없다는 전형적인 율법주의자의 가정에 지배되는 것이었다. 성령의 선물인 성경적 믿음의 본질이 줄 곧 선행에 능동적이라는 종교개혁자들의 답변은 전혀 영향을 받지 않았다.

로마가톨릭은 신학적 이해와 신자 안에서의 성령의 역사에 대한 영적 인식 모두가 결여되어 있었다. 청교도는 그들 스스로 이 가톨릭의 논쟁과 동일한 논쟁에 직면해 있음을 발견했다. 이와 함께 그들은 알미니안의 주제와도 맞서야 했다. 알미니안의 주제는 칭의는 믿음이 궁극적으로 분석해 볼 때 인간의 활동일 뿐만 아니라 행위이기도 하다는 것이다.

즉 선행하는 은혜가 비록 필수 조건이기는 하지만 효과적인 원인은 되지 않으며, 칭의의 믿음은 독자적인 성취라는 것이다. 물론 이를 근거로 하여 믿음이 사랑으로 인해 작용할 것이라는 신적 보증이 존재할 수는 없다. 종교개혁 사상가들이 볼 때에 알미니안주의자들은 이 점에 있어 로마가톨릭의 손 안에서 놀아나고 있는 것 같았다. 로마가톨릭은 개신교도들의 칭의가 주관적 갱신과 분리된다고 불평하였다. 그리고 알미니안주의는 믿음이 언제나 선행을 하는데 실패할 수도 있다고 인정했다.

이 상황에 대한 청교도의 응답은 두 가지이다.

① 그들은 종교개혁자들의 '유일한 칭의의 도구인…믿음이…칭의된 그 사람 안에…고립되어 있는 것이 아니고 구원 성취에 필요한 모든 다른 은혜들과 함께 하며… 믿음은 죽은 것이 아니고 사랑으로 역사한다(웨스트민스터 신앙고백, XI:ii)라고 하는 주장을 재확인했다.

② 청교도들은 칭의의 믿음이 중생-즉 성령의 주권적 역사를 통한 부활하신 그리스도와의 활력있는 연합-을 포함하는 효과적인

부르심을 통해 하나님에 의해 주어진다는 것을 강조했다. 여기에서 새로운 피조물의 활동으로 죄인의 복음에 대한 응답이 흘러 나오는 것이다(조지 스미턴은 청교도 신학을 '그 자체에 있어 하나의 주제로 계발되고 확대되는 중생의 신학', '본성과 은혜 간의 구별을 분명히 하는 것이 두드러진 특색인' 신학이라고 정확하게 묘사했다).[12] 이 강조는 비록 칭의와 중생이 별개이지만 후자없이 전자는 생길 수 없음을 입증함으로 카톨릭에게 답변했고 인간의 믿음이 얼마나 완전하게 하나님의 선물인가를 입증함으로 알미니안주의자들을 처리했다.[13]

3) 칭의와 언약 관계

청교도는 '언약 신학'이라고 칭해지는 것을 발전시켰다. 그들은 이 신학을 이신칭의라는 보석이 진열되어야 할 성경적 무대로 보았다. 그

---

12 George Smeaton, *The Doctrine of the Holy Spirit* (Banner of Truth: London, 1958), pp 327f.

13 In the *Westminster Confession*, Chapter X (Of Effectual Calling) precedes Chapter XI (Of Justification). 제10장의 처음 두 단락은 다음과 같다. "하나님께서 영생주시기로 예정하신 사람들에게 한하여 그 기쁘신 뜻대로 그들을 부르시되 다음과 같이 하신다. 그의 정하신 적당한 시기에 부르시는데 그들을 그 본성화되어 있는 죄와 사망의 처지에서 그의 말씀과 성령으로 부르시어 그리스도로 말미암은 은혜와 구원에 이르도록 하신다. 그런데 그 부르심으로 이루어가는 일들은 구원받도록 영적으로 그들의 마음을 밝혀 하나님의 사리들을 깨닫게 하시며 그들의 돌같이 굳은 마음을 제하시고 살같이 부드러운 마음을 주시며 그들의 의지를 새롭게 하여서 전능하신 능력에 의하여 그들을 선한 방향으로 정착시키시며 또한 효과적으로 그들을 이끌어 예수 그리스도에게 나아오게 하신다. 그들은 그의 은혜에 의하여 자원하여 가장 자유롭게 나아오게 된다." "효과적인 부르심은 하나님의 거저 주시는 특수 은총으로 되는 것이다. 그것은 하나님 편에서 사람에게 있는 어떤 조건을 미리 내다보신 데서 생긴 것이 아니며 인간 편에서도 성령에 의하여 소생되고 새롭게 되어 그 부르심에 응답하며 그 전달된 은혜를 받는데 이르기까지 전적으로 피동적일 뿐이다."

들은 복음을 다음과 같이 선언하는 것으로 정의했다.

> 인류는 범죄하였으므로 행위 언약으로는 생명에 이를 수 없게 되었다. 그러므로 하나님은 둘째 언약을 맺어 주시기를 기뻐하셨다. 그것을 일반적으로 은혜 언약이라고 하는데 이 언약에서 그는 죄인들에게 예수 그리스도로 말미암은 영생과 구원을 거저 제공하셨고 사람들이 이 구원을 받으려면 그리스도를 믿어야만 되도록 하셨고 영생을 얻기로 예정된 자들에게 성령을 주셔서 그들로 하여금 자원하여 믿도록 해주신 것이다(웨스트민스터 신앙고백, VII:iii).

그들은 이 언약 개념을 세 가지 이유로 인해 소중히 여겼다.

① 언약 개념은 하나님이 신자들을 구원하신다는 약속을 선민들을 믿음으로 인도하시는 하나님의 목적과 연결하시기 때문이다.
② 언약 개념은 하나님의 구원 목적 단계들인 '황금 사슬' 가운데 칭의의 위치를 부여하기 때문이다(앞에는 선택, 구속, 효과적인 소명이 있고 뒤에는 성화와 영화가 있다).
③ 언약 개념은 자기 백성의 중보자이시며 연합의 머리이신 그리스도의 구원 사역에 뚜렷하게 초점을 맞추기 때문이다. 웨스트민스터 신앙고백은 청교도 언약 신학을 고전적 형태로 구현하였다. 그 성경적 정확성은 이 신앙고백에 의해 예증된 성경적 증명들의 연구자 스스로가 안전하게 판단하도록 맡길 수 있는 것이다.

청교도의 칭의 교리 발전의 마지막 요소는 청교도 진영 내의 그릇된 진술로부터 이 교리를 보호하는 것이었다. 웨스트민스터 신앙고백 11장은 이러한 두 가지의 탈선을 막고 있다.

① 칭의가 영원부터, 즉 믿음 이전에 존재한다는 것이다. 이 회합의 초대 회장이었던 윌리암 트위스는 이를 알미니안주의에 반대하는 자신의 입장으로 주장하였다. 그러나 이 사상은 비성경적일 뿐만 아니라 목회에 있어서 해가 된다. 왜냐하면 이 사상은 칭의의 믿음을 사람이 칭의를 받았다고 알고 있는 것으로 끌어내림으로 탐구자들이 그리스도에 대한 적극적인 신뢰를 행사하는 대신 확신을 얻기 위해 하나님을 기다리는 상태가 되게 하기 때문이다. 여기에서 일어난 말썽은 칭의를 선택에 일치시킨 것이다. 그래서 웨스트민스터 신앙고백은 정확한 구분을 함으로 이 문제를 처리한다. "삼위일체이신 하나님의 구원 역사에 있어서 하나님은 영원 전에 모든 택한 자를 의롭다 하시기로 예정하셨고…그렇지만 그들이 의롭다 함이 되는 것은 성령께서 실제로 적당한 때에 그리스도의 은혜를 그들에게 실시하심으로 비로소 실현된다"(XI:iv).

② 두 번째의 그릇된 개념은 하나님께서 칭의를 받은 자들의 죄를 간과하신다는 것이다. 이 개념은 정통 신학자들에 의해 '도덕률 폐기론'(Antinomi-an)이라고 칭해진 입장으로 1640년대에 대혼란을 야기시킨 바 있다.[14] 도덕률 폐기론자들(그들 중에는 유명한

---

14 개혁주의 정설부터의 많은 탈선으로 간주되는 도덕률 폐기론 교의들에 대한 매정하지만 명확한 요약이| James Buchanan, *The Doctrine of Justification* (London, Banner of

신학자가 하나도 없었다)은 그리스도 안에 있는 사람의 자유와 평안과 기쁨을 확대하려는 열심 가운데 두 가지 구별에 대한 시각을 상실해 버렸다. 그 두 가지 구별이란 행위 언약으로서의 하나님의 율법과 삶의 법칙으로서의 하나님의 율법 간의 구별과 칭의와 자녀로 삼으심, 또는 하나님의 신자에 대한 심판자로서의 관계와 아버지로서의 관계에 대한 구별이다. 그리하여 그들은 도덕률이 하나님의 자녀된 자들에 대한 하나님의 뜻을 표현하는 것으로 계속 신자들을 속박하고 있다는 사실과 만일 하나님의 뜻이 무시되거나 모독될 때 하나님과 신자들 간의 부자 관계가 깨진다는 사실을 깨닫거나 말하지 못했다. 웨스트민스터 신앙고백은 없어서는 안될 사항을 다음과 같이 말하고 있다.

의롭다 하심이 된 자들이 혹시 죄를 범해도 하나님은 그들의 죄를 계속적으로 용서하신다. 비록 그들이 범죄한다 해도 칭의된 상태에서 떨어지게 되는 일은 없다. 그러나 그 범죄 때문에 그들은 하나님의 아버지로서의 분노를 당하게 된다. 그럴 때에 그들이 스스로 낮아져서 죄를 자백하며 용서를 빌고 믿음과 회개를 새롭게 하기까지는 하나님의 얼굴 빛을 자기들에게로 회복하지 못한다(XI:v).

Truth: 1961), pp 171ff에 제시된다. 도덕률 폐기론의 중요한 저자들은 John Eaton, Henry Denne, Robert Towne, John Saltmarsh 그리고 (어떤 사람들의 견해에 있어) Tobias Crisp였다.

3. 칭의 교리의 왜곡

이제 우리는 그림의 보다 슬픈 쪽을 향하여 영국에서 칭의 교리를 왜곡시켰고 심지어 청교도 자신들 가운데에서까지 칭의 교리 본연의 영향력을 점진적으로 빼앗아 버린 세력들을 추적해 보기로 하자. 이 부분은 알미니안주의와 리차드 박스터의 신도덕률주의(Neonomianism)를 다룬다. 16세기 전환점에 제이콥 허맨드준(Jacob Hermandzoon, 알미니우스)에 의해 제창 되어 1610년의 항의(the Remonstrance)에서 공식화되어 암스텔담의 항의 세미나에서 에피스코피우스(Episcopius), 커셀라이 우스(Curcellaeus), 림보취(Limborch)에 의해 가르쳐진 알미니안주의는 본래 개혁주의의 몇몇 기본 선언들에 대한 부정이었다.

① 우리의 주제와 관련된 첫 번째 부정은 이미 주지된, 곧 인간의 믿음 활동이 전적으로 하나님의 선물이라는 것이었다.
② 부정은 하나님의 계획에 있어 그리스도의 능동적이며 수동적인 순종에 의한 구속의 획득과 성령에 의한 구원의 적용 간에 직접적인 상관이 있다는 것이었다 — 즉 전자가 후자를 확보하고 보증한다는 의미에 있어 직접적이라는 것이다. 알미니안의 대안은 그리스도의 속죄가 모든 사람의 구원을 가능하게 했으나 반드시 현실상의 특정인들을 위한 것은 아니라는 것이었다. 이것은 대속으로서의 속죄개념을 폐기하는 것을 뜻했다. 왜냐하면 대속은 그 본질 자체에 있어 그 할 일을 대리자에 의해 대행받은 사람에게 실제적으로 책임 면제를 보장하는 사실상의 관계이기 때문이다.

하나님께서는 나의 보증인이며

주님의 손에서와 나의 손에서

두 번 배상을 요구하실 수 없다네.[15]

형벌의 모범으로써 구속을 나타내는 그로티우스(Grotius)의 유명한 또는 파렴치한 이론은 알미니안 개념이 분명하게 제시된 몇 가지 방식들 중의 하나였다.

③ 우리의 주제와 관련된 알미니안주의의 부정은 은혜 언약이 하나님께서 자신의 선택된 자에게 "내가…할 것이고…너는…하게 되리라"고 말씀하시는 효과적인 부르심에 의해 일방적이며 무

---

[15] '믿음의 소생'이라는 제목의 A. M. Toplady가 지은 찬송의 한 구절이다. 이 찬송은 그리스도의 속죄의 죽음의 특정인에게 주어지는 은총의(particularistic) 효력 즉 순수하게 대리적인 특성을 경건한 응답 가운데 가장 뚜렷하게 반영한다. Toplady가 쓴 바와 같이(현대 인쇄의 구술적 유연성은 때로 신학을 선명치 않게 한다) 이 찬송은 예수님과 사도 기록자들이 갈보리의 죽음이 사람들을 '대신할'(헬라어 후펠과 안티) 것이며 그러한 공로들의 완전한 예시라고 말함으로 의미한 바에 대한 개혁주의의 인지에 훌륭하게 초점을 맞춘다 (*Diary and Selection of Hymns of Augustus Toplady*, Gospel Standard Baptist Trust: Harpenden, 1969, p 193).

이 두려움과 불신은 어디로부터인가?
아버지께서 흠없으신 아들도 날 대신하여 고통을 지게 하시지 않았는가?
인간들의 의로우신 심판자께서 주님께서 대신 맡으신 죄의 빚을 인해 나를 정죄하실까?

주께서 속죄를 완결하셨네.
주의 백성이 빚진 모든 빚을 낱낱이 갚으셨다네. 주의 의에 피하고 주의 피로 뿌림을 받았는데 어찌 내게 진노가 있을 수 있을까?

주께서 나를 해방시키시고
값없이 나를 대신하여 하나님의 모든 진노를 받으셨다면
하나님께서는 내 보증인의 피흘리는 손에서 그리고 내 손에서 두 번 지불을 요구 하실 수 없다네.

그러므로 내 영혼아 편히 쉬라!
크신 대제사장의 공로가 네 자유를 샀다네.
예수께서 널 대신하여 죽으셨으니 그 효험있는 피에 의지하여 하나님의 버리실 것을 두려워말라.

조건적으로 부과한 관계라는 것이었다. 알미니안의 대안은 은혜 언약이 현재의 믿음을 조건으로 현재의 용서를 주고 믿음의 지속을 조건으로 최후의 구원을 주는 새로운 율법이라는 것이었다.

④ 믿음이 본질적으로 굳은 신뢰(타인을 신뢰하고 그가 행한 바를 신뢰하는 문제)라는 것이었다. 알미니안의 대안은 믿음이 본질적으로 의지적(어떤 일을 행하기 위해 - 즉 그리스도가 마련한 새 율법에 의해 살기 위해 전념하는 것)이라는 것이었다.

⑤ 칭의의 근거가 그리스도의 전가된 의라는 것이었다. 알미니안의 대안은 믿음 자체가 의 자체인 칭의의 근거(새 율법에 대한 순종)이며 하나님께서 그렇게 받아들이신다는 것이었다. 그들은 믿음이 "의로 여기신 바" 된다는 로마서 4:3, 5, 9의 언급들에 호소하였다. 그러나 로마서에는 '새 율법' 사상이 없고, 그리스도인의 의가 하나님의 선물이라는 주장(5:15-17) 그리고 죄인들이 경건치 아니할지라도 그리스도의 피로 말미암아 그들 자신의 행위와는 상관없이 의롭다 하심을 받는다는 반복적인 주장(4:5; 5:6-8)은 알미니안의 바울의 사상에 대한 이해가 사실상 잘못되었음을 밝혀준다.

알미니안주의는 청교도의 대열로 조금씩 잠식해 들어왔다. 재능을 갖고 있는 유일한 알미니안 청교도는 (롬 4장에 대한) 『믿음의 전가』(*Imputatio Fidei*), 『로마서 9장의 주해』, 『구속된 구속』(*Redemption Redeemed*), 『펼쳐진 칭의의 깃발』(*The Banner of Justification Displayed*)의 저자인 존 구드윈이었다. 그러나 찰스 시대의 잉글랜드 국교도들, 캠브리지의 플라톤 학파들 그리고 후기 광교파들(Latitudinarians)은 알미니안주의에 동조하고 강력한 반칼빈주의 논쟁에 가담했다. 그리고 왕정 복고 후 영국 기독교 신앙의 주류는 이 수로로 흘렀다. 이 후기 사상의 전형적인 인물은 (불행하게도) 영향력을 가진 불(Bull) 감독이었다. 그는 야고보와 바울을 해석하여 이 두 사람 모두가 행위에 의한 칭의를 가르치는 것으로 이해했다 (불의 견해에 의하면 믿음은 '사실상 완전한 복음적 순종'이므로 가장 완전한 의미에 있어 행위였다).[16]

이런 식의 알미니안 교리는 필연적으로 새로운 율법주의가 되었다. 이 새로운 율법주의의 중심 사상은 현재 꾸준하게 도덕적 노력을 하는 것이 내세의 구원으로 가는 길이라는 것이었다. 그리스도의 인격과 역사에 의지하는 믿음의 의미는 망각되었고 회심과 확신의 경험은 영혼에 위험한 '광신'으로 처리되었고 현재의 칭의는 더 이상 중요하거나 흥미있는 논쟁이 될 수 없었다.

유럽 대륙에서의 알미니안 논쟁의 한 가지 결과는 사우머신학교의 '신감리교도들'의 중재신학(the mediating theology)을 발화시킨 것이었다. 사우머에서 1618년에서 1621년까지 가르친 스코트 존 카메론에 의해 주창된 이 가르침은 모이스 아미라우트에 의해 발전되어 역사에 아미랄드주의(Amyraldism)라는 명칭으로 남게 되었다. A. W. 해리슨은 이를 가리켜 '칼빈주의와 알미니안주의 사이의 중간적인 것'라고 칭한다.[17]

아미랄드주의는 은혜 언약과 무한적(보편적) 대속에 대한 알미니안

---

16 *Harmonia Apostolica* (Library of Anglo-Catholic Theology), I: 58; quoted in Allison, op cit, chap 6, "The Theology of George Bull."

17 A. W. Harrison, *Arminianism* (Duckworth: London, 1937), p 111. Amyraldism is evaluated (under the name 'Post-redemptionism') in B. B. Warfield, *The Plan of Salvation*, Eerdmans: (Grand Rapids, 1984), pp 90-96.

견해를 채택하나 특별 선택, 효과적 부르심, 궁극적 보존에 대한 칼빈주의의 신앙을 그대로 보유 한다. 우리의 내용에 있어 이 주의의 중요성은 아마도 그리스도인의 실행에 대한 가장 위대한 청교도 저술가인 리차드 박스터가 이 이설을 지지했다는 것이다. 박스터가 이 이설에 흥미를 가지고 40년 이상을 캠페인한 결과 17세기로의 전환점에 아미랄드주의는 영국과 스코틀랜드에 인기와 악명을 얻게 되었다. 1690년대에 이 이설은 '박스터주의' 그리고 ('새 율법' 사상에 부여하는 탁월성 때문에) '신도덕률주의'로 칭해졌다.[18]

박스터의 견해는 자연신학(Natural Theology)에서 나왔다. 그는 하나님의 나라의 통치에 대한 성경의 가르침이 당시의 정치 사상들과 일치되어야 한다고 생각했다. 또는 그가 주장한 바와 같이 신학이 '정치적 방식'을 따라야 한다고 생각했다. 하나님은 통치자로 생각되어야 하고 성경은 그의 법전의 부분으로 생각되어야 한다는 것이다. 우리의 구원은 이중적인 의를 요구한다는 것이다.

즉 하나님의 새 율법의 제정에 이르는 그리스도의 의와 참된 믿음과 회개에 의해 새 율법을 순종하는 우리 자신의 의이다. 믿음은 곧 하나님의 새 율법인 복음에 대한 실제적 순종이기 때문에 의에 의해 전가되는 것이다. 그러나 믿음은 하나님의 최초의 법전인 도덕률의 수행을 포함하고 있다. 그러므로 모든 신자는 비록 새 율법에 의해 의로우나 옛 율법에 관련된 그의 결점들 때문에 매순간 용서를 필요로 한다.

옛 율법의 지시적이고 형법적인 요구들을 만족시킴으로 인류를 위한

---

[18] 1691년 박스터의 사후에 그의 위치는 Owen의 선례를 좇아 1692년과 1698년 사이에 일련의 5권의 책 가운데 Daniel Williams (*Gospel-Truth Stated and Vindicated*, 1692)와 Samuel Clark (*Scripture Justification*, 1698)에 의해 대신되었고(여러 사람들 중에) the Baptist Benjamin Keach에 의해 논박되었다.

새 율법을 제정하신 예수 그리스도는 참신자들을 용서하기 위해 보좌에 앉으신 하나님의 정부의 우두머리로 생각해야 한다. 주로 알미니안주의자인 휴고 드 그루트(Hugo de Groot, 그로티우스)에게서 배운 이 정치적 구조 개념들에 박스터는 아미랄드주의(Amyraldean 제한속죄 부정)의 구원론을 조화시켰다.

박스터는 우리의 칭의의 근거와 형식적 원인이 그리스도 자신의 의(즉 도덕 율법의 계율과 처벌을 완성하심)를 우리에게 전가함이라고 생각하는 자들은 논리적으로 "하나님께서 두 번 지불을 요구할 수 없다"는 원칙에 따라 도덕률 폐기론과 관련되었다고 확신했다. 이 점에 대한 그의 사고에 있어(비록 다른 곳에서는 그렇지 않았으나) 박스터는 그의 시대의 카톨릭 신자와 소시니아누스(Socinians) 신봉자들과 같이 용납과 구원을 얻기 위한 행위 외에 율법을 지키는 것은 하나님이나 인간을 위해 아무 소용이 없으므로 만일 율법이 일단 우리의 이름으로 지켜졌다면 우리 스스로 다시 율법을 지키라고 요구할 근거가 남아 있지 않다고 억측했다. 이 오해는 그로서는 너무 터무니없는 것이다. 그러나 이 율법주의 경향을 자신의 신학 체계에서 제거하지 못했다. 당연히 이 점에 대한 그의 신념(그는 이 신념을 숨기지 않았다)은 그의 생애 중 여러 시기에 걸쳐 강력한 논쟁을 야기했다. 이 논쟁 중에는 슬프게도 그의 지상에서의 마지막 몇 개월 동안에 있었던 논쟁도 포함된다.

그때 그는 토비아스 크리스프(Tobias Crisp)의 재판 설교들(처음에는 피너 회관 강의로, 다음에는 1691년에 성경적 복음의 옹호로)을 도덕률 폐기론이라고 공격함으로 장로파와 독립파 간의 '다행한 통합'이 거의 맺어지

기 직전에 깨뜨려 버렸다.[19]

크리스프(Crispian)의 논쟁은 많은 격한 저술들이 등장하게 했으나 그 중 가장 훌륭한 그리고는 가장 냉정한 로버트 트레일의 "칭의에 관한 신교의 교리와 그 설교자들과 교수들을 도덕률 폐기론이라고 하는 부당한 비난에 대한 해경의 저자로부터 이 나라의 한 목회자에게 보내는 편지"(1962)였다. 트레일은 침착하게, 그러나 효과적으로 박스터의 체계를 파괴하는 두 가지 주장을 했다.

첫째로 박스터의 체계는 로마서 5:12 이하에 제시된 두 번째 아담 그리스도의 대표적 지위와 명백히 일치하지 않는다는 것이다. 두말할 것도 없이 그리스도의 백성에게 그리스도의 의가 전가되는 근거는 그리스도와 그의 백성간의 이 독특한 연합 관계에 있는 것이다.

둘째로 박스터의 체계는 너무 인위적이고 영적으로 비현실적이라는 것이다. 왜냐하면 부정함과 죄의식의 무거운 짐으로 양심의 가책을 받는 죄인이 편안함을 얻는 것은 자신의 믿음이 새 율법을 따라 복음적인 의라는 것을 스스로 상기함으로 말미암는 것이 아니라 그리스도의 십자가를 바라봄으로 말미암은 것이기 때문이다. "나의 구주의 순종과 피는 나의 모든 범죄를 보이지 않게 가린다네." 자신의 믿음을 의라고 말하는 것은 경거망동이며 유혹인 것이다.

이것으로 필요한 말을 다한 것은 아니다. 박스터는 훌륭하고 덕이 높은 사람이었다. 목사와 복음전도자와 신앙적인 저술가로 그에 대한 칭찬은 과할 수가 없다. 그러나 신학자로 그는 비록 명민하기는 했으나 다소 불운했다. 성경의 가르침을 밝히고자 하는 시도로 간주되는 그의

---

19 Cf Peter Toon, *The Emergence of Hyper-Calvinism in English Nonconformity, 1689-1765* (The Olive Tree; London, 1967), chap 3, for details of the story.

'정치적' 신학에 대해 다음과 같이 정리될 수 있을 것이다.

① '정치적 방식'은 그 자체가 이성주의적이다. 17세기 정치학 이론에서 차용한 군주정치, 입법, 이상적 정부 개념들을 왕이신 하나님과 주님되시는 그리스도에 대한 성경의 선언에 맞추어 어색한 덮개를 만들려고 하는 것은 기이한 것일 뿐이며 신학적으로 위험하며 전체적으로 악한 인상을 준다.
② 죄에 대한 '정치적' 관념은 죄를 법률상의 범죄와 유사한 위반과 범죄(trasgression and guilt)로 나타낸다. 이 관념은 죄를 외면화함으로 영적 병약과 맹목과 도착(到着)으로서의 죄의 본질과 개인 속에 거하는 죄의 권세와 죄의 악마와 결탁하는 영향력은 덜 강조된다.
③ 그리스도를 그의 백성들의 우두머리로 보기보다는 하나님의 정부의 우두머리로 보고, 그리스도의 죽음을 우리 죄를 사면받음을 얻는 원인으로 보다는 필수 조건으로 보고 죄의 사면 자체를 개인적 용서로보다는 공적 특사로 보는 '정치적' 관념은 주 그리스도를 매우 멀어 보이게 하며 구주보다는 심판자와 더 흡사하게 보이게 한다. 분명히 이 관념의 고유적이며 필연적인 경향은 십자가에서의 우리를 위한 그리스도의 대속을 흐리게 하고 보좌에서 우리를 향한 그리스도의 연민을 경시한다.
④ 믿음을 신하의 충성과 위탁으로 보는 '정치적' 관념은 자기 절망적 의뢰의 중요성을 시야에서 놓쳐 버린다. 곧 이 관념에서 믿음은 영적 파산자가 빈 손을 뻗는 것이 아니라 굳은 결심을 한 임의 행위자가 어떤 강력하고 가치있는 행위를 개시하는 것으

로 보여진다.

⑤ 하나님에 대한 '정치적' 관념은 진정한 의미에 있어서 하나님을 상실한다. 이 사실을 아는 것은 중요하다. 박스터는 그로티우스를 좇아 하나님께서 타락한 인간을 회복시킴으로 스스로 영광을 받으려고 작정하셨을 때 율법을 응하게 함으로서가 아니라 율법을 바꿈으로 자신의 계획을 수행하셨다고 주장한다. 곧 최초의 율법의 형법적 요구를 철회하는 새로운 율법이 제정되었다는 것이다. 이 주장은 최초의 율법의 응보 요구가 하나님의 본성에 근거된 것이 아니라 통치의 위급성에 근거된 것이라고 가정한다. 여기에 문제가 되는 것은 신적 거룩이다. 개혁 신학은 하나님의 율법의 명령과 벌칙 모두를 하나님의 영원하고 불변한 거룩과 공의의 영존하는 표현으로 보고 하나님께서 자신의 율법을 희생시킴으로 죄인들을 구원하신 것이 아니라 그들을 대신하여 자신의 율법의 요구에 응하심으로 하신 것이며, 따라서 죄인들을 의롭다고 하실 때에도 여전히 공정하시다고 논증한다. 박스터의 이론 체계는 하나님의 죄에 대한 진노를 하나님의 변치 않는 특성의 계시보다 열등한 것으로 만듦으로 자비가 하나님의 도덕적 존재의 온전한 본질이라는 사상-후 시대의 자유주의에 의해 명시된 사상의 문호를 연다.

이렇게 박스터는 억지로 성경을 연역적 형틀에 맞추는 '정치적 방식'의 최초의 합리주의로 사실상 죄에 대해서는 도덕주의(Moralism), 그리스도에 대해서는 아리안주의(Arianism), 믿음과 구원에 대해서는 율법주의(Legalism)의 그리고 하나님의 죄에 대해서는 자유주의(Liberalism)의 씨앗들을 심었다.

　과거의 애정깊은 '실천적' 청교도 전통에서 나타난 바와 같이 박스터의 가르침에 깊이 배어든 이 씨앗들은 충분하게 잠복 상태에 있다가 후에 영국과 스코틀랜드의 장로교회로 하여금 쓰라린 수확을 거두게 하였다. 키더민스터의 리차드 박스터 교회가 오늘날 유니테어리언 교회가 되었다는 것은 슬프게 일치하는 사실이다. 우리가 박스터에게서 보는 바는 단지 청교도들 가운데에서의 칭의 교리의 쇠퇴만이 아니라 전체로서의 기독교 신앙의 본질에 대한 청교도의 통찰력이 쇠태하는 초기 단계인 것이다.

4. 휫필드의 설교

　이와 같이 한 세기 이상의 밝은 복음의 빛이 비추인 후에 알미니안주의는 잉글랜드 국교도의 정신에 흑암을 다시 가져왔고 박스터주의는 비국교도의 정신에 흑암을 들여왔다. 자연 신학과 종교적 교훈주의는 영국에서 승리를 거두었고 루터가 예견했고 트레일이 우려한 그대로 성경의 칭의 교리는 당분간 보이지 않게 되었으니 – 다음과 같은 공들인 설교 원고의 무시무시한 음성이 이 국가 전역을 울린 때까지 였다.

> 여러분 중에 자신의 의에 의존하는 이가 있습니까? 여기 있는 여러분 중에 자신의 행위에 의해 자신을 구원한다고 생각하는 이가 있습니까? 나는 여러분에게 말합니다…여러분의 의는 여러분과 함께 멸망할 것입니다. 불쌍하고 가련한 인간들이여!

여러분의 눈물에 무엇이 있습니까? 여러분의 기도에 무엇이 있습니까? 여러분의 행실에 하나님의 진노를 가라앉힐 무엇이 있습니까? 에덴 동산의 나무들로부터 돌이키십시오. 돌아오십시오. 그대 범죄한 자들이여! 불쌍하고 방황하고 파멸한 인간들 모습으로 돌아와서 여러분 자신의 의보다 나은 의를 받아들이십시오. 전에 말한 바대로 다시 여러분께 이야기합니다. 예수 그리스도의 의는 영원한 의입니다. 그 의는 바로 죄인들의 괴수를 위해 역사되는 것입니다. 목마른 모든 자여, 그리스도께로 와서 이 생명수를 값없이 마시십시오. 여러분 중에 죄로 상처받은 자가 있습니까?

여러분 중에 자신에게 전혀 의가 없다고 느끼는 사람이 있습니까?

여러분 중에 기아로 죽어가는 사람이 있습니까?

여러분 중에 영원히 멸망할 것을 두려워하는 자가 있습니까?

사랑하는 영혼들이여, 모든 누더기를 걸치고 오십시오. 가난한 자여, 오십시오. 가난하고 곤궁한 여인이여 오십시오. 하나님께서 절대로 자신을 용서 하지 않으실 것이라고 생각하고 자신의 죄가 너무 커서 용서받을 수 없다고 생각하는 자여, 자신이 절대로 위로를 얻지 못할 것이라고 의심하는 자여, 오십시오. 일어서서 위로를 받으시오. 생명의 주님, 영광의 주님, 주 예수 그리스도께서 그대를 부르십니다. 한 명의 불쌍한 영혼도 구주와 멀리 서있지 말라. 어서 어서 오라! 이제 이 의가 그리스도에 의해 이 세상으로 들어왔기 때문에 크신 하나님의 이름과 힘과 도우심으로 나는 이 의를 강단에 전합니다. 이제

나는 이 의를, 아낌이 없고, 전가되고, 영원한 의를 받아들이는 모든 불쌍한 죄인들에게 선포합니다.

그러므로 여러분에게 바라기는 이 일들을 깊이 생각해 보십시오. 집으로 가서 본문에 대해 기도하며 이렇게 말하십시오. "여호와 하나님이시여, 당신께서는 주 예수 그리스도에 의해 영원한 의를 세상에 보내셨나이다. 이제 복되신 성령에 의해 그 의를 나의 심령에 보내어주십시오"라고. 그러면 여러분은 죽을 때 안전합니다. 여러분은 내일 죽을지도 모릅니다. 그러나 여러분은 그 즉시 영원하신 하나님 앞으로 옮겨질 것입니다. 행복하도다. 이 의의 옷을 입게된 자들이여 행복하도다, "나의 하나님께서 나를 사랑하셨으므로 나는 하나님께 영원하신 사랑을 받게 될 것이다"라고 말할 수 있는 자들이여!

여러분 모두가 그렇게 말할 수 있도록 하나님께서 사랑하시는 대속자 예수 그리스도를 위해 허락하시기를 축원합니다. 하나님께 영원히 영광이 있을지어다. 아멘.[20]

누구의 음성일까?

바로 조지 휫필드(Grorge Whitefield)의 음성이니 곧 믿음에 의한 칭의의 성경의 복음에 대해 완전히 알고 있어 표현할 수 있었던 사람인 것이다. 그와 함께 영국 기독교의 새 장이 열렸다-그러나 그것은 이 장의 범위를 넘은 또 다른 이야기이다.

---

20 *Sermons on Important Subjects; by the Rev. George Whitefield*, A. M.(1832), p 207ff.

10장
청교도의 복음 설교에 대한 견해

1. 복음 설교의 접근

1955년 청교도와 개혁주의 연구 회의에서 나는 본서의 18장에 나오는 "청교도 복음전도"(Puritan Evangelism)라는 제목의 연구 논문을 제출했다. 그 연구 논문은 복음전도 방법들에 대해 진행되고 있었던 논쟁에 기여하기 위해 독적된 것이었다. 그 논문에서 나는 영혼 구원이라는 과제를 향한 청교도의 접근법이 타락된 인간들 스스로의 힘에 의해 하나님께로 돌이킬 수 없고, 또한 그들을 하나님께로 돌이키게 하는 것이 복음전도자들의 능력에 있는 것이 아니라는 인식에 의해 지배받고 있었다는 것을 증명했다.

청교도의 견해는 오직 하나님께서만이 자신의 말씀을 통해 자신의 성령에 의해 죄인들을 믿음으로 인도하실 수 있고, 하나님께서 우리의 주문에 의해 이를 행하시는 것이 아니라 자신의 자유로우신 목적에 따라 행하신다는 것이었다. 청교도들은 우리의 복음전도 실행이 이 진리를 따라야 한다그 말할 것이다. 다른 교리를 내포하는 행동 양식들은 승인받을 수 없다. 청교도의 견해는 의심할 바 없이 성경적으로 보인다. 그리고 내가 연구 논문에서 부분적으로 나타낸 바와 같이 청교도 견해에 내포되어 있는 것들은 오늘날 복음전도에 물려받은 관습들을 개혁함에 있어 큰 중요성을 갖고 있다.

청교도의 견해는 '결단'을 촉진시키기 위해 심리적 압박을 사용하는 모든 장치들은 사실상 성령의 영역을 침범하려는 주제넘는 시도이므로 피해야 한다는 것을 암시한다. 더 나아가 청교도의 견해는 그러한 장치들을 포기하는 것이 중요하다는 것을 의미한다. 왜냐하면 그런 장치들을 사용함은 복음전도의 효과에 전혀 아무런 도움을 줄 수 없기 때문이다. 분명히 그러한 장치의 사용은 결국 복음전도의 가치를 떨어뜨릴 것이다. 왜냐하면 솜씨있게 사용된 심리적 압박은 외적 형태의 '결단'을 일으킬 수 있을지 모르나 중생과 심령의 변화를 일으킬 수는 없기 때문이다. 그리고 그 '결단들'이 점차 희미하게 될 때 그 결단을 한 자들은 복음에 냉담하여지고 적대하게 되기 때문이다. 그러한 강제적 전술들은 사람들의 영혼에 손상, 아마도 상상할 수 없을 정도의 손상을 줄 뿐이다.

그러므로 빠른 속도의 복음전도는 건전한 선택이 아니라는 사실이 성립된다. 복음전도는 오히려 끈기 있는 교육과 교훈의 장기간에 걸친 사업으로 이해되어야 한다. 이 장기 사업 가운데에서 하나님의 종들은 복음의 메시지를 전달하고, 그 메시지를 삶에 적용함에 있어 신실하기 위해서만 애쓰고, 이 메시지를 통해 하나님 자신의 방법으로 또한 자신의 속도로 인간들을 믿음으로 이끄는 것은 하나님의 성령께 맡기는 것이다.

그러나 이 말은 더 나아간 질문을 제기한다. 즉 그 메시지가 무엇인가? 복음을 선포함에 얼마나 많이 그 메시지가 연루되는가? 하는 질문이다.

이 질문은 복음전도의 집단들에서 좀처럼 제기되지 않는다. 우리는-너무 쉽게-으리 모두가 그 답을 알고 있다고 가정한다. 그러나 이 질문은 제기할 필요가 있는 것이다. 우리의 상황에서 두 가지 요인이 우리가 이 질문에 직면하지 않을 수 없게 한다.

1) 극소화된 접근법

먼저 기독교 진리를 교육하는 과제에 대해 극소화된 접근법이다. 이 요인은 개신교 성직자들에게 매우 넓게 영향을 주어왔다. 현대의 목회자는 대개 얼마나 많이 내가 가르쳐야 하는가?라는 질문은 하지 않고 오히려 내가 얼마나 적게 가르쳐야 하는가? 가르쳐야 할 최소한의 교리는 무엇인가?라는 질문을 한다. 그 이유는 의심할 바 없이 신도들의 배우기 싫어함이다. 그러나 이것은 새로운 것이 아니다. 박스터는 3세기 전에 키더민스터의 노동자 계급의 회중 가운데에서 이 사실을 직면하여 다음과 같이 사정없이 몰아세웠다.

> 만일 당신들이 하나님의 지식과 하늘의 일들을 직장에서 일하는 법을 알려고 하는 것처럼만 자발적으로 얻고자 한다면 당신들은 오늘이 가기 전에 그 일에 스스로 착수하였을 것이며 그것을 얻기까지 어떠한 희생이나 고통도 아끼지 않았을 것이다. 그러나 당신들은 자신의 직업을 배우는 데는 칠 년도 충분하지 않다고 생각하면서 자신의 구원에 대한 일들을 부지런히 배우는 데에는 칠 일 중의 하루도 드리지 않는다.[1]

---

1   Richard Baxter, *Works*, II: 482.

박스터는 이 불경한 게으름에 비위를 맞춰주지 않았다. 그런데 현대의 목회자는 자주 비위를 맞춰준다. 그리고 성경 진리의 어떤 면이 자기 신도들의 즉각적인 흥미나 찬동을 일으키지 못한다는 것을 발견할 때 그는 본능적으로 그것을 버려 버린다. 그리고 오늘날의 경향이 그가 그렇게 하는 것을 격려한다. 예를 들어 우리에게 다음과 같은 확신을 주는 사람들이 있을 것이다. 곧 현대의 청중들에게 율법과 죄를 설교하는 것은 시간 소비이다. 왜냐하면 그런 일들은 현대의 청중들에게 아무 의미도 없기 때문이라는 것이다. 그보다는 그들이 이미 느끼고 있는 필요성들에 의지해서 호소해야 하며 그리스도를 단순하게 노이로제를 갖고 있는 자들과 좌절된 자들에게 평안과 능력과 목적을 주시는 분-사실상 특급 정신과 의사로 제시해야 한다고 제의할 것이다.

그런데 바로 이 제안이 극소화된 접근법의 위험을 훌륭하게 예증해 준다. 만일 우리가 죄와 하나님의 죄에 대한 심판을 전하지 않는다면 우리는 그리스도를 죄와 하나님의 진노로부터 구해 주시는 구주로 제시할 수 없는 것이다. 그리고 만일 우리가 이런 일들에 대하여 입을 다물고 그리스도를 단지 자아와 이 세상의 슬픔들로부터만 구하시는 분으로 전한다면 우리는 성경의 그리스도를 전하고 있는 것이 아니다. 우리는 실제에 있어 거짓 증거를 하고, 거짓 그리스도를 전하고 있는 것이다. 우리의 메시지는 '다른 것이 아닌 복음'이다. 이러한 전도는 어떤 사람들의 허영심을 만족시켜줄지 모르나 아무에게도 도움을 주지 못한다. 왜냐하면 죄로부터의 구주로 알고 찾는 그리스도는 자아나 다른 어떤 것으로부터의 구원을 주는 분으로 발견되지 않을 것이기 때문이다. 가상의 그리스도는 실제의 구원을 전해 주지 않을 것이다.

극소화된 접근법은 우리로 구원에 대한 반쪽 진리들을 취급하게 한다. 그리고 전체의 진리처럼 제시된 반쪽 진리는 완전한 비진리이다. 이렇게 극소화된 접근법은 복음의 본질인 교리적 요소들을 빼버림으로 복음을 위조할 위험이 있다. 이 일반적으로 행해지는 습관과 마주하여 우리가 "복음전도는 얼마나 많은 것을 포함하는가?"라는 질문을 제기하는 것은 극히 중요하다.

2) 만연된 의심

다음의 요인은 우리 상황이 개혁 신앙의 복음전도적 함축 의미들에 대한 만연된 의심이다. 오늘날 많은 사람들은 소위 "칼빈주의 5대 교리"에 제시된 은혜 교리가 성경의 취지에 입각한 것이라고 알고 있다. 그러나 그들은 이에 근거하여 어떻게 복음적으로 전도해야 하는가는 알지 못한다. 만일 전적 부패, 무조건 선택 그리고 효과적인 부르심이 정확하다면 - 즉 죄인들이 스스로 하나님께로 돌이킬 수 없고 믿음과 회개가 오직 택한 자들에게만 주어지는 은혜들이라면 - 모든 사람에게 차별없이 회개하고 믿으라고 명하는 것은 무슨 의미를 나타내는 것일까? 만일 특별 대속의 교리가 정확하다면 - 즉 만일 그리스도가 모든 사람을 위한 것이 아니라 택한 자들만을 위한 구원을 얻기 위해 죽으셨다면 - 우리는 회심하지 않은 자에게 절대로 그리스도께서 그를 위해 죽으셨다고 말할 수 없다. 그러면 우리는 무엇을 근거로 하여 그에게 구주를 의지하라고 전할 수 있는가?

우리는 확실히 모든 죄인들에게 그리스도를 '자유롭게 제시할' 권리를 부여받았는가? 이 의문들에 의해 당황한 사람들은 알미니안주의자들같이 전도를 하거나 - 즉 개심하지 않은 자들에게 그리스도를 영접하는 것이 마치 그들 자신의 능력에 속한 것이며 하나님께서는 그들이 그렇게 하기를 단지 기다리고 있는 것처럼 말하거나-아니면 전혀 복음적으로 전도하지 않거나 하는 선택에 몰렸다고 느낀다. 만일 현재의 개혁 신학으로서의 복귀가 마땅히 복음전도에 활기를 주는 대신 복음을 질식시키는 결과가 된다면 비통할 일이다. 그러나 오늘날 많은 사람들이 이 신학의 복음적 적용이 어떻게 이루어질 수 있는지를 알지 못하기 때문에 복음적으로 전도하기를 포기하는 것은 분명한 것 같다. 따라서 극소화된 접근법이 어떤 이들에게 복음의 교리적 내용을 복음에서 빼 버릴 마음을 생기게 하는 것처럼 이 혼란도 다른 이들에게 복음의 실천적 적용을 빼 버리게 한다. 골자를 빼 버린 형식은 어느 것이나 결과적으로 복음을 쓸모없는 것으로 만든다.

이 상황에서 더 나아간 지도를 받기 위해 청교도들께로 되돌아가야 한다. 만일 우리가 복음을 정확하게 선포하려면 정보와 작용 두 가지로 얼마나 많은 말을 해야 하는가? 복음전도에 있어 필수 요소들은 무엇인가?를 물어 보고자 한다. 청교도 시대에 이 주제의 한 면-그리스도를 선포할 때 율법을 전할 필요성-만이 의례적인 토의를 거쳤다. 그러나 그들이 우리의 질문에 어떻게 답할 것인가를 보여주는 충분한 증거가 있다.

이 증거에 대한 언질은 인쇄된 설교로 되어 있다. 청교도는 복음전도적 설교들을 그 자체의 특별한 유행과 판에 박힌 인습을 갖고 있는 특별한 종류의 설교로 생각하지 않았다. 오히려 청교도의 견해는 모든 성경이 그리스도를 증거하고 모든 설교가 성경에 있는 바를 해설하고 적용하는 목적을 지향해야 하므로 모든 진정한 설교는 필연적으로 그리스도를 선언할 것이며 그리하여 어느 정도까지는 복음전도적이 될 것이라는 것이었다.

로버트 볼턴(Robert Bolton)은 말하기를 주 예수 그리스도는 "어떤 사람, 어떤 안식일, 모든 설교에 예외없이 명백하고 직접적이던지 아니면 적어도 함축적이라도 대부분 자유롭게 제시된다"고 말했다.[2] 유일한 차이는 어떤 설교들은 다른 설교들보다 더 정밀하고 배타적으로 죄인들을 회심시키는 일을 지향하고 있다는 것이다.

그러한 설교는 리차드 박스터의 출판된 설교들 중에 "비회심자들을 향한 부르심", "개심에 대한 논문", "건전한 회심을 향한 지시와 설득들" 그리고 조셉 얼라인의 출판된 설교들 중에 "비회심자들에 대한 경고"였다. 그러나 비록 의도에 있어서는 오로지 복음전도적이지는 않지만 직접적으로 그 문제들에 관련되어 있는 청교도 설교들과 주해들은 다섯 가지 부류로 나눠진다.

(1) 죄에 대한 논문들

에드워즈 레이놀즈(Edward Reynolds)의 "죄의 사악성"(The Sinfulnesse of Sin), 토마스 구드윈의 "죄의 악화와 중생치 못한 인간의 하나님 앞에서의 범죄"(Aggravation of Sin and An Unregenerate Man's Guiltiness before God), 제레마이어 바로우즈의 "악들 중의 악 또는 죄의 엄청난 죄악성"(The Evil of Evils, or the Exceeding Sinfulness of Sin)이다. "악들 중의 악"의 장은 계속해서 다음과 같이 이어진다. 그 안에 나타나는 것들이다.

① 가장 작은 죄에는 가장 큰 고통에 있는 것보다 더 많은 악이 존

---

2 Robert Bolton, *Instructions for a Right Comforting Afflicted Consciences* (3rd edition, 1640), p 185.

재한다.

② 죄는 하나님과 가장 반대된다.

③ 죄는 인간의 선에 가장 반대된다.

④ 죄는 대개 모든 선에 반대된다.

⑤ 죄는 모든 다른 악들 중의 악이며 독이다.

⑥ 죄는 그 안에 일종의 무한성을 갖고 있었다.

⑦ 죄는 인간을 악마에게 복종하게 한다. 이 모든 몇 가지 항목들은 매우 많은 세목들로 가지를 뻗는다. 이 저서는 무려 537페이지이다.

(2) 그리스도의 직분과 사역에 대한 논문들

토마스 구드윈의 "제시된 그리스도"(Christ set Forth); "중보자 그리스도에 대해"(Of Christ the Mediator); "땅의 죄인들을 향하신 하늘의 그리스도의 마음"(The Heart of Christ in Heaven towards Sinners on Earth); "아버지 하나님과 그의 아들 예수 그리스도에 대한 지식"(The Knowledge of God the Father and His Son Jesus Christ); 존 번연의 "변호자로서의 그리스도의 사역"(The Work of Christ as an Advocate); "완전한 구주 그리스도"(Christ a Complete Saviour); 필립 헨리(Philip Henry)의 "모든 것 되시는 그리스도"(Christ is All); 존 오웬의 "그리스도의 영광"(The Glory of Christ) 등.

(3) 믿음과 회심에 대한 논문들

이지컬 컬버웰(Ezekiel Culverwell)과 존 볼(John Ball)이 각각 "믿음에 대한 논문"(A Treatise of Faith); 존 로저스(John Rogers)의 "믿음의 교리"(Doctrine of Faith); 윌리암 왓틀리(William Whately)의 "신생"(The New Birth); 토마스 후커의 "다 속의 적용"(The Application of Redemption, 그리고 같은 주제의 그 밖의 많은 저서들); 토마스 쉐퍼드(Thomas Shepard)의 "건전한 신자"(The Sound Believer); 길레스 퍼민(Gilles Firmin)의 "참 그리스도인"(The Real Christian); 존 플라벨의 "은혜의 수단"(The Method of Grace) 등.

(4) 그리스도께서 신자들을 인도하시는 하나님과의 교제의 부요함들을 탐구하는 은혜 언약에 대한 논문들

존 프레스턴(John Preston)의 "새 언약"(The New Covenant); 리차드 얼라인(Richard Allein)의 "열려진 천국"(Heaven Opened); E. 피셔(Fisher)의 "현대 신학의 정수"(The Marrow of Modern Divinity) 등.

(5) 위선과 명목상의 기독교 신앙에 대한 논문들

다니엘 다이크(Daniel Dyke)의 "자기 기만의 비밀"(The Mystery of Self-Deceiving), 쉐퍼드(Shepard)의 "열 처녀의 비유"(The Parable of the Ten Vergins), 매튜 미드(Matthew Mead)의 "거의 그리스도인"(The Almost Christian), 또는 "시험을 받고 쫓겨난 거짓 신앙 고백자"(The False-Professor Tried and Cast) 등.

이 작품들은 거의 모두 설교로 존재하는 행로를 시작했다. 이 작품들은 청교도 설교를 구분하는 구획을 이룬다. 이 작품들은 본문적이며 주해적이고, 실제적이며 적용적이며, 분석적이며 철저하다. 이들은 한결같이 교리적이다-다시 말해서 이들의 실제 주제는 외형의 고려 대상이 인간인 때에 조차도 항상 하나님과 하나님의 방법들이다. 또한 이

작품들은 함께 청교도들이 복음전도에 포함된다고 생각한 바를 명확하게 나타낸다.

2. 복음의 포괄성

무엇보다 복음의 포괄성을 청교도들이 이해했다는 것을 주목하라. 그들이 얼마나 많은 것을 포함시켜 '복음'이라는 말을 사용했는지 관찰하라. 그들에게 이 말은 은혜의 언약 교리 전체를 의미했다. 때때로 그들은 죄와 심판에 대한 예비적 메시지도 이 말의 부분으로 포함시켰다. 따라서 그들에게 있어서 복음을 전하는 것이 의미하는 바는 구속의 섭리 전체, 삼위일체의 삼위 모두의 구원의 역사나 다름이 없었다. 이 사실은 토마스 맨턴의 다음의 말에서 나타난다.

> 복음의 요약은 이것이다. 즉 참된 회개와 믿음에 의해 육체와 세상과 마귀를 버리고 자신의 창조자, 대속자, 성화자이신 성부 성자 성령 하나님께 자신을 드린 모든 사람은 그들을 자신의 화목된 자녀로 생각하시고 그리스도를 위해 그들의 죄를 용서하시고 자신의 성령으로 그들에게 자신의 은혜를 주시는 아버지로서의 하나님을 발견한다는 것이다. 그리고 만일 그들이 이 과정을 인내하면 하나님께서는 궁극적으로 그들을 영화롭게 하시고 그들에게 영원한 행복을 주실 것이나 회개하지 않은 불경건한 불신자들은 영원한 형벌로 정죄하신다는 것이다. 이것이 복음의 요약이라는 것은 마가복음 16:15, 16의 "너희는

> 온 천하에 다니며 만민에게 복음을 전파하라 믿고 세례를 받는 사람은 구원을 얻을 것이요 믿지 않는 사람은 정죄를 받으리라"는 말씀에 의해 나타났다 – 여기에서 당신은 자신 앞에 간결한 견해와 예상으로 제시되는 기독교 신앙 전체를 본다.[3]

청교도들은 만일 우리의 전도가 이보다 적은 내용을 담고 있다면 우리가 복음전도가 아닌 다른 일을 하고 있는 것이라고 말할 것이다.

복음의 포괄성에 대한 그들의 견해는 많은 다른 관계들에서 나타난다. 우리는 세 가지의 더 나아간 예증들을 들고자 한다. 첫째로 구드윈은 복음의 줄거리를 이야기하는데 얼마나 많은 것이 포함되는가를 우리에게 이야기해 준다.

> 복음의 주제인 구원의 역사에 공동으로 관계하고 계신 삼위의 인격들이 계신 것과 같이 복음의 전체 줄거리도 세 부분으로 되었는데 그 각각에 있어 삼위 일체의 어떤 한 분이 특별한 역할을 담당한다. 첫 번째 부분은 이 위대한 역사의 틀(platform)을 기안하시고 계획하신 성부 하나님께서 가장 주요한 관계를 갖고 자신의 성자에게 먼저 제의를 하셨다. 두 번째 부분은 성자 하나님께서 내려오사 육체를 취하시고…그 기안에 따라 세상의 구속을 집행하셨던 때이다. 성자 하나님께서 무대에서 퇴장하셨을 때 그 뒤를 이어 성령께서 행하신 바와 그에 따른 모든 유익을 사람에게 적용시키기 위해 오셨다. 성령의 역사

---

3   Thomas Manton, *Works*, II: 102f.

가 세 번째 부분을 이루는 것이다.[4]

만일 복음의 줄거리가 적절하게 이야기되려면 이 세 부분 모두가 언급되어야 한다.

> 여기에서 다시 존 오웬은 복음의 약속들을 선포함에 얼마나 많은 것이 포함되는지 우리에게 보여준다.
> 따라서 복음의 약속들은: 첫째, 아낌없고 자비로운 섭리들과 둘째, 하나님의 선하신 뜻과 사랑의 전개들인데 셋째, 그 선하신 뜻과 사랑은 죄인들에 대한 것이며 넷째, 그리스도를 통해 다섯째, 은혜의 언약 가운데 주시는 것이다. 여섯째, 이 은혜 언약 가운데에서 하나님께서는 자신의 진리와 미쁘심에 근거해 그들의 하나님이 되시고, 자신의 아들을 그들에게 그들을 위하여 주시고 자신의 성령으로 하여금 그들에게 요구되거나 그들에게 필요한 모든 것을 가지고 그들과 함께 거하며 그들을 하나님 앞에 받아들여지게 하시고 그들을 하나님의 기쁨으로 인도하도록 하실 것을 약속하셨다.[5]

따라서 복음을 하나님의 약속의 말씀이라는 그 특성으로 선포하는 것에는 이 모든 것을 설명하는 일이 포함된다.

여기서 마지막으로 리차드 박스터는 자신의 최초의 '정상적 회심을 위한 세 가지 지시들' – 그리스도에 대한 이성적이며 책임있는 위탁의

---

4 Thomas Goodwin, *Works*, III: 483.

5 John Owen, *Works* (see Chapter Four n 43), XI: 227.

기초를 두기 위해 계획된 지시들을 제시한다.

① 기독교 신앙의 참 본질을 바르게 이해하는 것과 복음의 의미를 찾아 힘쓰라. 전체로서의 기독교 메시지에 대해 자신의 생각을 맑게 하는 것으로 시작하라.
② 이 목적을 위해 성경을 공부하라.
③ 자신이 이해한 진리들을 많이 진지하게 숙고하라 – 즉 자신이 하나님을 섬기기 위해 만들어졌다는 것, 자신이 이 목적에 미달했다는 것, 자신이 하나님을 대적으로 삼았기 때문에 현재 비참한 상태에 있다는 것, 회심한 자들이 얼마나 행복하고, 그리스도의 대속은 얼마나 적절하고, 대속을 거부하는 것은 얼마나 손해가 막심한가 하는 것 그리고 – 다른 무엇보다 먼저 자신이 관계하고 있는 하나님의 본성에 대한 진리들이다. 만일 하나님께서 선하시다면, 무한하게 선하시다면 당신이 그를 사랑해야 할 모든 이유가 있고 그 앞에서 세상을 사랑해야 할 그럴듯한 이유는 없다. 만일 하나님께서 신실하시고 참되시면 그의 위협은 두려워해야 하며, 그의 약속들은 의심되지 않아야 하며 그의 말씀에 어떤 질문을 해야 할 이유가 없다. 만일 하나님께서 거룩하시다면…그는 죄와 거룩하지 않은 모든 것의 대적이셔야 할 것이다. 왜냐하면 그것들은 그의 본성에 반대되기 때문이다. 하나님께서 전능하시다는 것을 깊이 생각해 보라. 그에게 반항할 이유가 없다. 눈깜짝할 사이에 하나님께서는 당신의 몸에서 죄범한 영혼을 빼앗아 죄가 더 잘 알려진 곳에 던지실 수 있다. 하나님의 입에서 나온 한마디의 말은 온 세상이 당신과 대항하게 하

시고 당신의 양심도 당신을 대항하게 하실 수 있다. 그러므로 만일 하나님께서 당신의 대적이시라면 누가 당신의 친구라 할지라도 소용이 없다. 왜냐하면 하나님께서 당신을 정죄하신다면 온 세상이 당신을 구할 수 없기 때문이다. 하나님께서는 영원부터 계셨고 당신은 말하자면 어제 존재한 것에 불과하다. 곧 당신의 존재는 하나님께로부터 온 것이다. 당신의 생명은 항상 하나님의 손 안에 있다. 당신은 하나님없이 한 시간도 생존할 수 없다. 하나님이 없으시다면 당신은 한 번의 호흡도 할 수 없고, 한 가지도 생각할 수 없으며, 한 마디의 말도 못하며 하나님 없이는 말 하나도 손 하나도 움직일 수 없다. 이러한 하나님께는 큰 사랑도 부족하고, 높은 찬송도 부족하며, 거룩하고 훌륭한 섬김도 부족하다. 하나님은 무시될 수 없으시며 자세하게 묘사될 수 있는 분이 아니시며 적대될 수 있거나 그의 율법을 고의적으로 어김으로 노를 일으키시게 할 수 있는 하나님이 아니시다. 그러므로 언제나 전능자를 깊이 묵상하라![6]

박스터는 이 하나님에 대한 지식이 확실한 회심의 근본이라고 주장한다. 따라서 이 지식이 복음전도에서도 본유의 위치를 차지해야 한다는 것은 자명하다. 이 지식은 매우 중요하다. 왜냐하면 '복음 설교'를 하는 것이 단지 신학적 공백에 끼워 넣어진 몇 가지 큰 진리들 – 범죄와 속죄와 용서 – 을 되풀이하여 귀찮게 이야기하는 것을 의미할 뿐이라고 하는 우리 현대적 사상에 이 지식이 도전을 주기 때문이다.

---

6 Baxter, *Works*, II: 589f.

청교도의 '복음 설교'를 하는 것에 대한 견해는 기독교 체계 전체-하나님의 특성, 삼위일체, 구원의 계획, 은혜사역 전체-를 교육하는 것을 의미한다. 그들은 그리스도를 전하는 것이 이 모든 것을 전하는 것을 포함한다고 생각한다. 그들은 이보다 못하게 전하면 우리들이 전하는 것이 바르게 파악되지 못할 것이라고 우리에게 말해 줄 것이다. 그리스도를 통해 하나님과의 회복된 관계에 대한 기쁜 소식이 신앙을 위해 어떤 중대한 의미를 갖는가 하는 것이 이 포괄적인 관계에 나타나는 것보다 더 자세히 이해될 수 없다.

복음전도는 항상 하나님과 인간의 관계라는 주제에 중심을 둔다. 그러나 복음전도는 성경이 주는 모든 각도의 시야에서 그 중심을 고찰하여 그 중심 주위에 계시된 진리의 전체 영역에 도달해야 한다. 청교도는 이런 의미로 복음전도가 하나님의 계획 전체를 전하는 것을 포함한다고 말할 것이다. 우리는 평소에는 다른 것을 전하고 복음을 전하는 것은 전도를 하는 경우에만 한정되는 것으로 생각하지 말아야 한다. 만일 성경을 성경적으로 전한다면 언제나 복음을 전하지 않을 수 없을 것이다. 그리고 볼턴(Bolton)이 말한 바와 같이 모든 설교는 적어도 함축적으로 복음전도적일 것이다.

그리고 우리는 창조주 하나님에 대한 기본적 사실들로 시작하는 것을 두려워하지 말아야 한다. 계시된 진리는 하나의 구조를 갖고 있으며 이 구조가 출발의 기초이다. 바울은 이교도 아덴인들에게 설교할 때 발전시켜 나아가기에 앞서 이 기초를 제시했다. 그는 이렇게 해야 했다. 그렇지 않으면 우리 주님에 대해 그가 증거하는 요점이 이해되지 못했을 것이다. 왜냐하면 죄와 구원에 대한 지식은 창조주에 대한 어떤 지식을 전제하기 때문이다. 하나님이 누구이신가를 터득하기까지 죄가 무엇인지 아무도 깨달을 수 없다. 박스터가 구원을 찾는 영혼에게 맨 첫째로 하나님의 본성과 위엄에 마음을 집중시키라고 명하는 이유가 바로 이것이다.

오늘날의 이교적인 서구세계에서 우리는 바울이 아덴에서 제시한 것과 똑같은 기초를 제시할 필요가 있다. 우리는 우리의(현대적 의미에 있어서의) '복음전도'가 그것을 듣는 자들에게 감명을 주지 않는다고 불평한다. 무엇보다도 그들이 관계하는 하나님에 대해 아무것도 모르기 때문에 그런 것이 아닐까? 우리는 그들에게 하나님이 누구이신가를 가르치는데 전력을 다하였는가? 우리 상황의 아이러니는 우리가 하나님의 특성에 대해 현대의 이교도들에게 전하기 위해 시간을 들이면 우리가 복음을 전하지 않고 있다는 말을 듣게 된다는 것이다. 그러나 청교도들은 우리에게 이렇게 말하지 않을 것이며 바울도 이렇게 말하지 않을 것이다.

3. 복음의 강조점

청교도들이 전한 복음의 강조점들을 주지해야 한다. 몇 가지 중요한 요점들을 살펴보기로 하자.

① 그들은 인간의 참상을 단지 죄에 대한 의식일 뿐만 아니라 죄의 오염과 죄에 대한 속박으로까지 진단했다. 그리고 그들은 죄에 대한 속박이라는 말로 여러 가지 범죄들에 대한 속박－특별히 연약한 품성과 악한 습관들－을 의미한 것이 아니라 하나님에

대한 선천적 적대 자세에 의해 완전히 지배받고 있는 상태를 의미했다. 그들은 죄악들의 아래에 있는 죄악성을 드러내어 인간들에게 자신의 철저한 부패와 무능을 납득시켜 하나님 앞에서 그들 자신을 개선하고자 추구했다. 그들은 이것이 복음전도자의 사역에 있어 극히 중대한 부분이라고 생각했다. 왜냐하면 그리스도를 믿는 믿음의 건전성을 나타내는 지침은 그 믿음이 솟아나오는 자기 절망의 진정성이기 때문이다.

② 그들은 죄의 결과를 하나님의 미래의 심판 뿐만 아니라 현재의 적개심으로 분석했다. 그들의 부단한 목표는 인간들로 하여금 하나님과의 잘못된 관계에 있는 지금 당장이 견딜 수 없는 것임을 느끼게 하는 것이었다. 그러므로 그들은 통상적인 신앙과는 반대로 하나님의 미래의 정죄에 대해서보다 현재의 적개심에 대해 훨씬 더 많이 생각하였다.

③ 그들은 은혜의 목적은 하나님의 영광과 찬양이며 우리의 구원은 이 목적의 수단이라고 강조했다. 그들은 하나님께서 우리를 구속하시고 결정하신 것은 우리를 위해서가 아니라 자신의 이름을 위해서라고 말했다.

④ 그들은 그리스도의 충분성을 강조했다. 그들은 인간들에게 속죄이론을 신뢰하라고 가르치지 않고 살아계신 구속자를 신뢰하라고 가르쳤다. 그들은 살아계신 구속자의 구원 역사의 완전한 충분성을 찬양함에 절대로 싫증을 내지 않았다.

⑤ 그들은 그리스도의 겸손을 강조했다. 그들에게 있어 그리스도는 절대로 하나님의 아들 이하가 아니었다. 그래서 그들은 그리스도의 위엄으로 그리스도의 긍휼을 평가했다. 그들은 그리스

도께서 인간을 구원하시기 위해 버리신 그 큰 영광을 강조함으로 십자가의 사랑을 찬미했다. 그들은 죄인들을 향한 그리스도의 초청에 표현되는 인내와 오래 참으심이 그리스도의 자비를 더욱 드러내는 것이라고 역설했다. 그래서 그들은 수시로 요한계시록 3:20을 복음적으로 적용할 때 "볼지어다 내가 문 밖에 서서 두드리노니"라는 말씀을(너무 만연된 현대적 해석인) 인간의 협력없이는 무력한 그리스도의 은혜를 나타내는 것이 아니라 필요한 영혼들에게 자유롭게 자신을 주시는 전능하신 은혜를 나타내는 것으로 해석한다.

이상이 청교도의 복음전도가 청교도 시대부터 약 1세기 전까지 복음전도자들의 모든 설교를 특징지운 강조들이다.

4. 복음의 요구

또한, 청교도들이 제시한 복음의 요구들을 주지해야 한다. 그들은 죄인들에게 그리스도를 믿으라고 요구하는 것이 복음이라고 말했다. 믿음은 복음을 신령한 진리로 동의하는 것이며 예수 그리스도를 신령한 구주로 받아들이는 것에 대한 동의를 의미한다. 믿음은 칭찬할 만한 행위가 아니라 구주와 또한 구주와 함께 구원을 붙잡기 위하여 빈 손을 뻗는 것이다. "주님께서 복음에서 무엇을 주셨는가?"라고 토마스 쉐퍼드는 질문한다. "먼저 그리스도와 그 다음 그리스도의 모든 은혜들이 아니냐?"[7] 주 예수 그리스도는 그의 중보적 직분 전체 곧 구주와 주님으로 예언자와 제사장과 왕으로 영접되어야 한다. 왜냐하면 "죄를 덜어 주시는 구주로뿐만 아니라 앞으로 영원히 섬기고 사랑하고 순종할 남편과 주인으로 그리고 자신의 죄로 그를 씻기시는 제사장으로만이 아니라 자신의 말씀과 성령으로 그를 다스리실 왕으로 그리스도를 받아들이지 않는 자는 전혀 그리스도를 구원하시는 분으로 받아들인 것이 아니기 때문이다."[8] 예수 그리스도를 구주와 제사장으로 영접하는 것이 복음적 믿음이고 예수 그리스도를 주님과 왕으로 왕좌에 올리는 것이 복음적 회개이다.

믿으라는 초청을 받고 요구를 받는 자들은 이러한 죄인들이다. 구주께서는 복음 가운데 자신을 필요로 하는 모든 자들에게 자유로이 제공되신다. 따라서 속죄의 범위에 대한 의문은 복음전도에서는 일어나지 않는다. 왜냐하면 복음이 회심하지 않은 인간에게 믿으라고 요구하는 바는 그의 개인적 구원을 보장한다는 특별한 의도를 가지고 그리스도께서 죽으셨다는 것이 아니라 죄인들을 위해 죽으신 그리스도께서 지금 이자리에서 그에게 개인적으로 "내게로 오라 내가 너희를 쉬게 하리라"(마 11:28)고 말씀하시며 개인적인 죄인에게 자신을 주신다는 것이기 때문이다. 믿음의 온전한 근거 – 즉 믿음이 허용되고 의무적이 되는 근거 – 는 성부와 성자의 이 초청과 명령에서 발견되는 것이다.

그러나 위의 단언은 계속 논쟁되어 왔다. C. H. 스펄전은 1863년에 "믿음의 근거"라는 제목으로 한 요한일서 3:23에 대한 설교에서 18세기 스코틀랜드의 매로우(Marrowmen) 신자들의 반대자들과 스펄전 자신

---

7   Thomas Shepard, *The Sound Believer* (1849 edition), p 217.
8   Bolton, op cit, p 186.

시대의 고칼빈주의(hyper-Calvinistic) 침례교 신자들처럼 믿음이 허용되는 근거가 죄를 선언하는 은혜의 예비적 역사라고 가르쳤다는 것을 확인한다. 스펄전은 다음과 같이 선고한다.

> 청교도 시대의 몇몇 설교자들은 이 문제에 있어 많은 과오를 저질렀다…알레인과 박스터…데드햄의 로저스, 건전한 신자의 저자 쉐퍼드 그리고 특별히 그리스도께로 나아오는 자격들에 대한 책을 쓴 미국인 토마스 후커, 이 출중한 사람들은 그들이 '분별있는 죄인들'이라고 칭한 자들을 제외한 다른 사람들에게 복음을 전하는 것을 우려했다… 그들은 회개와 죄에 대한 증오를 신자가 그리스도께 의뢰하는 근거로 설교했다. 그들에 의하면 죄인은 "나는 죄에 대해 여차여차한 정도의 감각을 갖고 있다. 따라서 나는 그리스도를 신뢰할 자격이 있다"고 추론을 내려도 괜찮은 것이었다. 이제 나는 그러한 추론이 치명적인 오류와 혼합된다고 감히 확인하는 바이다…[9]

스펄전의 신학적 판단은 확실히 건전한 것이다. 그러나 또한 마찬가지로 확실히 그는 피고석에 사람을 잘못 앉혔다. 우리는 스펄전이 언급하는 저자들을 읽었는지 의심한다(무엇보다 당시에 그는 29세에 불과했다). 분명히 그는 그들의 가르침을 잘못되게 말하고 있다. 사실을 정확하게 말하기 위해 우리는 두 가지의 문제 즉 믿음의 근거에 대한 문제와 믿음으로 가는 방법에 대한 문제를 구별해야 한다.

---

[9] *Sermons by Rev. C. H. Spurgeon*, ed W. Robertson Nicoll, p 112.

모든 청교도들은 하나님께서 죄인들을 믿음으로 인도하시는 방법이 죄로 인한 회오와 겸손의 '예비적 역사'로 말미암는다는 것에 동의한다. 이것은 회개(믿음에 이어지는 죄로부터의 실제적인 돌이킴)가 아니라 그로부터 그들의 믿음에 근거한 회개가 발생하는 토양인 것이다. 그들이 이 예비적 역사가 필요하다고 생각하는 이유는 믿음의 근거에 대한 질문과는 무관하다. 예비적 역사가 필요한 이유는 단지 타락한 인간이 선천적으로 죄악을 사랑하기 때문이다. 그러므로 그가 죄를 증오하고 죄로부터 해방되기를 열망하게 되기 전에 구주로서의 그리스도께 전심을 다하여 다가온다는 것은 심리적으로 불가능하다.

분명히 스펄전이 지칭한 저자들 — 존 로저스의 『믿음의 교리』(1627), 토마스 후커의 『그리스도를 위한 영혼의 준비』(1632), 그리고 다른 책들), 토마스 쉐프드의 『건전한 신자』(1645) — 은 이 예비적 역사의 단계들을 매우 상세하게 묘사하였다. 따라서 이 주제에 대한 그들의 기술을 세 가지 사항들을 고려하여 정확하게 평해 볼 수 있다.

① 그들은(부인에도 불구하고) 죄에 대해 인간을 겸손케 만드시는 하나님의 사역은 그 모든 세부과정에서 동일한 경로를 따르며, 만일 당신이 그것을 경험하지 못했다면 참된 은혜에서 소외되어져야한다는 인상을 주었다. 리차드 박스터는 십대에 많은 공포와 비탄을 경험했는데 그 이유는 스스로를 고찰할 때 "후커 씨와 로저스씨와 그 밖의 신학자들이 묘사하는 방법으로 그의 심령위에 역사하시는 성령의 역사들을 분별력있게 따라갈 수 없었기 때문"이었다. 그러나 후에 그는 "하나님께서 모든 사람의 심령을 똑같이 깨뜨리시는 것이 아니라는 것"을 깨닫고 경

험적 신앙의 이 거인들이 만든 거북스러운 경전의 겉옷을 벗어 버렸다.[10]

② 후커와 쉐퍼드는 죄인이 자신의 유죄를 인정하면서 하나님의 영광을 위해 정죄를 받는 것을 만족하게 여기는 것이 죄에 대한 참된 겸손의 표적이라고 가르침으로 성경의 범위를 넘어갔다. 박스터 그리고 후에 길레스 허민의 『진정한 그리스도인』(1670) 은 사람이 정죄받는 것을 만족하게 여기는 것은 하나님에 의해 요구된 것도 아니고 심리적으로도 불가능하다고 주장하며 그들을 비평했다.

③ 이 저자들은 이 은혜의 예비적 역사에 관심을 집중하여 이것이 철저하게 행해져야 할 필요성을 반복하여 말함으로 구원을 찾는 영혼들이 절망속에서 그리스도께 바로 나아가는 것을 효과적으로 방해하였다. 구드윈은 말년에 다음과 같이 기술했다. "만일 지금 회심한 여러분이 우리의 어린 시절에 살았다면 우리가 죄로 인한 겸비의 상태로 굴욕받는 세례 요한의 물에 오랫동안 잠겨 있는 것을 보았을 것이다."[11] 그들의 이 방해는 당연히 많은 병적 상태를 만들어 내었다.

그러나 믿음의 보증에 대한 질문에 있어 이 저자들은 비평을 받지 않는다. 그들이 이에 대해 말할 때 그들이 가르치는 교리는 정확하게 스펄전의 교리와 같다. 즉 믿음의 보증은 죄인들에 대한 하나님의 명령과 약속이며 믿음은 복음을 듣는 모든 자에게 요구된다는 것이다. 퍼민이

---

10 *Reliquiae Baxterianae*, I: 7.

11 Goodwin, *Works*, IV: 346.

"아담의 모든 아들 딸들은 준비되었든지 준비되지 않았든지 간에 전해지는 복음과 그들에게 제공되는 그리스도를 들을 때 그리스도를 믿고 영접할 의무가 있다"라고 주장하며 요한일서 3:23과 요한복음 6:29을 증거로 인용하여 전체의 청교도 학파를 대변했다.[12] 존 로저스는 믿음의 근거를 논하며 "믿음은 복음의 계명들 중의 하나이다"라는 진술을 토대로 동일한 두 개의 본문을 인용한다.[13] 쉐퍼드는 요한일서 3:23의 "그리스도의 계명은 양심에게 그리스도를 믿도록 의무 지우는 계명이다. 왜냐하면 삶을 계수해야하는 마지막 날에 여러분은 이 풍성한 은혜를 멸시한 것에 대해 답변을 해야 하기 때문이다"라고 말한다.[14]

만일 복음을 들은 어떤 사람이 믿지 않는다면 그 이유는 하나님께서 그렇게 하라는 명령과 의무를 주시지 않았기 때문이 아니다. 모든 청교도들에게 있어 그 진리는 주 예수 그리스도께서 죄인들을 그들의 있는 그대로 더러운 누더기의 모습으로 자신을 영접하여 생명을 찾으라고 초청하시는 것이 값없이 주시는 은혜의 경이들 중의 하나였다.

그러므로 그들은 존 오웬이 그의 위풍당당한 방식으로 "죄인들이 구원을 받게 하기 위한 그리스도의 자신께로 나아오라는 초청에 나타나는 무한한 겸손과 은혜와 사랑"[15]이라고 칭한 바를 자세히 말할 때에 가장 열렬하였고 강력하였던 것이다.

믿음에 대해서는 많이 이야기하였으므로 이제는 회개가 무엇인가에 대해 이야기해 보자. 신약성경은 복음이 요구하는 응답의 두 번째 국면

---

12 Firmin, *The Real Christian*, p 2.
13 John Rogers, *The Doctrine of Faith* (1627), p 502.
14 Shepard, op cit, p 238f.
15 Owen, *Works*, I: 422.

으로 회개를 믿음과 연결시키며, 청교도들도 똑같이 하였다. 웨스트민스터 신앙고백에서 "구원에 이르는 믿음"의 14장은 "생명에 이르는 회개"의 15장으로 이어진다. 15장은 회개를 '복음적 은혜'로 정의하는 것으로 출발하고 다음과 같이 말한다.

> 생명에 이르는 회개로 말미암아 죄인은 다음과 같이 행한다. 자기의 죄가 위험할 뿐 아니라 더럽고 추하여 하나님의 거룩하신 성품과 의로운 율법에 위배됨을 느끼게 되고, 그리스도 안에서 회개자들에게 베푸시는 하나님의 긍휼을 깨닫게 되고, 따라서 자기의 범죄한 것을 비통하게 생각하면서 그 죄를 미워하고 그 죄를 떠나 하나님께로 돌아가게 되는데 그 목적은 그가 하나님과 함께 모든 계명대로 행하려는 것이다.

웨스트민스터 신앙고백은 "회개없이는 누구든지 사죄를 기대할 수 없는 만큼 회개는 모든 죄인에게 필요하다." 그리고 "사람들은 마땅히 자기의 죄악들을 낱낱이 주의깊게 힘써 회개할 의무가 있다"라고 계속해서 말한다.[16]

회개는 믿음의 열매이다. "영혼의 펌프인 회개는 믿음이 그리스도의 피와 복음의 약속들의 물에서 흘러 나오기 이전에는 말라있다. 그러므로 믿음은 원인이 결과에 선행하고 어머니가 딸보다 먼저 있는 것과 같이 반드시 회개에 선행한다."[17] 믿음이 인간 심령의 펌프에 물을 빨아올

---

16 *Westminster Confession*, XV: i, ii, iii, v.

17 Zachary Crofton, "Repentance…plainly asserted, and practically explained", in *The Morning Exercises* (1660; reprinted as Puritan Sermons, 1659–89, Richard Owen Roberts, Wheaton 1981).

릴 마중물을 주입했을 때 회개는 그 결과로서 생명의 길이 된다.

따라서 회개는 중생한 자의 특성이며 진심에서 우러난 참회 행동들의 끊임없는 흐름 가운데 표현되는 초자연적으로 짜여진 성향적 태도이다-곧 세례 요한의 말대로 '회개의 합당한 열매'이다(마 3:8). 성향적 역동성으로 회개는 겸손(범죄의 확신에 하나님을 거스린 것에 대한 심령의 회오를 더한 것)과 회심(죄로부터의 후퇴와 하나님께로의 복귀)을 수반하며 은혜의 보좌 앞에서의 죄의 고백과 용서의 간구로 표현된다.[18] 청교도들이 이해한 바와 같이 그리스도의 복음은 믿음이 계속적인 뉘우침과 고백과 회심의 삶 가운데 스스로를 표현해야 한다고 명시한다. 이 마음의 습관이 없이는 진정한 회개는 없는 것이고 진정한 회개가 없는 곳에는 진정한 믿음도 없는 것이다.

자카리 크로프턴(Zachary Crofton)은 회개를 다음과 같이 설명한다.

> 회개는 습관, 능력, 원칙, 샘, 뿌리 그리고 성벽이다. 믿음은 속이 비고 단일적이고 순간적인 행동이 아니다…회개는 모든 참회적(penitential) 행동들과 다르며 구별된다…회개는 한 시간 또는 하루의 일이 아니라 부단한 계획이며 과정이며 영혼의 성향이다…태생, 양육, 교육, 교훈, 예술, 지식, 도덕적 권고, 친절한 충고 그리고 복음 사역 자체도 전능하신 성령의 직접적인 활동이 없다면 회개를 이룰 수 없다. '회개를 주시는 것'은 높이심을 받은 예수 그리스도의 독점적이며 대가없는 특권이다…회개는…율법의 결과가 아니라 순수한 복음의 은혜이

---

18 Crofton, op cit, V: 376-390.

다. 회개는 복음에 의해 전해지고 언약에서 약속되며 세례에서 보증되고 성령에 의해 산출되고 그리스도의 피로부터 독특하게 흘러 나오는 것으로 모든 면에 있어 초자연적이다. 따라서 돌아오는 모든 죄인은 하나님께 "나를 이끌어 돌이키소서 그리하시면 내가 돌아오겠나이다"(렘 31:18)라고 기도해야 한다…[19]

크로프턴은 회개에 대한 그릇된 관념들의 점검 목록을 다음과 같이 제시한다.

① 회개는 본성의 결과이며 인간 지배력에 있다는 관념. 알미니안들이 가르치는 바와 같이 우리는 하고자 할 때 회개를 할지 모른다. 그러나 우리는 회개가 '초자연적'이라는 것을 기억해야 한다.
② 천주교도들이 가르치는 바와 같이 회개를 고백과 자기 견책의 일시적 행동이라고 하는 관념. 그러나 우리는 회개가 은혜 또는 습관이라는 것을 알아야 한다.
③ 회개가 믿음보다 앞서며 복음의 결과와 그리스도의 피의 효과가 아니라는 관념…
④ 도덕률 폐기론자들이 가르치는 바와 같이 회오, 뉘우침, 고백이 회개에 필요하지 않다는 관념…

크로프턴의 모든 요점들은 청교도 가르침의 주류에 속하는 것으로

---

[19] Ibid, V: 373f.

그의 진술은 완전히 전형적이다.

그러면 청교도들은 비회심자들에게 복음이 전하는 회개하라는 요구에 어떻게 응하라고 명했을까? 역시 전형적인 크로프턴의 답변은 다음과 같다.

① 주의와 충실성과 양심을 가지고 진리의 말씀과 은혜의 복음을 들으라…
② 하나님의 본성을 연구하라…하나님의 속성들 – 거룩, 능력, 공의, 긍휼 등 – 에 통달하라. 하나님께서 여러분의 공포의 대상이 되기까지 여러분의 영혼은 절대로 죄에서 벗어나거나 참된 회개의 행로로 추진되지 않을 것이다…
③ 자기 정밀 조사를 몸에 배게 하라. 자기 영혼과의 짧은 회의에 의해 가장 악한 인간도 곧 회개의 필요성을 알게 될 것이다…자기 검사에 있어 진지하라.
④ 세상에 무관심하라…참된 회개자들은 이 땅에서 순례자들이어야 한다.
⑤ 생명이 짧다는 것을 깨달으라…장수에 대한 소원과 가끔 회개를 하겠다는 생각은 많은 영혼들이 지옥으로 가는 것을 거둔다…
⑥ 다가오는 심판을 심각하게 예상하라…
⑦ 용서의 가능성을 진지하게 파악하라. 만일 용서를 굴복한 영혼으로 받고 진정한 회개에 의해 청원해 얻는다면 분명히 용서는 그대의 소유인 것이다.
⑧ 예수님의 피에 심령을 담그라 – 매일 갈보리 산에서 묵상의 전환을 하라…매일 그리스도의 십자가를 묵상하라는 권고를 받으라.

⑨ 신속함은 여러분의 회개를 훨씬 용이하게 할 것이다…여러분이 제거해야 할 것에서 우물쭈물하지 말라. 왜냐하면 여러분이 오래 우물쭈물할수록 더 떼어버리기가 싫어질 것이기 때문이다…
⑩ 하나님의 손에서 회개를 얻기를 구하라.

하나님께 여러분이 실행하고자 하는 아홉 가지 지시들에 명시된 은혜의 수단을 여러분께 베풀어 주시기를 구하라. "그러면 여러분의 돌같은 심령이 제거되고 여러분은 진리 가운데 이 회개의 필요한 은혜를 소유하게 될 것이다."[20] 그리고 이 새로운 심령의 회개 습관은 여러분이 그리스도 안에서 그리스도로 말미암아 사망에서 생명으로 옮겼다는 명확한 증거가 될 것이다.

기초가 되고 있는 신학은 분명하다. 우리 죄인들은 우리 자신의 심령을 변화시킬 수 없다. 그러나 우리는 하나님께서 그것을 통해 심령들을 변화시키시는 은혜의 수단(이 경우에는 훈련된 충만한 기도의 사고 방향이다)을 사용할 수는 있다. 하나님께서는 믿음과 회개 모두를 단호하게 자기를 신뢰하지 않고 애원하며 얻으려고 애쓰는 자들에게 대개 어머니가 되는 믿음과 딸이 되는 회개를 주신다. 청교도 복음전도자의 메시지는 "지금 얻고자 힘쓰기를 시작하라!"는 것이다.

---

20 Ibid, V: 420-425.

5. 은혜의 복음

청교도들은 이렇게 값없이 주시는 주권적 은혜의 복음을 전파했다. 박스터와 마찬가지로 그들은 '인간들의 회심과 구원에 대한 갈망'에 의해 동기를 부여받았다. 그러나 이 동기보다 훨씬 더 큰 두 가지 다른 동기들이 또한 그들을 압박하였으니 하나님께 영광을 돌리고 그리스도를 찬양하고자 하는 이중의 열망이었다.

두 번째 취지는 아마도 현재 우리가 가장 스스로에게 적용할 필요가 있는 것이다. 나는 복음을 전하는 우리 모두가 인간의 회심을 열망한다고 추측한다. 또한 의심할 바 없이 많은 사람들은 하나님의 진리를 신실하게 선포함으로 하나님께 영광을 돌리기 위해 애쓴다. 그러나 얼마나 많은 사람들이 복음을 전할 때 그리스도를 찬양하려는 열망 – 그리스도의 은혜의 풍요함과 자유함과 영광 그리고 그리스도의 구원하시는 역사의 완전함을 찬양하려는 열망으로 불탈까?

현대의 복음전도설교에서 때로 구주의 인격이 다루어지는 값싸고 피상적인 방식은 이 질문을 우리에게 강요한다. 청교도의 복음전도는 무엇보다 그리스도께 영광을 돌리는 것에 관심을 가졌다. 즉 그의 영광을 필요한 남녀들에게 제시하는 것이었다. 이 시대에 복음을 전파하는 우리가 이 능하신 구주를 높이고자 하는 동일하게 압도하는 관심을 회복할 수 있기를 간절히 바란다.

제IV부

청교도와 성령

11장. 성령의 증거에 대한 청교도 사상
12장. 존 오웬의 영성
13장. 존 오웬의 영적 은사들

Among God's Giants
Aspects of Puritan Christianity

11장
성령의 증거에 대한 청교도 사상

"성령이 친히 우리 영으로 더불어 우리가 하나님의 자녀인 것을 증거하시나니"라고 바울은 기록했다(롬 8:16). 이 간결한 연구에서 우리의 목표는 신자들에게 그들의 구원을 확신시키는 성령의 역사에 대해 청교도들이 가르친 바를 발견하는 것이다. 성령의 역사는 교회의 신학적 유산에 청교도의 가장 값비싼 기여가 이루어진 분야이며 특별히 확신이라는 주제는 몇몇 가장 뛰어난 청교도 정신의 소유자들에 의해 매우 충분하고 심오하게 다루어졌다.

그 중에 뚜렷하고 '달콤함을 흘리는 사람' 리차드 십스가 그의 고린도후서 1장(22절: 전집 III)에 대한 주해와 에베소서 4:30에 대한 "밀폐된 샘"(전집 V) 등에서, 후기 청교도들의 가장 위대한 사람들 중의 하나인 토마스 브룩스가 "땅의 천국 혹은 훌륭하게 근거된 확신에 관계된 진지한 논술"(1654, 전집 II)에서 그리고 토마스 구드윈이 에베소서 1:13에 대한 그의 세 개의 설교들과 그의 위대한 논문 "칭의의 믿음의 대상과 행동들에 대해"의 제2부 제2권에서(전집, I, VIII) 다루었다. 알렉산더 휘트는 구드윈을 '지금까지 살았던 바울의 강단 해석자들 중 가장 위대한 인물'이라고 칭했는데 아마도 정확하게 칭했을 것이다. 구드윈의 성경 주해들은 신학적 넓이를 경험적 깊이로 결합시키는 정도에 있어 청교도들 중에서까지도 매우 독특하다.

존 오웬은 구드윈만큼 바울의 생각을 뚜렷하게 – 때로 세부적인 취지들에 대해서는 더 뚜렷하게 – 간파했다. 그러나 오웬조차도 바울의 심정을 그처럼 깊이 파악하지 못했다. 구드윈, 십스, 브룩스는 이 연구에서 우리의 인도자가 될 것이다. 우리는 그들이 실질적으로 일치하고 있는 것을 발견할 것이다(특별히 이 주제에 대한 십스와 구드윈의 사상 간에는 분명한 계보적 관계가 있다). 그리고 그들은 청교도 사고의 주류를 대표한다. 끝에서 우리는 존 오웬을 소개할 것이다. 그는 자신의 선배들의 신학적 그리고 경험적 본질을 논박함이 없이 그들의 입장에 약간의 필요한 해석적 수정을 한다. 이제 우리는 이 교사들이 무엇을 말해야 하는지 보기로 하자.

1. 믿음의 본질

청교도들은 때로 확신을, 믿음의 열매로 때로는 믿음의 특성으로 말한다. 그들은 믿음에서 자라나는 확신과 확신으로 성장하는 믿음 두 가지 모두에 대해 말한다. 그들에게 있어서 확신은 충분히 성장하여 성년이 된 믿음이었다. 확신이 없으면 믿음이 있을 수 없다. 그러나 확신은 믿음과 성질이 다르고 분리할 수 있는 어떤 것으로 존재하는 것이 아니라 처음부터 믿음과 관련된 믿음의 한 국면으로 존재한다. 그러므로 우리는 청교도들이 믿음의 본질에 대해 일반적으로 가르쳤던 바를 자세히 살펴봄으로 이 연구를 시작해야 할 것이다.

청교도들은 믿음이 복음의 메시지의 진리에 대한 신념(belief)으로 마음에서 시작된다고 말했다. 믿음은 영적 조명(illumination)의 결과로 생겨나는 것이다. 조명에서 성령께서는 마음을 밝혀 신령한 일들을 받아들일 수 있게 하시며, 하나님의 말씀이 증거하시는 그 일들의 객관적 진실에 대해 마음에 깊은 인상을 주신다. 이렇게 영적 실재들에 대한 지식은 우리가 감각에 의해 획득하는 물질들에 대한 지식처럼 나름대로의 직접적인 방식으로 주어진다. 그리고 이 지식은 감각 인식이 주는 바와 유사한 직접적인 확신이라는 특성을 함께 가져온다. 성경은 감각들-보다, 듣다, 맛보다-에서 차용한 술어들로 이 과정을 말하며(요 6:40; 엡 4:21; 히 6:5), 이 지식이 원만한 이해를 낳는다고 우리에게 이야기해 준다(골 2:2). 이 영적인 일들에 대한 영적 인식은 성경의 이론적 해석과 그 해석에 대한 이성적 숙고에 의해 사고하는 존재인 인간에게 매개된다.

인간은 자신의 정신을 사용하지 않고는 어떤 영적 대상도 알게 될 수 없다. 그러나 영적 지식은 이성을 초월하는 것이다. 영적 지식은 단순한 논리적 구조나 상상적 구조가 아니며 그 객관적 확실성은 보다 확실한 전제들에서 이끌어내어진 추론적 확실성이 아니다. 영적 지식의 확실성은 알려진 일에 대한 직접적인 인식과의 접촉에서 솟아난다. 이 지식은 간접적이며 불안정한 '관념을 떠도는 지식'이 아니다. 이 지식은 '현실적이고 견고한' 지식이며 알려진 일에 대한 영적 지각에 의한 직접적 인식의 소산이다. 이 지식을 제공하는 신적 작용에 대해 칼빈과 그의 계승자들은 '성령의 내적 증거'(testimonium internum Spiritus Sancti)라고 칭했다. 바울은 고린도전서 2:4에서 이를 '성령의 나타남'으로 칭한다.

구드윈은 다음과 같이 말한다. "성령께서는 우리 안에 믿음을 역사하실 때 두 가지 일을 행하신다.

첫째로 그는 우리에게 새로운 지각(요일 5:20) 곧 그리스도를 알아볼 수 있는 새로운 눈을 주신다.

둘째로 성령 자신께서 이 새로운 지각 위에 빛으로 오심으로 영적 실재들에 대한 영적 시야를 주신다."[1]

이 영적 지식은 사실상 어떤 다른 것보다 더 확실한 것이다. 영적 지식이 유혹들로 말미암아 어두워지는 수도 있다. 영적 지식의 소유자가 오랫동안 스스로와 관계를 갖지 않거나 내적으로 혼란과 의기소침에 빠짐으로 영적 지식을 의심하고 부정하게 되는 수가 있다. 그러나 결국 영적 지식은 우세함을 입증할 것이다. 결국 그는 자신이 영적 지식을 소멸한 결과를 인식할 것이며 자신이 심령으로 얼마만큼 그 영적 지식을 확고하게 확신하고 있는지 깨닫게 될 것이다. 이것이 모든 진실한 신자들에게 주어진 신령한 이들에 대한 지식이며 그들이 궁극적으로 타락하지 않는다는 것을 보장하는 확실한 특성이다. 복음의 객관적 진리에 대한 성령의 이 증거는 개인의 믿음에 있어 기본 요소이며 성령께서 주시는 복음의 이 '원만한 이해'의 확신은 구원에 대한 개인적 확신을 위한 필수 조건이다.

물론 믿음은 정신 계발보다 더 월등한 것이다. 믿음은 머리에서 심령까지 이르며 박스터가 그리스도를 통한 하나님에 대한 '실제적 신뢰'라고 칭한 바에서 그 자체를 표현한다. 인간은 그리스도와의 약속들에

---

1 Thomas Goodwin, *Works*, VIII: 260.

자신의 영혼을 쉬게 하기 위해 자기 의존과 죄에서 돌이킨다. 이로써 그는 자기 영혼에 믿음의 기질을 표현하고 확립한다.

그리고 일단 확립된 믿음은 새 생활의 역동으로 자신을 나타낸다. 믿음은 소망을 낳고, 사랑으로 역사하며 인내로 자신을 단련하며 선행에 나서며 마음 속에 자연스레 자발적으로 솟아나는 기쁨과 평안의 원인이 된다. "믿음은 중심 바퀴로서 다른 모든 미덕들을 진행하게 한다."[2] "믿음은 시계의 태엽으로 모든 사랑과 기쁨과 위로와 평안의 황금 바퀴들을 진행시킨다."[3] 이렇게 믿음은 처음부터 그 안에 일정한 양의 확신을 담고 있는 것으로 간주되었다. 신자가 소망하고 사랑하고 섬기고 즐거워하는 것은 하나님께서 그에게 긍휼을 갖고 계시다는 것을 믿기 때문이다.

그러나 이것은 청교도들이 오직 그 이름에 적당한 것으로 간주한 '확고하고 근거가 충분한' 확신이 아니었다. 젊은 회심자가 드문 경우로 계속적인 강한 위로를 즐거워하는 수가 있다. 그러나 대개 그런 확신은 믿음이 의심과 두려움의 동요와의 전투에 의해 단련되고 연마되고 원숙해지고 강해지기 전에는 주어지지 않는다.

청교도들은 환희와 황홀감이 첫 번 신앙 고백에 수반할 때 다소 의심쩍게 여겼다. 그들은 예수님의 비유에서 그렇게 현저한 기쁨으로 말씀을 받는 사람은 바로 돌밭과 같은 사람들이었다는 것을 잊지 않았다. 성실하고 확실하고 철저한 회심자들은 대개 그와 같이 시작하지 않는다고 청교도들은 생각했다. 충만한 확신은 성인들 중에서도 희귀한 축복이며, 마구잡이로 주어지지 않는 크고 귀한 축복이다. "확신의 대부

---

2 Thomas Watson, *A Body of Divinity* (Banner of Truth: London, 1958), p 151.

3 Thomas Brooks, *Works*, II: 359.

분은 인간들의 심령이 감당하기에는 너무 훌륭한 자비이다…하나님께서는 확신을 오직 자신의 가장 훌륭하고 가장 사랑하는 벗들에게만 주실 것이다."

확신은 이생에 있어서 그리스도인의 영광의 아름다움이며 절정이다. 확신에는 대개 가장 강력한 기쁨, 가장 달콤한 위로들 그리고 가장 큰 평안이 따른다. 확신은 소수만이 쓸 수 있는 면류관이다. "확신은 강한 사람들을 위한 음식이다. 이것을 먹고 소화할 수 있는 아기가 있다 하더라도 소수이다."[4]

확신을 얻기 위해 애쓰고 찾았던 사람들과 확신없이도 하나님을 얼마 동안 신실하고 참을성있게 섬겼던 사람들 외에는 확신을 정상적으로 즐기지 못한다.

> 확신은 믿음의 보상으로 온다. 사람의 믿음은 먼저 싸워 승리를 얻어야 한다. 그때에 확신은 면류관이며 믿음의 환희이다. 그러면 인간 자신의 지위를 거스리는 유혹과 두려움과 의심과 이론들보다 더 믿음을 정련하는 것은 무엇인가? 로마서 8:37, 38의 승리의 확신이다. 아무도 얻기 위해 노력하기까지는 면류관을 쓰지 못하는 것과 마찬가지로 확신도 시련 후에 오는 것이다.[5]

이 종류의 확신은 믿음에 본질적인 것이 아니다. 브룩스가 말한 바와

---

4 Ibid, II: 335, 316f, 371.

5 Goodwin, *Works*, VIII: 346.

같이 이것은 믿음의 실재(esse)가 아니라 믿음의 복리(bene esse)이다.[6] 사실상 이 종류의 확신은 믿음이 최소한의 구원의 실행 범위를 훨씬 넘어 최고도의 발전에 이르렀을 때에만 정상적으로 나타나는 믿음의 한 국면이다. 구드윈은 확신을 '믿음의 한 지류요 부속물, 믿음의 추가 또는 보충'이며, 또한 '통상적인 비율을 능가하여 향상되고 높여진 믿음'으로 말한다. 그는 (비록 확신이 믿음과 연합하여 하나를 이루지만) "성경은 확신을 믿음과 성질이 다른 것으로 말한다"고 설명한다.[7] 이것이 청교도의 확신에 대한 개념이었다.

청교도들에게 '확신'이 5분 간의 질문("당신은 요 1:12를 참되다고 믿고 '그를 영접' 했습니까? 그렇다면 당신은 하나님의 아들입니다")을 받은 회심자에게 일반적으로 주어지는 '확신'과는 완전히 다른 것이었다. 청교도들은 그러한 추론에 대한 단순한 형식적 동의를 절대로 확신이라고 칭하려 하지 않았다. 신앙고백은 심지어 그 신앙고백을 하는 자들에 의해서까지도 인정하기에 앞서 검사되어야 한다고 청교도들은 말했다. 그러므로 청교도들에게 있어 확신은 어떠한 경우에 있어서도 실속없는 인간적 추정을 능가하는 것이었다. 확신은 은혜 안에 있는 자에게 하나님께서 주시는 신념으로, 믿음이 생겨날 때 복음의 진리가 마음에 인증되는 것과 똑같은 방법으로 성령에 의해 마음에 인증되며 동시에 즉각적인 확실성을 전해 주는 것이다.

브룩스는 "확신은 은혜가 넘치는 영혼의 반사적인 행동으로서, 그로 인해 그는 명확하고 확실하게 은혜롭고 축복되고 행복한 상태에 있는 자신을 보게 된다. 확신은 은혜 상태에 있는 인간의 느낄 수 있는 감정

---

6   Brooks, *Works*, II: 371.
7   Goodwin, *Works*, VIII: 346, 352; I: 236.

이며 경험적 통찰력이다"라고 말한다.⁸ 여기에서 효력을 나타내는 단어는 '느낄 수 있는'과 '경험적'이라는 단어들이다. 확신은 초자연적 교화에 대한 의식의 산물이다. 따라서 의식이 하나님께서 확신을 주시는 것을 기뻐하기까지 확신은 존재할 수 없다.

젊은 회심자의 입장은 사실상 다음과 같은 것이다. 즉 그는 믿고 순종함으로 일정한 범위의 평안과 기쁨을 알게 된다. 왜냐하면 진정한 믿음은 즉시 진정한 위로를 주기 때문이다("그리스도를 바라보고 더 기쁜 마음으로 돌아가지 않은 사람은 아무도 없다."⁹ "그들의 믿음에는 자기 백성에게 평안을 말씀하시는 하나님의 성령의 음성이 주어진다").¹⁰ 그는 자신이 하나님의 자녀라고 생각하고 기대를 가질지 모른다. 그리고 그것은 무리가 아니다. 그러나 그는 요한일서의 절대적인 의미에 있어 성령께서 이 확신을 그의 심령에 깊이 사무치게 하시기까지는 자신의 자녀 신분을 안다고 말할 수 없다. 청교도적 의미에 있어서는 성령께서 그렇게 하시기까지 그는 확신이 없는 것이다. 청교도들은 이러한 경우가 대부분의 그리스도인들의 경우인 것 같다고 말했다.

이 초자연적인 확신이 나타날 때 그의 그리스도인의 삶 전체가 변화된다. 구드윈은 이렇게 말한다. "확신은 새로운 회심이다. 확신은 사람을 과거의 그 자신과 다른 사람으로 만든다. 이 과정은 회심에 의해 그가 회심하기 전의 사람과 달라진 것과 거의 똑같다. 인간의 모든 장점들이 새롭게 수정되는 것이다."¹¹ 이 말은 놀랍게 들린다. 그러나 구드

---

8   Brooks, *Works*, II: 316.
9   Goodin, *Works*, I: 233.
10 Richard Sibbes, *Works*, III: 456.
11 Goodwin, *Works*, I: 257.

원은 진정으로 이 관념을 나타내기 위해 말하는 것이다. 그는 우리에게 이렇게 말한다. 즉 확신은 믿음을 증대시키고(믿음은 새로운 등급을 얻게 된다),[12] 이 믿음의 활기는 그리스도인의 삶의 모든 곳에 새로운 에너지를 방출하는 결과가 된다.

첫째로 확신은 사랑의 구속 계획을 묵상하는 가운데 삼위일체 하나님과의 교제를 깊게 한다.

> 확신속에서 사람은 성부와, 그 다음에 성자와, 그 다음에 성령과 친교하고 대화한다. 그의 심령은 선택하시는 성부의 사랑을 깊이 숙고하게 되고 그 다음에는 구속하시는 그리스도의 사랑을, 그리고 하나님의 깊은 일들을 살피시어 우리에게 계시하시고 우리와 함께 모든 고통을 받으시는 성령의 사랑을 깊이 숙고하게 된다.[13]

이것이 전부가 아니다. 확신이 생겨나면 영적 이해력이 자극받아 그로 인해 "영혼의 눈이 강해져서 진리를 더 자세히 파악하게 되고, 이로 인하여 모든 진리를 더 명확하게 알게 된다."[14] 확신은 사람이 기도할 때 담대하고 능력을 갖게 한다. 그리스도인이 확신을 얻기 전에도 거룩하였으나 확신은 그를 더 거룩하게 한다. "참된 모든 확신은 사람을 거룩하게 한다."[15] "성령의 영광스러운 증거보다 마음을 거룩에 대한 사

---

12 Ibid, VIII: 355.
13 Ibid, VIII: 379.
14 Sibbes, *Works*, V: 442.
15 Goodwin, *Works*, ː: 250.

랑과 연구와 실현과 성장 가운데 더 많이 거하게 하는 것은 없다."[16] 확신은 사람이 그리스도인의 섬김에 피곤하지 않게 한다. "일단 하나님의 사랑이 사람의 마음에 넓게 비추어지면 그는 전보다 열 배로 하나님을 위해 일하게 된다."[17] "확신은 사람들에게 다른 사람을 전도하라고 강하게 압박한다…확신 아래 있는 영혼은 동행이 없이 천국에 가고 싶어 하지 않는다."[18] 마지막으로 확신은 베드로전서 1:8의 '말할 수 없는 영광스러운 즐거움'을 동반한다.

베드로전서 1:8은 이 점에 대해 구드윈이 즐겨 사용한 본문들 중 하나다. 이러한 확신은 뻔뻔함과 게으름을 조장하기는커녕 사실상 가장 강력하게 죄를 금하는 동기이다. 왜냐하면 이 확신의 소유자는 죄를 범함으로 하나님께서 확신을 거두어 버리실 것이라는 위험을 알고 있고 그것보다 그가 더 피하고 싶은 일은 없기 때문이다. 그리고 이것은 확신의 가장 중요한 열매인 것이다.

2. 성령의 확증

성령께서는 어떻게 확신을 주실까? 이 질문에 대한 답변은 로마서 8:16에 부여되는 의미에 따라 결정된다. 로마서 8:16은 두 증거자가 함께 증거한다고 말한다. 곧 성령께서 우리 영의 증거를 확증한다는 것이다. 청교도들은 '우리 영'을 그리스도인의 양심과 동일시한다. 즉 그리

---

16 Brooks, *Works*, II: 522.
17 Goodwin, *Works*, I: 250.
18 Brooks, *Works*, II: 515f.

스도인의 양심이 성경이 중생의 증거라고 명기한 표적들을 자신의 심령 가운데 분별하여 그들에 의해 자신이 하나님의 자녀라고 결론을 내릴 수 있다는 것이다. 성령께서는 "먼저 우리 안에 모든 미덕들을 기록하신 다음 우리의 양심에게 자신의 필적을 읽으라고 가르치신다."[19] 성령의 도우심이 없다면 인간은 절대로 자신 안에 있는 성령의 솜씨를 인지할 수 없다. "만일 성령께서 자신의 증거를 제출하지 않으신다면 당신의 미덕은 전혀 증명되지 않을 것이다."[20] 때로 성령께서는 이 점에 있어 충만한 도움을 주시기도 한다.

그러나 때로 우리의 죄를 벌하시기 위해 또는 얼마 동안 우리의 믿음을 시험하시기 위해 이 도움을 부분적으로 또는 완전히 거두시기도 한다. 성령께서는 우리가 우리 자신을 동일한 정도로 알 수 있게 하시는데 항상 적극적인 활동을 하시는 것이 아니기 때문에 우리 영의 증거는 어쩔 수 없이 오르내리게 되는 것이다. "사람은 때로 자신에 대한 증거가 전과 동일한데 때로는 그렇지 않다는 것을 알 것이다. 그 이유는 성령께서 빛을 비추시기 때문이다."[21] 우리는 여기에 있어 하나님께서 주권적으로 자신이 기뻐하시는 대로 확신을 가감하신다는 것을 인정해야 한다. 여기까지는 모든 청교도들이 일치한다.

그러나 "성령께서 증거하신다"는 것은 무엇을 의미하는가? 여기에 차이가 있다. 어떤 청교도들은 바울이 말하는 성령의 증거를 위에서 설명한 바와 같이 우리의 영이 증거할 수 있게 하시는 성령의 역사와 동등시한다. 알미니안 청교도인 존 구드윈은 이렇게 진술한다.

---

19 Goodwin, *Works*, VI: 27.
20 Ibid, I: 306.
21 Ibid, VIII: 366f.

> 우리 영과 함께 증거한다는 표현은 분명히 이 증거가 보통 하
> 나님의 성령과 인간의 영에게 공동으로 돌려지는 한 가지의
> 동일한 증거 행위라는 사실과 하나님의 성령께서는 인간의 영
> 과 별개의 증거를 하지 않으신다는 사실을 암시한다. 이 사실
> 들에서 여기에서 말하는 성령의 증거, 또는 공동 증거는 단지
> 인간 자신의 영의 증거 또는 간증을 확증하시고 강화하시고
> 분발시키시고 풍성하게 하시는 것이 분명하다.[22]

이 생각에 있어 성령께서는 신자가 자신의 심령과 생활의 증명에 의해 자신이 하나님의 자녀라고 확신할 수 있다고 스스로 생각할 때 증거를 하시는 것이다. 그러나 다른 사람들 중에서 브룩스와 십스와 구드윈은 다른 견해를 갖고 있다. 그들은 본문이 별개의 두 가지 증거 방식을 말하는 것으로 해석한다. 곧 첫째 증거 방식은 위에서 묘사된 대로 내적인 증거이며, 두 번째는 성령께서 증거하시는 것인데 더 이상 간접적으로 하시지 않고 즉각적이고 직관적으로 하신다는 것이다. 성령께서는 우리가 자신의 양자됨을 확신하도록 촉구할 뿐만 아니라 구드윈이 '압도적인 빛'이라고 칭한 바에 의해서 그리스도인에게 하나님의 영원하신 사랑과 선택과 아들 신분과 기업을 직접적으로 증거하신다는 것이다. 십스는 말한다.

> 성령께서는 그리스도께서 성령에 의해 우리에게 적용되는 것
> 은 무엇이나 증거하신다. 그러나 이렇게 증거하시는 것 외에

---

[22] John Goodwin, *A being filled with the Spirit* (James Nichol: Edinburgh), p 449; so also Watson, op cit, p 174, Thomas Manton, *Works*, XII: 129, and others.

> 성령께서는 영혼을 넓히시는 방법에 의한 독특한 증거를 하시는데 그것은 하나님의 부성애를 깨닫는 기쁨이다. 성령께서는 항상 성화를 위한 설득을 억지로 증거하는 것이 아니라 때로는 친구와 대화를 하지 않고 보는 것만으로도 위로가 되는 것처럼 때로는 임재로서 직접 증거하시기도 한다.[23]

구드윈은 구원에 대한 이중의 확신이 있다고 말한다.

> 첫 번째 방법은 대화식이다. 사람은 연기가 있으므로 불이 있다고 확신하는 것처럼 결과들(즉 중생의 표적들)로써 하나님께서 자신을 사랑한다고 확신한다. 그러나 다른 한 가지 방법은 직관식이다. 이것은 우리가 전체가 부분보다 더 크다고 아는 것과 같은 지식이다. 사람의 영혼에 의하여 그 영혼을 압도하고 그에게 하나님께서 그의 하나님이시고 그가 하나님의 소유이며 하나님께서 영원부터 그를 사랑하셨다고 확신을 주는 빛이 있다.[24]

구드윈은 이 직접적 증거를 매우 세밀하게 분석한다. 그가 우리에게 말해주는 바에 의하면 이 직접적 증거는 자신을 증거하고 증명하는 것으로 성령께서 복음의 객관적 진실에 대해 증거하시는 것과 특성에 있어 유사하다는 것이다. 각 경우에 있어 성령께서는 하나님의 말씀의 진리와 개인에 대한 그 진리의 적용에 대해 증거하신다. 믿음을 창조하실

---

23 Sibbes, *Works*, V: 440.

24 Goodwin, *Works*, 1: 233.

때 성령께서는 죄인에게 복음의 조건적인 약속들이 하나님에 의해 그에게 제공된다는 것을 납득시키고(즉 "수고하고 무거운 짐진 자들아 다 내게로 오라 내가 너희를 쉬게 하리라"), 그가 적절한 반응을 하도록, 즉 의지를 하도록 촉구하신다. 확신을 주실 때 성령께서는 그리스도인에게 성경의 절대적인 약속들의 범위 가운데 그가 포함된다는 것을 납득시키시고(즉 "내 양은…영원히 멸망치 아니할 터이요"), 그가 적절한 반응을 하도록, 즉 즐거워하도록 감동시키신다. 구드윈은 다음과 같이 설명한다.

> 우리가 확신이 직접적 증거라고 말할 때 그 의미는 말씀이 없는 증거라는 것이 아니다. 또한 약속에 의한 것이라는 것도 아니다. 그 의미는 확신이 우리 자신의 은혜를 증거로 사용한다는 점에서 직접적이라는 것이다. 성령께서는 약속, 어떤 절대적인 약속을 심령에 깊이 명심시키신다. 우리는 광신을 변호하지 않는다. 우리가 말하는 것은 말씀을 심령에 적용시키시는 분이 바로 성령이시라는 것이다.[25]

어떤 일이 일어나는가 하면 다음과 같다.

> 하나님께서는 (다윗이 간절히 바랐던 것과 같이) 인간의 영혼에 "나는 너의 구원이다"라고 말씀하시며, 그리스도께서 땅에서 몇몇 소수의 사람에게 "네 죄가 사하여졌느니라"고 말씀하신 것처럼 하늘로부터 성령께서 사람의 죄가 사하여졌고 그는 온

---
25 Ibid, I: 250.

전한 삼위일체에 의해 하나님의 자녀로 소유되었다고 말씀하신다.[26]

성령께서 성경의 말씀과 사상을 심령에 매우 강력하고 권위있게 적용하시므로, 신자는 그 말씀과 사상이 하나님에 의해 자신에게 말씀되고 있다는 것을 의심할 여지가 없다.

이 직접적 증거는 대개 성령에 의해 인도된 추론의 보다 낮은 길에 의해 확신을 얻게 되기까지 사람에게 주어지지 않는다. 우리의 영이 먼저 증거하고 하나님의 성령께서 후에 그의 증거에 참여하신다. 그러나 직접적 증거가 경험될 때 "이 직접적 증거는 성도들이 천국에서 소유하게 될 기쁨을 심령 속에 일으킨다. 사람이 천국에 가게 된다는 것은 다만 신념에 불과한 것이 아니라 하나님께서는 천국이 어떤 곳이라는 것을 부분적으로 그에게 말씀해 주시고 그로 하여금 그것을 느끼게 하신다."[27]

성령께서 '우리 기업에 보증'이 되시는 것은 바로 이렇게 뛰어나게 우리의 양자됨을 증거하시기 때문이라고 구드윈은 생각한다. 성령의 직접적 증거는 사람의 생각을 자기 자신에게서 옮겨 완전히 하나님께 집중시키게 하고 이 역사를 통해 그는 땅에서 하늘을 미리 맛보게 된다. 구드윈은 그리스도인들이 성령의 양심을 통한 간접적 증거 뿐만 아니라 직접적 증거를 알게 되기까지 확신의 온전한 풍성함을 향유하지 못한다고 주장한다. 따라서 확신이 없는 사람들은 스스로를 자극하여 하나님께 확신을 구해야 한다.

---

26 Ibid, I: 260.
27 Ibid, I: 260.

구드윈은 에베소서 1:13의 "약속의 성령으로 인치심을 받았으니"라는 구절을 이 직접적 증거를 언급하는 것으로 해석한다. 그렇게 해석하면서 그는 십스와 존 프레스턴을 지난 청교도 실천 신학의 개척자 윌리암 퍼킨스에게까지 거슬러 올라가는 사상 노선과 동일시한다.[28] 하지만 그는 이 점에 있어 그들 중 누가 했던 것보다 더 많은 것을 다룬다.

그는 '인치심'이 요한복음 14장에서 그리스도에 의해 약속된 성령 사역의 일부라고 시사하고 "그 날에는 내가 아버지 안에, 너희가 내 안에, 내가 너희 안에 있는 것을 너희가 알리라"는 말씀과 그리스도께서 자신을 제자들에게 나타내시겠다는 약속에 주의할 것을 요구한다(20-21절). 그는 이 약속들이 성령의 직접적 증언 가운데 성취되는 것이며, 신약성경이 어느 점에 있어서 믿는 것에 이어 성령 받는 것을 언급할 때는 언제나 그 언급이 성령의 직접 증거의 의식적인 경험에 대한 것이라고 생각한다. 그는 이것이 사도행전과 갈라디아서 3:2과 같은 구절들에 기록된 성령의 카리스마적 발로의 내적, 경험적 국면이라고 말한다.

---

[28] See Sinclair B. Ferguson, *John Owen on the Christian Life* (Banner of Truth: Edinburgh 1987), pp 117-121. 칼빈은 엡 1:13의 '약속의 성령'이라는 어구를 성령께서 "신자들의 심령 안에(in and to) 약속들을 입증하고 확인하신다"는 의미로 해석했다 (Matthew Pool, *Annotations*, 1685, ad loc). 그 다음에 Perkins는 하나님의 약속의 확인을 성령께서 개인적인 구원의 확신을 주는 견지에서 설명했다. "하나님께서 자신의 성령에 의해 모든 특별한 신자의 심령에 약속을 인치신다고 말할 때 그 의미는 하나님께서 생명의 약속이 그들에게 속했다는 분명한 확신을 주신다는 것이다" (Ferguson, op cit, p 117에서 인용). 마지막으로 Sibbes와 Preston은 성령의 이 확신시키는 활동이 시제적으로 개인적인 믿음이 시작한 다음이며 따라서 개인적인 믿음의 시작과 별개라는 사상을 도입했다. Preston은 이것을 다음과 같이 설교했다. "여러분은 성령의 인침 또는 증거가 무엇인가?"라고 말할 것입니다. 사랑하는 여러분 그것은 우리가 표현할 수 없는 일입니다…우리가 하나님의 아들들이라는 어떤 표현할 수 없는 확신, 하나님께서 우리를 받으시고 우리 죄를 제거하셨다는 어떤 은밀한 표명입니다. 나는 그것이 아무도 모르지만 그것을 소유한 사람들은 알고 있는 것이라고 말합니다" (*The New Covenant*, London, 1634, pp 400ff). 성령의 '인치심'(즉 하나님께서 자신의 소유로 우리에게 명시하시는 하나님의 인으로서의 역할에 있어서의 성령)이 여기에서 회심 후에 일어나는 ('after that ye believed', 엡 1:13, KJV) 증거 활동의 특별한 형태와 동등시된다.

'인치시는' 분으로서의 자격에 있어 성령은 예수님께서 영광을 받으시기 전에는 주어지지 않았다(요 7:38 이하). 온전한 확신은 특별히 신약의 축복이다. 분명히 성령께서 신자들에게 영광 중에 그리스도와의 연합을 증거하실 수 있게 되기에 앞서 그리스도께서 영광을 받으셔야 했다.

그 다음에 구드윈은 성례전적 신학이라는 주목할 만한 항목으로 나아간다. 그는 이 '인치심이 세례의 큰 열매'라고 말한다. 여기서 그는 그의 독특한 사상 노선을 발전시킨다. 그 기초는 세례를 표적과 인침으로 보는 성경적, 개혁주의적 개념이다. 표적으로서의 세례는 하나님과의 구원의 연합에 들어오는 사람에 대한 하나님의 응답과 승인을 나타낸다. 곧 그는 "아버지와 아들과 성령의 이름으로 세례를 받는다"(마 28:19). 인침으로서의 세례는 그 사람이 구약 시대에 할례를 행했던 것과 같이 하나님께서 그의 죄를 사하시고 그를 약속된 기업의 후사로 삼으시는 그와의 언약을 맺으셨음을 확인한다. 구드윈은 이렇게 말한다.

> 성령의 인치심은 세례에 일치하는 적절한 역사이다. 그러므로 세례는 "성령으로 받는다"고 칭해진다(행 1:5, 11–16). 외적인 인증이 세례의 열매와 일치하기 때문에…베드로는 그들에게 세례를 받으라고 명했고 그들은 약속을 받았다(행 2:38).[29]

이처럼 증거하는 성령의 은사는 신자에게 그의 세례가 그에게 상징적으로 선언한 바를 깨닫게 하신다. 곧 그 선언은 이제 그가 하나님의 소유이며 이제부터 하나님께서는 그의 하나님이 되신다는 확신이다.

---

[29] Goodwin, *Works*, : 248.

초대 교회에서 '세례는 새로운 회심자에게 인증으로 성령을 전하는 의식'이었고[30] 사도행전이 나타내는 바와 같이 대개 외적인 인과 내적인 인을 함께 받았다고 구드윈은 말한다. 그리고 서신서들은 "초대의 성도들은 거의 모두 인치심을 받았다"고 암시한다.[31] 그러나 후세에 이르러 대부분의 하나님의 백성들이 유아 세례를 받았기 때문에 이 두 가지 인증은 자연히 분리되었다. 그러나 세례라는 외적 인증을 받은 신자들은 믿음 안에서 보충적인 성령의 내적 인치심을 구하도록 권위와 격려를 받는다. 언제 하나님께서 성령의 내적 인치심을 주실지 또는 안주실지를 그들은 미리 알 수 없다. 그들은 이 점에 있어 하나님의 주권에 굴복해야 한다. 그러나 그들이 확신할 수 있는 것은 그들이 구하지 않으면 얻지 못한다는 것과 이 내적 인치심은 절대로 구할 가치가 있다는 것이다.

세례와 '인치심'의 관계에 대한 자신의 견해를 자신이 이해한 대로 확증 하기 위해 구드윈은 하나님의 선민을 대표하는 머리가 되시는 그리스도의 세례에 인상적인 호소를 한다. 그는 우리가 그리스도의 충만함에서 받는 것이기 때문에 "하나님께서는 우리에게 행하시는 모든 역사를 먼저 그리스도에게 행하셨다"는 원칙을 제시한다. 성령께서 그리스도의 위에 강림하시고 성부께서 "이는 내 사랑하는 아들이라"(요 6:27)고 말씀하시는 '인치심'을 받았다. 이것은 '인치심'이 신자에게 전해 주는 바와 유사한 직접적 확신을 주는 것이라고 구드윈은 말한다.

비록 그리스도께서 모든 예언서들을 읽으심으로 성경에서 자

---

[30] Ibid, VIII: 264.
[31] Ibid, I: 248.

> 신이 하나님의 아들이라는 믿음의 확신을 소유하셨으나 말할 수 없는 기쁨으로 그를 인치시는 일은 그의 세례 때까지 연기되었다. 그때 그리스도께서는 성령으로 기름부으심을 받으셨다(행 10:38)…하나님께서는 그리스도의 세례에서 그를 인치시고 기름을 부으셨던 것과 똑같이 적절하게 우리를 인치시고 기름을 부으셨다(고후 1:22 참조).[32]

그리고 그리스도를 인치신 방식은 정확하게 그리스도인들을 인치시는 방식에 따랐다.

> 나는 인치심이 항상 약속에 의한다고 말한다…예수 그리스도께서도 약속에 의해 인치심을 받았다…그 약속은 무엇이었나? "이는 내 사랑하는 아들이요 내 기뻐하는 자라"(사 42:1) 이것이 성경의 약속이다…메시아 전에 말씀된 바가 그의 심령에 확신을 주었던 것이다.[33]

3. 성령의 인치심

이 해석 중 얼마나 많이 받아들일 수 있을까? 몇몇 사실들은 명확하다. 믿은 다음에 성령을 받는 것은 사도행전과 갈라디아서 3:2 등이 분명하게 나타내는 바와 같이 어떤 신약성경의 그리스도인들에게는 확실

---

32 Ibid, I: 245.
33 Ibid, I: 249.

히 경험적인 영향을 받았다. 성령을 받음은 단지 은사 활동(예언, 방언, 기적)만을 낳는 것이 아니라 그리스도인의 삶과 예배 가운데 큰 기쁨과 담대함과 활기도 낳는다. 요한복음 14-16장은 구드윈이 지적하는 대로 확실히 보혜사의 오심을 확신의 새로운 깊이 그리고 하나님과의 교제의 새로운 친밀성과 연결시킨다. 로마서 8:16은 문법적으로나 위에서 언급된 주해적으로나 바울과 그의 독자들이 나눈, 사람을 은혜 가운데 서도록 만드는 하나님에 의해 만들어졌으며 유지된 강력한 확신에 대해 분명하게 인정한다. 청교도들은 우리가 선택하는 이중적 증거를 이해하는 어떤 형식이든, 오늘날 우리가 거의 알지 못하는 신약성경의 믿음의 경험적 차원들 중의 한 가지에 우리의 주의력을 돌리고 있는 것으로 보인다.

그러나 직접적 또는 간접적 확신의 단서를 에베소서 1:13; 4:30 그리고 고린도후서 1:21에 언급된 '성령의 인치심'과 동등시하는 것은 부정확한 것 같다. 성령은 인치시는 분, 곧 인치는 작업의 '동인'(efficient cause)이시며 확신의 느낌이 그 인치심이라는 구드윈의 해석은 헬라어가 의미하는 바가 아니다. 존 오웬은 이 본문들을 논하며 정확하게 이 해석에 이의를 표시했다. "본문은 성령께서 우리를 인치신다고 말하는 것이 아니라 우리가 그와 함께 인치심을 받는다고 말한다. 성령은 우리에 대한 하나님의 인이다."[34] 그러나 성령은 하나님의 약속들이 참되고 우리에게 적용된다는 것을 우리에게 확인시키시기 때문에 '인'으로 칭해지지도 않는다. "신자들을 인치는 것이 아니라 하나님의 약속들을 인치는 것이다. 그러나 사람들에게는 약속이 아니라 인친다고 말해질 수 있다."[35]

---

34 Owen, *Works*, IV: 401.
35 Ibid, I: 400. "우리는 어떤 사람에게 증거를 인쳐줄 때 그 사람이 인침을 받았다고 말하

오웬의 대안은 다음과 같다. "이것은 어떤 것을 인치는 것이다 – 즉 그것 위에 도장을 찍는 것이다. 신자들 안에 계신 성령은 의와 진정한 거룩 가운데 영혼에 하나님의 형상을 전달하며 실제로 우리를 인치신다."[36] 만일 보호가 우리에 대한 하나님의 '인치심'의 은유가 전하고자 의도된 사상의 중요 부분이라면 "이 말은 마음 속에서의 감각의 활동이 아닌, 그 사람에 대한 안전을 보장하는 것을 나타낸다."[37] 성령의 증거하시는 활동에 의해 야기되는 마음과 심령의 의식 상태로서의 확신은 그러한 인침의 행동에 필수적이라기보다는 오히려 인침으로부터 파생된 것으로서 온다.

오웬이 상세히 논하는 그리스도의 세례는 분명히 우리의 인침의 원형이었다.[38] 그러나 그리스도께서 받으신 인은 메시아의 공적 사역을 위해 기름을 붓는 충만한 성령의 수여였고 함께 주어진 확신의 말씀은 별개의 것이었다. 따라서 "하나님의 신자들을 인치심은 그들에 대한 하나님의 성령의 은혜로우신 교통으로 그들에게 하나님께 용납되었음을 증거하고 그들의 영원한 구원까지의 보존을 확신함으로 그들이 거룩한 부르심의 의무들을 할 수 있게 하는 것이다."[39] 확신이 은사와 함께 올 수도 있으나 확신이 은사와 동등시 되어서는 안된다. 인침은 성령의 어떤 특별한 작용이 아니라 성령 자신의 은사이다.

우리가 '그리스도 안에서' 성령으로 인치심을 받았기 때문에(엡 1:13) 그리스도의 본과 모범에 의해 빛 가운데에서 우리의 인침을 이해해야

지 않고 그 증거가 인침을 받았다고 말한다." I: 243.

36 Ibid, I: 242.
37 Ibid, I: 243.
38 Ibid, IV: 399-406.
39 Ibid, IV: 404.

한다는 통찰력의 입장에서 오웬은 다음과 같이 기술한다. 성령으로 인치심이 확신을 준다고 일반적으로 생각되어 왔다. 그리고 비록 방법은 정확하게 이해되지 않았으나 분명히 성령으로 인치심은 확신을 준다."[40] 실제로 성령의 임재는 인치시는 활동의 어떤 한 가지 요소에 의해 나타나는 것이 아니라 삶 가운데에서의 총체적인 활동에 의해 나타나는데 그것이 신자에게 자신이 하나님의 소유라는 확신을 주는 근거가 되는 것이다(요일 3:24; 4:13; 롬 8:9).

결과적으로 성령의 인치심이 연대순으로 회심 후의 사건이라는 주장은 하지 말아야 하며 에베소서 1:13의 부정 과거분사는 헬라어에 있어 완전하게 자연스러운 방식으로 "믿음 위에 너희가 인치심을 받았다…"라는 의미를 나타내는 것으로 해석되어야 한다. 왜냐하면 성령은 우리가 믿는 것과 인치심을 받는 것 사이에 시간 간격을 가정하는 것을 금하기 때문이다. 믿는 모든 자들은 성령을 받으며, 성령을 받은 모든 자는 성령으로 인치심을 받았다. 그러므로 인치심을 받지 않은 자들은 전혀 그리스도인이 아닌 것이다.

그러나 하나님의 사랑을 아는 지식의 빛 가운데 기쁨을 깨닫게 하는 성령의 증거에 대한 교리는 '인침'의 본문들에 대한 특별한 해석보다 훨씬 더 넓은 성경적 근거를 갖고 있다. 오웬은 초자연적 기쁨을 주시는 하나님의 주권적 은사에 의한 이 증거의 실재를 주장했다. 그러나 그는 이 증거를 '인침'과 동일시하려고 하지 않는다.

그는 다음과 같이 기술한다.

40　Ibid, IV: 405.

> 이 기쁨에 더해서는 성령께서 나름대로의 때와 방식을 택해 역사하신다는 것 외에는 설명할 것이 없다. 성령께서는 은밀하게 영혼 가운데 이 기쁨을 불어넣고 발산시키심으로 모든 두려움과 슬픔을 압도하시고 영혼에 희락과 환희로 충만하게 하시고 때로는 말할 수 없는 황홀감으로 가득 차게 하신다.[41]

나는 모든 청교도들이 오웬의 진술에 동의할 것이라고 생각한다. 그들이 그러한 경험들을 엄격한 의미에 있어 확신의 경험으로 간주하든지 하지 않든, 또한 그들이 로마서 8:16이나 '인치심'의 본문들이 확신의 경험을 언급한다고 믿든지 안믿든, 그런 일들이 일어났다는 사실과 모든 그리스도인이 그런 일들이 자신에게 일어나기를 가장 바람직하게 여겼다는 사실은 아무도 의심하지 않는다. 이것이 이 주제 전체에 대한 청교도의 가르침을 평가하고 이 주제와 우리 자신들과의 관계를 숙고하는 일에 매달리는 중심적인 이유이다.

---

41 Ibid, I: 253. 이것은 성령께서 그리스도인의 심령에 기쁨을 전하는 두 가지 방법 중 첫 번째 방법이다. 즉 "성령께서는 그의 어떤 다른 행동들이나 행위들을 참작하거나 또는 어떤 추론이나 연역이나 결론의 조정 없이 즉각 스스로 이를 행한다"는 것이다(p. 252). 다른 방법은 하나님의 긍휼에 대한 우리의 '숙고'(신중한 생각)를 축복함으로 기쁨이 되게 하는 것이다.

12장
존 오웬의 영성

1. 존 오웬의 생애

    본서의 주인공으로 다른 어떤 사람보다 더 가깝게 다가오는 청교도 존 오웬은 영국의 모든 신학자들 중에 가장 위대한 인물들 중의 하나였다. 거인들의 시대에 그는 그들 모두 위에 높이 솟았다. C. H. 스펄전은 그를 신학자들 중의 왕자라고 칭했다. 그는 오늘날 거의 알려지지 않고 있으며, 우리는 무지로 인해 더 무식하다.

    오웬은 1616년에 스태드햄의 옥스퍼드 주 촌락에서 태어났다. 그의 아버지는 그 곳에서 근면하고 타협하지 않는 청교도 교구 목사였다. 그에게는 웨일즈의 피가 흐르고 있었는데 이것은 그의 저술들의 여러 특성들 중 한 가지를 표명해 줄지 모른다. 즉 그는 한편으로 하나님의 위대성과 하나님 앞에서의 가장 깊은 겸손의 필요성을 대대적으로 묘사했고 다른 한편으로는 영원이라는 문제들에 대처하는 개인의 마음 속에서 일어나는 날카로운 극적인 사건을 역시 큰 규모로 묘사했다. 왜냐하면 켈트(Celtic)족 복음주의자들은 이 문제들에 대한 이해에 있어 보다 무미건조한 앵글로색슨(Anglo-Saxon)족들을 능가했기 때문이다. 오웬은 20세에 옥스퍼드의 여왕이 세운 대학에 들어가 1635년에 학사 학위를 받았다. 그는 정치적 또는 교회적인 명성을 얻고자 하는 야망을 가지고 지독할 정도로 열심히 공부했다. 그는 비록 교회에 다니고 있었으나 아직 진정한 의미에 있어 그리스도인이 아니었다. 그러나 하나님께서는 오웬의 20대 초에 그에게 그의 죄악들을 보여주셨다. 그는 심한 정죄의 고통에 빠져 3개월 동안 다른 사람들과의 교제를 기피하였고 말을 붙여도 거의 조리가 서지 않는 말밖에 할 수 없었다. 그는 서서히 그리스도께 의지하는 법을 배움으로 평안을 찾게 되었다.

1637년에 그는 대학 총장 라우드(Laud)의 도덕적 능력들에 대한 양심상의 이의를 이유로 대학을 떠났고 그와 함께 그가 예상할 수 있었던 모든 출세의 소망도 버렸다. 그러나 장기의회(Long Parliament, 1640-1660)에 의한 라우드의 몰락 후, 그는 빠르게 출세하여 1651년에는 그리스도 교회의 수석 목사가 되었고 다음 해에는 그 대학의 부총장이 되었다. 옥스퍼드 대학은 찰스 1세와 국회와의 분쟁(1642-1649) 기간 동안 왕당파의 본부였다. 오웬은 대학이 파탄과 혼돈에 있는 것을 발견했다. 1660년 이후 그는 여러 해 동안의 쓰라린 박해를 견디며 조합교회파의 지도적 역할을 담당했다. 그는 하버드 대학의 학장직을 제의 받았으나 거절했다. 그는 천식과 담석으로 몇년 고생하다 1683년에 사망했다.[1]

번힐 필드에 묻힌 오웬의 무덤을 장식한 비석에 새겨진 비문은 그가 같은 시대의 사람들에게 받았던 존경을 반영하며 하나님의 사람이

---

[1] For details on Owen's Life, see Peter Toon, *God's Statesman* (Paternoster Press: Exeter 1971); A. Thomson, "Life of Dr. Owen" in Owen, *Works*, I: xxi-cxii.

며 경건의 교육자로서의 그의 자질을 나타낸다. 다음은 그 비문의 번역이다.[2]

> 옥스퍼드 주에서 저명한 신학자의 아들로 태어난 존 오웬은 보다 더 저명한 인물로서 이 시대의 가장 저명한 인물들 중에 마땅히 들어가야 한다. 그는 비범한 분량의 공인된 사람으로서 학문적 자원들을 갖추고 그 모든 자원들을 신학에 공헌하는데 마치 잘 배치된 하녀들처럼 사용하였다. 그의 신학은 논쟁적이고 실제적인 것으로 소위 결의론적이라고 칭해지는 것이었는데 이 모든 특성은 타인의 것이 아니라 독특하게 그 자신의 것이었다.
>
> 그는 논쟁 신학에 있어 헤라클레스(Herculean) 이상의 힘을 가지고 세 마리의 독사들, 곧 알미니안, 소시니안 그리고 가톨릭의 목을 졸랐다.
>
> 실천신학에 있어서 그는 말씀의 규칙에 따라 자신의 심령으로 먼저 경험한 성령의 온전한 활동을 타인들에게 제시했다. 그리고 다른 무엇보다 그는 하나님과의 복된 교제를 실천적으로 개발하고 실현하여 그에 대해 기술하였다. 그는 땅에 있으면서 하늘에 있는 사람같이 하나님을 파악한 여행자였다.
>
> 결의론에 있어 그는 모든 복잡한 문제에 대해 상의되어야할 신탁처럼 평가되었다. 하나님의 나라를 위해 모든 면으로 교

---

[2] 라틴어 본문은 Owen의 *Works* I: cxiiif에 나온다. 거기에 제공되고 Toon, op cit, p 182f에 재현된 '번역'은 현대의 통상적 의미의 번역이 아니라 엉성한 설명적 확대이다. 8월 24일 성바돌로매일은 1572년의 위그노 학살과 1662년의 청교도의 축출에 의해 '무시무시한' 날이 되었다.

육을 받은 이 복음 진리의 고결한 등불은 개인적으로 많은 사람들에게 빛을 비추었고 강단에서 더 많은 사람들에게 그리고 인쇄된 저술들로 모든 사람들에게 빛을 비추며 모든 사람들에게 동일한 목표를 지시하였다. 이 빛을 비추는데 그는 자신과 타인들이 인정하는 바와 같이 자신의 힘을 쇠진하기까지 허비하였다. 그의 거룩한 영혼은 하나님을 향유하기를 더 바람으로 그의 한때는 건강했으나 빈번한 질병에 의해 동격을 받고 무엇보다 힘든 일로 인해 지쳐 더 이상 하나님을 섬기기에 적합한 도구가 되지 못하는 육체의 잔재를 남기고 1583년 8월 24일 세상을 떠났다. 그는 한창 때에 세상의 능력들로 많은 사람들을 두려워 떨게 하였으나 이제 그 자신이 하나님의 능력으로 말미암아 행복하게 되었다. 그의 나이는 67세였다.

이 찬사는 현재 우리가 종사하고 있는 연구의 모든 주제와 골자들을 우리 앞에 제시한다. 오웬은 엄청난 지력을 소유한 신학자였다. 그의 지식과 기억은 방대했고 그는 자신의 자료를 조직하는 비상한 능력을 갖고 있었다.

예를 들어 그의 사상은 박스터의 사상처럼 미묘하거나 이해하기 어렵지 않았다. 노르만 기둥들처럼 그의 사상은 그 구조의 고른 단순성에 의해 마음에 장엄한 감동을 남긴다. 그 사상들의 내용에 대해서는 오웬이 방식과 요지에 있어 종종 칼빈의 내용을 상기시키며 또한 종종 웨스트민스터 신앙고백과 사보이 신앙고백(사보이 신앙고백은 사실상 주로 오웬 자신에 의해 약간 수정된 웨스트민스터 신앙고백이다)의 내용을 상기시키고 종종 이 세 가지가 함께 상기되기도 한다고 말하는 것으로 충분하다.

오웬은 항상 의도적으로 17세기 개혁주의 사고에 완전히 접근한다. 그가 자신의 견해를 나타낼 때 당시의 자의식적인 학문 태도에 대한 신중한 이의 제기로 형식에 대해서 고의적으로 무관심을 나타내고 있기 때문에 그의 견해의 진귀한 명쾌성과 솔직성을 천박한 독자들은 발견하지 못한다. 그러나 오웬은 천박한 독자들을 위해 쓴 것이 아니었다. 그는 일단 과제를 택하면 그 뿌리까지 간파하기 전에는 마음을 놓을 수 없는 사람들 그리고 철저성이 고갈되지 않고 충족되고 새롭게 되는 것이라고 생각하는 사람들을 위해 그것을 썼다. 그의 저서들은 각각 다른 중심으로 조직된 일련의 신학 체계들로 묘사된다. 그는 절대로 전체와 격리된 부분을 생각하지 않았다.

그의 영적 능력은 지적 은사들과 어울린다. 데이비드 클락슨(David Clarkson)은 그의 장례 설교에서 "거룩성이 그의 다른 업적들에 신령한 광채를 주었고 그의 모든 행로를 감동시켰고 그의 대화 전체에 퍼져 있었다"[3]고 말했다. 오웬의 거룩성 – 즉 사람들이 그에게서 보았던 부단한 그리스도와의 유사성 – 은 이중적 근원을 갖고 있었다. 첫째로 앞에서 주지한 바와 같이 그는 겸손한 사람이었다. "사람들의 영혼을 겸손하게 하는데 적합한 두 가지 사항이 있으니 하나님에 대한 바른 사고와 그 다음에는 자신에 대한 바른 사고이다. 하나님에 대한 바른 사고는 하나님의 위대하심과 영광과 거룩과 능력과 위엄과 권위를 깊이 생각하는 것이고 우리 자신에 대한 바른 사고는 우리의 초라하고 비천하고 죄악된 상태를 생각하는 것이다"[4]라고 그는 기술했다.

---

3 David Clarkson, *A Funeral Sermon on the Much Lamented Death of the Late Reverend and Learned Divine John Owen D. D.* (London, 1720); cited from Toon, op cit, p 173.

4 Owen, *Works*, VI: 200.

하나님께서는 오웬에게 이 두 가지 모두를 깊이 생각하라고 가르치셨다. 즉 주권적 창조자이신 하나님이 그의 생각과 생활의 하나님이 되시게 하고 자기 자신의 죄와 부정함을 인정하라는 것이었다. 그는 자신의 죄와 부정함을 인정하는 것이 특별히 중요하다고 생각했다. "자신의 심령의 악이 얼마나 비열한가를 이해하는 사람들만이 유용하고 열매를 많이 맺고 믿음이 곧고 순종하는 사람이다…"[5] 사람은 하나님을 바로 섬길 수 있게 되기에 앞서 자신을 미워해야 한다. 선천적으로 자긍심이 강했던 오웬은 회심에 의해 낮아졌고 그 이후 그는 자신의 마음 속에 있는 타고난 죄악성을 반복하여 묵상함으로 계속 자신을 낮추었다.

또한 오웬은 자신의 복음의 능력을 알고 있었다. 그는 "설교자는 자신의 영혼에게 스스로 설교하는 진리의 능력을 경험해야 한다. 자신의 영혼에 한 설교만이 타인들에게 잘 전해지는 설교이다"[6]라고 생각했다. 그래서 그는 다음과 같은 규칙을 세웠다.

> 나는 성령님을 통해 어떤 진리를 영적인 의미에 있어 맛보고 심령으로부터 시편 기자와 같이 "내가 믿음으로 말했나이다"라고 말할 수 없으면 그 진리를 발표하기는커녕 내가 그 진리에 대한 바른 지식을 얻었다고 상상도 하지 않겠다고 양심과 자존심으로 스스로에게 의무를 지운다.[7]

이렇게 그는 권위있고 노련하게 인간 심령의 어두운 심연을 엄밀하

---

5   Ibid, VI: 201.

6   Ibid, XVI: 76.

7   Ibid, X: 488.

게 조사한다. A. 톰슨(Thomson)은 그의 『유혹』(*Temptation*)에 대해 "모든 구절들이 읽는 독자 자신만을 위해 쓴 것처럼 느끼게 하는 위력을 가지고 그의 마음을 비춘다"[8]고 말했다. 라비 던칸(Rabbi Duncan)은 학생들에게 오웬의 『내주하는 죄』(*Indwelling Sin*)를 읽으라고 권하며 "그러나 찌르는 검을 각오하라"고 덧붙인다.

오웬의 문체는 종종 성가시고 비비꼬였다고 비난을 받는다. 사실상 정교한 키케로(Ciceronian) 풍으로 유창하지만 품위있고 전개적인 라틴어화된 구어체이다. 오웬의 산문을 교훈적 웅변처럼 큰소리로 읽을 때 현대의 독자들을 당황하게 하는 언어상의 도치, 전치, 고문체, 새로운 표어들은 더 이상 애매하고 거슬리지 않게 된다. 사고하면서 읽는 지겨움이 정신을 풍성하게 한다는 것을 발견한다.

스펄전은 "오웬이 지루하다고 말하지만 요약적이라고 말하는 것이 더 옳을 것이다. 그의 문체가 무거운 이유는 말로 해야 좋을 것을 필기로 나타내고 자신의 넓은 마음의 큰 생각들을 완전히 전개하지 않고 지나가 버리기 때문이다. 그는 힘든 연구를 요구한다. 그러므로 우리는 힘든 연구를 아까워하지 말아야 한다"[9]고 기술했다. 나 역시 나의 독자들이 힘든 연구를 불평하지 않기를 바란다.

---

8   Ibid, I: lxxvi.

9   C. H. Spurgeon, *Commenting and Commentaries* (Banner of Truth: London, 1969), p 103.

2. 그리스도인의 삶

이제 우리는 그리스도인의 삶에 대한 존 오웬의 중점적인 가르침에 주의를 집중한다. 이를 위해 나는 그의 설교식 저술들인, 『내주하는 죄』(*Indwelling Sin*), 『죄의 억제』(*Mortification of Sin*), 『유혹』(*Temptation*) 그리고 정도가 더 높게 저술된 『성령에 대한 논설』(*Discourse Concerning the Holy Spirit*)에서 주로 자료를 수집했다.

청교도 교육자들은 현실적인 자기 지식은 그리스도인의 삶을 사는데 있어 필수조건이라고, 한 몸처럼 한결같이 주장했고 오웬도 예외가 아니었다.

오웬이 신자에게 상기시키는데 결코 싫증을 내지 않았던 자기 지식의 네 가지 항목이 있다.

1) 그리스도인은 인간이다

인간은 이성적 활동을 위해 창조되었고 그 목적에 따라 삼위일체적인 기능들 즉 이해력과 의지와 감정을 부여받았다.

① "정신 또는 이해력은 영혼의 선도적 기능이다. 이 기능의 직무는 인도하고 지시하고 선택하고 안내하는 것이다." "이것은 영혼의 눈이다."[10]
② 정신이 이해의 능력인 것처럼 의지는 행동의 능력이며 이성적

---

10 Owen, *Works*, VI: 213, 216.

욕구이다. 즉 "정신에 인도되므로 이성적이며 감정에 의해 자극되므로 욕구적이다. 의지는 선의 모양을 갖고 있기 때문에 오직 선한 이성을 따라 선택한다. 하나님은 의지의 당연하고 필연적인 대상이다."[11] (여기서 오웬은 선한 것은 바람직하기도 한 것이며 어떤 대상을 바라는 이유는 그 대상에게 부여되는 실제적 또는 가공적 선의 속성에 의한 것이라는 전통적 스콜라 철학의 교리에 의지하고 있다. 그러므로 하나님의 선은 오직 하나님을 바랄 수밖에 없게 하며 바람은 사랑의 근원이고 핵심이라고 오웬은 생각한다).

③ 감정은 사람들을 특별한 대상들로 이끌거나 또는 물리치거나 하는 선택들을 이끌어내는 정서적 연상 의미들 — 사랑, 소망, 증오, 공포 등 — 을 갖고 있는 긍정적이며 부정적인 다양한 성향적 충동들(drives)이다.

어느 정도의 감정이 없이는 절대로 선택이 이루어지지 않는다. 따라서 "배에 키가 있는 것처럼 영혼에는 감정이 있다. 만일 숙련된 손이 키를 잡는다면 배는 그가 원하는 방향을 향할 것이다."[12] 무엇이 감정의 지지를 얻느냐에 따라 사람의 마음이 사로잡힌다. 우리 감정을 마음대로 할 수 있는 어떤 것과 다투는 것은 헛일이다. 결국 그것은 승리하고 말 것이다."[13]

인간은 마음으로 선을 알고 일단 선을 알게 되었을 때는 그것을 바라고, 일단 그 선의 매력을 느꼈을 때에는 그것에 집착하도록 창조되었

---

[11] Ibid, VI: 254.
[12] Ibid, VII: 397.
[13] loc cit.

다. 이 경우에 있어서 선은 하나님과 하나님의 진리와 율법이다. 하나님께서는 움직이시는데 감정이나 의지에 대한 직접적인 작용을 하시는 것이 아니라 자신의 말씀으로 우리의 마음에 이야기하심으로 진리의 설득력이 우리를 압박하게 하심으로 하신다. 따라서 우리가 하나님을 섬기고자 한다면 우리의 첫번째 과제는 기록된 '하나님의 말씀의 내용을 배우는 것'이다.[14] 감정이 배의 키라면 마음이 키를 잡지 않으면 안되고 항해 지도는 하나님의 계시된 진리이다.

따라서 교사의 첫 번째 과제는 주정주의(emotionalism: 직접적으로 감정을 자극하려는 시도들)를 피하고 부단히 스스로 마음에 말하며 자기 양떼에게 성경의 교리들을 가르치는 것이다. 오웬은 습관적으로 자신을 교사라고 말했고 그의 출판된 설교와 실천적 논문들이 보여주는 바와 같이 이 원리들에 근거하여 자신의 사역을 수행했다.

2) 그리스도인은 타락한 인간이다

죄는 인간을 하나님과 멀어지게 했을 뿐단 아니라 자기 자신과도 멀어지게 했다. 죄의 열매는 영혼의 무질서와 인격의 분열이다. "정신 기능들은 서로 엇갈리고 정반대로 움직인다. 의지는 정신이 발전하는 선한 것을 택하지 아니하고…보통 감정이 주권을 잡고 영혼 전체를 포로로 잡아 이끈다."[15] 타락한 인간은 더 이상 이성적이 아니라 불안정하고 변덕스럽고 서로 도순되는 정욕과 맹목적인 충동들에 의해 혼란되며 하나님께 순종할 능력이 없다(롬 5:6). 왜냐하면 죄의 근원은 창조주에

---

14 A phrase from Anglican Article XX.

15 Owen, *Works*, VI: 173.

대한 뿌리깊은 불만과 반감이며(롬 8:7) 창조주를 속이고 도전하고 불순종하려는 비이성적인 선천적 욕망이기 때문이다.

오웬은 내주하는 죄에 대해 다음과 같이 기술한다. "그 본성과 의도는 하나님께 반항하는 것이다. 입법자이신 하나님, 거룩하신 하나님, 행위로 말미암지 않고 은혜로 말미암는 구원의 길인 복음의 창시자이신 하나님은 죄의 법의 직접적 대상이다."[16] 불경과 불의와 불신과 이교는 내주하는 죄가 자신을 표현하는 자연스러운 형태이다. 이 죄는 전인에 침투하여 오염시킨다. "죄는 무지와 허영 가운데 부패된 원리로 우리 정신에 들러붙고 관능 가운데 우리의 감정에 들러붙고 선한 것에 대한 혐오와 증오 가운데 우리의 의지에 들러붙는다. 그리고 악에 대한 기호와 동의와 제안 가운데 계속 우리를 따라다닌다."[17] 그리고 우리가 보는 바와 같이 죄는 시종일관 은혜의 모든 역사를 방해한다. "그리스도께서 영혼을 자신께 복종시키시기 위한 영적 능력을 갖고 오셨을 때 마땅히 거할 곳이 없으셨다. 그리스도께서는 싸워서 얻지 않고서는 발을 붙일 곳도 발견할 수 없으셨다."[18]

그러므로 죄의 존재와 능력으로 인해 그리스도인의 생활은 자기 혐오와 자기 불신 위에 기초되어야 한다. 자기 신뢰와 자기 만족은 자기 무지를 나타내는 것이다. 건강한 그리스도인은 비천하고 상심한 그리스도인이다.

부단한 자기 비하, 자기 정죄, 자기 혐오는 영원의 죄의 지배

---

16 Ibid, VI: 178.

17 Ibid, VI: 157.

18 Ibid, VI: 181.

에 직접적으로 반항하는 또 하나의 의무이다. 마음의 구조는 죄의 독성에 대한 훌륭한 해독 수단이 아니라‥모든 은혜가 성장하고 번성하게 될 토양이다. 항상 죄를 죄로 바로 느끼고 우리의 선천적인 죄에 대한 흥미를 바로 느끼고 우리의 삶의 행로에서 항상 죄에 대한 쓰라린 기억과 실례들을 갖고 있는 것이 영혼의 가장 좋은 자세이다. 우리 영혼을 항상 애통과 겸손 상태로 유지하는 것은 우리 지혜의 가장 필요한 부분이며 복음이 믿음 가운데 우리에게 제공하는 위로와 기쁨과 일치하며 그 위로와 기쁨을 영혼에 적절한 방법으로 주입시키는 유일한 길이다.[19]

3) 그리스도인은 구속을 받은 인간이다

그는 그리스도께서 그의 빚을 갚으시고 그에게 생명을 얻게 하시고 그를 죄책으로부터 자유하게 하시고 그를 죄의 권세로부터 해방시키신 영원한 '구속 언약' 가운데 보증인이 되신 사람들 중의 한 사람이다. 그리스도에 의한 구속은 기독교 교리의 핵심이며 그리스도에 대한 믿음과 사랑은 기독교 신앙의 핵심이 되어야 한다.

토마스 구드원과 사무엘 러더포드처럼, 오웬 역시 이 사실을 다른 사람이 보아온 바와 같이 명확하게 보고 있다.

그들은 복음의 생명과 능력에 대해 아무것도 모르며 하나님의

---

19 Ibid, VII: 532f.

은혜의 실재에 대해서도 아무것도 모른다. 또한 그들은 기독교 신앙의 한 조항도 바르게 믿지 않고 있으며 그들의 심령은 기독교 신앙 안에 있는 그리스도의 사랑을 느낄 수 없다. 그는 그리스도의 사랑을 느낄 수 없고 그의 감정은 그리스도께 이끌리지 않는다. 나는 그들이 신앙을 구경거리로 삼는다고 말한다. 그들의 심령은 파산하고 깨진 중재의 일에 나타나는 그리스도의 사랑에 실제로 감동을 받지 않았으므로 그리스도에 대해 실제적이며 영적으로 분별있는 감정을 갖지 못한다. 우리 영혼의 가장 열렬한 감정을 그리스도에게 두고 그의 사랑을 인하여 우리의 전심을 다하여 그를 사랑하기를 우리가 사랑으로 병이 나기까지 하며 그를 향한 우리 영혼의 부단한 활동이 희열과 집착으로 압도되는 것을 단지 환상과 상상이라고 생각하는 인간들은 기독교 신앙을 전혀 실제로 알지 못하는 자들이다.[20]

4) 그리스도인은 중생한 인간이다

그는 그리스도 안의 새로운 피조물이다. 새로운 생명의 법칙과 순종의 습관이 그에게 주입되었다. 이것이 예언된 '마음의 할례'이다. '우리 안에 나면서부터 있던 죄의 맹목성과 완고성과 강퍅성이 우리의 생각과 감정을 소유하고 있고 그 편견들로 우리의 하나님을 향한 회심을 방해하지만 이 할례로 인해 그 방해 요소들은 제거된다.[21] 그리고 인간이

---

[20] Ibid, I: 166f.

[21] Ibid, III: 324.

예수 그리스도를 믿는 진정으로 구원을 얻는 믿음의 첫 번째 행동인 의식적인 '회심'은 이 할례의 직접적인 결과이다. 이 행동은 비록 그의 존재 깊은 곳에서 활동하시는 성령의 중생시키는 역사이지만 완전히 자유로운(즉 의식적인) 것이다. '자연스러운 순서에 있어 우리가 회심할 때 의지 가운데 은혜의 활동은 의지 자체의 활동에 선행한다. 그러나 의지는 감동받는 것과 동시에 움직이며 스스로 행하며 그 활동에 있어 자신의 자유를 간직한다.'[22]

중생은 인간의 심령을 전투장으로 만든다. 이 전투에서 '육체'(옛 사람)는 '영'(새 사람)의 주권을 뺏기 위해 지칠 줄 모르고 싸운다. 그리스도인은 육체와 충돌없이 영을 만족시킬 수 없다(갈 5:17; 롬 7:23). 그리스도인이 회개에 의해 정식으로 스스로를 분리시킨 죄는 목숨을 내놓고 덤비는 것처럼 보인다. 바울은 이 죄를 '스스로의 능력과 특성들, 곧 지혜와 술책고 교활함과 힘을 가진 한 인물 곧 '옛 사람'이라고 칭해지는 살아있는 인물에 비유했다.[23] 죄는 마음 속에서 항상 활동하고 있다. 죄가 일시적으로 공격의 소강 상태를 보이는 것은 죄가 죽었다는 것을 나타내는 것이 아니라 완전히 살아있음을 나타내는 것이다. "죄는 가장 잠잠해 보일 때 가장 잠잠하지 않은 것이다. 죄의 호수는 잔잔할 때 가장 깊다."[24] 죄의 전략은 기습의 전조로 거짓된 안전감을 주는 것이다.

> 죄에 의해 우리는 알지 못하는 사이에 영적인 애착, 어리석은

---

[22] Ibid, III: 320.
[23] Ibid, VI: 8.
[24] Ibid, VI: 11.

> 상상 그리고 선하지도 않고 유익하지도 않은 것들을 즐거워하게 된다. 영혼이 전혀 다른 일을 행하고 있을 때 죄는 마음 속에서 그 일을 악하고 죄악된 자리로 끌고 가는 일을 시작한다. 그렇다. 죄는 자신의 능력을 나타내기 위해 때때로 영혼이 어떤 죄에 대한 고행을 심각하게 하고 있을 때 바로 그 죄의 타락을 추구하는 희롱에 빠지게 한다. 나는 이 불의의 기습들보다 신자의 삶에 있어 더 큰 괴로움을 알지 못한다. 그리고 사도가 "오호라 나는 곤고한 사람이로다. 이 사망의 몸에서 누가 나를 건져내랴"(롬 7:24에서 불평을 하는 것은 바로 이런 불의의 기습에 대한 것이다).[25]

이 죄와의 전투는 평생에 걸친 것이다.

> 때때로 영혼은 은혜로 말미암아 이 성가신 동거자로부터 완전히 자유롭게 될 수 있을 것으로 생각하거나 희망한다. 불쌍한 영혼은, 하나님의 어떤 은밀한 기쁨에 근거하여, 은혜의 충만한 공급에 근거하여, 방황으로부터의 귀환에 근거하여, 깊은 고뇌에 근거하여, 철저한 겸손에 근거하여, 이제 죄의 법에서 자유를 얻게 될 것을 바라기 시작한다. 그러나 잠시 후 죄는 다시 활동하며 자신의 옛 위치를 회복한다.[26]

그러므로 완전하다고 주장하는 자는 자신을 속이는 것이며 뜻밖의 변

---

[25] Ibid, VI: 192f.
[26] Ibid, VI: 204.

을 당할 짓을 하는 것이다. "내가 여러분의 목사인 동안 여러분은 절대로 로마서 7장을 벗어나지 못할 것입니다"라고 알릭산더 휘트(Alexander Whyte)는 자신의 에딘버러 회중에게 말했다. 그리고 오웬도 만일 2세기 반 후에 휘트의 후임이 되었다면 그들에게 똑같은 말을 했을 것이다.

3. 성화

그리스도인의 땅의 삶 동안 그를 위한 하나님의 목적은 성화이다. 칼빈이 그렇게 말했고 오웬이 그렇게 말했고, 성경이 그렇게 말한다(살전 4:3; 벧전 1:15 이하). 오웬은 성화의 필요성과 어려움을 끊임없이 강조함에 있어 신약성경을 되풀이하고 있는 것일 뿐이다.

> 성화는 신자들의 영혼에 대한 하나님의 성령의 직접적인 역사로 그들의 본성을 죄의 오염과 부정으로부터 정결케 정화하고 그 안에 하나님의 형상을 새롭게 함으로 그들이 은혜의 신령하고 습관적인 원리를 따라 하나님께 순종을 바칠 수 있게 하는 것이다. 더 간단히 말해서 성화는 계수 그리스도로 말미암아 성령에 의해 우리의 본성을 하나님의 형상으로 완전하게 쇄신하는 것이다. 그러므로 여기에 따르는 것이 있다. 즉 이 역사의 열매이며 결과인 우리의 거룩은 우리 안에 역사된 새로운 하나님의 형상을 포함하므로 은혜언약의 조건들에 따라 예수 그리스도로 말미암아 하나님께 더한 거룩한 순종으로 이

루어진다는 것이다.[27]

이와 같이 "거룩은 우리 안에 복음을 주입하고 기록하여 실현시키는 것 외에 아무것도 아니다."[28] "말씀은 우리의 심령 속에서 은혜로 변한다. 성령께서는 우리 안에서 말씀이 첫째로 우리에게 요구하는 바를 행하는 것 외에 아무런 일도 하지 않으시는 것이다. 성장은 그 말씀에 따른 증진 외에 아무 것도 아니다."[29] 이 증진은 그리스도의 삶 내내 점진하는(또는 점진해야 하는) 것이다.

거룩은 "하나님의 약속하신 선물이기도 하며 인간에게 명해진 의무이기도 하다. 하나님의 은혜가 없으면 우리는 이 의무를 실행할 수 없다. 또한 하나님께서는 우리가 자신의 의무를 바르게 실행할 수 있도록 하는 목적 아닌 다른 목적으로 이 은혜를 주시지 않으신다." 거룩하고자 하는 사람은 그 자체가 거룩하고 공의롭고 선하고 의무적이고 단호하게 인간에게 거룩을 이루는 모든 선한 행위들을 요구하는 하나님의 율법과 그리스도를 통해 이 율법을 지키는 힘을 주시겠다는 하나님의 약속에 바른 경의를 나타내야 한다.

우리는 다음과 같은 때에 이 약속과 바른 경의를 나타내는 것이다.

① 우리가 우리 자신의 어떠한 능력으로도 이 명령을 따를 수 없다는 자신의 무능에 대한 부단한 의식 가운데 행할 때

② 우리가 도우심과 구원을 공급하는 은혜를 사모할 때

---

27 Ibid, III: 386.
28 Ibid, III: 370.
29 Ibid, III: 470.

③ 우리가 우리로 거룩한 순종을 할 수 있게 하는 은혜의 공급을 위해 약속에 근거하여 기도와 기대 가운데 믿음을 행할 때[30]

우리는 도움을 얻기 위해 기도하며 주님의 능력 안에서 믿음의 선한 싸움을 싸우고 우리가 얻는 승리들을 인하여 주님께 감사를 드려야 한다.

성화는 양면을 갖고 있다. 성화의 적극적인 면은 활기를 주는 것 즉 새 사람을 성장시키고 성숙시키는 것이며 소극적인 면은 억제하는 것 즉 옛 사람을 약화시키고 죽이는 것이다.

우리는 중생이 우리 안에 주입한 새 능력과 성향들을 의식적으로 분기시키고 실행함으로 은혜 가운데 성장한다.

> 활동의 빈드는 자연히 지향하는 습관들을 증대하고 강화한다. 영적 습관들(예를 들어 믿음, 소망, 사랑)도 그러한데 하나님의 약속에 의해 더욱 그러하다. 영적 습관들은 실행 가운데 그리고 실행에 의해 성장하고 번성한다. 따라서 영적 습관들을 쇠퇴시키는 제일 좋은 수단은 실행하지 않는 것이다.[31]

그러므로 그리스도인은 듣고 읽고 묵상하고 경계하고 기도하고 예배하는 은혜의 수단들을 부지런히 사용해야 한다. 그는 '완전한 순종' 곧 모든 일에 언제나 하나님의 계시된 뜻을 따르기 위해 자신을 고무해야 한다. 그리고 그는 결의와 활력을 가지고 이 일을 끈기있게 밀고 나가

---

30 Ibid, III: 385.
31 Ibid, III: 389.

야 한다. 그러나 그는 능력이 자신에게서 나오는 것이 아니라 하나님께로부터 온다는 것을 기억하고 모든 일을 기도로 의존하는 심령 가운데 행해야 한다. 그렇지 않으면 그는 실패할 것이다. 그 이유는 이러하다.

> 무슨 의무에서든지 우리 마음과 뜻과 감정의 모든 거룩한 행동을 나타내는 데에는 하나님의 실제적 도우심과 원조와 내적 역사가 필요하다. 신자들은 끊임 없는 은혜에 의해 받은 능력 또는 재능에도 불구하고 여전히 하나님을 향한 모든 단 한가지 행동이나 의무에 있어서도 은혜를 필요로 한다.[32]

이 부단한 원조는 그 필요성을 망각하고 구하기를 게을리하는 자들에게서 거두어가실 것이다.

그러므로 죄를 억제하는 것이 직접 육체와 전투를 벌이는 것을 의미하는 것과 마찬가지로 은혜 안에 자라나기를 구하는 것은 직접 세상과 전투를 벌이는 것을 의미한다(다음 항을 보라). 오웬은 신령한 마음의 은혜와 의무의 머리말에서 이 사실을 지적한다. 이 머리말은 비록 17세기 말에 대해 말하여진 것이나(이 책은 1681년에 출판되었다) 오늘날에도 섬뜩하게 적용될 수 있는 것으로 보인다. 오웬은 다음과 같이 말한다.

> 현재 세상은 대단히 조급하다. 많은 곳에서 모든 확고한 기초들이 사라지고 있기 때문에 사람들의 정신은 세상의 변혁들로 어지럽고 또는 변혁의 기대 가운데 혼란되어 있다. 그러므로

---

[32] Ibid, III: 529.

> 사람들은 아무것도 아닌 세상을 전부인 것처럼 행하고 말하고 있다. 그리고 사람들이 세상 일들에 대한 생각 투성이가 되어 있음에도 따뜻한 열정을 가지고 어떤 영적인 의무를 수행한다거나 참여한다고 나아온 데도 그것은 그들에게 매우 어렵고 비록 불가능하지는 않더라도 의무감과 힘든 활동을 자극하는 것일 뿐이다.[33]

그러므로 생각을 경계해야 하며 마음을 감시하고 훈련된 묵상의 습관을 형성해야 한다. 그렇지 않으면 사람은 절대로 은혜와 거룩의 생활 가운데서의 진정한 성장의 모판인 신령한 마음을 유지할 수 없다.

억제(mortification)는 죄의 충동에 대한 단순한 억압이나 저지 이상이다. 억제는 죄의 충동을 점차적으로 뿌리 뽑는 것이다. '억제하다'(mortify)는 말은 '죽이는 것'을 의미한다. "그러므로 이 의무에 있어 지향하는 목표는 완전히 죽이는 것처럼 파괴하는 것이다. 즉 이 저주받을 죄의 생활을 생각나게 하는 모든 것의 철저한 멸망, 파괴 그리고 점차적인 소멸이다. 죄의 존재나 생명이나 작용을 하나도 남기지 않는 것이다."[34]

신자에게 거하는 죄는 원칙적으로 십자가 위에서 죽었다. 그리스도의 죽음은 이윽고 죄의 죽음이 된다. 죄는 사실상 중생에 의해 왕좌에서 쫓겨났다. 그리고 이제 성령의 도우심으로 그리스도인은 죄의 생기의 근원을 말리며 평생을 보내는 것이다(롬 8:13). "모든 역사는 점차적으로 우리의 평생에 걸쳐 완성을 향해 진행되고 있다."[35] 그러나 우리는 절대

---

[33] Ibid, VII: 264.
[34] Ibid, III: 545.
[35] Ibid, VI: 8.

로 긴장을 풀 수 없다. 왜냐하면 죄는 "점차적으로 그리고 끊임없이 약화시키는 방법 외에 다른 방법으로는 죽지 않기 때문이다. 죄의 목숨을 살려두어 보아라. 그러면 죄는 자신의 상처를 고치고 힘을 회복한다."[36] "이 역사는 죄의 법칙과 활동과 열매에 반하여 부단히 은혜를 취함으로 이루어진다."[37] 이 역사는 종종 고통스럽고 힘들다. 그리스도께서는 이 역사를 한 눈을 뽑는 것이나 한 지체를 자르는 것에 비유하셨다. 그러나 이 역사는 생명의 길이며 이 역사를 게을리하는 것은 재앙이다.

특별한 죄에 대한 성공적인 공략의 조건은 첫째 지속적인 겸손(정신 구조는 죄의 독에 대한 훌륭한 해독제가 아니다)과 둘째 은혜 안에서의 계속적인 성장이다.

> 완전한 거룩 가운데 성장하고 번성하고 진보하는 것은 죄를 억제하는 훌륭한 방법이다. 우리 안에서 거룩의 법칙이 더 활기차게 되면 될수록 죄의 법칙은 더 약해지고 무기력해지고 죽어갈 것이다. 이것이 죄를 파멸시키는 법이다. 거룩의 법칙이 없으면 다른 아무것도 죄의 파멸에 기여할 것이 없다.[38]

특별히 "우리가 가장 많이 영향을 받는 부패들에 가장 직접적으로 반대되는 모든 은혜의 실제적인 실천을 많이 하며 살라"[39]

그리스도인이 직접적으로 자신의 죄를 억제할 수 있는 활동은 기도

---

[36] Ibid, III: 545.
[37] Ibid, III: 543.
[38] Ibid, III: 552f.
[39] Ibid, III: 554.

이다. 이 기도에는 비탄(complaint)이 포함된다. 비탄은 그리스도인이 하나님 앞에서 자신의 죄와 난국을 내어놓고 자신의 악행이 자신에 대한 하나님의 진노를 격발시켰다는 것을 겸손하게 인정함으로 영혼의 고통을 느끼는 것이다. 또한 이 기도에는 탄원(petiton)도 포함된다. 탄원은 그리스도인이 진지하고 끈덕지게 하나님의 구원의 약속들을 간청하고 하나님께서 자신에 대한 사랑을 증거하신 사건들을 회상함으로 그 약속들의 성취에 대한 믿음을 지속하는 것이다(시편들은 이에 대한 실례들로 충만하다). 주관적으로 볼 때 기도의 효과는 두 가지이다.

첫째로 은혜가 강화된다. "기도에서 신자의 영혼은 사랑과 기쁨과 거룩을 추구하는 영혼의 가장 고귀한 목적을 향해 높여지며 그 목적에 대해 가장 확신을 얻게 되며 그 목적에 가장 어울리게 된다."[40]

둘째로 신자가 믿음과 사랑 안에서 그리스도께 의뢰함으로 죄는 약화되고 위축된다. "믿음으로 우리를 위해 십자가에 달려 돌아가신 분으로 제시된 복음의 그리스도를 관찰하라. 우리의 죄를 지시고 기도하시며 피흘리시며 돌아가신 그리스도를 관찰하라. 그러한 상태의 그리스도를 믿음으로 마음속에 모시라. 당신의 타락으로 인해 흘리신 그리스도의 피를 그렇게 적용하라. 매일 이 일을 행하라…"[41] 갈보리에서처럼 죄가 가증스러운 곳은 없다. 그리스도인이 갈보리에서 눈을 떼지 않는 동안 그의 심령 가운데서 정욕은 사라지게 된다.

> "십자가에 달리신 그리스도는 우리 사랑의 최고 대상이며 최고 대상이 되어야 한다…그리스도의 죽으심 가운데 그의 사랑

---

40 Ibid, III: 560.

41 Ibid, VI: 85.

과 은혜와 겸손은 가장 영광스럽게 빛을 발한다…모든 참된 사랑의 결과들과 마찬가지로 이 사랑의 결과들의 첫째 결과는 집착(adherence)이고 둘째는 동화(assimilation)이다. 첫째로 집착을 살펴보자. 성경의 사랑은 종종 집착이라는 결과로 표현된다. 즉 한 사람의 영혼이 다른 사람의 영혼에 밀착되고 굳게 결합되는 것이다. 십자가에 달리신 그리스도께 굳게 집착할 때 영혼은 십자가의 그리스도와 항상 함께 있는 느낌 가운데 있게 된다. 여기에서 둘째로 동화 또는 일치가 뒤이어 일어나게 된다. 사랑은 사랑하는 마음과 사랑받는 대상을 닮게 한다. 십자가에 달리신 그리스도에 대한 사랑으로 충만한 마음은 죄를 효과적으로 억제함으로 그리스도의 형상과 닮게 변할 것이다."[42]

이와 같이 오웬의 그리스도인의 생활에 대한 가르침에서 십자가와 성령은 두 가지 중심적 현실들이다. 그리스도께서는 선택된 죄인을 위해 죽으심으로 그에 대한 성령의 은사를 확보하셨다. 성령께서는 그에게 임하셔서 십자가가 자신을 위한 그리스도의 사랑을 어떻게 나타내는가 보여주시고 그의 심령을 변화시키고 그로 하여금 자신의 구주를 사랑하도록 만드신다. 성령께서는 우리를 그리스도의 십자가 곧 우리의 죄가 영원한 죽음을 가져오지 않고 스스로 죽어버렸다는 하나님의 보장으로 인도하시고 그리스도의 십자가를 우리 마음 속에 죄를 죽이는 능력으로 두심으로[43] 우리의 죄가 죽었다는 것을 확인하신다.

앞으로 더 나아가기에 앞서 말해야 할 것이 있다. 즉 오웬이 이처럼

---

42 Ibid, III: 563f.

43 Ibid, VI: 86.

능숙하고 면밀한 번뜩임으로 제시하는 – 우리의 은혜에 활기를 주고 우리의 죄악을 억제하는 성화에 대한 – 이 이분적 도식이 절대로 그의 독특한 생각이 아니라는 것이다. 이것은 칼빈을 거쳐 로마서 6장과 골로새서 2:20 – 3:17까지 거슬러 올라가는 전통적인 청교드의 가르침이다. 다른 곳에서와 마찬가지로 여기에 있어서도 오웬은 청교도의 주류에 위치하고 있다.

4. 하나님과의 교제

그러나 여기서 갑자기 멈추는 것은 오웬에게 불공평할 것이다. 모든 청교도들에게 있어서와 마찬가지로 오웬에게 있어서도 성화는 그리스도인의 실존에 있어 주요한 보다 포괄적인 실재 즉 하나님과의 교제(communion with God)의 한 단면에 불과하였다.

하나님과의 교제 사상은 우리를 청교도 신학과 신학의 심장부로 인도한다. 이 주제가 청교도들이 가장 관심을 두었던 다른 주제들과 어떻게 관련되었는가를 알게 될 때 우리는 바로 앞에 말한 사실을 분명하다는 것을 깨닫게 될 것이다.

예를 들어 우리 모두는 청교도들이 인간의 다방면의 문제들 – 세상에 있어서의 인간의 본질과 위치, 선악에 대한 인간의 능력과 가능성들, 인간의 고통과 소당과 공포와 좌절들, 인간의 운명, 순결과 죄와 은혜와 영광이라는 '네 가지 상태'에 있어서의 인간 – 에 대해 깊은 관심을 가졌다는 것을 알 수 있다. 그리고 그들의 생각에 있어 인간 실존의 온전한 목표와 목적은 하나님과 교제를 가져야 한다는 것이었다. "인간의 최고 목적은 영원히 하나님께 영광을 돌리고 하나님을 즐거워하는 것이다."[44]

또한 우리 모두는 은혜 언약의 교리 – 그 본질, 그 조건, 그 약속, 그 축복, 그 섭리의 방법들, 그 약정의 표징과 의식들 – 에 대해 깊고 부단한 관심을 갖고 있었다는 것도 알고 있다. 믿음에 의한 칭의가 루터의 특징적 교리였던 것과 마찬가지로 은혜 언약은 청교도의 특징적 교리로 칭해져 왔다. 그리고 청교도의 생각에 있어 은혜 언약의 직접적인 목표와 목적은 인간들을 하나님과의 연합과 교제로 인도하는 것이었다.

또한 청교도들은 은혜 언약에 있어서 그리스도의 중재 – 그리스도의 굴욕과 영광, 그리스도의 속죄와 중보, 그리스도의 언약 백성에 대한 목자와 남편과 친구로서의 모든 은혜로운 관계들 등 – 를 역설하는데 전혀 지칠 줄 몰랐다. 그리고 그리스도의 중재의 직접적인 결과와 목적에 대한 청교도의 견해는 존 오웬에 의해 우리에게 분명해진다. 그는 "그리스도께서 삶과 죽으심과 부활과 승천을 위대하게 담당하심으로 우리에게 하나님의 기쁨을 전하시는 하나님과 우리 사이의 중재자가 되셨다"고 말한다.[45] 이것이 교제의 실재인 것이다.

더욱이 청교도주의는 영국의 공적 예배의 개혁을 추구함으로 드러나기 시작했다. 그리고 개인적 예배 뿐만 아니라 공동체 예배의 내용과 방식과 실행은 이 운동의 역사 전체를 통해 청교도의 중심적인 관심이었다. 오웬의 저술들이 증거하는 바와 같이 오웬은 누구보다 이 점에 있어 분명하였다. 그는 예배의 여러 국면들을 각각의 주제로 자주 다루었을 뿐만 아니라 그의 저술 곳곳에서 모든 신학 주제를 하나님의 예배

---

44 *Westminster Shorter Catechism*, answer to question 1.

45 Owen, *Works*, II: 78.

와 연관시켰다. 왜 예배에 이 지속적인 초점을 집중시켰을까?

그 이유는 예배의 제일 목적이 하나님께 마땅한 영광과 찬양을 드리는 것이기 때문만 아니라 첫째 목적과 불가분리적으로 관련된 예배의 이차적 목적은 예배자를 하나님과의 교제라는 햇빛 속으로 인도하는 것-즉 모든 신령한 영혼들이 최고의 기쁨을 발견하는 진정한 천국으로 인도하는 것이기 때문이기도 하다.

이렇게 청교도들에게 있어 하나님과 인간의 교제는 창조와 구속의 수단이 되는 결과였다. 하나님과 인간의 교제는 신학과 설교가 항상 지향해야 하는 목표이며 진정한 신앙의 정수이며 진실로 기독교 신앙의 정의인 것이다.

이 주제에 대해 오웬은 "성부, 성자, 성령 각 인격과 개별적으로 사랑과 은혜와 위로 가운데 가진 교제에 대해 또는 성도의 성부, 성자, 성령과의 개방된 교제"라는 논문을 바쳤다. 1657년에 최초로 출판된 이 작품은 다니엘 버그스(Daniel Burgess)의 서론적 서신을 포함하여 1674년에 재판되었다. 다니엘 버그스는 이 작품을 "이 중대하고 필요불가결한 주제에 대한 유일하게 현존하는 논문"이라고 칭했다. 그러나 이 말은 단지 형식적 입장에서 볼 때에만 사실이다.

오웬이 말하는 내용은 수많은 청교도 주석들에 보다 덜 조직적인 형태로 발견된다. 그 중에 가장 풍부한 내용을 갖고 있는 것은 토마스 구드윈의 믿음에 의한 칭의의 대상과 활동이다(교회 원리에 있어 독립파의 지지자였던 구드윈은 1650년대에 오웬의 친밀한 동료였다. 그 때에 오웬은 옥스퍼드대학의 부총장이었고 구드윈은 마그달렌대학의 학장이었다). 그 밖의 비교할 수 있는 관련 자료들은 청교도의 아가서 주해(십스, 콜링스, 더햄 등)와 청교도가 애용하는 '하나님과 동행'(Walking with God)이라는 주제에 대한 해석들(예를 들어 로버트 볼턴의 『하나님과 안락한 동행을 위한 몇 가지 일반적 지시』, 리차드 박스터의 『신령한 삶』(*The Divine Life*), 토마스 구쥐의 『온종일 하나님과 동행하는 법을 보여 주는 기독교 지시서』)이 있다.

5. 다섯 가지 명제

하나님과의 교제에 대한 오웬의 분석은 다섯 가지 명제로 설명된다.

1) 하나님과의 교제는 하나님과 인간 간의 상호 교환 관계이다

이것은 신약성경의 코이노니아(영어 성경에는 'fellowship'과 'communion' 〈교제〉로 번역된다)라는 단어가 표현하는 사상이다. 일반적으로 코이노니아는 둘 이상의 관계자들이 어떤 일에 공동 참여, 관계자들이 서로 주고받는 적극적인 나눔을 나타낸다. "교제는 주고받음으로 존재한다."[46] 이러한 관계는 자연히 관련된 당사자들 간에 어떤 선행적 약정이 존재함을 암시한다. 그러므로 오웬은 하나님과 인간 사이의 코이노니아를 다음과 같이 정의한다.

> 우리의 하나님과의 교제는 하나님 자신의 우리에 대한 의사 전달로 이루어진다. 하나님께서는 자신에게로의 복귀를 요구 하시고 우리를 용납하신다. 이 교제는 예수 그리스도 안에서

---

[46] Ibid, II: 22.

우리의 하나님과의 연합의 결과이며 하나님과 성도들이 예수님의 피에 의해 비준된 평화의 언약 가운데 동행하면서 가장 거룩하고 신령한 방식으로 주고받는 상호 전달이다.[47]

2) 하나님과의 교제는 주도권과 능력이 하나님께 있는 관계이다

오웬은 하나님과의 교제의 출발점을 그 분 자신이 우리에게 하신 의사소통과 이 기초 위에서 돌아오라고 요구하시는 것에 대한 우리의 돌이킴을 그 출발점으로 삼는다. 하나님과의 교제는 하나님께서 자신을 우리에게 주심으로 창조하시는 관계이다. 오직 그럴 때에만 우리는 하나님을 알 수 있고 하나님께 응답할 수 있다. 좁은 의미에 있어 우리의 하나님과의 교제는 그리스도인의 의무이다. 그러나 하나님께서 우리에게 자신을 전달하신다는 보다 넓고 근본적인 의미에 있어서, 우리의 교제를 자극하든 아니면 우리의 교제에 보상을 주시든, 교제는 하나님의 선물이다. 이렇게 이해할 때 하나님과의 교제 개념은 우리의 현재 통상적인 용법의 개념보다 넓은 것이다.

우리는 항상 하나님과의 교제를 주관적 견지에서 인간 중심으로 생각하는 경향이 있다. 우리는 하나님과의 교제를 하나님에 대한 우리의 의식적인 경험, 하나님을 향한 우리의 의도적인 접근 그리고 하나님의 우리에 대한 절실한 거래로 제한한다. 그러나 청교도들은 하나님과의 교제를 객관적 견지에서 하나님 중심으로 생각하였다. 그래서 그들은 하나님께서 먼저 은혜 가운데 우리에게 접근하셔서 우리를 용서하시고

---

[47] Ibid, II: 8f.

중생시키시고 하나님을 향해 살아있게 하신 다음 그에 수반되는 모든 자신을 우리에게 주셨으며 오직 그 다음에 이르러서야 자신의 은혜로 우신 임재를 우리 스스로의 의식으로 찾고 맛보도록 하셨다는 사상을 받아들였다.

  그들이 우리보다 하나님에 대한 경험적 지식에 대해 덜 관심을 가진 것이 아니었다. 오히려 분명히 그 반대이다. 그러나 그들은 하나님의 은혜 교리에 대한 그들의 보다 넓은 신학적 관심으로부터 그 관심을 격리시키지 않았다. 그리하여 그들은 근대 기독교를 사칭하여 신앙을 크게 오염시킨 그릇된 신비주의의 위험을 모면하였다. 우리가 경험하는 하나님과의 교제의 관계와 원인을 청교도들은 하나님이 우리에게 효과적인 생명을 주시는 것에서 찾았다. 관계는 항상 원인의 결과이며 영원의 관점에서 생각되어져야 한다. 이와 같이 하나님과의 교제 개념은 우리가 위치하는 하나님과의 은혜와 믿음 관계, 하나님 자신께서 주도하시고 각 단계마다 주도권이 하나님의 장중에 있는 관계 전체를 망라하는 것이다.

  우리 시대의 바르트파들은 하나님과의 모든 관계에 있어 하나님이 적극적인 주체라고 마치 새로운 발견이나 한 것처럼 떠드는데 오웬과 같은 청교도들은 이것을 오래 전에 이미 알고 있었다.

3) 하나님과의 교제는 그리스도인들이 삼위일체의 세 인격 모두에게 사랑을 받고 사랑으로 응답하는 관계이다

  오웬은 삼위일체 교리는 기독교 신앙의 기초이므로 삼위일체 교리가 무너지면 모든 것이 무너진다고 끊임없이 주장했다. 이 주장의 이유는 기독교의 구원은 세 분의 신격들께서 구원을 성취하실 때 그들의 섭리적 관계가 하나님의 영광스러운 생활 가운데 본질적이며, 영원한 그들의 관계를 반영하는 삼위일체적 구원이라는 것이었다.

제일격이신 성부께서는 구원을 주도하시며 구원할 백성을 택하시고 그들을 구원하실 성자를 택하시며 자신의 거룩하신 특성과 일치하는 구원의 방법을 계획하시는 분으로 계시된다. 제이격께서는 성부와의 관계에 있어 성자와 말씀으로 계시된다. 그는 성부의 본성과 생각을 자신에게 구현하시려 죄인들을 구속하기 위해 죽으심으로 성부의 뜻을 행하시기 위해 성부께로부터 나오신다. 제삼격은 성부와 성자의 집행자로 성부와 성자께로부터 나와 하나님의 선택된 사람들에게 성자께서 그들을 위해 확보하신 구원을 전달하신다. 이 삼위일체께서는 사랑스럽지 않은 인간들에게 사랑의 목적을 성취함에 있어 능동적이시며 택하신 백성에게 독특한 은사들을 주신다. 그러므로 기독교 신자들은 삼위일체의 하나님을 각각 믿음 가운데 적절한 응답으로 인정해야 한다. 이것이 교제에 대한 오웬의 논문에 나오는 하나의 주제이다.

오웬은 먼저 성부를 생각해 보라고 말한다. 성부께서 우리에게 주시는 특별한 은사는 부성애의 태도와 실행으로 묘사될 수 있다. "값없이 공로없이 주시는 영원한 사랑…이것이 성부께서 독특하게 성도들에게 쏟으시는 사랑이다. 성도들은 이 사랑을 직접 성부에게서 볼 수 있고 하나님께로부터 받아 성부께서 기뻐하시는 대로 성부께 돌려드린다."[48] 오웬은 신약성경에서 사랑이 성부의 우리와의 관계에서 특성으로 제시된다고 지적한다(요일 4:8; 고후 13:14; 요 3:16; 14:27; 롬 5:5; 딛 2:4).

---

48 Ibid, II: 19.

성부의 사랑을 받는 방법은 믿음으로 말미암는다. 이 일은 그리스도 자신이 주도하심이 아니라 사랑하시는 하늘의 성부의 선물로 우리에게 오심을 믿고 인정함으로 말미암는 것이다.

분명한 사실은 성부에 대한 직접적인 믿음의 행동이 있는 것이 아니라 성자로 말미암는다는 것이다. 그는 "길이요 진리요 생명이시니 그로 말미암지 않고는 아버지께로 올자가 없다"(요 14:6). 그러나 내가 말하는 바는 다음과 같은 것이다. 그리스도로 말미암아 우리가 성부께 접근할 수 있게 된 그때에 우리는 성부께서 각별하게 우리에게 나타내는 사랑을 알게 되어 그에 대한 믿음이 활동하게 된다. 그때에 우리는 그 안에 있는 것처럼 그 사랑을 보고 믿고 받아들일 수 있다. 그 사랑의 결과와 열매들은 오직 그리스도를 통해서만 우리에게 성취되는 것이다. 비록 우리에게는 광선 가운데 보이는 빛밖에 없으나 우리는 그 광선을 통해 그 광선의 근원인 태양을 볼 수 있다. 비록 우리가 시내에서 물을 마시고 원기를 회복하지만 그 시내는 근원인 샘으로 통하는 것이다. 성부의 사랑에 대해 예수 그리스도께서는 모든 우리의 빛과 음료수가 그 곳을 통해 공급되는 광선과 시내일 뿐이다. 그러나 우리는 그리스도를 통해 영원한 사랑 자체의 샘과 태양으로 인도된다.

신자들이 이 점에 대해 자신을 훈련한다면 그들은 하나님과 그들의 동행에 있어 이 점이 결코 작은 영적 향상의 문제가 아니라는 것을 발견할 것이다. 이렇게 영혼은 그리스도로 말미암는 믿음을 통해 하나님의 가슴으로 마음을 편하게 하는 확

> 신과 휴식고- 안식 그 자체인 성부의 사랑에 대한 신령한 인식
> 과 의식으로 인도된다.[49]

우리는 성부의 사랑에 어떻게 응답해야 할까? 사랑에 의해 응답해야 한다. 즉 "영혼에 사랑으로 충분하게 계시된 성부에 대한 특별한 기쁨과 순종에 의해"라고 오웬은 말한다.[50] 계속하여 그는 우리가 성부께 빚지고 있는 이 사랑을 함께 조화를 이루는 네 가지 요소-즉 안식과 기쁨과 경외와 순종-로 이루어진다고 볼 수 있다.

다음으로 성자를 생각해 보자고 오웬은 말한다. 성자께서 우리에게 주시는 특별한 선물은 은혜-즉 값없이 주시는 은총과 그 은총에서 흘러나오는 모든 영적 유익들이다. 모든 은혜는 성자에게서 발견되며 성자를 영접함으로 받게 된다.

> 하나님의 사랑들에 대해 전혀 부족하지 않은 인간은 없다. 그러나 그리스도께서는 인간의 부족한 바가 되신다. 죽은 인간인가? 그리스도는 생명이시다. 연약한 인간인가? 그리스도는 하나님의 능력이며 하나님의 지혜이다. 죄책감을 갖고 있는가? 그리스도는 완전한 의가 되신다. 많은 불쌍한 인간들은 자신의 부족에 대해서는 지각이 있으나 그 치유책이 어디에 있는지는 모른다. 그 치유책이 생명이거나 빛이거나 능력이거나 기쁨이거나 모든 것은 그리스도 안에 감추어져 있다.[51]

---

49 Ibid, II: 22f.
50 Ibid, II: 24.
51 Ibid, II: 52.

오웬은 바울이 '주 예수 그리스도의 은혜'(고후 13:13)라고 말할 때 이 모든 것을 생각하고 있었고 요한이 "우리가 그의 충만한 데서 받으니 은혜 위에 은혜러라"(요 1:16)고 말할 때도 이 모든 것을 생각하였다고 말한다. 그리스도의 은혜의 의미를 해석하며 오웬은 그리스도와 그의 백성 간의 '혼인 관계'에 대해 많은 것을 말하며 아가서 2:1-7과 5장의 상세한 기독론적 주해를 한다. 이 주해를 우리는 간단하게 살펴보게 될 것이다.

우리가 그리스도의 사랑을 받는 비결은 믿음으로 말미암는 것이다. 즉 이 경우는 다음과 같다.

> 주 예수를 남편과 주님과 구주로 자유롭고 기쁘게 받아들이고 복종하겠다고 동의하라. 주 예수와 함께 거하며 자신의 영혼을 그에게 맡기고 영원히 그에게 지배를 받으라. 영혼이 그리스도의 조건에 따라 그를 받아들이고 그리스도의 방법으로 자신을 구원하실 것에 동의하고 "주님…나는 지금 당신을 기쁘게 영접하고 당신의 방법 곧 오직 은혜에 의해 구원받고자 하나이다. 내가 내 생각에 따라 행했으나 이제 나는 성령에 의해 지배받기 위해 나 자신을 온전히 드리나이다. 이는 당신 안에서 내가 의와 힘을 얻고 당신 안에서 의롭다 여김을 받고 영광을 행하기 때문입니다"라고 말할 때 그리스도와 교제가 이어진다. 신자들은 이 일에 대해 자기 심령을 충분히 훈련해야 한다. 성자 예수 그리스도와의 교제는 정교한 교제이다. 우리는 그리스도께서 우리에게 자신을 주신 바와 같이 그의 모든 탁

월하심으로 그를 영접해야 한다. 자주 믿음에 대해 생각하고 그리스도보다 사랑하는 것들, 죄, 세상, 율법적 의와 비교하여 그것들보다 먼저 그리스도를 택하고 그것들을 그리스도와 비교할 때 배설물로 여기라. 그러면 우리는 그리스도와 달콤한 휴식에 있어 실패하지 않을 것이다.[52]

우리는 그리스도의 우리에게 대한 혼인의 애정과 충절에 대해 어떻게 응답해야 할까? 그에 대한 혼인의 순결을 지킴으로 해야 한다고 오웬은 말한다. 즉 하나님께서 우리가 용납되기 위해 그리스도를 제외한 누구도 의지하거나 동경하는 것을 거절하고 우리의 영원한 유익을 위해 우리에게 보내어진 그리스도의 성령을 소중히 여기고 성경 방식에 따라 그리스도께 드리는 예배가 더럽혀지지 않도록 지킴으로 해야 하는 것이다.

여기에는 은혜로운 주님이신 그리스도에 대한 매일의 의도적 복종이 필요하다. 우리는 매일 죄로부터의 구주이신 그리스도의 완전하심에 대한 지식 가운데 그 앞에서 기뻐해야 하며 매일 그 날의 죄와 결점들을 그리스도의 십자가 앞으로 가져가 용서받아야 하되("이것은 매일의 과업이다. 나는 이 일 없이 어떻게 하나님과의 평화가 유지될 수 있는지 알지 못한다")[53] 매일 우리의 심령을 정화하시고 거룩을 이루시는 그리스도의 성령의 공급을 받기 위해 그리스도께 의뢰하고 그를 섬겨야 한다. 청교도들에 의하면 거룩은 믿음의 훈련 없이는 달성될 수 없고 죄와 싸우는 수고 없이는 완전해질 수 없는 것이다. 오웬은 이렇게 말한다.

---

[52] Ibid, II: 58f.

[53] Ibid, II: 194.

> 성도들은 그리스도를 성령과 모든 성화와 거룩의 유일하신 수
> 여자로 바라본다. 그리스도께서는 성도들의 영혼 위에 피를
> 뿌리실 수 있다. 그리스도께서는 성도들이 애타게 바라는 거
> 룩을 그들 안에 창조하실 수 있다. 그들은 이 상태에서 예수님
> 께 의지한다. 여기서 믿음은 이 모든 결과와 목적들을 위해 그
> 리스도께서 성령을 말하시기를 기대하는 데에 집중된다. 성도
> 들은 약속에 믿음을 조화시킴으로 이 모든 은혜의 실질적 참
> 여자가 된다. 이것이 그리스도와의 교제이며 은혜와 거룩과
> 관련된 믿음의 생활이다. 이 가운데에서 훈련을 받는 영혼은
> 복이 있도다.[54]

마지막으로 오웬은 성령을 생각해 보자고 말한다. 성령은 위로자라고 칭해진다. 그리고 위로 – 확신과 기쁨을 수반한 심령의 힘과 격려 – 가 성령께서 우리에게 주시는 특별한 은사다. 이 위로는 그리스도 안에서의 하나님의 사랑과 하나님의 구원 안에 있는 우리의 분깃에 대해 성령께서 우리에게 주시는 이해력을 통해 전달된다(요 14:26 이하; 16:14; 롬 5:5; 8:16). 위로자로서 성령의 사역은 다음과 같이 이루어진다.

> 성령께서는 그리스도의 약속들을 상기시키시며 우리 심령 안
> 에서 그리스도를 영화롭게 하시며 우리 안에서 하나님의 사랑

---

54 Ibid, II: 205f.

을 넓게 나타내시며 우리의 영적 상태와 조건에 대해 우리와 함께 증거하시며 구원의 날까지 우리에게 인치시며 우리 기업의 보장이 되시며 위로의 기름을 우리에게 바르시며 우리의 양자 됨을 확인하시며 우리의 간구에 우리와 함께 하신다. 믿음의 지혜는 여기 있으니 이 모든 일의 창시자에 대해 무지에 거하거나 우리에게 요구되는 복귀의 기대에 어긋남으로 이 일들의 즐거움을 잃지 않고 이 모든 일에 있어 위로자를 찾아 만나는 것이다.[55]

우리는 성령의 위로하시는 역사에 어떻게 응답해야 할까? 태만이나 죄로 인해 성령을 근심케 하지 않고(엡 4:30), 성령의 역사를 반대하거나 방해함으로 성령을 소멸치 않고(살전 5:19), 말씀을 거부함으로 성령을 거스리지 않고(행 7:51), 항상 성령께 감사를 드리며 성령의 평안과 자비의 지속을 위해 성령께 기도하는데 주의를 기울여야 한다(오웬은 계 1:4에서 성령께 드리는 기도의 전례를 찾는다).

오웬에 따르면 이것이 묵상과 기도와 바르게 정돈된 생활 가운데 하나님의 삼위와의 규칙적인 교제의 모범이 되어야 한다. 우리는 각각의 인격의 우리에게 대한 특별한 긍휼과 사역에 유의하여 각각의 인격에게 개별적으로 사랑과 복종의 정당한 응답을 해야 한다. 그럴 때에 우리는 하나님과의 완전한 교제를 유지할 수 있다.

토마스 구드윈도 유사한 개념을 제시한다. 그는 제임스 모팻트(James Moffat)가 '오웬의 추론의 암회색 연못'이라고 칭한 바에서 우리가 발견

---

[55] Ibid, II: 249.

하는 것보다는 언어적 정확성에서 관심이 적으나 더 큰 풍성함과 열심을 갖고 있다. 오웬은 삼위일체 하나님과의 교제를 그리스도인의 의무의 한 부분으로 제시하였다. 구드윈은 그 교제를 하나님께서 주시는 확신의 은사의 일부분으로 우리 앞에 제시한다. 요한일서 1:3과 요한복음 14:17-23에 관해 구드윈은 다음과 같이 기술한다.

> 성부, 성자, 성령 삼위와의 교제와 그들의 각각 구별되는 사랑이 있다. 그리스도께서는 우리를 이 모든 삼위에 대해 개별적으로 살고 교제하기 위해 애쓰라고 하셨다. 이 삼위 모두가 확신 가운데 자신들의 사랑을 그대에게 나타내시기까지 쉬지 말라. 때로 사람은 한 위와 교제와 대화를 하고 때로는 다른 위와 교제와 대화를 한다. 때로 사람은 성부와 대화를 한다. 때로 사람은 성부와 교제와 대화를 하고 그 다음에 성자와 그 다음에는 성령의 도우심과 교제를 나눈다. 때로 그의 심령은 선택하시는 성부의 사랑을 생각하는 데로 끌리며 그 다음에 구속하시는 그리스도의 사랑을 생각하는데 끌리고 그 다음에 하나님의 깊은 일들에 통달하시어 그 일들을 우리에게 계시하시고 우리와 함께 모든 고통을 받으시는 성령의 사랑을 생각하는데 끌린다. 이렇게 사람은 한 위의 증거에서 다른 위의 증거로 개별적으로 나아간다.
>
> 나는 이를 가리켜 요한이 우리에게 갖기를 바라던 교제라고 말한다. 이 확신은 우리가 한 위께서 나를 사랑한다면 다른 위도 나를 사랑한다고 추론하는 논증이나 연역법에 의한 지식이 아니라 나는 이 지식을 직관적 지식이라고 표현한다. 그러므

> 로 우리는 으리가 그 지식을 획득하기까지 삼위 모두께서 우
> 리와 동등한 상태가 되고 우리 안에 거처를 정하시어 자신들
> 의 사랑을 으리에게 나타내시고 우리는 마치 그들 가운데 앉
> 아있는 것처럼 되기까지 절대로 만족하지 말아야 한다. 이는
> 그리스도께서 이생에서 〈그의 마지막 설교인 요한복음 14장에
> 서〉 약속하신 최고의 약속이다.[56]

오웬 자신은 이런 식으로 표현하지 않았다. 그러나 구드원의 진술에 동의 했을까? 나는 그가 동의했을 것이라고 생각한다.

4) 하나님과의 교제는 하나님과 인간의 능동적이며 미래 지향적인 우정관계이다

이 생각은 존 오웬의 복잡한 분석의 전체를 조망하게 한다. 하나님과의 교제는 우리를 자신의 친구로 부르신 하나님의 친구로 행동하는 것을 의미한다. 토마스 구드원은 우리가 죄와 하나님께 대해 악의에 빠졌을 때 우리를 다시 자신의 친구로 만들기 위해 죽으신 ─ "더 쉽게 새로운 친구들을 창조하실 수 있음에도 불구하고"[57] ─ 그리스도의 사랑을 강조하고 우정이 목적의 수단이 아니라 목적 그 자체이고 참된 우정은 교제를 깊게하는 데에서 표현된다는 사상을 강력하게 전개한다.

> 상호 교제는 모든 참된 우정의 영혼이고 친구와의 허물없는

---

[56] Thomas Goodwin, *Works*, VIII: 376ff, Goodwin refers to John 14:21-33.
[57] Ibid, VII: 193.

교제는 그 안에 가장 큰 달콤함을 지닌다. 그러므로 당신이 하나님께 드릴 의무가 있는 매일 드리는 예배라는 평범한 공물 외에 하나님과 교제를 가질 목적으로 그의 임재로 나아갈 기회를 가지라. 이것이 진실로 친구다운 것이다. 왜냐하면 우정은 방문에 의해 가장 훌륭하게 유지되기 때문이다. 그리고 보다 자유롭고 덜 급한 용무의 방문일수록 더 정다운 것이다. 우리는 "너는 항상 어떤 용무가 있을 때만 오는데 나를 보려고 오는 때는 언제이냐?"라고 친구를 꾸짖는다. 그대는 하나님의 임재로 나아올 때 자신이 얼마나 하나님을 친밀하게 사랑하는지 계속 말씀드리고 친구의 마음을 그 이상 사로잡을 수 없는 표현을 충분히 사용하기 위해 애쓰라…[58]

오웬 역시 보다 냉정하고 덜 친밀하게 보이는 문체이기는 하지만 그래도 나름대로 자기방식으로 동일한 주장을 한다. 그는 성도들 안에 거하는 그리스도의 기쁨을 역설하며 "그리스도의 심령은 우리 가운데서 슬픔이 없이 즐겁다. 그리고 우리가 살아가는 매일매일은 그리스도의 혼인날이다"라고 우리에게 확신을 준다. 또한 오웬은 "성도들과의 교제에 대한 생각은 그리스도의 영원한 기쁨이다"라고 말한다.[59] "그리스도께서는 성도를 친구, 그들 가운데서 기쁨을 얻는 막역한 친구로 여기시고,"[60] 자기 마음 속에 있는 그들과 관련된 모든 것을 그들에게 말씀하신다. 따라서 다른 면에서 볼 때 "성도들은 그리스도 안에서 즐거워한다.

---

58 Ibid, VII: 197ff.

59 Owen, *Works*, II: 118.

60 Ibid, II: 119f.

그리스도는 그들의 기쁨이며 면류관이며 환희이며 생명이며 양식이며 건강이며 힘이며 열망이며 의이며 구원이며 축복이다. 그리고 우리가 아가서에서 보는 예수 그리스도와의 교제 고형에서 이 즐거움은 풍성하게 강조된다."[61] 여기에서 오웬은 아가서를 그리스도와 그리스도의 영적 신부인, 교회와 때로는 그리스도인들과의 상호적 사랑의 비유(그들은 어리석게도 우화라고 즐겨 말했다)로 해석하는 버나드와 그 밖의 중세의 인물들의 발자취를 따르는 많은 청교도들과 나란히 한다.

그리스도와의 교제에 대한 분석 과정에서 오웬은 아가서의 여러 부분들을 간략하게 설명하는데 나는 싱클레어 퍼거슨(Sinclair Ferguson)의 뛰어난 요약에서 몇 단원을 인용하는 것보다 내가 더 낫게 할 수 있는 일이 없다고 생각한다.[62]

아가서의 주제는 본질적으로 다음과 같다.

> 그리스도의 사랑에 대한 그리스도인의 의식 그리고 기도와 찬양에 의한 그리스도와의 교제 가운데에서의 그 사랑의 결과가 아가서에 신령하게 제시된다. 여기에서 교회는 그리스도의 배우자로 묘사된다. 신실한 배우자로서 교회는 항상 그리스도의 사랑에 대해 애를 태우거나 아니면 그 사랑을 기뻐하고 있거나 한다…(II: 46).

---

61 Ibid, II: 124f.
62 *The Banner of Truth* 194 (November 1979), pp 10-15. *See also Sinclair Ferguson's John Owen on the Christian Life* (Banner of Truth: Edinburgh, 1987), pp 79-86. 이 책은 본 장보다 훨씬 더 넓은 범위에 걸쳐 그 주제를 철저하게 개관한다.

이 주제는 다음과 같은 식으로 전개된다.

> 그리스도와 그리스도인은 두 명의 주인공이다. 예루살렘 여자들은 '각양각색의 신앙고백자들'이다(II: 55). '감시하는 자들'은 교회의 직분자들을 나타내고 성은 유형 교회 자체를 나타낸다. 그의 해석에 가끔 그리스도인의 삶의 단체적인 국면이 나타나는 반면에 주요 관심은 개인의 경험과 그가 자신의 주님 예수와 즐기는 교제이다.

오웬은 이 주제를 몇 개의 중심 구절들에서 발전시킨다.

> 아가서 2:1-7에는 그리스도의 특성과 그리스도인에 대한 중요성이 묘사되어 나타나신다. 그는 샤론의 수선화요 골짝의 백합이시다. 즉 수선화의 향기가 풍성하고 백합의 아름다움이 풍성한 것과 같이 그는 모든 인격적 미덕들에 있어 뛰어나시다. 실제로 수선화는 가장 정선된 식물들이 재배되는 샤론의 비옥한 평지에서 자란다.

이 모든 의미는 무엇일까? 그리스도께서는 그리스도인을 '매혹하신다'고 오웬은 말한다(II: 42). 그에게는 저항할 수 없는 매력이 있다. 신자는 수선화같은 그리스도의 향기를 즐거워한다. 그는 사과나무에 비교된다(2:3). 사과나무는 먹을 수 있는 열매와 보호하는 그늘을 준다. 그리스도께서는 "외부의 진노와 내적인 피곤함으로부터의 피난처를 주신다. 부패의 능력, 유혹의 폐악, 박해의 고통 가운데 그리스도 안에는 안온과 안식과 휴식이 있다"(II: 43-44). 이어지는 구절들에도 우리와 주 예수님과의 교제가 묘사된다. 이 교제는 네 가지 사항들로 특징지워진다.

① 교제의 감미로움: 그가 나를 인도하여 잔치집에 들어갔으니"(4절). 이곳에서 그리스도는 복음 안에 있는 자신의 은혜의 모든 보화를 보여주신다. 진실로 우리는 이 책에서(1:2) 그의 사랑이 포도주보다 나으니 그 이유는 그의 사랑이 성령 안에 있는 의와 평안과 기쁨이기 때문이라고 오웬은 말한다.

② 교제의 기쁨: 처녀는 이 모든 일로 압도당한다. 그리고 그녀는 자신의 사랑하는 자의 사랑에 대해 더 많이 알고 싶어한다. 그녀는 "사랑함으로 병이 났다"(5절). 이는(어떤 이들이 가정하는 바와 같이) "애정 의식이 결핍되어서 의기 소침한 것이 아니라 그녀가 잔치집에서 그리스도의 달콤함을 일단 맛본 후에 그 신령한 애정의 강한 활동에 의해 기진맥진해진 것이다"(ii: 44).

③ 안전(4절): 그녀 위에 휘날리는 그의 깃발은 보호의 상징이며 성공과 승리의 표시인 사랑의 기이다. 그리스도의 기는 신자 위에 휘날린다. 그리스도께서 우리에 대한 사랑 가운데 우리에게 주신 바는 언제나 우리에게 임할 것이다. "자기 아들을 아끼지 아니하시고 우리 모든 사람을 위하여 내어주신 이가 어찌 그 아들과 함께 모든 것을 우리에게 은사로 주지 아니하시겠느뇨"라고 말하는 로마서 8:32의 위대한 논증이 바로 이것이다. 그리스도와의 교제는 우리의 안식처이며 안전이다.

④ 후원과 위로(6절): 그의 왼손은 그녀의 머리 아래 있고 오른손은

그녀를 포옹하고 있다. 이것이 무엇인가라고 오웬은 질문한다. 이것은 교회를 후원하시고 동시에 교회를 사랑하시고 보호하시는 그리스도에 대한 묘사이다! 7절도 그러하다. 그들의 교제는 계속되고 유지된다.

아가 2:9에서 그리스도는 다시 나타나신다. 아가에서 사랑하는 자는 창살을 통해 자신을 보여주는데 이것은 다음과 같이 해석된다. "우리가 그리스도를 보는 것은 마치 흘긋 보는 것과 같다. 곧 자칫하면 많은 간섭물들에 의해 흐려질 수 있다." "그리스도에 대한 우리의 이해는 불안정하고 불완전한데 그것이 현재 우리의 필멸의 상태이다." "그 동안 그리스도께서는 복음의 의식들의 창을 통해 보신다"(II: 126). 그리스도인이 심령으로 돌이킬 때 그리스도께서는 오셔서 교회의 사랑의 섬김을 구하고 갈망하신다. 만일 사랑의 섬김을 받지 못하신다면 그리스도께서는 물러가실 것이다. 여기에 단절된 교제가 포함된다고 추측하는 것은 오웬의 신학의 일반적 구조 가운데에서는 불가능하다. 그러나 여기에는 분명히 분리의 경험과 깨어진 교제가 암시되고 있다. 그리스도께서는 여전히 그리스도인의 소유이며 그리스도인은 그리스도의 소유이다. 그러나 이에 대한 의식은 사라진 것이다.

3장에서 배우자는 자기의 사랑하는 자가 가버린 것을 발견한다. 그녀는 당황한다. 오웬은 이것이 그녀가 처한 밤 때문인지 아닌지 명확하게 설명하지 않는다. 그러나 그는 적용으로 다음과 같이 지적한다. "가장 큰 평안과 안락과 안식의 기회에서도 그리스도께서 안 계실 때 신자는 아무것도 얻지 못한다. 그는 비록 자신을 불안케 하는 것이 아무것도 없는 침상에 있더라도 그의 안식이신 그리스도께서 그 곳에 없으면 안식하지 못한다"(II: 128). 그러므로 영혼은 믿음의 통상 의구들 중에 무엇보다 먼저 그리스도를 찾는다(II: 613). 그러나 "이것이 상실한 사람의 의식을 회복하는 길은 아니다"(II: 353). 사랑의 의식을 상실한 사람은 '새롭고 특별하고 적극적이고 끊임없이 하나님께 전념하겠다는 결심'을 해야 한다. 이것이 "회복을 지향하여 행동하는 죄에 빠진 영혼의 첫 번째 단계이다"(ibid). 여기에서 영혼이 용서 의식을 상실하였고 그 회복을 위한 탐색에 두 가지 사항이 포함된다는 것은 분명하다.

첫째는 그리스도의 부재의 원인을 발견하기 위해 자신의 영혼을 탐색하는 것이다.

둘째는 그리스도를 귀환하게 하시는 수단을 발견하기 위해 하나님의 약속들을 탐색하는 것이다. 자기 검사는 은혜 언약의 재적용으로 이어져야 한다. 만일 이것이 성공하지 못하면 오웬이 이미 암시한 바와 같이 통상적인 의무들에서 해결을 찾아야 한다. 그러므로 아가서의 처녀는 사랑하는 자를 찾아 성(유형 교회)을 배회한다. 만일 개인적으로 그리스도를 발견하지 못했다면 예배와 말씀 설교와 성례식을 통해 공개적으로 하나님을 특별히 탐색할 그리스도인의 의무가 있다. 처녀는 탐색 도중 감시하는 자들(유형 교회의 직분자들)에게 발견된다. 감시하는 자들은 처녀의 곤경에 주의를 기울인다. 이것이 신실한 직분자들의 의무이다. 정확하게 어떻게 그리스도가 발견되는가하는 것은 이 구절에 지적되지 않는다. 그러나 오웬은 여기서도 의의를 찾아낸다. 그리스도께서 임하실 때 그 임재는 성경에 의한 그리스도 자신의 신비로운 방식 가운데 있는 것이다.

5장에서 배우자는 다시 나태와 태만에 빠진다. 목자인 사랑하는 자가 그녀를 만나러 오나 그녀는 때가 부적당하고 자신의 의무들을 준비하지 못했다고 핑계를 댄다(II: 520). 이렇게 거절을 당할 때 그리스도께서는 신자를 버려두시는데 "그녀가 회복하려면 오래 걸린다"(II: 346). 그는 이 장 뒤에서 다시 돌아온다. 5:10 – 16의 묘사는 오웬에게 '희고도 붉다'고 묘사되는 구주에게서 그리스도인이 발견하는 바를 찬양할 좋은 기회를 준다. "그는 신성의 영광으로 희고 인성의 고귀함에 있어 붉다"(II: 49). 그리스도가 구주가 되시기에 안성맞춤이신 것은 바로 이 '희고 붉음'의 결합으로 말미암은 탁월성 때문이고 이 결합은 그와의 결합과 교제를 통해 구원을 가져온다.

이어지는 구절들에서 처녀는 계속 그리스도를 보다 완전하게 묘사한다. 그의 머리는 정금같으니 하나님 나라의 정부의 머리로서의 그리스도의 광휘와 지속성을 나타내는 것이다(II: 71). 그의 머리털은 "고불고불하고 까마귀같이 검다"고 한다. 언뜻 볼 때 그의 머리털은 엉클어져 있다. 그러나 실제에 있어 그 머리는 훌륭하고 꼼꼼하게 정돈된 것으로 그리스도의 중보적 관리에 있어서의 지혜를 나타낸다. 머리털이 검다는 것은 그의 방법들이 지난 후에 발견 된다는 것을 나타낸다(II: 72). 그리고 자연스러운 의미로는 그의 아름다움과 활력을 강조한다(II: 73). 그의 눈은 독수리나 매의 눈이 아니라 비둘기의 눈과 같은데 이는 그의 지식과 통찰력의 부요함을 나타낸다. 그가 사람들의 생각과 의사를 분별할 때 그의 지식과 통찰력은 섬세하고 순결하다(ibid). 그의 뺨은 질서정연함에 있어 향기로운 꽃밭같이 달콤한 향기로 아름답다(II: 75). 마찬가지로 인간성에 있어 그리스도의 미덕들을 그리스도인들은 잘 정돈된 하나님의 언약들에서 기도 가운데 얻는다(삼하 23:5) 진실로 이 미덕들은 '향료의 탑'(오웬이 받아들인 난외의 독법, II: 76)과 같이 뛰어나다. 그의 입술은 몰약의 즙이 떨어지는 백합화 같다 – 그리스도의 말씀의 풍요함에 대한 묘사(ibid).

그의 손(14절)은 그가 이루신 역사를 그의 사랑의 열매로 언급한다. 그의 몸(내장을 의미한다)은 우리에게 그의 부드러운 긍휼과 사랑의 감정을 상기하게 한다. 그의 다리와 형상은(15절) 우리에게 그의 나라의 안정성과 그의 약속들의 은혜와 신실함을 상기하게 한다. 그는 탄생과 생애와 죽음에 있어 승천과 즉위의 영광에 있어 하나님의 성령을 공급하심에 있어 예배의 의식들에 있어 섬세한 돌보심에 있어 그리고 모든 자신의 백성에게 주시는 용서에 있어서 뿐만 아니라 대적들에 대한 공의로운 응보에 있어서도 그를 따르는 자들의 열망과 애정을 받으실 완전한 가치가 있다(16절). 그런데 이 그리스도께서는 종종 그리스도인에게 불시에 임하신다고 오웬은 말한다. 평범한 일들에 사로잡혀 있을 때 그는 자신의 마음이 예수님에 대한 사랑에서 멀어지는 것을 발견한다. 사단이 세상적인 생각들로 마음을 침범할 때 절망에 빠지지 않기 위하여 이 경험들을 깊이 생각하라고 오웬은 말한다.

오웬은 같은 내용을 훨씬 더 많이 추가하고 있다. 그러나 우리는 이제 그를 더 이상 좇아갈 여유가 없다.

퍼거슨이 말한 바와 같이 여기서 우리가 오웬의 풍유를 얼마나 더 계속하는가 하는 것은 이차적으로 중요하다. 문제가 되는 것은 오웬의 풍유가 살아계신 주 예수님과의 사랑의 교제를 진정한 그리스도인의 경건에 대한 그의 이해와 그 자신의 개인적 제자 신분의 핵심에 두고 제시하는 명확한 증거이다. 즉 오웬의 고통의 시기들을 통과한 고생의 제자 신분과 그의 개인적 소망 모두에 형태와 내용과 힘을 부여한 교제를 증거하는 것이다.

그 자체가 기독교 신앙인 이 사랑의 사건 가운데 믿음과 사랑과 소망 간의 교리는 강하고 분명하다. 한편으로 하나님의 은혜의 언약들의 약속들은 우리에게 과거의 죄악들의 면제와 현재의 압박들의 보호를 보장하실 뿐만 아니라 믿음이 확실히 드러나는 미래의 보다 친밀하고 풍요한 교제의 지복(至福)까지도 보장한다. 다른 한편으로 지상의 사랑하는 자들은 서로 기쁨으로 이해하는 능동적인 마음에 능동적으로 연루되는 다섯 가지 감각(시각, 청각, 촉각, 미각, 후각) 모두가 함께 하기를 간절히 바라기 때문이다. 구주와 관계하는 성도들에게 자연스럽고 당연하게 이루어지는 것이다. 오웬은 다음과 같이 기술한다.

> 하나님의 지혜와 사랑의 모든 열매들은 신령하고 영광스러운 빛 가운데 우리에게 직접 계시되고 제시되고 알려졌다. 우리 자신은 그 효능에는 완전히 참여하고 있다. 그러나 그 모든 열매들과 함께 그리스도 안에서 하나님의 영광을 소유하기 위해 우리의 영혼은 그것들을 볼 수 있고 완전하게 이해할 수 있는

능력을 공듣받는다. 이것이 하나님의 약속에 따라 우리가 바라는 천국인 것이다.[63]

이러한 소망의 지지를 받기 때문에 신자는 마지막 원수와 정면으로 맞설 수 있고 죽음이 닥쳐올 때 쉽게 맞이할 준비를 갖출 수 있다. 그리고 이 세상을 떠나 하나님의 직접적인 임재로 여행할 이러한 마음 준비는 실제로 모든 청교도 영성의 주요 주제였다.

오웬 스스로 준비하였던 바는 1683년 8월 24일 아침에 『그리스도의 영광에 대한 묵상과 강화』(Meditations and Discourses on the Glory of Christ)라는 제목의 그의 마지막 작품이 이제 인쇄 중이라고 동료 목사 윌리엄 페인이 그에게 전한 소식에 대해 그의 죽음의 자리에서의 답변에 나타난다.

오웬은 "그 소식을 들으니 기쁘다. 그러나 페인 형제여! 오랫동안 기다린 날이 마침내 오고 있다. 나는 이 날에서 지금까지 이 세상에서 보아왔고 또한 볼 수 있었던 것과 다른 방식으로 영광을 보게 될 것이다"라고 말했다.[64] 그는 자신이 죽어가고 있는 것을 알고 있었고 그 날이 끝나기 전에 그는 운명했다. 끝까지 오웬의 육중한 라틴어식 정확성은 그와 함께 하였다. 그러므로 그의 거의 마지막 말은 공적 강연 같이 나타내어졌고 그것은 가장 과소 평가하여 말해도 별스러운 것이었다. 그러나 나는 문체에 대한 의문을 제쳐 놓는다면 이보다 더 아름답고 감미롭고 고매한 유언이 있었는가고 질문한다.

---

63 Owen, Works, VII: 338f.
64 Cited from Ferguson, op cit, p 18. 전날 구술된 Owen의 마지막 편지는 다음과 같이 말했다. "나는 나의 영혼이 사랑했던 아니 그보다는 영원하신 사랑으로 나를 사랑하신 분께로 가려고 한다. 이것은 나의 모든 위로의 온전한 근거이다"(loc cit).

5) 그리스도 안에서 하나님과의 교제는 주님의 식탁에서 특별한 방법으로 향유된다

성찬 예배가 그 과정에서 그리스도와 교제를 나눔이 없이 단지 그리스도의 죽으심을 상기시키는 문제인 것처럼 주님의 만찬에 대한 청교도의 전형적 견해는 꾸밈이 없는 기념일 뿐이었다. 성찬 참여자가 성찬에서 다른 방법으로는 얻을 수 없었던 독특한 은혜를 받는다는 것은 청교도 신앙의 부분이 아니었다. 청교도들은 모두 "우리는 성례안에서 말씀에서 얻는 바이외에 다른 것을 얻지 못한다"고 생각하는 스코트(Scot), 로버트 브루스(Robert Bruce)와 일치한다.[65] 그러나 그리스도의 최상의 사랑의 행동이 성례적 표적 가운데 독특한 생기를 가지고 우리 앞에 제시된 성만찬에 대해 적절한 믿음의 특별한 실행이 있다. 그리고 여기에서 성부와 성자와의 특별히 친밀한 교제가 솟아나온다. 리차드 박스터는 이 가르침을 다음과 같이 소개한다.

그리스도의 살과 피의 성찬에서도 우리는 하나님과의 친밀한 교제로 부름을 받는다. 성찬에서 하나님께서는 신자에게 자신의 사랑과 자비를 가장 뚜렷하게 계시하신 자신의 성자의 살과 피의 상징적인 표적 가운데 놀라운 겸손으로 우리에게 나타나신다. 성찬에서 그리스도 자신도 그의 모든 언약의 은사들과 함께 자신이 제정하신 이 표적들에 의해 우리에게 전달된다. 거룩한 성례에서만큼 하나님께서 예수 그리스도 안에서 인간에게 가까우신 곳이 없고 또한 그리스도께서 우리에게 그처럼 친밀하게 나타나시는 곳도 없다. 성찬에서 우리는 그리스도

---

[65] Robert Bruce, *Sermons on the Sacrament*, ed T. F. Torrance(James Clarke: London; 1958), p 64.

에게 초청받고 환영받는 손님들로 그의 식탁에 함께 앉으라는 부름을 받고 그의 희생을 기념하며 그의 살과 피를 먹는다. 즉 믿음에 속한 음식으로 그의 상징적인 살과 피를 우리의 입으로 먹는 것이다. 성육신하신 하나님과 하나님의 신부들 간의 혼인 언약은 성찬에서 공적으로 인증되고 공포되어 장엄하게 된다. 이 가장 귀하고 값비싼 잔치인 성찬에서 우리는 하나님께 친구들로 환대를 받는다.

만일 신자가 땅에서 하나님의 가장 다정한 대접과 가까운 접근과 자신의 주님과의 소박한 친교를 기대한다면 바로 그것이 성찬식이라고 칭해지는 이 희생제에 참여하는 것이다. 왜냐하면 성찬식은 우리의 그리스도와의 특별한 교제를 위해 정해진 것이기 때문이다. 우리가 놀라운 하나님의 사랑의 가장 완전한 공표와 표현과 전달을 얻는 곳이 바로 성찬식이다. 그러므로 우리가 사랑을 널리 선포하기 위한 가장 큰 소명과 최선의 지원을 받는 곳도 성찬식인 것이다. 하나님과 사람 간의 이 사랑이 가장 많이 있는 곳에 가장 큰 교제가 있고 천국의 가장 높은 곳이 지상 위에 임할 수 있게 된다[66]

오웬과 박스터는 모든 일에 견해가 일치하지 않았다 – 속죄의 본질, 칭의의 근거 그리고 수많은 교회의 문제들에 대해 그들에게 사실상 상당한 간격이 있었다 – 그러나 그리스도와의 교제의 기회와 수단으로 주님의 만찬을 생각하는 데에 있어 그들은 진실로 일치하였다. 오웬은 주님의 만찬에 대해 전혀 기술한 바가 없었다. 그러나 그의 설교를 속기로 받아쓴 일련의 비공식적 성례에 대한 설교들을 볼 때[67] 이 문제에 대한 그의 견해는 명백하다. 마지막 설교의 마지막 문장은 그의 기본적

---

66 Richard Baxter, *Works*, III: 816.
67 Owen, *Works*, IX: 517–622.

입장을 표현한다. "우리는 다른 어떠한 의식에서도 발견할 수 없는 독특한 방법으로 이 의식에 지정된 방법으로 그리스도와의 특별한 교제의 경험을 갖는다고 말한다."[68] 또한 싱클레어 퍼거슨은 이 주제에 대한 오웬의 전개를 훌륭하게 요약하여 제시한다.[69]

성찬식은 그리스도의 죽으심에 대한 고백과 선포를 포함하기 때문에 기념적이며 하나님께서 그 안에서 자신의 언약을 확인하시고 신자들은 언약의 의무들을 새롭게 함으로 신령한 교제이며 연합적이다(IX: 527).

그러나 그리스도께서는 성찬에 어떻게 임재하시는가? 오웬은 그리스도께서 '특별한 방식으로' 임하신다고 믿는다(IX: 572). 그의 임재는 육체적인 것이 아니다. 그리스도께서는 대표로, 공시로, 서명 날인으로 임재하신다.

대표(representation)는 즐겨 사용되는 표현이다(IX: 563, 593, 595, 605, 606). 그리스도께서는 인간들의 죄를 대신하여 고난을 받는 분으로 그리고 '새롭게 바쳐지는 제물'로 나타나신다. 이 새롭게 바쳐지는 제물은 죄인들의 영혼의 양식이다(IX: 564, 참조 III: 440). 이 대표는 하나님께서 그리스도를 제시하심과 관련하여 이해된다. 곧 그의 수난과 약속에서의 그의 제시, 연합안에서 신자와 협력하심 그리고 신자의 믿음에 의한 그리스도에게의 참여와 관련하여 이해되는 것이다(IX: 540-41).

또한 그리스도께서는 성찬에서 공시되신다. 여기에 있어 오웬에게 중요한 사항은 그리스도께서 스스로 자신을 공시하신다는 것이다. 그리스도께서는 성부나 성령에 의해서 믿음의 대상으로 제시되시는 것이 아니라 스스로 자신을 제시하신다(IX: 589). 이 사실은 성찬이 그리스도

---

68 Ibid, IX: 622.
69 Ferguson, op cit, pp 221-224.

께서 자신을 선지자와 제사장과 왕으로 나타내시는 '독특한' 의식이 되게 한다(IX: 621-622). 우리를 위하여 죽으신 중보의 중요 부분에 수반되는 모든 유익들에는 그리스도 자신까지 포함된다(IX: 590).

그리스도께서는 또한 서명 날인으로 임재하신다. 언약은 그리스도의 피에 의해 맺어지고 확인된다. "그리스도께서는 이 의식의 집행 가운데 오셔서 자신의 피로 언약을 인증하신다"(IX: 574).

따라서 그리스도와의 교제는 그의 화목케 하시는 희생의 능력 안에서의 임재를 인정하고 성찬 의식 가운데 그리스도께서 각 사람에게 개인적으로 자신의 구원하시는 사랑을 보증하기 위해 오신다는 경건한 확신을 가지고 성찬의식을 집행하는 문제가 된다. 그러므로 "우리는 주님의 친구들로서 하나님의 식탁에 앉는 것이다. 왜냐하면 이제 하나님과 우리 사이에는 불화가 없기 때문이다."[70]

우리는 "범죄와 하나님의 거룩하심과 그리스도 안의 구원에 대한 묵상과(XI: 559) 회개와 믿음의 정신 안에서 자기 성찰과 영혼에 그 밖에 모든 것을 주어 소화시킬 수 있는 기도가 첨가된 간구와(IX: 562), 하나님께서 자신의 약속을 지키시며 우리 심령의 소원에 따라 우리에게 만족을 주실 것이라는 기대로(ibid)"[71] 성찬을 위해 자신을 준비시켜야 한다. 그럴 때에 우리는 우리의 사랑하시는 주님과의 유쾌한 만남이 우리가 전에 소유했던 것보다 더 많은 기쁨과 평안과 감사가 넘치는 사랑과 겸손의 헌신이 될 것이라고 확신있게 기대해도 좋다. 왜냐하면 은혜의 수단을 바르게 사용함으로 자신을 찾는 자들을 실망시키는 것은 그리스도의 방법이 아니기 때문이다.

70　Owen, *Works*, IX: 566.

71　Ferguson, op cit, p 224.

6. 특별한 대조점

항상 청교도의 제 1인자로 간주되어 온 위풍당당한 교육자에 의해 가르쳐진 이 내용은 신학적, 경험적 영성 구조에 대한 우리의 도표를 완성해 준다. 그는 철두철미하게 청교도 목회 신학자들 전체를 대변한다. 이 청교도 목회 신학자들은 그들의 공통적인 확신의 무게와 지혜에 있어서 타인들과 구별되는데 그는 이 확신들을 명확히 조직적으로 말한다. 그러므로 이제 정리된 전반적인 소견들은 오웬이 마치 홀로 존재하였던 것처럼 오웬 만을 살펴볼 것이 아니라 그가 뛰어난 대변자 노릇을 한 전체 유산을 살펴 보아야 한다.

청교도의 기독교 신앙에 대해 조금이라도 아는 사람은 그 신앙이 그 전성기에 있을 때에 현대의 복음적 경건에서는 크게 부족한 활력과 남성다운 용기와 깊이를 갖고 있었다는 것을 안다. 이것은 청교도주의가 본질적으로 우리 자신의 기독교 신앙에는 너무나도 종종 보이지 않는 형태의 경험적 믿음, 심령이 활동하는 신앙, 하나님의 낯을 구하는 지속적인 실행 때문이었다. 청교도는 보다 더 하나님을 공경하는 그리스도인들이었기 때문에 보다 더 인간다운 그리스도인들이었다. 그들과 우리들간의 두 가지 특별한 대조점들을 살펴볼 가치가 있다.

1) 청교도들의 하나님과 교제

우리는 청교도에게는 하나님과의 교제가 큰 일이었던 반면에 오늘날의 복음주의자에게는 하나님과의 교제가 비교적 작은 일이라는 결론을 내릴 수밖에 없다. 청교도들은 우리가 관심을 갖지 않는 방식으로 하나님과의 교제에 관심을 가졌다. 우리의 무관심의 척도는 우리가 하나님과의 교제에 대해 조금밖에 말하지 않는다는 것이다. 그리스도인들은 만날 때 기독교 사업과 기독교 세력과 자신들의 기독교 지식과 교회들의 상태와 신학의 문제들에 대해 서로 이야기를 나눈다 – 그러나 자신들이 매일 경험하는 하나님에 대해서는 거의 이야기하지 않는다.

현대의 기독교 서적들과 잡지들에는 기독교 교리, 기독교 규범들, 그리스도인의 행실에 대한 문제들, 기독교 봉사의 기술들에 대한 많은 것들이 담겨있다 – 그러나 하나님과의 교제의 내적 현실들에 대해서는 거의 담겨 있지 않다. 우리의 설교들은 많은 완전한 교리를 담고 있다 – 그러나 영혼과 구주 간의 교제에 대해서는 거의 담고 있지 않다. 우리는 하나님과 죄인들이 교제를 갖고 있다는 놀라운 사실을 생각하는데 혼자서나 함께나 많은 시간을 사용하지 않는다. 우리는 단지 그것을 당연한 일로 생각하고 다른 문제들에 마음을 쏟는다.

이와 같이 우리는 하나님과의 교제가 우리에게 작은 일이라는 것을 분명하게 나타낸다. 그러나 청교도는 얼마나 달랐던가! 그들의 '실제적이며 경험적인' 설교와 저술의 모든 목표는 인간의 하나님과의 교제에 대한 교리와 실천의 범위를 탐구하는 것이었다. 사적으로 그들은 자신들의 하나님에 대한 경험들을 터놓고 이야기했다. 왜냐하면 그들은 존 번연이 베드포드에서 만났던 '문 앞 양지에 앉아있는 3, 4명의 가난한 여인들'처럼 이야기를 나누면서 깊은 경험들을 했기 때문이다.

> 그들의 이야기는 중생, 자신들의 심령에 대한 하나님의 역사 또한 그들이 자신들의 선천적인 비참한 상태를 어떻게 확신하는가에 대한 것이었다. 그들은 하나님께서 어떻게 주님 예수

안의 사랑으로 자신들의 영혼을 찾아오셨는가를 이야기했고 그들이 어떤 말씀과 약속들로 새롭게 되고 위로를 얻고 악마의 유혹들에 대항하는 지원을 받는가를 이야기했다. 더욱이 그들은 특별히 사단의 암시와 유혹들을 판단하였고 자신들이 무엇에 의해 고통을 받았는지 그리고 그들이 사단의 공격을 어떻게 견디어냈는지를 서로에게 말해주었다. 내가 생각할 때 그들은 마치 기쁨이 그들에게 말하도록 하는 것같이 말하고 있었다.[72]

청교도는 평화와 우정 가운데 하나님께로 나아가는 것이 그들에게 조금이라도 가능하다는 것에 대해 경외감과 경의감을 갖는 것을 절대로 막지 않았다. "진실로 죄인들이 하나님, 무한하게 거룩하신 하나님과 교제를 갖는다는 것은 놀라운 섭리이다"라고 오웬은 기술했다.[73] 그리고 청교도 심령들은 하나님의 놀라운 은혜의 기이함에 계속 감동을 하였다.

그러나 오늘날 우리는 "나같은 죄인 살리신 그 은혜 놀라와"라는 찬송은 매우 즐겨 부르지만(나는 우리가 그 가락을 좋아하기 때문이라고 생각한다) 마음속으로 청교도처럼 은혜에 놀라지는 않는다. 거룩하신 창조주께서 죄인들을 자신의 일원으로 받아들이신다는 사실은 우리를 놀랍게 하지 않는다. 오히려 우리는 그것을 당연한 일로 여긴다. "하나님께

---

[72] John Bunyan, *Grace Abounding to the Chief of Sinners*, ed Roger Sharrock (Oxford University Press: London; 1966), p 16. Owen이 Bunyan의 설교에 감복하여 자신의 출판업자가 천로역정의 초판을 인쇄하도록 한 것은 주목 할 만한 일이다. See Ferguson, op cit, pp 3,16; Toon, op cit, pp 161ff.

[73] Owen, *Works*, II: 7.

서 용서하시는 것은 그의 일이다"라는 말은 프랑스의 견유학파가 자신의 창조주를 만나러 갈 때 가지고 간 조롱이었다. "하나님께서 영접하시는 것은 그의 일이다"라는 말은 오늘날의 보다 부드러운 거만일 것이다. 우리가 값없이 주시는 은혜를 이렇게 당연한 일로 취급해야 할 것인가? 여기에는 분명히 무엇인가가 잘못되었다.

2) 청교도의 경건

우리는 청교도의 경험적인 경건이 완전히 하나님 중심이기 때문에 자연스럽고 무의식적이었던 반면에 우리의 경건은 주로 우리 자신에 관심을 두기 때문에 너무나도 종종 부자연스럽고 과장되었다는 것을 발견한다. 우리의 관심은 이러한 종교적 경험과 하나님께 대한 인간의 요구에 초점을 맞추고 있는 반면에 청교도는 인간들이 경험하는 하나님과 하나님께서 자신께로 이끄시는 사람과 관계하시는 방식에 관심을 가졌다. 이 관심의 차이는 우리가 청교도의 영적 자서전 – 즉 『풍성한 은혜』(*Grace Abounding*) 또는 오웬의 자서전 또는 브레아의 프레이저의 회고록 – 을 우리 시대의 유사한 작품들과 비교해 볼 때 분명하게 드러난다.[74]

현대의 영적 자서전에서 주인공과 주연 배우는 대개 저자 자신이다. 그가 관심의 중심이고 하나님은 단지 그의 이야기 중의 한 역할로 출연할 뿐이다. 그의 주제는 결국 '나–그리고 하나님'이다. 그러나 청교도의 자서전에서 하나님께서는 처음부터 끝까지 중심에 거하신다. 저자

---

[74] On Puritan spiritual autobiography, see Owen Watkins, *The Puritan Experience* (Routledge and Kegan Paul: London; 1972; Schocken Books: New York, 1972).

가 아니라 하나님이 관심의 초점이다. 이 책의 주제는 결국 '하나님 - 그리고 나'이다. 청교도의 영적 경험에 대한 설명의 철저한 하나님 중심은 그 설명의 확실성에 대한 증명이며 현대의 독자에게 하나님을 제시하는 능력의 원천이다. 그러나 하나님에 대한 경험이 각색되어 자기를 찬양하는 방식으로 이야기될 때 그것은 그 경험이 아무리 사무치는 것이고 진정한 것일지라도 깊이가 결여된 것이라는 확실한 표적이다.

3) 청교도의 고결성

그들로 하여금 자신들의 하나님을 향해 차가워진 심정으로 인간들 앞에서 종교적인 연극을 하는 타락에 빠지지 않았나 끊임없이 점검해 보게 한 청교도의 영적 고결성과 도덕적 정직성을 위한 열심, 타인들에 있어서만 아니라 자신들에 있어서도 위선에 대한 우려 그리고 겸손한 자기 불신은 현대의 복음주의적 풍조에서는 대응될 것이 없다. 청교도는 선을 행함에 있어 특징적으로 신중하고 진지하고 현실적이고 견실하고 참을성있고 끈덕졌고 마음의 거룩을 얻는데 탐욕적이었다.

대조적으로 우리는 너무나 자주 우리 자신이 특징적으로 경솔하고 천박하고 피상적이고 고지식하고 공허하고 경박하다. 오웬의 "나의 동역자들과 신학생들에게 거짓과 어리석음에 대항하여 믿음을 끊임없이 손질하라는 충고는 고백하고 주장한 진리들을 우리 심령에 거하게 하는 능력을 소유하기 위한 근면한 노력"의 요구에서 절정을 이룬다.[75] 분명히 이 말을 할 때 오웬은 우리가 현재 처해 있는 위치에서 우리가

---

75 Owen, *Works*, XII: 52.

하나님과의 동행할 자격을 갖추기 위해 마땅히 처해야 할 위치로 가는 행로의 윤곽을 잡고 있다. 그 전체 단락을 인용하지 않을 수 없다.

> 정신이 기꺼이 받아들인 교리의 주형 속에서 심령을 주도할 때, 말씀의 의미는 머리에만 있지 않고 우리 마음에 그 일들에 대한 의식이 거할 때, 우리가 싸워 지키는 교리 가운데 하나님과의 교제를 가질 때, 우리는 하나님의 은혜로 인간들의 모든 공격에 대항하여 수비를 하게 된다. 내가 그리스도께서 하나님이심을 논할 수는 있으나 그리스도께서 나의 영혼과의 언약에 있어 하나님이시라는 사실이 나의 심령에 달콤한 느낌이 없다면 어떻게 하는 것이 더 좋을까? 단일 나의 통신으로 말미암아 하나님의 진노가 내 위에 거하며, 나에게 나가 그리스도 안에서 하나님의 의가 되었다는 경험이 없다면 하나님께서 죄를 대신하여 갚으셨다는 것을 간증과 논증으로 나타내는 것이 나에게 무슨 유익이 있을까? 만일 내가 선에 대한 무감각과 무기력, 나의 영혼에 날 때부터 있던 하나님의 율법에 대한 적대 그리고 내 안에서 깨우시고 조명하시어 순종의 열매들을 낳게 하시는 엄청난 하나님의 능력의 효능에 대해 전혀 경험적으로 알지 못한다면 하나님께서 성령의 저항할 수 없는 은혜로 죄인의 회심을 이루신다는 것을 고백하고 논증하는 것이 결국 나에게 어떤 유익이 있을까?
>
> 그러므로 우리가 자신의 심령 속에 거하는 진리의 능력을 발견하지 못하고 우리가 하나님 앞에 서는 것과 하나님과 우리의 교제에서 그 진리들의 필요성과 탁월성의 계속적인 경험을 갖

고 있지 않다면 복음의 위대한 교리의 진리들에 대한 우리의 신념 때문에 우리가 보다 나은 어떤 존재라고 생각하지 말라.[76]

현명한 자들을 향한 말씀이다. 과거에 하나님께서 이스라엘에게 "너희는 길에 서서 옛적 길 곧 선한 길이 어디인지 알아보고 그리로 행하라 너희 심령이 평강을 얻으리라"(렘 6:16)고 말씀하시기 위해 예레미야를 보내신 때가 있었다.

우리가 신령한 삶에 대해 오웬을 연구할 때 하나님께서 유사한 표현으로 우리에게 말하는 것이 될 수 있을까? 오웬의 훈령과 지시는 진실로 성경만큼 오래된 '옛적 길'이다. 그러나 그 길은 하나님의 집단으로서의 청교도들이 진실로 '선한 길'이라고 발견한 길이기도 하다. 우리는 스스로 그 길을 걷기 시작하는 은혜를 찾는데 성공할 것이다 그리고 너회 심령이 평강을 얻으리라

---

[76] loc cit.

13장
존 오웬과 영적 은사들

1. 영적 은사

영적 은사들이라는 주제는 청교도 신학에서 많이 논의되지 않았고 내가 아는 한 주요한 저자에 의해 이 주제가 유일하게 전면적으로 논한 설명은 존 오웬의 "영적 은사들에 대한 논설"(Discourse of Spiritual Gift)이다. 오웬의 성령에 대한 성경의 가르침의 대분석 중의 마지막 부분인 이 논설은 그가 죽은 지 10년 후인 1693년에 인쇄되었으나 쓰기는 1679년이나 1680년에 기록된 것 같다.[1] 오웬의 논술은 그 자신과 이 주

---

[1] In his *Inquiry concerning…Evangelical Churches*, written after the publication of Stillingfleet's sermon *On the Mischief of Separation* (preached 2 May 1680) and before Stillingfleet's larger work, *The Unreasonableness of Separation*, appeared in the following year(Owen, *Works*, XV ⟨see Chapter four n 43⟩ 221f, 375), Owen refers to his *Discourse of Spiritual Gifts* as already written(p 249). In the preface to *The Work of the Spirit in Prayer*, published in 1682, he mentions a treatise on spiritual gifts as something he proposes to write(IV: 246). This indicates that *The Work of the Spirit in Prayer*, which follows *Causes, Ways and Means of Understanding the Mind of God* (published 1678) in the sequence of Owen's treatises on the Holy Spirit, was written perhaps three years before it was published, since by 1680 its promised successor had already been completed. The *Discourse of Spiritual Gifts* is in IV: 420–520.

제에 대한 전반적 청교도의 시각 모두에 있어 완전히 특징적이다.

우리의 오웬 연구가 움직이는 범위를 뚜렷하게 정하는 것이 바람직하다. 왜냐하면 우리의 거짓된 기대들이 있을 수 있기 때문이다. 오늘날의 많은 그리스도인에게 '영적 은사'라는 어구는 청교도에게 있어 그러했던 것보다 더 넓은 범위의 의문과 관심사를 시사한다. 오웬의 논설로부터 윌리암 퍼킨스의 목회신학에 있어서의 선구자적 모험들(『예언의 기술』⟨The Art of Prophecying, 라틴어판 1592, 영어판 1600⟩; 『성직자의 소명』⟨The Calling of the Ministerie, 1605⟩)을 분리했던 시대에 은사들이 논의될 때 청교도의 관심은 성직사역, 즉 목회직에 자격을 주는 특별한 은사들에 집중되었으므로 다른 사람들이 받는 다른 은사들에 대한 의문은 거의 야기되지 않았다. 그들은 목회의 높은 기준들을 확보하고 미신과 광신에 평신도가 물들지 않도록 교육하는데 몰두함에 몸과 마음이 바빴기 때문에 평신도의 은사들과 봉사에 대한 현대의 의문들은 우리가 예상할 수 있는 만큼 제기되지 않았던 것이다. 특별히 오늘날 크게 논쟁되는 두 가지 문제를 여기서 살펴보기로 하자.

1) 현대 복음주의에 나타나는 오순절 운동(소위 '은사 운동')을 우리는 어떻게 평가해야 하는가 하는 문제이다

오순절 운동은 교파적 형태와 비교파적 형태에 있어서 모두 기독교 신앙에 있어 무시되고 있으나 진정한 기독교 신앙의 요소들 – 즉 방언과 예언과 병고치는 은사들 – 의 본질적인 부흥이 있어야 한다고 주장한다 (이 주장의 세목들은 집단에 따라 다양하다). 이 주장들을 평가하는 데 청교도들이 우리에게 도움을 줄 수 있을까?

단지 간접적으로만 도움을 줄 수 있다. 왜냐하면 청교도의 시대에는 그런 운동이 없었기 때문이다. 17세기의 영국은 내가 알기로 방언의 은사를 주장하는 사람을 만들어내지 않았다.² 그리고 특별히 1640년대와 50년대의 소란한 시대에 예언과 병고치는 능력을 주장하는 자들이 없지는 않았으나 '광신'(광신적 망상)과 '정신적 불균형'의 표적은 완전히 같다는 것이 명백하였다.³

분명히 '본성상 우리의 모든 기능들의 모든 능력을 초월하는 등급의 은사들'(그는 이 등급으로 방언과 예언과 병 고치는 능력을 말한다)의 소유자들을 경험한 오웬은 이렇게 기술하였다. "성령의 섭리가 오랫동안 중단되어 있었기 때문에 어떤 사람에 의해 사칭될 때 광신적 망상으로 당연히 의심될 수 있다."⁴ 그러나 이 말은 B. B. 워필드와 같이⁵ 오웬이 어떠한 목적으로든지 사도 시대에 사도들의 개인적 사역과 메시지를 인증하기 위해 주어진 은사의 부흥 가능성을 연역적으로 제외하고자 하는 의미가 아닐까? 오웬은 다른 곳에서 그러한 말을 하지 않는다.

따라서 이 교리상의 연역적 부정이 종종 지적되는 것처럼 어떤 성경 구절에도 암시되지 않는 것이라고 그를 비난하는 것은 경솔한 일일 것이다. 오히려(비록 이 말은 이 경우의 본질상 단지 추측일 수밖에 없지만) 오

---

2 17세기의 신교도에서 방언을 말하는 자들은 The Camisards 즉 1685년에 Nantes 칙령이 폐지된 후에 the Cevennes로 도망친 위그노교도들이었던 것으로 보인다. 다른 면들에 있어서도 the Camisard 운동은 의심할 바 없이 광신적이었다. See *Oxford Dictionary of the Christian Church* (1957), sv, and literature there cited.

3 "공기는 예언과 기적들에 대한 소문들로 혼탁했다. 그리고 제정신과 정신 이상의 중간 상태에 있는 모든 사람들이 모였다"(R. Barclay, *The Inner Life of the Religious Societies of the Commonwealth*, 〈1876〉, p 216). Barclay는 많은 실례를 제시한다.

4 Owen, *Works*, IV: 518.

5 See B. B. Warfield, *Miracles Yesterday and Today*(Banner of Truth: London, 1967), chap I.

웬이 만일 현대의 오순절적 현상에 직면한다면 다음과 같은 네 가지 원칙에 따라 그 자체의 진가에 따라 귀납적으로 판단했을 것이라고 추측할 수 있다.

① 이같은 부흥에 반대하는 가정이 강력하고 '광신'의 경향을 모든 중생한 사람이 약간씩 갖고 있는 약점이기 때문에 방언과 같은 이성을 벗어난 표현은 비록 잠정적으로도 감히 그것을 하나님께 속하는 것으로 돌리기 전에 상당한 기간을 두고 가장 정밀하게 주시되고 검사될 필요가 있다.

② 은사들의 사용은 하나님에 의해 인간의 영혼에 은혜의 역사를 발전시키고자 의도된 것이기 때문에 우리는 뒤에서 오웬이 이 점을 주장하는 것을 보게 된다. 예를 들어 방언이 하나님께로서 왔을 것이라는 가능성은 그 방언이 그 사람의 삶에서 성령의 열매를 눈으로 볼 수 있게 수반하는 한에서만 받아들일 수 있는 것이다.

③ 더 큰 가치를 갖고 있는 정상적인 은사들보다 덜 가치가 있는 비정상적인 은사들[6]에 더 관심을 갖는 것, 교회의 덕성 함양을 구하는 것보다 자신의 영적 풍성을 구하는 일에 더 열중하는 것, 성령께서는 예수 그리스도께 주의를 집중하는데 관심을 가지고 있는 반면에 인간은 성령께 주의를 집중하는 것, 이런 특성들은 가장 성도다운 사람들에게 발견될 때에도 분명한 '광신'의 표적이다.

---

[6] Matthew Henry는 방언을(고전 12:28에 근거하여) '이 모든 은사들 중에 가장 무용하고 하찮은 것'이라 칭한다. 오웬도 이 의견에 이의를 제기하지 않았을 것 같다.

④ 사람은 어떤 은사의 나타남이 신약성경과 일치하는지 결정적으로 증명을 할 수 없기 때문에 일시적이고 잠정적인 판단밖에 할 수 없고 세월의 진행을 보며 끊임없는 재고의 여지를 남겨야 한다.

오웬은 그리스도인의 생활의 초자연성을 제시하고 그 가운데에서의 성령의 역사를 공정하게 판단하는데 깊은 관심을 가졌다. 그러나 그가 현대의 오순절주의의 형태에 친밀한 공감을 느낄 수 있었는지는 의견들이 다를 수 있는 의문이다.

2) 현대의 문제는 우리가 어떻게 우리 교회의 공동 생활을 개발하여 모든 구성원의 사역을 확보해야 하는가 하는 것이다

신약성경은 모든 구성원 – 직역으로 말하자면 모든 '지체'가 전체의 복리와 성장을 조장함에 있어 자신의 역할을 맡아 행하는 하나의 몸으로서의 지역 교회를 묘사한다. 그러나 오늘날 우리가 알고 있는 교회들은 지나치게 권력이 집중된 형태의 생활을 계승하고 있다. 그러므로 대부분의 회중들에게서 무관심하게 스쳐지나가는 사람들이 포함되어 있고 우리의 제도적 경직성은 지역 사회들에 대한 우리의 영향력을 막고 있다.

우리는 우리가 지금까지 행해 왔던 것보다 훨씬 더 큰 규모로 우리 회중 내에 작은 모임 형태의 교제, 기도, 공부, 활동 – 예를 들어 가정모임, 순모임 등 – 을 개발할 필요가 있다는 것을 점점 인식하게 된 것이다. 우리는 다시 묻는다. 여기에 있어 청교도들이 우리를 도울 수 있을까? 역시 그 대답은 간접적으로만 할 수 있다는 것이다. 왜냐하면 지나친 권력의 집중화는 청교도의 문제가 아니었기 때문이고 청교도 시대에 하나의 신앙 단위로서의 가족의 힘과 영향력은 영향력이 적은 다른 소집단 조직들의 모범이 되었기 때문이다.

그러나 비록 청교도들이 현대의 집단 모임들을 위한 청사진을 제시하지 않더라도 우리는 그들이 그런 모임이 옳고 바람직하고 유익하다는 사실을 강조적으로 지지하는 것을 발견한다. 예를 들어 오웬은 그의 첫 번 저서 『목사와 뛰어난 사람들의 의무들』(*The Duties of Pastors and People Distinguished*, 1643)[7]에 은사를 받았으나 "소명이 없는 그리스도인들이 예배 활동에서 행하는 자유와 의무에 대해"라는 제목의 장을 포함시키고 다음과 같이 주장했다.

> 지식의 향상과 그리스도인의 사랑의 증대를 위해 형제들 가운데 마땅히 있어야 하는 신령한 사랑과 친교의 엄격하고 거룩한 교제를 위해 그들은 자발적으로 함께 모여 서로를 생각하고 사랑과 선행을 격려하여 그들 가운데 있는 은사들을 분발시킴으로 가장 거룩한 믿음의 열매들로 서로 위로를 주고받을 수 있다.[8]

그리스도인들은 함께 기도하고(행 12:12 참조) 서로 섬기며 격려하며 신령한 도움으로 돌보기 위해(사 50:4; 약 5:16 참조) 모일 수 있다. 유일한 조건은 그들이 교회의 공적 예배를 드리지 않는다거나 목회자를 멸

---

[7] 이 책은 1644년으로 적혀 있다. 그러나 다른 곳에서 오웬은 이것이 인쇄자의 계획적인 잘못이었다고 말한다(*Works*, XIII: 222).

[8] Ibid, XIII: 44f.

시하고 무시한다거나 또는 진기한 교리와 해석을 받아들이는 분파가 되지 않아야 한다는 것이다. 오웬은 그런 도임들이 분파적 비밀 집회의 본성을 갖고 있다는 생각을 비웃고 오히려 그런 모임들이 적법하고 그리스도인들이 "서로 경건한 지식을 촉진하고 천국을 향해 가는 길을 조성하는데 도움을 줄 수 있는" 적절한 수단이라고 확인한다.[9]

한 세대 후에 증화에서 오웬은 모든 신자들이 "서로 권고하고 서로 격려 하여 서로를 가장 거룩한 믿음 가운데 세울 수 있도록" 사용하는 은사를 받는다는 주제로 되돌아가서 다음과 같은 설명을 덧붙인다.

> 많은 사람들이 이 의무들에 완전히 태만하게 되어 그리스도인 이라고 칭하 지는 사람들의 대부분 가운데에서 이 의무에 대한 말을 거의 들을 수 없게 되는 것은 바로 이 신령한 은사들을 상실했기 때문이다. 그러나 하나님께 감사를 돌리기는 우리가 그리스도인들의 많은 뛰어난 재능들 중에 성령의 이 섭리를 계속 크고 온전하게 경험하고 있는 것이다.
> 나는 어떤 사람들에 의해 이 은사들이 잘못 사용되어 왔다는 것을 인정한다. 어떤 이들은 그들이 받은 한계와 분량을 넘어 은사들을 오용하고 어떤 이들은 은사들에 대해 우쭐대고 어떤 이들은 그들이 받지 않은 은사를 자랑하는데 이 모든 악행들은 초대 교회에도 일어났던 것이다. 그러므로 나는 이 모든 일들로 인한 공공연한 타락 가운데 있는 세속적인 평화보다는 사도들에 의해 세워진 교회들의 질서와 법칙과 정신과 실천을

---

9 Ibid, p 47.

그 모든 고통과 불이익과 함께 소유하는 것이 오히려 좋다고
생각한다.[10]

만일 오웬이 오늘날 우리와 함께 있었다면 우리에게 성령의 '가장 좋은 은사들'을 새롭게 추구함으로 '모든 지체의 사역'의 회복을 부디 구하라고 우리에게 강권하였을 것이라는 사실은 분명하다.

2. 은사와 교회 생활

우리가 인용한 오웬의 말은 그의 영적 은사들에 대한 관심의 본질을 분명히 나타내었다. 이 관심은 그의 평생에 그를 특징지웠던 포괄적인 관심 – 즉 교회 생활의 확실성에 대한 그의 관심 – 의 한 국면이다. 이 관심 추구함에 있어 그는 동시에 세 가지 신학자로 나타난다. 즉 잘못된 구조들과 생명없는 형식주의와 신령하지 못한 무질서에 반대하는 개혁 신학자이며 복음의 왜곡과 기계적인 종교 관례들과 열매없는 신앙고백에 도전하는 목회 신학자이며 구주의 영광은 유형 교회의 상태와 직접적으로 관계된다고 철저하게 주장하는 그리스도 중심의 신학자인 것이다. 이 모든 사실은 오웬이 칼빈 자신과 같은 정신의 진정한 개혁주의 신학자라고 말할 수밖에 없게 하는 것이다. 오웬의 견해에 있어 성령의 은사에 대한 관심은 은사들의 실행이 없이 진정한 교회 생활이 있을 수 없다는 것일 뿐이다.

---

10 Ibid, IV: 518.

오웬은 강화의 첫머리에서 "성령의 은사들이 없이는 교회가 세상에서 존재할 수 없고 신자들도 그들의 마땅한 임무인 그리스도의 영광을 위해 서로에게 유익하고 인류에게 유익하게 될 수 없다"고 말한다.[11] 은사는 히브리서 6:5에 언급된 '내세의 능력'이며 고린도후서 3:8에 언급된 '영의 직분'이다. 왜냐하면 "신약에서 성령의 풍성하게 넘쳐 흐르는 약속들은 종종 성령께서 인간들 안에서 비범한 복음적 은사들과 평범한 복음적 은사들을 역사하심으로 성령께 돌려지며"[12] "성령의 은사들의 사용은 모든 은혜가 발생되고 발휘되는 위대한 수단이기 때문이다."[13] 따라서 은사는 진실로 '신약의 큰 특권'이다.[14]

성령의 은사는 교회에 내적으로 유기적인 생명과 외적으로 눈에 보이는 형태를 부여한다. "이 은사의 다양한 분배(즉 고전 12:16-25에 언급된 바)는 교회를 하나의 유기체로 만든다. 그리고 이 평정은 지체들의 특별한 사용을 통한 조화와 아름다움과 전체의 안전으로 구성된다."[15] "그리스도의 정신에 따라 교회를 유형적으로 표현하는 신앙고백은 구원의 무형적 원리를 증거하는 회심 가운데 유형 교회에 주어진 영적 은사들의 질서있는 행사이다."[16]

성령의 은사들은 그리스도의 나라를 세우고 확장하고 유지하기 위한 그리스도의 무기들이었고 지금도 그러하다.

---

11 Ibid, p 420f.
12 Ibid, p 432.
13 Ibid, p 421.
14 loc cit.
15 Ibid, p 428.
16 loc cit.

주 그리스도께서 옛적에 약속되었고 내세 또는 새로운 세상으로 칭해지는 그 나라 또는 교회국가를 세우기 위해 어떤 능력을 사용하셨는지 의문이다. 나는 그 능력이 성령의 이 은사들이었다고 말한다. 그 은사들에 의해 또는 그 은사들의 행사 가운데 주 그리스도께서는 악마의 역사와 왕국을 모두 파괴 하시고 인간들의 양심 위에 자신의 제국을 건설하셨다. 자신의 통치를 세우고 시행하기 위해 시온에서 내어보내지는 권능의 홀이 복음 자체의 말씀인 것은 사실이다. 그러나 그 통치의 시행에 있어 말씀을 유효하게 하는 감추인 능력은 성령의 은사들에 있었다.[17] 이 은사들에 의해 주 그리스도께서는 자신의 능력을 증거하셨고 자신의 통치를 실행하셨다.[18]

초대 교회가 향유하였던 풍성한 삶의 한 가지 비결은 "그 시대에 모든 복음의 경영이 신령한 은사들의 힘에 의해 분명하게 집행되었다"는 것이다.[19]

은사가 없다면 교회는 단지 그림자일 뿐이다. 되풀이되는 예배는 아무 열매도 없게 된다. 왜냐하면 "복음의 은사들을 받아 행사하지 않을 때 복음의 의식들은 헛되고 불만스러운 것이 되기 때문이다."[20] 오웬은 다음과 같이 기술한다.

---

17 Ibid, p 479f.
18 Ibid, p 426.
19 Ibid, p 471.
20 Ibid, p 421.

은사들에 대한 무관심은 그로 인해 모든 시대에 복음의 능력과 진리로부터 배교와 변절이 지지된 원인이었다. 신령한 일들은 명목상으로는 계속 유지되었으나 외적인 형태와 의식들로 사용되었다. 그로 인하여 사람들의 가슴 속에 외적인 형태와 의식들이 서서히 자리를 잡아 복음을 타락시켰던 것이다.[21] 경건의 능력이 존재하고 있는 내적인 구원의 은혜에 대한 태만이 순종과 관련된 그리스도인의 일에 독소가 되었던 것과 마찬가지로 이 은사들에 대한 태만은 예배와 질서에 대한 그리스도인의 일을 파멸시키는 원인이 되었고 그 결과는 어리석은 미신들이었다.[22]

오웬은 로마가톨릭 교회를 적절한 사례라고 판단한다.

우리는 신령한 은사들을 상실함으로 신령한 지배력까지 상실했을 때 인간들의 정신이 예배의 모양을 유지하기 위해 얼마나 다양하고 기발하고 끊임없는 발명품들을 신령한 은사들로 속이는지 로마 교회에서 하나의 실례를 본다. 그들의 무수한 예배 형태와 방법들과 장치와 의식과 절기들은 보충하기 위해 발명된 것이나 전혀 헛되고 단지 그들의 죄와 어리석음을 더욱 악화시킬 뿐이다.[23]

---

21   Ibid, p 423.
22   Ibid, p 421f.
23   Ibid, p 507.

"신령한 은사가 결여된 목회는 타락의 배교 아래 있는 교회의 분명한 증거이다"[24]라는 오웬의 더 나아간 개괄은 당시에도 개신교도를 어지럽힌 사상이 있었을 것이라는 추측을 하게 한다.

3. 네 가지 특별한 은사

오웬의 사고의 전반적인 추구와 그에게 있어 은사 문제의 신학적이며 실천적인 중요성은 이제 명확해졌다. 이에 비추어서 우리는 네 가지의 특별한 주제들 – 영적 은사의 본질, 교회 생활에서 영적 은사의 위치, 상존적 은사와 잠정적 은사의 여러 종류들, 은혜의 섭리에 있어 은사의 위치 – 에 주의를 집중해 보도록 하자. 이 주제들은 우리 연구의 나머지 부분을 차지 할 것이다.

1) 영적 은사의 본질

영적 은사들은 하나님의 능력에 의해 부여되고 행사되는 재능들이다. 따라서 자연적이 아니라 초자연적이며 인간적이 아니라 신적인 재능들이다. 오웬은 영적 은사들을 나타내는 신약성경의 표현들을 관찰하며 이 표현 자체가 은사의 본질에 대해 우리에게 많은 것을 설명해 준다고 말함으로 자신의 논증을 시작한다. 이 단어들은 네 개의 집단으로 분류 정리될 수 있다(오웬은 세 개의 집단으로 정리하는데 뒤의 두 집단은

---

[24] Ibid, p 482.

일괄하여 다룬다).

첫 번째 집단은 이 은사들이 받을 가치가 없는데도 값없이 주는 것임을 지적한다. 여기에 나오는 단어들은 도리아(d-orea '선물')와 도마타(domata, '선물들') 그리고 카리스(charis, '은혜')에서 나온 카리스마타(charismata)이다. 이 단어에 대해 오웬은 다음과 같이 설명한다. "이 명칭에 주로 의도된 바는 이 은사들을 주시는 분의 절대적인 자유이다."[25]

두 번째 집단은 이 재능들의 창시자가 성령이라는 사상을 강조한다. 여기에서 중요한 단어는 고린도전서 12:1에 '신령한 것'(직역하면 '신령한 것들')으로, 7절에 '성령의 나타남'으로, 히브리서 2:4에 '성령의 나눠 주신 것'으로 나오는 프뉴마티카(Pneumatika)이다.

세 번째 집단은 은사가 실제로 인간 안에서의 하나님의 역사로서 인간 능력의 실현이 아니라 유력한 신적 역사라는 사상을 표현한다. 이 사상은 에네르게마타(energ-emata, '역사'), 직역으로는 '효과적인 활동들'(고전 12:6)이라는 단어에 집중된다.

네 번째 집단은 은사가 이루는 기능을 정확하게 지적한다. 그것은 '직임', '봉사의 활동들'(고전 12:5)이다. "어떤 사람들이 그로 인하여 신령한 일들을 타인들의 유익과 이익과 덕성 함양으로 관리할 수 있게 되는 능력과 재능들이다."[26]

오웬의 분석과 일치하는 은사를 한 문장으로 정의하면 다음과 같을 것이다. 영적 은사는 타인들과 자신 모두의 덕을 세우기 위해 영적 세계의 실재와 그리스도 안의 하나님에 대한 지식을 파악하고 표현하도록 신령하게 주어지고 유지되는 재능이다. 이 정의는 완전히 성경적인

---

25 Ibid, p 423.

26 Ibid, p 424.

것인 것 같다. 그러나 바울이 이 은사들을 사용하라고 그리스도인들에게 지시할 때 예언하고 가르치고 권유함으로만이 아니라 형제들을 공급하고 섬기고 사랑하고 접대를 하는 방식으로 그리스도 안의 하나님의 자비에 대한 지식을 표현하라고 말하는 반면에(롬 12:4-13) 오웬은 상존적 은사들("임시적 능력의 일시적인 활동에만 존재하는" 기적과 방언과 같은 은사들과 구별되는 은사들)을 오직 말로 나타내는 능력을 수반하는 신령한 일들에 대한 생각들이라는 점으로만 이해한다. 그는 봉사를 위한 다른 능력들을 전혀 '은사'로 취급하지 않는다. 이 주지주의는 "영적 은사들은 오직 정신 또는 이해력에만 위치하고 자리잡는다. 그리고 영적 은사들이 정신에 있는 것은 정신이 실천적이기 때문이기보다는 개념적이고 이론적이기 때문이다. 은사들은 지적인 재능 이상이 아니다"[27] 라는 그의 단언에 나타난다. 이것이 일반적인 청교도의 견해였던 것으로 보인다. 이 견해는 고린도전서 12:7-11이 존재하는 또는 지금까지 존재했던 모든 은사들의 완전한 선언이라는 가정 - 강화 제 6장에 오웬의 생각임을 보여주는 가정 - 에 기초한 것이다.

   그러나 이 가정은 증명 할 수 없는 것이며 이 점에 있어 오웬의 견해는 분명히 불완전하다. 바울이 하나님께서 교회에 '서로 돕는 것과 다스리는 것'을 세우셨다고 말할 때 오직 지적인 재능들만을 생각했을까(고전 12:28)? 내가 발견한 한에 있어서 오웬은 지역 교회에 대한 그의 저술들 중에서나 강화에나 이에 대해 전혀 언급을 하지 않는다는 것은 의미심장하다. 아마도 다른 청교도 주석자들처럼 그도 이 이름들로 언급되는 기능들이 절대로 별개의 영적 은사의 나타남이라고 가정하지는

---

27 Ibid, p 437.

않았을 것이다.[28] 그러나 영적 은사들의 범주에 바울이 판단하는 바와 같이 신령한 진리들에 대한 논리적 이론과 담화 뿐만 아니라 인격적 미덕들과 실제적 지혜까지도 포함되는 것은 분명한 것으로 보인다.

은사들은 예수 그리스도께서 사람들에게 성령의 주심을 통해 주어진다(엡 4:8; 행 2:23). 오웬은 사도행전 1:8; 고린도전서 2:4의 성령의 '능력'을 은사들의 수여 그리고 행사와 동등시한다. 은사들은 종종 선천적 재능들의 성화를 통해 주어지지만 선천적 재능이 아니다. 이 사실은 때로 그리스도인들의 선천적 재능이 은사를 발전시킬 것으로 기대되지만 그렇지 않고 그들의 선천적인 능력이 은사들을 나타내는데 전혀 기초가 되지 않는다는 사실로 두드러진다. 그러나 모든 은사들은 은혜의 수단 - 기도, 묵상, 끊임없는 자기 비하 그리고 하나님을 위한 적극적인 봉사 - 의 사용으로 증대된다.

2) 영적 은사와 교회의 직임

우리가 본 바와 같이 비록 오웬은 그리스도께서 모든 사람에게 은사

---

[28] '서로 돕는 것'과 '다스리는 것'은 어떠한 청교도 주석자에 의해서도 분명히 동일시되지 않았다. Matthew Pool (*Annotations*, 1685, ad loc)은 "그들이 누구인지 판단하기가 매우 어렵다"고 고백했다. "그가 가난한 사람들의 경우에 도움이 되는 집사들인지 또는 과부들인지 또는 교회를 다스리는데 목회자를 돕는 어떤 사람들인지 또는 최초의 교회 수립에서 사도들에 대한 특별한 조력자들이었는지 판단하기 어렵다는 것이다. Matthew Henry는 '서로 돕는 것'은 병자를 심방하는 사람들이고 '다스리는 것'은 요컨대 '집사들'이나 옛 감리교 의미에 있어서의 '가난한 청지기들로서 교회의 자선의 선물들을 필요한 사람들에게 나눠주는 사람들이라고 생각했다. Richard Baxter는 '서로 돕는 것'이 특별히 목회자들과 가난한 사람들에게 자선과 특별한 관심을 가진 교회의 뛰어난 조력자들이고 다스리는 것은 불화를 중재하고 질서를 지키는 것이라고 생각했다"(*Paraphrase of the New Testament*, ad loc). 그러나 이 저자들 중 아무도 그리고 내가 알고 있는 한 어떠한 다른 청교도들 아무도 돕는 것과 다스리는 것의 은사에 대해 생각하지 않았다.

를 주심으로 지역 교회가 질서정연한 생활 가운데 '모든 지혜의 사역'의 형태를 나타내야 한다고 인정하지만 오웬의 관심의 중심은 직임적 사역이며 그는 교회에서의 은사의 위치를 은사와 교회의 직임 간의 관계와 구별이라는 표현으로 해석한다(강화 3장에서 8장까지).

그는(한정된 책임이라는 의미에 있어) 능력 더하기 의무라는 표현으로 '직임'의 개념을 분석함으로 시작한다. 그는 "교회의 직임은 특별한 방식으로 교회의 덕을 세움에 속하는 특별한 의무들의 수행을 위해 어떤 사람 또는 사람들에게 그리스도께서 주시는 특별한 능력"이라고 선언한다.[29] 그는 성직 수임식에 대한 개혁주의의 표준적 견해를 교회 자체의 고유적 능력들을 성직 수임 후보자에게 위임하는 교회의 행동이라기 보다는 교회의 활동을 통해 직임을 주시는 그리스도의 행동으로 확인한다.

또한 그는 사도 시대와 함께 끝난 임시적이고 특별한 직분들인 사도, 복음을 전하는 자, 예언자의 직임과 지속적이고 상존적이며 주님께서 재림하실 때까지 지속되는 장로의 직임 간의 개혁주의의 표준적 구별을 정확하게 제시한다. "모든 직임은 임시적이거나 상존적이거나 은사들의 전달에 의해 좌우된다"[30]고 단언하고 임시적 직임들은 임시적 소명과 임시적 은사들을 전제하였으므로 임시적 소명 뿐만 아니라 임시적 은사들도 부재함으로 사도, 복음 전하는 자(그는 복음 전하는 자를 사도들이 개인적으로 임명한 보호자였다고 이해한다), 예언자들의 후계자가 현재에 있다는 것은 불가능하다고 주장한다.[31] 이 모든 주장은 칼빈의

---

29 Owen, *Works,* IV: 438.

30 Ibid, p 442.

31 신약성경의 예언자들에 대한 Owen의 단평은 주목할 만하다. "예언자와 예언이라는 이

『기독교강요』 IV: iii을 읽은 사람들에게는 낯익은 근거이다.

따라서 우리는 여기서 지체할 필요가 없다. 오웬의 독립파정책 원리들의 수용은 목회의 질서와 특성과 권위에 있어 장로 교회의 원리들에 집착했다.

또한 그는 "영적 은사 그 자체가 실제로 목회자를 만드는 것은 아니지만 은사에 참여하지 못한 사람은 그리스도의 정신에 따른 목회자가 될 수 없다"[32]라고 선언할 때 다름아닌 완전한 개혁즈의 전통의 전형이다. 그의 주장은 목회자는 그리스도께 그리스도의 이름으로 목회를 위한 은사를 받았기 때문에 교회에 주시는 그리스도의 은사이며(엡 4:8) 따라서 교회는 그리스도의 포도원에 그리스도 자신께서 이 직무로 자신을 부르셨다는 확신을 주장하는 은사를 소유하지 않은 사람을 소명하여 보낼 권리가 없다는 것이다.

름은 신약성경에서 다양하게 사용된다. 때로는 특별한 직분과 특별한 은사들이 그 이름들로 의미되고, 때로는 특별한 은사들만을 의미하고, 때로는 평범한 은사들을 갖고 있는 평범한 직분을 의미하고 때로는 평범한 은사만을 의미한다. 그리고 이 단어의 사용은 이 표제들의 하나로 모든 곳에서 조정될 수 있다."

1. 언급된 곳들(엡 4:11; 고전 12:28)에서는 특별한 은사들을 부여받은 특별한 직분들을 말하고 있다. 그리고 두 가지 사항들이 그들에게 돌려진다. 그들은 성령에 의해 직접적인 계시와 계시들을 받았다(Owen은 행 13:2를 인용한다). 그들은 장차 올 일들을 예언했다(행 11:28ff; 21:10f).
2. 때로는 직분없이 특별한 은사를 말한다(행 21:9; 19:6; 고전 14:29 – 33).
3. 또한 이 표현으로 평범한 은사들을 소유한 평범한 직분을 말한다(롬 12:6 – "여기에서 예언은 말씀의 해석과 적용에 있어서의 가르침이나 설교 외에 아무것도 나타내지 않을 수 있다. 왜냐하면 여기에 외적인 규칙이 부여되기 때문이다. 즉 이 일은 '믿음의 분수' 또는 성경에 계시된 믿음의 건전한 교리에 따라 행해져야 한다는 것이다"). "따라서 직분의 소명을 받지 않았으나 다른 사람의 덕을 세우기 위해 성경의 하나님의 생각을 선포할 수 있는 은사를 받은 사람들도 '예언'에 대해 말할 수 있는 것이다"(*Works*, p 451f).

32 Ibid, p 494.

> 교회는 주 그리스도께서 먼저 영적 은사들을 주심으로 그를 임명하지 않으신 목회 직무에 아무나 소명할 능력을 갖고 있지 않다. 왜냐하면 만일 목회의 권위 전체가 그리스도께로부터 오는 것이라면 그리고 만일 그리스도께서 에베소서 4:7, 8 등에 나오는 바와 같이 오직 그리스도께서만이 목회직무의 수행을 위한 은사를 주시지 않으신다면 분명하게 은사를 받지 않은 사람을 목회자로 소명하는 것은 그리스도를 무시하고 우리 이름과 권위로 행하는 것이다.[33]

오웬의 생각에 있어 주님의 달란트 비유의 주된 적용은 목회자의 임명이며 주된 교훈은 "그리스도께서 소유하시고 사용하시는 것으로 생각하는 교회의 직분이 있는 곳은 어디나 성령께서 그 직분을 수행할 수 있도록 그리스도께로 나오는 영적 은사들이 사람들에게 공급되며 그리스도께서 그러한 영적 은사를 부여하지 않은 곳에는 그리스도께서 받아들이시고 인정하시는 목회가 없다"[34]는 것이다.

3) 상존적 은사와 비상존적 은사

이 마지막 문제는 우리에게 "상존적 장로 목회를 위해 어떤 은사들이 요구되는가?"하는 질문을 하게 한다. 오웬의 답변은 고린도전서 12:5-11에는 비상존적 은사들이 언급된 것이 아니라(기적을 행하는 믿음, 병고치는 능력, 즉각적인 영분별, 방언, 방언의 통역) 비상존적 높이의 상

---

33 Ibid, p 495.
34 Ibid, p 505.

존적 은사들인 지혜와 지식이 언급되고 있다는 것이다. 목회자들은 '뛰어난 등급으로'(오웬의 부단한 어구) 말씀을 집목시켜 설교하고, 열정적으로 기도하고, 지혜로 다스릴 수 있어야 한다. 하나님을 위해 하나님께 받아 말하고 하나님의 양떼를 위해 하나님의 대변자로 하나님께 말하는 것은 작은 일이 아니다. 이를 위해 특별히 세 가지 은사가 필요하다고 오웬은 말한다.

(1) 첫 번째 은사는 '지혜 또는 지식 또는 이해력'이다

성경의 범위와 그 가운데 나타나는 하나님의 계시의 범위에 대한 이해력, 특별한 교리적 진리들의 체계의 근원과 추세와 사용에 대한 지식, 영적인 일들을 판단하고 서로 비교하는 정신, 습관, 그리스도 안에서 나타나는 하나님의 사랑과 은혜와 의지의 비밀의 근원과 진행에 대한 뚜렷한 통찰력은 이를 소유한 사람들로 하여금 하나님의 계획을 선포하고 생명과 믿음과 순종의 길을 타인들에게 알게 하고 사람들에게 하나님과 인간에 대한 완전한 의무를 가르칠 수 있게 한다.[35]

(2) "복음의 교리와 관련하여 말씀을 옳게 분변하는 기술이 요구되는데 이것도 역시 성령의 특별한 은사이다"(딤후 2:15)[36]

이 '말씀을 옳게 분변하는' 은사를 오웬은 섭리 시대를 구분하는 후대의 외래적인 의미로서가 아니라 개인들의 상태에 하나님의 진리를 적절하게 적용하는 청교도의 표준적 의미로 이해한다. 칼빈과 같이 오웬이 믿었던 것처럼 이곳의 묘사가 가족들에게 음식을 잘 구별하여 분

---

35 Ibid, p 509.

36 Ibid, p 510.

배하는 것인지 아니면 대부분의 현대 주석가들이 생각하는 것처럼 똑바른 홈을 새기는 것인지는 중요한 문제가 아니다. 중심되는 문제는 한 목회자가 진리의 그 본질과 목적에 적절한 방식으로 다루어 하나님께 선한 일꾼으로 칭찬을 받을 것인가? 그리고 잘못 적용하거나 전혀 적용하지 않았을 때에도 말씀의 주인이신 하나님께 칭찬을 받을 것인가 하는 것이다.

목회에 대한 청교도의 가르침에서 가장 가치있는 요소들 중 하나는 적용을 결정하고 분별할 필요성에 대한 끊임없는 강조이다. 오웬은 이에 대해 인간에게 요구되는 바를 상세하게 설명한다.

① 일반적으로 누군가에 의해 말씀이 바르게 분배되는 사람들의 상태와 조건에 대한 확실한 판단, 자신의 양떼의 상태를 아는 것은 목자의 의무이다. 만일 그렇게 하지 않는다면 목자는 양떼에게 유익하게 먹이를 주지 못할 것이다. 그는 그들이 아기인지 젊은이인지 노인인지 알아야 하며 그들에게 젖이 필요한지 딱딱한 음식이 필요한지 알아야 하며 사랑으로 판단하여 그들이 하나님께 회심하였는지 아니면 아직 중생하지 않은 상태에 있는지 알아야 하며 그들의 주된 유혹과 장애와 발전이 무엇인지 알아야 하며 그들의 성장이나 퇴화가 어떤지 알아야 한다.

② 말씀 사역에서 하나님의 은혜의 계획을 추구하고 그 계획에 응하기 위해 사람들의 정신과 마음에 하나님의 은혜의 역사하는 방법에 대한 숙지, 은혜가 역사하는 정상적인 방법들에 생소한 사람은 허공을 치는 사람처럼 말씀의 전파에서 불확실하게 변

화한다. 어떤 사람이 우연히 활을 당기어 갑옷 솔기를 맞추어 이스라엘 왕 아합을 죽였던 것처럼 하나님께서 두서없이 말해 진리의 말씀을 은혜의 적절한 결과로 향하게 하실 수 있고 종종 그렇게 하신 것이 사실이다. 그러나 자신의 목표를 겨냥하는 방법을 알지 못하는 자는 보통 갑옷의 솔기를 맞추지 못할 것이다.

③ 유혹의 본질에 대한 지식, 이 제목에는 많은 내용들이 추가될 수 있다.

④ 영적 질병, 이상, 불건강의 본질과 적절한 치유법에 대한 바른 이해, 이 이해의 결핍으로 인해 종종 말씀의 설교로 악한 자들은 즐거워지고 의인들은 슬픔으로 가득 차게 된다. 그리고 죄인들의 손은 강해지고 하나님을 바라는 사람들은 낙담하거나 길 밖으로 쫓겨나게 된다.[37]

목회자 지망생들을 위한 가장 훌륭한 고과 과목에 대한 문제가 오늘날 종종 논의된다. 오웬의 이 과목들을 재고해 보는 것이 중요하지 않을까? 이 시대나 또는 어느 시대에나 우리는 먼저 이에 숙달하지 않은 사람에게 성직을 감히 맡기려고 시도하지 않았는가?

(3) 하나님의 진리에 대한 지식과 그 진리를 적용하는 기술은 반드시 구변의 은사와 어울려야 한다

오웬은 이 구변의 은사를 "사도 바울은 성령의 은사들 중에 특별하

---

[37] Ibid, p 510.

게 평가한다"고 말한다(고전 1:5; 고후 8:4; 참조: 엡 6:19; 골 4:3).[38] 이 구변의 은사는 웅변 기술이나 멋진 기지와 같은 것이 아니며 또한 "성령의 은사이기는커녕 보통 소유한 사람에게 올무가 되며 듣는 사람들에게 불행이 되는 선천적으로 유창한 언변"과도 같지 않은 것이다. 이 은사는 주제에 알맞는 천성에 "담대함과 거룩한 확신"을 더하고 거기에 "말씀이 이 영적 재능들의 증거 가운데 전해질 때 동반하는 권위"와 무게를 더하여 이루어진다.[39] "듣는 사람들이 이 말씀을 사람의 말씀으로가 아니라 진실로 하나님의 말씀으로 받아들이기 위해 이 모든 것이 필요하다"라고 오웬은 결론을 내린다.

만족스러운 목회를 위해 필요로 하는 자격들에 대한 오히려 좌절적인 이 목록은 "이 일들에 충분한 자가 누구이겠는가?"하는 탄식을 자아내게 한다. 이제 우리는 마지막 주제로 나아가도록 하자.

4) 은사와 은혜

교회와 그리스도인의 생활에 있어 확실성과 진실성에 대한 오웬의 관심은 강화의 제2장에서 은사와 은혜의 관계를 논하며 인간이 은혜가 없어도 은사를 소유할 수 있다는 부정적인 주장을 강조하게 되었다. 즉 중생하지 않아도 기독교의 이해와 전달에 숙련될 수 있다는 것이다. 오웬은 성령의 역사에는 두 가지 구별되는 유형이 있고 중생된 심령과 변화된 인격에서 성령의 열매를 맺는 은혜의 역사가 구원하는 것이라고 주장한다. 은사는 은혜 언약의 외적 경영에만 속하는 것이다. 따라서

---

[38] Ibid, p 512.
[39] Ibid, p 512f.

영적 재능들을 소유한 사람이 반드시 언약이 목표하는 하나님과의 내적인 구원 관계에 있는 것이 아니라는 것이다.

이 주장의 골자는 아무도 자신의 은사를 가정할 수 없고 자신이 신학적 관심과 재능을 가졌다는 것으로 영생을 소유했다고 결론지을 수 없다는 것이다. 오직 자신의 죄를 알게 되고 회개와 믿음 가운데 그리스도의 십자가로 인도된 사람만이 은혜 안에 있는 것이다. 단지 재능만 있는 사람은 아무리 신학적으로 사상을 표현할 수 있다고 하더라도 여전히 진노 아래 있을 수 있다는 것이다.

내가 볼 때에 오웬의 시대와 마찬가지로 우리 시대에 있어서도 이 주장을 해야 하는 필요성은 너무나 명백하여 강조할 필요가 없다. 우리는 우리에게 이 사실을 상기하게 해준 것에 대해 오웬에게 감사하고 자신을 반성해야 할 것이다. 그러나 이 묘사의 또 다른 면이 있으니 경고의 말에 균형을 주는 격려와 자극의 말이다. 오웬은 다음과 같이 기술한다.

> 구원의 은혜와 영적 은사들이 같은 사람들에게 주어질 때 그들은 서로에게 대단히 도움이 된다. 구원의 은혜에 의해 성화된 영혼은 은사들이 흘러들어가는 유일하게 알맞은 토양이다. 은혜는 은사들이 바르게 사용되도록 영향을 주고 은사들의 남용을 막고, 적절한 경우들에 은사들을 분발시키며 은사들이 오만이나 경쟁의 원인이 되지 않도록 보호하며 모든 일들 중에 하나님의 영광에 복종하게 한다. 기도 가운데 성령께서 은혜와 간구의 영이 되실 때 성령의 은혜와 은사가 함께 역사하는 것처럼 은혜와 은사의 활동이 일체가 되어 다른 의무들의 표현이 항상 믿음과 사랑이 동반할 때 하나님께서는 영광을 받

> 으시고 우리의 구원은 증진된다. 덕을 세우는 은사들은 겸손과 온유와 하나님을 경외함과 인간들의 영혼에 대한 연민으로 옷을 입고 장식될 때 아름다움과 광채를 얻고 가장 성공하게 된다. 다른 면에서 볼 때 은사들이 은혜를 적절한 활용과 활동으로 분기시키고 분발시킨다. 신자들이 자신의 은사들을 사용함으로 믿음과 사랑과 하나님 안에서의 기쁨이 얼마나 자극되어 특별하게 사용되는가![40]

우리는 하나님의 생명이 우리 영혼에 거의 나타나지 않는다고 한탄하는가? 여러분의 은사와 은혜를 서로 분별시켜 활용되도록 하라. 그러면 여러분은 은사와 은혜를 더 많이 소유하게 될 것이라고 오웬은 말한다. 우리는 우리의 은사를 활용하여 은혜 가운데 자라기를 바라는가? 우리는 하나님의 일들에 대해 다른 사람들에게 말할 때 같은 열매들로 우리 영혼을 먹이기를 바라는가? 또한 우리는 우리 심령을 하나님을 구하도록 분발시킴으로 우리 은사들을 증진하기를 바라는가? 우리는 다른 사람들에게 신령한 일들에 대해 말해 그들을 기도하게 할 때 우리가 말하는 일들에 대해 실감을 느끼기를 바라는가? 정직과 진실한 감정과 꾸밈없는 거룩함이 함께 할 때 작은 은사들도 크게 유익할 수 있다.

우리는 자신의 그리스도인으로서의 봉사가 충분한 열매가 없고 우리가 매우 무력하다는 것을 발견하고 의기 소침에 빠져 있는가? 우리 하나님께로 되돌아가서 우리 안에 있는 하나님의 은혜와 은사들이 서

---

40 Ibid, p 438.

로 도움을 줄 수 있는 법을 배우는 지혜를 구하라. 가장 좋은 은사들을 진정으로 탐을 내라―그리고 겸손하고 사랑하는 심령도 함께 탐내라. 이것이 성장과 많은 열매를 맺는 길이다.

제 V 부
청교도와 생활

14장. 청교도와 주님의 날
15장. 청교도의 예배에 대한 접근
16장. 청교도의 결혼과 가족에 대한 사상

Among God's Giants
Aspects of Puritan Christianity

14장
청교도와 주님의 날

1. 주님의 날 적용

만일 우리가 이 주제나 어떤 다른 주제에 대한 청교도의 가르침을 연구함으로 유익을 얻으려고 한다면 이에 대한 우리의 접근이 올바르게 되어야 할 것이다. 왜냐하면 청교도 숭배자들이 청교도 자신들에 의해 먼저 비난받을 방식으로 그들의 과업을 연구하기가 매우 쉽기 때문이다. 즉 우리는 그 사람들에 대해 그릇된 태도를 가질 수 있으며 그들을 무오한 권위자들로 숭배할 수 있는 것이다.

그러나 그들은 그들이 교황 숭배와 우상 숭배라고 생각하는 심한 타락에 빠졌다고 우리를 혹평할 것이다. 그들은 자신들이 하나님의 기록된 말씀의 종이요 해설자에 불과하다는 것을 우리에게 상기시킬 것이며, 자신들의 저작을 말씀을 이해하는데 도움과 안내서 이상으로는 절대 생각하지 말라고 우리에게 지시할 것이다.

더 나아가 그들은 이렇게 우리에게 주장할 것이다. 즉 모든 사람, 청교도들까지라도 틀릴 수 있으므로 그들이 힘써 해석하는 말씀에 의해 항상 매우 엄격하게 자신들의 가르침을 검사해야 한다는 것이다. 또한 우리는 그들의 가르침을 잘못 적용할 수도 있다. 우리는 그들의 말을 앵무새처럼 되풀이하고 그들의 태도를 흉내냄으로 스스로를 진정한 청교도 전통에 속해 있다고 상상할 수 있는 것이다. 그러나 청교도는 우리가 그렇게 행동하는 그것이 바로 우리가 잘못 행하는 것임을 우리에게 깨우쳐 줄 것이다. 그들은 그들 시대의 특별한 상황들, 즉 도덕적, 사회적, 정치적, 교회적 등등의 상황들에 성경의 영원한 진리를 적용하기 위해 노력했던 것이다.

만일 우리가 진정한 청교도 전통에 서고자 한다면 우리는 그 동일한 진리들을 우리 시대의 변화된 상황들에 적용하고자 힘써야 한다. 인간의 본성은 변하지 않는다. 그러나 시대는 변한다. 따라서 비록 인간의 삶에 대한 신령한 진리의 적용이 언제나 원칙에 있어서는 동일하지만 그 세부 사항은 한 시대에서 다른 시대로 변화되어야 한다. 청교도를 흉내내는 것으로 만족하는 것은 20세기에서 17세기로의 정신적 퇴보를 주입시키는 것이다.

하나님께서는 우리를 17세기가 아닌 20세기에 두셨다. 그러므로 이러한 태도는 비현실적일 뿐 아니라 비영적이다. 성령께서는 뛰어난 현실주의자이시다. 성령께서는 그리스도인들이 과거의 어떤 성인들이 속했던 상황이 아니라 지금 그들이 속한 상황에서 하나님에 따라사는 법을 가르치신다. 우리가 자신이 과거 가운데 살도록 허용하는 것은 성령을 소멸하는 것이다. 그리고 그러한 마음 자세는 신학적으로 범죄다. 그와 같은 마음 자세는 우리가 하나님의 진리에 대한 우리 생각의 기본 단계—진리의 적용 계획을 수립하는 단계를 기대하여 왔음을 나타낸다. 적용은 절대로 중계자나 기성품으로 대신될 수 없다. 각 세대의 각 사람은 자기가 있는 특별한 상황에서 어떻게 진리가 적용되고 무엇을 요구하는가를 스스로 분별하도록 자신의 양심을 훈련시켜야 한다. 세대가 변하여도 사소한 일에 있어서의 적용은 변하지 않을 수 있다. 그러나 우리는 미리 그럴 것이라고 가정해서는 안된다. 따라서 청교도를 연구함에 있어 우리의 목적은 그들이 그들 시대에 그들 자신에게 말씀을 어떻게 적용해 왔는지를 터득하는 것이 되어야 한다. 현대의 복음주의는 교정과 강화를 필요로 하는데 그 교정과 강화를 과거의 복음 전통에서 얻을 수 있다고 믿는다면 우리에게 있어 이 문제는 어렵다. 현대의 복음주의는 과거, 또는 근대 곧 19세기 후반의 과거에 살고 있지 못하는 것에 대해 가책을 느끼는 것 같다.

오늘날 우리는 복음서에 있어서 퇴폐기의 특징인 굵은 교리의 풀죽을 윤리와 교회와 복음에 적용시키는 것과 과거의 문제와 관련된 사상들을 다시 꾸며서 그럭저럭 꾸려나가는데 만족하는 경우를 너무나 자주 본다. 그런데 이 상황에 대한 해답은 우리가 더욱 뒤로 물러나야 한다거나, 또는 19세기에 살아야 한다거나 17세기에 살아야 한다는 것이 단연코 아니다. 그러한 치료는 여러 면에 있어 그 질병보다 더 나쁠 것이다. 분명히 우리는 19세기 이전으로 거슬러 올라가서 과거의 복음적 가르침의 보다 값진 보물 창고들을 다시 개봉할 필요가 있다. 그러나 그 다음에 우리는 영원한 복음을 현대에 바르게 적용하기 위해 19세기의 정신을 떠나 우리의 20세기를 바르게 인식하는 데로 전진하려는 노력을 해야 한다.

이 원칙은 다른 곳에서와 마찬가지로 주님의 날이라는 주제를 연구할 때에도 관련된다. 왜냐하면 분명히 성경 원리들을 현대적으로 적용하는 것에 대한 새로운 사고가 이 주제에서 오랫동안 지체되고 있기 때문이다. 이 주제에 대한 우리의 생각과 말은 종종 부정적인 율법주의를 그대로 드러낸다. 만일 우리가 청교도들이 자기 시대의 특유한 표현으로 해석했던 제 4계명의 적용을 우리 자신에게 엄격하게 강요한다면 우리는 율법주의를 강화하여 영속시키고 있는 것일 뿐이다. 그러나 만일 우리가 이 기성품적인 적용을 떠맡으라는 유혹에 저항하고, 하나님의 율법을 실제적으로 우리의 현대적 상황에 재적용하려고 애쓴다면 우리는 청교도의 해석에서 비할 수 없이 값지고 시사적이며 긍정적인 원리들이 제시되는 것을 발견할 것이며, 우리는 그 원리들로 이 문제에 대한 우리의 판단을 인도받아야 할 것이다.

2. 역사적 배경

그러나 먼저 우리는 우리 연구의 역사적 배경을 살펴보아야 한다.[1]

청교도는 영국 기독교 주일(the English Christian Sunday), 즉 주간의 첫째 날에 대한 개념을 창조하였다. 그들은 장사와 계획적인 오락을 중지하고 시간 전체를 예배와 교제와 선행에 아낌없이 바치는 날로 주일을 정했다. 박스터가 "영국은 이 조항의 개혁에 있어 가장 행복하였다"[2]라고 말한 바와 같이 이 이상은 대체적으로 대륙의 신교도들에게 전해 수용되지 못했다. 청교도의 이 업적의 역사는 한 세기가 걸린다. 16세

---

1 See particularly W. B. Whitaker, *Sunday in Tudor and Stuart Times* (Houghton Publishing Co: London; 1933), and James T. Dennison, Jr, *The Market Day of the Soul: The Puritan Doctrine of the Sabbath in England, 1532-1700* (University Press of America: Lanham; 1983).

2 Richard Baxter, *Works*, III: 906 (George Virtue: London, 1838).

기 말에 있어 교회의 예배를 마친 후의 영국인의 습관은 주일의 남은 시간을 "항상 음탕한 연극, 흥겨운 놀이, 교회 명절과 축제와 철야제로 모였고, 노래 부르고, 춤추고, 주사위 놀이하고, 카드 놀이하기, 보울링을 하고, 테니스를 치고, 개로 쇠사슬에 매인 곰을 괴롭히기를 하고, 닭싸움을 시키고, 매 사냥을 하고, 여우 사냥을 하고, 안식일에 시장과 가게를 열고, 축구 운동 등과 같은 악한 오락을 즐겼다."[3] 진지한 그리스도인들(일반적인 의미에 있어 '청교도들')은 이에 대해 점점 걱정이 커졌다.

이 주제에 대한 청교도의 견해를 데니슨(Dennison)은 후퍼(Hooper) 감독[4]과 라티머(Latimer) 감독,[5] 딘 에드먼드 버니(Dean Edmund Bunny)[6]와 케바스 바빙턴(Gervase Babington)[7]에 의해 이미 본질적으로 확인되어 왔다고 지적한다. 이 견해가 최초로 완전하게 개진된 것은 니콜라스 바운드(Nicholas Bound) 박사의 『안식일의 참된 교리』(*True Doctrine of the Sabbath*, 1595)의 출판에서였다. 그러나 이에 대한 설명이 최초로 기록된 것

---

3 Philip Stubbes, *Anatomie of Abuses in England* (1583).

4 *Early Writings of John Hooper* (Parker Society: Cambridge; 1843), p 342: "우리가 지키는 주일은 인간의 계명이 아니라…명백한 말씀에 의해 명령되는 것이다. 따라서 우리는 고전 14장에서 바울이 선언한 말씀과 같이 이 날을 우리의 안식일로 지켜야 한다…"

5 *Sermons by Hugh Latimer* (Parker Society: Cambridge; 1844), pp 471-473: "이 날은 하나님께서 우리가 그의 말씀을 듣고 그의 율법을 배움으로 그를 섬겨야 한다고 정하셨다. 하나님께서는 그때(구약성경 아래 있던 때)와 같이 지금도 안식일을 인정하지 않는 것을 증오하신다…하나님께서는 그때와 같이 지금도 우리에게 자신의 안식일을 지켜야 한다고 하신다."

6 Edmund Bunny, *The Whole Summe of Christian Religion* (1576) p 47: 제 4계명은 그리스도인들에게 '정식 예배와 설교들과 같은 공적 행사에서나 사적인 묵상에서나 온전한 안식일을 보낼 것'을 요구한다.

7 Gervase Babington, *A Very fruitful Exposition of the Commandments* (1583): "역사상 청교도의 안식일 교리로 알고 있는 첫째되는 명백한 진술은 안식일 계명이 부단히 모든 사람들에게 구속력이 있다는 것이다. 안식일을 거룩하게 하는 것은 (1) 우리 직업의 노동을 쉬고 (2) 예배를 위해 모이고 (3) 죄를 짓지 않는 것이다…"(Dennison, op cit, p 29).

은 위의 저작물보다 앞서 몇 년 동안 은밀하게 돌려지며 읽혀졌던 리차드 그린햄(Richard Greenham)의 "안식일에 대한 논문"(Treatise of the Sabbath)이었을 것이다. 제임스 1세의 스포츠 선언(Declaration of Sports, 1618)은 소와 곰 놀리기를 제외한 당시의 모든 대중 오락들을 교회의 예배가 끝난 후에 즐겨도 된다고 공포했다. 실제로 제임스는 "종교개혁 초기 이래로 국가의 법과 교회의 법이 되어 갔던 내용을 단순히 되풀이 했을 뿐이었다."[8] 그러나 그의 선언은 빠르게 성장하고 있던 청교도 성직자와 평신도 조직체의 간담을 서늘하게 했다. 1633년에 찰스 1세는 이 선언을 다시 공포하고 감독들에게 모든 성직자가 강단에서 이 선언문을 낭독하도록 감시하라고 명령했다. 그러나 몇몇 성직자들은 이를 거부하여 생명을 잃기도 하였다. 이런 일이 영국에 있었는지는 다음의 박스터의 말에 나타난다.

> 내가 어렸을 때에…아버지의 소작인들 중의 한 명은 마을의 피리부는 사람이었다. 무도회 장소는 우리 문에서 백야드도 떨어지지 않은 곳이었다. 그래서 우리는 주일날에 시편 한 장도 읽을 수 없었고 기도나 찬송을 할 수 없었다. 또한 한 사람에게도 교리문답을 하거나 가르칠 수 없었다. 우리 귀에는 계속하여 거리로부터 피리와 북소리, 그리고 고함 소리만 시끄럽게 들렸다…우리는 그들이 행하는 것같이 하기보다는 성경을 읽는 편을 택했기 때문에 거리의 모든 어중이 떠중이들의 야비한 조롱거리였으며 청교도, 형식가, 위선자들로 칭해졌다…

---

8 Whitaker, op cit, p 95.

> 그리고 그 책(즉 1633년의 선언)에 의해 공공 예배 시간 외에는 놀고 춤추는 것이 허용되었을 때 사람들은 오락을 그칠 수 없었기 때문에 성경 낭독자는 어쩔 수 없이 피리 소리와 놀이를 하는 사람들이 중지할 때까지 가만히 서 있어야 했다. 그리고 때로는 모리스 가장무도회 참가자들이 스카프를 두르고 기묘한 의상을 입고 다리에 방울을 짤랑거리며 교회로 오곤 했다. 그들은 공동 기도를 읽자마자 급히 다시 자기들의 놀이로 돌아갔다. 과연 이것이 천국의 교제였을까?[9]

그러나 청교도 교육은 효과를 나타낸다. 키더민스터에서 박스터의 활동 결과로 과거에 오란하고 술취하고 비신앙적이었던 사회가 변화되어 "주일날에 거리에서 전혀 무질서가 보이지 않게 되었고 거리를 지날 때 수많은 가정들이 찬송가를 부르고 설교를 되풀이하여 이야기하는 소리를 들을 수 있게 되었다."[10]

청교도들이 사역한 다른 여러 곳에서도 유사한 개혁들이 일어났다. 장기의회와 그 후계자들은 청교도 신념에 자극을 받아 주일에 오락과 장사와 여행을 금하는 일련의 법령을 통과시켰고, 결국 청교도에게 힘과 인기가 없던 1677년에 격렬하게 청교도에 반대하던 의회가 주일 준수 법령을 통과시켰다. 이 법령은 이 문제에 대한 국가의 법령을 반복하고 확인하는 것이었다. 이 법령은 모든 사람들이 장사와 여행 '세상적인 노동, 사무, 또는 자신들의 정규적인 직업 업무'로 주일을 보내서는 안되고 '공적으로나 사적으로 경건하고 참된 신앙의 의무 가운데' 주일

9　Baxter, *Works*, III: 904; from *The Divine Appointment of the Lord's Day*, Proved(1671).

10　*Reliquiae Baxterianae*, ed M. Sylvester (London, 1696), first pagination. p 84.

을 보내야 한다고 규정하였다. 이 법령의 취지는 명확하였다. 마침내 영국은 전반적으로 주일에 대한 청교도의 이상을 받아들이게 된 것이다. 왕당주의자나 공화주의자나, 잉글랜드 국교도나 비국교도나 똑같이 이에 동의하였다. 청교도 교육은 이 문제에 있어서 국가적 양심을 창조하였다. 그리고 이 일은 찰스 왕 시대의 신학자들이 청교도의 견해가 신학적으로 틀리다고 철저하게 반대하였음에도 불구하고 이루어진 것이다.

3. 청교도 교육

이러한 역사를 배경으로 하여 이제 청교도 교육 자체를 살펴보기로 하자.

1) 제 4계명의 의미(출 20:8-11)

이 점에 있어 청교도는 개혁자들보다 앞선다. 개혁자들은 주일이 어떤 의미에 있어 안식일이라는 것을 거부한 어거스틴과 중세기의 가르침을 대체적으로 따랐다. 그들은 제 4계명, "안식일을 기억하여 거룩히 지키라"고 규정하는 안식일은 그리스도와 함께 하는 은혜와 믿음의 교제 가운데의 '안식'을 예시한 유대의 상징적 의식이라고 주장했다. 칼빈은 다음과 같이 설명한다.

> 우리의 성화가 우리 자신의 의지를 굴복시킴에 있다고 보면 외적인 표적과 예표되는 일 간의 유사는 가장 적절하다…사도

> 가 가르치는 바와 같이 하나님께서 우리 안에 역사하시고 우
> 리가 그 안에서 안식하기 위해 우리는 우리 정신의 모든 활동
> 들을 중지해야 한다.(히 3:13; 4:3-9)[11]

그러나 그리스도께서 오셨고 그 모형은 폐해졌다. 따라서 레위기의 희생제를 드림을 계속하는 것처럼 안식일을 영존시키는 것은 그릇된 것이다. 여기에서 칼빈은 "그러므로 먹고 마시는 것과 절기나 월삭이나 안식일을 인하여 누구든지 너희를 폄론하지 못하게 하라"(골 2:16)는 말씀에 호소한다. 칼빈은 골로새서 2:16을 한 주간의 휴식일을 언급하는 것으로 해석한다. 그는 안식일의 상징적 의미에 덧붙여 제 4계명이 하나의 윤리를 가르치기도 한다고 인정한다. 즉 그 원리란 공적이며 사적인 예배가 있어야 하며 종과 고용인들을 위한 휴식일이 있어야 한다는 것이다. 따라서 안식일에 대한 온전한 기독교 해석은 세 가지라는 것이다.

> 첫째로 주께서 자신의 성령으로 우리 안에서 역사하시도록 하
> 기 위해 우리는 삶 가운데 우리 일로부터 일정한 휴식을 얻고
> 자 할 수 있다는 것이다. 둘째로 각 사람은 하나님의 역사에
> 대해 깊은 묵상을 하는 훈련을 부지런히 해야 하며…모든 사
> 람은 말씀을 듣고 성례를 청하고 공공 기도를 청하기 위해 교
> 회가 정한 적법한 질서를 준수해야 한다는 것이다. 셋째로 우
> 리는 우리에게 종속된 자들을 압제하는 일을 피해야 한다는
> 것이다.[12]

---

11 John Calvin, *Institutes of the Christian Religion*, II: viii: 29.

12 Ibid, II: viii: 34.

그러나 칼빈은 제 4계명이 규정하는 바가 이것이 전부라고 생각하고 기독교적인 의미에 있어 주일날 교회 시간 외에 일이나 놀이를 금지하는 의미를 제 4계명에서는 아무것도 발견하지 못하는 것처럼 말한다. 대부분의 개혁자들도 같은 식으로 말했다. 그러나 다른 곳에서의 그들의 말은 "하나의 조직체로서의 개혁자들이 분명히 제 4계명의 신적 권위와 구속력있는 의무를 주장하는데 그 의무란 칠일 중의 한 날은 예배와 하나님을 섬기는데 사용되어야 한다고 요구하고 단지 불가피한 일과 가난한 자와 고통받는 자들에게 자비를 베푸는 일만 허용한다는 것이다."[13]

왜 그들이 일반적인 말로 이것을 주장하면서도 기독교 주일에 대한 어거스틴의 해석을 제시하는 모순을 깨닫지 못했는가 하는 것은 영원한 수수께끼이다. 우리는 단지 어거스틴이 틀렸을지도 모른다는 생각을 하지 않으려는 마음이 그들로 하여금 자신들이 두 마리의 말을 타고 있다는 사실에 소경이 되게 한 것이라고 추측해 볼 수 있을 뿐이다.

그러나 청교도는 이 모순을 고쳤다. 그들은 사실상 만장일치로 다음과 같이 주장했다. 즉 개혁자들이 유대의 안식일의 사소한 규정들 중 어떤 것에서 상징적이고 일시적인 것에 불과한 어떤 의미를 본 것은 옳았다. 그렇지만 육일 동안의 노동 후에 하나님께 대한 공적 예배와 사적 예배를 위해 하루를 안식하는 원칙은 인간이 이 세상에 사는 한에 있어서는 인간에 구속력이 있다는 것이다. 청교도들은 십계명의 분명히 도덕적이며 영원히 구속력이 있는 아홉 개의 계명들과 함께 제 4계명이 존재한다면 단지 상징적이고 일시적인 성질을 가졌다고 할 수 없

---

[13] Patrick Fairbairn, *The Typology of Scripture* (Smith and English: Philadelphia; 1854), II: 142; see Appendix A, pp 514ff, for the evidence.

다는 사실을 지적했다.

실제로 청교도는 체계적으로 예배를 다루는 율법의 첫째 목록에 있어 제 4계명이 절대 필요한 것으로 보았다. "제 1계명은 대상을 확정하고, 제 2계명은 방법을, 제 3계명은 태도를, 그리고 제 4계명은 시기를 확정한다."[14]

그들은 제 4계명이 '기억하라'로 시작하므로 모세 이전의 제도를 회고한다는 것에 유의했다. 그들은 "그 지으시던 일이 다하므로 일곱째 날에 안식하시니라"(창 2:2)는 말씀은 창조 후의 하나님 자신께서 안식하신 제 7일의 안식을 나타낸다고 보았다. 또한 "안식일을 기억하여 거룩히 지키라"(출 20:8)는 제 4계명에 첨가된 재가(裁可)는 이를 회고하며 한 주간 중 창조를 기억하는 날로 묘사하고 있다고 보았다. 곧 이날은 "창조주의 영광을 기억하며 스스로에게 그분을 섬기겠다고 약속시키며 하늘과 땅을 만드신 분을 의뢰하라고 자신을 격려하며 지내는 날인 것이다. 안식일의 봉헌에 의해 유대인들은 자신들이 이 땅을 만드신 하나님을 예배한다고 선언하였다." 훗날 청교도의 완전한 후계자인 매튜 헨리(Matthew Henry)는 출애굽기 20:11의 "이는 엿새 동안에 나 여호와가 하늘과 땅과 바다와 그 가운데 모든 것을 만들고 제칠일에 쉬었음이라 그러므로 나 여호와가 안식일을 복되게 하여 그 날을 거룩하게 하였느

---

14 Jonathan Edwards, Sermon II on "The Perpetuity and Change of the Sabbath", 청교도 입장에 대한 훌륭한 진술; in *Works*, ed Henry Hickman (Banner of Truth: Edinburgh; 1974), II: 95. 명확한 청교도의 진술은 *Westminster Confession* XXI: vii에 나온다. "하나님께 드릴 예배를 위하여 적당한 시간을 구별해 바치는 것은 자연 법칙에 합당한 일이라고 할 수 있다. 그처럼 하나님께서 그의 말씀에서 적극적이고 도덕적인 영구한 명령으로 요구하신 것이 있으니 곧 모든 시대의 인류로 하여금 이레 중 한 날을 하나님을 위하여 거룩히 지키도록 한 것이다. 이 안식일이 창세 이후 그리스도의 부활까지는 이레 중 마지막 날이었다. 그러나 그의 부활 이후부터는 이레 중 첫날로 바뀌었다. 이 날을 주일이라고 하며 이 날은 그리스도 교회의 안식일로서 세상 끝날까지 계속 지켜져야 한다."

니라"라는 말씀을 주석하며 위와 같이 말했다. 헨리는 더 나아가 하나님께서는 제 4계명으로 제 7일을 성별하셨고, 즉 스스로 안식일을 사용하셨고 축복하셨다. 즉 안식일에 축복을 예비해 놓으셨으니, 이는 이 날을 경건하게 지냄으로 우리가 하나님께 복을 받을 것으로 예상하도록 격려하신 것이라고 지적했다. 또한 그는 그리스도께서 안식일의 율법을 재해석하시기는 했지만 안식일을 폐지한 것이 아니라, 오히려 스스로 안식일을 지킬 것을 기대하신다는 것을 보여주심으로 안식일을 확립하셨다고 지적한다(마 24:20).

청교도는 이 모든 사실들이 제 7일의 안식이 유대인의 상징 이상임을 나타낸다고 주장했다. 또한 그들은 안식일은 창조의 기념물이며 도덕률(창조주에 대한 바른 예배를 규정한 첫 번째 석단)의 한 부분이므로 모든 인간에게 영구히 의무지워진다고 주장했다. 그러므로 신약성경에 그리스도인들이 주간의 첫째 날에 예배를 위해 만났고(행 20:7; 고전 16:2) 그 날을 '주의 날'로 지켰다고(계 1:10) 말씀하는 것을 우리가 볼 때 이 말씀은 다음과 같은 한 가지 사실만을 의미할 수 있는 것이다. 즉 사도의 교훈에 의해, 그리고 아마도 주님의 승천 전 40일 동안의 주님의 명령에 의해 그 후부터 이 날을 제 4계명이 규정한 안식일로 사람들이 지켜야 하는 날이 된 것이다.

청교도는 옛 창조의 종결을 나타내는 주간의 일곱째 날에서 새창조의 시작을 나타내는 그리스도께서 부활하신 첫째 날로의 변경은 제 4계명의 말씀에 배제되는 것이 아니라는 것을 발견했다. 제 4계명의 말씀은 "단지 우리가 제 7일에 쉬고 안식일로 지켜야 한다고 정했을 뿐이지 절대로 여섯 날들이 언제부터 시작해야 하는가를 정하고 있지는 않다…"¹⁵ 따라서 신약성경이 사도들로 하여금 실제로 이 변경을 하도록 요구하는 것처럼 보인다는 추측을 막을 것은 아무것도 없다. 이렇게 보는 경우 유대의 안식일 엄수주의에 대한 비난(골 2:16)은 주님의 날을 지키는 것과는 전혀 무관하다는 사실이 분명해진다. 약술해서 이상이 청교도가 주일에 대한 자신의 교리를 기초한 생각들이었고, 이상은 『웨스트민스터 신앙고백』XXI: Vii–Viii에 잘 요약되어 있다.

2) 제 4계명의 특성

매튜 헨리는 마가복음 2:27을 주석하며 다음과 같이 기술한다.

> 안식일은 거룩하고 신성한 제도이다. 그러나 우리는 안식일을 힘드는 고역이 아니라 특권과 유익으로 받아들여야 한다. 첫째로 하나님께서는 절대로 안식일을 우리에 대한 부과물이 되도록 계획하지 않으셨다. 따라서 우리는 안식일을 우리 자신에 대한 부과물이 되게 하지 않아야 한다. 둘째로 하나님께서는 분명히 안식일을 우리에게 유익이 되도록 계획하셨다. 그러므로 우리는 안식일이 유익이 되게 사용해야 한다…안식일 제도에 있어 하나님께서는 우리의 육체를 어느 정도 고려하시고 쉴 수 있도록 하셨다…하나님께서는 우리의 영혼에 대해서는 훨씬 더 많은 고려를 하셨다. 안식일은 휴식하는 날이 되었으니 거룩한 일을 하는 날이요, 하나님과 교제하는 날이요, 찬

---

15 Ibid, II: 96.

> 양과 감사의 날인 것이다. 그러므로 이 일에 전념하고 공적으로나 사적으로나 이 일에 모든 시간을 사용하기 위해 세상일로부터의 안식이 필요한 것이다…여기에서 우리가 섬기는 분이 얼마나 선하신 주인이신가를 생각해 보라. 그 분의 모든 제도들은 우리의 유익을 위한 것이다…

이 인용문은 주님의 날에 대한 청교도의 접근을 적절하게 요약해 준다. 여기에서 우리는 헨리의 세 가지 지적을 설명하고 추론적으로 네 번째의 지적을 하고자 한다.

(1) 안식일을 지키는 것은 무활동이 아니라 활동하는 것을 의미한다

주님의 날은 게으름을 위한 날이 아니다. "게으름은 어느 날이나 죄이다. 그러나 주님의 날에는 훨씬 더 죄가 된다."[16] 우리는 아무런 일도 하지 않고 빈둥거리면서 안식일을 거룩하게 지키는 것이 아니다. 우리는 하늘의 소명받은 일을 수행하기 위해 땅의 소명받은 일을 쉬어야 한다. 만일 우리가 땅의 일을 하면서 이 날을 보낸다면 이 날을 거룩하게 지키지 못하게 된다.

(2) 안식일을 지키는 것은 지겨운 부담이 아니라 즐거운 특권이다

안식일은 금식일이 아니라 축제일이며 (not a fast but a feast) 자비로우신 하나님의 역사들을 향유하는 날이다. 그러므로 기쁨이 온종일 이 날의 기분이 되어야 한다(사 58:13 참조). "성도만큼 기쁨과 어울리는 사람

---

16 John Dod and Robert Cleaver, *A Plaine and Familiar Exposition of the Ten Commandments* (London, 1628), p 143.

이 없고 안식일 만큼 기쁨과 어울리는 날이 없다."[17]

> 매일 주 안에서 기뻐하는 것은 그리스도인의 의무이며 영광이다. 그러나 특별히 주님의 날에 그러하다…이그나티우스는 말하기를 주님의 날에 금식하는 것은 그리스도를 죽이는 것이라고 했다. 이날에 주 안에서 기뻐하고 그날의 모든 의무를 기뻐하는 것, 이것이야말로 그리스도께 면류관을 드리는 것이며 이것이 그리스도를 높이는 것이다.[18]

기쁨은 공적 예배의 요지가 되어야 한다. 박스터는 특별히 음울하고 슬픔에 잠긴 예배를 개탄했다. 주님의 날에는 침울함이 없어야 한다. 따라서 기독교 주일의 신령한 활동들에서 기쁨을 발견할 수 없다고 말하는 자들은 그들에게 무엇인가 매우 잘못된 것이 있음을 나타내는 것이다.

(3) 안식일을 지키는 것은 무익한 노동이 아니라 은혜의 수단이다

> 하나님께서는 이 날을 하나님의 은혜와 축복을 특별히 구하게 하기 위해 분리해서 자신의 법령으로 우리의 의무로 만드셨다. 그렇기 때문에 우리는 하나님께서 하나님의 은혜를 구하는 자에게 은혜를 주시려고 특별히 준비하고 계시다고 주장할 수 있다…용인된 때이며, 구원의 날이며 하나님께서 특별히 구

---

17 George Swinnock, *Works* (James Nichol: Edinburgh, 1868), I: 239.
18 Thomas Brooks, *Works*, VI: 299 (James Nichol: Edinburgh, 1867).

함받기를 즐거워하시고 발견되기를 즐거워하시는 때이다…[19]

이렇게 에드워즈는 말했고 스위녹(Swinnock)는 기독교 주일의 은혜를 다음과 같이 서정시적으로 수식했다.

> 오, 하나님의 고귀한 은총을 받은 그대, 한 주간의 금촛대인 그대, 영혼의 장날인 그대, 날들의 여왕인 그대, 주께서 그대와 함께 하시도다. 날들 중에 그대에게 복이 있도다…오, 인간들은 물가의 비둘기들처럼 한 주간의 나날들에 얼마나 퍼덕거리며 오르락내리락 하였던가! 그러나 그들은 그들의 방주인 그대에게 나아오기까지, 그리고 그대가 손을 내밀어 그들을 잡기까지 영혼이 안식을 얻을 수 없었다네! 오, 그들은 큰 기쁨을 가지고 그대의 그늘 아래 앉아 그대의 열매들이 그들의 입맛에 달콤한 것을 알았다네! 오, 정신의 안식처이며 마음의 황홀한 행복이며, 영혼의 위로인 그대에게서 인간들은 복된 구주를 향유한다네![20]

(4) 하나님께서 주신 모든 특권과 은혜의 수단을 남용하였을 때와 마찬가지로 안식일을 지킴에도 징벌이 온다

안식일을 범한 죄로 인하여 개인들과 공동체 모두에 영적 퇴보와 물질적 손실이 온다. 하나님의 선한 은사들을 멸시하고 무시할 수 없다. 토마스 풀러(Thomas Fuller)는 찰스 1세와 국회 간의 내란이, 브룩스

---

[19] Edwards, *Works*, II: 102.

[20] Swinnock, *Works*, I.

(Brooks)는 런던의 대화재가 안식일을 범함으로 인해 더 국가에 심판으로 온 것이라고 생각했다.

주님의 날에 대한 이러한 접근의 탄복할 정도의 긍정적이고 복음적인 특성은 아마도 더 이상 개선할 것이 없을 것이다.

3) 주님의 날을 지킴에 대한 실제적 원리들

청교도들은 꼼꼼한 사람들로 철저한 것 빼놓으면 아무것도 남는 것이 없는 사람들이었다. 우리는 주님의 날을 지킴에 대한 실제적인 원리들이라는 면에 그들이 상세한 관심을 두고 있음을 발견한다. 이 곳에서는 특별히 네 가지 원리들을 생각해 보고자 한다.

(1) 주님의 날을 위한 준비가 있어야 한다

첫째도 청교도들은 우리가 주님의 날의 중요성을 실감하고 그 가치 평가를 바르게 터득해야 한다고 우리에게 말해 준다. 안식일은 교회나 개인을 위하여 중대한 날이다. 안식일은 '영혼을 위한 장날'이요, 단체의 찬양과 기도로 천국 시외로 들어가는 날이다. 그러므로 우리는 우리의 주일을 틀에 박힌 업무 기간으로 생각할 때 우리는 단조로운 의식으로 주일을 낭비하게 될 것이다. 모든 주일은 중요한 날이다. 우리는 이 사실을 충분히 깨닫고 기대로써 주일에 다가가야 한다. 우리는 안식일을 가장 잘 사용하기 위해 자신의 한 주간을 계획해야 한다. 준비없이 되는 대로 아무렇게나 보낼 때 다른 사업에서와 마찬가지로 우리는 안식일에서 유익을 얻는 것을 방해받게 될 것이다.

> 육에 속한 사람들이 장사를 하는 방법과 재량에서 우리는 우리 영혼의 거래에 대해 배워야 한다. 그들은 미리 무엇을 팔고…사야 할 것인가를 준비하고 생각한다. 만일 우리가 항상 우리 영혼을 위한 훌륭한 거래를 하고자 한다면 우리는 죄악이나 세상 근심으로 무거운 짐을 지지 않기 위해 우리 심령을 (모든 주일 전에) 준비하고 있어야 한다…우리가 언제나 주님의 일 가운데 주님의 날을 안락하고 유익하게 보내고자 한다면 우리는 마음을 산란하게 하는 모든 방해물들을 제거해야 한다.[21]

심령을 준비하는 것은 모든 것 중에 가장 중요한 문제이다. 왜냐하면 주일은 '심령의 일을 위한 날'이기 때문이다.[22] 이러한 관점에서 볼 때 우리의 일요일을 위한 전투의 승패는 자기 성찰과 고백과 다음 날을 위한 기도를 위해 시간을 내는 토요일 밤에 대개 결정된다. 리차드 박스터의 청년 집회는 매주 토요일 저녁 세 시간 동안 함께 안식일을 준비하며 보냈다. 스위녹은 "만일 그대가 토요일 밤에 그대의 심령을 하나님께 맡긴다면 그대는 주일 아침에 그대의 심령이 하나님과 함께 있음을 깨달을 것이다"[23]라고 보장한다. 준비를 위한 마지막 규칙은 리차드 박스터의 극도의 실제적 정신에서 나온다. "주일날 졸지 않도록 제 때에 자라."[24]

---

21 Dod and Cleaver, op cit pp 138f.
22 Baxter, *Works*, I: 470.
23 Swinnock, *Works*, I: 230.
24 Baxter, *Works*, I: 472.

(2) 공적 예배는 주일의 중심이 되어야 한다

주일은 아침과 오후, 또는 저녁의 공적 예배를 중심으로 이루어져야 한다(안식일의 공적 활동은 적어도 2회 실행되어야 한다).[25] 개인 기도는 공적 예배에 대해 두 번째 위치가 되어야 한다. 그러나 우리는 찬양하고 기도하고 설교되는 하나님의 말씀을 듣기 위해 주일 아침에 제때에 일어나 우리의 심령을 새롭게 준비해야 한다. "만일 우리가 집에서 늦장을 피운다거나 허둥지둥하여 주님의 집에 무례하게 온다면…말씀은 지겨운 것이 될 것이며 우리 심령을 더욱 완악하게 할 것이다."[26]

청교도의 예배는 세 시간 이상이 걸리기도 했다. 그러나 청교도들은 예배가 길다고 불평하는 자들과 거의 공감하지 않았다. 박스터의 논평은 교회의 예배는 지루하다고 생각하면서도 술집이나 연회에서는 지루함이 없이 더 긴 시간을 보낼 수 있는 자들이 매우 악한 심령의 소유자들이라는 것이다. 그러나 박스터는 사람들의 권태를 치료하는 것보다 올바른 방법에 대해 설교자들에게 한마디 조언을 할 기회를 잡는다.

> 생기와 각성을 주는 진지함을 가지고…쉬운 조리와 다양하고 유익한 문제들도 설교함으로 사람들이 당신에게 전혀 지루함을 갖지 않도록 하라. 하나님의 사랑과 은혜에 대한 이야기를 쉴새 없이 말하라. 믿음의 특권들과 소망의 기쁨을 그들에게 설명해 줌으로 그들로 하여금 전혀 초조하지 않도록 하라. 나는 사람들이 이런 설교에 대해 이야기하며 하루 종일 그의 설교를 들을 수 있고 전혀 지루하지 않았다고 말하는 것을 자주

---

25 Richard Greenham, *Works* (1611 edition), p 208.
26 Dod and Cleaver, op cit, p 145.

들었다. 그들은 그런 설교가 짧은 것에 불안해하고 더 길었으면 하고 바란다…[27]

(3) 주일날 가족은 하나의 신앙 구성 단위로 역할을 해야 한다

웨스트민스터 대요리문답서(Westminster Larger Catechism) 118번 문제는 이에 대해 강조한다. "안식일을 지키는 책임은 가족의 지도자들과 그 밖의 윗사람들에게 보다 더 특별하게 지시되고 있다. 왜냐하면 그들은 스스로 안식일을 지킬 의무가 있을 뿐만 아니라 자신들의 책임 아래 있는 모든 사람들이 안식일을 준수하고 있는가 살필 의무도 있기 때문이다." 가장(家長)은 가정 기도회를 2회 수행해야 하며 가족을 교회에 데리고 가야 하며 나중에 자녀와 종들을 시문(試問)하고 문답하여 그들이 설교를 철저하게 터득하였는지 확인해야 한다. 이것의 원리는 가장이 가족의 영혼을 돌보아야 하는 양도할 수 없는 책임을 갖고 있다는 것과 그가 이 책임을 행사해야 하는 가장 중요한 날이 바로 주일이라는 것이다. 현대의 목사와는 달리 청교도 목사는 여자와 아동을 통해 남자들에게 접근하는 계획을 세운 것이 아니라 그 반대였다. 아마도 그가 더 현명하고 성경적이기도 했던 것이 아닐까?

(4) 주일에 대한 율법주의와 바리새주의는 피해야 한다

이 그릇된 태도들은 모든 다른 영적 관심들과 마찬가지로 주일에 있어서도 위협적이다. 웨스트민스터 소요리문답 60번 문제에 나타나는 바와 같이 청교도들에게는 논쟁이 없었다.

---

[27] Baxter, *Works*, III: 905.

> 안식일은 온종일 거룩한 휴식으로 성별되어야 한다. 이 날은 다른 날에 있어서는 적법한 세상의 일과 오락으로부터도 휴식해야 한다. 그리고 불가피한 일과 자비의 일에 종사하는 정도의 일을 제외하고는 모든 시간을 하나님을 예배하는 공적 활동과 사적 활동으로 보내야 한다.

그러나 모든 목적 추구에는 바른 방법과 그릇된 방법이 있으므로 교사들 중에 통찰력이 있는 사람들은 율법주의, 즉 주일에 하지 말아야 할 바를 강조하는 것만으로 끝나는 부정적인 마음의 습관과, 바리새주의 즉 이 문제에 있어 타인들의 실제적 실수나 또는 상상의 실수를 비평하는 데만 너무 민첩한 자칭 의롭다고 하는 마음의 습관 모두가 복음의 정신에 위반된다고 경고하는데 비상한 노력을 경주했다. 우리가 예상할 수 없는 바와 같이 박스터는 이에 대해 가장 많은 말을 하였고 판단에 대한 건설적인 복음적 원리로써 이에 대해 생각했다.

> 나는 첫째로 주일에 대한 사람의 긍정적인 의무들을 살펴볼 것이다. 곧 그가 어떻게 듣고 읽고 기도하며 자신의 시간을 보냈는가 하는 것과 그가 어떻게 자신의 가족을 가르치고 도왔는가 하는 것이다. 만일 그가 하나님을 찾는데 근면하고 자신의 천국 과업에 열심히 일한다면 나는 지엽적인 문제에 불과한 그의 세상적인 일과 관련된 말과 행동에 대해서는 판단을 보류하겠다…[28]

---

28 Ibid, III: 908.

바로 여기에 그리스도인의 지혜가 있는 것이다.

4. 축복의 날

이상에 인용한 구절들은 그 자체로 명백하므로 더 이상의 해설이 필요없다. 그들이 제기하는 영적 복리의 결과들은 독자의 생각에 맡겨져야 한다. 우리는 하나의 간증과 훈계로 끝을 내고자 한다. 이것은 수석 재판관 매튜 헤일(Matthew Hale)의 간증 중에 있는 것이다.

> 나는 엄밀하고 근면한 관찰에 의해 주일 의무들을 바르게 지킨 것이 내 나머지 생애의 축복과 언제나 연결되어 왔다는 것을 발견했다. 이렇게 시작한 주간은 나에게 축복과 번영이 되었다. 반대로 내가 주일 의무들을 등한히 하였을 때 그 주간의 나머지 날들은 나의 세상 일에서 실패와 불행이 되었다. 나는 이 사실을 경솔하게 또는 분별없이 기록하는 것이 아니라 오랜 기간의 확실한 관찰과 경험위에서 기록하는 것이다.[29]

다음의 훈계는 토마스 브룩스의 것이다.

> 끝으로 이것을 기억하라. 즉 전세계의 그리스도인들 중에 경건의 능력과 높은 은혜와 거룩함과 하나님의 교제에 있어 주

---

[29] *Works of Sir Matthew Hale*, ed T. Thirlwell (1805), I: 196.

일을 성별하는데 엄격하고 진지하고 세심하고 성실한 그리스도인들과 비교할 사람이 없다는 것이다…이 나라가 또한 다른 나라에서 경건의 능력이 그처럼 쇠퇴하고 있는 진정한 이유는 안식일이 엄격하고 성실하게 지켜지고 있지 않기 때문이다… 그러므로 바라기는 이 짧은 암시의 말이 하늘의 축복을 받아 우리 모두로 하여금 주님의 날을 보다 더 엄격하고 진지하고 성실하게 성별하는데 힘쓰도록 하는 것이다…[30]

---

[30] Brooks, *Works*, VI: 305f.

15장
청교도의 예배에 대한 접근

1. 예배에 대한 접근

   복음주의자들은 예배에 흥미가 없다는 말이 때때로 들린다. 예배(Worship)라는 말이 예배 의식이라는 학문의 전문적 사항들을 의미한다면 이것은 사실일 수도 있다. 그러나 나는 내가 예배의 실제적 기능을 발견한 유일한 복음주의자라고 생각하지 않는다. 즉 예배의 기능이란 우리의 눈을 인간과 인간의 잘못들로부터 조심스럽게 들어올려 하나님과 하나님의 영광을 응시하는 것으로, 세월이 흐르면서 이 과정은 점점 다듬어지고 다른 어느 것도 줄 수 없는 방법으로 영혼에 위로와 활력을 가져다 주는 것이다. 확실히 이것이 위대한 청교도들의 경험이었다.

   지금 내가 하고자 하는 바는 그들이 이 경험을 우리와 함께 나누어 우리 스스로 이 경험을 향유하는 깊은 자리로 인도하도록 하는 것이다. 그러므로 나는 제목에 "접근"(approch)이라는 말을 택했다. 우리는 예배에 대한 접근에 있어 청교도를 따라야 한다. 이 접근은 우리가 살펴보게 될 바와 같이 곧 하나님께 대한 접근이었다. 따라서 나의 주요 관심은 청교도를 잉글랜드 국교회 형식주의로 분열시키고 또한 서로를 분열시킨 예배에 대한 논쟁들이 아니라 예배의 본질에 대한 견해와 그들 모두가 사실상 동의하는 예배를 실행하는 원칙들에 대한 견해이다.

그러나 예배의 형식적이며 외형적인 면들에 대한 청교도의 논쟁들은 현실적이며 지속적이었고 신앙적인 동기를 갖는 것이었으며 격렬하게 수행되었다. 그러므로 내가 본문에서 그 논쟁들을 간과하는 정당성을 수립하기 위해 이제 간단하게 그 논쟁들을 다루지 않으면 안될 것이다. 나는 역사적인 세부사항을 추적하거나 어느 쪽 편을 들지 않을 것이다. 왜냐하면 나는 그 논쟁을 다시 재연하고 싶지 않기 때문이다. 나는 그 논쟁의 원인이 된 문제들에 초점을 맞춤으로 얼마나 많이 – 그리고 어떤 점에서는 얼마나 적게 – 상충하는 파당들이 분열하였는가를 살펴보고자 할 것이다. 우리가 살펴보게 될 것이지만 이 문제들은 오늘날의 우리에게 있어서도 그대로 현존하고 있는 논점들이다.

모든 주장의 근저에는 세 가지 주요 의문들이 존재한다. 그 의문들은 다음과 같다.

1) 어떤 의미에 있어 성경은 기독교 예배의 권위가 되는가?

대개 사람들은 다음과 같이 말한다. 곧 공적 예배의 순서를 정함에 있어 루터의 법칙은 성경에 반대되지 않고 편리해 보이는 전통적 사항들을 허용한 반면에 칼빈의 법칙은 성경이 직접적으로 규정하지 않은 것은 아무것도 용납하지 않는다는 것이다. 그리고 잉글랜드 국교회는 루터의 원칙을 공적으로 따른 반면에 청교도들은 칼빈의 원칙을 지지했다는 것이다. 이런 식의 설명은 루터와 영국의 개혁 교회가 예배를 위한 권위의 법칙을 제정하는 것에서 성경을 전혀 고려하지 않았다는 인상을 준다. 물론 이것이 내란까지 몰고간 청교도의 부단한 죄목이었다. 또한 이러한 설명은 잉글랜드 국교회의 공적 예배에 대한 청교도의 비판이 제네바의 칼빈의 원리들과 실행으로의 복귀를 나타냈다고 하는 인상을 준다. 분명히 청교도 자신들도 그렇게 생각했다. 그러나 이 두 가지 인상은 모두 그릇된 것이다.

이 문제를 보다 진실되게 말한다면 그리스도인과 교회 생활의 모든 문제에 있어 성경의 권위와 충족성은 양편 모두에게 공통적인 근거였으나 이 원리를 어떻게 적용해야 하는가에 있어 그들은 일치하지 못했다고 할 수 있을 것이다. 다른 말로 이야기한다면 그들의 불일치는 성경의 권위의 본질과 범위에 대한 형식적 원리와 관계되었다기보다는 오히려 성경의 해석과 내용에 관계된 것이다. 그러므로 논쟁하는 모든 파벌들은 자신의 입장이 성경적으로 정당한 입장이라고 믿을 수 있었던 것이다.

독일, 스위스, 영국의 개혁자들은 예배에 대한 공통적인 기본 원리들을 갖고 있었다. 그들은 기독교 예배가 복음 진리에 대한 인간의 수용과 응답을 표현해야 한다고 동의했다. 그리고 그들은 그 진리가 무엇인가에 대해서도 대체로 일치하였다. 그들은 예배를 찬양과, 감사와, 기도와, 죄의 고백과 하나님의 약속들에 대한 신뢰와, 읽혀지고 설교되는 하나님의 말씀을 들음에 정신과 심령을 사용한다는 점에도 일치하였다. 또한 그들은 복음적 성례들의 본질과 종류, 그리고 교회 예배에서 성례의 위치에 대해서도 일치하였다. 그들은 회중의 예배를 인도하는 기독교 성직자의 직분에 대해 동일한 시각을 취했다. 그들은 각 교회, 또는 교회들의 연합(제34조가 진술하는 바와 같이 '모든 특별한 또는 국교회')

이 사도의 원칙에 따라 예배의 세목들을 정할 책임이 있다는 데에도 일치하였다. 이 사도의 원칙이란 "모든 것을 덕을 세우기 위하여" 해야 한다는 것과(고전 14:26), 그 목적의 수단으로 "모든 것을 적당하게 하고 질서대로"해야 한다는 것이다(고전 14:40). 마지막으로 그들은 모두 각 교회가 그 형편과 배경과 필요에 따라 예배자들의 덕을 세우는데 가장 훌륭하게 조화되는 방식으로 자신의 예배를 배열하는 자유(책임의 전제 요건)를 갖고 있다는데 동의했다. 그들은 다양한 목회 상황에 있는 다양한 교회들의 예배가 세목에 있어 다양할 것이라는 사실을 당연하게 받아들였다.

제2세대 개혁자들 간에 예배에 대한 실제적 차이들은 무엇이 덕을 세우고 무엇이 덕을 세우지 못할 것인가에 대한 개인적인 판단의 차이들이었다. 이 차이는 1552년에 나온 에드워즈 왕 시대의 기도서에 '참을 만한 바보같은 많은 내용들'(multas tolerabiles ineptias)이 실렸다는 칼빈의 판단이나, 또는 망명자들인 콕스파(Coxian) 집단은 1552년의 기도서를 만족하게 건전하고 덕을 세우는 것으로 지지한 반면에 낙스파(Knoxians)는 제네바 형식으로 이루어진 정반대의 순서를 지지하고 1552년의 기도는 폐기해야 한다고 생각함으로 1554년에 프랑크푸르트에서 발생한 분쟁에 반영된 종류의 차이들이다.

하나님께 드리는 공적 예배에 포함되는 모든 실제적 항목을 시인하기 위해서 교훈이나 전례 형태의 직접적인 성경적 근거가 요구된다는 사상은 사실상 청교도의 한가지 혁신이었다. 이 혁신은 엘리자베스 여왕 시대의 이민으로 이어지는 긴 논쟁 과정 가운데 구체화되었다. 이 사상은 예배 의식들을 부패시킨 원리와는 성질이 다른 것이었다. 부패된 의식들은 진리를 예배자들로부터 감추고 미신적인 사고를 지지하였다. 이 부패된 의식들은 하나님의 영광을 더럽히고 덕성 함양을 저해하는 것이었으므로 마땅히 제거되어야 했다.

1549년의 기도서 서문 "의식들에 대해"(Of Ceremonies)에 나타나는 바와 같이 모든 영국의 개혁자들은 이 원리에 대해 적용에 있어서는 일치하는데 성공하지 못했다. 1550년에 후퍼가 감독파 교회의 의복에 대해 당국과 충돌하였고 1560년대에 처음으로 청교도라고 칭해진 사람들이 성직자가 입은 흰옷과 결혼 반지, 십자가 표시로 세례를 주는 것, 성찬식에 무릎을 꿇는 것에 대해 반대하는 운동을 벌여야 한다는 의무감을 느낀 이유가 바로 이 원리 때문이었다. 이 새로운 원리는 더욱 나아가 성경적으로 규정된 목적들을 위한 편리한 수단들로서 비성경적인 의식들의 정당화가 논거의 본질에 있어 타당할 수 없으며 다른 말로 해서 "의식들에 대해"라는 서문에 채택된 노선이 그릇되었다는 것이다. 모든 의식들은 직접적인 성경적 근거를 갖고 있어야 하고, 그렇지 않으면 불경한 강요라고 선언했다.

동일한 원리가 교회 관리에도 적용되었다. 교회 생활과 예배에 대한 청교도의 이상을 두려는 시도는 묘한 논증들을 내어 놓았다. 곧 안식일에 두 가지의 화제를 명한 "안식일에는 일 년 되고 흠없는 수양 둘과 고운 가루 에바 십분지 이에 기름 섞은 소제와 그 전제를 드릴 것이니"(민 28:9)라는 말씀에서 주일날 두 번의 예배를 드리는 것이 의무라고 하는 '증명'을 하는 것이나, "바른 말을 본받아 지키고"(딤후 1:13)라는 말씀으로 교리문답이 의무라는 '증명'을 하는 것이나, "이와 같이 성령도 우리 연약함을 도우시나니 우리가 마땅히 빌 바를 알지 못하나 오직 성령이 말할 수 없는 탄식으로 우리를 위하여 친히 간구하시느니라"(롬 8:26)라는 말씀에서 기도서의 형태가 불법적이라고 '증명'하는 것이나,

"베드로가 그 형제 가운데 일어서서"(행 1:15)라는 말씀으로 성직자가 예배시간 동안 계속 한 장소에서 있어야 한다고 '증명'하는 것이나, 또는 "너희는 다 모든 사람으로 배우게 하고 모든 사람으로 권면을 받게 하기 위하여 하나씩 하나씩 예언할 수 있느니라"(고전 14:31)라는 말씀으로 (몇 명의 목사들이 동일한 성경 구절로 연속적으로 설교하는 설교 모임의) 논쟁의 여지가 있는 예언들의 범위의 필요성을 '증명'하는 것이었다. 이런 문제들은 모든 일이 덕을 세우기 위해 행해져야 한다는 원리에 의해 설득력있게 변호될 수 있으나 이 성경적 논증들을 결정적인 것으로 받아들이기는 곤란하다.

또한 주목해야 할 것은 기도서의 터무니없는 일부 내용들을 참을 수 없을 정도로 뽑아내며 덕성 함양에 도움이 되는 것같이 보이는 예배의 비성경적인 의식들을 정할 자유가 개교회에 있다는 원리에 청교도들은 이의를 제기하고, 모든 판에 박힌 기도들을 거부하고, 공적 예배에서 무릎을 꿇는 것, 기독교의 해(the Christian year), 매주 성찬식을 하는 것, 그리고 견신례의 실행을 거부하였을 때 그들은 사실상 칼빈에게로 복귀한 것이 아니라 칼빈에게서 벗어난 것이었다. 그러나 홀턴 데이비스(Horton Davies)가 말한 바와 같이 그들이 이 사실을 분명히 깨닫고 있었는지는 의심스럽다.[1]

그러나 비록 그들이 그 사실을 깨닫지 못했다고 하더라도 그것이 그들의 위치에 영향을 미치지는 않았을 것이다. 왜냐하면 그들의 기본 관심은 개혁 교회의 일치를 확보하는 것이 아니라(그들은 이 이상에 대해 많은 논쟁을 하며 생각하였다), 단순히 하나님의 권위있는 말씀에 순종

---

1 Horton Davies, *The Worship of the English Puritans* (Dacre Press: London, 1948), p 48.

하는 것이었다. 그러나 논쟁의 문제는 성경의 충분성이 예배와 관련해서 어떻게 이해되어야 하는가하는 것이다. 청교도들은 이 점에 대한 잉글랜드 국교회의 공적 견해를 방종하고 잘못된 것으로 생각하였다. 후커(Hooker)와 같은 잉글랜드 국교회의 대변자들은 발전된 청교도의 견해를 율법주의적이고 불합리한 것으로 비평하였다. 어느 쪽이 옳았을까? 이 문제는 오늘날까지 계속 영향을 주고 있다. 우리는 "하나님의 예배에는 우발적인 것이 없다… 만일 하나님의 예배에 특별히 신적 제정이 없다면 그 예배 안에 있는 모든 것, 그 예배에 속한 모든 것, 그리고 그 방식도 잘못된 예배이다"라고 말하는 존 오웬(John Owen)에 동의하는가?

이 문제는 단순하지 않다. 그리고 양편에 대해 계속 많은 것을 말할 수 있다.

2) 기독교 예배에 있어 타당한 규칙은 무엇일까?

과거에나 현재에나 공적 예배를 배열하는 세 가지 방법이 있다. 곧 『공동기도서』와 같은 지정된 기도서를 사용하거나, 『웨스트민스터 예배규칙서』(*Westminster Directory*)와 같은 총괄적인 지침서를 사용하거나, 또는 나름대로 자체적인 예배 규정을 완전히 개개인의 목사나 회중에게 맡기는 것이다. 이 세 가지 방법은 각각 역사적으로 잉글랜드 국교회, 장로파, 그리고 독립파와 퀘이커교에 관련된 것이다.

현재 어떤 방법이 취할 만한가? 기도서 예배는 반드시 형식주의와 무감각을 낳는가? 즉흥적인 기도는 질에 있어 반드시 떨어지는가? 알려진 형태를 사용하면 정말로 예배가 회중화되는 것을 보다 어렵게 하는가? 매 주일마다 이어지는 규칙적인 순서는 성령을 소멸하는가? 회중이 성령께 영광을 돌리기 위해서는 확정된 예배 모범에 얽매이는 것을 거부하고 각각의 모임마다 성령의 생생한 인도를 기다려야 하는가? 이 문제들에 대해 과거에 청교도들이 차이가 났던 것처럼 오늘날의 복음주의자들도 차이가 날 것이다.

예를 들어 칼빈과 낙스처럼 박스터는 즉흥적인 기도를 위한 여지로 목사가 선택한 기도서를 인정했으나 오웬은 "모든 기도서는…거짓된 예배이며…하나님의 은사의 약속들과 하나님의 성령을 좌절시키는데 사용되는 것이다"라고 주장했다. 어느 쪽이 옳았을까? 여기 단순하지 않고 폐기된 것으로 간주할 수 없는 또 한 가지 문제가 있다.

3) 예배와 관련된 적절한 징계는 어떤 것일까?

엘리자베스와 스튜어트 왕가 치하에서 『공동기도서』(*Book of Common Prayer*)를 국가적으로 엄격하게 통일시키려는 강제적 시도가 있었는데 유감스럽게도 유익보다는 해가 더 많았다는 데에 분명히 대체적으로 동의할 것이다. 내란 전에 고등 재판소와 민사 재판소(Star Chamber)에 의해, 그리고 클라렌던 법전(Clarendon Code) 시대 동안 사법 재판관들과 치안 판사들에 의해 비국교도들에게 집행된 징계를 변호하고자 할 사람은 아무도 없을 것이다.

그러나 문제는 여전히 남아 있다. 우리가 언급한 징계는 그 경직성과 연약한 양심에 대한 경시에 있어 사악한 것이라 하더라도 공적 예배와 관련된 징계가 전혀 있을 수 없을까? 오늘날 규정된 기도문을 규칙으로 삼은 어떤 개신교회에서는 로마가톨릭의 예배 의식과 기도문을 도입하고 있고, 즉흥적인 기도가 시행되는 어떤 개신교회에서 목사들은 모든 인간이 하나님의 구속된 자녀들이라는 이단설에 근거한 공적 중보 기도를 하고 있다. 이 두 가지 실례 모두에 있어 예배는 목사의 교리적 탈선에 의해 부패되고 있다. 이러한 경우에도 징계가 필요치 않을까? 그러나 어떤 종류의 징계라야 할까? 이와 같은 난맥들에 대해 오늘날 적절한 수단은 무엇일까? 이 문제는 청교도들의 시대에 그들을 괴롭혔고 우리 시대에도 계속 우리를 괴롭히고 있는 것이다.

2. 예배란 무엇인가

그러나 이 문제들은 예배의 형태와 외부 사정들에만 관계된 것이었다. 청교도들이 깨달았던 바와 같이 현재 우리의 관심은 예배의 내면적 진실이다. 다른 점들에 있어 청교도들은 차이를 보였으나 이 점에 있어서는 일치하였고 그들이 우리에게 남긴 기록도 완전히 일치하고 있다. 우리는 넓은 인용을 통해 그들의 일치를 제시하고자 한다.

예배란 무엇인가? 본질적으로 예배는 하나님께 대한 송영, 영광과 찬양과 존귀와 경의를 드리는 것이다. 가장 넓은 의미에 있어 모든 참된 경건이 예배이다. 스위녹(Swinnock)은 "경건이 예배이다"라고 기록한다.

> 예배는 인간이 그의 창조자에게 드려야 하며 드리는 모든 경의를 포함한다…예배는 우리가 왕중왕께 바치는 공물이다. 이 공물을 바침을 통해 우리의 의존을 인정하는 것이다…하나님께 대한 모든 내적인 경외와 경의 그리고 모든 외적인 순종과

섬김은 예배라는 이 한 마디 말에 포함되어 있다.[2]

그러나 청교도들은 대개 예배라는 말을 하나님과 우리의 모든 직접적인 교제를 나타내는 가장 좁고, 가장 일반적인 의미로 사용했다. 여기에는 공적인 기원과 사적인 기원, 숭배, 묵상, 믿음, 찬양, 기도, 그리고 하나님의 말씀에서 교훈을 받는 것이 포함된다.

우리 주님께서 말씀하신 바와 같이 예배는 '신령과 진정으로'(요 4:24) 드려야 한다. 청교도는 이 말씀의 의미를 다음과 같이 이해했다. 즉 한편으로 예배는 내적인 심령이 역사하는 문제이어야 하며, 다른 편으로 예배는 하나님의 뜻과 역사의 계시된 현실에 대한 응답이며 성령에 의한 심령에 적용이어야 한다는 것이다. 그러므로 청교도는 예배가 단순하고 성경적이어야 한다고 주장했다. 성경이 그들에게 진리의 원천이었던 바와 똑같이 단순성은 그들에게 내적인 것의 보장이었다.

청교도 예배의 간소한 단순성은 종종 세련되지 못했다는 비평을 받았다. 그러나 청교도에게 단순성은 기독교 예배의 아름다움의 본질이 되는 요소였다. 이 점은 "복음적 예배의 본질과 아름다움"이라는 제목으로 오웬이 에베소서 2:18을 가지고 했던 두 개의 설교에 나타난다. 이 설교에서 청교도 신학자들 중 가장 비중이 큰 이 신학자는 라우드(Laud)의 기도서 형식주의를 거의 나타나지 않게 대조하며 예배에 대한 청교도의 이상을 완벽하게 조직적으로 나타낸다(라우드는 기도서 형식주의를 '거룩의 아름다움'이라고 즐겨 칭했다).[3] 그의 주해는 약간 인용할 만한 가치가 있다. 오웬은 기독교 예배의 참된 '품위'와 '질서'와 '아름다움'

---

[2] George Swinnock, *Works*, I: 31(James Nichol: Edinburgh: 1868).

[3] John Owen, *Works*, IX: 53–84 (see chap 4 n 43).

은 그 삼위일체적이며 복음적인 특성에 있고 예배자 편에서는 믿음의 실행에 있다는 것을 지적함으로 시작한다.

> 하나님의 예배가 질서있고 모양있고 아름답고 영광스러워야 한다는 것은 사람들의 마음에 깊이 고정된 원칙이다…참으로 이런 특성들에 있어 모자란 예배는 당연히 하나님의 마음에 따른 예배가 아니라고 생각해도 좋다…나는 여기에 이 합당한 주장만은 덧붙이고자 한다…즉 하나님의 예배에 무엇이 존재하는가에 대해서는 하나님 자신이 가장 엄격한 심판자이시라는 것이다.
>
> 그러므로 우리가 외적인 것이나 부수적인 도움이나 원조가 없이 있는 그대로의 단순한 복음적인 영적 예배가 가장 질서있고 모양있고 아름답고 영광스러운 예배라는 것을 나타내지 않는다면 성경의 성령께서 심판자가 되심으로 우리는 다른 곳에서 겉치레로 발견되는 이런 것들을 찾는 것으로 만족하게 될 것이다…신령한 복음적 예배에서 복되신 삼위일체께서는 전체로서 또한 각각의 인격으로서 우리의 구원의 역사 가운데 각각 독특하게 행하시는 섭리와 조화로 예배자들의 영혼과 개별적인 교제를 가지신다.

오웬은 이 사실이 본문에 어떻게 제시되었는가를 나타낸다. 본문은 성령에 의해 아들을 통해 아버지께로 나아감을 말한다. 이것이 복음적 예배의 총체적인 질서이며 우리 예배의 대지침이다. 일반적으로 여기에 예배의 품위가 존재한다…만일 우리가 예수 그리스도로 말미암아 예배로 나아오지 않거나 성령의 능력 안에서 예배를 행하지 않거나 또는 예배 가운데 아버지이신 하나님께로 가지 않는다면 우리는 예배의 모든 규칙을 위반하는 것이다. 이것은 대규범으로서 만일 이 규범을 무시한다면 이 과정에서 어떠한 다른 것을 행할지라도 범절은 있지 않다. 그리고 일반적으로 이것이 예배의 영광이다…용납을 얻기 위해 그리스도께 믿음을 행사하고 수용을 얻기 위해 아버지 하나님께 믿음을 행사하는 것이 이 예배에 있어 영혼의 할 일이다. 예배에는 깨달음으로 더 영광스러운 것이 있으나 나는 아직 배워야 한다…[4]

오웬은 자신의 본문을 가지고 유사한 표현으로 예배의 일치 사상에 신학적 대의를 부여한다.

성도들은…모두 '성령 안에서' 아버지께 나아갈 권리를 갖고 있다. 그리고 이것은 하나님께서 요구하시는 은사들은 다양하지만…그들에게 모든 은사들을 주시는 분은 한 성령이시다…같은 한 성령께서 그들 모두에게 하나님의 뜻과 예배를 계시하시며, 같은 한 성령께서 그들 모두의 심령 안에 그들의 유형에 따라 같은 은혜로 역사하시며, 같은 한 성령께서 공적 집회에서 복음적 예배를 드리는데 필요한 은사들을 주신다…성령께서 자신의 은사를 '그 뜻 대로 각 사람에게' 다양하게 나눠 주시기를 기뻐하는 것이 무슨 문제가 된단 말인가? 성도들이 한 성령

---

[4] Ibid, IX: 56f.

에 의해 모두 하나님께 나아가며 세상의 곳곳에서 예배 가운데 일치를 이루는 것은 전혀 방해받지 않는 것이다. 이것이 바로 '보편적 일치'(catholic uniformity)인 것이다…[5]

  마지막으로 오웬은 화려한 예배당과 예배 의식이 하나님께서 자신의 신실한 예배에서 찾으시는 '아름다움'과 관련된 어떤 것을 갖고 있거나 또는 갖고 있을 수 있다는 사상을 일축한다. 오웬은 그리스도인들 자신이 성전이며 하나님의 거처임을 우리에게 상기시킨다. 또한 그는 진정한 예배란 땅에서 몸으로 행해지지만 "하나님의 직접적인 임재와 하늘 그 자체로 들어가는 것"이므로 사실상 "천국에서 행해지는 것"이라는 사실도 상기시킨다. (오웬은 입증을 위해 히 5:20; 9:24; 10:19, 21의 계시로 4장에서 호소한다.) 따라서 화려한 예배 의식과 교회 건물의 장식이 그 자체에 있어 예배를 풍성하게 하는 것이라는 사상은 어이없는 불경인 것이다. 하찮은 물감과 광택 약품에 하나님께서 받아들일 수 있는 영광과 아름다움이 존재한다고 생각하는 자들은 하나님과 하나님의 방법들에 대해 얼마나 비천하고 저열한 생각을 하는 것인가![6]

  차녹(Charnock)은 요한복음 4:24를 본문으로 한 '영적 예배'라는 제목의 설교에서 예배를 분석하여 오웬의 분석을 보충한다.

> 예배는 하나님의 뛰어나심에 대한 지식과 하나님의 위엄에 대한 실제적인 사상들을 이해하고 적용하는 하나의 행동이다… 또한 예배는 의를 사모하고 경외하고, 하나님의 자비하심에 매

---

5 Ibid, IX: 76f.
6 Ibid, IX: 77f.

혹되고, 하나님의 선하심을 포용하고, 이 가장 사랑스러운 대상과 친밀한 교제에 들어가 그에게 자신의 모든 애정을 바치는 의지의 행동이기도 하다."[7]

차녹은 중생한 자들만이 하나님께서 받으실 만한 예배를 드릴 수 있다고 말한다. 왜냐하면 그들만이 진정으로 사모와 복종을 하나님께 쏟을 수 있기 때문이라는 것이다. 그러므로 '하나님께서 우리의 예배에서 신령함을 발견하실 수 있으시기 전에 먼저 우리는 그리스도의 날개 아래에서 나음을 입어야 한다. 죽은 본성에서 나오는 모든 예배는 죽은 예배에 불과한 것이다.'[8]

차녹은 이어 영적 예배는 정직한 심령과 순수한 심령을 요구하기 때문에 오직 성령의 능동적인 도우심에 의해서만 수행된다는 사실을 제시한다(순수한 심령을 차녹은 '일치성'이라고 칭하는데 그가 의미하는 바는 '전념'으로 표현될 수도 있을 것이다). 영적 예배에는 믿음과 사랑과 겸손과 자기 부정의 행동들이 수반되며 하나님에 대한 마음의 열망의 표현이어야 한다. "영적 예배자는 실제로 모든 신앙 의무에서 하나님을 알고자 열망한다…예배를 목적으로 열망하는 것은 육욕적이다. 예배를 수단으로 열망하며, 예배 가운데 하나님과의 교제를 열망하며 행하는 것이 영적이며 신령한 삶의 열매이다" 그러한 영적 예배는 기쁠 것이다.[9]

복음적 예배는 영적 예배이며, 찬양과 기쁨과 희열이 복음적

---

7 Stephen Charnock, *Works*, I: 298.
8 Ibid, I: 299.
9 Ibid, I: 307.

예배 의식들에 수반되는 큰 요소들로 예언되고 있다(사 12:3–5)…우리는 평화가 없는 하나님께 나아가는 것이 아니라 자비하신 하나님께 나아가는 것이며 죄인이 판관에게 가는 것처럼이 아니라 아들이 아버지께로 가는 것처럼 하나님께 나아 가는 것이다…따라서 보다 기쁘고, 보다 신령한 복음적 예배의 구조는 희열인 것이다…[10]

예배 가운데 우리는 우리의 응답으로 우리가 하나님의 계시를 통해 하나님에 대해 얻은 지식을 하나님께 반영하고자 노력해야 한다.

하나님께서는 무한히 행복하신 영이시다. 그러므로 우리는 유쾌하게 하나님께 나아가야 한다. 하나님께서는 무한히 장엄하신 영이시다. 그러므로 우리는 경외함으로 그 앞에 나아가야 한다. 하나님께서는 무한히 높으신 영이시다. 그러므로 우리는 가장 깊은 겸손으로 우리의 제물을 바쳐야 한다. 하나님께서는 무한히 거룩하신 영이시다. 그러므로 우리는 순결하게 하나님을 불러야 한다. 하나님께서는 무한하게 영광스러운 영이시다. 그러므로 우리는 하나님의 탁월하심을 인정해야 한다… 하나님께서는 우리에 의해 무한하게 진노하시는 영이시다. 그러므로 우리는 화목하게 하시는 중재자와 중보자의 이름으로 우리의 예배를 드려야 한다."[11]

---

10 Ibid, I: 308.
11 Ibid, I: 315.

"그 마음이 신령하게 중생된 모든 참된 신자들이 유일한 기쁨을 소유한다는 사실은 매우 분명하다"라고 오웬은 기록하며 자신의 주장을 입증하기 위해 시편42:1-4; 63:1-5; 84:1-4를 인용한다.[12] 성도들이 공적 예배를 사랑한다는 것은 부단한 청고도의 주제였다. 왜 성도들이 예배를 즐거워하는가? 그 이유는 성도들이 예배에서 단지 하나님을 구할 뿐만 아니라 하나님을 발견하기도 하기 때문이다. 예배는 단지 감사의 표현일 뿐만 아니라 굶주린 자들이 배부름을 얻고, 빈 손이 풍성하게 채워져서 돌아가게 되는 은혜의 수단이기도 하다. 왜냐하면 "예배 가운데 하나님께서는 인간에게 나아오시기 때문이다."[13] '하나님의 예배 의식들 가운데 하나님의 임재하심'은 현실이다. 하나님께서는 세상에 본래부터 임재하신다. 그러나 자신의 교회에는 자비롭게 임재하신다. "하나님께서는 인간들에게 나아오사 복음에 제정된 예배 가운데 인간들과 대화하시기를 기뻐하신다."[14] 그리고 인간들은 배고프고, 기대에 차서 부족함을 채워 주시기를 바라며 예배로 나올 때 가장 하나님께 영광을 돌린다.

기독교 예배의 의식들은 "신령한 사랑의 감각을 전달하는 수단이며 믿는 자들의 영혼에 신령한 은혜를 공급하는 수단이다"라고 오웬은 선언한다. 기독교 예배의 의식들은 우리가 '하나님께 나아가는 길"이며 우리는 "우리가 정말로 필요로 하는 모든 것인 선과 은혜와 긍휼의 영원한 원천으로 나아가는 것처럼 항상 하나님께로 나아갈 수 있다. 하나님에게서 선하고 위대한 것을 받으려는 기대없이 하나님께 나아가는

---

12 Owen, *Works*, VII: 430f.

13 Charnock, *Works*, I: 319.

14 Ibid.

체하는 것은 하나님을 멸시하는 것이다." 목적없이, 경솔하고 무관심하게 기계적으로 교회에 다니는 습관은 이성 있는 것도 아니며 경건한 것도 아니다. 오웬은 날카로운 웅변술로 다음과 같이 질문한다.

> 인간들이 무엇 때문에 하나님의 말씀을 들으러 오는가?
> 그들이 무엇을 위해 기도하는가?
> 그들이 하나님에게서 무엇을 받을 것으로 기대하는가?
> 오늘 이 생명수의 영원한 샘물이신 하나님께로 나아오는가?
> 모든 은혜와 평화와 위로의 하나님께로 나아오는가?
> 그렇지 않으면 무미건조하고 공허한 과시로 아무 계획 없이 예배로 나아오는가?
> 또는 그들은 하나님께로 무엇인가를 가져오나 하나님에게서는 아무것도 받을 것이 없다고 생각하는가?…하나님에게서 아무 것도 받지 못한다고 예상하기 때문에 그들은 자신들이 그렇게 행하고 있는 것을 항상 검사하고 있지 않는가?…신령한 예배 의식에서 당연한 기쁨을 언제나 얻는 사람들은 그런 식으로 행하는 사람들이 아니다.[15]

이에 대한 오웬의 적용은 매우 엄중하다.

> 보다 나은 유의 신앙 고백자들 중 많은 이들이 이 문제에 있어서는 너무 태만하다. 그들은 새로워진 하나님의 사랑의 보증들

---

[15] Owen, *Works*, VII: 438f.

을 동경하고 갈망하지 않는다. 그들은 자신들에게 그것들이 얼마나 필요한지 깊이 생각하지 않는다 …그들은 그것들을 받기 위해 자신들의 마음을 준비하거나 그것들과 교통하려는 기대를 갖고 오거나 하지 않는다. 그들은 이 진리, 곧 이 거룩한 통치들과 의무들이 우리 영혼에 하나님의 사랑과 그 사랑에 대한 감각을 전하는 방법과 수단으로 하나님에 의해 첫 번째로 정해졌다는 사실에 그들의 믿음을 바르게 고착시키지 않는다. 여기에서부터 거룩한 예배 의무들에 대한 모든 미적지근함과 냉담함과 두관심이 솟아나와 우리 가운데에서 자라나는 것이다.[16]

확실히 이 말은 우리 시대를 위한 것이다.

3. 예배의 요소

청교도의 예배 요소들과 활동들의 목록에는 정규적으로 다음과 같은 내용들이 포함된다. 곧 찬양(특별히 시편들을 노래하는 것), 기도(고백의 기도, 경배의 기도, 중보의 기도), 설교, 성례(성찬식), 그리고 교리문답과 교회 훈육 활동이다. 이 모든 활동 가운데 청교도는 하나님께서 자신의 아들의 이름으로 함께 모인 자신의 백성을 만나기 위해 오신다는 사실을 주장했는데 무엇보다 설교에서 이 사실을 주장했다. 설교는 가장 엄숙하며 고귀한 활동이므로 인간의 목회 직무 중 가장 중요한 시금석이었다.

---

[16] Ibid, VII: 439.

"그들(청교도)은 목사의 가장 고귀하고 가장 중요한 직무와 권위는 하나님의 기록된 말씀을 해설하고 회중에게 엄숙하게 공적으로 복음을 설교하여 훈계와 견책으로 적용하는 것이다."[17] 교회에서의 설교는 절대적으로 성령의 사역이므로 은혜의 절대적 수단이다(리차드 후커에게는 죄송한 말이지만) 다소 차이는 있으나 청교도의 생각에 있어 단지 말씀을 읽기만 하는 것은 절대로 있을 수 없는 일이었다. 그러므로 토마스 구드윈은 다음과 같이 기록한다.

> 보통 변화시키는 것은 말씀의 문자가 아니라 계시되고 해석되는 말씀의 영적 의미이다…문자, 곧 껍질이 있고 진의, 곧 알맹이가 있다. 그러므로 우리가 말씀을 해석함으로 껍질을 열 때 알맹이가 드러나는 것이다. 진정한 말씀은 말씀의 의미이며, 진수는 말씀에 대한 감각이다…따라서 보다 특별한 방법의 설교가 하나님의 말씀을 드러낸다. 향유 상자가 일단 열렸을 때 그 향기를 퍼뜨리고, 약초의 즙도 짜서 발랐을 때 치료가 되는 것이다. 마찬가지로 말씀의 영적 의미도 심령에 들어갈 때 그 심령을 변화시켜 하나님께로 돌이키게 하는 것이다.[18]

따라서 회중에게 있어 설교를 듣는 것은 그들의 삶의 가장 중대한 사건이다. 청교도는 이 사실을 깨달으라고 예배자들에게 간청하였고 설교되는 말씀을 경외와 주의와 기대를 가지고 들으라고 간청하였다. 박스터는 『기독교 훈령집』(*Christian Directory*) 가운데 그의 "설교되는 말씀

17　William Bradshaw, *English Puritanisme* (1605) p 17.
18　Thomas Goodwin, *Works*, XI: 364.

을 유익하게 듣기 위한 지시들"에서 이 점을 다음과 같이 진술한다.

> 거의 관심 없는 문제를 듣는 것처럼 경솔한 심령으로 들으러 올 것이 아니라 그대가 듣고자 하는 거룩한 말씀의 이루 말할 수 없는 중요성과 필요성과 결과를 의식하고 오라. 그대가 얼마나 그 말씀에 관심을 갖고 있는지 깨달을 때 그 말씀은 모든 특별한 진리를 그대가 이해하는데 크게 도움을 줄 것이다…말씀을 들을 때 그 말씀을 열심으로 적용하는 것을 그대의 직무로 삼으라…억지로 이끌지 않으면 더 나아가지 않는 자들이 하는 것처럼 목사에게 모든 것을 의지하지 말라…그대는 설교자만큼 할 일이 있고 설교자만큼 언제나 바빠야 한다…그대는 입을 열어 그 말씀을 맛보아야 한다. 왜냐하면 다른 사람이 그대를 대신하여 맛을 보아 줄 수 없기 때문이다.. 그러므로 항상 부지런히 일하며 나태한 목사를 미워할 뿐만 아니라 듣는데 나태한 심령도 미워하라. 되새김질하여 다시 생각하고 집에 와서 은밀하게 다시 상기하고 묵상으로 다시 자신에게 설교하라. 만일 설교자가 냉담하게 말씀을 전했다면 그대는 자신의 심령에 보다 열렬하게 다시 설교하라…[19]

오늘날 우리는 목사들이 설교하는 법을 알지 못한다고 불평한다. 그러나 우리 회중도 듣는 법을 알지 못한다는 사실이 똑같이 진실이 아닐까? 두 번째 결함이 고쳐지지 않는 한 첫 번째 결함을 고치려는 교육은

---

[19] Richard Baxter, *Works*, I: 473, 475.

분명히 헛일일 것이다.

  그러나 설교를 듣는 것이 그 자체에 있어 목적이 아니며 열렬한 설교 감상과 설교자를 찾아 다니는 것이 그리스도인의 헌신의 절정이 아니다. 토마스 아담스(Thomas Adams)는 설교를 듣는 것이 문제의 전부라고 하는 과정에 단호하게 반대하며 설교는 기도와 찬양을 이끌어내야 한다는 사실을 우리에게 상기시킨다.

> 많은 사람들이 이 거룩한 곳으로 와서 듣고자 하는 열망에 가득 차기도 하고 하나님을 찬양하는 열심을 망각한다. 우리의 모든 설교는 여러분으로 하여금 기도하게 하려는 것일 뿐이다. 곧 여러분에게 하나님을 찬양하고 경배하도록 교육하는 것이다…나는 우리의 교회들이 청중이라고 불평하는 것이 아니라 청중이 아니라서 불평한다. 여러분이 설교를 들으러 오는 것을 불평하는 것이 아니라 (하나님을 위해 더 빨리 오라) 여러분이 공적 기도를 게을리하는 것을 불평한다. 여러분은 하나님 쪽에서만 여러분을 축복하고 여러분은 하나님을 축복하지 않아도 되는 것처럼 생각하는데…사랑하는 여러분이여, 오해하지 말라. 설교를 듣는 것이 그리스도인의 유일한 활동이 아니다. 또한 천국을 위한 다른 일을 하지 않았어도 안식일을 잘 보낸 것이 아니다…하나님의 예배가 설교를 듣는 것에 제한되어서는 안된다. 예배하는 더 넓은 범위를 갖고 있다. 기도, 찬양 등이 있어야 한다…[20]

---

20 Thomas Adams, *Works* (James Nichol: Edinburgh; 1861), I: 103.

이것도 역시 오늘날의 그리스도인들을 위한 말이다.

4. 예배의 영역

청교도들은 기독교 예배의 세 가지 영역이 있다고 말했다. 곧 지역 교회의 공적 예배와 가족 단위의 가정 예배와 골방에서의 개인 예배인 것이다. 이 세 가지 중에 공적 예배가 가장 중요하다. 데이비드 클락슨(David Clarkson)은 "여호와께서 야곱의 모든 거처보다 시온의 문들을 사랑하시는도다"(시 87:2)를 본문으로 "개인 예배보다 우선되어야 하는 공적 예배"라는 제목의 설교를 하며 이 점을 대표적으로 나타내었다.

그는 성경을 통해 "주님께서 공적 예배에 의해 더 많은 영광을 받으신다." "공적 예배에는 주님의 임재가 더 많다." "공적 예배에는 하나님의 가장 명확한 현현들이 나타난다." "공적 예배 의식들의 사용으로 얻어지는 더 많은 영적 유익이 있다." 그리고 "공적 예배는 더 많은 덕을 세운다"라고 주장했다.[21] 두드러지게, 그러나 특징적으로(왜냐하면 다른 많은 사람들도 같은 주장을 하였으므로), 그는 공적 예배가 "땅이 알고 있는 하늘을 가장 근사하게 닮았다"는 사실을 우리에게 상기시킨다. "왜냐하면 성경이 우리에게 묘사하는 정도의 하늘에 있어서…영광스러운 회중을 이루고 함께 공동으로 보좌에 앉으신 분을 찬송하고 어린양을 찬송하며 영원히 더 공적 예배를 계속하고 있다."[22]

이와 유사하게 스위녹은 주일날 맨 처음 교회에 와야 하며 다른 모든

---

21 David Clarkson, *Works*, III: 190ff.
22 Ibid, III: 194.

일은 이를 중심으로 이루어져야 한다고 주장한다.

> 공적 예배 의식들을 주일의 주된 직무로 생각하고 그대의 은밀하고 개인적인 의무들을 처리함으로 그대의 영혼이 그 의무들을 준비하고 유익을 얻도록 하라.[23]

그러나 청교도들에게 있어 가정 예배도 극히 중요했다. 모든 가정은 가족의 가장을 목사로 하는 교회가 되어야 한다. 매일, 그리고 사실상 매일 두 번씩 청교도들은 읽혀지는 말씀을 가족이 들어야 한다고 권했다. 매주일마다 가정은 공적 예배 의식에서 가족들의 유익을 함께 얻고자 했다. 매일매일 가족들은 하나님의 방법으로 서로를 격려하려고 노력해야 했다. 부모는 자녀들에게 성경을 가르쳐야 했다. 가정의 모든 구성원들은 기도하기 위한 시간과 장소를 예비해야 했다. 이렇게 비공식적으로 그러나 성실하게 가정의 하나님께 대한 예배는 계속 이어져야 했다.

5. 예배의 준비

비록 이 개관은 불충분하지만 (예를 들어 우리는 성례에 대해 아무말도 하지 않았다) 적어도 예배자를 위한 청교도 이상들의 주로 윤곽을 스케치했다. 그 이상들이란 경건, 믿음, 담대함, 열의, 기대, 기쁨, 전심, 전념,

---

23 Swinnock, *Works*, I: 234.

겸손, 그리고 무엇보다 하나님을 아들의 중보를 통해 사랑하시는 아버지로 만나고 살고자 하는 열정이다. 이 이상은 그들 모두에게 있어 기도서 예배 의식을 따른 십스(Sibbes)와 어셔 대감독(Archbishop Usher) 같은 사람들이나 모든 예배 의식이 불법적이라고 생각한 오웬 같은 사람들이나 자유로운 기도와 규격적인 기도를 즐겨 번갈아 사용했고 집에서도 즐겨 두 가지 기도를 사용했던 박스터 같은 사람들이나 모두 공통적이었다. 이와 같이 청교도들은 예배자의 정신과 목표가 무엇이어야 하는가에 대한 개념에 있어서 일치하였다. 그러므로 아마도 우리는 이 점에 있어 그들의 일치가 그들의 차이보다 더 의미있으며 오늘날 우리에게 가장 많은 도움을 줄 수 있는 그들의 가르침이 그들의 이 일치되는 범위 내에 있다는 판단을 감히 내려도 괜찮을 것이다.

그러나 아직 한 가지 문제가 남아 있다. 곧 우리는 우리의 현실에서부터 청교도들이 우리가 예배에서 마땅히 행할 바를 보여주는 데까지 이르기 위해 어떻게 시작할 것인가? 어떻게 우리는—수치스럽게도—교회의 예배에서 종종 우리가 그러한 바와 같이 냉담하고 형식적인 자리에서 청교도의 이상에 보다 가깝게 나아갈 수 있을까? 청교도들은 우리에게 다른 질문을 함으로 우리 질문에 대답했을 것이다. 우리는 어떻게 예배를 준비하는가? 우리는 하나님을 찾도록 분발하기 위해 무엇을 하는가?

아마도 여기에 우리의 중요한 약점이 있을 것이다. 청교도들은 예배를 위한 특별한 준비를—단지 성찬식 뿐만 아니라 모든 예배 순서들을 위한 준비까지도—그리스도인의 기도와 하나님과의 교제를 위한 내적 훈련의 일상적인 부분으로 되풀이하여 가르쳤다. 웨스트민스터 예배규칙서는 다음과 같이 말한다.

"회중이 공적 예배를 드리기 위해 모일 때 그 사람들은 먼저
이에 맞는 마음의 준비를 한 후에 와야 한다."

그러나 우리는 마음을 준비하는 일을 소홀히 한다. 청교도들이 맨 처음에 우리에게 말해 주고자 하였던 것처럼 예배당에 자리를 잡고 드리는 30분의 개인 기도는 마음의 준비를 하기에 충분한 시간이 못된다. 오늘날에 있어 우리의 예배를 심오하게 하기 위해 우리에게 필요한 것은 새로운 예배 의식 형태나 공식도 아니며 새로운 찬송가 가사나 곡조도 아니라 과거의 예배 의식과 찬송을 사용하기에 앞서 보다 많이 마음을 준비시키는 일을 하는 것이다.

새로운 찬송가 가사와 곡조와 예배 형식들에 아무런 잘못된 것이 없다 – 그들을 사용함에 있어 매우 선한 이유들이 있을 수도 있다 – 그러나 '마음의 준비'가 없다면 그것들은 우리의 예배에 더 많은 결심을 주지 못하며 하나님께 더 많은 영광을 드리게 하지 못할 것이다. 그것들은 단지 루이스(C.S. Lewis)가 "예배 의식 불안증"(the liturgical fidgets)이라고 칭한 증후군을 강화시킬 뿐일 것이다. '마음의 준비'는 반드시 우선되어야 한다. 그렇지 않으면 영적으로 우리의 예배는 아무것도 이루지 못할 것이다.

그러므로 나는 조지 스위녹의 주일 예배를 위한 준비에 대한 훈계로 끝을 내고자 한다. 내가 생각할때 이 훈계는 상당히 기이하게 보임에도 불구하고 오늘날의 많은 사람을 위해 적절한 말인 것 같다.

그리스도인이여, 그대의 하나님을 만날 준비를 하라! 토요일
밤에 그대의 침실로 가서 하나님의 명령에 신실치 못함을 고

백하고 애통하라. 그대의 죄를 부끄러워하며 자신을 책망하라. 신앙적인 실행들을 하기 위해 그대의 마음을 준비시키고 도와달라고 하나님께 간구하라. 그대가 마땅히 행해야 하는 신성한 의무들과 관련되신 하나님의 무한하신 위엄과 거룩하심과 열심과 선하심을 묵상하며 상당한 시간을 보내라. 하나님의 거룩한 의식들의 중요성을 숙고하고…그대가 향유해야 하는 안식일의 시간이 짧음에 대해 묵상하라. 그리고 불이 붙을 때까지 계속 명상하라. 그러한 심사 숙고에 의해 그대가 얻을 수 있는 유익을 그대는 상상할 수 없다. 그러한 준비 후에 주일은 그대에게 매우 기쁘고 유익할 것이다. 이렇게 밤새워 구워진 그대 심령의 솥은 다음날 아침에 쉽게 뜨거워질 것이다. 그대가 자러 갈 때 그렇게 잘 보살펴 놓은 불은 그대가 잠을 깼을 때 곧 불붙을 것이다. 만일 토요일 밤에 그대의 마음을 하나님께 맡긴다면 주일 아침에 그 마음이 하나님과 함께 있음을 발견할 것이다.[24]

---

24 Ibid, I: 229f.

16장
청교도의 결혼과 가족에 대한 사상

전형적인 영국 청교도가 고독한 금욕주의자라는 일반적인 관념은 매우 그릇된 것이다. '금욕주의자'(ascetics)라는 말은 육체적인 쾌락과 몸 자체를 멸시한 마니교의 정신을 나타내는 것으로 이 말은 분명히 청교도보다 두 세대 전의 사람들에게 종종 사용한 것이다. 다음의 시가 매우 진지하게 기록 되었다는 것은 의심의 여지가 없다.

> 청교도는 삶의 아름다운 정원을
> 지나가며 가시풀을 뽑고 장미를 뜯어 버린다네
> 청교도는 이 특별한 변덕으로
> 이 정원을 만들어 그에게 주신
> 하나님을 기쁘시게 하고 싶어 한다네.[1]

그러나 이 묘사는 완전히 잘못된 것이다. 청교도는 그들 이전의 칼빈

---

[1] Kenneth Hare, 'The Puritan'; cited from Gordon S. Wakefield, *Puritan Devotion* (Epworth Press: London; 1957), p 1.

과 마찬가지로 물질적 창조물의 장점과 기쁨에 감사하는 의무를 인정하였고 단지 이 선물들을 무절제하고 난잡하게 즐김으로 인해 이 선물들을 주신 분에게서 마음을 뺏기는 것을 금했을 뿐이다. 더욱이 청교도는 고독한 사람들이 아니었다. 그들은 친구들을 소중히 여겼고 우정을 장려하였으며 애정 깊은 시선들을 서로 보내었으며 어떤 사람이 신자의 집단에 가입할 수 있게 되었을 때 절대로 고립되는 것을 용납하지 않았다. 마지막으로 그들의 결혼과 가족에 대한 이상은 청교도를 고독한 금욕주의자로 상상하는 것이 근거없음을 가장 확실히 입증해 준다.

그들이 이 이상을 발명한 것은 아니었다. 이 이상은 최초의 개혁자들에게 있었다. 그러나 이 이상을 가르치고 시행함에 있어 청교도는 이 이상에 힘과 내용과 견고함을 주었다. 그들은 하나님의 은혜 아래 영국 기독교 주일의 창설자였으며 또한 영국 기독교 가족의 창설자였다. 세상에서의 삶에 포함된 모든 활동과 관계를 성화하려는 그들의 고상한 목적은 가정 생활에 대한 그들의 가르침에서 매우 완전하게 표현된다. 그들 모두가 서로에 대해 정한 규범에 따라 살았다고 할 수는 없으나 그들 중 많은 사람이 그렇게 살았다는 것은 의심의 여지가 없다.

(이 증거는 장례식 설교들, 청교도들이 서로에 대해 기록한 많은 짧은 전기, 그리고 리차드 박스터의 일찍 사망한 부인 마가렛 박스터 여사의 생애에 대한 간단한 기술과 같은 책들과 일기에 나타난다).

이 장에서 우리의 관심을 집중하게 될 것이 바로 이 규범이다. 그리스도인들 중에서까지도 결혼이 쉽게 깨어지고 불안정하며, 연속적인 이혼으로 인한 연속적인 결혼이 연예계의 톱스타들에 의해 각광을 받으며 귀감이 되고 있으며, 성인들 사이에서는 자유 성관계가 전혀 놀라운 것이 되지 않고 있고, 십대의 성문란이 보편적이고 필연적인 사실로 가볍게 간주되고 있으며, 대부분의 가정의 어린이들이 하나님과 하나님의 율법에 대해 무지한 이교적 환경 가운데 자라고 있는 시대에 결혼과 가족에 대한 청교도 사상을 추적해 봄으로 많은 것을 배우게 될 것이다.

1. 결혼관

개혁자들과 마찬가지로 청교도는 결혼을 미화했다. 여기에는 신부와 수녀들에 의해 행해지는 독신이 결혼과 출산과 가정 생활보다 더 좋고 더 고결하고 더 그리스도와 닮았고 더 하나님을 기쁘시게 하는 것이라는 중세 사상에 대한 의도적인 부정이 있었다.

토마스 아퀴나스는 이 독신 사상을 뒷받침하여 여성에 대한 교육을 실시했다. 그는 여자가 탄생하는 것은 남성의 태아가 잘못된 결과라고 말하는 데까지 나아갔다. 그는 남자의 아내는 그에게 자녀를 낳아주고 색욕을(정욕에 헤매이고, 난잡한 성행위를 하게 되는 것을) 피하게 해줄 수 있으므로 남편의 편리한 도구이며 다른 모든 점들에 있어서도 남자의 동료와 협력자는 아내나 어떤 여인이 아니라 남자라고 주장했다.

더욱이 아퀴나스는 여자들은 육체적으로 뿐 아니라 정신적으로도 남자보다 열등하고 보다 죄에 빠지기 쉽고 항상 본성에 의해 어떤 남자에게 종속된다고 단언했다. 남편들은 필요하면 아내를 육체적 형벌로 징계할 수 있고 자녀들은 어머니보다 아버지를 더 사랑해야 한다.[2] 이 위대한 신학자가 제2의 성에 대한 신학들을 매우 음침하게 해석하고 있다는 것은 자명하다.

토마스의 부정즈의가 전적으로 그의 책임이 아닌 것은 확실하다. 아리스토텔레스(그의 사상을 토마스는 기독교에 적용하고자 했다)만이 여성에 대해 매우 저열한 견해를 가졌던 것이 아니라 많은 정통적인 교부들도(토마스의 조직적 방법은 그들의 가르침을 따른 것이다) 여성에 대해 똑같이 부정적이고 멸시적이었으며 결혼의 성관계에 대해서는 훨씬 더 부정적이고 멸시적이었다.

크리소스톰은 타락 이전에 아담과 하와가 성관계를 가졌다는 것을 부정하였고, 어거스틴은 출산이 적법하다고 인정했으나 성교에 수반되는 정욕은 언제나 죄악된 것이라고 주장했으며, 오리겐은 만일 죄가 세상에 들어 오지 않았다면 인류는 성적 결합에 의해서가 아니라 그것이 어떤 것인지는 확실하지는 않지만 천사적인 방법으로 번식했을 것이라는 설을 마음에 들어 했다. 그리고 닛사의 그레고리(Gregory of Nyssa)는 아담과 하와가 성욕이 없게 창조되었고 타락이 없었다면 인류는 리런드 라이켄(Leland Ryken)이 근엄하게 '식물이 증식하는 어떤 무해한 방식'[3]이라고 칭한 수단으로 번식하였을 것이라고 확신하였다.

교부들의 배경은 수세기 동안 조직적으로 결혼과 성적 관계를 타락시켜온 그리스 로마 문화였다. 따라서 아마도 그들은 역시 그러한 견해

---

[2] The evidence for Thomas' views is collected and summarised by C. H. and K. George, *The Protestant Mind of the English Reformation* 1570-1640 (Princeton University Press: Princeton; 1961), pp 261-264, 280-283.

[3] Leland Ryken, *Worldly Saints: the Puritans as they really were* (Zondervan: Grand Rapids; 1986), p 41.

에 대해 너무 심한 비난을 받지 않아야 할 것 같다. 그러나 그렇게 심하게 뒤틀린 기록은 굳이 바로 잡아야 할 필요가 있었던 것은 분명하다. 이 일을 개혁자들이 했고 이어 청교도들이 한 것이다.

1) 결혼은 하나님이 인류에게 주신 선물

결혼은 창조의 법령이며 인류에게 주신 하나님의 선한 선물이며, 최초의 청교도 성경 번역자인 마일스 커버데일(Miles Coverdale)이 하인리히 벌링거(Heinrich Bullinger)로 하여금 벌링거의 『기독교 결혼 의식』(*The Christian State of matrimony*, 1541)의 번역에서 말하게 한 바와 같이 "낙원에서…제정된 것으로 축하하는" 것이었다.[4] 청교도는 결혼이 차선(次善)이 아니라 하나님께서 계획하신 바와 같이 인간의 이상적인 삶에 속한 것이라고 말했다.

2) 결혼을 성경적으로 진술함

성경적인 술어로 결혼을 정의하고 묘사하는 것이었다. 벌링거의 진술은 크랜머(Cranmer)의 『공동기도서』(1549, 1552)에서, 그리고 훗날 청교도 교육자들에서 원형이 되었던 것으로 보인다. 그 진술은 다음과 같다.

> 결혼은 한 남자와 한 여자가 함께 멍에를 지는 것으로 하나님
> 께서 자신의 말씀에 따라 그들의 동의로 맺어주신 것이다. 그

---

4 Bullinger, op cit, fol. 1.

들은 그때로부터 함께 거하며 하나님께서 보내신 의도에 따라 모든 일에 중등한 하나님을 경외함 가운데 자녀를 낳고 간음을 피하고(하나님의 선하신 기쁨에 따라) 서로 돕고 위로하는 것이다.[5]

현대의 결혼관은 창세기 2:18("사람이 독처하는 것이 좋지 못하니")과 같이 동반 관계를 기본적 가치로 강조한다. 따라서 많은 청교도들이 결혼에 있어서 이 면을 행의 첫 번째에 둔 것을 볼 때 놀라지 않을 수 없다. 마음 자세가 초기 청교도의 마음 자세와 매우 흡사했던 토마스 베콘(Thomas Becon)은 이미 이 일을 『결혼에 관한 책』(The Boke of Matrimonye)에서 했다. 그는 벌링거(Bullinger)가 자녀, 순결, 동반자의 위로라는 순서로 목록한 『기도서』에서 하나님께서 결혼을 만드신 세 가지 이유 중의 첫 번째로 '고독의 회피'를 기록한 것을 상술했다.

이어서 웨스트민스터 신앙고백은 이 개정된 순서를 인정하고 XXIV:ii에서 "결혼은 남편과 아내의 상호 도움을 위해, 적법한 자녀로 인류를 증가시키고, 거룩한 씨로 교회를 증가시키기 위해, 그리고 부정을 방지하기 위해 제정되었다"라고 선언했다. 청교도 교육자들은 결혼에서 함께 하는 최고의 축복을 선포하기 위해 방해를 제거해야 한다는 것을 깨달았다. 그리하여 이에 대한 흥미있고 인용할 만한 선언이 많이 있다. 여기 몇 가지 실례를 들어본다.

아내는 남자를 위해 임명되었는데 이는 마치 모든 괴로움에서

---

5   op cit, fol. 3.

도피하는 도피성인 작은 소알과 같은 것이다. 따라서 양심의 평화 외에는 아내와 비교할 수 있는 평화가 없는 것이다.[6] 여인들은 편안한 삶이 없는 피조물이다…따라서 그들은 남자들을 멸시하고, 헐뜯고, 필요한 악이라고 칭하는 일종의 욕설자들이다. 왜냐하면 그들이 필요한 선이기 때문이다.[7] 남자와 아내의 사회보다 더 가깝고, 더 완전하고, 더 필요하고, 더 다정하고, 더 즐겁고, 더 편안하고, 더 불변하고, 더 지속적인 사회는 없다. 이 사회는 모든 다른 사회들의 근원이며 원천이며 원형이다.[8]

선한 아내는…남편의 가장 좋은 동료이며, 일의 가장 적당하고 가장 편리한 보조자이며, 십자가와 슬픔의 가장 큰 위로이며 그녀를 소유한 사람에게 가장 큰 은총이며 명예이다.[9] 이 땅에 결혼만한 위로의 근원은 없다.[10] 당신은 완전하게 사랑하는 신실한 친구를 소유하는 것은 은총이다…그녀에게 당신은 마음을 열고 당신의 일들을 전달할 수 있다…그리고 당신의 영혼에 조력자가 되고…당신 안에 하나님의 은혜를 분발시키는 그토록 가까운 친구를 소유하는 것은 은총이다.[11] 첫 번째 결혼의 제정자이신 하나님께서는 남편에게 아내를 주셨는데 그의 종이 되게 하신 것이 아니라 그의 조력자이며 상담자이며 위

---

6 John Dod and Robert Cleaver, *A Godly Forme of Householde Government* (1598), p 125.
7 John Cotton, *A Meet Help* (1694), p 15.
8 Thomas Gataker, *A Wife Indeed*; cited from Ryken, op cit, p 42.
9 Thomas Gataker, *A Good Wife God's Gift* (1637), p 166.
10 Thomas Adams; cited from C. H. and K. George, op cit, p 268.
11 Richard Baxter, *A Christian Directory*; cited from Ryken, op cit, p 43.

로자가 되게 하신 것이다.[12]

3) 남편과 아내의 사랑의 의무

결혼 상대자들 앞에 상호 간의 진심어린 사랑을 제시하는 것이다. 매튜 헨리는 창세기 2:22을 주석하며 다음과 같이 말했다. "여자는 아담의 옆구리의 갈빗대 하나로 만들어졌다. 그보다 높아지기 위해 그의 머리로 만들어진 것이 아니요, 그에게 밟히기 위해 그의 발로 만들어진 것도 아니라 그와 동등하고 그의 팔 아래에서 보호받고 그의 심장 가까이에서 사랑받기 위해 그의 옆구리로 만들어진 것이다." 그러므로 남편은 끊임없이, 양심적으로, 그리고 자발적으로 아내에 대한 사랑을 실행해야 하며(청교도에게 있어 이 사랑은 낭만적인 결혼의 성적 아가페를 의미했다)[13] 아내도 같은 방법으로 남편을 사랑해야 했다. 리차드 박스터는 이를 질문과 대답으로 아름답게 엮는다.

> 나는 당신께서 나에게 나의 아내에 대한 나의 의무와 아내의 나에 대한 의무를 말씀해 주시기를 기도합니다.

남편과 아내의 공동의 의무는 다음과 같다.

---

12 John Downame, *The Plea of the Poore* (1616), p 119.
13 "청교도들에 의한 낭만적 결혼과 그 효력은…기독교 전통 내의 대혁신을 나타낸다" (Herbert W. Richardson, *Nun, Witch, Playmate: the Americanization of Sex*, Harper and Row: New York 1971, p. 69). "궁정 풍의 연애에서 낭만적인 일부일처제의 연애로의 변화는 주로 청교도 시인들의 역사였다"(C. S. Lewis, "Donne and Love Poetry in the Seventeenth Century", *in Seventeenth Century Studies Presented to Sir Herbert Grierson* (Oxford University Press: Oxford; 1938, p 75).

① 완전히 서로 사랑하라. 그러므로 진실로 사랑스러운 상대를 택하라…그리고 너의 사랑을 소멸할 경향이 있는 모든 일들을 피하라.
② 함께 거하며 서로 즐기라. 그리고 자녀의 교육과 가정을 다스림과 세상의 일의 경영에 조력자로 신실하게 협력하라.
③ 특별히 서로의 구원에 조력자가 되라. 서로 믿음과 사랑과 순종과 선행을 분발시키라. 죄와 모든 유혹들에 대해 서로 경고하며 도우라. 가정 예배와 개인 예배에 협력하라. 죽음의 접근에 있어 서로 준비하고 영생의 소망 가운데 서로 위로하라.
④ 모든 분쟁을 피하고 너희가 고칠 수 없는 서로의 약점들을 참으라. 다루기 힘든 정욕을 일으키지 말고 진정시키라. 그리고 적법한 일들에서 서로를 즐겁게 하라.
⑤ 부부의 순결과 정절을 지키고 질투를 일으킬 수 있는 상대에 대한 모든 부적당하고 무례한 몸가짐(행동)을 그리고 부당한 모든 질투를 피하라.
⑥ 서로 자신의 짐을 지는 것을 도우라(성급함으로 그 짐을 더 무겁게 하지 말라). 궁핍과 시련과 질병과 위험에서 서로 위로하고 부축하라. 그리고 모든 다른 외부의 위로들이 쓸모없이 될 때 거룩한 사랑과 천국의 소망과 의무 가운데 즐거운 동반자가 되라.[14]

이제 에드먼드 몰간(Edmund Morgan)의 말에서 "청교도는 억지로 점잔을 빼는 자나 금욕주의자가 아니었다. 그들은 웃는 법을 알고 있었고 사랑하는 법을 알고 있었다"[15]라는 사실이 명백해진다. 그들의 부부 애

---

14 Richard Baxter, *Works*, IV: 234 (*The Poor Man's Family Book*, 1674).
15 Edmund S. Morgan, *The Puritan Family* (Harper and Row: New York; 1966), p 64. See

정에 대한 긍정적 현실주의는 그들이 결혼 관계의 이해를 위해 성경을 찾았다는 사실에서 유래된 것이다. 그들은 결혼의 제정을 알기 위해 창세기를 찾았고, 결혼의 완전한 의미를 알기 위해 에베소서를 찾았고, 결혼의 위생학을 알기 위해 레위기를 찾았고, 결혼의 관리를 위해 잠언을 찾았고, 결혼의 윤리를 알기 위해 몇몇 신약성경의 책들을 찾았고, 이상의 예화들과 제시를 위해 에스더, 룻기, 아가서를 찾았다.

밀턴은 그들의 성경 탐구의 결실을 엄숙하게 제시하는데 첫 번째로는 성의 차이를 제시하고, 그 다음에는 결혼의 사랑의 찬양적 기원을 제시하고, 마지막으로는 그러한 사랑이 가져올 수 있는 영적 유익을 선포한다. 여기 첫째로 차이가 있다.

> 성이 같지 않은 것처럼 동등치 않고
> 남자는 사색과 용기를 위하여
> 여자는 온화와 매력있는 고운 우아를 위하여
> 그는 하나님만을 위하여,
> 그녀는 그를 통한 하나님을 위하여 만들어진 것.

다음은 기원이다.

> 축하한다, 부부애여, 신비한 법칙이여,
> 인간 번영의 참된 근원이여,
> 기타 만물에 공통된 것 중에서

---

further Ryken, op cit, chap 3, 'Marriage and Sex', pp 39-54.

낙원 유일의 특유한 일이여.
그것 때문에 음욕은 인간에게서 쫓겨나
금수들 사이에서나 방황하게 되었고,
이성에 뿌리박은 충성되고 바르고
깨끗한 그것 때문에 정다운 부부관계와 아버지,
아들, 형제의 모든 애정을 비로소 알게 되었다.
그것이 죄니 치욕이니 부르고
지성의 장소에 맞지 않는다고 나는 생각하는 일이 아예 없다.
그것은 가정적 즐거움의 무궁한 샘,
그 침상은 더럽혀지지 않고 깨끗하다.

마지막으로 성숙이다.

사랑은 사념을 정화하고
마음을 넓게하고 그 바탕이 이성에 있으니
지혜로와 이 층계로 그대는
하늘의 사랑까지 오를 수 있느니라.[16]

청교도는 결합한 사랑이 매우 완전하다는 것을 이해하고 있었다. 그 사실은 데드햄의 존 로저스(John Rogers of Dedham)의 아들인 다니엘 로저스(Daniel Rogers)가 묘사한 것과 같은 구절들을 볼 때 명백하다. 이 묘사를 오늘날에는 사랑에 빠진 것이라고 칭할 것이다.

---

16 John Milton, *Paradise Lost*, IV: 296–299, 750–761; VIII: 589–592. 'Scale' means 'ladder'

> 결혼의 사랑은 종종 아무런 알 수 있는 원인 없이 한 편의 마음을 다른 편에게 고정시키는 하나님의 신비한 역사이다. 그러므로 이 강한 천연 자석이 서로를 끌어당길 때 더 이상의 질문을 할 필요가 없이 단지 그 남자와 여자의 결혼이 천국에서 이루어졌고 하나님께서 그들을 함께 하도록 하신 것일 뿐이다.[17]

로저스는 이 마음을 고정시키는 일이 항상 일어나는 것이 아니라고 인정한다. 그러나 그는 모든 청교도들이 행하고 있는 바와 같이 남편과 아내 서로에 대한 확고한 애정은 모든 경우에 있어 하나님의 명령 사항이라는 것을 강조한다. 그러므로 배우자를 선택할 때 확인해야 하는 것은 지금 당장 상대를 분명히 사랑하는가 하는 것이 아니고(그런 사람은 비록 발견된다 하더라도 생의 동반자로 적절한 후보자가 아닐 수 있다) 그를 불변의 기초에 근거하여 확고한 애정으로 사랑할 수 있는가 하는 것이라고 청교도들은 답한다. 육체적인 관계를 포함하여 모든 종류의 사랑의 행동들은 이 애정을 무르익게 하고 깊게 할 것이며 다뜻한 부부간의 사랑에 이르게 할 것이다.

뉴 잉글랜드로 간 케임브리지의 청교도 토마스 후커는 자기 성도들을 위해 하나님의 언약의 사랑을 예증하고자 하여 자신의 설교에 이 따뜻한 부부간의 사랑을 묘사했다. 그는 주님께로부터 오는 사랑의 증거로서 복음의 성례들을 제시하기 위해 다음과 같이 아내를 묘사했다.

---

17 Daniel Rogers, *Matrimoniall Honour* (1642), p 148. L. L. Schücking, *The Puritan Family* (Schocken Books: New York; 1970), p 25는 Rogers를 "결혼의 문제들을 항상 다루어 온 가장 관대한 마음의 작가들 중의 한 사람이며 매우 예외적인 섬세한 감정을 부여받은 인물"로 묘사한다.

아내가 먼 지방에 있는 남편의 편지들을 읽을 때, 그녀는 남편이 사랑하고 있다는 많은 달콤한 암시들을 발견한다. 그녀는 이 편지들을 매일 자주 읽을 것이다. 그녀는 그 편지들 속에서 멀리 떨어진 남편과 이야기를 나누고 남편을 볼 것이다. (그녀는 이렇게 말할 것이다) "그가 편지의 이 구절을 쓸 때 이렇게 생각했을 거야." 그러면서 그녀는 남편이 자신에게 계속 말하는 것처럼 생각한다. 그녀는 남편이 지금 있지 않지만 필적 가운데 잠시라도 함께 있고 싶고, 이야기하고 싶기 때문에 그 편지들만을 읽을 것이다. 마찬가지로 이 성찬식은 곧 주님의 사랑의 편지들인 것이다.[18]

후커는 이 설교에서 하나님의 소유인 사람들에 대한 하나님의 끊임없는 사랑과 돌보심을 강조하기 위해 다음과 같이 남편을 묘사한다.

그 마음이 사랑하는 여인에게 가있는 남자는 밤에는 그녀의 꿈을 꾸고, 잠이 깼을 때는 그의 눈과 생각에 그녀가 있고, 식탁에 앉을 때에도 그녀를 명상하고, 여행할 때에도 그녀와 동행하고, 그가 어느 곳에 가든지 그녀와 이야기 한다.[19]

남편이 자신의 배우자를 깊은 애정을 가지고 모든 생명있는 피조물들보다 사랑할 때 그 사실은 다음과 같은 존경의 표현들로 나타난다. 곧 그가 소유한 모든 것은 그녀가 마음대로 할

---

18 Thomas Hooker, *The Soules Humiliation* (1638), p 73f.
19 Thomas Hooker, *The Application of Redemption* (1659), p 137.

> 수 있고, 그가 할 수 있는 모든 것은 완전히 그녀의 만족과 위로를 위해 사용된다. 그녀는 그의 가슴에 있고 그의 마음은 그녀에게 맡겨 있어 그는 자신의 애정의 물결이 강한 해류와 같이 격렬하게 넘쳐 흐른다고 고백하지 않을 수 없게 된다.[20]

청교도들은 주님에 대한 사랑이 먼저가 되야 하고 인간의 사랑은 주님의 사랑을 양육하고 빗나가게 하지 않을 동안에만 구현되는 것이라고 주장하였지만 분명히 그들은 부부간의 사랑이 열렬하고 강해야 한다고 기대했고 또한 그렇게 가르쳤다. 그들은 비록 자제는 하였으나 억제는 하지 않는 사람들이었다. 그들은 하나님께 대한 사랑을 풍성하게 표현할 수 있었던 것처럼 자기 배우자에게도 풍성한 사랑을 표현해야 한다고 믿었다. 윌리암 구쥐(William Gouge)는 다음과 같은 책망을 한다.

> 뜨거운 애정이나 애정의 마음이 없는 남편들의 성벽은…절대로 말씀에 의해 정당화될 수 없다. 하나님의 신실한 성도들은 전혀 애정이 없는 스토아 철학자가 아니며, 또한 그들은 아내가 즐거워하는 독특한 방식에 대해 자신들과 어울리지 않는 일이라고 생각하지 않는다(이삭이 아내와 즐겼던 것을 보라). 왜냐하면 아내를 즐거워하는 것은 결혼 상황에 관련된 특권이기 때문이다.[21]

청교도 설교자들은 잠언 5:18-19의 말씀을 부단히 사용하였다. "내

---

20 Thomas Hooker, *A Comment upon Christ's Last Prayer* (1656), p 137.
21 William Gouge, *Of Domestical Duties* (1634), p 366

가 젊어서 취한 아내를 즐거워하라. 그는 사랑스러운 암사슴 같고 아름다운 암노루 같으니 너는 그 품을 항상 족하게 여기며 그 사랑을 항상 연모하라." 오늘날 흔히 부부간의 사랑을 성욕의 한 형태로 동등시하고 있는데 청교도들은 분명히 그렇게 생각하지 않았다. 자신의 시 전체에서 청교도 인간성의 대변자를 의식하고 있는 밀턴(Milton)은 라파엘 천사를 통해 이 사실을 매우 주의깊게 진술한다. 라파엘 천사는 새롭게 창조된 아담이 하와를 사랑하는 불가항력적인 첫 번째의 경험을 자세히 알고자 할 때 그에게 다음과 같이 충고한다.

> 그러나 만일 인류 번식의 근원인 접촉감이 다른 어떤 것보다 훨씬 탁월한 기쁨으로 생각된다면, 그것이 가축에도 짐승에도 허용되었음을 생각하라. 그 향락 중 인간의 영혼을 빼앗고 정욕을 동케 할 만한 것이 있다면 그들에게 한결같이 부여되지 않았으리라. 그녀와의 교제에서 그대가 찾는 더 고상한 것, 매력있고, 인간적이고, 이치에 맞는 것을 항상 사랑하라. 사랑하는 것은 좋지만 정욕은 안된다. 참된 사랑은 거기 있지 아니하다.[22]

부부간의 성관계가 전부이거나 중심인 것은 아니지만 부부간의 사랑에 있어서 필요 불가결하고 중요한 표현이다. 그것이 없다면 부부간의 사랑은 불완전한 것이 될 것이다. 따라서 설교자들은 이 점에 있어 부부 어느 편도 자제할 필요가 없음을 강조해야 한다.

---

22 John Milton, *Paradise Lost*, VIII: 579–589.

2. 남자와 여자의 평등성

지금까지 설명된 청교도의 견해들이 전부 그러한 것은 아니지만 주로 남성의 입장에서 생각한 것이라는 사실을 독자는 깨달았을 것이다. 그 이유는 부분적으로 문화에 있었다. 16-17세기의 여성들은 가사를 돌보는 역할을 맡고 있었고, 대부분의 경우 최소한의 쓰고 계산할 수 있는 정도 이상의 교육을 받지 못했다. 또한 그 이유는 부분적으로 역사에도 있었다. 아퀴나스와 중세 신학이 대체적으로 가르친 여성에 대한 낮은 평가와 모든 '종교가들'(사제, 수도승, 수녀)을 위한 독신주의 체제에서 암시된 결혼에 대한 낮은 평가는 삶의 일부분을 훼손시켰다. 슬프게도 종교개혁 이후에도 얼마 동안 여성의 판단이 남성의 판단에 비해서 중요하지 않다는 견해가 이상스럽게 여겨지지 않았다.

그러나 청교도의 관점에 있어서 남성 주도의 결혼 윤리와 영성을 사고하고 판단한 주요 동기는 그들이 실제로 성경에서 남성 주도를 명령하고 있다고 믿었던 것이다. 이것이 2세기부터 20세기까지 거의 모든 사람이 믿고 있었던 주석적 결론이었다. 밀턴의 "남성은 하나님만을 위한 존재이고 여성은 남성 안에서 하나님을 위한 존재이다"라는 말에 암시된 남성 주도의 정당성을 확인하는 네 가지 논증이 있었다.

첫 번째 논증은 창조 기사에서 취한 것이다. 곧 남성이 먼저 만들어진 다음 여성이 만들어졌고 여성은 남성을 위한 적절한 조력자로 남성에게 유익을 주기 위해 창조되었다는 것이다.

두 번째 논증은 타락 기사에서 취한 것이다. 곧 여성이 먼저 범죄하였고 그렇기 때문에 하나님께서 남편이 아내를 지배해야 한다고 심판으로 정하셨다는 것이다.

세 번째 논증은 그리스도께서 교회가 순종해야 할 머리이심 같이 남자는 아내가 순종해야 할 머리라고 한 바울의 말에서 취한 것이다(고전 11:3; 엡 5:23).

네 번째 논증은 "본성이 너희에게 가르치지 아니하느냐"(고전 11:14)는 말에 근거된 것이다. 사실상 이 말은 성경 자체에 대한 호소라기보다는 당시의 문화적 여론에 잠재하고 있었던 종교적 원리에 대한 호소였다.

그러나 청교도들은 아내의 기능상의 종속의 전제 요건으로 남성과 여성이 하나님 앞에서 동등하다고 분명하게 믿고 있었다. 이 결론은 또한 성경적으로 기초된 것이었다. 로버트 볼턴(Robert Bolton)은 이에 대해 강력하게 주장한다.

> 암브로스가 말한 바와 같이 영혼에게는 성(性)이 없다. 이 더 훌륭한 부분에 있어 그들(남편과 아내)은 모두 남성이다. 그러므로 만일 아내들의 영혼이 그 성의 연약함에서 자유하게 된다면 남성답고, 숭고하고, 지각있고 모든 면에 뛰어나고 자존하게 될 것이다…그러므로 남편은 아내의 가치를 경시하지…않도록 하여…아내의 영혼이 자신의 영혼처럼 자연스럽게 모든 선함을 나타내도록 하라. 아내의 영혼의 타고난 뛰어난 활동들이 연약한 육체에 의해 약해지고 무력해지는데, 하나님께서 그러한 약한 육체를 입히신 것은 지혜로운 섭리에 의한 것이니 곧 하나님의 선을 위해 더 편리하고 편안한…도움이 되기 위함이다. 내가 명하노니 남편은 아내를 모든 자비와 존경으로 즐겁게 하고 대접하기 위해 더욱 힘쓰고 아내의 수고를

자신의 수고와 같이 보답하라.[23]

십스(Sibbes)는 다음과 같이 말한다.

대부분에 있어 여성은 종교에 달콤한 애정을 갖고 있고 종교에 있어 여성은 종종 남성을 능가한다. 그 이유는 종교는 특별히 애정에 거하는 것이기 때문이다. 여성들은 달콤하며 강한 애정을 갖고 있는 것과 마찬가지로 연약해지기 쉽다. 그런데 하나님께서는 연약함에 자신의 힘을 나타내시기를 기뻐하신다.[24]

이것은 여성들이 (예를 들어) 힌두교와 이슬람교에서는 전연 받지 못하는 긍정적인 말이다.

한 남자가 아내를 택할 때 – 보통 남자가 선택을 한다고 추정한다. 또는 적어도 구애를 이렇게 표현해도 된다면 – 그는 많은 기도를 하고, 깊이 생각하여 자신의 가치 체계를 매우 바르고 분명하게 할 필요가 있다. 그리스도인은 그리스도인 하고만 결혼해야 한다는 것은 명백한 원칙이다. 믿음의 공유외에 다른 자질들도 조화있는 결혼 생활을 위해 필요할 것이다. 아름다운 마음과 인격은 아름다운 얼굴과 육체보다 더 중요하다. 아름다운 마음과 인격이 없는 사람과 결혼하는 것은 재앙을 부르는 확실한 비결이다. 그러므로 인격에 대한 평가가 생의 반려자 후보를 고려하는데 있어 제 일단계가 되어야 한다. 잠언 31장과 베드로전서

---

23 Robert Bolton, *Works* (1631–41), IV: 245f.
24 Richard Sibbes, *Works*, VI: 520.

3:1-7과 같은 성경 말씀은 제기되는 문제들을 가르쳐 줄 것이다. 4반세기 전에 청교도의 위치에 대해 토론하고 있던 신학생이 "나는 성경 공부를 인도할 수 있는 브리짓드 바르도와 결혼하고 싶다"라고 말했다. 그러나 청교도는 이렇게 자신의 희망을 공식적으로 말하는 것을 위험스럽다고 분명히 생각했을 것이다.

아브라함의 종이 했던 것을 모범으로 삼아 표적을 찾는 것은 또한 가지의 영적으로 어리석은 잘못이다. 가타커(Gataker)는 자신이 알고 있는 다음과 같은 사람에 대해 말한다.

> 그는 눈을 두리번거리다 어떤 여자를 발견하고 설교 시간에 목사님의 설교 본문이 어디냐고 묻곤 했다. 만일 그녀가 본문을 가르쳐 줄 뿐만 아니라 그에게 자신의 성경을 주기까지 한다면 그녀는 자신의 아내가 될 여자라는 것이다.[25]

가타커에게 있어 이런 짓은 불경하고 어리석게 보였는데 그의 판단은 정확한 것이다.[26]

인격 평가는 어떻게 해야 할까? 바람직한 반려자에 대한 소신을 형성하는 현명한 방법은 그들의 평판을 수집하고 그들이 사람들 앞에서 어떻게 행동하고, 어떻게 옷을 입고 어떻게 대화하는지 관찰하고 그들이 어떤 사람을 친구로 택하는지 주의해 보는 것이다(평판, 표정, 말투, 복장, 친구들…은 그가 건강한지 병들었는지를 나타내는 맥박과 같은 것이다."

---

25 Gaius Davies, "The Puritan Teaching on Marriage and the Family", *Evangelical Quarterly*, XXVII. 1(January 1955): p 19.

26 Thomas Gataker, *A Mariage Praier* (1624), p 16.

- 헨리 스미스.[27] '과거에 당신과 같은 동료를 택했던 사람을 당신의 생의 동반자로 택하라."- 로버트 클리버).[28]

실제적인 평가를 위해 결혼하려고 하는 남녀들은 "먹고, 걷고, 일하고, 놀고, 대화하고, 웃고, 성내고 하는 것을 서로 관찰할 필요가 있다. 그렇지 않으면 자신이 기대 이하의 사람이나 기대 이상의 사람과 결혼하게 될 수 있다."[29] 다른 점들에 있어 동등할지라도 부부는 특별히 나이, 사회적 위치, 재산, 지능이 비슷해야 하며 결혼에 대한 부모의 승락을 얻어야 한다. 또한 그들은 하나님께서 상호간의 사랑과 봉사를 통해 영광받으시기 위해 서로에게 서로를 주셨다는 확신에 기초하여 그들 사이에 애정의 결속이 증대하고 있다는 것을 관찰할 수 있어야 한다. 이 모든 선한 취지는 분명하기 때문에 더 이상 논평이 필요없다.

한 가지 부언할 것은 모든 경건한 예절 가운데 개인적이며 상황적인 적합성에 대한 통찰력을 통해 하나님의 뜻을 찾고 인간과 하나님의 지혜를 조심스럽게 기도하여 조화시키는 것이 모든 중요한 문제들을 공명 정대하게 결정하는 청교도의 특색이었다는 것이다.

영국에서 결혼에 이루어지는 절차는 다음과 같았다. 첫째, 약혼식, 곧 현대의 약혼식과 유사한 결혼의 약정이었으나 약혼 기간 동안 제삼자와의 성관계는 간음이 되었으므로 더 구속력이 있었다. 둘째, 교회에서 세 주일에 걸쳐 결혼 예고를(약정이 존속한다는 발표를) 광고한다.

셋째, 특별 예배의 한 부분으로 증인들 앞에서 실제적인 결혼 생활로 들어가는 서약을 함으로 약혼의 약정을 실행으로 옮긴다. 넷째, 대개

---

27 Henry Smith, *Works* (James Nichol: Edinburgh; 1866-67), I: 15.
28 Cited from Davies, *art cit*, p 20.
29 Dod and Cleaver, op cit, p G: 6.

신랑의 집에서 잔치와 여흥을 가짐으로 이 일을 축하한다. 다섯째, 성적 관계: 청교도 목사들은 이것을 인정하고 영적 표현으로 성적 관계의 많은 부분을 나타내고자 힘썼다. 그들은 (시편을 찬송하고 기도하는 예배로 구성된) 약혼식과 결혼식에서 남녀 모두에게 조언의 설교를 했으며 다양한 형태의 인쇄된 안내서를 만들어 부부가 미래의 길잡이로 사용할 수 있게 하였다.[30]

안내서들에 담겨진 내용의 실례를 들면 신명기 24:5을 인용하여 새로 결혼한 부부는 적어도 결혼한 첫해 동안은 서로 오랫동안 떨어져 있지 않도록 하라는 통례적 권고와, ('벤두리의 외치는 소년'〈the Roaring Boy of Bendury〉으로 알려진) 윌리암 와틀리(William Whateley)의 함께 출발하는 남녀 한쌍을 서로 자신의 부모의 집에서 살자고 요구하지 말아야 한다는 주장이다.[31]

그리스도인들 중에서 조차도 결혼이 불행하게 깨어지는 것이 오늘날의 현실인데 청교도의 시대에도 역시 그러했다. 당시의 영국 법률은 법적인 결혼 파기 선언과 침실과 식탁에서의 법적 부부 별거만을 인정했다. 그러나 청교도 사상자들은 배우자의 간음이 있었을 때에 재혼의 권리를 수반하는 이혼이 성경적으로 허용되었다는 데에 대체로 동의하였다. 그리고 대부분의 청교도들은 퍼킨스(Perkins)의 처자 유기에 대한 해

---

30 Examples, over and above printed espousal and wedding sermons, include Dod and Cleaver, op cit; William Perkins, *Christian Oeconomie* (1590); Matthew Griffith , *Bethel: or, a Forme for Families* (1634); William Whateley, *Care-cloth: A Treatise of the Cumbers and Troubles of Marriage* (1624); William Gouge, *Of Domesticall Duties* (1634); Richard Baxter, *A Christian Directory* (1673), Part II: Christian Economics (*Works*, I: 394-546).

31 "젊은 꿀벌들이 다른 꿀벌통을 스스로 찾는 것처럼 젊은 부부도 다른 집을 빌린다…그리하여 어떤 일이 닥쳐도 그들은 절대로 모든 불행들 중의 가장 불행에 빠지지 않는다. 그들은 그들 부모의 괴로움이 되지 않으며 그들에 의해 괴로움을 받지 않는다" (Whateley, *Care-cloth*, preface, p x).

석을 지지했는데 퍼킨스는 남녀 동등한 권리로서 동일하게 허용되는 실제적인 결혼 관계 파기의 모든 행위들은 '악의적인 유기', '부부가 서로에 대해 참을 수 없는 조건들을 요구하는 것', '학대', '질병', 그리고 '정신 이상'이다.[32]

퍼킨스가 명확하게 제시한 입장은 사실상 쯔윙글리와 부서(Zwingli and Bucer)의 입장이었다. 존 후퍼(John Hooper)는 1550년에 그 입장을 지지하는 주장을 하였고, 크랜머(Cranmer)는 1552년에 그의 끝내 제정되지 못하고만 개혁 교회 법전 'Reformatio Legum ecclesiasticarum'에서 그 입장을 구체화하였다.

루터, 칼빈, 베차는 그렇게 발전된 주장을 하지 못한 채, 단지 막연하게 고의적인 유기는 무죄한 쪽에 이혼과 재혼을 할 권리를 줄 수 있다고 허용했을 뿐이다. 이 허용은 영국법의 허용을 넘는 것이었다. 그러나 스코틀랜드와 뉴 잉글랜드의 법은 간음과 유기 모두에 대한 이혼 원칙을 받아들이고 있었다. 퍼킨스는 이 점에 있어서 내픈(Knappen)이 표현한 바와 같이 '광야에서 외치는 소리'였다.[33]

그러나 주목해야 할 것은 어떤 청교도도 내픈의 표현에 찬동을 나타내지 않았다는 사실이다. 청교도 목사들에게 있어 이혼이 용이한 세상은 그들이 알고 있는 세상보다 도덕적으로나 영적으로 광야보다 나을 것이 없고 못한 세상이었던 것이다. 웨스트민스터 신앙고백은 이혼에 대한 그들의 시각을 반영해 준다.

---

32 William Perkins, *Works*(1616-18), III: 690, 688, 633-684.

33 M. M. Knappen, *Tudor Puritanism* (Chicago University Press: Chicago; 1939), p 461. 영국에는 1857년의 결혼 관계법 이전에 1669년에 처음 사용된 이혼과 재혼에 관한 의회의 특별법 통과를 제외하면 이혼과 재혼을 위한 법적 절차가 없었다.

> 비록 인간의 부패가 하나님께서 혼인으로 맺어주신 자들을 부당하게 갈라놓는 이론들을 그처럼 연구하고 있으나, 교회나 민사 재판에 의해 결코 교정될 수 없는 간음과 같은 고의적 유기를 제외한 무엇도 결혼의 결속을 해제하는 충분한 이유가 되지 않는다. 이 점에 있어서는 공적이며 질서있는 소송 절차 과정이 준수되어야 한다.

그러나 영국에서는 그러한 소송 절차 과정이 존재하지 않았다. 분명한 것은 청교도들이 이러한 소송 절차 과정을 나쁘게 보지 않았다는 것이다. 그들의 관심사는 무엇보다 영속하는 결혼을 이루도록 부부를 돕는 것이었고 그들의 모든 노력은 이 목적에 집중되었다. 그리고 실제로 그들은 결혼 상태에서 사랑과 선의, 존경과 존중, 평화와 만족, 공동 목적과 상호 의지를 지속시키는 데에 많은 지혜를 바쳤다.

3. 가족의 범위

청교도들이 '가족'(family)이라고 말할 때 그들의 생각에는 부모와 자식 뿐만 있었던 것이 아니라 종들(가장 가난한 가정들 외에 모든 가정에는 적어도 함께 생활하는 종이 있었다), 보살핌을 받고 있는 노령의 친척들(당시에는 양로원 시설이 없었다), 그리고 때로는 다른 거주자들도 포함되었다. 간단히 말해서 핵가족과 다른 확대 가족이었다. 이것은 존 게리(John Geree)가 1646년에 소책자 『옛 영국 청교도 또는 비국교도의 특성』(The Character of an old English Puritane, or Nonconformist)에 기록한 사람들

의 구성 단위와 같은 것이다. "그는 자기 가족을 인격에 있어서나 도
두 하나의 교회로 만들기 위해 노력했다."[34] 그는 자기 가족에 하나님을
경외하는 사람 외에는 아무도 들어오지 못하게 하였고 자기 가족 내에
태어난 사람들은 하나님께로 중생할 수 있도록 하려고 힘썼다."[35] 그러
므로 "여러분의 가족 가운데 하나님의 통치를 유지시키라. 거룩한 가족
은 특별히 세상에서 신앙의 유익을 보존하는 자들이 되어야 한다."[36]

청교도는 가족에 대한 고매한 생각을 갖도록 하는 운동을 벌였다. 그
들은 가족이 사회의 기본 단위이며 남편을 목사로, 그의 아내를 전도사
로 하는 작은 교회라고 주장했다. 따라서 아내는 명령 계통에 있어서는
종속적이었으나 목회 과정의 진행에 있어서는 중요한 인물이었다. 남
편은 가족의 장으로 자녀와 손님들 앞에서 존경을 받아야 했다(이것이
윌리엄 구쥐가 다른 사람들이 있을때 남편을 'ducks', 'chicks', 'sweet' 또는 'pigsni'
라는 애칭으로 부르지 말고 'Master' 등으로 불러야 한다고 지시한 이유였다). 남
편의 의무는 가족을 신앙으로 이끌고, 주일 날 그들을 교회에 데리고 가
고 가정에서 그날 온종일을 성별하도록 감독하고, 자녀에게 교리문답을
하고 믿음을 가르치고, 설교를 들은 후에 가족 전체의 시험을 보아 얼마
나 기억하고 이해하고 있는지 살펴보고, 남아 있는 이해에 결함을 메꿔
주고, 매일 가정 예배를 이상적으로 하루에 두 번 인도하고, 언제나 모

---

[34] Wakefield, op cit, p x.

[35] "Mr Thomas Manton's Epistle to the Reader", *The [Westminster] Confession of Faith* (Free Presbyterian Publications: Glasgow; 1973), p 8. 창 17:23에 대한 제네바 성경의 주는 다음과 같다. "자신의 집에서 가장들은 자기 가족들에게 설교자가 되어 가장 큰 자로부터 가장 작은 자에게까지 하나님의 뜻에 순종할 수 있게 해야 한다." 영적 교사로서의 남편과 아버지에 대한 사상은 부단하게 반복된다.

[36] Baxter, *Works*, IV: 229. Baxter는 *The Poor man's Family Book* (1674)과 *The Catechizing of Families* (1683)를 가족 관리의 교육적인 면을 위한 자료들로 저술했다.

든 문제에 있어 근실한 모범이 되는 것이다. 이 목적을 위해 그는 그가 가르칠 책임을 맡은 믿음을 배우기 위해 기꺼이 시간을 들여야 한다.

> 그러므로 나는 모든 가장들이 먼저 책 『웨스트민스터 규범』을 잘 공부한 다음 자녀와 종들에게 그들의 다양한 역량에 맞추어 가르치기를 간절히 바란다. 만일 그들이 일단 이 신앙의 기초들을 이해한다면 여러분이 다른 방법으로 할 수 있는 것보다 그들은 다른 책들을 더 이해력 있게 읽을 수 있고, 설교를 더 유익하게 들을 수 있고, 더 현명하게 토의를 할 수 있고, 그리스도의 교리를 더 굳게 고수할 수 있을 것이다. 먼저 그들에게 소요리 문답을 읽고 배우게 하라. 그 다음에 대요리 문답을 읽게 하고 마지막으로 신앙 고백서를 읽게 하라.[37]

가이우스 데이비스(Gaius Davies)는 청교도의 자녀 양육의 이상들을 다음과 같이 훌륭하게 요약한다.

> 설교자들은 사랑이 모든 부모의 의무의 근원이라고 강조했다. 그러나 자녀들을 버릇없게 만들면 안된다. 부모들은 원숭이들 같이 너무 품어서 어린이들을 죽이지 않도록 해야 한다. 부모의 모범은 거룩함의 가장 큰 자극인데 특히 자녀의 어린 시절 동안 그 영향력이 보다 더 큰 어머니의 모범이 그러하다…교육은 가능한 한 빨리 시작해야 한다. 교육이 철저하게 이루어

---

[37] [Richard Baxter], cited anonymously in 'Mr Thomas Manton's Epistle to the Reader', op cit, pp 9f.

져야 하지만 경건은 지식보다 더 중요하다.

그러므로 학교의 교사들은 이 사실을 명심하여 선택되어야 한다. 자녀의 적성과 재능을 주의해 관찰하여 적절한 직업을 위한 양성을 받도록 해야 한다. 기독교 사역의 요구들을 기억하여 그런 재능이 있는 아들은 그 일을 하도록 권고해야 한다… 자녀의 첫 번째 신앙 교육은 그 연령과 조화시킴으로 자녀가 그 교육을 기쁨으로 받게 해야 한다. 그러므로 경건의 씨앗은 초기에 심어야 한다. 이렇게 청교도의 자녀에 대한 자세는 현대인의 자세와 달랐다. 현대인은 자녀의 회심이 극적인 경험이 될 것으로 기대한다.[38]

설교자들에 대한 데이비스의 결론적 논평은 정확하다.

이들에게 있어 경건은 다른 곳에서보다 매일매일의 생활과 일상적인 일에서 더 많이 보여지는 것이었다. 거룩은 겉치레적인 금욕 생활이나 신비적인 경험을 찾아 매일의 의무들에서 벗어남으로 발견되는 것이 아니었다. '가족 율법에 생명을 불어넣는 순수한 신앙'은 시인의 환상이 아니라 실제적인 계획이었으며 많은 경우에 있어 실현된 이상이었다.[39]

---

[38] Davies, *art cit*, p 29.

[39] Ibid, p 30.

4. 하나님의 소명

청교도는 의도적인 생활 활동이든지 또는 상황적인 – 그들에게 있어서는 섭리적인 – 활동이 부과된 모든 생활 활동들을 하나님의 소명으로 생각했다. 곧 복음 안에서 인류를 회개하도록 하시는 하나님의 일반 소명(general calling)과 복음 안에서 또한 복음과 함께 역사하시는 성령의 은밀하신 역사를 통해 선택된 자들을 믿음으로 부르시는 하나님의 효과적 소명(effectual calling)이라는 성질이 다른 특별 소명(particular callings)이었다.

특별 소명 개념은 청교도 윤리학의 기초로써 다른 모든 문제들에 대해서와 마찬가지로 이에 대해 퍼킨스는 기초 작업적인 저술을 했다. 퍼킨스는 그리스도인들에게 "부르심을 받은 그 부르심 그대로 지내라"고 바울이 명하는 고린도전서 7:20에서 시작하는 "소명들에 대한 한 논문"(1602)에서 특별 소명을 "하나님께서 공익을 위해 인간에게 정하시고 부과하신 특별한 삶"이라고 정의하고 그리스도인들은 각각 합법적인 직업을 찾아야 한다고 주장한다.[40] 왜냐하면 그 직업을 위해 하나님께서 그들에게 은사를 주셨고 그 직업 가운데 하나님께 영광을 돌릴 수 있기 때문이라는 것이다. 모든 후기 청교도들은 이에 동의했다.

이제 이런 의미에 있어서의 소명이 청교도 정신에 결혼과 가족 생활을 구성하게 되었다. 즉 남편과 아버지의 가정을 돌보는 소명과 아내와 어머니의 전체적인 소명이다. 청교도 교육자들은 대부분의 사람들이 결혼의 소명을 받았고, 독신 생활의 불편과 좌절을 발견함으로 이 소명

---

40 Perkins, *Works*, I: 750.

을 깨닫게 된다고 단언했다. 그리고 하나님의 인류를 지속시키고 그 인류 가운데 교회를 지속시키는 방법으로 결혼한 부부는 자녀를 가지라는 소명을 받았고 부모들은 자녀들에게 하나님과 부모에 대한 순종을 가르치라는 소명을 받았다(청교도는 부모에 대한 순종없이 하나님에 대한 순종이 있을 것으로 기대하지 않았다). 한편 자녀들은 초기부터 이 두 가지 순종의 소명을 받았으며, 이 소명에 대해 교육을 받았다. 소명의 수행은 가정 생활을 진정하게 하기 위한 신앙 생활이었고, 항상 열심히 일함으로 입증될 수 있었다. "한 가족의 개인적인 소명들과 그에 관련된 기능들은 곧 그리스도인들이 하나님에 의해 그러한 소명을 받았다는 것을 나타낸다"라고 윌리암 구쥐(William Gouge)는 기록하고 이어 다음과 같이 기술한다.

> 사회를 위한 소명이 없으면 전혀 소명이 없다고 생각하는 특별히 악한 양심의 소유자들을 위해…가족의 목적과 이익을 위한 의무들을 양심적으로 수행하는 것도 사회를 위한 일로 간주될 수 있다는 사실을 주지시켜야 한다. 그렇다. 가사의 의무들을 훌륭하고 완전하게 수행하려면 한 사람의 시간 전체를 들여야 할 것이다…그러므로 마찬가지로 아내도 어머니와 주부가 되어 그녀에게 의무지워진 바를 자신의 소명으로 신실하게 행하기 위해 노력한다면 충분하게 행한 것으로 깨닫게 해야 한다. 부모의 다스림을 받는 자녀들과 한 가정의 종들의 모든 소명은 부모와 주인에게 순종하고 주 안에서 그들이 명하는 바를 행하는 것이다. 그러므로 사회를 위한 소명을 받지 못한 사람들이 자신의 개인적인 소명의 직무에 더 열

> 심히 일한다면 사회를 위한 직분을 받은 것처럼 주님께서 받
> 으실 것이다.⁴¹

구쥐는 분명히 우리가 소위 여가가 많은 신사 숙녀들이라고 칭하는 사람들에 대해 말하는 것이다. 그들은 사회를 위한 '소명', 즉 사회의 복리에 기여하는 소명을 소유하지 못한 건강한 사람은 죄악된 게으른 자라는 청교도의 가르침을 알고 있었다. 구쥐는 그대의 가사의 소명을 훌륭하게 성취하는데 전념하면 충분히 바쁘게 일하는 자신을 발견하게 될 것이라고 말한다.

청교도의 가족 생활이 이론과 실제 모두에 있어 무정하고, 조직적이고, 율법적이고, 압제적이라고 종종 생각하는데 그것은 사실이 아니다. 사실은 어떠하냐 하면 첫번째로 청교도는 신앙을 의무에 대한 종사로 생각하였고, 가장 훌륭한 그리스도인은 가장 훌륭한 남편, 가장 훌륭한 아내, 가장 훌륭한 자녀, 가장 훌륭한 관리, 가장 훌륭한 백성이 되야 하며, 하나님의 교훈은 모독될 수 없고, 사모되어야 한다고 생각했다는 것이다.⁴²

두번째의 사실은 청교도 교육자들의 생각에 있어 가족 생활은 그리스도인의 사랑과 기쁨이 충만하고 자유롭게 표현되는 것이며 그들이 마음에 그리는 정돈된 형태 — 질서 정연한 권위 구조와 매일매일의 관례 — 가 확고하게 수립되기 전까지는 성취될 수 없다는 것이다. 그들의 하나님을 기쁘시게 해드리려는 열정은 질서에 대한 동경으로 표현되었다. 그들의 아름답고 경건한 삶의 환상은 모든 의무들이 인정되고 충족

---

41 Gouge, op cit, p 10f.

42 Geree, loc cit.

되는 계획적이고, 심사 숙고된 활동들의 순환이었다. 따라서 문제되는 모든 일, 곧 개인 기도, 가정 예배, 가족의 과제, 임금을 받는 일, 배우자와 자녀와의 친밀한 교제, 안식일의 휴식, 그리고 자신의 소명이 요구하는 다른 모든 일에 시간을 바쳤다.

청교도 목사들은 이렇게 균형잡힌 생활 형태를 철저하게 수행하는 것은 언제나 힘든 일이라는 것을 알고 있었고, 많은 사람들이 이런 생활을 하려고 시도조차도 하지 않고 계속적으로 가끔씩 질서있는 삶을 계획하기만 하고 실제로는 전혀 어려움을 극복하지 못하면서 그날 그날을 적당히 살아가고 있는 것도 알고 있었다.

설교자들은 자신의 시대에 이러한 사실에 대해 불만을 토로해 왔다. 그들은 더 목청을 돋구어 불만을 토로하는 대신 현대 서구의 가정 생활을 조사하여 원인을 발견했어야 했다. 핵가족이 부모의 권위를 붕괴시키고 그러므로 인해 자녀들이 상처를 받고 있는 우리의 세속 사회 상황들에 대항하여 오늘날의 기독교 교육자들 중의 어떤 이들은 가족의 관심이 세상 일보다 우선해야 한다고 주장하며 우선권을 뒤집기 위해 노력하고 있다. 그러나 청교도의 방법은 공적 소명과 가정의 소명을 모두 하나님께서 주신 것으로 인정하고 그 다음에 빈틈없고 세련되게 시간을 사용함으로 두 가지 요구 모두를 충족시키는 삶의 형태를 찾으려고 할 것이다. 청교도의 방법에 우리를 위한 지혜가 있지 않을까? 분명히 이 질문은 숙고를 요한다.

제 VI 부
청교도와 목회

17장. 청교도의 설교
18장. 청교도와 복음전도
19장. 조나단 에드워즈와 신앙부흥

Among God's Giants
Aspects of Puritan Christianity

17장
청교도의 설교

1. 설교자의 태도

해석자: 들어오시오. 당신에게 유익할 만한 것을 보여드리리다. 그리고 그는 그리스도인을 데리고 협실로 들어가서 종을 시켜 한 문을 열게 하였다. 문을 열 때에 그리스도인이 본즉 어떤 매우 점잖은 사람의 그림이 벽에 걸렸는데 그 모양으로 말하면 눈은 하늘을 향하였고 손에는 책 중의 가장 좋은 책을 들었고 입술에는 진리의 율법이 기록되었다. 그리고 세상을 등지고 서서 마치 사람들에게 무엇을 설명하는 것 같았으며 그 거리에는 금면류관이 씌워져 있었다.

그리스도인: 이것은 무슨 뜻입니까?

해석자: 그 화상은 천에 하나나 있을 사람으로서 능히 자녀를 낳아 해산하는 수고를 알며 자녀를 낳는 대로 친히 양육하는 분입니다. 당신이 본 바와 같이 저가 눈을 들어 하늘

을 향하고 손에는 책 중의 가장 좋은 책을 가지고 진리의 율법이 입술에 기록되어 있는 것은 저의 임무가 어두움의 일들을 알고 죄인들에게 밝히 가르치는 것이니 곧 당신이 본 바와 같이 저기 서서 마치 사람들에게 무엇을 설명하는 것과 세상을 등진 것과 저의 머리에 있는 것은 저가 주께 봉사하는데 애착심을 가짐으로 현세에 있는 것들은 그렇게 중히 여기지 않고 오직 내세의 상급으로 영광을 얻을 줄 확신함을 보여주는 것입니다.

해석자는 다시 계속하여 말했다.

당신에게 먼저 이 그림을 보인 것은 당신이 가는 곳에 주님께서 그 길에서 당할 모든 어려운 경우에 당신의 인도자가 될 만하다고 지적한 유일한 인물이기 때문입니다.[1]

이렇게 번연은 이상적인 기독교 설교자의 윤곽을 그린다.

동일한 이상이 하나님께 대한 공적 예배를 위한 웨스트민스터 규칙서에 의한 설교가 행해져야 하는 정신과 방식에 대한 부분에 보충적 형식속에 다음과 같이 제시된다.

말씀의 설교는 구원에 이르는 하나님의 능력이며 복음 사역에 속한 가장 중대하고 가장 뛰어난 과업들 중의 하나이기 때문

---

[1] John Bunyan, *The Pilgrim's Progress* (Oxford University Press: Oxford, Oxford Standard Authors series, 1904), pp 36f.

에 사역자가 부끄럽지 않고 또한 자신과 듣는 자들을 구원할 수 있도록 수행되어야 한다.

그리스도의 종은 자신의 모든 사역을 다음과 같이 행해야 한다.

① 수고하여(즉 전력을 다하여) 주님의 일을 태만하게 행하지 말라.
② 명백하게 즉 가장 재능이 없는 사람도 이해할 수 있도록 하라. 진리를 인간 지혜의 유혹적인 말로 전하여 그리스도의 십자가가 아무런 효과도 없이 되게 하지 말고 성령과 능력의 증거로 전하라. 또한 알지 못하는 외국어, 이상한 어법, 억양의 무익한 사용을 삼가하고, 고대나 현대의 별로 우아하지 않은 성직자나 다른 인간 저자의 문장의 인용을 삼가하라.
③ 신실하게 즉 자신의 이익이나 영광을 바라보지 말고 그리스도의 영광과 사람들의 회심과 덕성 함양과 구원을 바라보라. 이러한 거룩한 목적들을 조장할 수 있는 것은 아무것도 억제하지 말고, 각 사람에게 그 사람의 몫을 주고, 비천한 자들을 무시한다거나 신분이 높은 자들은 그들의 죄를 관대히 보아주거나 하지 말고 힘이 없는 모든 사람들에게 동등한 관심을 나타내라.
④ 지혜롭게 즉 자신의 모든 교리, 권고, 특별히 견책을 가장 적절하게 설복할 수 있는 방식으로 구성하라. 각 사람의 인격과 처지에 가장 적절한 관심을 보이고 자신의 걱정이나 한을 섞지 말라.
⑤ 진지하게 하나님의 말씀과 어울리도록 하며 자신과 자신의 사역을 멸시하는 사람들의 타락을 유발할 수 있는 모든 몸짓과 음성과 표현을 피하라.
⑥ 사랑의 감정으로 사람들로 하여금 자신의 경건한 열심과 그들

> 이 선하게 행하는 것을 진심으로 바란다는 것을 알도록 하라.
> ⑦ 하나님에 의해 가르쳐지는 것처럼 그리고 자신의 마음으로 설득하라. 그가 가르치는 것은 그리스도의 진리이다. 그러므로 자신의 양떼 앞에서 그 진리의 모범으로 행하라. 사적으로나 공적으로나 신중하게 자신의 수고들이 하나님의 축복이 되게 하고 자신과 또한 주께서 그들 감독자로 세우신 양떼를 주의깊게 감독하라.

그러면 진리의 교리들이 더럽혀지지 않고 보존될 것이며 많은 영혼이 회개하고 설 것이며 그 자신은 살아있는 동안에도 그의 수고에 대해 많은 위로를 받게 되며 장차 올 세계에서는 그를 위해 예비된 영광의 면류관을 받을 것이다.[2]

위의 이상 중 세 번째 것은 리차드 박스터가 동료 설교자들에게 그들의 설교에 대해 말할 때 드러난다.

> 자신의 온 힘을 다해 설교하거나 또는 사람들로 하여금 그들이 정말로 진실하다고 믿게 하는 태도로 영원한 기쁨과 영원한 고통에 대해 이야기하는 목회자들이 얼마나 적은지요! 아, 슬픈 일입니다. 우리는 너무 나른하고 점잖게 말하기 때문에 잠들어 있는 죄인들은 듣지 못합니다. 그 타격은 너무나 가벼워서 심령이 굳은 죄인들은 느낄 수 없습니다. 대부분의 목회

---

2 *The Westminster Directory* is currently in print in *The* [Westminster] *Confession of Faith* (Free Presbyterian Publications: Glasgow, and Banner of Truth: Edinburgh). The section 'Of the Preaching of the Word' is pp 379–381. The quotation in the text is from p 381.

자들은 음성을 사용하지도 않고 진지한 발성을 내려고도 하지 않습니다. 그러나 만일 그들이 큰 소리로³ 진지하게 말한다고 해도 문제의 중량과 진지성으로 그에 응답하는 사람은 얼마나 적은지요! 그러나 문제의 중량과 진지성이 없다면 음성은 거의 효력이 없습니다. 문제가 일치하지 않을 때 사람들은 음성을 단지 고함으로 밖에 평가하지 않을 것입니다. 어떤 목회자들이 훌륭한 교리를 다루면서 세심하고 생명력 있는 적용을 하지 못함으로 죽게 하는 것을 들을 때 가슴 아픈 일입니다.

여러분이여 우리는 그러한 순간의 메시지를 얼마나 명확하게 얼마나 세심하게 얼마나 열심으로 전달해야 하는 것입니까! 형제들이여, 하나님의 이름으로 부탁합니다. 강단으로 가기 전에 여러분 자신의 심령을 각성시키어 여러분이 죄인들의 심령을 각성시키기에 적당하게 되도록 노력하십시오. 그들은 각성을 받거나 그렇지 않으면 저주를 받게 되는데 잠들어 있는 설교자는 졸고 있는 죄인들을 거의 각성시키지 못한다는 것을 기억하십시오. 비록 여러분이 하나님의 거룩한 일들을 가장 귀한 찬양의 말로 전할지라도 만일 냉담하게 전하면 여러분은 그 태도로 인해 그 문제에 대해 말한 바를 취소하는 것같이 보일 것입니다. 우리는 훌륭한 목회자들 중에서 사람들이 그의 설교를 들을 때 진지하고 설득적이고 능력있게 설교하는 것을 느낄 수 있는 설교자를 발견하기가 어렵습니다.

---

3 Loudness marked a number of Puritan preachers: Thomas Hocker was once (at least) referred to as 'bawling Hooker', and William Whateley was known as "the Roaring Boy of Banbury."

비록 나는 여러분이 설교를 할 때 항상 큰 소리로 하라고 제안하지 않고(왜냐하면 그렇게 하면 여러분의 열정이 천하게 되기 때문입니다) 항상 진지함을 갖도록 주의하라고 제안하지만 내용이 큰 소리를 요구할 때는(적어도 적용에 있어서는 그렇게 해야 할 것입니다) 목소리를 높이고 활기를 아끼지 마십시오. 당신의 성도들에게 여기에서나 지옥에서나 잠이 깨어야 하는 사람들에게 하는 것처럼 말하십시오. 그들을 믿음의 눈으로 그리고 연민으로 둘러보고 그들이 영원히 기쁨의 상태가 아니면 고통의 상태에 있어야 할 것을 생각하십시오. 그러면 여러분은 진지해질 것이며 여러분의 심령은 그들의 상태에 대한 느낌으로 녹는 것 같을 것입니다. 천국이 아니면 지옥이라는 이처럼 큰 일에 대해 냉담하거나 무관심하게 말하지 마십시오.

내가 나의 영혼의 이상을 나의 양떼에게 나타낸다는 한탄스러운 경험을 고백합니다. 나의 심령이 냉담해지도록 내버려 둘 때 나의 설교는 냉담해집니다. 나는 나의 설교를 듣는 사람들 중에서 종종 다음과 같은 사실을 관찰할 수 있습니다. 즉 내가 설교를 냉담하게 할 때 그들도 역시 냉담해지고 내가 듣게 되는 그들의 기도가 나의 설교와 너무나 같다는 것입니다. 그러므로 형제들이여 여러분 자신의 심령을 감시하십시오. 색욕과 정욕과 세상적인 기호가 들어 오지 못하도록 하고 믿음과 사랑과 열심의 삶을 유지하십시오. 집에서 하나님과 많이 거하십시오. 목회자는 회중에게 나아가기 전에 심령으로 특별한 수고를 해야 합니다. 만일 심령이 차가우면 어떻게 그가 듣는 자들의 심령을 따뜻하게 하겠습니까? 그러므로 생명을 위해

특별히 하나님께 나아가십시오.[4]

청교도의 설교는 이 후기 시대에 악평을 받았다. 청교도의 설교는 정확하게 길고 난해하고 지루하다는 풍자였다. 실제로 한 시간은 공인된 길이였고 그 내용은 실천적 성경 해석이었고 스타일의 통례적인 특징은 활력이었다. 청교도 설교는 언어적 심상들과 이야기체의 예화들과 성경 전체에 풍성하게 산재해 있는 기사들의 암시들로 길게 이어졌다. 휴 라티머(Hugh Latimer)의 설교들이 나타내는 바와 같이 청교도 설교는 문체상으로 말하자면 아마 14세기의 위클리파들(the Lollards)과 탁발 수도사들까지 거슬러 올라가는 전통을 나타낼 것이다.

그러나 청교도 설교를 현실적으로 만든 것은 그 내용 못지 않게 그 스타일의 영향도 컸다. 청교도는 성경을 개인의 삶에 대한 지속적인 적용을 수반하여 조직적으로 철저하게 설교했고 성경을 믿는 사람들로서 그리고 그들의 터도에 의해 자신들의 내용을 믿을 수 있고 설득력있고 죄를 깨닫게 하고 회심시키는 것이 되도록 애를 쓰는 목자로서 설교를 했다.

청교도의 강단의 열정은 파악하고 파악되어야 하는 은혜와 경건, 생명과 죽음, 천국과 지옥에 관한 하나님의 진리의 회중을 위한 명확한 구현이 되고자 하는 열망의 소산이었다. 설교에는 영혼들의 교제와 우리와 그들간의 어떤 의사전달이 있다.[5] 만일 우리가 청교도의 설교를 이해하고자 한다면 우리가 착수해야 하는 부분은 바로 이 설교자의 직무에 대한 청교도의 깨달음이다.

---

4 Richard Baxter, *The Reformed Pastor* (Banner of Truth: London, 1974), pp 147f, 61f.
5 Ibid, p 149.

2. 청교도 설교자들

청교도 설교의 족보는 적어도 쯔윙글리가 쥐리히 민스터에서 마태복음 전체를 한절 한절 설교하기 시작했던 1519년대까지 거슬러 올라간다. 그러나 청교도 설교의 본래 탄생지는 케임브리지였다. 청교도의 설교 전통은 캠브리지대학의 첫 번째 대복음 운동의 지도자들-윌리암 퍼킨스, 폴 베인스, 리차드 십스, 존 코튼, 존 프레스턴, 토마스 구드윈-에 의해 16세기와 17세기의 전환점에 창조되었다. 그들이 공통적으로 갖고 있었던 청교도주의는 교회 개혁 프로그램이 아니었다. 사실상 이 점에 있어 그들은 전혀 일치하지 않았다. 퍼킨스와 베인스는 카트라이트와 함께 체제를 장로교화하는 꿈을 꾸었고 코튼과 구드윈은 독립파가 되었고 프레스턴은 분리파였고 십스는 온건한 국교도로 남았다. 그들의 청교도주의는 차라리 깊은 칼빈주의적 경건과 앞장들에서 묘사된 생명력 있는 신앙에 대한 절박한 관심이었다. 퍼킨스에 의해 설교의 기술에 최초로 공식화된 그들의 설교 원리들은 웨스트민스터 회의의 하나님의 공적 예배를 위한 규칙서에서 가장 훌륭하게 균형잡힌 표현을 찾았고 리차드 박스터의 목회적이며 복음전도적 설교들에서 아마 발전의 최고점에 다달았을 것이다.

17세기 말경 설교 구조는 청교도 전성기 때의 구조에서 단순화되었고 현대의 '3대지'가 탄생하였다. 그러나 청교도의 후예들은 이 새로운 형태 가운데에 과거의 실천적인 추구를 지속시켰다. 18세기에 디센트(Dissent)는 청교도 전통의 양식을 장려하고자 주장했다. 그러나(청교도 신학을 거의 자신들의 주식으로 탐식한 사람들은) 그 정신을 가장 훌륭하게 유지한 사람들은 바로 칼빈주의적인 잉글랜드 국교도 복음주의자들이었다. 찰스 시므온(Charles Simeon)은 『클라우드의 설교 작성에 대한 소론』(Claude's Essay on the Composition of a Sermon)의 자신의 편집판에서 보다 정확하고 활력있는 형태로 청교도 설교의 기본 원리들을 고쳐서 기술하였고 그의 21권에 달하는 설교학을 가득 채우는 2,536개요들에서 장황하게 예증하였다.

자칭 청교도 후예들인 C. H. 스펄전, J. C. 라일, 알렉산더 화이트(Alexander Whyte)는 19세기 말까지 이 전통을 뛰어나게 지속시켰다. 마틴 로이드 존스(Martyn Lloyd-Jones) 박사는 거의 홀로 이 전통을 20세기에 전하였다. 오늘날 여러 가지 다른 설교 방식과 양식들이 유행하고 있고 청교도 설교는 빛을 잃고 있다. 그러나 다음의 페이지들로 인해 오늘의 교회의 복리가 청교도 기질의 설교의 회복에 따라 상당한 분량으로 좌우된다고 하는 저자의 확신을 전하게 되기를 바란다.

3. 청교도의 설교 사상

설교에 대한 모든 청교도 사상은 네 가지 원리에 기초된다. 우리는 이미 그 원리들을 살펴 보았으나 여기서 다시 말하는 것이 유익할 것이다.

1) 지성의 탁월함에 대한 신념이다

"모든 은혜는 이해에 의해 돌아온다"는 청교도의 격언이 있다. 하나님께서는 단순한 육체적 폭력으로 인간들을 행동하게 하시는 것이 아니라 그들의 정신에 말하시고 신중한 동의와 지적인 순종의 응답을 요구하신다. 따라서 모든 사람의 하나님의 말씀과 관련된 첫째 의무는 그 말씀을 이해하는 것이며 모든 설교자의 첫째 의무는 그 말씀을 설명하는 것이다. 설교자가 심령에 이르기 위해 권한을 부여받은 유일한 길은 머리를 통해 가는 길이다. 그러므로 때를 얻든지 못 얻든지 하나님의 말씀을 가르치는 것을 자신의 가장 중요한 일로 삼지 않는 목회자는 자신의 일을 하지 않는 것이며 설교는 제아무리 다른 것이라고 해도 성경의 교훈적 해석이 아니라면 그 칭호를 받을 가치가 없는 것이다.

2) 설교의 절대적 중요성에 대한 신념이다

청교도들에게 있어 설교는 공적 예배의 정점이었다. 그들은 하나님의 진리의 신실한 선포와 순종의 들음보다 더 하나님을 존귀하게 하는 것은 없다고 말했다. 어떤 환경하에서도 설교는 예배 행위이며 따라서 그렇게 수행되어야 한다. 더욱이 설교는 교회에 있어 은혜의 가장 중요한 수단이다. "땅에서 지금 행해지는 가장 놀라운 일들은 공적 의식들 가운데 역사된다"고 말한 데이비드 클락슨(David Clarkson)은 "사적 예배보다 우선되어야 하는 공적 예배"라는 제목의 설교에서 선언했다.

> 여기에서 죽은 자들은 하나님의 성자의 음성을 듣고, 듣는 자들은 살아난다. 여기에서 성자께서는 병든 영혼들을 말씀으로 고치신다. 여기에서 성자께서는 사단을 쫓아내신다. 주님께서 이 놀라운 일들을 공적으로만 행하셨던 것이 아닌 것은 사실이다. 그렇지만 공적 예배는 주님께서 이 일들을 행하시는 유

일한 정상적 수단인 것이다.[6]

이렇게 설교는 매우 엄숙하고 중대한 사역이다. 목회자와 회중은 모두 주일 설교가 그 주간의 가장 중요하고 의미있는 사건임을 깨달아야 한다. 다른 어떤 것이 무시되어도 설교는 무시되지 말아야 한다.

따라서 자신으 우선권을 알고 있는 목회자는 설교 준비를 위한 시간을 중심으로 한 주간을 계획할 것이다. 그리고 그는 설교 준비 시간이 빼앗기지 않도록 주의할 것이다. 우리는 간혹 설교를 시작하고 있는 학생들 중에 어느 정도 시간이 흐르고 그들이 하나님과 신실하게 동행한다면 설교는 자연스럽게 나오기 시작할 것이며 특별한 준비를 할 필요성이 점점 적어질 것이라고 생각하는 사람들과 만난다. 청교도 전통에 속한 설교자들은 그렇게 생각하지 않았고 그렇게 경험하지도 않았다. 17세기 중엽에는 설교 준비를 할 필요가 없다고 생각하는 많은 열심파들이 있었으나 청교도 지도자들은 이 사상을 거부했다. "어떤 자들은 연구하지 않고 즉흥적으로 하는 설교를 지지하지만 바울은 디모데에게 묵상하고 연구할 것을 명했다"고 구드윈은 말한다.[7] 박스터는 이 원칙을 다음과 같이 명확하게 진술한다.

> 만일 우리가 그리스도와 그리스도의 성령께 대한 복종 가운데 이성과 기억과 공부와 책과 방법과 형식 등에 적절한 위치를 부여하고 항상 성령의 도우심을 기대한다면 그것들은 성령을 소멸하기는커녕 적절하게 필요한 것이며 우리가 마땅히 사용

---

6   David Clarkson, *Works*, III: 193f.
7   Thomas Goodwin, *Works*, IX: 378f.

해야 하는 수단이다.⁸

대부분의 청교도들은 자신들의 설교를 죽는 날까지 자세하게 기록하고 있었다. 다니엘 윌슨 감독(Daniel Wilson)은 고인에게 보내는 찬사에서 시므온의 설교에 대해 이렇게 기술했다.

> "그는 24시간 이하의 연구를 한 적이 거의 없었고 또 두 배의 연구도 많았다. 그리고 어떤 때는 며칠씩 연구하기도 했다. 그는 저자에게 한 번의 설교 원고를 삼십 번이나 고쳐 작성했다고 말한 적이 있다."⁹

훌륭한 설교를 준비하기 위해서는 긴 시간을 요한다. 그런데 하나님께서 목회를 위해 구별하셨는데 이 목적을 위해 시간을 바치기 아까워하는 우리는 도대체 누구인가? 우리에게 설교보다 더 중요한 과제가 없다. 만일 우리가 설교 준비를 위해 기꺼이 시간을 드리지 않는다면 우리는 설교할 자격이 없고 목회에 전혀 할 일이 없는 것이다.

3) 성경의 생명을 주는 능력에 대한 신념이다

성경은 과자에 건포도가 들어있는 것처럼 단지 하나님의 말씀을 포함하고 있는 것만이 아니다.

성경은 하나님의 말씀, 즉 창조주의 자신에 대한 기록된 증거이다.

---

8 Baxter, *Works*, I: 726.
9 W. Carus, *Memoirs of...the Rev. Charles Simeon* (3rd edition, 1848), p. 595.

그러므로 성경은 눈의 빛이며 영혼의 음식인 것이다. 청교도들은 이것을 인정하였기 때문에 설교자의 직무는 성경의 내용으로—자신들의 공상한 마른 껍질이 아니라 하나님의 생명을 주는 말씀으로—회중을 먹이는 것이라고 주장했다. 성경의 범위를 넘어 설교하거나 성경 메시지의 생기를 주고 영양을 주는 능력에 대한 절대적이며 확실한 신뢰없이 설교하는 것보다는 전혀 설교하지 않는 것이 더 낫다고 청교도들은 우리에게 말할 것이다. 계시된 진리에 대한 경외 그리고 인간 필요에 대한 그 진리의 완전한 적절성에 대한 믿음은 모든 설교의 특징이 되어야 한다. 만일 우리의 설교가 우리 자신의 이러한 태도를 반영하지 않는다면 어떻게 다른 사람들에게 그러한 경외와 믿음이 생기기를 기대할 수 있겠는가?

설교가 생명의 떡으로 사람들을 먹이는 것이므로 청교도들이 목회 사역을 무엇보다 설교라는 표현으로 정의했다는 것은 달할 필요가 없을 것이다. 우리는 목회 사역을 심방과 개인적 관계의 문제로만 생각하고 말씀의 공적 설교와 이 문제를 대립시키는 습관이 있다. 우리는 인간은 훌륭한 목자일 수는 있으나 훌륭한 설교자일 수는 없다고 말한다. 그러나 청교도에게 있어 신실한 설교는 신실한 목회에 있어 기본 요소였다. 이 점은 중요하므로 우리는 존 오웬의 이에 대한 진술을 약간 자세히 인용하고자 한다.

> 목사의 첫번째 의무는 말씀의 열심있는 설교로 양떼를 먹이는 것이다. 하나님께서는 "내가 또 내 마음에 합하는 목자를 너희에게 주리니 그들이 지식과 명철로 너희를 양육하리라"(렘 3:15)고 신약과 관련된 약속을 하셨다. 이것은 다른 것이 아니라 말씀을 설교하거나 가르침으로 말미암는 것이다. 이 양육은 목자

의 직무의 본질에 속한 것이다. 복음을 전하는 책임은 베드로에게 위임되었고 그 안에서 교회의 모든 참 목자들에게 맡겨졌다(요 21:15-16). 사도들의 모범에 따르면 목자들은 모든 방해들로부터 자신들을 자유롭게 함으로 완전히 말씀과 기도에 전념할 수 있도록 해야 한다(행 6장). 그들의 일은 "말씀과 가르침에 수고하는" 것이며(딤전 5:17) 그러므로 성령께서 그들로 감독을 삼으신 양떼를 먹이는 것이다(행 20장). 따라서 말씀되어진 바와 같이 이 일과 의무는 목자의 직무에 있어 기본적이다. 그는 한가할 때 가끔 설교하라는 요구를 받는 것이 아니라 설교에 전념하기 위해 비록 합법적인 것이라 해도 이 일에서 자신을 다른 데로 돌리는 모든 다른 직업, 교회의 다른 모든 의무들을 포기하라는 요구를 받는다. 그렇지 않을 때 이 마지막 때에 아무도 목자의 직분을 충분히 감당할 수 없을 것이다.[10]

간단히 말해 이 호칭에 맞는 유일한 목자는 그의 주된 관심이 항상 하나님의 말씀의 생명을 주는 진리들로 설교하여 자기 성도들을 양육하는 사람이다.

4) 성령의 주권에 대한 신념이다

청교도들은 설교의 궁극적인 효과는 사람의 능력 밖에 있다고 주장했다. 인간의 직무는 단순히 말씀을 가르치는데 충성하는 것이다. 그

---

10 John Owen, *Works*, XVI: 74f.

진리를 확신시키고 마음에 새기는 것은 하나님의 일이다. 청교도들은 '결단'을 감언이설로 꾀는 현대의 복음전도의 호소를 인간이 성령의 영역을 침범하는 잘못된 시도라고 비판할 것이다. "하나님께서는 그대를 보내사 만나게 하는 자들을 회심시키는 일을 그대에게 맡기지 않으신다. 회심의 때를 정하는 것은 인간이 하는 것이 아니라 하나님께서 하시는 것이다. 그대의 의무는 복음을 공포하는 것이다. 하나님께서는 자신의 종들의 수고와 성공으로 판단하시지 않고 자신의 메시지를 전하는 충성으로 판단하신다"고 거어널(Gurnall)은 말한다.[11] 설교자가 가르치고 적용하고 권하는 일을 마칠 때 그의 강단의 일은 끝난다. 결단을 권하기 위해 책략을 고안하는 일은 그의 할 일이 아니다. 그는 물러나서 자신이 말한 바에 하나님께서 축복을 내리시기를 기도하는 것이 더 지혜로울 것이다. 자신의 말씀을 효과있게 하시는 것은 하나님의 주권적인 특권이다. 그러므로 설교자의 강단에서의 행동은 이 점에 있어서 하나님의 주권을 인정하고 복종함에 지배를 받아야 한다.

이제 우리는 이 확신들이 산출한 설교 형태를 묘사해 보고자 한다.

(1) 청교도의 설교는 방법에 있어 해석적이었다

청교도 설교자는 스스로를 하나님의 대변인이며 말씀의 종으로 여겼다. 그는 '하나님의 신탁으로' 말해야 했다. 따라서 그의 과제는 성경 본문이 나타내지 않는 의미들을 갖다 붙이는 부가나 자신의 본문에 관계없는 어떤 교훈을 갖다 거는 못으로 사용하는 병치(juxtaposition)가 아니었다(시므온은 "본문을 금언으로가 아니라 저자의 의미로 받아들이라"고 말

---

11 William Gurnall, *The Christian in Complete Armour* (Banner of Truth: London, 1964), second pagination, p. 574.

했다). 설교자의 과제는 하나님께서 그 안에 담아놓으신 바를 자신의 본문에서 끌어내는 해석이었다. "나는 그 구절의 의미와 관련된 하나님의 마음을 소유하고 있다는 만족감을 느끼지 못하면 절대로 설교하지 않는다"고 시므온은 말했다.[12] "나의 노력은 성경에서 그 곳에 있는 바를 전하는 것이다. 나는 이 항목에 큰 경계심을 갖고 내가 해설하고 있는 구절에 성령님의 생각이 존재하고 있다고 믿는 것 이상이나 이하를 절대로 말하지 않는다. 그러므로 어떤 구절의 완전하고 진정한 의미에 도달할 수 없을 때 그 구절을 건드리지 말라."[13]

하나의 본문을 '여는'(그들의 통상적인 말인데 훌륭한 말이다) 방법은 먼저 그 전후 관계의 내용을 설명하고(그들은 "전후 관계없는 본문은 하나의 핑계이다"라고 한 J. H. 조웻⟨Jowett⟩에 동의할 것이다) 그 다음에 그 본문에서 한 가지 또는 그 이상의 그 내용을 구체화하는 교리적 관찰들을 끌어내고, 그렇게 끌어낸 진리들을 다른 성경으로 확대하고 예증하고 확인하고, 마지막으로 듣는 자들을 위한 실제적 의미들을 끌어내는 것이다. 청교도들은 연속적인 주석의 열성가들로 하나의 본문들만이 아니라 성경의 전체 장들과 책들에 대한 주석 설교들을 엄청나게 남겼다. 예를 들어 매튜 헨리의 놀라운 주석의 대부분은 먼저 체스터의 자신의 양떼들에게 설교되었던 것이다.

(2) 청교도의 설교는 그 내용에 있어 교리적이었다

청교도들은 성경을 하나님의 마음이 완전하게 담겨져 있고 스스로 해석하는 계시로 받아들였다. 그들이 칭한 바와 같이 이 '신성의 본체'

---

[12] A. W. Brown, *Reflections of the Conversation Parties of the Rev. Chas. Simeon* (1862), p 177.
[13] Ibid, p 183.

인 계시는 이 '가장 훌륭한 책'의 모든 부분이 독특한 기여를 하는 하나의 통일체라고 그들은 생각했다. 따라서 단일 본문들의 의미는 '전체'의 나머지 부분과 관계하여 보지 않으면 바르게 식별될 수 없는 것이며 또한 뒤집어 말해서 전체를 더 잘 파악하면 할수록 각 부분의 더 많은 의미를 알게 된다. 그러므로 훌륭한 해석자가 되기 위해 사람은 먼저 훌륭한 신학자가 되어야 한다. 신학 – 하나님과 인간에 대한 진리 – 은 하나님께서 성경 본문 속에 두신 것이며 신학은 설교자들이 성경 본문 속에서 끌어내야 하는 것이다.

"교리를 설교하야 하는가?"하는 질문에 대해 청교도의 대답은 "물론이다. 설교에 그 밖에 다른 무엇이 있는가?"라는 것일 것이다. 청교도 설교자들은 듣는 자들의 구원에 관계가 있다면 가장 심오한 신학을 강단에 도입하여 사람들에게 숙달되게 적용하라고 요구하고 그러지 않으려고 할 때 그것을 불성실의 표적이라고 진단하기를 주저하지 않았다. 교리 설교는 분명히 위선자들을 지루하게 한다. 그러나 그리스도의 양들을 구원하는 설교는 오직 교리 설교 뿐이다. 설교자의 일은 불신자들에게 여흥을 베풀어 주는 것이 아니라 믿음을 설교하는 것이다. 다른 말로 이야기해서 염소들을 즐겁게 하는 것이 아니라 양들을 먹이는 것이다.

(3) 청교도 설교는 그 배열에 있어 규칙적이었다

설교자들은 명확한 제목들의 가치를 알고 의도적으로 자신들의 설교의 개략이 드러나는 것을 허용했다. 1572년 성 바돌로매 축일의 학살 때에 살해당한 학구적인 위그노 교도인 피터 라무스는 분석이 이해의 열쇠가 되는 교육 이론을 공식화했고 청교도들은 적어도 자신들의 메시지의 설계와 구조가 가능한한 명확하고 논리적이라는 것을 확인하는 범위까지 그의 취지를 받아들였다. 이 점의 중요성은 청교도들이 자신들의 회중에게 그들이 들은 설교를 기억하라고 가르쳤다는 것을 우리가 기억할 때 나타난다. 그들은 회중들에게 인용문들을 찾아보고 필요하면 노트를 함으로 나중에 그 메시지를 '되풀이할' 수 있고 그 주간 동안 묵상할 수 있도록 하라고 가르쳤다. 말씀 사역은 이같이 평신도들이 목회자가 가르치는데 수고한 만큼 힘들게 배우는데 수고해야 하는 협력활동이었다. 외우는데 불필요하게 어려운 설교는 바로 이 이유로 인해 부적당한 설교였다.

(4) 청교도의 설교는 그 내용에 있어서는 심오했지만 그 형식에 있어서는 대중적이었다

17세기 초는 재치있는 설교의 시대였다. 박식한 설교쟁이들은 토마스 구드윈의 '모든 교부들, 시, 역사, 비유들에서 발견되는 모든 종류의 재치와 온갖 가장 훌륭한 잡동사니들'[14]이라고 칭한 바를 자신들의 설교에 채워넣는데 서로 경쟁하고 있었다. 그리하여 설교는 세련된 자들을 위한 궤변적 여흥이며 설교자의 자기 과시를 위한 기회로 변질하였다.

박스터는 이 '재치있는' 설교를 '경박한 냄새를 풍기고 무거운 진리들을 증발시키는 경향이 있는 오만한 바보짓'이라고 비난하고 이를 실행하는 자들이 "강단에서 설교자가 아니라 연극 배우들같이 행동한다"고 불평하며 청교도들을 대변했다. 설교자를 높이는 설교는 덕을 세우지 못하는 죄악된 설교라고 청교도들은 말했다.

박스터는 계속하여 청교도 자신의 설교 특성을 결정 하는 원리를 다

---

14 Goodwin, *Works*, II: lxivf.

음과 같이 제시한다. "가장 명백한 말은 가장 무거운 문제들에 있어 가장 유익한 웅변이다."[15] 라일의 자서전적 어구를 빌리면 청교도들은 '자신들의 형식을 십자가에 못박은 사람들'이었다. 그들은 하나님에게서 자신들께로 주의를 돌릴지 모르는 수사학적 표현을 의도적으로 피했고 회중들에게 명확하고 솔직하고 검소한 영어로 이야기했다. 그들의 말은 너절하거나 저속하지 않았다. 기품있는 단순성 – 연구된 명확성 – 은 그들의 이상이었다. 실제로 청교도 설교의 '연구된 솔직성'은 종종 그 자체의 인상적인 웅변학을 소유한다. 곧 칼을 웅변자의 장난감으로 취급하지 않고 완전히 고귀한 목적의 종처럼 취급할 때 결과로 나타나는 자연스러운 웅변이다. 우리는 여기서 번연과 박스터를 생각하게 된다.

(5) 청교도의 설교는 그 방향에 있어 그리스도 중심적이었다

역전의 노병 리차드 십스는 풋나기 토마스 구드윈에게 이렇게 말했다. "젊은이, 만일 그대가 선한 일을 하고자 한다면 하나님의 값없이 주시는 은혜의 복음을 그리스도 예수 안에서 설교해야 한다네."[16] 청교도의 설교는 '그리스도와 십자가에 달리신 그리스도' 주위를 맴돌았다. 왜냐하면 그것이 성경의 중심이기 때문이다.

설교자의 임무는 하나님의 모든 의도를 선포하는 것이다. 그런데 십자가가 그 의도의 중심이다. 청교도들은 성경의 여행자는 갈보리라고 부르는 언덕을 시야에서 놓치자마자 바로 길을 잃게 된다는 것을 알고 있었다. 시므온의 설교들은 세 가지의 명백한 목표를 갖고 있었으니 곧 죄인을 낮추고 구주를 높이고 거룩을 조장하는 것이었다. 그런데 첫 번

---

15 Baxter, *Works*, II: 359.

16 Goodwin, *Works*, II: lxxi.

째 목표에 대상을 주고 세 번째 목표에 의미를 주는 것이 바로 두 번째 목표였다. 이점에 있어 십스는 확실한 청교도였다.

(6) 청교도의 설교는 그 관심에 있어 경험적이었다

설교자의 최고 관심은 하나님을 알도록 사람들을 인도하는 것이었다. 그들의 설교는 명백히 '실천적'이었고 하나님에 대한 경험에 관심을 갖고 있었다. 죄, 십자가, 그리스도의 하늘에서의 사역, 성령, 믿음과 위선, 확신과 확신의 결여, 기도, 묵상, 유혹, 절제, 은혜 안에서의 성장, 죽음, 천국은 그들의 부단한 주제들이었다. 번연의 천로역정은 청교도 설교 내용에 대한 일종의 그림 색인으로 기여한다.

그들은 이 사항들을 다룸에 있어 심오하고 철저하고 권위적이었다. 그들은 자신들이 이야기하고 있는 바를 아는 거룩한 경험을 한 그리스도인들처럼 말했다. 데이비드 딕슨(David Dickson)은 젊은 목사의 안수식에서 성경과 자신의 심령이라는 두 개의 책을 함께 공부하라고 명령함으로 청교도의 법칙을 공식화했다. 청교도들은 자신들의 타인들에게 역설하는 복음의 구원하는 능력을 스스로 입증하는 것을 양심의 문제로 삼았다.

존 오웬이 "자신의 영혼에 설교한 설교라야 다른 사람에게 훌륭하게 설교된다. 만일 말씀이 우리 안에 능력으로 거하지 않는다면 우리에게서 능력으로 전달되지 않을 것이다"[17]라고 말한 바와 같이 청교도들은 이 점을 알고 있었다. 로버트 볼턴(Robert Bolton)은 '먼저 자신의 심령에 역사하게 하지 않으면 절대로 어떤 경건한 취지도 가르치지 않았던' 유

17　Owen, *Works*, XVI: 76.

일한 사람이 아니었다.[18] 청교도들의 묵상과 기도의 열심을 다한 실천, 그들의 죄에 대한 예민성, 거룩에 대한 열정 그리고 그리스도에 대한 불타는 헌신은 그들을 영혼의 숙련된 의원이 되게 무장시켰다. 그리고 그들이 설교할 때 그 깊이는 심오했다.

왜냐하면 그들은 먼저 그리스도인이 경험하는 어두운 심연과 높은 절정에 대해 말했기 때문이다. 10대의 어린 스펄전의 설교를 들은 노(老) 그리스도인은 거의 경외감을 가지고 그에 대해 "그는 마치 믿음에 있어 백 살 먹은 사람 같은 경험을 갖고 있다"고 말했다. 이것은 모든 청교도 설교의 특징이었다.

(7) 청교도의 설교는 그 적용들에 있어 날카로웠다

적용적 개괄에 대해서 설교자들은 특별한 영적 요구 상태들에 대한 설교학적 탐색을 훈련하여 정확하고 상서한 방법으로 그것들에 대해 말했다. 앞에서 우리는 퍼킨스가 『예언의 기술』(Art of Prophecying)에서 설교자가 일반 회중에서 예상할 수 있는 다양한 부류들을 구별한 것을 보았다. 즉 그들의 좌석 아래 상당한 폭탄을 필요로 하는 무지하고 가르치기 어려운 자들, 기독교의 모든 것에 더해 규칙적인 교육을 필요로 하는 무지하지만 가르칠 수 있는 자들, 죄의식을 줄 필요가 있는 지식은 있으나 겸손하지 않은 자들, 복음의 기호를 가르칠 필요가 있는 겸손하고 필사적인 자들, 세움을 받을 필요가 있는 하나님과 동행하는 신자들 그리고 교정을 필요로 하는 지적인 죄나 도덕적인 죄에 빠진 신자들이다.

---

18 Edward Bapshawe, 'Life and Death of Mr. Bolton'(bound with M(r). *Bolton's Four Last Things*, 1632), p 13.

일단 이 점들로 회중을 생각해 보기 시작하면 생각속에 낙심한 자들, 상처받은 자들 그리고 의기 소침한 자들(청교도들이 칭하는 바와 같이 '우울증'을 앓고 있는 자들)과 같은 다른 부수적 범주들이 떠오른다. 퍼킨스가 약간 신비적으로 마지막 유형으로 "혼합적인 사람들, 혼합적인 사람들도 우리 교회에 있다"[19]고 확인할 때 아마 이런 범주들을 생각했을 것이다(여기의 '혼합적'이란 말이 '정신 이상'을 의미할 수 있을까?). 이 모든 다양한 집단들에게 하나님의 말씀이 적용되어야 하는 것이다.

사람들의 유형에 대한 퍼킨스의 분류에서, 우리는 웨스트민스터 공적 예배 규칙서가 제시하는 적용 유형들의 목록을 추가해야 할 것이다.[20] 설교자가 진리를 입증하고 명백하게 한 다음 "비록 많은 신중함과 열심과 묵상을 요구하는 매우 어려운 일임이 분명하며, 육에 속한 타락한 인간은 매우 불쾌해 할 일이지만 그 진리를 청중들에게 적용함으로 특별한 용도를 깨닫도록 해야 한다"고 주장한 다음, 웨스트민스터 공적 예배 규칙서는 여섯 종류의 적용을 열거한다.

① 자신의 교리에서 나온 어떤 결과에 대한 지식의 교육 또는 통보
② 거짓교리들에 대한 논박
③ 의무들에 대한 권고
④ 간언, 견책, 공적 훈계
⑤ 위로의 적용
⑥ 시험(자기 반성), 이 시험을 통해 청중들은 자신을 검사할 수 있고 따라서 의무에 대해 각성과 자극을 받고 자신의 부족함과 죄

---

19 William Perkins, *Works* (1609), II: 665f.
20 Ibid, pp 380f.

에 대해 겸손해지고, 자신의 위험에 대해 충격을 받고 위로(격려)로써 강건해지게 된다.

이러한 유형의 적용은 모두 목회적이며 복음적이다. 설교자는 자기 양떼와 함께 거하고 교제함으로 이러한 적용들 중에 그들의 영혼을 그리스도께로 이끌 수 있는 가장 필요하고 적절하다고 생각되는 적용을 지혜롭게 선택해야 한다. 형태에 있어 이 적용들은 추론적이며 논리적으로 구성되어 있다. 가르쳐진 진리가 진실이기 때문에 우리는

① 그 진리를 적용하는, 이어지는 발전된 진리에 대해 확신해야 하며
② 그 진리를 부정하는 오류들을 끊어야 하며
③ 그 진리가 요구하는 이러저러한 선한 일들을 행해야 하며
④ 그 진리가 금하는 이러저러한 악한 일들을 행하는 것을 그치거나 피해야 하며
⑤ 그 진리가 제공하는 격려를 스스로 받아야 하며
⑥ 그 진리의 빛 가운데 자신이 영적으로 서있는 곳이 어디이며 얼마나 그 진리에 의해 살고 있는지 자문해야 한다. 청교도의 평가에 있어 설교자의 자질은 청중들이 그의 적용에서 발견하는 명쾌함, 지혜, 권위 그리고 철저함에 달려있다.

물론 설교자가 하나의 설교에서 여섯 가지 유형의 적용 모두를 일곱 가지 유형의 듣는 자 전부에게 적용하는 것은 불가능하다. 42가지로 구별되는 적용은 하루 종일이 걸릴 것이다. 그러나 청교도 목회 설교자들은 자신의 설교 시간의 반 이상을 적용들을 전개하는데 사용하곤

했다. 그래서 그들의 출판된 설교들을 연구하는 사람은 누구나 곧 42가지의 특별한 적용들 모두가, 종종 대단히 웅변적이며 도덕적 힘을 가지고 전개되는 실례들임을 알게 된다. 하나의 입장에서 볼 때 적용의 강도는 청교도 설교의 가장 뚜렷한 특징이었다. 따라서 적용을 구별하는 이론은 청교도 설교자들이 오늘날 성경과 성경의 복음을 효과적으로 설교하고자 하는 사람들에게 남겨 준 가장 귀중한 유산이라고 주장할 수 있다.

(8) 청교도의 설교는 그 태도에 있어 능력적이었다

청교도는 강단에서 사람들을 감동시키는 열정을 간절히 바랐다. 청교도는 박스터가 '생명과 빛과 무게를 가지고 정말 진지하게 완전히 가슴으로부터 말하는 명확하고 끈질기고 솔직한 설교자'가 되기를 열망하였다. 청교도는(앞에서 청교도 목회자에 대해서 말했던 바와 같이) 마치 등 뒤에 죽음이 있는 사람처럼 설교하고자 했다. 박스터의 말로 나타내면 이러하다.

> 절대로 다시 설교하지 않을 것이 확실한 것처럼,
> 그리고 죽어가는 사람이 죽어가는 사람에게 하는 것처럼.
> (As never sure to preach again,
> And as a dying man to dying men.)

그리고 성령이 임하심으로 말씀하시는 것을 느끼지 못하면 청교도는 전혀 설교하는 것이 아니라고 생각했다. 후에 복음주의자들도 이에 동의했다. 시므온은 이렇게 말한다.

> 목회자가 강단에서 수다떨기는 쉽다. 그러나 설교하는 것은 쉽지 않다. 설교는 자기 회중을 어깨에 매고 천국에 데리고 가는 것이며 그들을 위해서 울고 그들을 위해서 기도하며 눈물로 기도하는 심령으로 진리를 전하는 것이다. 만일 목회자가 종종 이렇게 행하는 은혜를 소유했다면 그는 마땅히 매우 감사해야 할 것이다.[21]

앞에서 우리가 본 바와 같이 이것이 바로 박스터가 다음과 같이 주장한 이유였다.

> 목회자는 회중에게 나아가기 전에 심령으로 특별한 수고를 해야 합니다. 만일 심령이 차가우면 어떻게 그가 듣는 자들의 심령을 따뜻하게 하겠습니까? 그러므로 생명을 위해 특별히 하나님께 나아가십시오. 그리고 주님의 열심 가운데 주님의 집으로 들어가기 위해 감동케 하고 각성을 주는 책을 읽든지 또는 여러분이 말하고자 하는 주제의 중요성과 여러분의 성도의 영혼의 큰 필요성에 대해 묵상하십시오.[22]

이것이 청교도의 설교였던 최근까지의 대체적인 복음주의 설교였다. 과거에 복음주의를 창대하게 하였던 이유가 바로 이런 종류의 설교였다. 다시 이러한 설교로 되돌아가지 않는다면 복음주의가 다시 창대해

21　Brown, op cit, p 105f.

22　Baxter, *The Reformed Pastor*, p 62f.

질 가능성은 거의 없는 것 같다. 서구 교회들은 최근 현대의 회중에게 영적으로 의미있는 설교를 하는 방법에 대해 혼란에 빠져 있는데 이 문제를 주로 적절한 기법을 고안해야 하는 문제로 다루고 있다. 물론 설교에서 기법도 필요하다. 그리고 청교도의 해석과 적용 기법이 이 장의 주제였다해도 잘못된 것은 아닐 것이다.

그러나 청교도 자신들은 단순한 기법, 심지어 적용기법 이상이 의미 있는 설교에 존재한다고 주장하는데 첫째가 되고자 할 것이다. 따라서 우리가 당연히 '개혁주의 목사님'으로 칭할 수 있는 리차드 박스터에게 다시 한번 말하게 함으로 동료 설교자들에게 오늘날의 교회가 너무 잘 잊는 경향이 있는 취지-취지들의 집합-를 지적하게 함으로 끝을 내는 것이 적절할 듯 싶다.

> 우리의 모든 일은 성령을 소유한 사람들에 의한 일이므로 마땅히 영적으로 행해져야 합니다. 어떤 사람들의 설교에는 신령한 청중들이 분별하고 즐길 수 있는 영적 선율이 있습니다. 우리의 신령한 진리에 대한 증거와 예증들은 역시 성경에서 이끌어낸 신령한 것이어야 합니다. 성경의 뛰어난 풍미를 잃은 설교는 병든 심령의 표적입니다. 왜냐하면 신령한 심령에는 하나님의 말씀과 같은 성질이 있기 때문입니다. 하나님의 말씀은 그를 중생시킨 씨앗입니다. 말씀은 참된 신자들의 심령에 존재하는 모든 거룩한 생각들을 만들고 거기에 하나님의 형상을 찍은 인입니다. 그러므로 그들은 사는 동안 귀한 평가를 필요로 하는 것입니다.
>
> 우리의 모든 일은 우리 자신의 부족함과 그리스도에 대한 우리

의 완전한 의존에 대한 깊은 의식하에 수행되어야 합니다. 우리는 우리를 이 일로 보내신 분께 빛과 생명과 힘을 얻기 위해 나아가야 합니다. 설교 뿐만 아니라 기도도 우리가 계속해야 하는 일입니다. 자기 성도들을 위해 열심으로 기도하지 않는 사람은 그들에게 진심으로 설교하지 못합니다. 만일 우리가 그들에게 믿음과 회개를 주시도록 하나님을 설복하지 못한다면 우리는 그들을 믿고 회개하라고 설복하지 못할 것입니다.[23]

---

[23] Ibid, pp 120-123.

18장
청교도와 복음전도

1918년에 한 공적 잉글랜드 국교회 위원회는 복음전도를 이렇게 정의했다. "그리스도 예수를 성령의 능력으로 제시하여 사람들이 그리스도를 통하여 하나님을 신뢰하고 그리스도를 자신들의 구주로 영접하고 그리스도의 교회와의 교제 가운데 그리스도를 자신들의 왕으로 섬기게 되는 것"(so to present Christ Jesus…that men shall come to put their trust in God…). 한 단어를 바꾸면 ('shall' 대신 'may'로 바꿈으로 복음전도는 결과라기보다는 목적으로 정의된다) 이 정의는 우리 연구를 위한 훌륭한 출발점이 된다.[1]

청교도들은 복음전도라는 과제와 씨름을 했을까? 언뜻 볼 때 아닌 것 같다. '복음전도'(Evangelism, 20세기의 단어)는 그들의 어휘에 없었다. 그들은 신약성경에 언급된 '복음 전하는 자'를 사도들의 보조직으로 지금은 폐지된 직분이라는데 대해 칼빈과 일치했고 '선교', '개혁 운동가'에 대해서는 그 이름도 그 일도 알지 못했다. 그러나 우리는 복음전

---

[1] I discuss this definition, and the necessary change, in *Evangelism and the Sovereignty of God* (Inter-Varsity Press: London and Downer's Grove, 1961), pp 37-41.

도가 그들의 주요 관심들 중의 하나가 아니었다고 추측하는 오해에 빠지지 말아야 한다. 복음전도는 그들의 주요 관심사였다.

그들 중의 많은 사람들이 비회심자들에 대한 성공적인 탁월한 설교자들이었다. 키더민스터의 사도인 리차드 박스터는 아마 오늘날 널리 기억되는 이러한 사람들 중의 유일한 사람일 것이다. 그러나 17세기의 기록에서 휴 클라크(Hugh Clark)에 대한 이런 진술들을 흔히 읽을 수 있다. "그는 하나님께 많은 자녀들을 낳았다." 또는 존 코튼(John Cotton)에 대한 "주님의 임재는 많은 영혼들의 회심으로 그의 수고에 유종의 미를 거두게 했다"[2]는 것과 같은 진술도 많이 있다. 더욱이 복음전도 문서를 창안한 사람들이 바로 청교도들이었다.

우리는 여기서 리차드 박스터의 『비회심자들을 향한 부르심』과 조셉 얼라인의 『비회심자들에 대한 경고』를 생각하게 된다. 이 두 문헌은 이 부류의 저술 중에 두드러진 선구자적 작품이다. 청교도 서적들에 나타나는 회심이라는 주제에 대한 정교하고 실제적인 취급은 17세기의 청교도계에 독특한 가치가 있는 것으로 간주되었다. 청교도 지도자들 중의 두 사람이 다음과 같은 글을 썼다.

> 그로 인해 제시되는 구원의 회심과 새로운 피조물에 대한 교리가 부흥되었다는 것은 개신교 신앙의 영광들 중의 하나이다. 그러나 더 뛰어난 방식으로 하나님께서는 그들의 보다 정확한 탐색과 발전으로 인해 널리 유명한 이 국가의 목회자들과 설교자들에게 영예를 내리셨다.[3]

---

2 Samuel Clarke, *Lives of Fifty-Two…Divines* (1677), pp 131, 222, etc.

3 Thomas Goodwin and Philip Nye, preface to Thomas Hooker, *The Application of*

신교의 역사 과정에 있어 복음전도에 대한 두 가지의 별개의 개념과 유형들이 발전되었다는 것은 진실이다. 우리는 그것들을 '청교도' 유형과 '현대적' 유형으로 칭할 수 있다. 오늘날 우리는 현대적 유형의 복음전도에 너무 익숙하여 청교도 유형을 복음전도로 거의 인식하지 못한다. 우리가 청교도 유형의 복음전도의 특성을 완전히 이해할 수 있도록 하기 위해 나는 우리 시대에 청교도 유형의 복음전도를 널리 폐지시켜 버린 현대 유형의 복음전도와 대조하고자 한다.

1. 현대 복음전도

그러면 현대 유형의 복음전도의 특성을 기술함으로 시작하기로 하자. 현대 유형의 복음전도는 지역 교회 생활에 대한 개념을 회심과 강화의 교차하는 순환으로 전제하는 것 같다. 복음전도는 어떤 한 기간 동안 전파하는 운동의 성격을 지닌다. 복음전도는 지역 교회 회중의 정상적 기능에 있어 임시적이며 특별한 경우의 활동이며 부수적이며 보조적인 활동이 된다. 특별한 종류의 특별한 집회들이 계획되고 보통 특별한 설교자들이 그 집회를 인도하도록 확보된다.

종종 그 집회들은 '예배'보다는 '집회'라고 칭해지며 어떤 곳에서는 '부흥회'라고 칭해진다. 어떤 경우든지 그 집회들은 정규적인 하나님께 드리는 예배와 구별되는 것으로 간주된다. 그 집회에서 모든 일은 직접 비회심자들로부터 예수 그리스도을 믿는 즉각적이고 의식적이며

Redemption, 1956.

분명한 믿음의 활동을 확보하는 것을 목표로 한다. 집회가 끝날 때에 응답한 자들이나 응답을 원하는 자들은, 자신들의 새로운 결심에 대한 공적 증언의 행동으로, 앞으로 나아오거나 손을 들거나 카드를 쓰거나 또는 이와 유사한 어떤 일을 요구받는다. 이런 일은 그것을 행하는 자들에게 좋은 일이라고 주장된다. 왜냐하면 그 일은 그들의 '결단'을 명확하게 하고 더 나아가 이어지는 목적들에 스스로 동의하게 하는 유익이 있기 때문이라는 것이다. 이들은 조언을 받고 즉시 지역 교회에 개심자로 인도된다.

이런 유형의 복음전도가 1820년대에 찰스 피니(Charles G. Finney)에 의해 창안되었다. 그는 '오래 끄는 집회'(즉 강력한 복음전도의 권유)와 '고민의 자리'(the anxious seat)를 도입했다. 이 고민의 자리란 상담실의 전신으로 집회가 끝난 다음 "고민하는 사람들이 와서 특별한 이야기를 들을 수 있고 때로는 개인적으로 대화를 나눌 수 있도록" 비워 둔 정면의 좌석이었다. 전도 설교를 마칠 때 피니는 "여기 고민이 있습니다. 나와서 주님의 옆에 있겠다는 결단을 하십시오"라고 말하곤 했다.[4] 이것들은 상당한 반대를 받은 피니의 '새로운 방법들'이었다.

한때 학교 교장과 변호사였던 피니는 29세에 믿음을 갖게 되어 바로 복음전도 사역에 투신했다. 총명하고 격렬하며, 말을 잘하고 명령적이며, 열심과 독립심이 강했던 그는 하나님의 주기적인 초청으로서의 신앙부흥에 대한 에드워즈의 철학을 지지한 반면, 인간이 신앙부흥을 주도할 수 없다는 에드워즈의 전제는 의심했고, 어거스틴과 종교개혁과 청교도의 전적부패에 대한 신념, 즉 새롭게 하는 은혜가 없이 인간은

---

4 Charles G. Finney, *Revivals of Religion* (Oliphants: London; 1928), chap XIV, p 304.

회개하거나 믿거나 영적으로 선한 어떤 일을 절대로 할 수 없다는 신념-에 대한 에드워즈의 주장을 완전히 폐기해 버렸다.

그가 끊임없이 죄로 쏠리는 경향이라는 의미에 있어 보편적인 인간 부패는 인정한-실제로 주장한-반면, 인간이 하나님께로 전심으로 돌이키는 것이 옳고 정당하고 필요한 일이라고 확신하면 선천적으로 누구나 그렇게 할 수 있다는 그의 강조적인 주장에 있어서는 명석하고 솔직한 펠라기안주의자였다.

따라서 피니는 회심에 있어서의 성령의 모든 역사를 도덕적 설득이라는 점으로 이해하였다. 즉 성령께서는 우리 마음에 반항적 무기를 버리고 하나님께 굴복해야 하는 이유를 분명하게 보이신다는 것이다. 그런데 인간은 언제나 이 설득을 거부할 자유가 있다는 것이다-죄인들은 하나님을 무시하고 지옥에 갈 수 있다. 그러나 이 설득이 강하면 강할수록 저항을 꺾는데 성공할 가능성이 더 많다는 것이다. 따라서 마음에 진리가 부딪히는 힘을 증가시키는 모든 수단-복음전도 집회에서 가장 열광적인 흥분, 가장 가슴이 미어질 듯한 감격, 가장 신경을 자극시키는 동요는 완전히 정상적이라는 것이다. 피니는 그의 첫 번째 부흥강연에서 이것을 다음과 같이 표현했다.

> 흥분없이 신앙을 고무할 것으로 기대하는 것은 비철학적이며 모순이다. 세상에 비신앙적인 흥분들을 무력하게 할 충분히 신앙적인 원리가 존재할 때까지는 흥분을 저지하며 신앙을 고무시키려고 시도하는 것은 헛된 일이다. 잠들어 있는 정상적

인 능력들을 깨우기 위해서는 충분한 흥분이 있어야 한다.[5]

더욱이 사람의 잠들어 있는 '도덕적 능력들'을 격발시키기만 한다면 누구나 언제든지 하나님께 굴복하고 그리스도인이 될 수 있으므로 즉각적인 결단과 헌신을 위해 설교하는 것은 언제나 복음전도자의 일이며 의무이다. "나는 지금 즉시 그리스도를 영접하는 것을 하나님께서 그들에게 요구하시는 믿음과 회개로 제시하여 그들을 꼼짝 못하게 하려고 노력했다"라고 피니는 전형적인 전도 설교에 대해 말한다.[6] 피니에게 있어서 복음전도 설교는 그 자신과 그의 청중들 간의 의지 싸움이었고 그 의지 싸움 가운데에서 그의 과제는 청중들을 파열점으로 인도하는 것이었음은 확실한 것 같다.

만일 죄악된 인간의 자연적 상태에 대한 피니의 교리가 옳다면 그의 복음전도 방법들도 역시 옳다고 판단되어야 한다. 왜냐하면 그가 종종 주장한 바처럼 '새로운 방법들'은 고려하는 목적에 훌륭하게 응용되었기 때문이다. "펠라기안주의는 적극적으로 복음적이 되고자 할 때 자연히 그러한 상투 수단들로 자신을 표현한다"라고 B. B. 워필드는 말했다.[7] 그러나 만일 피니의 인간에 대한 견해가 잘못되었다면 그의 방법들도 의문이 제기되어야 한다 – 이 점은 현재 중요한 논점이다. 왜냐하면 오늘날 복음전도에 있어서 상당히 특징지우고 있는 것이 바로 수정되고 각색된 피니의 방법들이기 때문이다.

---

5 Ibid, chap I, p 3.

6 Finney, *Autobiography* (Salvation Army Book Dept, n d), p 64.

7 B. B. Warfield, *Perfectionism* (*Works of B. B. Warfield*, vol VIII, reprinted Baker Book House: Grand Rapids; 1981), II: 34.

나는 그 방법을 사용하는 모든 사람들이 펠라기안주의자들이라고 말하지는 않는다. 그러나 나는 그 방법들의 사용이 피니의 교리와 다른 교리와 실제로 일치하는가 하는 의문을 제기하고 만일 피니의 교리가 거부된다면 그의 방법들도 어느 정도 부적절하며 진정한 복음전도 사역에 사실상 해롭다는 것을 입증해 보고자 한다. 결과는 그 방법들의 사용을 정당화한다고 말할지 모른다. 그러나 사실 피니의 회심자들의 대부분은 타락하였고 피니 시대 이후에도 이런 방법들에 의해 결단한 사람들 역시 그러했던 것 같다. 현대의 복음전도자 대부분은 자신들이 회심시킨 사람들 중 다수가 남을 것이라는 기대를 포기한 것으로 보인다. 따라서 피니에게서 유래한 방법이 결과에 의해 정당화된다는 주장은 불분명하다. 나는 뒤에서 이 방법들이 실제로 분명히 그러했던 것처럼 다수의 거짓 회심자들이 생기게 하는 경향을 갖고 있다는 사실을 말할 것이다.

2. 청교도의 복음전도

한편 청교도 유형의 복음전도는 죄인의 회심은 신적 권능의 은혜롭고 주권적인 역사라는 청교도의 확신의 실천에서 나타나는 일관된 표현이었고 지금도 그러하다. 이에 대해 설명해 보고자 한다.

청교도는 '회심'(conversion)과 '중생'(new birth/regeneration)과 같은 상징적인 단어를 전문적 술어로 사용하지 않았고, 그 용법은 서로 약간씩 차이가 났다. 그러나 대부분 이 단어들을 전문적인 명칭으로 효과적인 소명(effectual calling)을 나타내는 과정에 대한 동의어들로 다루었다. 소명(또는 부르심)은 로마서 8:30; 데살로니가후서 2:14; 디모데후서 1:9에 있는 그것에 대한 성경적 단어이며 형용사 '효과적인'은 마태복음 20:16; 22:14에 언급된 비효과적이며 외면적인 소명과 구별하기 위해 추가된 것이다. 웨스트민스터 신앙고백 XI 은 로마서 8:30의 해석적 의역으로 '소명'에 신학적 관점(Perspective)을 부여한다.

> 하나님께서는 영생을 주시기로 예정하신 사람들에게 한하여 그 기쁘신 뜻으로 그들을 부르시되, 그의 정하신 적당한 시기에 효과적으로 부르시는데 그들을 그 본성화되어 있는 죄와 사망의 처지에서 그의 말씀과 성령으로 부르시어 그리스도로 말미암은 은혜와 구원에 이르도록 하신다.

웨스트민스터 소요리문답의 31번 답은 이렇게 분석을 제시한다.

> 효과적인 부르심은 하나님의 성령의 역사이다. 성령께서는 이 역사에 의해 우리에게 우리의 죄와 불행을 깨닫게 하시고 그리스도의 지식 안에서 우리의 마음을 조명하시고 우리의 의지를 갱신시키시며, 복음 안에서 우리에게 값없이 주어진 예수 그리스도를 영접하도록 우리를 권하시며 또한 영접할 수 있게 하신다.

우리가 청교도의 견해를 파악하기 위해서는 이 효과적인 부르심에 대해 세 가지 사항을 말해야 한다.

1) 효과적인 부르심은 신적 은혜의 역사이다

효과적인 부르심은 인간이 자신을 위해 또는 다른 사람을 위해 할 수 있는 일이 아니다. 효과적인 부르심은 구속을 얻는 사람들에게 구속이 적용되는 첫 번째 단계이다. 효과적인 부르심은 선택과 구속이 확립된 그리스도와의 영원하고 연합적이고 대표적인 관계의 기초들 위에 선택된 죄인이 성령에 의해 그의 언약의 머리이며 구속자와의 실제적이고 살아있고 인격적인 연합으로 인도되는 사건이다.

이와 같이 효과적인 부르심은 하나님 편에서의 값없이 주시는 긍휼의 역사인 것이다.

2) 효과적인 부르심은 신적 권능의 역사이다

효과적인 부르심은 성령에 의해 이루어지는 것이다. 성령께서는 간접적으로 말씀에 의해 마음에 깨달음과 확신을 주시는 역사를 하시며, 또한 직접적으로 말씀으로 심령의 내밀한 깊은 곳에 새생명과 능력을 심으시어, 효과적으로 죄를 밀어내고 죄인으로 하여금 복음의 초청에 응답할 수 있고 또한 기꺼이 응답하게 하신다. 성령의 역사는 이렇게 설득(알미니안주의자들과 펠라기안주의자들도 이 설득은 승인한다)에 의한 도덕적 역사이며 또한 권능(그들은 이 권능을 부인한다)에 의한 형이하학적(physical) 역사이기도 하다(여기에서 '형이하학적'이란 말은 "인격적 자아〈즉 영혼〉와 구별되는 육체에서 끝나는"이란 의미가 아니라 "의식 아래 수준에 있는 우리의 인격적 존재에서 끝나는"이란 의미이다). 오웬은 다음과 같이 기술한다.

성령의 도덕적 역사만 있는 것이 아니라 직접적인 형이하학적 역사, 곧 중생에 있어 인간들의 마음 또는 영혼에 대한 역사도 있다. 회심에 있어 은혜의 역사는 새 심령을 창조하고 일깨우고 형성하고 주신다는 것과 같은, 실제적이며 내적인 효능을 나타내는 말들로 부단하게 표현된다. 이 역사는 능동적 효능에 관련되어 이야기되는 어느 곳에서나 하나님께 돌려진다. 곧 하나님께서 우리를 새롭게 창조하시고, 우리를 일깨우시고 자신의 뜻으로 우리를 낳으신다는 것이다. 그러나 이 역사가 우리와 관련되어 이야기될 때에는 수동적으로 표현된다. 즉 우리는 새로운 피조물이며 중생되었다는 등의 표현이다. 이것은 알미니안식의 은혜의 모든 가설들을 뒤집기에 충분하다.[8]

"목회자는 인간의 심령의 문을 두드리고 성령께서는 열쇠를 가지고 오셔서 그 문을 여신다."[9] 오웬은 계속하여 성령의 중생시키시는 활동은 "무오하고 패배를 모르며, 저항할 수 없고 항상 효과적이다. 성령께서는 모든 장애물들을 제거하시고 모든 반대들을 극복하시고 무오하게 의도된 결과를 생겨나게 하신다"[10]고 말한다. 은혜는 저항할 수 없다. 그 이유는 죄인들의 의지를 거스리며 그리스도께로 이끌기 때문이 아니라 인간들의 심령을 변화시키고 "은혜도 자발적이 되게 하심으로 가장 자유롭게 나아오게 되기 때문이다."[11]

---

8   John Owen, *Works*. III: 316f.
9   Thomas Watson, *A Body of Divinity*, p 154.
10 Owen, *Works*, III: 317f.
11 *Westminster Confession*, X: i.

청교도들은 효과적인 부르심에 창조적으로 나타내는 신적 권능에 대한 성경 사상을 즐겨 역설하였다. 구드윈은 이를 교회에 나타나는 '지속적 기적'이라고 수시로 묘사했다. 청교도들은 회심이 대개는 극적인 사건으로 나타나지 않는다는 데에 일치했다. 그러나 구드윈은 때때로 정확하게 극적인 사건으로 나타난다는 것을 주지하며 이러한 극적인 사건으로 하나님께서 하나의 양식의 경우에서 모든 그리스도인의 효과적인 부르심에 수반될 수 있는 권능이 얼마나 큰 것인지를 보여주시는 것이라고 확인했다. 구드윈은 다음과 같이 진술한다.

> 어떤 사람의 부르심에는 매우 갑자기 선택과 회심이 폭발한다. 우리는 선택이 어떤 사람을 사로잡아 그를 강력한 힘으로 밀어젖히며 그에게 신령한 성품을 깊이 새겨 놓으며, 부패된 성품을 뿌리째 뽑아 버리며, 하나님에 대한 사랑의 원리 가운데 머물게 하고 첫날부터 새로운 피조물로 나서게 하는 것을 보게 된다. 그는 마치 바울과 같이 행동하는데 다른 사람들에게도 전례가 없는 것이 아니다.[12]

구드윈은 그러한 극적인 회심이 다음과 같다고 말한다.

> 그러한 극적인 회심은 그런 부르심의 역사를 수단으로 한 선택에 대한 볼 수 있는 표시이다. 하늘과 땅의 모든 능력들은 인간의 영혼에 그런 역사를 할 수 없고 인간을 그렇게 갑자기 변화

---

12 Thomas Goodwin, *Works*, IX: 279.

> 시킬 수 없고 오직 세상을 창조하시고 그리스도를 죽은 자 가운데서 일으키신 하나님의 권능만이 할 수 있는 역사인 것이다.[13]

청교도들이 이렇게 하나님의 되살아나게 하는 능력을 찬미한 이유는 인용한 구절들을 볼 때 명백하다. 그 이유는 그들이 다음과 같은 성경의 가르침을 철저하게 받아들였기 때문이다. 즉 사람은 죄 가운데 죽었고(엡 2:1, 5; 골 2:13), 죄의 무력한 종으로 철저하게 타락되었고(롬 3:9; 6:20-22), 영적으로 무기력하다(요 3:3, 5; 6:45; 롬 8:7; 고전 2:14)는 가르침이다. 그들은 죄가 이러한 힘을 갖고 있기 때문에 오직 전능자만이 그 속박을 깨뜨릴 수 있고 생명의 창조자만이 죽은 자를 살릴 수 있다고 생각했다. 전적 무능은 그 극복을 위해 완전한 주권을 요구하는 것이다.

3) 효과적인 부르심은 신적 자유의 역사이다

오직 하나님께서만이 이 부르심의 열매를 맺으실 수 있으며 스스로 기뻐하심으로 그렇게 하신다. "그런즉 원하는 자로 말미암음도 아니요 달음박질하는 자로 말미암음도 아니요 오직 긍휼히 여기시는 하나님으로 말미암음이니라"(롬 9:16). 오웬은 "받을만한 가치가 없는 죄인들에게 은혜의 수단을 보내시는 불변의 값없이 주시는 긍휼에 대한 환상"[14]인 사도행전 16:9에 대한 설교에서 이에 대해 자세히 설명한다. 먼저

---

13 Ibid.
14 Owen, *Works*, VIII: 5-41.

그는 원칙을 설명한다.

> 특별히 복음의 선포 그리고 그리스도의 교회와 관련된 모든 사건들과 결과들은 하나님의 영원한 목적과 계획에 의해 가장 위대한 다양함으로 통제된다.

그 다음에 그는 예증을 한다. 어떤 사람들에게는 복음이 전해지나 어떤 사람에게는 복음이 전해지지 않는다.

> 이 장에서 복음은 아시아 또는 비두니아에서 전파되는 것이 금지된다. 주님께서는 자신의 섭리에 의해 세계의 많은 부분에는 아직도 계속 복음이 전달되는 것을 억제하시는 반면 본문에서 마게도니아로 복음이 전해지는 것처럼 어떤 국가, 예를 들어 영국과 같은 국가들에는 복음이 전달되게 하신다.

왜 이 차별을 하시는가? 라고 오웬은 질문한다.

> 왜 오직 일부만 복음을 듣는가? 그리고 복음을 들을 때 왜 우리는 어떤 이들은 계속 뉘우치지 않는데 다른 이들은 진지하게 예수 그리스도께 응하는 다양한 결과들을 보는가? 회심과 구원을 위한 은혜의 효과적인 역사가 어떤 이유로 유다가 아니라 요한을 향하고, 마술사 시몬이 아니라 시몬 베드로를 향하도록 자체의 법칙과 결심을 취한다고 생각하는가? 그 이유는 오직 영원부터 있는 하나님의 이 차별적인 계획으로 말미

암은 것이다. 하나님의 선택의 목적은 구원의 목적을 시행하는 법칙인 것이다.[15]

적절한 시기에 태어난 청교도 복음전도자 조나단 에드워즈도 종종 같은 주장을 한다. 그는 로마서 9:18에 대한 설교의 한 전형적인 구절에서 하나님의 주권("모든 피조물을 자신의 기뻐하심에 따라 처리하시는 그의 절대적 권리"로 정의됨)이 그의 은혜의 섭리에 나타나는 다음과 같은 방법들을 목록한다.

① 한 민족이나 백성을 부르사 그들에게 은혜의 수단을 주시고 다른 사람들은 은혜의 수단없이 내버려 드시는 것에서 나타난다.
② 하나님께서 특별한 사람들에게 주시는 이점들(예를 들어 기독교 가정, 능력있는 사역, 직접적인 영적 영향력 등)에서 나타난다.
③ 거의 이점을 갖지 못한 사람들에게 구원을 주시는 것에서(예를 들어 경건한 부모의 자녀들이 항상 구원을 받는 것이 아닌데 반해 불경한 부모의 자녀들이 구원을 받는 것) 나타난다.
④ 극악했던 어떤 사람들이 구원의 부르심을 받고 매우 도덕적이고 종교적이었던 어떤 사람들은 버림을 받는데서 나타난다.
⑤ 구원을 찾은 어떤 사람들은 구원받고 어떤 사람들은 구원을 받지 못함에서(즉 어떤 죄인들은 구원으로 인도하시는 반면에 다른 사람들은 전혀 구원을 얻지 못하는 것) 나타난다.[16]

---

15 Ibid, VIII: 14-16.

16 Jonathan Edwards, *Works*, II: 849f.

이 주권의 나타나심은 영광스러운 것이라고 에드워즈는 주장한다. "이 주권적 긍휼인 하나님의 자비는 하나님의 영광의 한 부분이다".

에드워즈처럼, 청교도 전통에 있어 하나님의 주권을 주장한 설교자는 아마 없을 것이다. 그러면서도 그의 설교는 복음전도적 입장에서 충실했다. 그의 목회 아래 신앙부흥이 그의 교회를 뒤흔들었다. 그 신앙부흥 가운데 그는 다음과 같이 말했다.

> 나는 죄인들의 구원에 관련된 하나님의 절대 주권의 교리 그리고 육에 속한 인간들의 기도에 응답하시고 그들의 고통을 대신 받으신 하나님의 공의의 자유의 교리가 주장되는 설교보다 더 뚜렷하게 축복을 받은 설교가 없었다고 생각한다.[17]

여기에 분명히 생각해 보아야 할 마음의 양식이 있다. 하나님의 주권적 자유는 회심의 때에도 나타난다. 구드윈은 성경과 경험이 다음과 같은 점을 증거한다고 기술한다.

> 위대하신 하나님께서는 거룩하시고 영광스러운 결과들을 위해 구원의 때를 정하셨다. 그러나 보다 더 특별하게 하나님께서는 자신의 사랑과 자비, 긍휼과 은혜를 나타나게 하기 위하여 구원의 때를 정하셨다. 곧 그의 많은 선택된 백성은 얼마 동안 죄의 상태에 머무른 다음에 하나님께서 그들을 새롭게 하시는 것이다.[18]

---

[17] Ibid, I: 353.
[18] Goodwin, *Works*, VI: 85.

선택된 죄인이 믿게 될 때를 결정하는 주체는 절대로 인간이 아니라 언제나 하나님이시다. 회심의 방법에 있어서도 하나님께서는 주권적이시다. 청교도들은 죄에 대한 인간의 지식과 회오, 곧 죄의식, 죄의 오염, 추악성 그리고 죄에 대한 하나님의 불쾌하심에 대한 지식과 회오가 믿음에 선행해야 한다고 가르쳤다. 왜냐하면 인간은 어떠한 죄로부터 구원이 필요한지 알기전에는 죄에서 구원받기 위해 그리스도께 오지 않을 것이기 때문이다. 이것이 청교도의 믿음을 위한 '준비'이다. 이 믿음을 위한 준비는 사실상 유일하게 그리스도께 나아 갈 수 있는 문을 여는 것인데도 불구하고 종종 그리스도께로 나아감을 제한하는 것으로 오해된다.

청교도들은 죄에 대한 회오(contrition, 이 단어의 까다로운 중세기적 의미에 있어, 즉 하나님의 명예를 손상시키고 자신을 더럽히는 것으로서의 자신의 죄에 대한 슬픔과 증오)가 있음으로 자신이 그 죄로부터 구원을 받기를 갈망한다고 말했다. 그렇지 않으면 사람은 죄의 형벌 뿐만 아니라 죄의 능력으로부터 구원받기 위해 그리스도께 진정으로 진실하게 전심으로 나아올 수 없다. 복음의 믿음과 회개로의 부름이 사람에게 행하기를 요구하는 것이 바로 이것이다.

따라서 지혜로운 설교자와 상담자들은 이 본질적인 준비 과정을 간단하게 하지 않고 죄인이 진실로 죄에 대한 사랑을 버렸다는 것을 확인할 수 있기까지 계속 그의 양심에 그의 죄악성과 단지 용서받을 뿐만 아니라 거룩함으로 인도되어야 할 깊은 필요성을 강조할 것이다.

그 다음에 지혜로운 설교자와 상담자들은 그에게 구주를 지적해 줄 것이다. 청교도들은 이것이 회심에서 하나님께서 역사하시는 방법에 대한 지식이 명령하는 목회 절차라고 말했다. 그들의 생각에 불안한 사람이 아직 자신의 죄악의 특성들을 직시하지 못했고 모든 죄악된 방법들을 버리기를 확실한 생각으로 바라는 시점에 이르지 못했는데 자신의 죄에 대해 근심하는 것을 멈추고 즉시 그리스도를 의지하여 거룩하게 되라고 말해 주는 것은 가장 나쁜 조언이었다. 마음이 죄에서 떨어지기 전에 이런 조언을 하는 것은 거짓 평안과 거짓 소망 권유, 복음의 위선자들을 만드는 것이라고 생각했다. 이런 조언은 기독교 상담자가 해야 하는 마지막 일이다.

그러나 이 준비 과정 전체를 통해 하나님의 자유로우신 주권이 인정되어야 한다. 하나님께서는 묘사되어진 노선을 따른 준비없이 성인들을 회심시키지 않으신다. 그러나 이 공식 내에는 수많은 다양성이 존재한다. "하나님께서는 모든 사람의 심령을 똑같이 깨뜨리시지 않으신다.[19] 구드윈이 말한 대로 어떤 회심은 모든 점에 있어 돌발적이다. 그 준비는 한순간에 이루어진다.

반면에 어떤 회심은 번연의 경우처럼 길게 끄는 사건으로 구도자가 그리스도와 평화를 찾기까지 여러 해가 경과한다. 얼마나 오래 걸리고 얼마나 격렬하게 이루어지는가에 대해 아무런 법칙도 제시될 수 없다. 하나님께서는 회오와 회심이 결과로서 생기기 전에 죄의 확신이라는 채찍으로 각 죄인을 혹독하게 다루신다. 효과적인 부르심의 역사는 하나님께서 바라시는 만큼 빨리 진행되나 그보다 더 빠르지는 않다. 따라서 조언자의 역할은 산파의 역할이다. 곧 그의 임무는 어떤 일이 일어나고 있는지 보고 각 단계에서 적절한 도움을 줄 수 있으나 출생 과정이 얼마나 빠를지 미리 예언할 수 없고 물론 사전에 조정할 수도 없는 것이다.

---

19 *Reliquiae Baxterianae*, ed M. Sylvester(London, 1696), first pagination, p 7.

3. 복음전도의 방법

청교도 복음전도 실행자들은 싫지만 듣지 않을 수 없는 청중들을 거느린 목회자들이었다(왜냐하면 그 시대에 교회 출석은 국민 생활의 일부분이었기 때문이다). 따라서 목회자들에게 있어 신자석에 정기적으로 앉아 있는 자들에 대한 복음전도는 그리스도 안에서 전체 회중들을 세우는 그들의 보다 넓은 과제의 중요 부분 이하도 이상도 아니었다. 그들의 복음전도자로서의 프로그램은 다음과 같은 내용보다 더 특별하지 않았다. 즉 끈기있고 철저한 방법으로 성경을 가르치며 적용하고, 하나님의 모든 섭리에 대한 선포에 있어 넓은 범위까지 나아가지만 부단히 세 가지 주제로 되돌아오는 것이다.

첫째 주제는 회심되고 구원을 받아야 하는 모든 사람의 필요성의 길이와 넓이와 높이와 깊이였다.

둘째 주제는 죄인들을 위해 아들을 십자가로 보내신 하나님의 사랑 그리고 자기 보좌에서 무거운 짐을 진 영혼들을 구원받으라고 자신에게로 부르시는 그리스도의 사랑의 길이와 넓이와 높이와 깊이였다.

셋째 주제는 우리가 우리의 영적 상태에 대한 무지한 자기 만족으로부터 그리스도에 대한 지식을 얻고, 자기 절망을 하고 명석한 머리와 전심의 믿음의 길로 여행할 때 마주치는 오르막과 내리막과 장애와 함정들이었다. 이 세 번째 주제를 나타내는 청교도 방식은 다음과 같은 네 가지 진리들에 계속 변화를 주며 되풀이하여 말하는 것이다. 그 네 가지 진리들은 예수 그리스도를 구주와 주님으로 영접하는 의무와, 어떤 보다 작은 것을 얻으려고 신앙에 안주하는 위험과, 새롭게 하는 은혜없이 그리스도께 나아오는 것의 불가능함과 이 은혜를 그리스도에게서 찾아야 할 필요성이었다.

공식적으로는 강단에서 그리고 비공식적으로는 개인적 상담에서 그들은 그리스도를 찾아야 하는 비회심자의 당면한 의무를 강조했다. 그러나 그들은 이 의무에 그리스도를 영접하여 구원받은 현재의 자격이 내포되었다고 보지 않았다. 그래서 우리는 청교도들이 모든 불신자들에게 당장 "그리스도를 영접하겠다고 결단하라"(현대에 흔히 볼 수 있는 어구)고 명령하거나 그들이 이 결단을 하는 기회를 주고 있다고 언급하는 것을 발견하지 못한다. 분명히 그들은 하나님께서 설교가 끝날 때 모든 사람이 그리스도를 영접하기를 요구하신다고 회중에게 말하도록 하기 위해 자신들을 보내셨거나 또는 어떤 다른 사람을 보내신다고 믿지 않았다.

여기가 펠라기안주의가 피니를 속였고 피니의 시범이 그 시대 이래 많은 사람을 속여온 지점이다. 피니는 어느 순간에나 그리스도를 영접하는 것이 모든 사람의 능력 안에 존재한다고 믿었기 때문에 복음이 모든 사람에게 요구하는 즉각적인 응답을 모든 사람의 즉각적인 회심과 동등시했다. 그러나 이렇게 동등시함으로 그는 어떤 영혼들에게 손상을 입히지 않을 수 없었다. 만일 어떤 사람이 사람들에게 그들이 당장 그리스도를 영접할 책임이 있다고 말하고 하나님의 이름으로 즉각적인 결단을 요구하면 영적으로 준비되지 않은 어떤 사람들이 앞으로 나와 지시를 받아 여러 행동들을 행하고 자신이 그리스도를 영접했다고 생각하며 돌아갈 것이다.

그러나 사실에 있어 그들은 그리스도를 영접할 수 없기 때문에 영접하지 않은 것이다. 이렇게 본질적으로 이 책략은 다수의 거짓 회심자들이 생기게 되어 있다. 결단을 협박하여 시키는 것은 실제로 인간 심령

속에서의 성령의 역사를 방해하고 훼방하는 것이다. 복음전도자가 열매가 익기도 전에 따서 갖고자 할 때 그 결과는 정확하게 거짓 회심과 완악하게 되는 것이다. 복음전도에서 '신속 판매'의 기술은 항상 이런 식으로 역효과를 일으키는 경향이 있으며 그 장기적인 결과는 정확하게 열매가 없는 것이다. 피니가 처음에 역사했고 후에 "과열로 다 타버린 구역"이라는 간판이 붙은 이 지역들에 아무런 영향도 끼치지 못한 것은 아니었다. 아직 개간되지 않은 땅을 파헤치고자 하는 피니주의는 그 땅을 초토화함으로 복음에 대한 반응을 높이기보다는 오히려 감소시키는 상태를 만든다.

분명히 하나님께서 그들의 재능과 인간적 자질들을 그리스도에 대한 지각 있는 믿음에 필요한 준비를 통해 사람들을 인도하시는데 특별하게 사용하시는 사람들은 언제나 있었다. 피니 자신, 리차드 박스터, 조지 화이트필드, 존 웨슬리, D. L. 무디, 찰스 스펄전, 존 성, 빌리 그래함, 루이스 팔라우가 즉각 생각나는 사람들이다. 그런 사람들은 마땅히 복음전도자로 칭해진다. 그러나 복음전도의 재능을 소유했다고 그가 복음전도의 임무를 수행함에 있어 어쩔 수 없이 잘못된 원리들과 결함 있는 절차를 따르는 것은 아니다. 피니가 행한 모든 일들을 단지 피니가 행했기 때문에 행할 필요는 없는 것이며 또한 피니의 특수한 방법들이 피니가 가장 좋은 방법들이라고 생각했기 때문에 가장 좋은 선택이라고 가정할 필요도 없다.

복음전도의 과업은 각 세대에 새롭게 행해질 필요가 있으며 인류의 반은 오늘날 여전히 복음화되지 않은 채로 있다. 자유주의는 교회들에서 쇠퇴하는 반면에 복음주의는 착실하게 힘을 얻고 있고, 복음주의 내에서 복음전도의 열심이 최근 증대하고 있다. 이 모든 일로 인해 우리는 하나님께 감사해야 한다. 그러나 복음전도에 대한 우리의 증대하는 관심은 미래의 활동을 위한 원리들과 절차들에 대해 주의깊게 생각하는 것을 무엇보다 중요하게 한다. 우리가 이 문제에 대해 생각할 때 직면하는 사실들은 다음과 같은 내용을 포함한다.

지난 세기 동안 대유행한 피니식의 절차 – 대규모, 단기간, 특별 모금, 과대 선전의 '발작적' 복음전도 – 는 "제네럴 모터스에 좋은 것은 세계에 좋은 것이다"라는 식의 세속적 광고처럼 복음전도의 동등물이 미국으로부터 대규모로 수출되었다. 이러한 식의 복음전도는 본장에서 표현된 많은 종류의 비판을 받았다. 이 비판으로 인해 일부의(전부가 아님) 이런 식의 복음전도 실행자들은 즉각적인 절차의 헌신에 대한 집중을 당연하게 암시하는 복음적 펠라기안주의를 따르는 것으로 보이지 않으려고 주의하게 되었다.

그러나 오류가 진리와 나란히 자리 잡을 때도 은혜롭게 진리를 축복하시는 하나님께서는 전에 교회에서 말씀의 사역에 의해 또는 그리스도인 친구들의 증거에 의해 영향을 받은 적이 있는 사람들을 명확하고 영속적인 헌신으로 인도하시기 위해 계속 피니식의 모험을 사용하셨다. 비록 거짓 회심들의 좋지 못한 결과는 매우 비극적이었고 악했지만, 세계 곳곳의 피니식의 과장된 집회들은 단지 하나님의 저주 아래 있는 것만은 아님을 보여주는 충분한 영적 유익들을 가져왔다.

그리고 피니의 법칙의 수정판을 사용하는 빌리 그래함은 최근 세계 기독교 무대에 가장 중요한 인물들 중의 하나가 되었다(어떤 사람은 관련된 당사자들이 다른 방법으로는 절대로 회심되지 않았을 것이라고 추정함이 없이 대중 복음전도를 통한 많은 실제적 회심들을 감사하게 인정할 수 있는 것과 마찬가지로 어떤 사람은 계속 의심하면서 더 좋은 절차들이 고안되는 것이 좋다고 말할 수도 있다). 이런 사실들에 비추어 볼 때 다음의 결론들이 생각될 수 있을 것이다.

첫째로 현대의 복음전도는 평범한 상황에서 결실을 얻기 위해 청교도 유형의 복음전도 - 보다 긴 기간, 보다 명백한 근거, 보다 깊은 탐구, 교회와 사회와 우정 중심, 보다 더 예배 지향적이고 덜 흥미 지향적인 복음전도 - 를 모인 청중들에게 더 중요하게 제시하는 방식에 항상 의존해야 할 것이다. 현대의 복음전도는 청교도의 복음전도가 앞서 씨를 뿌린 곳에서만 수확을 할 수 있을 것이다.

둘째로 청교도 유형의 복음전도는 사람의 믿음의 행로가 통과함직한 융통성 있는 방법들과 단계들을 인정하고, 하나님께 대한 신뢰에 의해 유지되며, 자기 자신의 속도에 따라 자기 자신의 방법으로 열매를 맺는 것을 인정하는 적용들과 함께 한 시대에 걸쳐 복음을 신실하게 설교하고 가르쳐 왔기 때문에 언제 어디서나 필수적이다. 그러므로 현대의 복음전도는 청교도의 복음전도방식의 대안이라기보다 오히려 합리적인 보충으로 자신을 정당화해야 할 것이다.

셋째로 사람들을 믿음으로 이끌어 감에 있어 하나님의 주권에 굴복하는 청교도 복음전도의 실행자들은 때로 자기 사역을 통해 회심자들을 보는 것에 대해 무관심한 상태가 되는 것으로 보이는 반면에 현대 복음전도의 실행자들을 때로 설교자들이 자신을 제외하고 회심자들을 찾는다고 상상하는 것같이 보인다. 이 두 실행자들의 마음 상태는 모두 한탄스러운 것으로 비난될 수 있고 고침을 받을 필요가 있다. 왜냐하면 첫째는 불경하고, 둘째는 근거가 없기 때문이다.

넷째로 '발작적인' 복음전도의 모험들이 늘어날 때 설교자와 상담자들은 만일 그들이 그리스도를 찾아, 참되고 철저한 그리스도인이 되어야 하는 긴급성을 강조하는 한편 탐구자들을 교리문답 학급들과 양육 집단들과 교회 예배로 집중시키고 영원의 문제들을 영원히 해결하는데 필요한 모든 것이 하나의 단절된 행동으로서의 즉각적인 '결단'인 것처럼 보이게 하는 대신 위에 말한 참여들을 회오와 헌신의 진실성을 표현하는 바른 방법으로 강조한다면 가장 현명한 것이다. 변화된 심령으로 그리스도를 신뢰하는 것이 영원의 문제들을 영원히 해결한다는 것은 의문의 여지가 없다.

그러나 모든 탐구자들이 그 신뢰를 확실한 결단 가운데 실행할 수 있다고 생각할지 모르나 그렇게 행사할 수 있는 지점에 이르지 못한다. 따라서 회심자들을 확립시키기 위한 '사후 추적' 조직들이 필요한 것과 마찬가지로 회심에 대한 더 자세한 교육과 도움을 위한 조직들의 준비도 필요한 사항이다.

그러나 펠라기안주의의 착오를 채택함으로 사람들로 하여금 이 필요성에 대해 눈이 멀게 할 수 있다. 그리고 현대의 복음전도는 지난 세기 동안 행해 온 활동들이 끊임없이 이 필요성에 대해 사람들의 눈을 멀게 했다는 것은 의심의 여지가 없다.

4. 복음전도의 원리

우리가 존경하는 사람들 가운데 구현되는 원리들을 볼 때 그 원리들은 우리에게 더 큰 힘을 갖게 한다. 따라서 이제 나는 청교도 복음전도자들 중에 가장 저명하고 가장 사람의 마음을 끌고 또한 다행스럽게도 가장 접근하기 쉬운 리차드 박스터를 다시 한 번 소개함으로 청교도의 복음전도 원리에 대한 나의 추천을 마무리하고자 한다. 그의 키더민스터 목회에 대해서는 이미 앞에서 언급한 바 있다.[20] 재기가 뛰어나고, 열정적이며 사람을 감동시키는 힘을 갖고 있는 능변이며, 정직하고 열린 마음을 갖고 있으며, 빈틈이 없고 하나님의 영광과 타인들의 유익에 완전히 헌신한 박스터는 그의 기록에 거리낌없이 자신을 드러내는 재능에 있어 어거스틴, 루터, 번연, 웨슬리, 피니 등과 나란히 위치한다.

박스터는 키더민스터를 떠난지 5, 6년 후에 "나의 구속자를 찬양하고 무지하고 죄악된 교구들을 관리함에 있어 다른 사람들이 경험한 방법들을 얻고자 하는 사람들을 위해"[21]라는 제목의 논문에서 자신의 키더민스터 시대를 설명하며 자신을 아낌없이 나누어 준다. 또한 그는 『개혁된 목사』[22]라는 회중 목회에 대한 그의 고전에서도 이렇게 한다. 이제 그를 만나보자.

- **약력**

    리차드 박스터, 훌륭한 청교도 거인이다.

    1615년 11월 12일 샬롭, 로우튼에서 출생.

    록세티의 도닝턴 무료 학교에서 교육받고 독학을 함.

    1639년 강림절에 워세스터의 감독에 의해 부제(副祭)로 임명됨.

    1639년에 리차드 폴리학교 교장이 됨.

    1639-1640년에 브리지노트의 부목사.

    1641-1642년에 키더민스터에서 강연.

---

20 Above, Chapter Three.

21 *Reliquae Baxterianæ*, first pagination, pp 83, 86.

22 Richard Baxter, *The Reformed Pastor* (Banner of Truth: London, 1974).

1642-1645년에 코벤트리에서 군목.

1645-1647년에 활리의 연대(신 방식의 군대)와 함께 있었음.

1647-1661년에 키더민스터 교구 목사.

1661년에 사보이 회의 참여.

1662-1691년 런던 내에서, 또는 런던 가까이에서 은밀한 생활을 함(1662-1663년에 무어필즈에서, 1663-1969년에는 액턴에서, 1669-1673년에는 토터리지에서, 1673-1985년에는 블룸스베리에서, 1686-1691년에는 휜스베리에서 생활함).

1662년에 마아가렛 차알튼(1636-1681)과 결혼.

1669년에 클러켄웰에서 1주간 투옥됨.

1685-1686년에는 사우드 와크에서 21개월 투옥됨.

1691년 12월 8일 사망.

- ## 저서
    『성도의 영원한 안식』(*The Saints' Everlasting* Rest, 1650).
    『개혁된 목사』(*The Reformed Pastor*, 1656).
    『회심하지 않은 자들에 대한 부르심』(*A Call to the Uncoverted*, 1658).
    『기독교 훈령집』(*A Christian Directory*, 1673).
    『자서전』(*Autobiography*, 1696년에 M. 실버스터가 편집함).
    전생애 동안 인쇄된 131개의 저술과 5개의 사후에 출판된 저서들과 출판되지 않은 많은 논문들의 저자

- ## 취미
    목회와 기독교회 일치에 특별난 관심을 갖음

취미는 의학, 과학, 역사

이상과 같이 나는 가장 뛰어난 목사이며 복음전도자이며 청교도주의가 제시한 실천적이며 경건한 주제들에 대한 가장 뛰어난 저술가인 리차드 박스터를 인명록 형식으로 소개한다.

박스터는 대단한 사람이었다. 그는 대단한 만큼 큰 결점들을 갖고 있었고 큰 실수들을 범했다. 즉각적인 분석과 논증과 호소를 할 수 있는 놀라운 재능과 넓은 학식을 가진 명석한 중립파인 그는 논쟁에서 누구라도 압도적으로 이길 수 있었으나 자신의 훌륭한 은사들을 항상 가장 훌륭하게 사용할 수는 없었다. 예를 들어 우리가 앞에서 본 바와 같이[23] 신학에 있어 그는 은혜의 교리에 있어 개혁주의와 알미니안주의와 가톨릭 교리들 사이의 절충적 중립 노선을 궁리했다. 즉 그는 하나님의 나라를 당시의 정치 사상으로 해석하고 그리스도의 죽음을 보편 구속(형벌적이며 대리적이지만 완전하게 대속적은 아닌) 행동으로 설명했다. 곧 그 행동의 덕분으로 하나님께서 회개자에게 용서와 사면을 주는 새 법을 만드셨다는 것이다. 그리고 이 법에 더한 순종인 회개와 믿음이 신자를 개인적으로 구원하는 의라는 것이다.

청교도 보수파인 박스터는 이 기묘한 법적 해석이 청교도와 신약성경 모두의 근본즉 복음에 초점을 맞추는 것이며 또한 그의 시대에 싸우고 있는 삼위일체 신학들(칼빈주의, 알미니안주의, 루터주의, 로마 가톨릭)의 사실상의 주된 문제인 하나님의 은혜에 더해 공통적인 기초가 될 것으로 보았다.[24] 그러나 다른 사람들은 '박스터주의'(또는 그 핵심인 '새로운

---

23 Above, Chapter Nine.
24 See Richard Baxter's *Catholick Theologie: Plain, Pure, Peaceable: for the Pacification of the*

법'으로 인해 '신율법주의'라고도 칭해졌다)가 복음의 내용을 변질시켰고, 진지하게 생각해 볼 때 그 '정치적 방식'이 극히 불쾌하게 순리론적이라고 보았다. 시간은 그들이 옳았다는 것을 증명했다. 박스터가 심은 이 씨앗의 열매는 스코틀랜드에서 신율법주의적 온건주의가 되었고 영국에서는 도덕주의적 유니테리언주의(Unitarianism, 삼위일체설을 반대하고 유일 신격을 주장하여 그리스도의 신성을 부인하는 교파)가 되었다.[25]

또한 박스터는 공적 생활에 있어서도 열등한 실행자였다. 비록 그의 경건성과 목회 솜씨로 인해 항상 존경을 받았고 항상 솔직하게 교리와 교회의 평화를 추구했으나 그의 동료들과 일을 처리함에 있어 투쟁적이며 비판적이며 교육적인 방식을 앞세워 결론을 내림으로 인해 그의 평화로운 목적들을 실패로 돌아가게 하였다. 1662년의 축출 후 4반세기 이상 동안 그는 비국교도의 중요 대변인이었고, 그가 옹호했던 포용주의적 이상은 분명히 정치가적 방식이었다.[26]

그렇지만 박스터는 거의 정치가로 칭해질 수 없는 사람이었다. 신학과 목회에 대한 문제들에 대해 항상 직언('솔직한 처리')을 하는 그의 습관이 단지 열등감의 보상만이 아니라 양심의 강요였다고 인정하더라도 (아마도 사실에 있어서 이 두 가지 모두가 약간 존재했을 것이다) 동료들 중에서 어떤 교리가 불변이라는 신념적 태도를 나타내는 것이 비생산적이라는 사실을 평생 깨닫지 못했다는 것은 묘한 맹점이었다. (예를 들어)1669년에 그는 과거에 신학적으로 그리고 정치적으로 싸움을 벌였

Dogmatical Word-Warriors (1675).

25 See above, Chapter Nine.

26 On Baxter's ecclesiastical ideals, see Irvonwy Morgan, *The Nonconformity of Richard Baxter* (Epworth Press: London; 1946), and A. Harold Wood, *Church Unity without Uniformity* (Epworth Press: London, 1963).

던 때 존 오웬을 찾아갔는데 그 이유는 계속되고 있는 교회의 알력에 대해 이 독립파 지도자와 일치와 협동을 이루기 위함이었다. 그의 이 방문은 전형적이며 칭찬할 만한 것이었다. 오웬을 만났을 때 "나는 그에게 마음을 터놓고 그와 교제해야 하겠다고 말했다. 그리고 비록 오웬의 가장 최근의 저서에서 인기를 얻고 있는 원리들 중 가장 해로운 원리 두 가지를 포기했다는 것을 보고 기뻤지만, 그가 전에 행해 온 바에 대해 생각할 때 나는 그렇게 파괴자였던 사람이 치유의 도구가 될 것인가에 대해 매우 우려한다고 말했다." 박스터의 이러한 태도는 칭찬하기 힘든 것이지만 역시 그의 전형적 태도였다. 그러나 후에 오웬이 호의를 표명하고 아무런 행동을 취하지 않은 것에 대해 박스터가 놀라고 실망하고 상처를 받았다는 것은 분명히 주목할 만한 일이다![27]

명백한 사실은 박스터가 사람들을 무례하게 대했고 그들을 악당들이나 바보들로 취급했으며, 그 때문에 친구들을 얻지 못했다는 것이다. 박스터의 다른 행동이나 방관이 왕정 복고(1660)와 신교 자유령(1689) 사이에 있었던 사건들(청교도 목사들의 배제와 축출과 박해)의 불행한 형세를 어느 정도 바꿀 수 있었는지는 의심스럽다. 왜냐하면 분노와 사욕과 불신의 파도는 매우 높았기 때문이다.

그러나 1690년에 있었던, 박스터의 의도는 선했으나 비판적인 개입이 여느 때와 마찬가지로 분열을 심화시켰다는 사실은 분명하다. 곧 그는 토비아스 크리스프(Tobias Crisp)의 설교가 문제를 야기시키는 것을 막기 위해 『성경 복음의 옹호』(*The Scripture Gospel Defended*)를 출판했고 그로 인하여 장로파와 독립파 간의 '다행스러운 통합'이 시작되기

---

27 *Reliquiae Baxterianae*, second pagination, pp 61-69.

거의 직전에 좌절되어 버리고 만 것이었다.[28]

그러나 목회 복음전도자로서 박스터는 비길 자가 없었다. 그의 키더민스터에서의 업적은 놀라웠다. 역사는 이러한 목회를 전에 본 적이 없었고 1650년대 후기에 박스터는 청교도의 영국 전체의 목회자들에게 널리 인정 받는 귀감이었다. 키더민스터 교구에는 약 8백 가정과 2천명의 성인들이 있었는데 대부분 그 마을에 위치하였다. 그래서 박스터는 자신이 그들 모두에게 영적인 책임이 있다고 생각했다. 이들 대다수는 박스터의 목회하에서 견고한 기독교 신앙에 들어온 것이 분명하다. 어떻게 그런 일이 일어났을 까? 목회에 성공을 위한 세 가지 법칙이 있다고 말한다.

첫째로 가르치는 것이고,

둘째로 가르치는 것이고,

셋째도 가르치는 것이다!

박스터는 이 법칙을 준수한 사람의 뛰어난 본보기이다. 본능과 경험에 의해 가르치는 교사인 박스터는 보통 자신을 성도의 교사로 칭했다. 그리고 그의 생각에 있어 교육은 목회자의 주된 직무였다.[29] 그래서 그는 모든 보충적 방법들을 망라하여 이 과제에 몰두하였다.

그는 정기적 설교들(한 시간 지속되는 주일과 목요일의 설교)을 통해 기독교 신앙의 기초를 가르쳤다.

---

28 Cf Peter Toon, *The Emergence of Hyper-Calvinism in English Non-conformity 1689-1765* (The Olive Tree: London; 1967), chap 3; *Puritans and Calvinism* (Reiner: Swengel; 1973), chap 6.

29 "…교사가 자신의 학교에 있는 것처럼 목회자는 교회에 있어 가르치며 특별히 모든 사람을 고려해야 한다…그리고 대체로 모든 그리스도인은 그 학교에서 제자 또는 학생들이 되어야 한다"(The Refored Pastor, p 180f).

> 내가 날마다 그들에게 설명했고 그들의 마음에 새기기 위해 가장 큰 끈기를 가지고 애쓴 사항은 그들의 세례 언약에 담겨진 기독교 신앙의 중대하고 근본적인 원리들로 곧 성부, 성자, 성령 하나님께 대한 복종과 사랑 그리고 모든 사람들에 대한 사랑과 교회와 서로간의 일치에 대한 바른 지식과 신앙이었다. 대부분의 신앙 고백자들의 지식에 추가하는 사항으로 사도신경(즉 믿음의 교리), 주기도문(즉 실천의 법)의 참되고 유익한 체계의 설명은 오랜 시간을 필요로 한다. 그리고 이것이 이루어졌을 때 그들은 약한 자로 남아 있지 않고 진실로 믿음, 소망, 사랑, 거룩과 일치라는 중대한 목적들에 공헌하게 되어야 하는데, 이 사항들은 모든 일의 시작과 결과로 계속(항상, 끊임없이) 되풀이하여 가르쳐져야 한다.[30]

이것이 박스터의 강단에서의 교육 프로그램이었다.

또한 그는 토의와 기도를 위해 매주 집회를 가졌다.[31] 그는 성경과 기독교 서적들을 배부했다(그 자신의 출판된 저서들은 그가 인세를 포기한 대가로 그에게 무료로 주어졌다). 그리고 그는 개개인을 개인 상담과 교리 문답을 통해 교육했다. 곧 그는 일곱 가정 단위로 자기 집에서 각 가족당 한 시간씩(일곱 가정에 일곱 시간) 월요일과 화요일 저녁에 가르쳤는데 교구의 모든 가정을 이렇게 일순하는데 거의 일년이 걸렸다(이 목적으로

---

30 *Reliquiae Baxterianae*, first pagination, p 93f.
31 "매주 목요일 저녁 나의 이웃들은…나의 집에 모여 그 중의 한 명이 설교를 되풀이한다. 그 다음 그들은 그 설교에 대해 갖고 있는 의문들을 제시하거나 어떤 양심의 문제를 제시하고 나는 그들의 의문을 해결해 주었다. 맨 마지막에 나는 때로 그들 중의 한 명에게 기도를 시켰다"(Ibid, p 83).

그를 방문하기를 거절한 소수의 가정들이 있었으나 많지는 않았다). 그리스도인들은 정기적으로 자신의 문제를 가지고 목사에게 와서 자신의 영적 건강을 그에게 점검받아야 하며[32] 목회자들은 정기적으로 전체 성도들을 교리 문답해야 한다고 주장했다.[33]

어린이들을 위한 예비 훈련에서부터 모든 연령의 성도들을 위한 복음전도와 목회적 관심 가운데의 지속적인 훈련에 이르기까지 개인적인 교리 문답의 실천을 증진시킨 것이 청교도의 목회에 대한 이상들의 발전에 대한 중요한 공헌이었다. 그리고 『개혁된 목사』를 탄생시킨 것도 바로 교리 문답에 대한 그의 관심이었다.

박스터가 주창자의 역할을 한 월세스터주 성직자 협의회 회원들은 박스터의 계획에 기초하여 조직적으로 교구에서 교리 문답을 가르치는 정책을 채택하기에 이르렀다. 그들은 이 일에 하나님의 축복을 구하기 위해 금식과 기도의 날을 정하고 박스터에게 설교를 부탁했다. 그러나 그 날이 되었을 때 박스터는 병에 걸려 갈 수 없었다. 그래서 그는 자신이 준비했던 자료, 사도행전 20:28의 광범위한 해석과 적용을 출판했다.

그의 동료 목회자들을 책망하고 훈계하는 솔직성으로 그는 역시 죄에 대하여 완곡하게 말하지 않았던 5세기와 6세기의 두 저술가를 따라 자신의 이 저작의 제목을 『길다스 살비아누스』(*Gildas Salvianus*)라고 칭하고 부제로 『개혁된 목사』를 덧붙였다. 그러나 첫 판의 표지에[34] 두드

---

32 Baxter, *The Reformed Pastor*, p 86ff, 170ff.

33 Baxter describes his practice in detail in *The Reformed Pastor*, pp 162ff.

34 Reproduced opposite p 51 of J. T. Wilkinson's edition of *The Reformed Pastor* (Epworth Press: London; 1939).

러지는 것은 바로 다른 글자들보다 더 크고 굵은 문체로 인쇄된 '개혁된'이란 글자였다. 그리고 그것은 분명히 박스터가 원했던 바였다. '개혁된'이란 말로 그는(비록 칼빈주의자라고 할 수 있으며 이 점에 있어 다른 사람들과 자신의 신념을 공유하고 싶어했으나) 교리에 있어 칼빈주의적이라는 의미를 나타내는 것이 아니라 실천에 있어 갱신되고 부흥되었다는 의미를 나타내는 것이다. "만일 하나님께서 목회를 개혁하시고 목회자들이 자신의 의무들에 열심있고 충성되게 하시기만 한다면 이 백성은 확실히 개혁되었을 것이다. 목회가 재물이나 세상적인 화려함에 있어서가 아니라 목회자의 사역에 대한 지식과 열심과 능력에 있어 향상하거나 쇠퇴하거나에 따라 교회들도 향상하거나 쇠퇴하거나 한다."[35] 박스터가 구한 목회의 '향상'은 바로 이러한 의미에서의 향상이었다.

『개혁된 목사』는 청교도 복음전도자로서의 박스터 마음의 완전한 복사이며 다이나마이트였다. 목회의 수고를 통한 기독교 사랑의 표현으로서 복음전도가 그것이 말하고자 하는 바였으며, 그래서 복음전도의 신령한 정직성, 고결성, 에너지 그리고 솔직성이 거의 망라되고 있다. 우리는 이 책에서 진정으로 그리스도께서 없었다면 인간은 길을 잃은 자들이라고 생각하며 진정으로 자신의 이웃을 사랑하는 그리스도인은 자기 주위의 모든 사람들이 지옥으로 가고 있다는 생각을 할 때 편안히 쉬고 있을 수가 없어 다른 사람들을 회심시키는 일을 자기 생의 최고 과제로 생각하고 아낌없이 자신을 내어 놓을 것이며, 이렇게 행동하지 못하는 그리스도인은 자신의 믿음의 진실성을 자신도 모르는 사이에 손상시키고 있다고 매우 적절하게 말하는 것을 계속 듣는다.

---

35 *Reliquiae Baxtericae* first pagination, p 115.

또한 만일 그리스도인이 이 사실을 자신의 삶에 있어서 우선적인 것으로 진지하게 받아들일 수 없다면 그리스도인이 아닌 다른 사람들이 왜 그 사실을 자신들을 위한 근본적 지시로 받아들여야 하는가라는 매우 적절한 질문도 자주 듣는다. 그러나 『개혁된 목사』는 그러한 생각들을 침묵시켜 버린다. 왜냐하면 우리는 리차드 박스터라는 인물에게서 이 점에 있어 완전히 일관되게 생각하고 말하고 행동하는 지독하게 솔직하고 진지한 그리스도인을 만나게 되기 때문이다.

그는 오직 영혼들을 구원할 수만 있다면 어떠한 불편과 과로와 궁핍과 재물의 손실도 만족스럽게 받아들이는 사람이었다. 사람이 2주일 내에 교수형을 당한다는 것을 알 때 그 사실은 그의 생각을 놀랍게 집중시키며, 박스터와 같 한 발을 무덤 위에 두고 대부분의 생애를 살때, 그 사실은(문제가 되는 것과 문제가 되지 않는 것이 무엇인가 하는) 그의 균형감에 불가항력적인 명확성을 제공하며, 또한 스스로 믿는다고 고백하는 바에 일치하는 것과 모순된 것을 지각하는 것에도 동일한 명확성을 제공한다고 존슨 박사는 말했다.

박스터는 동료성직자들에게 다음과 같이 외친다(평신도들도 들어야 할 것이다).

> 여러분들이여, 분명히 여러분은 나와 마찬가지로 이웃의 죽음에 대해 이야기 할 때 종종 스스로의 마음 속에서 사형 선고를 받게 되며, 만일 여러분이 개혁된 삶을 살고 있지 않다면 자신의 목회의 열심과 충성에 대해 양심의 불안을 느꼈을 것입니다. 그리고 여러분의 안에서 다음과 같은 질문들이 종종 일어나는 것을 느꼈을 것입니다. "그것이 잃어버린 죄인들을 위한

너의 동정 전부이냐? 너는 죄인들을 찾아 구원하는 일을 더 많이 하지 않을 것이냐? 네가 그들에게 진지한 말 한 마디를 하기 전에 그들이 죽어 지옥에 가게 하려고 하느냐? 그들이 지옥에서 네가 자신들을 기회가 있을 때 구원하려고 하지 않았다고 너를 저주하게 하려고 하느냐?" 이러한 양심의 외침은 매일 나의 귀에 울리고 있습니다. 주님께서는 내가 그 양심의 외침에 복종을 안하고 있다는 것을 아십니다. 여러분이 무덤에 시신을 눕히며 스스로 "여기 몸은 있는데 영혼은 어디 있는가? 영혼이 떠나기 전에 내가 그 영혼을 위해 무엇을 했는가? 그것은 나의 책임인데 나는 이에 대해 어떠한 보고를 할 수 있을까"라고 생각할 때 어떤 선택을 할 수 있습니까? 여러분이여 이러한 질문들에 답하는 것이 여러분에게 작은 문제입니까? 지금은 작은 문제로 보일지 모릅니다. 그러나 그렇게 보이지 않게 될 때가 다가오고 있습니다.[36]

박스터가 비현실적이라고 말할 사람은 아무도 없다. 그런데 오늘날 이러한 진실, 무엇보다 목회에 있어서의 이러한 진실에 대한 우리의 빈곤에 대해 누가 의문을 제기할 수 있을까?

다음으로 이 책 『개혁된 목사』는 현실성을 반영하는 것이므로 복음전도와의 관계에 있어 합리성의 모범이다. 박스터는 자신의 목적에 수단을 세움에 있어 매우 철저했다. 화이트필드와 스펄전과 마찬가지로 그는 인간들이 죄 가운데 눈멀고 귀먹고 죽었다는 것과 오직 하나님께

---

36 *The Reformed Pastor*, pp. 194f.

서만이 그들을 변화 시키실 수 있다는 것을 알고 있었다. 그러나 역시 화이트필드와 스펄전과 같이 그는 하나님께서 수단을 통해 역사하시며, 이성적인 인간들에게는 이성적인 방식으로 접근해야 하며, 은혜는 이해를 통해 들어오며, 복음전도자가 완전히 진실하지 아니하면 그의 메시지는 확신을 주는데 소용이 없다는 것을 알고 있었다. 그러므로 박스터는 목회자들이 자신들이 말하는 바를 절실히 느끼고 있는 사람들처럼, 그리고 생명과 죽음의 문제들이 요구하는 만큼 진지하게 영원의 문제들을 설교해야 하며, 하나님께서 죄를 용납하시지 않는다는 것을 자신들이 진정으로 말하고 있음을 나타내기 위해 교회의 권징을 실행해야 하며, 설교만으로는 평범한 사람들에게 철저하게 자각시키는데 종종 실패하기 때문에 '개인적 사역'을 행하여 개개인을 따로따로 취급해야 한다고 주장했다. 박스터는 이에 대해 매우 노골적이었다.

> 공적으로 가장 많은 수고를 하는 사람들은 자신의 성도들이 전혀 복음을 들은적이 없는 것처럼 거의 무지하고 무관심하지 않은지 체크하고 검토한다. 나의 경우에도 할 수 있는 한 분명하고 감동적으로 말하려고 애씀에도 불구하고 종종 8년 내지 10년이 된 나의 신도들 중에 그리스도께서 하나님이신지 사람이신지를 알지 못하고 내가 그리스도의 탄생과 삶과 죽으심의 역사를 들려줄 때 마치 전에 전혀 들어본 적이 없는 것같이 놀라는 사람들과 자주 만난다. 그들 중의 대부분은 그리스도에 대한 기초없는 신앙을 갖고 있어 마음에 세상을 소유하고 육신을 따라 살면서 그리스도께서 자신을 용서하시고 의롭다 하시고 구원하시기를 바란다. 그리고 그들은 이 신앙을 칭의의

> 믿음으로 간주한다. 나는 경험에 의해 매우 오랫동안 헛된 청중 노릇을 해온 어떤 무지한 사람들이 반 시간의 친밀한 담화로 10년 동안의 공적 설교에서 받았던 것보다 더 많은 지식과 가책을 받은 것을 보았다. 나는 우리가 한 번에 많은 사람에게 말할 수 있기 때문에 공적으로 복음을 전하는 것이 가장 뛰어난 수단이라는 것을 알고 있다. 그러나 한 명의 특별한 죄인에게 개인적으로 복음을 전하는 것이 대개 훨씬 더 효과적이다.[37]

그러므로 개인적인 교리문답과 상담은 모든 목회자에게 있어 설교 이상의 의무이다. 왜냐하면 그것은 가장 이성적인 방법이고 바라는 결과에 가장 훌륭한 수단이기 때문이다. 박스터의 시대에는 그러하였다. 지금도 그러한가? 현대 복음전도를 낳은 제도화 과정의 불행한 부산물들 중의 한 가지는 복음전도가 소수에게 한정된 특별한 기술이라는 생각의 만연이다. 박스터는 어떤 목회자들은 다른 목회자들보다 회심 사역에 있어 더 많이 하나님께 사용되는 것을 인정하였으나 모든 목회자가 영혼을 구원하는 어려운 기술을 연구해야 한다고 주장한다. 그는 다음과 같이 기술한다.

> 슬픈 일입니다! 무지하고 세상적인 사람의 구원을 위해 그를 다루는 법을 알고 있는 사람이 얼마나 적은지요! 그에게 접근하여 그의 마음을 점차로 사로잡는 법, 그의 상태와 심성에 우

---

[37] Ibid, pp 186f.

리의 말을 적응시키는 법, 가장 적절한 화제들을 택하여 심각성과 공포와 사랑과 온유와 복음의 매력과 거룩하게 혼합시켜 이어나가는 법, 이런 일에 적임자가 누구일까요? 내가 경험으로 볼 때 육욕적인 사람을 변화시키기 위해 그와 이야기를 적절하게 나누는 것은 설교하는 것 만큼 어려운 일이라고 진심으로 고백합니다. 이 모든 어려움들로 인해 우리는 거룩한 해결과 준비와 열심의 각성에 깨어 있어야 하는 것입니다.[38]

모든 목회자는 개개인의 영혼을 다루는 복음전도자라는 것이 박스터의 청교도적 공식이다. 어떤 사람은 다른 사람들보다 이 일을 더 효과있게 할 것이다. 그러나 복음전도는 모든 사람들의 소명이 되고 모든 사람이 전념해야 하는 사역이다. 이것이 청교도 복음전도의 도전이다.

『개혁된 목사』는 적어도 다음과 같은 질문들을 가지고 현대의 목회자들과 직면한다.

① 나는 박스터(그리고 휫필드, 스펄전 그리고 바울)가 믿었던 복음, 타락과 구속과 중생에 대한 역사적이며 성경적인 복음을 믿는가?
② 그 다음에 나는 회심의 절대적 필요성에 대한 박스터의 견해를 공유하는가?
③ 다음으로 나는 이 견해가 나의 삶과 사역의 진로를 정하게 할 정도로 실제적인가?

---

[38] Ibid, p 193.

④ 나는 내가 바라는 목적에 대한 수단을 택할 때 마땅히 이성적이어야 할 만큼 이성적이며 내가 목회하는 모든 사람들의 회심을 추구하는 책임을 부여받고 있는가?

나는 박스터가 힘쓴 것처럼 나의 성도에게 그들의 영적 생명에 대해 정확한 기초에 근거하여 말할 수 있는 상황들을 만드는 가장 선한 길을 찾기 위해 힘쓰고 있는가?

오늘날 이 일을 행하는 방법은 박스터가 알고 묘사했던 상황들과는 매우 다른 현재의 상황들을 감안하여 설계되어야 할 것이다.[39] 그러나 우리에게 박스터는 "우리가 이 일을 부단히 그리고 불가피하게 필요한 업무로 시도해야 할 것이 아닌가?"라고 질문한다. 만일 그가 우리에게 마땅히 해야 할 일이라고 납득시켰다면 우리의 상황에 맞게 복음전도를 하는 방법을 찾는 일은 분명히 우리의 범위를 벗어 나는 일이 아닐 것이다. 뜻이 있는 곳에 길이 있다.

박스터의 기본 원리는 교회 생활에 있어 복음전도는 불변적으로 우선되는 사항이어야 한다는 것이다. 그는 청교도들이 중세로부터 계승하였으며 정치공백기간 동안 평신도 주도의 무정부 상태에 대항하여 자신들이 깨달은 대로 유지시킨 성직권 존중주의자의 준거틀로 이 문제를 풀었다. 그러므로 당연히 그는 자신의 토론을 목사의 역할로 제한하고, 싫지만 들을 수밖에 없는 회중과 그 회중의 개개인들에 대한 복음전도 사역을 목사의 독점적인 책임으로 나타낸다. 박스터가 마음에 그린 복음전도는 교리문답적이며 매우 교훈적이다. 그리고 그 강조

---

39 Ibid, pp 173ff, 222-246.

는 당시 거의 시골인 월세스터주의 그의 회중 중 일부를 제외한 대부분의 평신도를 특징짓는 심한 교리적 무지를 반영하는 것이다.

현재 사정들은 달라졌다. 서구 교회들은 세속 사회속에 소수의 영역이다. 복음전도는 아직 교회에 나오지 않는 사람들에게 초점을 맞추고 있고 지식있는 평신도들이 마땅히 해야 하는 이 일에 참여하고 있다.[40] 박스터의 접근법을 현대의 상황에 접맥함에 있어 우리는 이 세 가지 차이에 대한 시각을 잃지 말아야 한다. 그러나 박스터가 기술하는 사항들 – 목회자가 진지하게 자신을 살피고 자기 양떼 각 사람의 영적 요구들을 발견하여 돌보고 무엇보다 먼저 그들 모두가 철저하게 회심하고 진실로 중생하였는지 확인하기 위해 수고할 필요성 – 은 여전히 적용되며 여기가 청교도 유형의 복음전도가 이 시대나 또는 어느 시대에서든지 그 최초의 중심점을 발견하는 곳이다.

G. K. 체스털턴(Chesterton)은 기독교 신앙이 여러 가지 검사와 시도를 거쳐 필요하다는 것이 발견된 것이 아니라 검사와 시도를 거치지 않고는 어렵다고 말했다. 우리는 청교도 복음전도에 대해서도 정직하게 같은 말을 할 수밖에 없지 않을까?

---

40 평신도의 참여는 사실상 Kidderminster에서 자발적으로 나타났다. "내가 가졌던 또 하나의 장점은 경건한 사람들의 열심과 근면에 의한 것이었다…그들은 자기 이웃들의 구원을 갈망하였고 나의 사적 보조자들이었다. 그들은 마을 전체에 퍼져 거의 모든 회합들에서 유혹의 말들을 억제하고 경건의 정당성을 주장하고 사람들을 그들의 필요에 따라 깨달음과 책망과 권면을 줄 준비를 갖추고 있었다. 또한 그들은 사람들에게 기도하는 법을 가르치고 주일을 거룩하게 지내도록 도와주었다. 자기 집에서 기도를 할 수 있거나 설교를 되풀이할 수 있는 가족이 없는 사람들은 그것을 할 수 있는 이웃집으로 가서 그들과 합류했다. 그래서 각 동네의(가장 능력이 있는 사람들의) 집들은 아무것도 하지 못하는 사람들로 가득 찼다"(*Reliquiae Baxterianae*, first Pagination, p 87).

19장
조나단 에드워즈와 신앙부흥

1. 조나단 에드워즈의 생애

성도이며 철학자이며, 설교자이며 목사이며, 형이상학자이며 신학자이며, 칼빈주의자이며 신앙부흥의 지도자였던 조나단 에드워즈(Jonathan Edwards)는 1703년부터 1758년까지 살았다. 그는 키가 크고 수줍고 상냥한 사람이었으며, 강한 정신과 겸손한 심령의 소유자였다. 목회 생활 5년 후인 1727년에 그는 뉴햄프셔주의 노스햄프턴에 있는 부유층이 모인 규모있는 교회의 부목사가 되었다. 그 교회는 이제는 83세의 원로 목사가 되어 커넥티컷 벨리에서 교회 생활을 하고 있는 그의 외조부 솔로몬 스터다드(Solomon Stoddard)가 1669년부터 목회를 했던 곳이었다.

노스햄프턴은 약 2천 명의 주민이 사는 도시였고 그 교회는 뉴잉글랜드에서 보스턴을 제외하면 가장 잘 알려진 영향력 있는 교회였다. 스터다드는 성도들에게 거의 우상시되었고 그 성도들 대부분은 그의 목회 아래 성장한 사람들이었다. 2년 후인 1729년에 스터다드의 사망으로 60년 목회를 종결하였고 그때부터 에드워즈는 담임목사가 되었다.

1734-1735년에 그리고 1740-1742년에 그는 자기 신도들에게 나타난 하나님의 성령의 놀라운 활동을 목격했고, 1740-1742년에는 뉴잉글랜드 곳곳에서 같은 일들을 목격했다.

그러나 1743년부터 에드워즈는 여러 가지 이유들로 인해 자기 교회와 사이가 틀어졌다. 그리고 1750년에 그는 성찬 참여 교인의 필수 조건으로 외조부 스터다드가 폐지한 개인적 신앙고백을 회복시킬 것을 주장했기 때문에 목사직을 해고당했다. 에드워즈는 스톡브릿지라는 국경 지방 마을의 선교 본부로 이사하였고 그가 "의지의 자유"(Freedom of the Will)와 "원죄"(Original Sin)에 대한 위대한 논문들을 쓴 곳이 바로 이곳이었다. 1757년에 그는 프린스턴 대학의 학장으로 임명되었다. 그는 프린스턴으로 여행하여 1758년 1월 학장으로 취임했다. 그는 천연두 예방 접종을 받았는데 그 예방 접종이 열병을 일으켜 다음 달에 그는 사망하고 말았다.

2. 조나단 에드워즈의 신앙

에드워즈는 적절한 시기에 태어난 청교도였다. 최근에 어떤 저자가 청교도주의가 에드워즈 그 자체라고 말한 것은 거의 과언이라고 할 수 없다. 왜냐하면 그의 모든 사상의 기초는 후커(Hooker), 쉐퍼드(Shepard), 코튼(Cotton), 데이븐포트(Davenport)와 같은 뉴잉글랜드의 조상들의 시각과 신학에 뿌리를 두고 있기 때문이다.

1) 에드워즈는 성경에 대한 헌신에 있어 진정한 청교도였다

그는 평생 동안 성경을 이해하고 적용하는데 대담하고 지침이 없이 수고하였고 그의 저술들은(아마도 예언에 대한 저술은 예외로 하고) 칼빈, 오웬, 핫지 또는 워필드와 비교 가능한 해석적 총명을 드러낸다. 그는 평생 동안 성경으로 자기 영혼을 먹였고 평생 동안 성경으로 자기 양떼를 먹였다.

2) 에드워즈는 교리적 확신에 있어 진정한 청교도였다

영국에서처럼 순리론적 광교주의(Latitudinarianism) – 찰스 차운시(Charles Chauncy)와 그 지지자들의 "자유롭고 보편적인" 시각 – 가 청교도 유산을 부식시키고 있을 때 에드워즈는 청교도들이 자기 시대의 알미니안주의에 반대하였던 것처럼 타협하지 않고 부끄러움이 없는 청교도로 공공연히 나서서 이 최신 유행의 견해를 알미니안주의로 진단하고 그에 반대하였다.

에드워즈는 어떤 형태의 알미니안주의도 – 즉 영적 진리의 확신은 하나님의 역사이나 회심 자체는 인간의 역사라고 하는 어떤 형태의 신인협력설도 – 참된 신앙의 근본을 깎아내리는 것이라고 주장했다. 신인협력설은 하나님을 하나님보다 못하게 만드는 것이며 사분의 삼은 자연신론이고, 절반은 무신론이었다.

신인협력설은 하나님께 대한 우리의 완전한 의존을 부정하기 때문에 바른 경건을 파괴하며 우리 구원에 있어 결정적인 행동을 모든 우리 자신의 역사로 나타냄으로 오만심을 만족시키는 것이다. 이렇게 신인협력설은 신앙에 자기 의존을 도입함으로 결국 신앙을 비신앙이 되게 하며 이것들이 만들어내는 문제들을 부정하는 것을 기반으로 하여 경건의 모양을 세운다. 이상이 청교도의 주장들이었으며 에드워즈도 이 주장을 하므로 자신이 신학에 있어 청교도 전통의 참된 후계자임을 입증했다.

3) 에드워즈는 그리스도인의 경건의 본질에 대한 그의 견해에 있어 진정한 청교도였다

에드워즈는 본질상 경건은 겸손한 의존과 감사의 순종으로 창조주께 영광을 돌리는 문제라고 주장했다. 기독교적 표현에 있어 이 말은 생명과 건강을 얻기 위해 그리고 은혜와 영광을 얻기 위해 하나님께 대한 우리의 완전한 의존을 인정하는 것이며 하나님께서 자신의 아들을 통해 우리에게 아낌없이 주신 모든 것을 얻기 위해 하나님을 사랑하고 찬양하고 섬기는 것을 의미한다.

에드워즈는 1731년에 첫 번째로 출판된 고린도전서 1:29–31에 대한 강해인 "인간의 의존에서 영광받으시는 하나님"이란 제목의 자신의 설교에서 이 견해를 말했다. 그 설교의 주제는 "하나님께서는 구속의 역사에서 영광을 받으시며 이 구속의 역사에는 구속받은 자들의 절대적이며 완전한 의존이 분명히 존재한다"는 것이었다. 이 설교는 다음과 같은 결론을 내린다.

> 우리는 하나님만을 높이고 구속의 모든 영광을 하나님께 돌리도록 하자. 우리는 하나님께 대한 우리의 완전한 의존의 분별

력을 얻고 증진하기 위해 노력하자. 그리고 자기 의존적이고 독선적인 성향을 억제하기 위해 노력하자. 인간은 선천적으로 자신을 높이고 자신의 능력이나 선에 의존하는 경향이 지나치게 많다. 그러나 이 교리는 우리에게 찬양으로 뿐만 아니라 신뢰와 의존으로 하나님을 높이라고 가르친다. 영광을 받은 자는 주께 영광을 돌리라. 회심하고 성화되고, 죄를 용서받고 하나님의 은총을 얻고 하나님의 자녀와 영생의 후예가 되는 존귀와 축복으로 높임을 받는 소망을 가진 이가 있는가? 그는 하나님께 모든 영광을 돌리라. 왜냐하면 하나님께서만이 그를 이 세상의 가장 악한 인간들과 지옥에서 정죄를 받는 가장 비참한 자들과 다르게 하시기 때문이다. 거룩에 뛰어나고 선행을 많이 하는 자가 있는가? 그는 그 영광을 아무것도 스스로 취하지 말고 하나님께 돌리라. 왜냐하면 우리는 그리스도 예수 안에서 선행을 위해 창조된 하나님의 작품이기 때문이다.[1]

자유하시고 전능하신 하나님에 대한 인간의 완전한 의존 사상은 에드워즈의 신앙관 전체를 지배하였고 그의 신학 전체의 지도 원리로 작용하였다.

그러므로 에드워즈에게 있어서 참된 신앙은 정설이나 윤리학, 또는 이 두 가지를 합한 것 이상이었다. 에드워즈는 어떤 종류의 쉬운 신앙주의나 도덕주의나 형식주의도 변호하지 않았다. 그에게 있어서 참된 경건은 특성에 있어 역동적이고 그 외적 역사에 있어 강력하게 경험적

---

1   Jonathan Edwards, *Works*, ed Henry Hickman (Banner of Truth: Edinburgh, 1974), II: 7; the sermon starts on p 3.

인 초자연적 은사였다. 그것은 실제로 성경에 의해 생겨나고 응답의 애정과 활동들 가운데 표현되는 그리스도를 통한 하나님과의 실제적 교제였다. 경건의 근원은 복음에서 말해지는 신령한 하늘의 일들의 실재와 영광에 대한 마음의 확신(그의 어구로 '마음에서 우러난 감각')이라고 에드워즈는 주장했다. 이러한 확신은 신학적 개념들에 대한 지적 이해나 사회 여론의 강제적인 압력으로 기독교 진리를 당연한 일로 생각하는 것 이상이었다. 오히려 이러한 확신은 하나님의 기록된 또는 말씀된 말씀에 수반하는 직접적인 신적 조명의 결과이다.

에드워즈는 1734년 두 번째로 출판된 『하나님의 성령에 의해 성경적이며 합리적인 교리로 영혼에 직접 전달되는 신령하고 초자연적인 빛』이라는 제목의 마태복음 16:17("예수께서 대답하여 가라사대 바요나 시몬아 네가 복이 있도다. 이를 네게 알게 한 이는 혈육이 아니요 하늘에 계신 내 아버지시니라")에 대한 설교에서 이와 같이 설명했다.

> 신적 조명은 회심에서 나오는 것이다. 이 빛은 효과적으로 성향에 영향을 주고 영혼의 본성을 변화시키는 것이다. 이 빛은 우리의 본성을 신성과 같게 한다. 이 지식은 세상을 버리게 하고 성향을 하늘의 일들에 분발시킬 것이다. 이 지식은 마음을 선의 원천이신 하나님께로 돌리고 하나님을 유일한 분깃으로 택하게 한다. 이 유일한 빛은 그리스도와 친밀한 구원의 교제로 인도하고, 마음이 복음을 따르도록 하며, 복음에 계시된 구원 계획에 대한 마음의 적의와 반항을 제거하고 마음으로 하여금 기쁜 소식을 기꺼이 받아들이게 하고, 우리 구주이신 그리스도의 계시를 완전히 신봉하고 따르게 하며, 영혼 전체로

> 그 계시오- 화합하고 조화하며 성향과 애정을 다하여 거기에 집착하게 한다. 그리고 이 빛은 효과적으로 영혼이 그리스도께 완전히 자신을 드릴 마음이 생겨나게 하며, 하나님을 순종하고 섬기기에 합당한 분으로 나타내며, 심령을 하나님께 대한 진실한 사랑으로 이끌며 하나님께서 순종하는 자들에게 약속하신 영광스러운 약속들의 실재를 확신하게 한다.[2]

하나님의 생기를 주는 빛에 의한 이 심령의 갱신에서 선행과 거룩한 감정들이 나온다. 그리스도인의 특징적인 감정들에 대한 이성주의자들의 회의주의와 광신자들의 망상은 에드워즈로 하여금 어쩔 수 없이 이 주제에 특별한 관심을 쏟게 하였다. 그래서 『종교 감정들에 대한 논문』(원래는 1742-1743년에 연속으로 설교했던 것인데 1746년에 출판되었다)에서 그는 세상에 자신의 연구의 결과를 내놓았다. 그는 감정은 의지의 근본적 기능이며 행동의 근원이므로 "참된 신앙은 큰 부분에 있어 거룩한 감정들에 존재한다"는 것이 필연적인 결과라고 주장함으로 시작한다. 에드워즈는 다음과 같이 설명한다.

> 감정은 필연적으로 인간의 본성에 속할 뿐만 아니라 매우 큰 부분이기도 하므로(중생에 의해 사람들이 전인적으로 새롭게 되는 한에 있어) 거룩한 감정은 참된 신앙에 필연적으로 속할 뿐만 아니라 거룩한 신앙의 매우 큰 부분이기도 하다. 참된 신앙은 실천적이고 하나님께서 인간의 본성을 계속 실천적으로 지속

---

2 Ibid, 11:17; the sermon starts on p 12.

시키심으로 감정은 인간 활동의 원천이기 때문에 참된 신앙은 감정에 상당히 많은 부분이 존재해야 한다는 사실도 입증되는 것이다.[3]

이 주장을 입증한 다음 에드워즈는 "목회적, 신학적 총명함으로 진실로 은혜롭고 거룩한 감정들"의 특성을 묘사하는 데로 나아간다. 그의 총명은 모든 시대의 제자도와 헌신에 대한 고전들 가운데 그의 저서에 도전할 수 없는 위치를 확보하게 한 것이었다.

이 모든 일로 에드워즈가 행하고 있는 바는 틸로트슨(Tillotson) 학파의 냉정한 도덕주의에 반하여 경험적 신앙에 대한 청교도의 개념을 명확하게 나타내고 옹호하는 것이다. 그가 기술하는 것은 쉐퍼드(Shepard), 플라벨(Flavel), 스터다드(Stoddard)의 영적 후예로서 하는 것으로, 그는 부단히 그들 모두를(특별히 쉐퍼드를) 각주에 인용한다. 그들과 마찬가지로 그는 참되고 생명력있는 기독교 신앙은 머리 뿐 아니라 마음의 신앙이기도 하다는 것을 주장하는데 관심을 갖고, 또한 가능한 한 마음이 어떻게 이러한 신앙에 전념해야 하는가를 정확하게 나타내고자 힘쓴다. 이것은 청교도의 특별한 관심으로 에드워즈는 이를 추구함으로 자신의 청교도의 시각과의 일치를 나타낸다.

4) 에드워즈는 그의 설교의 접근법에 있어 진정한 청교도였다

17세기의 그의 선배들과 마찬가지로 그는 삼중 목적을 가지고 설교

---

3 Ibid, I: 237, 238.

했다. 즉 인간들로 하여금 복음의 진리를 이해하고 느끼고 응답하게 하는 목표이다. 그들과 마찬가지로 그는 전체, 입증, 적용이라는 세 가지 방식 – 청교도는 '교리, 이성, 사용'이라고 칭했다 – 에 따라 자신의 설교 내용을 제시한다. 그들과 마찬가지로 그는 자신의 학식을 고의적으로 단조롭고 명백한 진술 뒤에 감추는 솔직하고 검소한 형식을 연구했다. 그는 강단에서 억양까지 침착하고 조용하게 원고를 읽었고, 말하면서 회중을 바라보는 것을 피했기 때문에 때로 솔직성과 권위와 느껴지는 권능으로 설교하고자 하는 청교도의 관심 – 즉 박스터가 "다시 설교하지 않을 것처럼 설교하고 죽어가는 사람이 죽어가는 사람들에게 하는 것처럼 설교하는", "명확하고 절박하고 노골적인 설교자"가 되기 원한다고 말한 그 관심 – 을 공유하지 않은 것처럼 생각되었다.

그러나 그것은 오해다. 에드워즈는 "설교로 얻는 중요한 유익은 후에 전달된 내용을 기억함으로 일어나는 결과가 아니라 그 당시에 마음에 주어지는 인상에 의한 것"임을 잘 알고 있었다.[4] 그래서 1740년의 신앙 부흥운동 동안 광교(廣敎)주의자들(the Latitudinarians)이 휫필드와 테넨트의 복음전도의 열심과 열정을 광신적인 변덕이라고 개탄하면서 광신주의로의 타락으로 비난할 때, 에드워즈는 달려가서 그들을 변호했다.

> 나는 신앙의 중요한 일들에 대한 매우 감정적인 설교 방식이 그 자체에 있어 그 중요한 신앙 사항들에 대한 잘못된 이해를 생기게 하는 경향을 갖고 있다고 생각하지 않는다. 오히려 반

4　Ibid.

대로 온건하고 지루하고 무관심하게 말하는 방식보다 중요한 신앙 사항들에 대한 바른 이해를 생기게 하는 경향이 훨씬 더 많다고 생각한다. 만일 그 주제가 그 본질에 있어 큰 감정을 쏟을 가치가 있다면 큰 감정을 가지고 그것을 말하는 것은 그 주제의 본질과 가장 어울리는 것이고 따라서 그에 대한 참된 개념을 생기게 하는 경향을 가장 많이 갖고 있는 것이다.

나는 나의 청중들이 오직 진리 외에 다른 것으로는 감동을 받지 않는다는 것을 전제로 하여 내가 할 수 있는 한 그들의 감정을 높이 고양시키는 것이 나의 의무라고 생각한다. 나는 매우 열렬하고 감상적인 설교 방식을 멸시하는 것이 오랫동안 유행되어 왔다는 것과 가장 넓은 범위의 학식, 이성의 힘 그리고 방식과 언어의 정확성을 나타내는 사람들만이 설교자로 존중되어 왔다는 것을 알고 있다.

그러나 나는 그러한 설교가 설교의 목적에 가장 잘 어울리는 경향을 갖고 있다는 생각은 인간 본성에 대한 이해 부족이나 잘못된 생각 때문이었다고 겸손하게 말한다. 신학의 순이론적 지식의 증가는 다른 것과 마찬가지로 사람들이 크게 필요로 하는 것이 아니다. 사람들에게는 이런 유의 지식은 많이 있고 그런 지식으로는 뜨거워지지 않는다. 사람들은 머리에 축적하는 것을 필요로 하는 것이 아니라 심령에 감동을 받는 것을 필요로 한다. 그들이 이렇게 할 수 있는 가장 큰 경향을 갖고 있는 부류의 설교를 가장 크게 필요로 하고 있다.[5]

---

5 Ibid, I: 391.

실제로 에드워즈 자신의 설교는 고도로 능력있는 설교였다. 인간적으로 말해 그는 명쾌한 정확성으로 사상들을 설명하여 그 사상들에 생명을 부여하는 특특한 재능을 갖고 있었다. 그는 긴 이론을 완만하고 매끄러운 정확성으로 풀어나가는데 진리의 연속적인 기복에 주의를 집중시켜 머리 속으로 미끄러져 들어가게 하는 그 능력은 거의 최면술 같았다. 만일 에드워즈가 경제학을 가르치는 불신자였다면 강의실에서 대단한 자격을 갖는 명사가 되었을 것이 틀림없다. 사람을 굴복시키는 해석 능력위에, 자신의 심령을 끊임없이 사로잡고 있는 하나님에 대한 경외의 표현인 무서운 위엄이 강단에 추가되었고, 그 결과는 회중들이 저항하거나 망각할 수 없는 설교였다.

에드워즈는 죄와 구원에 대한 명백한 옛 진리들로써 청중의 양심을 압도할 때 두 시간을 마치 12분처럼 생각되게 할 수 있었다. 그리고 사람들로 하여금 진리의 힘을 느끼게 하는 그의 냉혹한 분석의 고요한 위엄은 조지 휫필드의 열정에 못지 않았다. 그의 청중들 중의 한 사람은 에드워즈가 웅변적인 설교자인가 라는 질문을 받았을 때 다음과 같이 대답했다.

> 만일 당신이 웅변이라는 말로 의미하는 바가 우리 도시들에서 보통 나타내는 의미라면 그에게는 웅변적인 데가 없다. 그는 고의적인 음성의 변화를 주지 않고 강한 강조를 하지 않는다. 그는 거의 몸짓 손짓을 하지 않으며 심지어 움직이지도 않는다. 그리고 그는 자신의 웅변 스타일이나 아름다운 묘사들에 의해 멋에 대한 기호를 만족시키려든가 또는 상상력을 유도하려는 시도를 하지 않는다. 그러나 만일 당신이 웅변이라는 말

로 의미하는 바가 압도적인 논증의 중량을 갖고, 또한 말하는 자의 전 영혼이 생각과 말에 투입되어 처음부터 끝까지 청중 전체의 엄숙한 주의를 끌고, 지워질 수 없는 감동들을 남기는 강렬한 감정을 갖고 청중 앞에 중요한 진리를 제시하는 능력이라면 에드워즈 목사는 지금까지 내가 들어 본 가장 웅변적인 사람이다.[6]

"그의 말은 종종 고함이나 외적인 감정 표현없이 엄청난 내적인 열정을 드러내었고 그의 청중들의 마음에 큰 중압감을 주었다. 그리고 그는 자신의 심령의 강한 정서들을 나타내기 위해 말했는데, 그것은 가장 자연스럽고 효과적인 방법으로 타인들에게 감동과 영향을 주는 것이었다"고 그의 첫 번째 전기 작가인 홉킨스는 기술한다.[7] 이렇게 절실하게 느껴지는 진리의 감정적 전달은 사실상 정확하게 청교도들이 '능력있는' 설교에 대해 말할 때 생각하고 있었던 것이었다.

성경을 사랑하는 사람, 칼빈주의자, 가슴의 신앙을 가르치는 사람, 열정과 능력의 복음 설교자 그리고 무엇보다 그리스도를 사랑하고 죄를 미워하고 하나님을 두려워하는 사람이었던 에드워즈는 진정한 청교도, 진실로 모든 청교도들 중에 가장 순수하고 위대한 청교도들 중의 한 사람이었다. 미국의 문화사 학자들은 최근에 미국의 철학과 문학 유산에 중요한 기여자로서 에드워즈를 재발견했다. 바라기는 오늘날의 복음적 그리스도인들이 이 후기 청교도가 성경적 믿음의 해석에 끼친 중요한 공헌을 재발견할 수 있게 되는 것이다.

---

6   Ibid, I: ccxxxii (from Dwight's Memoirs of Edwards).

7   loc cit.

3. 신앙 부흥운동의 주창자

지난 세기의 복음주의자들은 대체적으로 에드워즈를 칭찬했다. 그러나 그러면서도 그들은 에드워즈에게 세 가지 해를 입혔다.

1) 그들은 그가 지루하다고 비난했다

그러나 실제로 시험을 해보기만 하면 전혀 그렇지 않다는 것을 발견하게 된다. 이 비난의 수준은 실제로 티와 들보의 경우였다. 에드워즈가 19세기에 훌륭한 문체에 필수적인 것으로 간주되었던 화려한 긴 문장을 좋아하지 않은 것은 사실이다. 그러나 이것은 오히려 그의 명예가 되는 것이다. 오늘날 그는 수많은 그에 대한 비평가들보다 훨씬 더 유쾌한 작가로 평가받는다.

사람들이 그를 가장 비난할 수 있는 것은 간혹 그의 언어의 정확성에 대한 병적인 열망이 너무 길고 복잡하여 처음 읽을 때에는 쉽게 동화될 수 없는 문장을 쓰게 했다는 것이다. 그러나 이것은 그의 유일한 문체적 결점인데 흔하게 나타나는 것은 아니다. 그는 대부분의 경우 감탄할 정도로 명확하고 정확하고 노골적이다.

2) 지난 세기는 에드워즈를 주로 의지의 자유(The Freedom of the Will)를 강조하는, 본질적으로 철학적 신학자로 취급했다

에드워즈가 추상적 이론에 비범한 재능을 가졌고 이 특별한 논문에서 추상적인 이론에 완전히 빠졌던 것은 사실이다. 그러나 우리는 의지의 자유가 어떤 종류의 논문인가 하는 것을 기억할 필요가 있다. 이 논문은 성경 신학의 저술이 아니라 에드워즈가 진실로 이해했던 바와 같이 본질적으로 순이론적이고 철학적인 입장-즉 인간의 행동에 대한 신의 지배가 인간의 도덕적 책임과 모순되므로 사실이 될 수 없다는 원리 위에 모든 주장을 내세우는 순리론적 알미니안주의의 입장-을 반박하는 정교한 논쟁적 수필이다.

에드워즈는 이 입장을 다룸에 있어 가장 확실하게 굴복시키는 방법-그들의 무기로 그들 자신을 공격하여 그들의 본거지에 타격을 가하는 방법-을 택한 것이다. 그러나 의지의 자유는 특별한 작품으로 에드워즈의 나머지 작품의 특징을 나타내는 것이 아니다. 형이상학적 사색이 그를 매혹시켰고 실제로 그의 특기였으나 그는 절대로 철학이 자신에게 믿음을 가르치게 하거나 성경과 멀리하게 하도록 허용하지 않았다는 것은 그의 사적 비망록과 수기를 볼 때 분명하다.

그는 믿음으로 철학을 설명한 것이지 철학으로 믿음을 설명한 것이 아니었다. 그는 철학적 사색이 구원에 필요하다고 생각하지 않았고 그의 철학적 관심이 그의 설교에 침입한 기미는 전혀 없다. 그는 성경에서 확신과 관심을 얻었으므로 그의 진정한 능력은 성경적 신학자로 평가되어야 한다.

3) 에드워즈의 신학을 가볍게 생각했다

이것은 가장 악한 해악이었다. 지난 세기의 에드워즈 숭배자들은 에드워즈의 신학이 끼친 가장 독창적인 공헌을 상당히 가볍게 취급하였다. 그 공헌은 신앙부흥이란 주제에 대한 성경의 가르침을 선구자적 입장에서 해석한 것이다. 이 간과는 아마도 용서할 수 있을 것이다.

왜냐하면 이 주제에 대한 에드워즈의 사상은 그의 삼십 대에 쓰여진 다섯 개의 초기 저술들에 단편적으로 제시되었기 때문이다. 그 다섯 가지 저술은 『노스캠프턴과 이웃 도시와 촌락들의 수백명의 영혼들의 회심에 나타난 하나님의 놀라운 역사에 대한 기술』(A Narrative of a Surprising Work of God in the Conversion of many hundred souls in Northampton and the neighbouring Towns and Villages, 1735); 『구속의 역사』(A History of the Work of Redemption, 1739년에 설교되고 1744년에 출판된 설교집); 『하나님의 성령의 역사의 뚜렷한 표적들』(The Distinguishing Marks of a Work of the Spirit of God, 1741); 『1740년 뉴잉글랜드의 신앙 부흥운동에 대한 의견』(Thoughts on the Revival of Religion in New England in 1740, 1742) 그리고 『신앙 감정에 대한 논문』(Treatise on the Religious Affections, 1742-1743년에 설교되고 1746년에 출판됨)이다. 두 번째 작품을 제외한 이 모든 저술들은 두 개의 신앙 부흥운동을 옹호하려는 것이었다.

에드워즈는 이 신앙 부흥운동들이 단지 광신주의의 소요에 불과하다는 당시의 비난과 다르게 생각했다. 이 에드워즈의 작품들의 직접적 목적은 후세대의 독자들의 흥미를 제한할 것처럼 생각될 수도 있다. 그러나 이 작품들 속에는 하나님의 역사로서의 신앙부흥에 대한 매우 완벽한 설명-다른 말로 말해서 신앙부흥의 신학-이 간직되어 있다. 이 설명은 에드워즈의 시대 전에 발표된 어떤 설명보다 더 완전하며 영속적인 가치를 갖고 있다. 아마도 이것은 에드워즈가 오늘날의 복음적 사고에 끼쳐야 하는 가장 중요한 기여일 것이다.

신앙부흥이라는 주제에 대한 관심이 이 시대에 증가하고 있는 것은 주목할 만한 사실이다. 개신교의 여러 교파들 내에 다양한 종류의 신앙

부흥 단체들이 증가하고 있다. 하늘의 초청만이 오늘날 교회들의 빈곤을 치료할 수 있다는 확신이 점점 더 퍼져나가고 있다. 그러나 우리 대부분은 신앙부흥이 정확하게 무엇이며, 신앙부흥이 올 때 어떤 일이 일어날 것으로 기대될 수 있는지 불확실한 자신을 발견한다. 그리고 이 시점에 있어 우리 모두가 범하기 쉬운 특별히 두 가지 유형의 착오가 있다.

첫째는 고물을 수집하고 애호하는 오류이다. 우리가 과거의 특별한 신앙부흥의 역사에서 신앙부흥에 대한 개념을 형성한 다음 그 개념을 미래의 모든 신앙 부흥운동의 표준과 척도로 제한할 때, 우리는 이 착오의 희생자로 전락한다. 이렇게 하는 것은 우리 자신을 이중의 위험에 노출하는 것이다.

한편으로, 우리는 과거의 몇몇 신앙 부흥운동을 특징지웠던 특정한 외적 특징들 – 땅바닥에 엎드리는 것, 환상을 보는 것, 무아경에 빠져 찬송하는 것등 우리에게 인상적인 모든 특징들 – 을 나타내는 종교적 흥분의 발로들을 너무나 경솔하게 신앙부흥과 동일시하는 소인을 만드는 것이다. 우리는 하나님의 성령 뿐 아니라 마귀도 종교적 흥분의 외적 형태들을 만들어 낼 수 있다는 것을 기억해야 하며 또한 실제로 사단이 종종 자기 기만적 광신주의 운동들을 통해 교회를 크게 파괴하는 역사를 해왔다는 것도 기억해야 한다.

이 자기 기만적 광신주의 운동은 스스로 분명히 선한 믿음을 갖고 있기 때문에 성령의 부흥운동이라고 선언했다. 우리는 성령의 역사와 사단의 역사를 구별하여 말할 수 있는 기준을 필요로 한다. 그렇지 않으면 사단은 그의 특별한 등록 상표인 광신적 망상을 가지고 신앙부흥에 대한 우리의 갈급함을 멋대로 만족시킴으로 우리를 마음놓고 우롱할 것이다. 따라서 전례 – 에드워즈는 '과거의 관찰'이라고 칭한다 – 는 이를 위한 충분한 기준이 못된다. "교회가 해왔던 바는 이런 경우에 우리가 사용하여 판단할 수 있는 법칙이 아니다."[8] 우리는 진짜와 가짜를 구별하기 위해 더 나은 시금석을 필요로 한다.

다른 한편으로, 우리는 신앙부흥을 완전히 어떤 과거의 특별한 일로만 여길때, 하나님께서 보내실지 모르는 미래의 어떤 신앙 부흥운동을 인정하기 더 어렵게 만든다. 같은 일을 반복하는 것은 하나님의 습관이 아니다. 두 사람이 회심할 때 정확하게 똑같은 경험 절차를 거칠 것으로 기대할 근거가 없는 것처럼, 다음에 있을 신앙 부흥운동의 외형이 전에 있었던 신앙 부흥운동과 똑같을 것이라고 가정할 근거도 없다. 하나님께서 앞서 행하셨던 일과 정확하게 같은 일을 반복하시는 것을 볼 때에만 하나님께서 역사하신다고 인정하는 사람들은 "하나님께서 자신을 제한하시지 않는 곳에서 하나님을 제한시키는 자들이다. 그리고 이러한 경향은 특별히 신앙부흥에 나타난다"고 에드워즈는 말하고 계속하여 다음과 같이 말을 잇는다.

> 새창조의 역사를 경영하실 때 – 또는 여자의 씨에 대한 최초의 약속에서부터 이 시대에 이르기까지의 구속 역사의 과정에서 – 하나님의 지혜의 놀랍고 신비한 방법들을 잘 고찰한 사람들은 누구나 새로운 장을 여시고 새롭고 놀라운 일들을 나타내시어 하늘과 땅을 놀라게 하는 것이 언제나 하나님의 방식이라는 사실을 쉽게 관찰할 수 있다.[9]

---

8 Ibid, II: 261.

9 Ibid, I: 369.

우리를 위협하는 두 번째는 낭만적 오류다. 우리는 신앙부흥이 일단 일어나기만 하면 마치 탐정 소설의 마지막 장처럼—우리의 모든 문제를 해결하고 교회에 발생한 모든 어려움들을 말끔히 제거하고 더 이상 골치 아프게 하는 말썽들이 없는 전원시적인 평화와 만족 상태에 우리를 남게 하는—기능을 할 것이라고 상상할 때 이 오류에 빠지게 된다.

조나단 에드워즈의 신앙부흥에 대한 연구는 이러한 착오들에 빠지지 말라는 사전 경고를 우리에게 준다.

우선 에드워즈는 종교적 흥분의 표현이 하나님의 성령의 발로인가 아닌가를 판단하는 성경적 원리들을 우리에게 가르쳐 줌으로 고물을 수집하여 애호하는 오류로부터 우리를 막아준다. 그는 "우리는 하나의 원칙을 가까이 갖고 있다. 곧 이러한 성질의 일들을 해결하기에 충분한 명확하고 무오한 표적들을 갖고 있는 신령한 책으로 하나님 자신께서 우리 손에 쥐어 주신 것이다"라고 주장한다.[10] 그리고 그는 이 표적들이 정확하게 무엇인가를 자세하게 우리에게 보여주고자 애쓴다.

다음으로, 에드워즈는 신앙 부흥운동이 가져오는 문제들에 계속 우리의 주의를 돌리게 함으로 낭만적으로 그릇되게 생각하는 오류로부터 우리를 막아 준다. 신앙부흥은 삶의 갱신을 의미하며, 삶은 에너지를 의미한다. 신앙 부흥운동이 교회를 냉담과 무감각에 의해 생겨난 문제들로부터 구해 주는 것은 사실이다. 그러나 신앙 부흥운동이 무질서하고 미숙한 영적 활력의 범람에 의해 생겨난 새로운 문제들의 혼란에 빠뜨리는 것도 똑같은 사실이다. 신앙 부흥운동 가운데 성도들은 영적인 일들과 하나님의 실재에 대한 새롭고 압도적인 자각에 의해 갑자기 동

---

10   Ibid, I: 375.

면과 혼수 상태에서 깨어나게 된다. 그들은 흔들어 잠에서 깨움을 당한 사람들같이 익숙하지 못한 햇빛에 반소경 상태이다. 그들은 잠시 동안 자신들이 어디에 있는지를 잘 모른다.

어떤 의미에 있어 지금 그들은 그들이 전에 전혀 보지 못한 모든 것을 보고 있다. 그러나 다른 의미에 있어 그 빛의 밝음 때문에 그들은 거의 아무 것도 볼 수가 없다. 그들은 물결에 휩쓸려 가는 것이다. 그들은 균형감을 상실한다. 그들은 오만, 망상, 불균형, 비판적인 말투, 터무니없는 행동 형식에 빠진다.

회심하지 못한 사람들은 진행되는 일에 얽혀 버린다. 그들의 심령은 여전히 중생되지 못한 채로 있지만 그들은 진리의 능력을 느낀다. 그리하여 그들은 망상과 자기 의존에 빠지고, 무정하고 가혹하며 광포하고 허식하며, 괴벽하고 열광적이며 싸움을 좋아하고 분열적인 '광신주의자들'이 된다. 그 다음에 아마도 그들은 엄청난 죄에 빠져 완전히 배교하거나 아니면 교회에 남아 교리적 완전주의자의 입장에서 그들이 행하는 바가 다른 사람들에게는 죄가 되지만 자신들에게는 죄가 되지 않는다고 주장함으로 나머지 사람들을 중상할 것이다. 사단(에드워즈가 말한 바와 같이 세상에서 가장 훌륭한 신학교에서 교육받은 사단)은 하나님과 같이 보조를 맞추면서 창조주께서 행하시는 모든 것을 적극적으로 변질시키고 만화화한다.

따라서 신앙 부흥운동은 항상 흠이 있는 하나님의 역사이다. 그리고 신앙 부흥운동이 강력하면 강력할수록 우리는 더 많은 불명예스러운 흠들을 볼 것으로 기대해도 좋다. 따라서 제한된 영적 통찰력을 갖고 있는 상당한 지위에 있는 교인들이 신앙 부흥운동을 무절제를 이유로 가혹하게 반대하는 것을 볼 때 놀랄 필요가 없다. 또한 우리는 – 종종 발견하다시피 – 많은 목회자들이 신앙 부흥운동이 절대로 영적 현상이 아니라는 근거로 신앙 부흥운동과 멀리하며 또한 심지어 이에 반대하는 설교를 하거나 억압하려고 하는 것을 발견할 때도 놀랄 필요가 없다. 에드워즈는 이 모든 일을 자신의 경험으로 직면하지 않을 수 없었으며 우리도 이것을 직면하게 한다.

그는 1741년에 "거침돌이 없는 하나님의 역사는 절대로 기대할 수 없다. 우리는 아마도 신앙 고백자들 중에서 더 많은 배교와 지독한 부정 행위의 실례들을 보게 될 것이다"라고 엄하게 기술했다.[11] 그렇다. 신앙 부흥운동은 그 자체에 있어서 비록 하나님의 정화하시는 역사이지만 절대로 부수적인 결함들로부터 자유하지는 않다. 우리는 이를 식별하기 위해 신약성경을 읽을 필요가 있다.

그러나 우리는 신앙 부흥운동이 하나님의 실제적이며 영광스러운 역사이며 교회의 활력이 저하하였을때 그때 바라야 할 축복이라는 사실에 눈이 멀지 않도록 해야 한다. 이제 우리는 신앙부흥에 대한 에드워즈의 신학적 해설을 고찰하는 데로 나아가도록 하자.

4. 신앙부흥의 본질

우리는 세 가지의 주요 표제하에 그의 가르침을 해설할 것이다.

---

11 Ibid, II: 273.

1) 신앙부흥의 본질에 대한 원칙들

여기에는 생각해 보아야 할 세 가지 명제들이 있는데 그 중 첫 번째 명제는 가장 중요하고 근본적인 것으로 가장 긴 시간을 요할 것이다.

(1) 신앙부흥은 하나의 공동체에서 그리스도인의 경건의 활력을 되살리고 번창시키는 성령 하나님의 비상한 역사이다

신앙부흥은 하나님의 백성이라고 고백한 사람들 가운데 확립된 여러 가지 일들의 경향과 상태를 돌연히 반전시키는 특징을 갖고 있기 때문에 비상한 역사이다. 하나님께서 자신의 교회를 부흥시키시는 것을 관찰하기 위해서는 그 교회가 분명히 잠에 빠져 죽어가고 있다는 것을 전제해야 한다. 하나님께서 각성을 주실 때 자신의 성령을 부어주신다고 말하는 것은 에드워즈가 성경에 따라 말하는 바와 같이 하나님께서 사태를 변화시키시기 위한 급작스럽고 결정적인 어떤 일을 행하시는데 그 가운데에서 성령의 일깨우시는 영향력과 영적 현실들에 대한 살아 있는 감각이 본래 부재했기 때문에 두드러지게 나타내는 것이다.

신앙부흥은 그리스도인의 경건의 활력을 되살리고 번창시키는 역사이다. 비록 성령께서는 성경 진리의 지식을 통해 자신의 부흥 역사를 이루시지만 신앙부흥은 단지 정설의 회복만은 아니다. 신앙부흥은 본질적으로 신앙의 회복이다. 우리는 에드워즈가 기독교 신앙을 무엇이라고 생각하는지 보았다. 곧 복음에 제시된 신령한 현실들에 대한 경험적 숙지이며 심령의 실천적 응답이라는 것이다. 부흥이 이르기까지 잠자는 상태로 열매 없이 쇠약해져 있는 것이 바로 이 신앙이며 성령을 부어주심에 의해 새롭게 되는 것이 바로 이 신앙이다. 따라서 '하나님의 성령의 역사', 즉 신앙부흥의 역사의 '다른 것과 구별되는 표적들'은 모두 경험적 경건을 깊게하는 것과 관계가 있다.

우리는 에드워즈의 요한일서 4:1에 대한 짧지만 매우 훌륭한 논문인 이 표적들에 대한 주석을 자세히 인용해 보기로 하자. 이 논문은 그 제목이 바로 우리가 인용한 어구이다. 그 내용은 우리의 주제와 밀접한 관계가 있고 전체 단락은 에드워즈의 주석 형식의 좋은 실례가 된다. 나는 이 문제가 특별하게 다루어지고 있으며 성경의 어떤 다른 곳보다 더 명확하고 완전하게 다루어지는 나의 본문인 이 장에서 사도가 우리에게 제시하는 그 표적들에만 나 자신을 완전하게 제한할 것이다. 그리고 이 표적들에 대해 말하며 나는 내가 본 장에서 발견하는 순서에 따라 생각할 것이다.

① 그 역사가 동정녀에게서 탄생하시고 예루살렘 성문 밖에서 십자가에 달리신 예수님에 대한 그들의 존경을 높이고 그들의 마음을 예수님께서 하나님의 아들이시며 인간들의 구주시라고 복음이 선포하는 바에 더욱 굳게하고 확실하게 하는 것으로 보일 때, 그것은 그 역사가 하나님께로부터 온 것이라는 확실한 표적이다. 사도는 2절과 3절에서 이 표적을 우리에게 제시한다.

2절과 3절이 말하는 바는 팔레스타인에 그러한 사람이 나타나 기록된 그 고난을 받았다고 고백할 뿐만 아니라 그분이 곧 예수 그리스도라는 이름이 암시하는 바와 같이 주님과 구주로 기름부으심을 받으신 그리스도 곧 하나님의 아들이라고 고백하는 것이다.

마귀는 그분에 대해, 특별히 그분의 인간들의 구주로서의 특성에 대해 가장 지독하고 앙심깊은 적의를 갖는다. 마귀는 그리스도의 구속의 내용과 교리를 죽도록 증오한다. 그는 인간들에게 그리스도에 대한 존경심이 더욱 생겨나지 못하도록 온갖 역사를 다할 것이다.

② 죄를 격려하여 자리잡게 하고 인간들에게 세상적 정욕들을 품게 하는데 존재하는 사단의 왕국의 세력에 반하여 성령께서 역사하실 때 그것은 그 역사가 거짓의 영이 아니라 진리의 영이라는 확실한 표적이다. 이 표적은 4절과 5절에 제시된다. 사도는 세상이라는 말로 분명하게 죄의 세력에 속한 모든 것을 의미하며 인간들의 모든 타락과 정욕들을 함축하며 또한 그 타락과 정욕들을 만족시키는 모든 행동과 대상들을 함축한다.

따라서 우리는 사도가 말하는 내용으로 사람들 가운데서 역사하시는 성령을 확실하게 분별할 수 있다. 곧 성령께서는 이러한 방식을 따라 인간들의 세상에 대한 기쁨과 소득과 존경의 평가를 작게 하시고 그들의 마음에서 이런 일들에 대한 간절한 추구를 제거하시며 그들로 하여금 미래의 신분과 영원한 행복에 대해 깊은 관심 가운데 전념하게 하신다. 사람들에게 죄의 무서움과 죄가 가져오는 가책과 죄가 드러내는 비참함을 확신시키는 영은 반드시 하나님의 성령 외에는 불가능하다.

사단이 인간들에게 죄를 깨닫게 하고 양심을 깨울 것이라고는 상상할 수 없는 일이다.

③ 사람들에게 성경에 대한 큰 존경을 일으키고 그들을 진리와 신령 가운데 더 확립시키는 방식으로 역사하는 영은 분명히 하나님의 성령이시다. 사도는 이 원칙을 6절에서 제시한다. 우리는

하나님께 속하였으니, 즉 "우리 사도들은 너희의 법칙이 되어야 하는 교리와 교훈들을 세상에 가르치고 전하기 위해 하나님께 보내심을 받고 하나님에 의해 임명받았으니 하나님을 아는 자는 우리의 말을 듣고…" 여기에 나오는 사도의 논증은 하나님께 속했다는 동일한 의미에 있는 모든 사람들을 동등하게 망라한다. 즉 하나님께서 자신의 교회에 믿음과 실천의 법칙을 전하시기 위해 임명하시고 영감을 주신 모든 사람들, 모든 선지자와 사도들, 한 마디로 말해 성경의 모든 기록자들을 망라한다. 마귀는 절대로 사람들에게 신령한 말씀에 대한 존경이 생겨나게 하는 시도를 하지 않는다. 미혹의 영은 사람들로 하여금 하나님의 입에서 지시를 구하는 마음이 생기게 하지 않는다. 오류의 영이 사람들을 속이기 위해 그들 속에 무오한 법칙의 고귀한 생각이 생겨나게 하고, 그 법칙에 대해 많은 생각을 할 마음이 들게 하여 그 법칙에 대해 매우 정통하게 하겠는가? 어두움의 왕이 자신의 어두움의 왕국을 증진시키기 위해 사람들을 태양으로 인도하겠는가?

④ 영들을 판단하는 또 하나의 법칙은 6절에서 끌어낼 수 있다. 만일 우리가 사람들 가운데 역사하는 영의 활동 방식을 관찰할 때 그 영이 사람들을 진리로 인도하고 사람들에게 진리의 일들을 확신시키는 진리의 영으로 역사하는 것을 본다면, 예를 들어 우리가 역사하는 영이 인간들을 보통 때보다 더 분별력이 있게 하여 하나님이 계시고, 그 하나님께서는 위대하시며 죄를 미워하시는 하나님이시며, 인생은 짧고 매우 불확실하며, 또 다른 세상이 존재하며 그들이 불멸의 영혼을 소유하고 있으므로 하나

님께 대해 큰 말을 보고하지 않을 수 없으며, 그들이 본성과 실행에 의해 극도로 죄악되며, 그들이 스스로에 있어 무력하다는 것을 깨닫게 하고 그 밖에 건전한 교리와 일치하는 일들을 확인시켜 준다면 그렇게 역사하는 영은 진리의 영으로 역사하는 것이며 진실 그대로의 일을 나타내는 것이다. 따라서 우리는 이렇게 진리를 드러내고 나타내는 영은 어두움의 영이 아니라고 결론내려도 좋은 것이다.

⑤ 만일 사람들 가운데 역사하는 영이 하나님과 사람에게 대해 사랑의 영으로 역사한다면 그것은 그 영이 하나님의 성령이시라는 확실한 표적이다. 사도는 6절에서 이 장의 끝절까지 이 표적에 대해 주장하며 하나님과 사람에 대한 사랑 모두를 명확하게 말한다. 사람들에 대한 사랑은 7절, 11절, 12절에서 말하고, 하나님에 대한 사랑은 17절, 18절, 19절에서 말하고 하나님과 사람 모두에 대한 사랑은 마지막 두 절에서 말한다.

사람들 가운데에서 예수 그리스도의 뛰어나심에 대한 사모와 희열의 감정을 일으키고 사도가 말하는 그 사랑, 즉 자신의 독생자를 우리를 위하여 죽도록 내어주신 하나님의 놀라운 값없이 주시는 사랑과, 그리스도를 사랑하지 않고 오히려 원수였던 우리에게 주신 그리스도의 놀라운 죽음의 사랑에 대한 동기와 격려로 우리를 이끄는 영은 반드시 하나님의 성령이실 수 밖에 없다. 하나님의 속성들은 복음에 계시되었고 그리스도 안에 나타났고, 묵상의 기쁜 대상들로 제시되며 영혼으로 하여금 하나님과 그리스도를 애타게 바라게 하며 – 곧 하나님과 그리스도의 임재와 교제, 하나님과 그리스도에 대한 지식 그리고 하나님과 그리스도와의 일치를 애타게 바라게 하며 – 하나님과 그리스도와 평화하고 영광을 돌리는 생활을 하게 하는 영, 사람들 가운데 다툼은 가라앉히고, 평화와 친절의 정신을 주시고 친절한 행동과 영혼의 구원에 대한 진지한 열망을 자극시키는 영, 여기에는 진리와 신령의 영이 영향력을 행사하신다는 가장 귀한 증거가 있는 것이다.[12]

에드워즈의 주장은 이러한 열매가 나타나고 있는 곳에는 어디에나 하나님의 성령이 역사하시는 것이며 따라서 이 열매들은 무질서하고 어떤 면에서 괴로움을 야기할 수도 있는 종교적 흥분의 발로가 부흥의 역사인지 아닌지를 무오하게 보여주는 표적이라는 것이다. 신앙부흥의 기준은 모임들의 소동이나 소란이 아니라 성령의 열매 – 성부와 성자에 대한, 성경과 성경의 가르침에 대한 믿음과 사랑 그리고 타인들에게 유익을 주는 선행 – 이다. 이 열매들이 없다가 교회나 공동체에 갑자기 나타나기 시작하는 곳에는 신앙부흥이 어느 정도 나타나기 시작했다. 어떤 동반하는 결합들도 동시에 나타날 수 있다.

신앙의 본질은 에드워즈가 생각한 바와 같이(그리고 그는 이를 강조하는 진정한 청교도였다) 하나님과의 의식적인 교제이며 신앙부흥의 때에 부어지는 성령의 강력한 영향력하에서 개인의 하나님의 임재에 대한 의식과 하나님에 대한 지식에 대한 열심과 하나님의 사랑의 확신 안에서의 기쁨이 매우 놀라운 높이까지 올라갈 수 있다. 에드워즈는 이에 대한 상당한 증거를 자기 성도들에게서 보았다. 그러나 그의 부인의 경

---

12 Ibid, II: 266–269.

우보다 두드러진 경우는 없는 것 같았다. 그녀의 경험을 그는 『신앙부흥에 대한 사색』 1:v에(누구의 경험이라고 말하지 않고) 상세하게 묘사했다 (이 단락은 단순하게 "특별한 경우에 나타나는 역사의 본질"이라고 제목이 붙여졌다). 이 묘사는 줄이지 않고 읽어야 하지만 우리에게는 그럴 공간이 없으므로 몇 구절만을 인용한다. 에드워즈는, 부인인 사라 에드워즈의 경험안에 다음의 요소들이 포함되었다고 기록한다.

> 상당한 시간 동안 하나님의 완전성들과 그리스도의 미덕들의 영광을 곰곰이 묵상하기를 매우 자주함으로 영혼은 빛과 사랑, 말할 수 없이 달콤한 위로와 영혼의 안식과 기쁨 가운데 완전히 압도되고 빨려들어갔다. 이 큰 기쁨은 전율과 함께 하였다. 즉 하나님의 위대하심과 위엄에 대한 생생한 의식과 인간 자신의 극도로 작고 미천함에 대한 생생한 의식이 동반했다…앞에 언급한 듯들에 하나님의 장엄한 위엄과 위대성과 거룩하심에 대한 비상한 의식이 동반되었다. 매우 종종 육체의 힘은 그토록 거룩하시고 선하신 하나님께 대해 범한 죄에 대한 깊은 애통으로 상실되었다. 복음에 계시된 큰 일들의 확실한 진리에 대한 매우 큰 의식도 있었다. 즉 구속 역사의 영광과 예수 그리스도에 의한 구원의 방법에 대한 압도적인 의식이었다. 그 사람은 하나님과 예수 그리스도를 찬양하며, 이 현세의 삶이 하나님께 드리는 계속된 찬송이 되기를 열망하며 큰 기쁨을 느꼈다. 그 사람이 표현한 바와 같이 이생을 찬송하며 보내기를 갈망했으며 찬송하며 영원하게 사는 생각을 할 때 그 희

열은 이길 수 없을 정도였다.[13]

이것이 성령의 부흥시키시는 역사에 의해 하나님의 모든 성도들이 다소간의 깊이에 차이는 있으나 모두 인도되는 내적 심령의 하나님과의 실감나는 교제이니, 곧 순수한 그리스도인의 경건인 것이다. "만일 이런 일들이 광신이고 두뇌 이상의 소산이라면 나는 내 두뇌가 이 행복한 이상에 영원토록 지배되게 할 것이다"라고 에드워즈는 멋진 풍자로 말했다. 이러한 경험들은 하나님의 성령께서 이 경험들이 솟아나는 신앙운동들 가운데 역사하신다는 긍정적 증명이라고 에드워즈는(확실히 정확하게) 생각했다.

이 제목하에서 마지막으로 강조되어야 할 것은 에드워즈에게 있어 신앙부흥은 한 공동체 내에서 그리스도인의 경건을 회복함을 의미했다는 것이다. 신앙부흥의 대상은 교회였고 그 축복의 결과는 교회 밖의 비회심자들에게 믿음을 전파하는 것이었다. 신앙부흥은 집합적인 사건이다. 오순절에 성령께서는 제자들의 집단 위에 임하셨다. 하나님께서 각성을 교회에 주신다(사 52:17; 53:1 참조). 물론 이 말은 교회가 죽은 상태에 머물러 있는 동안도 개인적인 그리스도인은 영적으로 활력을 얻을 수 있음을 부정하는 것이 아니고 단지 현재 우리가 신앙부흥이라는 명칭 아래 논하고 있는 하나님의 특징적인 역사가 어떤 의미에 있어 개개인의 그리스도인을 그 대상으로 삼는 것이 아니라 교회를 그 대상으로 삼고 있다는 것을 말하는 것일 뿐이다.

---

[13] Ibid, I: 376f.

(2) 신앙부흥은 하나님의 계시된 목적들 가운데 중심적인 위치를 차지하고 있다

"하나님께서 세상을 창조하신 목적은 자신의 성자를 위해 나라를 준비하시는 것이었다"(왜냐하면 성자께서는 이 세상의 상속자로 임명 되셨기 때문이다)라고 에드워즈는 선언한다.[14] 이 목적은 먼저 그리스도께서 갈보리에서 구속을 이루심으로, 그 다음에는 그의 왕국의 승리들을 통해 실현되는 것이다. "지금부터(그리스도의 승천부터) 만물의 궁극적 완성까지의 하나님의 모든 섭리들은 그리스도께 상을 주시고 그리스도께서 땅에서 행하시고 수난을 받으신 목적을 이루시기 위함이었다."[15] 그리스도께 우주의 지배가 보증되었고 궁극적인 완성 사이에 성부께서는 성령의 계속적인 부어주심을 통해 이 보증을 부분적으로 이행하셨다. 이 성령의 부어주심은 회의적인 세상에 그리스도의 나라의 실재를 입증하며 그리스도의 대적들 가운데 그리스도의 나라의 경계를 확장하는데 기여하는 것이다.

> 하나님께서 이러한 본질의 역사(즉 뉴잉글랜드의 신앙부흥과 같은 역사) 가운데 영광스러우신 능력으로 자신을 나타내실 때 특별히 하나님께서는 성자에게 영광을 주시고, 모든 무릎을 그에게 꿇게 하시겠다고 하신 맹세를 성취하고자 결심하신 것 같이 보인다. 하나님께서는 영원부터 자신의 사랑하시는 독생자를 영화롭게 하실 결심을 마음 속에 갖고 계셨다. 그리고 하나님께서 그 목적을 위해 정하신 몇몇 특별한 시기들이 있는데

---

14 Ibid, I: 584.

15 Ibid, I: 583.

> 하나님께서는 그 시기들 가운데 성자께 하신 자신의 약속을 성취하기 위해 전능하신 능력으로 나타나신다. 지금은 성령을 놀랍게 부어주심으로 그 나라를 발전시키는 때이요 성령의 능력의 시대이다.[16]

에드워즈는 더 나아가 다음과 같이 주장한다.

> 인간의 타락부터 우리 시대까지 구속의 역사는 사실상 하나님의 성령의 두드러진 전달에 의해 주로 진행되었다. 비록 어느 정도 하나님의 의식들에 수반되는 성령의 부단한 영향이 있지만 가장 큰 일들에 이 역사의 성취를 향해 행해져 온 방법은 항상 특별한 시기에 비범한 성령의 나타나심에 의한 것이었다.[17]

하나님의 백성 가운데 살아있는 경건의 갱신에 대한 모든 기록은 성령의 부어주심을 나타낸다는 가정 아래, 에드워즈는 이 보편화가 성경의 역사와 관련을 가지고 지속되며 지금도 지속된다는 것을 의심할 이유가 없다는 것을 입증하기 위해 애를 썼다. 후천년주의자인 에드워즈는 세상의 회심을 기대했고, 이것은 지구촌 각 지역에 전례가 없는 선교 공략으로 이어지는 교회 전체의 강력한 부흥의 직접적인 결과일 것이라고 확신있게 예언했다.

따라서 교회의 생명력이 쇠퇴해 가고 있고 하나님의 심판이 교회에 내려지고 있고 선교 사역이 하락할 때 그리스도인은 이 상태를 역전시

---

16 Ibid, I: 380. Edwards refers in the context to Psalms 2 and 110.

17 Ibid, I: 539.

킬 성령의 부어주심을 소망해야 한다. 그리고 이러한 소망을 간직하고 자신의 기도 가운데 이 소망을 표현할 근거가 있다. 이 근거는 교회 쪽의 어떤 가치에 있는 것이 아니라 성부께서 자신의 나라에서 성자를 영화롭게 하시고자 하는 영원한 결심 가운데 있다.

(3) 신앙부흥은 세상에서 하나님의 모든 역사들 중에 가장 영광스러운 역사이다

에드워즈는 이 사실에 근거하여, 뉴잉글랜드에 임한 신령한 각성에에 대해 무관심을 표명한 자들과 그리스도인의 마음은 다른 문제들에 더욱 유익하게 전념해야 한다는 태도로 암시된 자들은 부끄러움을 당해야 한다고 주장했다

> 이러한 역사는 그 본질과 본성에 있어 하나님의 어떠한 역사 중에서도 가장 영광스러운 역사이다. 이 역사는 구속의 역사이며(하나님의 모든 다른 역사들의 대결말이며, 이 역사에 비해 창조의 역사는 그림자에 불과하다), 옛창조보다 무한하게 더 영광스러운 새창조의 역사이다. 나는 한 영혼의 회심에서의 하나님의 역사는 물질 세계 전체의 창조보다 더 영광스러운 하나님의 역사라고 담대하게 말한다.[18]

따라서 부흥이라는 주제는 하나님의 영광을 볼 때 그 마음에 기뻐하는 바른 마음의 그리스도인에게 즐겁고 흥미진진할 것이며 이 주제에

---

18 Ibid, I: 379.

흥미를 불러일으킬 수 없는 신자는 분명히 영적으로 매우 초라한 상태에 있다고 에드워즈는 암시한다.

2) 신앙부흥의 외적 형태에 대한 원칙들

여기서 우리는 간결하게 끝낼 수 있다. 왜냐하면 우리는 이미 이 문제를 에드워즈가 어떻게 생각하였는지 지적한 바 있기 때문이다. 그는 이 제목에 해당하는 모든 요점들을 뉴잉글랜드의 각성에 대한 특별한 적용으로 해석했다. 그러나 우리는 이 해석들을 보다 일반적인 형태로 진술하고자 한다. 에드워즈는 신앙부흥은 혼합 역사라고 말한다. 사단의 가라지는 철두철미하게 하나님의 알곡 틈에 끼어든다. 어떤 관점에서 볼 때 이것은 하나님의 역사의 영광을 더 분명하게 한다.

> 하나님의 능력과 은혜의 영광은 토기의 연약함과 동시에 나타남에 의해 더 큰 광채로 돋보인다. 대상의 연약함과 무가치함을 나타내시는 것과 동시에 자신의 능력의 뛰어남과 자신의 은혜의 풍성함을 나타내시는 것이 하나님의 기쁨이다.[19]

하나님께서는 신앙 부흥운동의 때에 그 열매들이 우연히 관련된 인간들의 어떤 덕에서 솟아난 것이 아니라 자신의 은혜의 역사에서 솟아난 것임을 분명하게 나타내시기 위하여 인간들의 약점과 죄가 참견하는 것을 허용하신다. 그러므로 에드워즈는 다시 다음과 같이 기술한다.

---

19 Ibid, I: 380.

> 하나님께서는 자기 백성들에게 그들이 어떠한 자들인지 가르치고, 그들을 겸손하게 하고, 그들을 인도하시려고 하는 영광스러운 번영에 그들이 적합하도록 하기 위해 그리고 그러한 영광스러운 역사의 영광을 자신이 더욱 많이 얻기 위하여 그들의 더할나위 없는 행복을 위한 은혜의 역사를 시작하실 때 상당한 오류를 허용하시고 그들의 연약함이 나타나는 것을 용납하신다. 이것이 하나님께서 자기 백성을 다루시는 방법이다. 왜냐하면 그 역사의 시작에 인간의 엄청난 약점이 나타남으로 하나님께서 인간의 힘이나 지혜를 그 역사의 기초로 하지 않으신다는 것이 분명하게 드러나기 때문이다.[20]

따라서 부흥의 때에 사단의 역사는 제지되지 않는다. 그리고 사단은 이러한 때에 특유한 전략을 사용한다.

> 사단은 자신이 인간들을 더 이상 얌전하게 붙들어 놓을 수 없다는 것을 발견할 때 그들을 무절제와 방종으로 내몬다. 그는 그들을 가능한 한 오랫동안 억누른다. 그러나 더 이상 그렇게 할 수 없을 때 그들을 내몰아 가능하면 그들의 두뇌 작용을 뒤집히게 한다.[21]

이처럼 사단은 신앙이 부흥된 신자들의 감정의 힘을 이용하여 확립된 질서에 대해 혈기를 내고 비판하고 참을 수 없도록 유혹하고, 그리

---

20 Ibid, I: 374.
21 Ibid, I: 397.

스도인들이 무조직 상태에 있을 때 그리고 목회자들이 설교를 준비하려고 애쓰지 않고 설교할 때 성령이 더 자유롭게 역사한다고 고집하는 신앙을 갖도록 유혹한다. 곧 순간적 충동의 자발성이 영성의 최고 형태이며 조건이라고 하는 것이다. 이렇게 사단은 신앙이 부흥된 신자들의 넋을 빼고자 애쓰며 더 나아가 직접적인 암시와 영감으로 그들을 현혹하여 그들로 하여금 그들의 마음 속에 요청함이 없이 나타나는 모든 생각과 성구들이 분명히 하나님께로부터 오는 메시지라는 결론을 내리게끔 유혹한다.

이러한 방법과 그 밖의 방법들로 사단은 신앙이 부흥된 신자들을 뜨거운 열심 가운데 모든 종류의 경솔한 언행에 빠뜨리고자 애쓴다. 이것이 신앙부흥이 진행될 때 사용하는 사단의 통상적인 방법 절차이다. 에드워즈는 신앙부흥에 대한 고찰의 제 4부에서 이것을 매우 충분하게 상술한다.

영적 운동들을 그 즉각적인 현상들이나 부산물들로 판단할 것이 아니라 그 운동에 관여한 사람들의 삶에서 나타나는 궁극적인 결과들로 판단하는 것이 그토록 중요한 것이 바로 이 이유 때문이라고 에드워즈는 주장한다. 만일 우리가 현상들에 골똘하면 항상 겉치레적이고 무분별하고 생각이 잘못 되었고 방종하고 광신적인 것을 상당 분량 발견할 수 있다. 그럴 때에 우리는 그 운동에는 하나님에 대한 것이 전혀 없다고 결론을 내려 버리려는 유혹을 받게 될 것이다. 그러나 우리가 본 바와 같이 어떤 일이 일어나고 있는가를 평가하는 바른 방법은 그 모든 소란과 무질서 가운데 "하나님의 성령이 역사하시고 있는 뚜렷한 표적들"이 나타나고 있는가를 살펴보는 것이다. 만일 있다면 우리는 그 운동이 하나님의 역사라고 생각해도 좋다.

우리는 에드워즈가 여기에서 지혜롭게 말하고 있는 바가 우리를 위한 메시지가 아니라고 너무 성급하게 결론을 내리지 말아야 한다. 만일 하나님께서 오늘날 성령을 부어 주신다면 어떤 일이 일어나고 있는지를 즉각 깨달을 수 있을 것이라고 상상하는 것은 어리석은 생각이다. 신앙부흥은 항상 예상치 못한 사람들 그리고 종종 환영받지 못하는 사람들을 통해 예상치 못한 방법으로 일어났다.

우리는 언젠가 우리 자신이 격정적이고 소란스러운 영적 운동 앞에서 그것이 하나님의 역사인지 아닌지를 생각할 때, 그 운동의 신학과 예배와 도덕성의 외관상의 조잡함과 엉뚱함에 대한 우리 자신의 본능적인 혐오감에 의해 더 자세히 살펴보지도 못하고, 그렇다고 즉각 말살하지도 못하는 진퇴양난에 놓일 가능성을 배제하지 말아야 한다. 그러한 때에 우리는 에드워즈가 신앙 부흥운동의 혼합된 특성과 그러한 경우에 적용해야 할 판단의 원칙들에 대해 말해 준 것을 기억할 필요가 있다.

3) 신앙부흥을 위한 기도

에드워즈는 다음과 같이 말한다.

> 하나님의 성도들의 기도가 세상에 그리스도의 나라를 세우시는 계획을 이루는 하나의 크고 중요한 수단이어야 한다는 것은 하나님의 놀라운 은혜를 통해 나타내신 뜻이다. 하나님께서 자신의 교회를 위해 이루시고자 하시는 어떤 매우 큰 일이 있을 때 에스겔 36:37에 "그래도 이스라엘 족속이 이와 같이

> 자기들에게 이루어 주기를 내게 구하여야 할지라"고 나타내어진 바와 같이(문장의 전후 관계를 보라) 하나님의 백성의 특별한 기도가 선행되어야 한다는 것이 하나님의 뜻이다. 그리고 하나님께서 자신의 교회를 위한 큰 일들을 이루고자 하실 때 뚜렷하게 은총과 간구하는 심령을 부어주심으로 시작한다는 것이 계시되어 있다(슥 12:10).[22]

그렇기 때문에 신앙부흥을 갈망하는 그리스도인들은 그 일을 위해 기도할 강력한 동기를 갖는다. 그러나 이것이 전부가 아니다. 그리스도인들에게는 그 일을 위해 기도할 절대적인 의무가 있다. 에드워즈는 "신앙부흥을 위한 특별 기도에 하나님의 백성의 뚜렷한 일치를 조장하기 위한 겸손한 시도"(A humble attempt to promote Explicit Agreement and Visible Union of God's People in Extraordinary Prayer for the Revival of Religion)라는 논문에서 이를 입증하고자 했다. 그는 1746년에 몇몇 스코틀랜드 목사들이 영어권 기독교계 전체에 돌린 세계의 회심을 위한 칠년 간의 토요일 저녁과 주일 아침 그리고 매 3개월째 첫째 화요일의 특별 기도를 요청하는 청원서를 후원하여 이 논문을 썼다. 에드워즈는 교회의 확장에 대한 성경의 예언과 약속들을 볼 때, 사람들이 세계적인 신앙부흥을 위해 기도하는 것이 하나님의 뜻과 일치하며 주기도문의 내용을 볼 때, 그리고 에드워즈 자신 시대의 세계 교회의 신앙부흥에 대한 의심할 여지가 없는 필요성을 볼 때, 그러한 기도를 하는 것은 의무라고 주장했다(뉴 잉글랜드의 각성은 1742년에 미미해졌다). 우리를 생각

---

[22] Ibid, I: 426.

하게 하는 두 개의 구절을 인용해 보고자 한다.

> 만일 우리가 성경 전체를 충분히 살펴보고 발견되는 모든 기도의 모범들을 관찰한다면 우리는 어떤 다른 자비를 구하는 기도들보다도 교회의 구원과 회복과 번영 그리고 이 세상에 하나님의 영광과 은혜의 나라의 촉진을 구하는 기도가 많다는 것을 발견할 것이다. 시편의 가장 많은 부분은 이 자비를 구하는 기도와 이 자비에 대한 예언과 이 자비에 대한 예언적 찬양들로 이루어진다.
>
> 성경은 이 큰 자비를 구하는 기도를 많이 드리는 것이 하나님의 백성의 의무임을 풍성하게 나타낼 뿐만 아니라 이 기도를 격려하는 여러 가지 고려 사항들도 풍성하다. 성경은 성도들의 믿음과 소망과 기도를 격려하기 위해 이렇게 많은 약속들을 하는데 이는 하나님의 백성에게 이 자비를 구하는 기도를 많이 드리는 것이 그들의 의무라는 가장 명확한 증거를 주는 것이다. 왜냐하면 의심할 바 없이 하나님께서 자신의 약속들의 대상으로 풍성하게 삼으시는 바를 하나님의 백성은 자신들의 기도의 대상으로 풍성하게 삼아야 하기 때문이다.[23]

1746년의 기도 요청의 결과가 무엇이었는지 당연히 궁금하다. 물론 우리는 이어진 7년 동안 얼마나 많은 기도가 드려졌는지, 또한 1753년 후에도 그 습관이 붙은 사람들 가운데 특별 기도가 계속되었는지 알

---

[23] Ibid, II: 291.

수 없다. 분명히 처음에는 매우 놀랄 만한 일이 아무 것도 일어나지 않았다. 영국의 복음적 신앙부흥은 1735-1745년의 놀라운 십 년 후에 어느 정도 식었고 뉴 잉글랜드는 대각성 후, 한 세대 동안 영적으로 메말랐다. 그러나 1770년대부터 영국과 북미의 감리교 전도자들은 대성장을 목격했고 간혹 새로워진 부흥 상태들을 목격했다.

두 번째의 대각성은 1790년대에 꽃피웠다. 그리고 이 기간에 사람들은 노르웨이에서 호지(Hauge)가 주도한 신앙부흥과 핀랜드에서 루오트살라이넨(Ruotsalainen)이 주도한 신앙부흥을 보았고 이에 더하여 개신교의 선교 운동의 출발을 목격했다. 이 선교 운동은 한 세대 내에 당시에 알려진 세계 전지역에 적어도 복음적 기독교 신앙의 발판을 마련해 주었다. 이것이 수십년 동안 드려진 기도와 관련된 힘찬 영적 에너지의 신선한 폭발이었을까? 그 기도 없이도 이러한 일이 일어났을까? 모든 말을 다해도 여전히 추측일 뿐이지만 이렇게 추측해 보는 것은 즐거운 일이 아닐 수 없다.

어쨌든지 간에 모든 시대의 모든 하나님의 백성을 위한 하나의 과제가 있으니 하나님께서 부흥의 축복으로 시온을 세우시고 그 가운데 자신의 영광이 나타나게 하시기를 기도하는 것이다. 우리는 에드워즈의 여러 가지 말들과 우리가 이 장을 종결하고자 하는 그의 논문의 결론을 명심할 때 성공할 것이다.

20장
발문

　앞 장들에서 우리는 하나님의 사람들로서의 청교도들을 올바르게 인식하고자 애썼다. 다른 말로 이야기해서 앞 장들은 역사적 영성의 탐험이었다. 앞 장들에서 우리는 청교도의 삶에서 볼 수 있는 하나님의 은혜와 우리가 그들에게서 배울 수 있는 바를 유익하게 생각해 볼 수 있는 방식으로 청교도의 신앙과 행동의 여러 국면들을 살펴보았다. 나는 전통적인 의미로는 잘 생긴 나무가 아니지만 곧고 강하고 굳은 줄기를 갖고 있는 거목, 캘리포니아 레드우드에 그들을 비교함으로 청교도를 소개했다. 나는 제시된 증거를 볼 때 그 비교가 정당하다는 것이 입증되었다고 믿는다.

　이제 우리는 마지막으로 청교도들을 살펴보고 우리가 확실하고 완전하게 그들을 이해하고 있는지 확인하기 위해 상세한 증거에서 조금 뒤로 물러서서 보고자 한다. 먼저 세 가지 최후의 질문들을 짧게 생각해 보도록 하자.

1. 역사적인 질문이다

청교도는 실제로 그리고 본질적으로 무엇이었으며 가장 심오한 수준에 있어 청교도주의란 무엇이었는가? 우리가 앞에서 대강 훑어본 이 논쟁되는 질문에 대해 우리는 지금 다음과 같은 답변을 할 수 있다. 청교도들은 영국인들로서(그들 중의 얼마는 결국 미국으로 갔다) 성경주의자, 경건주의자, 교회적 관심 그리고 세상적 관심의 특별한 혼합을 나타낸 기독교 신앙의 한 가지 해석을 전심으로 수용한 사람들이었다.

성경주의는 성경 번역자 윌리암 틴데일의 성경주의였다. 이 성경주의는 청교도들을 틴데일과 함께 믿음에 의한 칭의라는 종교개혁 교리로 나아가게 하였고 영적으로 무능한 죄인들에게서 믿음과 사랑과 거룩을 이끌어 내시는 하나님의 주권적 은혜를 날카롭게 부각시킨 어거스틴 교리 신봉자와 칼빈주의자의 설명 체계에 이 교리를 맞추어 넣음으로 틴데일을 앞서 나가게 되었다.

경건주의는 메리 여왕 시대의 순교자 존 브래드포드의 경건주의였다. 그는 자기 인식, 자기 감시, 매일의 결점에 대한 매일의 회개 그리고 조직적인 찬양과 기도 가운데 자신을 몰아넣기 위해 일종의 개인 고백으로 일지를 적는 청교도 훈련을 주창했다. 교회적 관심은 존 칼빈의 관심이었다.

칼빈에게 있어서는 하나님의 백성들의 단체 생활 가운데에서의 하나님의 영광이 항상 목표였고 가정과 밖에서 교회들의 믿음과 예절과 충성이 끝없는 관심 사항이었다.

세상적 관심은 존 낙스의 관심이었다. 그는 국가적 개혁의 축복이 모든 사람이 볼 수 있는 공공의 경건을 나타내라는 하나님의 요청과 이것이 행해지지 않을 때 하나님께서 심판하시겠다는 위협 모두를 수반하는 것으로 보았다. 청교도주의의 진수는 설교와 기도, 선교와 팜플렛, 교회를 변화시키기 위한 계획들의 추구 그리고 가정과 지방 학교로부터 대학들에 이르는 모든 수준에서 자각을 일으키는 교육을 통해 이 네 가지 관심을 추구해 나가는 전심 전력이었다. 이 모든 것은 17세기의 작자 미상의 한 소책자에 나오는 "개신교도들 중 더 열렬한 부류가 청교도라고 칭해진다"는 말에 반영된다.

하나의 조직체로서 청교도들은 모두 위에 목록된 네 가지 관심 전부를 공유했고, 이 네 가지 관심을 그들이 꿈꾸는 사회적 성화에 절대 필요하고 불가분리한 요소들로 보았다ー그러나 물론 청교도의 지반을 이루는 귀족, 지주, 성직자, 교육자, 법률가, 정치가, 직조공, 상인 그리고 여성들을 포함한 그밖의 사람들 내에 있어 교회와 사회 문제들에 대한 특별한 목표와 강조들은 사람에 따라 차이가 있었다. 특별히 예배와 교회 질서의 문제들에 있어 무엇이 폐지될 필요가 있는가에 대한 일치는 대신 무엇이 도입되어야 하는가에 대한 일치를 훨씬 앞질렀다. 그러나 죄를 억제하고 자비의 습관들을 격려하고, 안식일을 지키고 자신의 가정을 다스리고 성경에 통달하고 자신의 직장에서 열심히 일하고 모든 관계들에서 순결과 정의와 박애를 실천하고 정기적이며 끊임없는 기도로 하나님과의 교제를 계속하는 조직적인 거룩으로 하나님께 영광을 돌리고 기쁘시게 하고자 노력함에 있어 청교도들은 완전히 하나였다.

그 이유는 무엇보다 그들의 목회자들이 이 일들을 가장 강조했기 때문이었다. 그들이 가는 곳마다 거룩을 실천하고 확립하며, 영국을 도덕적으로 그리고 영적으로 변화시키는데 함께 참여하라는 하나님의 소명을 받았다는 의식은 그들의 심령에 강력하였다. 그래서 그들은 설교자들이 주는 개인 신앙에 대한 부단한 교훈을 자신들의 하나님에 대한 시야를 회복하고 하나님의 은혜에 대한 이해를 갱신하며 자신들 앞에 놓인 과업들을 위해 자신들의 전지를 재충전하는 것으로 평가했다. 그들은 언제나 청교도 강단의 보증 수표였던 큰 목소리의 극적이며 억제함이 없고 현실적이며 솔직하며 명확한 주해 설교, 양심을 찢고 그리스도께로 올리는 설교를 좋아 했다. 그들에게 있어 영원의 문제들이 주제일 때 그 설교는 사람이 말하는 유일하게 적절한 방법같이 생각되었다.

그러한 설교에 대한 애호는 사실상 그들 사이를 묶어 주는 강력한 굴레였고 우리에게 그들의 마음의 기질에 대해 많은 것을 이야기해 주는 것이다. 꾸밈이 없이 진지하고 겸손하고 근실하며 그리스도를 확신하며, 모든 관계에 있어 공정하고 하나님의 진리와 영광이 위태로울 때에는 절대로 타협하지 않고 기꺼이 악평을 받아들이고 반대의 고난을 감수하는 실제적인 신자들로서 그들은 단연 그들 시대의 가장 인상적인 영국인들이었다.

짧게 볼 때 그들은 전투에서 패배했고 개혁 목적들에 실패했다. 그러나 길게 볼 때 그들은 어떤 자칭 변화의 발동자들 집단이 행한 것에 못지 않게 영국의 기독교 신앙을 위해(미국의 기독교 신앙을 언급하는 것은 아니다) 많은 일을 하였고 그들의 후계자들에 대한 그들의 사역은 아직 마침표를 전혀 나타내지 않고 있다.

청교도의 경건은 개혁된 수도 생활이라고 적절하게 특징될 수 있다. 청교도가 나타나기 전 천년 이상 동안 광야와 수도원을 찾았던 사람들은 하나님을 위해 철저해지기 원했기 때문에 그렇게 했다(적어도 이것이 그들 중에 가장 훌륭한 사람들 그리고 아마 그들 대부분의 목적이었다). 그리고 그들은 그 목적을 위해 평생 혹독하게 틀에 박힌 훈련을 받는 생활을 기꺼이 받아들였다. 어떤 점에 있어서는 현대적인 생각을 갖고 있고 다른 점에 있어서는 중세기적인 생각을 갖고 있었던 청교도들도 똑같은 이유로 영구히 혹독하게 틀에 박힌 훈련을 받는 생활을 받아들였다.

그러나 종교 개혁자들과 같이 그들은 하나님께서 어떤 폐쇄된 독신생활 사회 형태에서가 아니라 가정과 교회와 세계 가운데에서 자신을 섬기라고 성도들을 소명하신다고 믿었다. 그래서 그들은 이 세 가지 관계의 영역들로 신자의 '의무'(청교도의 열쇠가 되는 단어)의 생활에 대해 생각했고 가르쳤다. 수도 생활은 그들에게 온당치 못한 독신 생활과 빈곤에 대한 서약을 수반하는 것을 의미했다. 그래서 그들은 자신들의 헌신과 의무의 길을 그러한 왜곡들과 어떤 연관이 있는 것으로 생각하기 싫었을 것이다. 그러나 실제로 그들의 목표는 수도원의 규칙이 요구하는 것과 같이 매일 규칙적으로 순환하는 삶으로 "이 광야같은 세상을 통과해 가는"(번연의 어구) 것이었다.

청교도주의의 중심이었던 경건에 대해 우리는 다음과 같이 개괄할 수 있다. 곧 청교도의 경건에는 네 가지 특성이 눈에 띈다.

① 겸손: 겸손은 위대하고 거룩하신 하나님의 임재 가운데 항상 거하며 끊임없이 용서를 받음을 통해 하나님 앞에서 살 수 밖에 없는 피조물의 교화된 자기 낮춤이다.

② 수용성: 이것은 자신이 성경에서 발견한 것들에 의해 가르침과 수정과 지도를 받는 개방성과 즐거운 섭리들에 의해서 격려를 받는 것만이 아니라 실망과 내적인 황폐의 어두움에 의해서도 연단을 받으려는 자발성과 원숙하게 하시는 미쁘시고 은혜로우신 하나님의 선하신 손길이 평탄한 것 뿐만이 아니라 울퉁불퉁

한 것까지도 바른 모양으로 만드신다는 것을 믿는 자세라는 의미에 있어서의 수용성이다.

③ 송영: 이것은 자신의 모든 말과 행동으로 모든 것을 예배로 변화시킴으로 하나님께 영광을 돌리고자 하는 열정이다.

④ 원동력: 즉 청교도의 진정한 도덕적 행위가 영적 원동력이다. 그들은 하나님의 이름이 하나님의 세상에서 마땅히 거룩히 여김을 받게 되기에 앞서 행해져야 할 일이 많이 남아 있기 때문에 게으름과 수동적인 태도를 비신앙으로 정죄하였다.

이 네 가지 자질이 청교도의 하나님께서는 누구이시며 어떤 일을 행하시는가에 대한 생각에 의해 형성되었음은 분명하다. 또한 그들이 일단 형성된 다음에 절대로 꺾이거나 파괴될 수 없는 정신과 마음 자세를 확립한 것도 역시 분명하다. 이 네가지 자질들의 결합에 청교도의 불굴의 무진장한 내적 힘의 비밀이 있는 것이다.

말해야 하는 것은 이상이 전부가 아니다. 모든 청교도들에게 있어 경건의 조망-즉 각 성도가 하나님을 섬기고 있는 변화하는 생활 환경의 영적 지형학-은 네 가지 진실에 의해 결정되는 것이었다. 그들의 저서들이 보여 주는 바와 같이 그들은 이 네 가지 진실 모두에 대해 상당한 노력을 기울여 해설했다.

이 네 가지 진실들은 첫째로 하나님의 주권과 거룩하심이다. 우리는 하나님의 눈 아래에서 살고 있고 하나님의 장중 안에 존재하며 하나님께서는 자신이 거룩하시므로 우리를 거룩하게 하고자 하시는 목적을 가지시고 우리 삶과 관련된 자신의 길을 설명하시는 것이다. 둘째는 인간의 존엄과 타락이다. 인간은 하나님을 위해 창조되었으나 죄로 인해 부패되어 이제 은혜로 말미암는 완전한 갱신을 필요로 한다. 셋째는 중보자이시며 그리스도인의 구주시며 왕이신 그리스도의 사랑과 주권이다. 마지막은 책망하시고 활기를 주시고 중생시키시고 증거하시고 인도하시고 거룩하게 하시는 성령의 빛과 능력이다.

다음으로 경건의 지도를 작성함에 있어 청교도는 네 가지의 특별한 관심 있는 영역에 초점을 맞추고 설교에 있어 부단히 그 영역으로 되돌아왔다. 첫째 이 네 가지 영역들은 제1단계들(그리스도를 향한 믿음과 회개를 통한 죄의 자각과 회심으로 확신에 인도되는 것)과 전투(사람이 자신의 하나님과 함께 앞으로 나아가고자 할 때 벌어지는 세상과 육체와 악마와의 전투)와 교제(기도를 통한 하나님과의 교제와 '협의'-대화와 나눔-에 의한 다른 그리스도인들과의 교제) 그리고 종결(성부와 성자와의 궁극적인 중대한 만남을 향해 나아갈 때 모든 준비를 하고 깨끗하고 편안한 양심을 가지고 믿음과 소망 가운데 아름답게 죽는 것)이다.

그리고 더 나아가 네 가지의 강조점들이 모든 청교도의 실천 교육에 깊이 스며들어 있었다.

① 그리스도인들이 자신을 하나님을 향해 본향 집으로 여행하는 순례자 병사르 보아야 할 필요성
② 신성하게 명기된 모든 의무 사항들에 대해 그리스도인들이 자신의 양심을 고육하고 민감하게 하고 유의해야 할 필요성
③ 그리스도인들이 모든 관계들을 거룩하게 하고 책임있고 유익하게 처리함으로 이웃 사랑을 명하시는 하나님을 기쁘시게 해드려야 하는 필요성
④ 그리스도인들이 언제나 하나님 안에서 기뻐하고 하나님을 기쁘

게 찬양해야 할 필요성이다.

이것이 청교도의 경건이었으니 신실하고 신중하고 '고생스럽고'(청교도에게 이 말은 수고하다, 열심히 일하다는 의미였다) 기쁨이 넘치는 경건이었다. 이제 우리는 18세기 이후부터 많은 복음주의자들이 이 사람들을 '청교도'라고 부르는 것이 그들에게 경의를 표하는 것이 된 이유를 알 수 있다.

2. 영적 거인이다

이제 평가적이며 영적인 두 번째 질문으로 나아가 보자. 나는 위대한 청교도들을 거목에 비유하였다. 나는 그들이 이 시대 서양의 신자들의 특징적인 왜소성을 드러내는 위대한 도덕적 능력을 가진 성도들이었다는 것을 계속 암시해 왔다. 그들에게 이러한 판단을 마땅히 돌릴 수밖에 없는 그처럼 두드러지게 웅대한 점은 무엇이었을까? 여기 내가 생각하기에 관념적인 술어들이 아니라 개괄적인 술어들로 네 가지의 특성을 말하고자 한다.

1) 이 청교도들은 위대한 사상가들이었다

청교도 운동은 주로 목사들에 의해 지도되었고 목사들 중에서 나온 대부분의 지도자들은 대학 출신의 명민하고 사상을 표현할 수 있는 해박한 학문의 소유자들이었다(박스터와 번연은 중요한 예외이다. 그러나 비록 박스터는 대학 출신은 아니지만 대부분의 청교도 지도자들 이상의 박학한 사람이었다). 이 시대는 많은 영역에 있어 지적 소요의 시대였다. 그래서 청교도 교육자들은 많은 사항들에 있어 뒤떨어지지 않아야 했다. 그들은 보통 알고 있는 것보다 훨씬 높은 능력 수준으로 행해지고 있는 성경 주석과 국내외에서 라틴어로 논쟁되고 있었고 또한 대륙의 신학자들이 엄청난 분량으로 라틴어로 저술하여 펴내는 개혁 신학의 상세한 내용과 공화국 시기에 여러 분파들의 탈선들에 한몫 끼어 더 기세를 떠는 로마 가톨릭과 알미니안과 소시니안의 논쟁들에 있어 뒤떨어지지 않아야 했으며, 무엇보다 그린햄, 퍼킨스와 그들의 추종자들이 발전시키기 시작하고 또한 다른 사람들이 청교도 시대 내내 끊임없이 추가한 실천적이며 목회적이며 헌신적인 신학의 유산에 있어 뒤떨어지지 않아야 했다.

선도적 청교도 신학자들 - 오웬, 박스터, 십스, 프레스턴, 퍼킨스, 차녹, 하우이 - 은 모두 하나님에 대해 말할 때 교회에 대해서는 단체적으로, 청중과 독자들에 대해서는 개별적으로, 진리 그 자체에 대한 열렬하고 사려깊은 연구와 깊고 독실한 그리스도인의 경험과 예민한 책임의식을 주장하는 당당하고 존경할 만한 우직성을 수립했다. 이 자질은 청교도의 신학 저술에 다른 곳에서는 거의 발견할 수 없는 운치 - 우리는 이것을 신앙적 열정이라고 칭할 수 있다 - 를 부여했다.

신학자를 만드는 세 가지 사항은 기도와 하나님의 임재 가운데에서의 묵상과 안팎의 전투(oratio, meditatio, tentatio)라는 루터의 금언은 위대한 청교도들에게서 입증된 것으로 보인다. 우리는 그들의 저술을 읽을 때 거의 필적할 것이 없는 사고의 능력과 영적 확신을 느끼게 된다. 이에 비교할 때 우리 시대의 엄청난 양의 기독교 언론은 천박하고 극단적으로 단순하고 나약하고 감상적으로 보이지 않을 수부에 없다.

2) 이 청교도들은 위대한 예배자들이었다

청교도는 위대하신 하나님, 성경의 하나님을 섬겼다. 그들은 오늘날 우리를 압박하는 하나님에 대해 축소시키고 품격을 떨어뜨리는 사상 체계들 중 어떤 것에 의해서도 위축 되지 않았다. 청교도 시대의 개신교 신학 중 유일하게 하나님을 축소시키는 것은 하나님의 주권을 제한한 알미니안주의와 이에 추가하여 삼위일체와 내적 은혜를 부인한 소시니안주의였다.

청교도들은 이 두 가지 견해 모두를 매우 격렬하게 거부했다. 왜냐하면 성경은 그들에게 다스리시고 말씀하시는 초월적 창조자, 만물이 그에게서 나오고 그로 말미암고 그를 위해 존재하는 하나님 그 안에서 우리가 살고 움직이고 존재하는 하나님, 죄를 증오하시고 심판하시는 거룩하신 하나님, 그럼에도 불구하고 이해할 수 없이 무한한 사랑으로 자신의 아들을 보내사 십자가에서 죄의 저주를 담당하게 하심으로 죄인들이 공의롭게 의롭다 하심과 구원을 얻을 수 있게 하신 하나님에 대한 시각을 주었기 때문이다.

또한 성경은 그들에게 이제 영광을 받으시고 통치 하시는 중보자 그리스도, 눈멀고 귀먹고 무능하고 영적으로 죽은 영혼들에게 율법과 복음의 메시지를 서서히 주입시키기 위해 수고하는 성령의 비밀 정보원, 곧 하나님의 인간 전달자들-목사와 부모와 친구와 이웃들-을 통해 그 영혼들을 효과적으로 자신께로 부르시는 그리스도를 보여주었다. 마지막으로 성경은 그들에게 하나님의 신자들과의 영원한 언약 관계-즉 하나님의 편에서 영원한 축복을 보장하고 그리스도인들이 자신들의 창조자를 "나의 하나님, 나의 아버지로 부르고 예수님을 나의 구주, 나의 주님, 나의 하나님"으로 부르는 자격을 부여하는 완전한 공약–를 말씀해 즈었다. 웨스트민스터 신앙고백은 청교도의 신앙 성명서인데 이것이 언약 신학의 고전적 구현인 것은 우연한 일이 아닌 것이다.

청교도의 하나님과 그리스도와 은혜 언약의 영광과 위대성에 대한 인식은 그들의 심령을 전율시켰고 그들 가운데 열렬하게 넘쳐 흐르는 예배 정신을 일으켜 적어도 시간의 압박을 받지 않는 금식일에 목회자들이 예배 때에 원고없이 한 시간 동안 기도할 수 있게 하였다. 위대하신 하나님께 예배드리고 있음을 의식하는 사람들은 두 세 시간 지속되는 예배를 지루하게 여기지 않았다는 것은 기독교 역사의 사실인 것이다. 반대로 그들은 기쁨을 경험하는 것이다. 이와 비교할 때 60분 이상 걸리지 않는 예배를 좋아하는 현대 서구 교인들은 우리 하나님과 우리의 영적 신장이 상당히 작은 것이 아닌가 하는 생각을 일으키게 한다.

3) 이 청교도들은 위대한 소망자들이었다

청교도를 오늘날의 서양 그리스도인들과 매우 멀리 구별시키는 한 가지 뚜렷한 능력은 천국의 소망에 대한 성경의 가르침을 그들이 굳게 고수한 것이었다. 청교도 목회의 기본은 그리스도인의 이생의 삶을 본 향으로 가는 여행으로 이해시키는 것이었다. 그래서 그들은 하나님의 백성들이 앞을 바라보고 장차 올 일에 대해 마음을 기쁘게 하도록 격려하는데 크게 힘을 썼다.

이에 대한 고전적 작품으로 박스터가 성경 연구에 의해 분석되고, 묵상에 의해 내증되는 영광에 대한 소망이 신자들에게 얼마나 현재의 삶을 위한 힘과 지도를 주는가를 입증하기 위해 쓴 『성도의 영원한 안식』이 있고 또한 요단강을 건너 수정성에 이르는 승리의 여행에서 절정에 이르는 번연의 『천로역정』이 있다.

박스터와 번연 모두에 나오는 천국의 생생한 환상은 어떠한 기준에 의해 보더라도 비범한 것이다. 성화된 상상력이 신학적 인식에 구체성과 개성을 부여하는 그리스도인의 심령에 영광의 광채를 전달하는 비범한 능력이 되었던 것이다. 그리스도인들이 자신들의 소망이 무엇인지를 알아 그 소망으로부터 능력을 끌어내어 현재의 환경이 야기할 수 있는 어떠한 실망과 혼란에도 저항 해야 한다는 것이 곧 청교도의 주장이었고 물론 그 주장은 신약성경의 주장이기도 하다. 서구 그리스도인들이 오늘날 너무나 자주 드러내는 고통과 죽음을 준비하지 못한 태도는 청교도 스승들이 성도들로 하여금 때가 이를 때 평안하게 이 세상을 떠나도록 준비시키기 위해 되풀이하여 가르쳤던 현실주의와 즐거운 소망과 슬픈 대조를 이룬다.

4) 이 청교도들은 위대한 전투자들이었다

청교도들은 어떤 관점에서 볼 때 그리스도인의 소명을 세상과 육체와 악마와의 끝없는 전투로 인식하고 스스로 그에 따른 계획을 짰다. 옛 영국의 청교도에 대해 게리(Geree)는 "그는 자신의 전생애를 전쟁으로 여겼다. 그 전쟁에서 그리스도는 그의 대장이며 그의 무기는 찬송과 눈물이었다"라고 말했다. 청교도 문학 중 미증유의 고전들 중의 하나는 윌리암 거어널(William Gurnall)의 『완전무장한 그리스도인』(*The Christian in Complete Armour*)이다. 마귀에 대항하는 성도들의 전투에 대한 논문은

"하나님과 하나님 백성의 대적, 그의 제국의 정책과 능력과 위치 그리고 성도들에 대항하기 위해 그가 갖고 있는 중요한 계획에 대한 발견, 그리스도인이 전투를 하기 위해 영적 무장을 갖추고 자신의 갑옷으로 도움을 받고, 무기의 사용법을 배우도록 하기 위해 열려진 무기고이며 또한 전투 전체의 즐거운 결과"이다. 이 작품은 80만 단어 이상으로 되어 있다. 스펄전은 이 작품을 '견줄 데 없고 값을 매길 수 없는' 것으로 묘사했고 존 뉴턴(John Newton)은 만일 자신이 성경 외에 하나의 책 밖에 읽을 수 없다면 이 책을 택하겠다고 말했다.

번연의 『천로역정』은 거의 끊임없이 말과 몸으로 싸우는 이야기이다. 그리고 기독교 역사의 안내자며 교사며 보호자로 활약하는 이상적인 청교도 목사인 대담 씨(Mr. Great-heart)는 대학살자의 역할을 맡아 나아가며 잔인, 선의 파괴자, 절망이라는 거인들과 싸워 죽인다.

순례자는 또 하나의 이상적인 청교도 인물을 만나는데 그는 진리를 위한 용감 씨(Mr. Valiant-for-Truth)이다. 그는 '피투성이 얼굴로' 나타나 방금 강퍅과 경솔과 분주라는 세 명의 도적들을 죽였다고 말한다. 이어 다음과 같은 대화가 벌어진다.

> 대담: 정말 당신은 매우 가치있는 행동을 하셨소. 어디 당신의 칼을 좀 보여주시오.
> 그러자 그는 칼을 그에게 보여주었다. 대담이 칼을 들고 한동안 바라보다가 말했다.
> 대담: 아니 이 칼은 바로 예루살렘에서 만든 칼이구려.
> 용감: 그렇습니다. 누구든지 이런 칼 하나를 가지고 잘 다룰 줄 알고 사용하는 기술만 있다면 천사들과도 겨루어 볼 수

있지요. 이런 칼은 다루는 법만 잘 아는 사람이라면 손에 쥐기 두려워할 필요가 없어요. 이 칼날은 절대로 무디어지는 일이 없지요. 이 칼날은 살만 찔러 쪼갤 수 있는 것이 아니라 혼과 영과 및 관절과 골수까지 찔러 쪼개지요.

대담: 그렇지만 그렇게 오래 싸운 당신이 그래도 피곤해지지 않은 것이 이상하게 생각되는군요.

용감: 나는 칼이 내 손에 붙기까지 싸웠습니다. 마치 칼이 내 팔에서 돋아난 것같이 느껴졌고 피가 내 손가락들을 통해 칼로 흐를 때 나는 더 용감하게 싸웠지요.

대담: 참 잘 하셨습니다. 죄에 결사적으로 대적하기 위해 피까지 흘렸군요.

번연은 용감의 두 번째 대답 속에 '말씀'(=칼), '믿음'(=칼과 손이 결합된 것), '피'(=하나님을 위해 싸우는 희생)라는 설명을 삽입했다. 청교도들은 진리를 지키기 위해 오류에 대항하여 싸웠고, 자신의 거룩을 지키기 위해 죄의 유혹들에 대항하여 싸웠고, 질서정연한 지혜를 지키기 위해 무질서한 어리석음에 대항하여 싸웠고, 교회의 순결과 국가의 의를 지키기 위해 두 영역 모두에 부패와 적의에 대항하여 싸웠다.

그들의 경건과 참된 믿음의 길을 막는 모든 악에 대한 원칙적인 적개심과 그들이 평화를 사랑하는 만큼 악이 존재하는한 나가서 쉬지 않고 싸우고자 하는 자발성도 청교도의 위대성의 한 면이었다.

3. 실제적인 질문이다

오늘날의 기독교인들이 청교도들에 미치지 못하는 곳은 어디인가? 그리고 우리는 우리의 미래를 위해 그들에게서 무엇을 배워야 하는가?

루이 암스트롱(Louis Armstrong)은 연주가 끝난 다음 스윙(Swing)이 무엇인가라는 질문을 받고 다음과 같이 답변했다고 한다.

> "아가씨, 만일 당신이 아직 모르고 있다면 설명해 봐도 소용이 없습니다."

내가 앞에 말한 모든 것에 비추어 볼때 나는 나의 세 번째 질문에 대한 답변은 신중한 독자 자신에게 맡기는 것이 가장 좋다고 생각한다. 나는 하나님의 섭리 가운데 어떤 시대가 다른 시대에게 주는 특별한 메시지가 있다고 믿는다. 또한 나는 신약성경 시대가 모든 시대의 모든 교회와 그리스도인들의 생활을 위한 모범을 제시한 것과 마찬가지로 청교도의 시대는 20세기 말의 서구 기독교 세계를 가르칠 특별한 교훈을 갖고 있다고 믿는다. 그러나 그것은 독자들이 스스로의 생각을 수정해야 할 일이다. 만일 청교도들은 지혜로운 거인들이고 우리 자신은 멍청한 난쟁이들이라는 나의 생각이 아직도 여러분께 수긍되지 않았다면 여러분은 나의 세 번째 질문의 대답이 어떤 것일지 절대로 알지 못할 것이다. 그러나 만일 그 생각이 수긍된다면 여러분은 이미 나의 답변을 알고 있는 것이다. 그러므로 나는 이 문제를 거기에 맡기고자 한다.

청교도 사상

Among God's Giants:
Aspects of Puritan Christianity

1994년 12월 30일 초판 발행
2016년 4월 30일 개정 증보판 발행

지 은 이 | 제임스 패커

옮 긴 이 | 박영호

편　　집 | 이경옥, 이종만
디 자 인 | 이수정, 이재희
펴 낸 곳 | 사)기독교문서선교회
등　　록 | 제16-25호(1980. 1. 18)
주　　소 | 서울시 서초구 방배로 68
전　　화 | 02) 586-8761~3(본사)　031) 942-8761(영업부)
팩　　스 | 02) 523-0131(본사)　031) 942-8763(영업부)
홈페이지 | www.clcbook.com
이 메 일 | clckor@gmail.com
온 라 인 | 기업은행 073-000308-04-020, 국민은행 043-01-0379-646
　　　　　　예금주: 사)기독교문서선교회

ISBN　978-89-341-1529-8　(93230)

* 낙장·파본은 교환해 드립니다.

이 도서의 국립중앙도서관 출판시 도서목록(CIP)은 서지정보유통지원시스템 홈페이지(http://seoji.nl.go.kr)
와 국가자료공동목록시스템(http://www.nl.go.kr/kolisnet)에서 이용하실 수 있습니다.
(CIP제어번호: CIP2016007424)